2020
北京门头沟年鉴

BEI JING MEN TOU GOU NIAN JIAN

北京市门头沟区地方志编纂委员会
门 头 沟 区 档 案 史 志 馆 编

图书在版编目（CIP）数据

2020 北京门头沟年鉴 / 门头沟区档案史志馆编 . --
北京 : 团结出版社 , 2020.12
ISBN 978-7-5126-8451-5

Ⅰ . ① 2… Ⅱ . ①门… Ⅲ . ①门头沟区 — 2020 — 年鉴
Ⅳ . ① Z521.3

中国版本图书馆 CIP 数据核字 (2020) 第 224654 号

书　名：北京门头沟年鉴（2020）

出　版：团结出版社
　　　　(北京市东城区东皇城根南街 84 号 邮编：100006)
电　话：(010) 65228880 65244790
网　址：http://www.tjpress.com
E-mail：65244790@163.com
经　销：全国新华书店
印　刷：北京市鑫山源印刷有限公司
装　订：北京市鑫山源印刷有限公司

开　本：185mm×260mm　　1/16
字　数：800 千字
印　张：29.5 印张
版　次：2020 年 12 月第 1 版
印　次：2020 年 12 月第 1 次印刷

书　号：978-7-5126-8451-5
定　价：118.00 元

北京市门头沟区地方志编纂委员会

顾　　　问：张力兵

主　　　任：付兆庚

常务副主任：金秀斌　庆兆珅

《北京市门头沟年鉴》编辑部

主　　编：金秀斌　庆兆珅

常务主编：张慧军

副 主 编：王丙华

编　　委：付向东　马春雨　冯智逵

编 辑 说 明

一、《北京门头沟年鉴》是一部综合性资料性工具书，在中共门头沟区委和区人民政府的领导下，由北京市门头沟区地方志编纂委员会主持编纂。

二、本年鉴以马克思列宁主义、毛泽东思想、邓小平理论、“三个代表”重要思想、科学发展观、习近平新时代中国特色社会主义思想为指导，认真贯彻中央、市委、市政府的各项方针政策，遵循实事求是的原则，科学、客观地反映实际情况。

三、本年鉴从2002年开始，逐年编纂出版，本卷为第19卷。当年出版的年鉴全面记述上一年度门头沟区在各条战线、各个方面所发展的重要事件和新的情况，系统汇集年度内重要的文献。为领导决策提供可靠的参考信息，为各行各业提供有价值的资料，为各方面人士了解门头沟、研究门头沟提供最新信息。

四、本卷年鉴以出版年份为卷次名称。反映的是2019年1月1日至12月31日期间的情况，文内一般直书月、日，不再书写年份。

五、本年鉴采用文章和条目两种体裁，以条目体为主，文字内容分为概述、大事记等共29个一级栏目，分目下设条目。

六、本卷年鉴收有门头沟区党、政、军、各民主党派、团体、街道、镇、部分企业负责人名录，以及驻区部分单位负责人名录。所列均以2019年内任职为限，其中有任免情况的分别予以注明。

七、文中除“民主党派”部分外，“党”指“中国共产党”，未标明党派的“市委”均指“中共北京市委”，“区委”均指“中共门头沟区委”，“党员”均指“中共党员”，“党建”工作均指“中国共产党建设”工作。

八、中华人民共和国成立70周年庆祝活动，简称为新中国成立70周年庆祝活动，或国庆70周年活动。

九、本年鉴所选文章和条目，均由各部门、各单位确定专人撰写，经主管负责人审阅，并经区委、区政府有关部委办及领导审核。统计资料由统计局提供。照片由各单位及区融媒体中心提供。

十、《北京门头沟年鉴》配有双重检索系统：书前刊有详细目录，书后附有索引。

十一、本年鉴的编辑出版得到了区领导、撰稿单位以及各方面的大力支持和帮助，在此一并表示感谢。由于时间和水平所限，疏漏与不足在所难免，恳请各界人士和广大读者批评指正，使《北京门头沟年鉴》越办越好。

12 月 25 日，中共门头沟区第十二届委员会第九次全体会议召开（区融媒体中心　供图）

1 月 9 日，门头沟区第十六届人民代表大会第五次会议召开（区人大常委会办公室　供图）

1 月 8 日，政协北京市门头沟区第十届委员会第三次会议召开（区政协常委会办公室　供图）

10 月 1 日，“绿水青山”主题彩车参加国庆 70 周年群众游行（区档案史志馆　供图）

10 月 1 日，大峪中学师生参加国庆 70 周年联欢活动（王小磊　摄）

9 月，正在摆设中的门头沟区国庆 70 周年花坛（《京西时报》 供图）

9 月，门头沟区迎国庆 70 周年花卉景观（《京西时报》 供图）

9月10日，门头沟区委"不忘初心、牢记使命"主题教育工作会召开（区融媒体中心 供图）

12月26日，举办门头沟区纪检监察系统十九届四中全会精神宣讲会（区纪委区监委 供图）

4 月 28 日，门头沟区教育系统举办纪念五四运动 100 周年主题团日活动（范千　摄）

6 月 16 日，大峪街道承泽苑社区举办“唱响瑞泽新时代 · 党建引领展风采 · 文明创城好未来”文艺汇演（《京西时报》 供图）

10 月 30 日，讲述门头沟区第一位中共党员崔显芳革命故事的原创话剧《跟党走》首场演出（《京西时报》 供图）

3月5日，大峪街道“学雷锋 讲奉献”助力创城志愿服务推进大会暨党员志愿服务联盟成立仪式（《京西时报》 供图）

6月29日，“垃圾随手捡 文明天天见”门头沟区新时代文明实践推动日主题活动（《京西时报》 供图）

12月16日，潭柘寺镇“未诉先办”开展扫雪铲冰工作（《京西时报》 供图）

12月，军庄镇军灰路年久失修问题通过“接诉即办”机制解决（《京西时报》 供图）

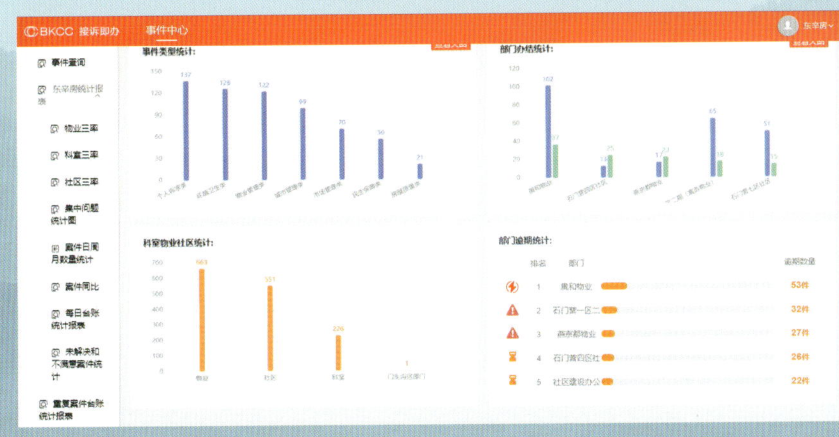

2019年，东辛房街道办事处大数据平台中的“接诉即办”分析图（东辛房街道办事处　供图）

5月，新桥大街（《京西时报》 供图）

11月，龙湖长安天街购物中心（《京西时报》 供图）

2月，门头沟区政务服务中心实现综合窗口“一窗办理”（《京西时报》 供图）

9月11日，门头沟区“移动政务站”到筹建中的龙湖长安天街购物中心开展上门服务（《京西时报》 供图）

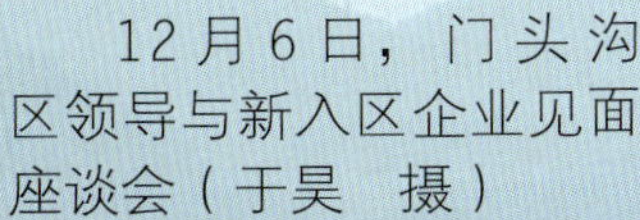

12月6日，门头沟区领导与新入区企业见面座谈会（于昊　摄）

1 月 16 日，北京聚兰兴养殖专业合作社社员领取分红（《京西时报》 供图）

10 月 17 日，市民在北京市消费扶贫双创中心门头沟分中心暨“灵山绿产”体验中心选购农产品（《京西时报》 供图）

9月，雁翅镇大村村低收入农户增收项目——树莓种植（《京西时报》供图）

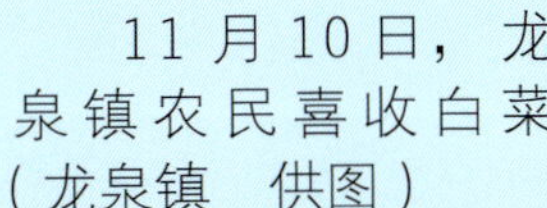

11月10日，龙泉镇农民喜收白菜（龙泉镇　供图）

2019年，清水镇低收入帮扶养蜂项目（《京西时报》供图）

9月5日，智慧门头沟5G应用展（《京西时报》 供图）

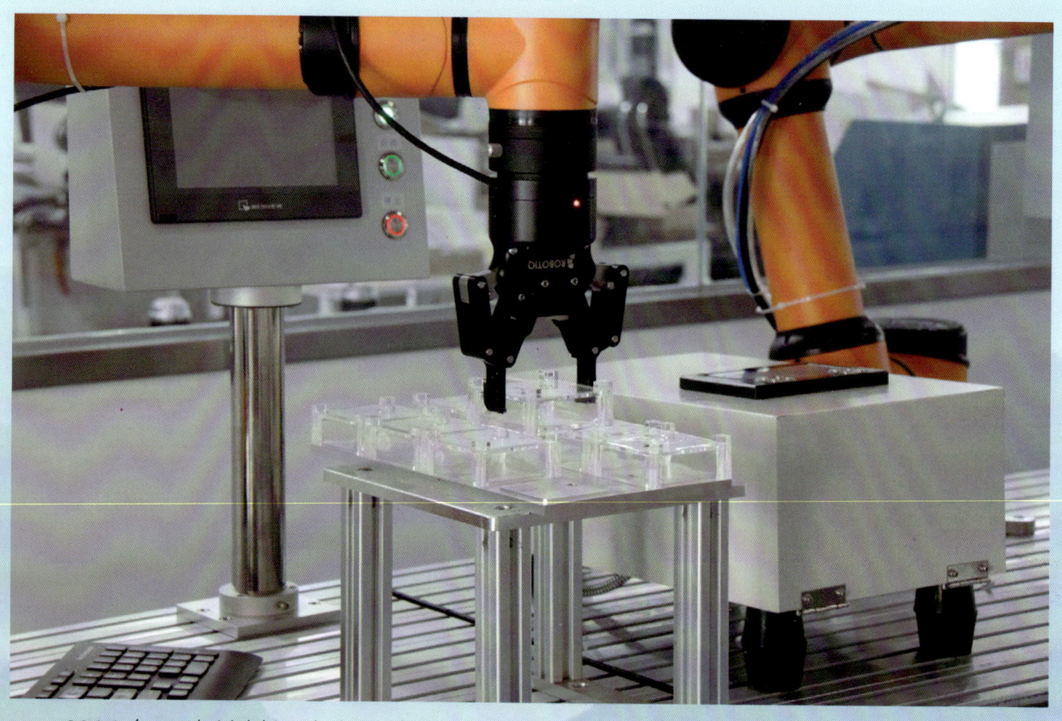

2019年，中关村门头沟科技园企业遨博北京智能科技有限公司生产的协作式工业机器人产品（《京西时报》 供图）

7 月，改造提升后的双峪农贸市场（《京西时报》 供图）

12 月，门头沟区市场监管局开展“双 12”期间市场监管执法（尚然　摄）

2月28日，门头沟区成立第一家山区“妇女就业之家”——北京布韵传奇手工编织合作社（《京西时报》 供图）

3月8日，特级教师到斋堂中心小学授课（《京西时报》 供图）

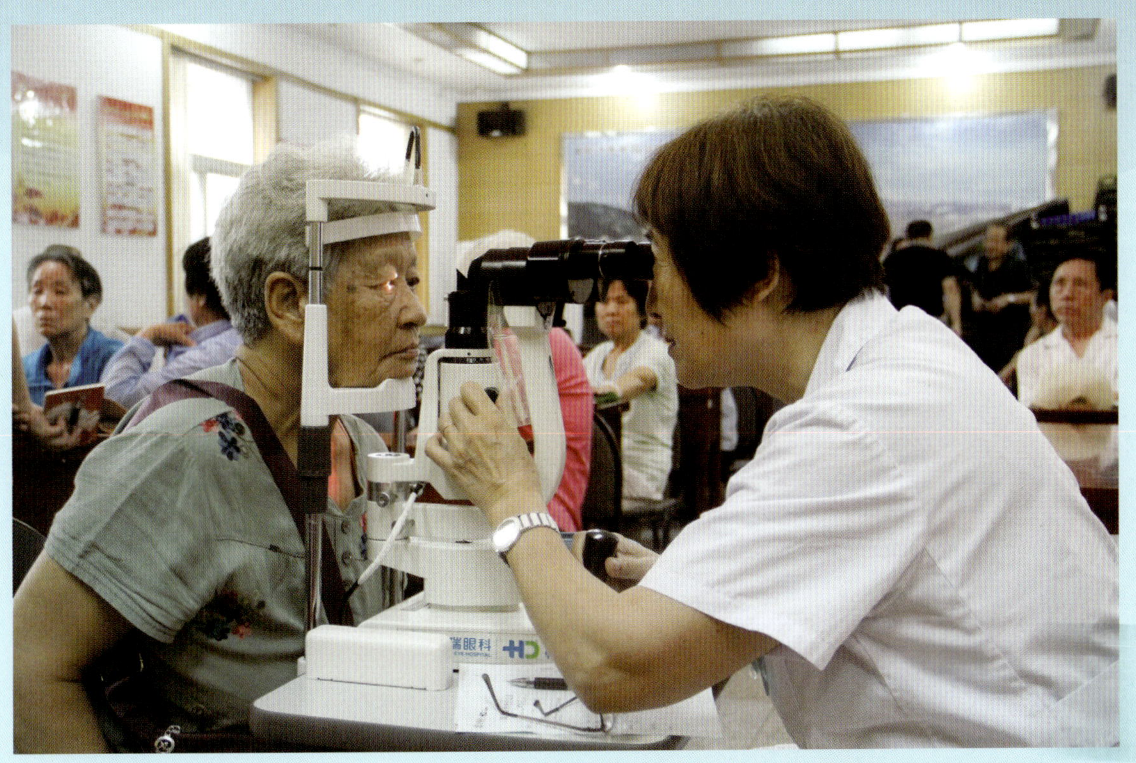

6 月 24 日，“善德光明行”白内障公益资助（《京西时报》 供图）

11 月 15 日，区供电公司入户检查“煤改电”用户供暖设备运行情况（国网门头沟供电公司 供图）

2019 年，横跨永定河的新首钢大桥（《京西时报》 供图）

永定河新首钢大桥主桥面合拢（《京西时报》 供图）

8 月，工人在永定河新首钢大桥上焊接护栏钢梁接缝（《京西时报》 供图）

9月，长安街西延线金安路段通车（《京西时报》 供图）

2019年，区公路分局在109 国道门头沟段安装防撞护栏(《京西时报》 供图)

10月25日，第十三届永定河文化节开幕式（《京西时报》 供图）

12月28日，大型音舞诗画《四季永定河》在门头沟区影剧院演出（《京西时报》 供图）

2019 年，梁家庄村精品民宿（《京西时报》 供图）

2019 年，白虎头村朗诗乡居精品民宿（《京西时报》 供图）

1 月 12 日，清水镇洪水口村首届灵山冰雪节（《京西时报》 供图）

2 月 14 日，妙峰山娘娘庙雪景（《京西时报》 供图）

2019 年，定都阁夜景（《京西时报》 供图）

8 月，门头沟区残疾人旱地冰壶培训（区残联　供图）

9 月 25 日，王平镇体质测试活动（《京西时报》 供图）

6 月 12 日，实验二小永定分校师生到门头沟区档案史志馆参观《翰墨兰台——门头沟》展览（区档案史志馆　供图）

8 月 28 日，“传承红色基因、践行初心使命”庆祝中华人民共和国成立 70 周年书画摄影展（《京西时报》 供图）

2019 年，滨水森林公园（《京西时报》 供图）

2019 年，永定镇绿色廊道公园（《京西时报》 供图）

2019年，永定镇冯村南街棚户区改造和环境整治项目（市规划自然委门头沟分局　供图）

2019年，妙峰山镇斜河涧村利用拆违场地建成的运动场（《京西时报》供图）

5月，清水镇拆除下清水村周边违法建设（《京西时报》供图）

4 月 1 日，门头沟区“五四百年青年林”植树活动（《京西时报》 供图）

2019 年，妙峰山镇护河队员巡河（《京西时报》 供图）

2019 年，永定河实施生态补水工程，图为河水流过龙泉湾（《京西时报》 供图）

2019年，门头沟区境内的永定河山峡段通水（《京西时报》 供图）

2019 年，永定河流经三家店（《京西时报》 供图）

2019 年，斋堂水库（《京西时报》 供图）

3月，京西大山桃花漫野（《京西时报》 供图）

10月，百花山下的居住人家（《京西时报》 供图）

目　　录

区情概述

特载

大事记

中共门头沟区委委员会

综述

组织工作

宣传工作

统战工作

调查研究

老干部工作

党校

直属机关工委工作

党史研究

门头沟区人民代表大会

综述

重要会议

各办室工作

门头沟区人民政府

综述

外事及港澳台事务

综合行政服务

信访工作

机关事务管理

政协北京市门头沟区委员会

综述

重要会议

专门委员会工作

走访与调研

政协活动

纪检监察

综述

重要会议

监督检查

民主党派

中国民主同盟北京市门头沟区工作委员会

中国民主建国会北京市门头沟区工作委员会

中国民主促进会北京市门头沟区工作委员会

中国农工民主党北京市门头沟区工作委员会

中国致公党北京市门头沟区支部委员会

九三学社门头沟支社

人民团体

总工会

共青团

妇女联合会

科学技术协会

工商业联合会

法　治

政法委与综治

政府法治建设

公安

检察

法院

军 事

人民武装部

人民防空

经济管理

经济社会发展与综合调控

财政

税务

审计

统计

国有资产监管

市场监管

金　融

工商银行

建设银行

农村商业银行

财产保险

人寿保险

农业与农村建设

农业农村工作

农村经济经营管理

工业与信息化建设管理

科技信息化

开发区建设

商　贸

商务管理

部分商贸企业

交通　邮电

交通运输管理

邮政

电信

生态环境

环境保护

环境卫生

百花山国家级自然保护区

城乡建设与管理

规划和自然资源管理

建设管理

工程服务

城市管理

城管执法监察

棚户区改造

公共事业

供 水

供 电

园林绿化

水资源开发利用

气象

消防

防震减灾

教　育

综述

部分学校简介

第一幼儿园

文化　旅游

综述

文化活动

文物保护与利用

文化市场管理

文化创意产业

公共文化设施

新闻媒体

档案

地方志

文联活动

旅游

卫生　体育

综述

卫生监督

部分卫生机构简介

疾控中心

体育

社会生活

民政

人力资源和社会保障

医疗保障

民族宗教

精神文明建设

退役军人事务

老龄事业

残疾人事业

红十字会事业

街道

大峪街道

城子街道

东辛房街道

大台街道

镇

潭柘寺镇

永定镇

龙泉镇

军庄镇

雁翅镇

斋堂镇

清水镇

妙峰山镇

王平镇

人物　荣誉

统计资料

附录

索引

区情概述

门头沟区位于北京城区正西偏南，总面积1447.8平方千米。年平均气温东部平原11．7℃，西部斋堂一带10．2℃。年无霜期200天左右，年降水量约600毫米。辖9个镇,4个街道办事处。截至年底，全区常住人口34.4万人，比上年增加1.3万人。全区户籍人口总户数122536户，总人数254102人，其中非农业人口211624人，农业人口42478人。户籍人口中，全年出生人口2507人，死亡人口889人，人口出生率9.9‰，死亡率3.5‰，自然增长率6.4‰。

2019年，全区实现地区生产总值（GDP）249.3亿元，比上年增长6.0%。其中第一产业实现增加值3.1亿元，比上年下降7.3%；第二产业实现增加值67.2亿元，比上年下降2.1%；第三产业实现增加值179亿元，比上年增长9.8%。三次产业结构为1.2:26.9:71.8。全区城乡居民人均可支配收入为57892元，比上年增长9%；人均消费支出36054元，比上年增长6.7%。其中城镇居民人均可支配收入57892元，比上年增长8.8%；人均消费支出38100元，比上年增长5.7%，恩格尔系数为21.5%。

2019年国民经济和社会发展

农业

年内，全区实现农林牧渔业总产值6.8亿元，比上年下降10.3%。其中，农业实现产值4797.1万元，比上年增长35.6%；林业实现产值61151.1万元，比上年下降12.9%；畜牧业实现产值484.5万元，比上年下降63.4%。休闲农业与乡村旅游实现总收入5947.7万元，比上年下降15.3%，其中，观光园实现收入1219.2万元，比上年下降48.7%，乡村旅游实现收入4728.5万元，比上年增长1.9%。

工业

年内，全区规模以上工业企业实现产值55.5亿元，比上年下降27.8%。都市型工业实现产值1.8亿元，比上年下降14.6%。现代制造业实现产值41.8亿元，比上年下降9.3%。资源型工业实现产值0.5亿元，比上年下降77.4%。高新技术产业实现产值44.5亿元，比上年下降9.3%。规模以上工业企业实现现价销售产值57.7亿元，比上年下降19.9%。

商业

全区实现社会消费品零售额（产业在地口径）109.5亿元，比上年增长5.9%。

财税　金融

全区完成公共财政预算收入33.6亿元，比上年增长6.6%。税收收入完成21.6亿元，比上年下降11.4%。其中增值税10亿元，比上年增长0.4%，企业所得税5亿元，比上年下降6.6%。非税收入完成12亿元，比上年增长68.1%。全区区级政府性基金预算收入完成8.7亿元，比上年下降90.6%。全区完成公共财政预算支出110.9亿元，比上年增长4.3%。其中，一般公共服务支出12.2亿元，比上年增长15.9%；社会保障和就业支出18.1亿元，比上年增长50.6%；教育支出19.9亿元，比上年增长28%；城乡社区支出17.9亿元，比上年下降30.8%；文化旅游体育与传媒支出4.6亿元，比上年增长64.1%。

全区金融机构存款余额达到800.1亿元，比上年末增长12%，其中，单位存款385亿元，比上年末增长7.2%，个人存款415.2亿元，比上年末增长16.7%。全区金融机构贷款余额250.5亿元，比上年末增长7%。其中，短期贷款50亿元，比上年末增长3.9%，中长期贷款200.5亿元，比上年末增长 7.8%；对公贷款 163.2 亿元，比上年末增长 4.3%，个人贷款 87.4 亿元，比上年末增长 12.4%。

建筑业

全区有资质的建筑业企业实现建筑业总产值 150.7 亿元，比上年增长 13.3%。其中，建筑工程产值 147.5 亿元，比上年增长 13.9%，安装工程产值 3.2 亿元，比上年下降 8.8%。房屋建筑施工面积 261.4 万平方米，比上年增长 57.5%，房屋建筑竣工面积 22.3 万平方米，比上年下降 24.9%。

房地产开发业

全区完成项目建设地房地产开发投资额 87.8 亿元，比上年增长 21.6%。房屋施工面积 345.4 万平方米，比上年下降 11.7%，其中新开工面积 54.9 万平方米，比上年增长 244.4%。房屋竣工面积 83 万平方米，比上年下降 18.9%。商品房销售面积 31.4 万平方米，比上年下降 3.2%，其中住宅销售面积 19.5 万平方米，比上年下降 4.6%。

交通运输　邮电业

全区运输企业拥有货运车辆 624 辆，全年货运量 131 万吨，货运周转量 18050 万公里；客运车辆 1030 辆，公交线路 87 条，公交运营车辆 950 辆。

全区共有邮政局所 18 处，其中，局 1 处，支局 3 处，所 14 处。全年邮政业务总量 10863 万元，通信业务总量 12333 万元，出口函件 101 万件，包件 2 万件，汇票 1 万张，订销报纸累计份数 838 万份，杂志 21 万份，特快专递 1 万件，快递包裹 124 万件。

生态环境建设

全区深入践行“两山”理论，全面贯彻生态涵养区生态保护和绿色发展实施意见，统筹山水林田湖草系统治理，瞄准国家森林城市创建工作，不断扩大城市绿色空间。2019 年，完成人工造林面积 2752 公顷，林木绿化率达到 71.2%，比上年提高 1.2 个百分点；森林覆盖率达到 47.8%，比上年提高 1.2 个百分点；绿化覆盖率达到 47.4%，比上年提高 1 个百分点。公园绿地 500 米服务半径覆盖率达到 90.9%，比上年提高 2.8 个百分点。人均公园绿地面积 30 平方米 / 人。

科技　教育　文化　卫生　体育

全区组织各级科技项目 15 个，其中区级科技计划项目 15 项。完成技术合同登记 171 项，技术合同成交金额 17 亿元，认定高新技术企业 257 家，申请专利 1428 项，授予专利 819 项。全区科技经费筹集总额 4313.1 万元，科技经费支出总额 3608.1 万元。

截至年底，全区共有幼儿园 36 所，班数 301 个，全年入园（班）人 3240 人，在园（班）幼儿 8318 人，离园（班）1706 人，教职工 1369 人，其中专任教师 883 人。小学学校 23 所，班数 419 个，毕业生 1777 人，招生数 2546 人，在校学生数 13157 人，教职工 1199 人，其中专任教师 973 人；初中阶段学校 11 所，毕业生数 1255 人，招生数 1609 人，在校学生数 4534 人，教职工 623 人，其中专任教师 444 人；高中阶段学校 7 所，其中普通高中 6 所，毕业生数 659 人，招生数 877 人，在校学生数 2514 人，教职工 627 人，其中专任教师 498 人；职业高中 1 所，毕业生数 134 人，招生数 14 人，在校学生数 76 人；全区高中升学率 86.3%，初中升学率 95.4%，初中毕业及格率 81.7%，初中毕业优秀率 31.3%。全年专科毕业 197 人，本科毕业 102 人。全年参加岗位培训 1267 人次、参加技术培训 4089 人次。

截至年底，全区共开展不同形式演出 705 场，观众 70.4 万人次。其中，艺术演出 122 场，观众 11.1 万人次。下乡下基层辅导演出 590 场，全年送书进村居、进学校、进军营、进企业 14371 册，送电影下乡 12100 场。截至年底，全区现有 258 个村居文化室。图书馆馆藏总量达到 121.5 万册，当年新购入图书 95815 册，办理借阅证件 995 个，流通读者 2.6 万人次。全区共有重点文物保护单位 84 个，其中，国家级 5 个，市级 8 个，区级 71 个。

截至年底，全区共有医疗卫生机构 265 个，其中医院 13 个。医疗卫生机构实有床位 2981 张，其中医院 2486 张。全区卫生技术人员达到 3769 人，其中，执业（助理）医师 1357 人，注册护士 1647 人，药师（士）249 人，技师（士）230 人。全区卫生医疗机构总诊疗量 414.5 万人次，出院人数 50771 人。

截至年底，全区有各类体育健身场地 16 个，其中体育馆 1 个，游泳场馆 5 个，各种训练房 10 个。全区有等级裁判员 737 人，其中国家级 5 人，一级 79 人，二级 653 人。全年参加市级比赛 70 项，组织区级比赛 55 项，参赛人数 10 万人次；共获金牌 69 枚、银牌 59 枚、铜牌 56 枚；向上一级体校输送优秀运动员3人。

人民生活

截至年底，城镇登记失业率为3.28%；年末实有城镇登记失业人员2957人。全区养老、失业、工伤、医疗和生育保险参保人数分别比上年增长4.3%、5.2%、5.5%、4.8%和5.6%。城乡最低生活保障应保尽保，城市、农村居民最低生活保障人数分别达到4679人、1706人，城乡特困人数为440人。

特载

传承红色基因 守好绿水青山 全力争当生态文明建设的首都样板

——张力兵同志在区委十二届八次全体会议上的报告

这次全会的主要任务是，深入学习贯彻习近平新时代中国特色社会主义思想，落实市委十二届九次全会精神，以及蔡奇书记去年以来五次调研门头沟区、特别是今年7月15日调研指示精神，认真总结上半年工作，安排部署下半年任务，动员全区各级党组织和广大党员干部不忘初心、牢记使命，以习近平总书记提出的“我将无我、不负人民”为红色追求，以蔡奇书记对门头沟区提出的“当好‘两山’理论守护人”为红色动力，奋勇打造“红色门头沟”党建品牌和“绿水青山门头沟”城市品牌，全力争当生态文明建设的首都样板。

下面，我受区委常委会委托，向全会报告工作。

一、深入践行“绿水青山就是金山银山”，各项工作取得新成效

年初以来，区委常委会认真落实中央、市委决策部署，以“一盆火、一腔血、一桶金、一片绿”的奉献为激励，紧扣“绿色发展、生态富民、弘扬文化、文明首善、团结稳定”的区域发展总原则和“团结统一、红色传承、向善尊贤、三严三实、互勉包容”的干部队伍建设原则，坚定“把方向、谋大事、抓党建、保平安”，以“讲奉献、争第一”的门头沟精神推动各项工作取得新成效。

（一）坚定把方向，绿色发展导向更加鲜明

坚决落实蔡奇书记“在践行‘两山’理论上走在前列”的要求，坚持扩大生态环境容量，绿色发展基础不断夯实。一是发展定力不断增强。紧扣新版北京城市总规赋予我区的“三大功能”，在全市率先召开践行“两山”理论发展大会，进一步统一干部思想，生态文明大旗举得更高。落实“三个严禁”，持续校准发展方向，叫停20个村拆迁，引导广大村民自觉走新农村建设的路子。二是规划体系不断完善。强化“多规统筹”，分区规划通过市委常委会审议。压茬启动门头沟新城控制性详细规划（街区层面）及镇域综合规划编制，同步调整水源区保护规划、林业规划和生态红线。基本完成全部138个村村庄规划审批，进度位居全市前列。开展村庄规划“点状供地”试点，推动集体土地利用审批创新。三是生态本底不断夯实。编制完成创建国家森林城市总体规划，36项指标有27项实现达标。完成新一轮百万亩造林3.5万亩，占全年总任务的85%，启动86公顷废弃矿山修复。坚持PM2.5治理“0.1微克0.1微克”去抠，截至6月底，PM2.5平均浓度为41微克/立方米，低于市级下达目标7微克。坚持把永定河治理作为水环境建设“一号工程”，编制完成永定河山峡段综合治理方案，健全巡河督导机制，开展小微水体专项整治，水环境质量持续改善。“疏整促”专项行动持续推进，一般制造业疏解、无证无照经营整治、开墙打洞整治、占道经营整治等率先完成全年目标，新建和规范提升便民商业网点35个，留白增绿总体进展领先全市平均水平。深入实施“百村示范、千村整治”工程，持续推进“厕所革命”，农村人居环境进一步改善。

（二）坚定谋大事，生态富民和高质量发展成效更加凸显

以生态富民为目标，以“六城联创”为着力点，坚持谋全局、抓大事，地区高质量发展取得新成效。上半年，预计实现地区生产总值93亿元，剔除传统资源型产业退出影响因素同比增长11.4%；一般公共预算收入19.52亿元，同比增长4.2%；建安投资45亿元，同比增长18.3%，经济社会保持了良好发展态势。一是“三大产业”持续培育。紧扣培育文旅体验产业，大力发展精品民宿，集成23项优惠政策，推出《精品民宿发展服务手册》，与西城区共同设立8亿元乡村振兴绿色产业发展专项资金，成功举办北京精品民宿发展论坛。紧扣培育科创智能产业，启动中关村人工智能科技园先导园建设，形成以精雕科技、夏禾科技等为代表的智能制造板块。紧扣培育医药健康产业，成立中关村门头沟园医药健康产业专委会，阜外医院西山园区二期项目进展顺利，形成以沙东生物为代表的新药研发板块。在全市首次实现以区政府名义回购园区产业用地，为全市存量产业用地管控利用积累了经验。上半年中关村门头沟园地均产出率和劳均产出率增速在中关村示范区名列前茅。二是“六城联创”持续攻坚。以创建全国文明城区为牵引，协同推进“六城联创”。创城势头长盛不衰，完善创城擂台赛等“赛马”机制，丰富“门头沟点赞”大拇指行动，打响“门头沟热心人”志愿服务品牌，推出104家“1+X”达标创建单位，实施文明城区专项治理，累计治理1203项问题，全民创城热情更加高涨。推进“基本无违建区”创建，以“9041”为界限（1990年4月1日城市规划法实施），以河道蓝线、生态红线、文保紫线及传统古村落为重点，打响70天拆违攻坚战。面对北京有史以来“时间界限最早、范围最大、清零最彻底、拆除成本更低”的拆违攻坚，区四套班子、各镇街、各单位、各村居和驻区企业聚共识、齐发力，目前已拆除10488个图斑，占应拆图斑总数的98.52%，拆违146万平方米，占应拆总面积的95.15%。率先打响浅山违建别墅拆除第一枪，拆除违建别墅124栋3.6万平方米，全面清理安家庄非法墓地。国家卫生区复审、北京食品安全示范区创建相关工作扎实推进，在全市率先为现役义务兵父母投保健康综合保险，努力争创全国双拥模范城“四连冠”。三是发展环境持续优化。80项重点工程有51项实现开复工，开复工率达63.8%。启动国道109新线高速公路拆迁前期准备工作，长安街西延线具备通车条件，新城大街南段等6条道路同时开通，城乡基础设施承载力不断提升。落实优化营商环境“9+N”政策2.0版，巩固区级领导包企联络、重点企业“早餐会”等机制，完善一企一策“服务包”，7个区级政务大厅全部实现“一窗受理”，镇街130项政务事项全部实现无差别化“一窗通办”。加强与西城区协作，设置13个工作专班，合力打造京西红色党性教育基地，举办“特色产品走进西城”等活动。与石景山区、首钢携手促发展，门头沟区服务新首钢行动计划12项重点任务加紧落实。四是民生保障持续增强。坚持把棚改作为头号民生工程，千方百计保质量、保进度、保配套、保服务，5个项目6351套安置房建设加快推进。出台低收入发展项目实施方案，45个低收入村与8个民主党派市委、市委宣传部等市级部门和企业、西城区等结对帮扶不断深入，上半年低收入农户人均可支配收入7167元，同比增长18%，位列生态涵养区第二。瞄准低收入未婚大龄青年，实施“同心牵手、比翼致富”鹊桥工程，努力实现既脱低又脱单。强化对涿鹿县、察右后旗、武川县的扶贫协作以及对拉萨堆龙德庆区的对口支援，与受援地区携手奔小康。教育综合改革持续深化，2所学校获批北京市冰雪运动特色学校，幼儿园普惠率达到85%，高考本科上线率达到74.96%，支持北京服装学院落户我区的战略性搬迁相关工作；医耗联动综合改革稳步实施，分级诊疗制度建设扎实推进，国家基层高血压管

理试点落户门头沟区。完善接诉即办机制，强化点评通报，上半年共受理12345热线诉求17470件，办结率和结案率均为100%，5月至6月门头沟区镇街接诉即办“响应率、解决率、满意率”综合成绩高于全市平均水平。千方百计抓好就业工作，上半年城镇登记失业率控制在3.79%。

（三）坚定抓党建，红色担当动力更加强劲

落实全面从严治党主体责任，系统打造“红色门头沟”党建品牌，党建引领保障作用更加彰显。一是政治建设更加突出。落实党中央关于加强党的政治建设的意见和市委贯彻措施，出台门头沟区抓落实分工方案。推进市委巡视反馈意见整改，树起“立行立改求实效、解民忧”鲜明导向，59个问题中36个已完成整改。深化区委巡察工作，完成两轮对7个镇、5个企事业单位的巡察。二是思想引领更加有力。认真开展各级理论中心组学习，增加研讨交流、实地考察比重，建立对处级班子理论学习巡听旁听、督查考核机制。举办“红色门头沟”党建引领绿色发展研讨论坛，建立新时代文明实践中心三级组织体系和“9+13+N”志愿服务体系。加强意识形态工作，及时处置网络舆情隐患，把牢意识形态工作主动权。三是干部队伍更加过硬。深化区级机构改革，改革后设置党政机构43个，内设机构精简12.7%，议事协调机构精简60.6%。在全市率先成立区委综合考评办，将大党建、平安建设及绩效考核统筹为“一个指挥棒”；坚持“书记点评会、创城擂台赛”机制，比学赶超的“赛马”效应更加浓厚。推出处级干部选任“一核两查三审三对照”等新举措，建立优秀年轻干部人才库，干部选任制度化、规范化水平不断提升。严抓领导干部个人事项报告，实行干部履职“负面清单”管理。实施“京西聚智计划”，主动融入新首钢国际人才社区建设。四是基层基础更加稳固。坚持“党旗要举在前面”等“七个在前面”，继试点区之后，在全市第二个圆满完成村和社区“两委”换届。深化党建引领“吹哨报到”改革，落实全市街道工作会议精神，出台区级实施意见和43项重点任务台账，推进基层党组织和在职党员“双报到”，街巷长、小巷管家、志愿者、回社区报到党员等力量有效整合。完善农村党建工作助理员管理办法，推进16个软弱涣散村党组织整顿，已转化15个、提升1个。“五型”机关创建持续深化，国企党组织引领作用不断增强，中小学校及民办学校党建“2+1”工作机制有效落实。五是廉政建设更加坚实。以“六六工程”为载体，推动全面从严治党向纵深发展。强化监督执纪问责，加强对创城、低收入帮扶、扫黑除恶等重点领域监督，分类处置反映党员干部问题线索435个；严肃查处腐败问题，上半年立案64件，结案37件，给予党纪、政务处分34人，移送司法机关3人；对落实管党治党责任不力、失职失责的党组织和党员干部严肃问责，问责11人。保持整治“四风”高压态势，大力整治办公用房、公务用车等领域的问题。继续深化监察体制改革，完善执纪监督室与派驻机构、镇街纪（工）委工作协同机制，监督执纪效能进一步提升。

（四）坚定保平安，守好首都西大门的使命感更加牢固

牢记“首都无小事、事事连政治”，全力抓好安全维稳工作，力保“西部无战事”。一是重大活动服务保障取得阶段成果。坚持早谋划、早发动、早见效，在全市率先召开保70周年大庆安保动员誓师大会，顺利完成“一带一路”国际合作高峰论坛、世园会、亚洲文明对话大会等重大活动服务保障。加强与北京林业大学对接，共同做好新中国成立70周年庆祝活动服务保障。二是扫黑除恶专项斗争不断深化。以配合做好中央专项督导为契机，坚持“该立案的必立、该刀刃向内的必究、该挖的必深、该发动的必广、该统筹的必紧、该追责的必办”等“六必”要求，开展“大收网集中抓捕”等专项行动，结合村和社区“两委”换届、软弱涣散村党组织整顿，铲除黑恶势力滋生土壤，扫黑除恶专项斗争不断向纵深开展。三是安全稳定成效持续巩固。落实安全维稳责任，社会治安防控体系逐步实现立体化、信息化，群众安全感一季度位列全市第一。推进食品药品、生产、交通、消防等领域综合治理，健全应急管理体系，实现重特大事故零发生。

区委支持区人大、区政府、区政协依法履职，引领各党组发挥好领导核心作用。支持区人大开展环境保护、产业培育、棚改工程、预算审查和国有资产等重点领域监督，结合区级机构改革，加快推动区政府职能转变、提高执行力，支持区政协围绕深化创城攻坚、发展精品民宿、优化营商环境等工作开展协商议政，强化协商民主建设。支持区法院、区检察院深化司法体制综合配套改革，加强对群团工作和统一战线工作的领导，北

京市各民主党派支持门头沟区“8+1”行动不断深化。

回顾上半年的工作，成绩来之不易，这是市委、市政府坚强领导、全力帮助的结果，是全区广大党员干部群众埋头苦干、奋勇攻坚的结果，是各民主党派、驻区单位、驻区部队和社会各界广泛参与、鼎力支持的结果。在此，我代表区委，向全区广大党员干部群众，向所有关心、支持、参与门头沟区发展的各界人士，表示衷心的感谢和崇高的敬意！

在肯定成绩的同时，我们也要看到发展中面临的困难和挑战，主要表现在：一是对区域转型发展认识还不够统一，干部思想上还存在一些误区，推动“绿水青山”向“金山银山”转化的举措还不够扎实；二是城乡管理长效机制不够健全，集中攻坚与常态管控结合不够紧密，城乡精细化管理水平有待提高；三是破解民生热点问题还需下大力气，老旧小区管理、停车难等问题还比较多，接诉即办综合效率有待提升；四是一些基层党组织抓党建责任制落实还不到位，农村干部信访举报和违纪线索仍较多。以上问题我们必须敢于面对、勇于担当，采取有效措施加以解决。

二、打造“红色门头沟”党建，当好“两山”理论守护人

党的十八大以来，习近平总书记高度重视并深刻论述了让红色基因代代相传的重大意义，突出强调，要把红色资源利用好、把红色传统发扬好、把红色基因传承好，让革命事业薪火相传、血脉永续。蔡奇书记去年以来五次调研我区，也反复要求我们“传承好红色革命基因”，特别是今年7月15日调研门头沟区时进一步强调，门头沟是革命老区，具有深厚红色文化底蕴，要继承红色基因，打造“红色门头沟”党建品牌；同时要求我们以习近平生态文明思想为指导，心无旁骛地抓好生态保护和绿色发展，打造“绿水青山门头沟”。我们要认真学习领会习近平总书记的重要讲话精神，贯彻落实蔡奇书记对我区的要求，切实发挥好红色资源优势，完成好新时代赋予我们的新使命。

门头沟区是京西革命老区，红色始终是我们最宝贵的本色，红色基因始终是我们最可贵的精神财富。在艰苦卓绝的革命战争年代，我们的先辈前赴后继、砥砺前行，以甘于奉献、勇于担当、精诚团结的红色品格和不屈意志，为革命解放事业做出了英勇牺牲，也为门头沟后辈留下了宝贵的精神财富。这些优秀品质和红色基因，已经深深镌刻在我们的脑海、融入进我们的血液、植入到我们的心田，成为我们引以为傲的精神支柱和与生俱来的根脉特质。打造“红色门头沟”党建品牌，就是要切实传承好我们的红色基因、发挥好我们的红色优势，引领全区党员干部以红色的革命历史激发自信，以红色的血脉基因传承精神，以红色的牺牲奉献鞭策担当，以红色的“无我无畏”迎接未来。

区委提出全力推进“红色门头沟”党建“1179”工程，即：突出“一个统领”，就是突出以习近平新时代中国特色社会主义思想为统领，树牢“四个意识”，坚定“四个自信”，做到“两个维护”，坚定不移践行“绿水青山就是金山银山”，当好“两山”理论守护人；贯穿“一条主线”，就是坚持将传承红色革命基因这条主线，贯穿全区绿色发展、生态富民的全过程；坚持“七个导向”，就是坚持以讲好“四个一”门头沟故事为增强历史自信、区域自信和时代自信的导向，以“讲奉献、争第一”门头沟精神为统一思想、激发斗志的导向，以“二十字”区域发展总原则为践行“两山”理论、实现高质量发展的导向，以“二十字”干部队伍建设原则为培养新时代高素质干部队伍、打造京西铁军的导向，以“四个当先、一个当头”为自我约束、自我修身、自我追求的导向，以回答好“门头沟四问”为激发干部攻坚克难和敢于担当勇气的导向，以抓好“六六工程”为落实全面从严治党、抓牢主体责任的导向；践行“九个红色担当”，就是坚持红色党建引领强意识、保生态、铸铁军、夯基础、树美德、聚合力、促发展、保稳定、肃风纪。

全区各级党组织和广大党员干部，要切实从“红色门头沟”党建中汲取不竭动力，全力推进“红色门头沟”党建“1179”工程，将其作为绿色发展的统领、奋勇争先的动力、攻坚克难的支撑、完成使命的保障，持续坚守“红色门头沟”的革命本色，奋力打造“绿水青山门头沟”，努力创造出无愧于时代、无愧于人民、无愧于历史的业绩。

三、“讲奉献、争第一”，以一流业绩续写“四个一”奉献新篇章

今年是新中国成立70周年，是大事、喜事、盛事之年，也是“大考”之年，不久后，我们还将按照中央、市委统一部署，在全区启动“不忘初心、牢记使命”主题教育，这对做好下半年工作提出了更高标准和要求。我们必须坚持以习近平新时代中国特色社会主义思想为指导，把牢新中国成立70周年庆祝活动这个“纲”，按照市委十二届九次全会提出的强化“五个突出”、重点抓好十个方面工作的要求和蔡奇书记今年7月15日调研指示精神，以“五个坚定不移”诠释“红色门头沟”的使命担当，以“五个一流”展现“绿水青山门头沟”的首善追求，集全区之力完成2019年各项任务，以优异成绩庆祝新中国成立70周年。

（一）坚定不移守好绿水青山，以一流生态环境支撑绿色发展

落实蔡奇书记提出的“努力在生态环境建设方面立标杆、做表率”的要求，保持战略定力，守好绿水青山，以实际行动当好“两山”理论守护人。一是强化规划先行。落实分区规划，同步完成水源区保护规划、林业规划和生态红线的调整，深入推进新城控制性详细规划及镇域综合规划编制，确保规划刚性约束。加强与京能、京煤集团对接，深化国有工矿用地“退、并、转”，共同推进产业转型。用好村庄规划、村庄民宅风貌设计导则及村民手册，引导农村发展，推动古村落保护，留住记忆乡愁。二是强化增绿治污。以2021年成功创建国家森林城市为牵引，高质量完成4.15万亩百万亩造林绿化、86公顷废弃矿山修复和18公顷留白增绿任务，健全绿化管护机制，持续提高森林覆盖率、林木绿化率。精细化做好长安街西延线、S1线门头沟段景观提升及夜景照明亮化工程，展示“绿水青山门头沟”靓丽形象。推进农村“七边三化四美”，成方连片建设15个乡村振兴示范村，打造美丽乡村风景线。以永定河综合治理和生态修复为重点，集成政策推动泥石流沟域、地质灾害隐患点治理，压实三级河长责任，年内基本实现农村污水处理全覆盖。坚定保蓝天，以精治为手段、共治为基础、法治为保障，聚焦柴油货车、扬尘、挥发性有机物治理等重点防治领域，在“抠0.1微克”上下足功夫，确保完成PM2.5治理任务。三是强化拆违治乱。牢牢把住“9041”界限，争取市级政策支持，乘势而上、尽锐出战，破解基本无违建区创建中遇到的难题，争创“基本无违建镇街”，确保成功创建“基本无违建区”。高质量完成“疏整促”专项行动任务，利用腾退空间强化留白增绿，抓好便民服务网点建设，做好市场改造提升，让群众有更多获得感。

（二）坚定不移培育产业动能，以一流标准推动生态富民和高质量发展

落实蔡奇书记“坚定不移走绿色发展之路”要求，紧扣构建“精品经济、精品旅游、精品小镇”新格局，持续培育“三大产业”，以产业转型促高质量发展。一是着力推动农村产业振兴。坚持将精品民宿作为农村产业振兴的着力点，用好《精品民宿发展服务手册》，在集成优惠政策、强化精准扶持、完善配套设施上下功夫，为精品民宿发展提供更有力的支撑，推出一批有特色、叫得响的民宿品牌。探索“民宿+产业”“民宿+文化”新模式，巩固奇异莓、矮化苹果、高山芦笋等培育成果，引进杨梅、油蟠桃、西洋梨等品种，打造富民增收“百果山”。强化产业发展文化支撑，全力打造“六大文化”+“户外运动体验文化”的“6+1”文化体系，精心推出一批精品文化旅游路线。深化与西城区产业协作，依托乡村振兴绿色产业发展专项资金，撬动社会资源，壮大精品民宿、户外运动、健康养老等绿色产业。统筹做好集体土地利用和“点状供地”试点工作，为农村产业发展、基础设施建设和公共服务配套提供土地支撑。二是着力培育“高精尖”产业。坚持把中关村门头沟园作为“高精尖”产业发展的集中承载区，强化与中关村产业扶持政策衔接，推进石龙三期、五期项目建设，加强“回购产业用地”等存量土地和厂房的盘活利用。落实蔡奇书记提出的“北京要在发展新一代人工智能上走在前列”的要求，积极培育人工智能创新创业企业，实现中关村人工智能科技园先导园开园。加大对阜外医院西山园区二期项目支持力度，积极谋划医药健康产业项目规划布局。强化与石景山区、首钢对接，加快推进纳入新首钢协作区范围4.1平方公里土地建设。推动区属国有企业做好10万平方米商业设施接收运营，加快非经营性资产剥离及企业办社会职能分离、空壳企业注销等工作。三是着力优化营商环境。落实北京市优化营商环境三年行动计划，推动门头沟区“门创30条”“高精尖19条”落实落地。坚持区级领导包企联络、重点企业“早餐会”等机制，抓好“民营企业大走访”“送法进企业”等活动，加快建设区政务服务中心，推进三级政务服务体系标准

化建设，让企业办事更方便、更好发展。

（三）坚定不移保障改善民生，以一流服务诠释为民初心

坚持以人民为中心的发展思想，以“六城联创”为抓手，不断提升城乡治理和公共服务水平，切实解决好群众的操心事、烦心事、揪心事。一是坚持不懈抓棚改。坚持抓好棚改这项头号“民生工程”，发挥区级统筹和回迁服务两个专班作用，加快推进棚改工程建设，下大力气破解手续办理等历史遗留问题，着力防范棚改债务风险，在保进度的基础上保质量、保配套、保服务，确保今年交付安置房 3817 套，回购 2534 套，安置居民 0.48 万户 1.29 万人，让回迁群众回得顺心、住得安心。二是坚持不懈勇创城。对标新版测评指标，在强统筹、补短板、建机制上下功夫，以决战决胜的劲头高标准推进各项工作，确保今年测评志拔头筹。将创城与建设新时代文明实践中心紧密结合，持续打响“门头沟点赞”大拇指行动、“门头沟热心人”志愿服务等品牌，营造人人参与创城的浓厚氛围。推进“六城联创”深度融合，把国家卫生区日常管理纳入政府年度环境卫生考核，确保顺利通过国家卫生区复审。创新食品安全监管方式，确保成功创建北京市食品安全示范区。弘扬老区革命精神，走好军民融合式发展之路，争创全国双拥模范城“四连冠”。三是坚持不懈补短板。优先推动群众关切、产业培育急需的基础设施项目，加快推进长安街西延、国道 109 新线高速路、军温路等重点工程，推动区体育文化中心、永定河博物馆等项目，加快农村“六网”改造提升，实施农村饮水健康行动。四是坚持不懈促民生。将“吹哨报到”“接诉即办”作为深化社会治理、破解民生难题的重要抓手，在提高“三率”上下功夫，全面提升服务群众的水平和效率。落实全区教育大会精神，全力支持北京服装学院落户军庄的战略搬迁，用好名校办分校、集团化办学等模式，探索扩大优质教育资源均衡配置和引进国际教育配套的新路径。加强与阜外医院深度合作，打造全国慢病防治示范区；推进与首都医科大学合作，着力提升区域医疗服务品质，鼓励盘活医疗资源，推进“临床与科研并举”的研究型医院建设；推动医耗联动综合改革，扎实推进“健康门头沟”建设。

（四）坚定不移做到守土尽责，以一流举措确保“西部无战事”

落实“精精益求精，万万无一失”要求，全力维护公共安全和社会稳定，巩固群众安全感测评取得的好成绩，守好首都西大门。一是以最坚决的行动保大事。坚持以最高标准完成好新中国成立 70 周年庆祝活动服务保障任务。结合推动中央督导反馈问题整改，严格落实“六必”要求，以打非治违、征地拆迁等重点领域为切入点，加强线索排查梳理分析，确保扫黑除恶专项斗争“治标”“治根”“治本”。二是以最精细的防控抓日常。强化重点领域监测预警，完善矛盾纠纷排查化解机制，加强和改进信访工作，做深做细上账重点矛盾化解，提升风险防范水平。加快建立区、镇街平安建设工作体系和责任体系，做强全区三级综治中心，促进安全稳定治理智能化建设。落实安全生产、地质灾害预防和防汛抗旱措施，抓好防火各项防控工作，提高防灾减灾能力。三是以最广泛的发动聚合力。借力“吹哨报到”改革，统筹用好各方资源力量，强化全民国家安全教育，广泛发动群众参与，构筑坚如磐石的人民安全防线。

（五）坚定不移抓牢红色党建，以一流担当履行崇高使命

围绕贯彻落实新时代党的建设总要求，推动习近平新时代中国特色社会主义思想在门头沟区进一步形成生动实践，全力推进“红色门头沟”党建“1179”工程，以红色党建引领绿色发展。一是强化政治建设。牢记“看北京首先要从政治上看”的要求，把讲政治融入到全区绿色发展、生态富民、队伍建设、安全稳定等各层面，引导全区党员干部以“大考”之年的政治敏感，树牢“四个意识”，坚定“四个自信”，做到“两个维护”。以党章为根本遵循，严格落实新形势下党内政治生活的若干准则。以“钉钉子”精神落实市委巡视反馈意见，做好巡视“后半篇文章”。二是抓好“不忘初心、牢记使命”主题教育。按照中央、市委部署，牢牢把握“守初心、担使命，找差距、抓落实”的总要求，抓好主题教育，把“学习教育、调查研究、检视问题、整改落实”贯穿全过程，引导全区广大党员干部更加自觉地践行初心和使命，更加奋发有为地投身绿色发展。三是深化思想建设。紧跟党的理论创新步伐，加深对党中央大政方针和市委决策部署的理解，增强贯彻落实的自觉性和坚定性。依托京西红色党性教育基地等资源，构建“红色门头

沟”党性教育体系，把学习成果转化为“守初心、担使命”的实际行动。落实意识形态工作责任制，依托新时代文明实践中心，践行新思想、弘扬新风尚。四是打造京西铁军。坚持新时期好干部标准和市委“四个不让”要求，持续优化领导班子配备，注重在“六城联创”、低收入帮扶、扫黑除恶等一线发现人才、选拔干部。加强优秀年轻干部培养，强化日常监督管理，发挥综合考评“指挥棒”作用，激励党员干部奋勇争先当好“两山”理论守护人。落实“京西聚智计划”，集聚推动绿色发展的各类人才。五是夯实基层基础。抓好基层党建述职评议考核问题整改，推动基层党组织全面进步、全面过硬。研究制定全面加强村级党组织建设实施意见，开展村党组织第一书记选派和农村党建助理员公开选聘，夯实农村基层组织力量。持续推进党建引领“街乡吹哨、部门报到”改革，落实新时代街道建设43项重点任务，开展好乡镇机构改革试点工作。强化党组织引领作用，推动业主委员会和物业服务企业积极参与社会治理。六是推进管党治党。持续落实“六六工程”，用好问责利器，强化区委巡察，层层传导压力，推动全区各级党组织履行好管党治党政治责任。深化运用监督执纪“四种形态”，协调推进纪律监督、监察监督、派驻监督和巡察监督，使铁的纪律成为党员干部的自觉遵循。贯彻落实中央八项规定精神，持续保持纠治“四风”的力度，集中整治形式主义、官僚主义，健全长效机制，推动形成不敢腐、不能腐、不想腐的廉洁从政环境。

初心在红色传承中坚守，使命在绿色发展中坚定，在庆祝新中国成立70周年的伟大时刻，让我们以习近平新时代中国特色社会主义思想为指导，在市委、市政府的坚强领导下，始终保持只争朝夕的精神状态和勇争第一的不懈追求，勠力同心当好“两山”理论守护人、绘好门头沟绿水青山图，奋勇打造生态文明建设的首都样板。

以“讲奉献、争第一”的门头沟精神当好“两山”理论守护人

——张力兵同志在区委十二届九次全体会议上的报告

这次全会的主要任务是，坚持以习近平新时代中国特色社会主义思想为指导，深入贯彻党的十九届四中全会精神和中央经济工作会议、农村工作会议精神，落实市委十二届十次、十一次全会精神和市委书记蔡奇同志去年以来六次调研门头沟区指示精神，总结2019年工作，部署2020年重点任务，动员全区各级党组织和党员干部，巩固“不忘初心、牢记使命”主题教育成果，全力打造“红色门头沟”党建品牌和“绿水青山门头沟”城市品牌，以“讲奉献、争第一”的门头沟精神，当好“两山”理论守护人。

下面，我受区委常委会委托，向全会报告工作。

一、坚持以主题教育促进“两个品牌”建设，推动全年各项工作迈上新台阶

年初以来，区委常委会认真贯彻中央、市委决策部署，按照市委书记蔡奇同志“把方向、谋大事、抓党建、保平安”的要求，牢牢把握新中国成立70周年庆祝活动这个“纲”，以“红色门头沟”党建为引领，以年初率先召开70周年重大活动安保动员会为起点，主动把控全年工作节点、推进节奏和落实力度，有序完成村和社区“两委”换届，圆满完成“两会”和“一带一路”高峰论坛、亚洲文明对话大会、世园会安保维稳，顺利完成区级机构改革等一系列“大考”，特别是坚持把国庆70周年服务保障作为今年最大的政治任务，作为主题教育最生动的实践，区四套班子率先垂范，全区各单位、各条战线、各个行业干部群众自觉向前一步，发扬京西铁军连续作战的光荣传统，群众游行精密组织、分秒无误，联欢活动精心设计、精彩纷呈，国庆观礼精准谋划、无缝衔接，“绿水青山”方阵荣获“精彩70”最佳方阵称号；发动“门头沟热心人”等各类力量群防群治，以“一事一档、一人一案、一山一哨”的机制精准施策，严密防控全区1125处点位，做到了“精精益求精、万万无一失”，确保了“西部无战事”，彰显了老区人民讲政治、顾大局、勇奉献、重传承的崇高品质，激发了凝心聚力共奋进、无我无畏勇争先的精神力量，为“讲奉献、争第一”的门头沟精神注入了新的内涵。

国庆节后，我们迅速转向换挡，劲不懈、势不减、扣不松，最大限度地把党员干部迸发出的爱党爱国爱人民的激情转化为推动地区绿色发展、生态富民的强大动力，全力以赴冲刺创建全国文明城区、基本无违建区、全国双拥模范城“四连冠”等节点任务，以京西铁军百战不殆的优良作风，圆满完成了全年各项任务，门头沟区被国家发展改革委纳入京西产业转型升级示范区，被国家生态环境部评为“绿水青山就是金山银山”实践创新基地。

（一）坚定抓牢“不忘初心、牢记使命”主题教育，推动“红色门头沟”党建取得新成效

落实中央、市委关于主题教育的部署，提前谋划、精心筹备，以“五个突出”为特色，率先成立区委主题教育领导小组及办公室，率先召开全区主题教育工作会，坚持“月月有重点、周周有安排”，推出26项特色工作和96项特色任务，区四套班子率先垂范，带领全区1238个党组织、3.4万名党员坚持把学习教育、调查研究、检视问题、整改落实贯穿全过程，实现了主题教育高标起航、高位推进、高效落实。发挥革命老区优势，与西城区合力打造京西红色党性教育基地，建立9个现场教学点，推进新时代文明实践中心建设，推动马克思主义读书会扩大到17家单位，推出话剧《跟党走》、书籍《京西抗日岁月》等原创作品，红色教育内涵不断丰富、感召力不断

增强。区、处两级领导干部聚焦绿色发展和民生热点，主动蹲下身子搞调研，现场解决问题2362个，以问题破解成效践行初心使命、增进民生福祉，党员干部群众普遍感受到主题教育带来的新变化。坚决落实党的十九届四中全会精神，在全市率先形成了“一项计划、一项工程、一项行动、一项机制”的“四个一”制度成果，使主题教育在门头沟“两个品牌”建设中永放异彩。

牢记“抓好党建是最大的政绩”，以开展主题教育为契机，研究制定了《关于“红色门头沟”党建引领绿色发展的实施意见》，不断压实全面从严治党主体责任，“红色门头沟”党建引领作用进一步增强。一是政治建设更加坚定。认真落实党中央关于加强党的政治建设的意见、市委贯彻措施及门头沟区抓落实任务分工，引导党员干部不断增强“四个意识”、坚定“四个自信”、做到“两个维护”。坚决把牢发展方向，率先召开“两山”理论动员大会统一思想，全区对“两山”理论的认识不断深入，对落实“绿色发展、生态富民、弘扬文化、文明首善、团结稳定”的区域发展总原则更加自觉。将意识形态工作纳入区委巡察范畴，建立意识形态考评体系，意识形态安全防线进一步巩固。二是干部队伍更加过硬。顺利完成区级机构改革、街道机构改革及乡镇机构改革试点工作，全面实施公务员职务职级并行制度，进一步激发了干部队伍活力。坚持“凡提四必”，完善处级干部选拔任用流程，强化科级干部选任专项检查，干部选任更加规范。强化对重点部门、关键岗位干部监督，加强“政治体检”，干部管理监督更加有效。与北京大学、人民大学、北京林业大学等高校签订人才合作框架协议，人才队伍建设迈出新步伐。三是基层基础更加坚实。实施农村基层党组织“头雁”“聚力”“领航”“强基”工程，在全市率先圆满完成村和社区“两委”换届。深化“五型”机关创建，推进国企党建整改任务落实，制定“非公企业和社会组织‘红色聚力’行动方案”，健全中小学校及民办学校党建“2+1”工作机制，有力推动了基层党组织全面进步、全面过硬。四是“六六工程”更加严实。坚持以“六六工程”推动管党治党，坚决将“两个维护”贯穿监督工作全过程，年内完成3轮21家党组织巡察，问责13起25人，市委巡视反馈问题整改完成90%；大力整治形式主义、官僚主义，严肃查处顶风违纪行为，年内运用“四种形态”处理908人次；在全区开展社区表格清理情况检查，全力为基层减负；抓牢“反腐惩恶”这把利剑，全年共立案118件，给予党纪政务处分69人；召开全区领导干部警示教育大会，强化以案为鉴、以案促改，进一步营造了风清气正的政治生态。

（二）坚定当好“两山”理论守护人，推动“绿水青山门头沟”建设取得新成效

落实蔡奇同志“守住好山好水好生态，建设绿色发展聚宝盆”的要求，坚定不移守生态、绿富民，群众在绿色发展中享受到更多实惠。一是生态环境持续优化。瞄准创建国家森林城市，千方百计扩大绿色生态空间，完成新一轮百万亩造林4.15万亩、留白增绿18.16公顷、废弃矿山修复86公顷；坚决关闭灵山景区，灵山生态保护项目加快实施。坚持“抠0.1微克”治理PM2.5，截至目前，全区PM2.5平均浓度为36微克/立方米，低于市级下达目标12微克，持续位居全市前列。配合实施永定河补水，40年来首次实现碧水长流；启动西王平泥石流治理等9个地质灾害治理项目，全面落实河长制，针对永定河沿河城断面Ⅳ类水质问题，通过加强永定河山峡段生态治理、沿岸截污治污等措施，确保三家店水质断面达到Ⅲ类标准，永定河生态修复功能显著提升，地区水环境质量不断改善，门城湖入选“2019年度北京市优美河湖”。坚决支持京煤集团关停大台煤矿，彻底结束上千年采煤史。着力推进农村“七边三化四美”和“厕所革命”，基本实现农村垃圾分类、污水处理全覆盖；全区138个美丽乡村创建村全部通过市级农村人居环境整治验收，第二、三批村庄验收平均得分均排名全市第二。二是绿色发展路径持续拓展。坚持规划先行，分区规划获市政府批复，新城街区控规和镇域国土空间规划编制正式启动，138个美丽乡村规划编制完成；推进集体建设用地快速审批政策集成，“点状供地”实施规划（草案）已基本完成；在“2019年度北京市优秀城乡规划奖”评选中，门头沟区村庄民宅风貌设计导则、炭厂村村庄规划荣获一等奖，分区规划荣获特殊贡献奖。坚持把发展精品民宿作为突破口，集成23项优惠政策，推出精品民宿发展服务手册，与西城区共同设立8亿元专项资金，成功举办两届精品民宿推介会，推出“门头沟小院”、“绿水青山门头沟”旅游和“灵山绿产”三个品牌，“门头沟小院”已

成为全市唯一地区性精品民宿品牌，“灵山绿产”成为全市首个区域性绿色产品品牌。着力打造富民增收“百果山”，奇异莓、杨梅、藜麦等高附加值农产品培育初具成效。中关村人工智能科技园先导园正式开园，中关村门头沟园区地均产出率、劳均产出率均位列生态涵养区首位。在全市首次实现以区政府名义回购园区产业用地，为全市存量产业用地有效管控积累了经验。阜外医院西山院区项目顺利推进。在全市率先启动“百事套餐一次办”“双向承诺制不见面审批”改革，开展社会投资“简易低风险”工程审批工作，完成了全市第一宗全流程案例，为世界银行对北京营商环境评估做出巨大贡献，地区营商环境进一步优化。三是民生保障持续改善。坚持聚焦“七有”“五性”抓民生。年内完成3817套棚改安置房分户验收，安置居民2500户6600人；险村搬迁稳步推进，已累计搬迁完成23个村。深化北京市各民主党派支持我区发展“8+1”行动，推动低收入村与市级部门和企业、西城区、市委宣传部下属单位等结对帮扶，实施“同心牵手、比翼致富”鹊桥工程，2019年低收入农户人均可支配收入预计实现14600元，同比增长17.5%；强化扶贫协作，助力涿鹿县、察右后旗、武川县、堆龙德庆区实现脱贫“摘帽”。持续优化公共服务，4所学校获批国家级冰雪运动特色校，幼儿园普惠率达到96.5%；顺利通过国家卫生区复审和慢性病综合防控示范区市级复审，医耗联动综合改革平稳推进，分级诊疗制度有序落实；加强村（社区）养老服务机构建设，“三边四级”养老体系不断完善。新首钢大桥建成通车，长安街西延线全线贯通，国道109新线高速公路即将开工建设，长安天街商业综合体投入运营，群众生活便利性有效提升。

（三）坚定推动“六城联创”，城乡治理创新取得新成效

坚持首善标准，深化“六城联创”，推进基层治理创新，地区更加和谐稳定。一是创城攻坚再拔头筹。咬紧“强力攻坚年”目标，以“冲刺夺魁、勇争第一”的干劲，持续掀起创城热潮。坚持对标新版测评指标补短板、强弱项，依托“创城擂台赛”等“赛马”平台鼓斗志、比奉献，命名三批190家“1+X”达标创建单位，“门头沟点赞”“门头沟热心人”等品牌内涵不断丰富，“不乱扔垃圾的家园”等创建活动常态化开展，顺利通过2019年度首都文明办测评，在全市十六个区中排名第一，为2020年冲刺“全国文明城区提名城区”奠定了坚实基础。二是创建基本无违建区取得决定性胜利。坚持以“9041”为界限，以河道蓝线、生态红线、文保紫线及传统古村落为重点，实施了全市“时间界限最早、范围最大、清零最彻底”的拆违攻坚，全年共拆违146.57万平方米，取得了拆违攻坚决定性胜利，得到了蔡奇同志、陈吉宁同志及各位市领导的充分肯定和高度赞扬，成为全市规自领域整治先进典型。目前，我区已正式向市政府申报“基本无违建区”。三是各项创建工作有序推进。坚持以创城、拆违为标杆，统筹推进“六城联创”，创建国家森林城市36项指标已有27项实现达标，创建北京市食品安全示范区工作进入收官阶段；围绕实现双拥模范城“四连冠”，顺利迎接市级考评验收，在全国率先为现役义务兵父母投保健康综合险，被中央电视台、《解放军报》等媒体刊发，获中央军委肯定。四是基层治理效能不断提升。深化“吹哨报到”“接诉即办”，推出“五个亲自”“一诉十接”“六员六主动”“5+2、7×24全天候工作法”等创新做法，破解了一批群众身边的操心事、烦心事、揪心事，全年共受理12345热线诉求5万余件，办结率和结案率均为100%。坚持党建引领基层治理，涌现出“红色联盟议事会”“五彩微中心”等基层创新经验，共建共治共享的基层治理格局加快形成。五是安全维稳工作扎实推进。以配合中央专项督导为契机，提级升格扫黑除恶领导小组，按照“六必”要求，深挖问题线索，强化专案办理，取得扫黑除恶专项斗争重大突破。深化“平安门头沟”建设，加强重点领域矛盾纠纷动态预警和调处化解，区、镇街、村（社区）三级综治中心实现规范化建设。深化食品药品、生产、交通、消防等领域综合治理，实现较大以上事故零发生。

一年来，区委坚持总揽全局、协调各方、把握节奏，注重加强对人大、政府、政协工作的领导，调动各方积极性，同心协力共促绿色发展。召开区委第五次人大工作会，印发区委关于加强和改进人大工作的意见，支持区人大履行宪法和法律赋予的职责；结合区级机构改革，推进区政府机构设置更加科学、职能更加优化、权责更加协同；召开区委第五次政协工作会，印发区委关于加强和改进政协工作的意见，支持区政协有效

发挥专门协商机构作用。支持区法院、区检察院严格执法、公正司法，持续深化群团改革，积极构建大统战工作格局，着力推进“8+1”行动，形成“名医工作室”等多个品牌。

回顾一年来的工作，面对新中国成立70周年服务保障等重大考验，面对保护生态、绿色发展的重大使命，面对创城、拆违、机构改革等重大任务，面对群众日益增长的美好生活向往，全区党员干部在市委、市政府的坚强领导下，在各民主党派、驻区单位、驻区部队和社会各界全力支持下，奋勇争先，比肩奉献，敢于担当，取得了来之不易的成绩。在此，我代表区委，向全区广大党员干部群众，向所有关心、支持、参与门头沟发展的各界人士，表示衷心的感谢和崇高的敬意！

在肯定成绩的同时，我们也要清醒看到工作中的不足：一是践行“两山”理论还有差距，在推动“绿水青山”向“金山银山”转化上，还缺乏创新实践本领；二是“红色门头沟”党建落实还不平衡，贯彻落实举措还不够扎实，干部监督管理还不够严实，领导干部个人有关事项报告抽查如实率在全市各区排名倒数第一；三是城乡管理和基层治理的精细化程度还不够高，城乡精细化管理机制还不够健全，聚焦“七有”“五性”破解民生问题还有短板；四是推动全面从严治党向基层延伸还不到位，一些基层党组织的凝聚力、向心力和绿色发展动力不够强，形式主义、官僚主义问题仍有发生。对这些问题，我们要高度重视，以更大决心、更强举措坚决予以解决。

二、解放思想、转变观念，创新推动“绿水青山”向“金山银山”转化

习近平总书记反复强调，绿水青山就是金山银山，要努力把绿水青山蕴含的生态产品价值转化为金山银山。党的十九届四中全会强调“坚持和完善生态文明制度体系，促进人与自然和谐共生”“坚定走生产发展、生活富裕、生态良好的文明发展道路，建设美丽中国”。市委十二届十次全会审议通过了贯彻党的十九届四中全会《决定》的实施意见，明确提出要健全生态环境保护体系，完善促进生态涵养区生态保护和绿色发展的体制机制。这是市委在去年印发推动生态涵养区生态保护和绿色发展实施意见的基础上，再次以制度形式确定对生态涵养区的支持政策，进一步树牢了“决不让保护生态环境的吃亏”的鲜明导向。市委书记蔡奇同志对生态涵养区高度重视，强调市里支持生态涵养区的政策不能变；特别是蔡奇同志去年以来六次调研门头沟区，多次对门头沟区打造“两个品牌”等工作给予充分肯定，强调“为你们鼓劲、为你们撑腰”；前不久，蔡奇同志对2020年工作提出“七个怎么看”“七个怎么干”，其中，围绕“怎么看生态文明建设”强调，要发挥生态涵养区对城市发展的压轴作用。中央、市委的决策部署和蔡奇同志对门头沟区的关心支持，为我们落实生态涵养区功能定位、当好“两山”理论守护人指明了方向、提供了遵循、振奋了精神。

从门头沟区自身发展看，近两年来，我们认真贯彻习近平生态文明思想，践行“两山”理论，落实新版北京城市总规赋予的“三大功能”，进一步校准方向、统一思想，明确了打造“两个品牌”的目标，开启了以“红色门头沟”党建引领绿色发展的新征程。在此过程中，全区广大党员干部群众传承红色革命基因，发扬“四个一”奉献传统，坚定历史自信、区域自信、奉献自信、时代自信、担当自信，在守好首都西部生态屏障的同时，围绕推动“绿水青山”向“金山银山”转化进行了有益探索、取得了一定成果，赢得了国家和市级各方面的关注和支持；特别是门头沟区今年被纳入京西产业转型升级示范区，被确定为“绿水青山就是金山银山”实践创新基地，迎来了探索和实践“两山”理论的更大机遇。

站在新的起点，处在全面建成小康社会和“十三五”规划收官、全力谋划“十四五”规划建设的关键时期，区委提出以“红色门头沟”党建为引领，全力打造“绿水青山门头沟”城市品牌，就是着眼于全面落实中央和市委决策部署、着眼于持续传承红色基因和弘扬革命文化、着眼于充分把握门头沟区当前发展机遇和阶段特征、着眼于不断满足全区人民对美好生活的向往，坚决以发展思想转变引领发展方式转变，以“精品经济、精品旅游、精品小镇”引领高质量发展，以创新制度建设引领高效率绿色发展、生态富民和社会治理，全力打通“绿水青山”向“金山银山”的转化通道，确保实现绿色发展、生态富民。

因此，全区党员干部要全面把握“绿水青山门头沟”的深刻内涵，瞄准建设“五个之城”，进一步解放思想、改革创新，以打造“绿水青山的生态之城”为统领，以打造“宜居宜业的幸福之城”为核心，以打造“底蕴深厚的魅力之城”为内涵，以打造“向善尊贤的人文之城”为形象，以打造“有序包容的和谐之城”为基础，持续弘扬“讲奉献、争第一”的门头沟精神，努力将城市底色擦得更靓，将生态富民推得更快，将民生保障做得更实，将基层治理抓得更好，推动“两山”理论在门头沟区进一步形成生动实践，以更加一流业绩，续写“一片绿”奉献的新篇章。

三、聚力打造“绿水青山门头沟”，全力建设“五个之城”

2020年是全面建成小康社会和“十三五规划”收官之年，做好全年工作，意义十分重大。我们要坚持以习近平新时代中国特色社会主义思想为指导，认真贯彻党的十九届四中全会和中央经济工作会议、农村工作会议精神，认真落实市委十二届十次、十一次全会部署，按照市委书记蔡奇同志强调的“七个怎么看”“七个怎么干”以及调研我区指示精神，坚持把守护好绿水青山作为头等大事，用好“红色门头沟”党建这把“金钥匙”，擦亮“绿水青山门头沟”这张“金名片”，高水平打造“五个之城”，以“讲奉献、争第一”的门头沟精神，当好“两山”理论守护人。

（一）筑牢绿色发展之基，奋力打造“绿水青山的生态之城”

认真学习贯彻习近平生态文明思想，牢记市委书记蔡奇同志提出的“在践行‘两山’理论上走在前列”的要求，积极构建以创建国家森林城市为牵引，以植绿护绿、治污控污、清脏治乱为重点，以规划管控、责任追究等机制为保障的生态环境综合治理体系，坚决守好绿水青山。一是强化规划引领。落实“三个严禁”，充分发挥规划的战略引领和刚性约束作用，确保分区规划科学高效实施；完善修编林规、水规、乡村道路规划和生态保护区规划，加快编制新城街区控规和镇域国土空间规划，推动编制区域产业发展、六大文化等专项规划，坚持开展城市体检，维护规划的严肃性和权威性；加快138个美丽乡村规划的完善和审批，探索建立农村宅基地审批管理机制，积极构建村庄民宅规划管理长效机制。高水平编制“十四五”规划及专项规划，将规划指标要求纳入“五个之城”建设，构建“绿水青山门头沟”评价指标体系。二是强化植绿护绿。紧扣2021年成功创建国家森林城市目标，实施新一轮百万亩造林1万亩、京津风沙源治理封山育林15.1万亩、废弃矿山修复12.9公顷；持续推进城市景观提升和绿地公园建设，巩固提升农村人居环境整治成效，持续实施农村“七边三化四美”和“厕所革命”、开展垃圾分类和资源化利用，切实为群众营造宜居靓丽的居住环境。三是强化生态保护。保持大气污染治理不松劲，完善管控机制，提高精细化管控水平，确保完成市政府下达的PM2.5治理任务。坚持把永定河治理作为水环境治理一号工程，有序实施“点状供地”规划中明确的防洪工程建设，发挥各级河长作用，推进永定河山峡段综合治理、沿河村庄地质灾害隐患和泥石流沟治理；统筹永定河及108、109国道沿线土地流转和生态建设保护，打造京西生态走廊。

（二）筑牢生态富民之基，奋力打造“宜居宜业的幸福之城”

认真贯彻习近平总书记视察北京时提出的“要坚持人民城市为人民，以北京市民最关心的问题为导向，增强人民群众获得感”的要求，牢记市委书记蔡奇同志提出的“要探索走出一条绿色发展、高质量发展的路子”的要求，围绕打造“精品经济、精品旅游、精品小镇”，积极构建以“七有”“五性”为导向，以发展“三大产业”为支撑，以优化公共服务为基础的富民惠民利民体系，坚决保障改善民生。一是在推动乡村产业振兴上持续用力。坚持“发展农村集体经济、精品民宿、土地统筹流转、一村一品”四个支持导向，抓牢精品民宿这个突破口，完善集成政策，编制美丽乡村建设方案，持续深化精品民宿推介会成果，加大“门头沟小院”“绿水青山门头沟”旅游和“灵山绿产”品牌推广力度，推动更多精品民宿项目落地，发挥“六大文化”优势，在打造“民宿+”上深耕细作，拓展富民增收“百果山”的内涵，扩大高附加值农产品种植规模，着力形成各类主题突出、亮彩纷呈的田园综合体“带”和“群”；做优做强潭戒景区，统筹京门线、京大线等铁路资源利用，积极推进京西旅游专线前期工作，推动传统景区、精品民宿、农家乐、乡村旅游深度融合，打造精品旅游路线。制定“点状供地”年度计划，严控容积率和单体建筑规模，重塑集体建设用地快速审批流程，推动集体建设用地“村地区管”，有序引导农村产业培育，壮大集体经济，补齐发展短板。二是在培育“高精尖”产业上持续用力。紧抓京西产业转型升级示范区建设契机，推动产业培育与示范区建设有效衔接，着力构建“一园两区”新格局。坚持以中关村门头沟园为核心，完善园区管理体制，建立与中关村西城园协同发展机制，确保石龙三期2020年底前竣工，加快石龙五期人工智能产业园建设，以精雕科技为核心，打造国家级精密结构件快速设计和制造云平台，形成京西人工智能产业新引擎。坚持以新首钢协作配套区为支撑，强化与石景山区、首钢对接，做好区块链、5G等前沿业态招商，尽快明确我区纳入新首钢协作区范围的产业定位，推动科技创新服务资源要素集聚，积极导入“体育+”等冬奥相关产业，着力打造高端服务业。坚持以医药健康产业集聚区为载体，建设阜外医院西山院区，明确产业孵化园范围，深化与国家心血管研究中心合作，加速科研成果产业化，统筹带动与首都医科大学合作的门头沟新院区建设，两院规划推出近350张研究型床位，打造全国新药械临床转化中心、CRO产业中介服务平台和医药健康产业总部基地。整合区属国有可经营优良资产，打造区属国有资产运营平台，推动区属国有企业做好10万平方米商业设施接收运营；依托长安天街综合体等商业设施，探索发展夜间经济。落实领导联系企业等制度，深化“双向承诺制不见面审批”改革，完善12345热线服务企业功能，持续优化营商环境。三是在打造精品小镇上持续用力。着力构建“一城、两带、三点、多脉”的城乡空间结构，推动各镇特色化、多元化发展。门头沟新城要构建“一山、一水，两轴、一带、三片区”的城市空间结构，永定镇、龙泉镇作为新城重要组成部分，要瞄准协同打造首都西部独具生态特色的滨水美丽山城，稳步推进3751地块、棚改7平方地块利用及三家店地区改造提升，着力培育科创智能、医药健康、文化创意产业；潭柘寺镇要重点发展特色文创、民宿休闲和健康养生产业，打造京西特色历史文化旅游休闲小镇；军庄镇要加强与海淀北部地区联动发展，打造以服装学院为引擎，科技、文化、时尚特色交融的创新创业小镇；妙峰山镇作为浅山区重要旅游休闲区，要打造全域景区化旅游示范小镇；王平镇作为永定河生态文化融合发展带的重要节点，要打造与旅游相融合的运动休闲小镇；大台街道作为门头沟工矿文化旅游区的主要组成部分，要打造具有煤业文化旅游特色的工业转型发展示范小镇；斋堂镇要瞄准建设“引领带动深山区发展的辐射型小城镇”，打造文旅康养为特色的古村落文旅休闲名镇；雁翅镇作为永定河上游的重要生态保育区，要打造集生态景观、休闲旅游、都市农业等为一体的滨河水岸休闲小镇；清水镇要加强与周边地区的生态治理协作，大力推进精品民宿和特色农产品种植，打造以田园综合体为特色的生态运动休闲小镇。四是在抓好民生保障上持续用力。坚持把落实全面建成小康社会目标体现在人民生活改善上，全力抓好民生工作。加快棚改剩余安置房建设和历史遗留问题破解，确保明年再交付安置房2534套，安置2300户6300人，力争2020年基本完成棚改工程。瞄准明年低收入帮扶收官目标，持续丰富“8+1”行动内涵，用好低收入村与市级部门和企业、西城区等结对帮扶机制，巩固拓展产业、就业帮扶成果，增强低收入村造血功能，确保全面建成小康社会路上一个不掉队。持续推动名校办分校和集团化办学，推动引入高端国际教育；巩固慢性病综合防控示范区创建成果，完善医疗质量管理、院前急救、家庭医生签约服务等机制，全力建设“健康门头沟”；抓好就业工作，深化养老服务管理体制改革，做好残疾人和特困家庭等困难人群的基本生活保障。深化与西城区在公共服务领域的合作，着力打造核心区帮扶生态涵养区的样板。优先推动与民生息息相关的供电、供水、道路等基础设施建设，统筹推进国道109新线高速公路沿线市政交通、公共服务、旅游服务等配套设施建设，加快推进双大路二期等重点工程，着力建设“四好农村路”，不断提升居民生活便利性。

（三）筑牢弘扬文化之基，奋力打造“底蕴深厚的魅力之城”

认真贯彻习近平总书记提出的“北京历史文化是中华文明源远流长的伟大见证，要更加精心保护好”的要求，牢记市委书记蔡奇同志提出的“做好首都文化这篇大文章”的要求，积极构建以西山永定河文化带和长城文化带建设为牵引，以“六四一”文化保护传承机制和“6+1”文化体系为架构的文化建设体系。一是着力提升文化品牌魅力。落实两个文化带建设规划，打造全区历史文化资源基础信息平台，更好推进文化保护传承。深挖文化潜能，打造以“山河·家国”为主题，以“六大文化＋户外运动文化”为特色的系列文化活动，继续办好永定河文化节；挖掘整理我区千年采煤史，充分借力市级支持，推进以“千年采煤、八百兴都、红色奉献、绿色发展”为主题的系列活动和项目建设，与京煤集团协作推进采煤工业遗存再利用，建设一批具备煤业文化特色的产业项目和主题公园，营造传承“一盆火”、续写“一片绿”的浓厚氛围。二是着力培育良好社会风尚。坚持弘扬社会主义核心价值观，发挥新时代文明实践中心三级组织体系作用，强化思想引领、文明实践、志愿服务等工作，持续讲好“四个一”的门头沟故事，生动阐述革命老区红色文化内涵。以创建全国文明城区为契机，持续做好“北京榜样”“身边好人”等模范选树工作，弘扬时代主旋律。三是着力提高公共文化服务品质。推进首都公共文化服务示范区建设，优化三级公共文化服务网络，加快建设区文体中心、镇街综合文化中心和村居文化室，利用拆违腾退空间，梳理适宜地下空间，建设一批群众健身场地和设施；推动永定河博物馆、东胡林人遗址公园等文化项目建设。开展全民阅读活动，支持城区和民宿实体书店发展，持续开展送演出、送图书、送电影等文化惠民活动，不断丰富群众精神文化生活。

（四）筑牢文明首善之基，奋力打造“向善尊贤的人文之城”

认真贯彻习近平总书记提出的“营造崇德向善、见贤思齐的社会氛围”的要求，牢记市委书记蔡奇同志提出的“努力使北京成为城市文明形象的首善之区”的要求，积极构建以创建全国文明城区为总抓手，以“六城联创”为重点，以“赛马”平台为激励的统筹联创体系，不断提升城市形象。一是坚决实现创城攻坚“双达标”。瞄准冲刺“首都文明示范区和全国文明城区提名城区”目标，巩固两年来创城良好态势，持续开展创城擂台赛、镇街书记点评会，持续打响“门头沟点赞”“门头沟热心人”品牌，依托全要素测评，以工作清单、折子工程、专项行动等举措保持强力攻坚态势，创新全民参与载体，着力补齐各类短板，通过创建文明单位、文明村居、文明家庭等形式，把创城延伸到基层一线，确保志在必得、创则必胜。二是坚决保持新增违建“零容忍”。配合市级部门做好基本无违建区验收，巩固深化创建成果，瞄准村（社区）内的小违建，继续把基本无违建区建设向纵深推进，坚决防范涉地乱象和涉地腐败，全力确保新增违法建设“零增长”；加强违建拆除后的生态修复、环境治理和综合利用，用好创建基本无违建区市级补助资金，集中打造一批民生工程。三是坚决推动各项创建“齐发力”。着力巩固国家卫生区复审成果，进一步推进城乡健康环境建设，提升市民健康素养；巩固北京市食品安全示范区创建成果，谋划启动国家食品安全示范城市创建工作；积极筹备创建全国生态文明建设示范区；弘扬革命老区传统，冲刺全国双拥模范城“四连冠”，推进军民融合深度发展；以“六城联创”为带动，推动各项工作在全市“创首善、争一流”。

（五）筑牢团结稳定之基，奋力打造“有序包容的和谐之城”

认真贯彻习近平总书记提出的“确保首都社会稳定，北京市使命光荣、责任重大、任务艰巨”的要求，牢记市委书记蔡奇同志提出的“守好首都西大门”的要求，积极构建以共建共治共享为目标，以机制创新为先导，以“平安门头沟”建设为支撑的多元共治城乡治理体系，坚决确保和谐稳定。一方面，持续深化“平安门头沟”建设。树牢“精精益求精，万万无一失”的高标准，巩固完善“一人一案、一事一档、一山一哨”机制，坚持创新拓展新时代“枫桥经验”，健全平安建设工作体系；持续做强区、镇街、村（社区）三级综治中心，打好矛盾纠纷排查化解主动仗。推进扫黑除恶常态化机制建设，不断把扫黑除恶专项斗争引向深入，确保实现“长效常治”。抓好安全生产、森林防火、防汛抗旱等工作，推进食品药品、生产、交通等领域安全管理，确保“西部无战事”。另一方面，持续深化基层治理。以落实《北京市街道办事处条例》《北京市生活垃圾管理条例》《北京市物业管理条例》为抓手，巩固“吹哨报到”成果，进一步推进社会治理和服务重心下移，强化各镇街的社会管理和公共服务职能，推广“5+2、7×24”便民服务。深化“接诉即办”，坚持“五个亲自”“一诉十接”等做法，创新主动治理、未诉先办机制，提升“接诉即办”信息化水平。发挥基层党组织引领作用，推广“红色联盟议事会”“五彩微中心”等基层治理“微创新”，将小区业委会和物业纳入社区治理范畴，整合用好街巷长、小巷管家等力量，探索打造多方参与、协商共治的社区治理样本，完善共建共治共享的基层治理格局。

这里要特别说明，报告第二、第三大部分，

也是对提交这次全会审议的《关于加快“绿水青山门头沟”建设的实施意见（审议稿）》的情况说明。

四、坚持以主题教育成果筑牢“红色门头沟”党建根基，为打造“绿水青山门头沟”提供坚强保障

坚决落实新时代党的建设总要求，以“1179”工程为具体抓手和实践载体，坚持以红色理论武装人、以红色方向指引人、以红色文化涵养人、以红色基地教育人、以红色作品激励人、以红色担当服务人、以红色纪律约束人，推进全面从严治党不断向纵深发展，切实以“红色门头沟”党建引领保障“绿水青山门头沟”建设，以打造“五个之城”的一流业绩，彰显主题教育实践成效。

（一）持续推进主题教育常态化

贯彻党的十九届四中全会要求，坚持把“不忘初心、牢记使命”作为党的建设的永恒课题和党员干部的终身课题，落实我区主题教育“四个一”制度成果，以制度刚性巩固拓展主题教育成效，推动党员干部持之以恒守初心、担使命。一是实施“不忘初心、牢记使命”三年行动计划。从抓政治统领、红色传承、绿色发展、基层治理、全面从严治党等方面入手，利用2020年至2022年三年时间，明确重点任务，引导党员干部坚守初心使命、聚力担当作为，实现党建引领再强化、政治素质再提升、担当意识再增强、为民服务再深化。二是实施“理旧账”工程。坚持“新官理旧账”，以解决全区150项历史遗留问题为重点，压实各级领导干部责任，挂账督办、上下联动，破解制约地区发展和民生改善的“硬骨头”。三是实施“蹲下身子搞调研、长效机制补短板”行动。区四套班子领导率先垂范，针对全区发展中存在的重点难点问题，坚持主动蹲下身子抓调研、促整改，切实形成一批长效举措和机制。四是实施“领导服务基层机制”。建立区四套班子领导定期到基层解决问题机制，实现区级领导服务联系镇街常态化，为基层排忧解难，以实际行动走好新形势下党的群众路线。

（二）持续压实全面从严治党主体责任

坚决落实“红色门头沟”党建引领绿色发展实施意见，层层压实主体责任，系统化、制度化推进党建工作。一是强化政治建设。牢记“看北京首先要从政治上看”，加强党对各项工作的领导，从严落实加强党的政治建设的任务分工，严明政治纪律和政治规矩，切实增强“四个意识”，坚定“四个自信”，做到“两个维护”。二是强化思想建设。坚持把学习习近平新时代中国特色社会主义思想作为首要政治任务，发挥“1+9”党性教育阵地作用，弘扬革命文化，继续推广马克思主义读书会做法。着力加强阵地管理，健全舆情处置机制，确保意识形态领域安全。三是强化干部队伍建设。持续优化干部选任机制，强化从基层一线选人用人，释放职务职级并行制度改革效能，引导党员干部持之以恒践行“四个当先、一个当头”，带头回答好“门头沟四问”。深入开展综合考评，激励干部担当作为。推进“京西聚智计划”，集聚更多优秀人才助力绿色发展。四是强化基层党组织建设。持续推进农村基层党建，扎实开展软弱涣散村和后进社区党组织整顿，常态化实施党建督导暗访和支部体检，着力打造区级党群服务中心，统筹推动各领域党建工作不断取得新成效。

（三）持续营造风清气正环境

深入推进全面从严治党“六六工程”，用好问责利器，强化区委巡察，推动全区各级党组织切实履行好管党治党主体责任。狠抓中央八项规定精神落细落实，保持纠治“四风”力度，坚决整治形式主义、官僚主义，持续为基层减负。坚持聚焦创城、低收入精准帮扶、扫黑除恶等重点工作，强化监督执纪问责。深化纪检监察体制改革，完善一体推进不敢腐、不能腐、不想腐的体制机制，协调推进纪律监督、监察监督、派驻监督和巡察监督，实现监督全覆盖，用铁的纪律建设京西铁军。

习近平总书记强调，幸福都是奋斗出来的。在即将迎来全面建成小康社会的关键时期，让我们坚持以习近平新时代中国特色社会主义思想为指导，在市委、市政府的坚强领导下，坚守初心使命，传承红色基因，全力以赴打造“红色门头沟”党建品牌和“绿水青山门头沟”城市品牌，以老区人民的“无我无畏”，当好“两山”理论守护人，绘好绿水青山图。

关于全区经济社会发展情况的报告

——付兆庚同志在区委十二届九次全体会议上的报告

现在，我受区委常委会委托，向大会报告2019年全区经济社会发展情况，并就2020年工作安排讲几点意见。

一、2019年工作回顾

过去的一年，我们认真贯彻党的十九大和历次全会精神、北京市第十二次党代会和历次全会决策部署，紧紧围绕区委十二届八次全会工作要求，按照“绿色发展、生态富民、弘扬文化、文明首善、团结稳定”的区域发展总原则，以新中国成立70周年庆祝活动为纲，稳增促调、转型升级，加快构建“三精”格局，经济社会实现平稳健康发展。预计实现地区生产总值200亿元，剔除传统资源型产业退出影响因素同比增长10%以上；一般公共预算收入33.63亿元，同比增长6.5%；建安投资85亿元，同比增长8%；社会消费品零售额74亿元，同比增长6%左右；全体居民人均可支配收入达到53500元，同比增长8.5%以上，绝对值居生态涵养区首位。地区资源依赖度持续下降，能源消耗总量控制在63.3万吨标准煤以内，万元地区生产总值能耗同比下降2.5%，圆满完成了区人大十六届五次会议确定的主要目标任务。

（一）攻坚克难，“三大攻坚战”有序推进

污染防治攻坚战成效显著。坚持“抠0.1微克”治理PM2.5，截至11月底，地区PM2.5平均浓度为36微克/立方米，全市排名第三。开展水源地保护工作专项行动，三家店等3个水断面水质达标。配合实施年度永定河生态补水，永定河山峡段河道40年来首次实现不断流。强化土壤污染风险管理，土壤安全利用率达到100%。坚决关停大台煤矿，地区千年采煤史彻底终结。

低收入精准帮扶攻坚战成果丰硕。建立“一对一”精准帮扶对接台账，实现低收入农户劳动力转移就业3286人，就业率达到97.68%。农村4类重点对象和低收入群众危房改造实现竣工282户。出台《门头沟区2019-2020年低收入发展项目实施方案》，实施低收入发展项目47项，低收入农户人均可支配收入预计实现14600元，同比增长17.5%，增幅位居全市前列。被生态环境部命名为“绿水青山就是金山银山”实践创新基地，“绿水青山门头沟”品牌优势逐步显现。

棚改攻坚战全面持续发力。完成3817套棚改安置房分户验收，即将实现2500户居民搬迁上楼，累计建成安置房49492套。新棚改3751地块4个项目拆迁腾退基本完成，冯村南街等3个项目实现开工。市政道路、供暖、燃气等公共配套设施同步完善，棚改工程质量显著提升，腾退土地资源开发利用大力推进。

（二）统筹协调，“四件大事”加快实施

新版北京城市总体规划深入落实。国土空间分区规划已获市政府批复，压茬启动新城控制性详细规划（街区层面）及镇域国土空间规划编制工作，开展城市体检评估。“点状供地”实施规划（草案）已基本完成，以清水镇为试点，推动集体土地利用审批创新。制定《门头沟区传统村落内危房改造指导意见》。持续优化责任规划师配置，实现团队镇街全覆盖。

乡村振兴战略加快实施。完成176个村集体经济组织换届选举，推动农民专业合作社专项清理。全面完成农村集体资产清产核资，确定第一批8个村级集体经济试点。完成斋堂镇柏峪村等5个村取暖煤改电。全面消灭农村旱厕，户厕覆盖率达到97.07%。基本实现农村垃圾分类和污水处理全覆盖。完成138个村庄的规划编制，《门头沟区村庄民宅风貌设计导则》、炭厂村村庄规划被评为“2019年度北京市优秀城乡规划奖”一等奖。全力推动农村人居环境整治工作，整治效果排名全市第二。

“疏整促”专项行动纵深推进。“疏整促”行动全年13项任务提前超额完成，点位完成率位列生态涵养区第二。腾退土地销账面积122.6公顷，疏解退出一般制造业企业2家，“散乱污”企业清理整治保持动态清零。新建和规范基本便民商业网点60个，完成全年任务的146%。全区常住人口总量预计控制在34.5万人以内，人口变动趋势处于可控区间。

机构改革工作稳妥进行。新组建部门全部完成挂牌及职责划转，改革后设置党政机构43个。完成4个街道机构改革，率先在全市启动乡镇机构改革试点，在龙泉镇和军庄镇探索高效管理体系。调整组建8个区级综合执法机构。事业单位改革分类稳妥实施。编制32个政府部门1214项权力清单，政府权力运行监督管理不断强化。

（三）转型升级，“三大产业”加速集聚

文旅体验产业驱动力持续增强。国家级全域旅游示范区、旅游业改革创新先行区创建进展顺利。强化重点景区带动，八大景区组团专项规划编制初步完成，京西商旅古道一期、二期项目全部完工。成功举办北京精品民宿发展论坛和精品民宿推介会，推出“门头沟小院”“绿水青山门头沟”旅游和“灵山绿产”三个品牌，推动梁家庄“创艺乡居”等项目落地，地区精品民宿接待能力显著提升。与金隅集团合作，打造琉璃文化创意产业园区。清水镇、王平镇全国运动休闲特色小镇试点加快建设，推动文游、体游、农游深度融合。西山永定河文化带、长城文化带保护与发展规划及五年行动计划初步编制完成，永定河文化博物馆新馆项目稳步推进。顺利完成潭柘寺、戒台寺、妙峰山景区退市交接。成功举办第十三届永定河文化节。国际山地徒步大会被评为“2019中国体育旅游十佳精品赛事”。

科创智能产业集聚能力不断提升。国家可持续发展实验区验收工作有序推进，推动京西产业转型升级示范区建设。中关村门头沟园规模以上高新技术企业实现总收入287.5亿元，同比增长29.1%，园区地均产出率、劳均产出率在生态涵养区排名第一。石龙五期人工智能科技园基本具备入市交易条件，石龙三期产业承载项目实现主体封顶。正式启用“中关村（京西）人工智能科技园·智能文创园”。完成工业研发用地（安普公司）属地政府优先回购全部股权和社会投资“简易低风险”建设项目（利德衡）等两个全市首例全流程案例。以精雕科技等为代表的智能制造板块初步形成，遨博智能协作机器人等9个市级入库高精尖产业项目有序推进。出台《门头沟区贯彻落实新首钢打造新时代首都城市复兴新地标行动计划（2019-2021年）工作方案》，新兴战略产业项目加速布局。

医药健康产业培育成效显著。阜外医院西山园区二期项目手续办理进展顺利，加速国家心血管研究中心科研成果产业化。推出350张研究型床位。与首都医科大学深入对接，推进研究型医院建设，着力打造全国医药健康产业临床转化中心、CRO产业中介服务中心和医药健康产业总部基地。

（四）共建共享，“六城联创”工作成果丰硕

以“新时代文明实践中心建设”全国试点为契机，坚持首善标准推进“全国文明城区”创建，以优异成绩通过2019年度市级创城测评，创城攻坚再拔头筹，为明年冲刺“全国文明城区提名城区”奠定了坚实基础。“国家森林城市”创建有序实施，新增造林面积4.15万亩。“基本无违建区”创建取得决定性胜利，拆除违建146.57万平方米，完成年度目标任务的703%。高标准通过“国家卫生区”复审。北京市“食品安全示范区”创建进入收官阶段。建立退役军人三级服务体系，顺利通过北京市双拥模范城实地考核，努力实现“全国双拥模范城”四连冠。

（五）真抓实干，市区重点工程加快推进

基础设施承载能力显著提升。69项区级重点工程按照计划稳步推进。新首钢大桥建成通车，长安街西延长线实现全线贯通，国道109新线高速公路建设项目稳步推进。36个公路及市政道路项目进展有序，双大路二期工程顺利进行。新城大街等7条道路正式通车。曹各庄路电力工程等4项工程顺利完工，潭柘寺110KV输变电工程等4项工程按期开工。

公共服务设施进一步完善。建成各类政策性住房10927套，超额完成保障房建设任务。区教师进修学校综合教学楼改造工程结构封顶，育园小学新建等工程加速推进，新增4所一级一类幼儿园，增加学前教育学位450个。区档案馆新馆建设项目完成设计招标，区体育文化中心项目稳步推进。顺利通过北京市节水型区创建验收。新

开、调整13条公交线路，着力保障百姓出行。

（六）民生为本，社会事业全面发展

社会保障水平持续提升。全区城乡劳动力实现就业5234人，城镇登记失业率控制在3.82%左右。推动新城20街区等养老机构和街道乡镇养老照料中心建设，新建4家社区养老服务驿站和农村幸福晚年驿站。全面落实残疾人保障政策，新建7家残疾人帮扶性就业基地。向区内人才提供共有产权房、租赁型住房146套。完成9.24万平方米老旧小区房屋漏雨防水施工。险村险户搬迁工程稳步实施，23个村完成险村险户搬迁。

公共服务水平显著增强。普惠性幼儿园覆盖率达到96.5%，全市排名第二。2019年高考本科上线率达到74.96%，同比提升6.57个百分点。顺利实施医耗联动改革，正式启动“门头沟区急性心脑血管疾病救治能力提升工程”。新建运营龙兴120急救站，院前急救呼叫满足率逐步提升。首都公共文化服务示范区创建工作推进顺利，着力打造“五个一”公共文化服务配送体系。全民健身工程纵深发展，新建全民健身运动场地18片、健身步道5条。编制《门头沟商业设施布局规划》，城镇社区便民商业网点覆盖率达到97.7%，龙湖长安天街入驻开业，促进地区消费全新升级。完成直接关系群众生活方面的重要实事26件。

社会服务管理不断创新。圆满完成村和社区“两委”换届选举。开展村规民约、社区居民公约修订，激发村民、居民自治活力。建设精品社区、特色品牌街巷25个。坚持党建引领物业服务企业和业主委员会建设，深化“村居共建、六联共创”治理模式。积极推进街巷长制和小巷管家，处理各类事项5.1万件。探索共治共享管理模式，实施路侧停车电子收费。实行“接诉即办”首派承办单位负责制，累计受理群众诉求5万余件，响应率100%，解决率、满意率持续提升。

社会秩序保持和谐稳定。圆满完成新中国成立70周年庆祝活动等系列重大活动安保服务工作。坚决开展扫黑除恶专项斗争，累计梳理涉黑涉恶线索274条，查办涉黑涉恶腐败和“保护伞”案件6件。推进“雪亮工程”建设，重点地区、重点行业场所重大刑事案件“零发生”。推进“连民心恳谈室”机制，及时就地化解矛盾。制定实施政府与重大风险源企业“一对一”应急预案。深入开展城市安全隐患治理三年行动，全区安全生产形势总体平稳。

（七）深化改革，政府服务效能显著提升

全面深化改革持续深入。不断优化营商环境，企业群众提供办事材料精简60%。1600余个区级事项和130个镇街级事项全部纳入“一窗”综合办理，在全市率先实现“一窗通办”和企业开办“上门办”。主动公开政府信息7723条，受理依申请公开428件。深入实施预算绩效目标管理改革，持续强化政府性债务风险防控。深入推进对口帮扶，累计向涿鹿县、武川、察右后旗、堆龙德庆安排区级财政资金1100万元，支持公益岗位1830个，救助残疾人95人，助力脱贫“摘帽”。

坚定不移深化作风建设。扎实开展“不忘初心、牢记使命”主题教育，自觉抓好政府系统党建。求真务实开展调查研究，主动查摆历史遗留问题147项。落实为基层减负工作要求，发扬“短实新”文风会风，超额完成文会精简30%以上目标任务。健全问责容错机制，严控“一票否决”事项。压缩“三公”经费，大力缩减一般性支出，严控行政运行成本。

全面依法行政不断强化。主动向区人大和政协征求意见和通报工作，全年办理人大代表建议70件、政协提案105件，办复率达到100%，满意率持续提升。坚持政府常务会议会前学法制度，全年学法6次，全面推进依法治区。坚持并完善重大事项集体决策制度，加强审计监督和监察监督。深入开展“七五”法治宣传教育。支持区检察院、区法院依法履行职责。

二、2020年经济社会发展主要预期目标和重点任务

2020年是全面建成小康社会和“十三五”规划收官之年，是全力谋划“十四五”规划建设的关键之年，做好全年工作意义十分重大。我们要全面深入贯彻习近平新时代中国特色社会主义思想和生态文明思想，坚持“绿色发展、生态富民、弘扬文化、文明首善、团结稳定”的区域发展总原则，巩固“不忘初心、牢记使命”主题教育成果，坚持稳中求进总基调，践行首善标准，高举生态大旗，以“红色门头沟”党建品牌为引领，瞄准“五个之城”建设，对标“七有”要求、“五性”需求，统筹做好改革发展稳定和改善民生各项工作，打造精品经济、精品旅游、精品小镇，走好绿色高质量发展之路，争当生态文明建设的首都样板，全力塑造“绿水青山门头沟”城市品牌。2020年全区经济社会发展主要预期目标是：地区生产总值增长6%左右，一般公共预算收入完成数与2019年持平，社会消费品零售额增长6%左右，居民收入增长与经济增长保持同步，城镇登记失业率控制在4.5%以内。

围绕实现上述目标，我们要坚决按照市委十二届十一次全会精神，以及蔡奇书记前不久就明年工作提出的“七个怎么看”“七个怎么干”思路要求，重点做好以下几个方面的工作：

（一）深入践行“两山”理论，全面夯实生态本底

全面落实减量发展。高质量编制“十四五”规划及专项规划，持续落实新版北京城市总体规划及分区规划，扎实推进新城控制性详细规划（街区层面）及镇域国土空间规划编制工作。抓好《北京市城乡规划条例》组织实施，持续推进城乡建设用地减量。推进“点状供地”实施规划落地，做好战略留白。巩固基本无违建区创建成果，确保新增违建“零增长”。

深入推进污染防治。全面贯彻生态涵养区生态保护和绿色发展实施意见，建立健全生态环境保护制度等制度体系。坚决打好蓝天保卫战，坚持“抠0.1微克”治理PM2.5，坚决完成市政府下达任务。坚决打好碧水保卫战，坚持把永定河治理作为水环境治理一号工程，推进永定河山峡段综合治理与生态修复，深入开展“清河行动”和“清四乱”专项行动。坚决打好净土保卫战，强化土壤污染风险管理和治理修复，完善污染地块监管机制。巩固“两山”理论实践创新基地创建成果，争创“国家生态文明建设示范区”，以优异成绩迎接第二轮中央生态环境保护督察。

持续拓展绿色空间。瞄准国家森林城市创建，狠抓植绿护绿，在山区重点实施新一轮百万亩造林绿化1万亩、京津风沙源治理封山育林15.1万亩、困难地造林1500亩、废弃矿山修复12.9公顷、森林健康经营林木抚育任务8.7万亩。在城区启动实施东辛称C西等建设项目，探索打造“微公园”，进一步提升公园绿地500米服务半径覆盖率。持续推进老城区环境整治，开展留白增绿、见空插绿工作，为群众提供更多绿色空间。

（二）加快产业转型升级，推动绿色高质量发展

加快打造精品经济。稳步推进《门头沟区战略和产业发展专项规划》实施，围绕“三大产业”和“四大集聚区”，抢抓新首钢高端产业综合服务区、京西产业转型升级示范区（国家级）、西长安街延长带建设机遇，加快培育发展新动能，着力构建绿色健康可持续的现代产业体系。加快推动石龙五期人工智能产业园开工建设，力争石龙三期产业承载项目年底实现竣工验收。依托“新首钢国际人才社区”建设，建立健全区域人才涵养系统工程。加快推进精雕云服务平台等高精尖重点项目落地。主动服务阜外西山园区建设，支持发展医学人工智能创新基地。强化与石景山区、首钢对接，推动科技创新服务资源要素集聚共享。

加快发展精品旅游。全力推进国家全域旅游示范区建设，举办好精品民宿推介会，聚力打响“绿水青山门头沟”旅游、“门头沟小院”精品民宿和“灵山绿产”地方特产三个品牌。加快推动优质民宿项目落地，努力建成主题文化田园综合体。打造精品旅游线路，实现文旅融合发展。实施游客“后备箱”工程，丰富精品文旅产品供给，为生态富民提供抓手。促进文创产业健康发展，推动琉璃文化创意产业园落地建设。协调加快永定河文化博物馆新馆规划建设前期工作，提升地区文化影响力。

加快建设精品小镇。开展好农村集体建设用地审批流程优化工作，加强“村地区管”，整合盘活农村闲置资源。着力构建“一城、两带、三点、多脉”的城乡空间结构，依据各镇资源禀赋和特色定位，推动各镇特色化、多元化发展。以美丽乡村建设为抓手，加快补齐基础设施建设短板。进一步深化与西城区结对协作，推动建设康养服务设施，促进健康养老产业发展。

（三）加强地区统筹谋划，推进城乡协同发展

坚决打好棚户区改造攻坚战。把棚改作为头号民生工程和防范系统性风险的重中之重，保质量、保进度、保配套、保服务，全力加大棚改工程建设力度，继续实施大峪化工厂、三家店粮库定向安置房建设工程，推进冯村南街、永定镇南区、3751-C和新城14街区项目建设，同步加强棚改项目周边环境和市政配套基础设施建设，加

快棚改工程手续办理进度，积极妥善解决历史遗留问题，力争2020年基本完成棚改工程。

扎实推进低收入精准帮扶。多渠道做好低收入村、户增收，全力确保到2020年现行标准下低收入村、户全部消除，低收入农户教育、医疗、住房等“三保障”水平进一步提高。开发绿色生态公益性就业岗位，创新农民就近就业路径。全力推动乡村产业发展，鼓励村集体经济组织入股产业项目。依法依规加强对农村宅基地的管理及闲置农房的盘活利用。深化以低收入帮扶为重点的“8+1”行动，确保高水平打赢低收入精准帮扶攻坚战。

持续推进美丽乡村建设。以“七边三化四美”为标准，持续推进农村人居环境整治，高起点培育15个市级“乡村振兴示范村”。深化落实《门头沟区村庄民宅风貌设计导则》，完成138个村庄规划备案。持续壮大农村集体经济。持续开展“厕所革命”，农村户厕改造做到愿改尽改。有序推进险村险户搬迁申报工作，稳步推动村庄煤改清洁能源。建立农村“三资”规范运作长效机制，强化农村“三资”管理制度化、规范化。

着力提升城乡基础承载力。全年计划安排重点工程81项，投资规模64.2亿元。持续完善山区路网，加速推进双大路二期建设，力争实现主体完工。协调推进109国道新线高速等市级联络线建设，加快108国道三期等前期手续办理。有序推进石龙路等8个城市主次干道路建设。实施“三供一业”老旧配电设施改造工程。完成门城水厂建设，推进鲁家山垃圾焚烧厂余热供热工程。加快推进潭柘寺等输变电工程建设，实现金沙街等电力隧道工程开工，进一步提升地区供电保障能力。加快推进S1线沿线景观提升工程，推进无障碍环境建设，下大力气改善城市面貌。

提高城市精细化管理水平。落实“比学赶超”擂台赛等工作机制，深化“门头沟热心人”品牌，确保2020年全力冲刺首都文明示范区并实现全国文明城区提名。开展门城新城地区行政区划调整前期研究，为捋顺城市管理体制打好基础。抓好“疏整促”专项行动，常住人口增量规模控制在1.5万人以内。提升腾退土地利用品质，重点补齐便民服务设施。继续开展好老旧小区、背街小巷的整治提升。持续推进解决居住区停车难“三年挖潜建设计划”，加快推进停车自治。开展好长安街西沿线等区域环境专项整治。严格执行《北京市物业管理条例》《北京市生活垃圾管理条例》，探索物业管理新模式，推进垃圾分类源头全覆盖。

（四）聚焦“七有”“五性”，持续保障改善民生

强化就业和社会保障。实施职业技能提升三年行动计划，探索邻里互助等社会力量帮扶机制，加强特殊困难家庭针对性帮扶，城乡劳动力实现就业5000人。加快完善“三边四级”养老服务体系，开展镇级公办养老机构管理体制改革试点，加快新城20街区等养老服务设施项目建设。实施残疾人无障碍环境建设三年行动计划，完成残疾人家庭康复培训2000人次。加快曹各庄共有产权房等重点项目建设，推进集体土地建设租赁住房试点建设。完成农村地区4类重点对象、低收入群众和城市低保户危房改造，有序推进老旧小区综合整治。投资4.35亿元，办好直接关系群众生活的20件重要实事。

提高公共服务质量。不断优化城乡教育资源布局，深化教育教学改革，继续开展“银龄计划”，办好“课后三点半”活动。统筹做好高校落地对接工作，加快景山学校门头沟校区等工程实施。加强与阜外医院、首医大等优质资源合作对接，积极推进研究型医院建设。着力优化医疗布局，加强与宣武医院合作，推动地区医疗资源升级。提升重点人群家庭医生签约率。启动斋堂医院升级改造，推进龙泉医院迁建，加快空白村卫生室建设，提高地区医疗水平。加速推进体育文化中心等设施建设，提升区域体育等公共服务供给能力。加速商业服务设施布局，推动区属国有企业做好10万平方米商业设施接收运营，力争到2021年底，城镇社区八项便民服务网点覆盖率达到100%。

创新社会服务管理。落实《街道办事处条例》。完善社区治理体系建设，夯实基层治理基础。深化“街乡吹哨、部门报到”，推进“接诉即办”向“未诉先办”转变，持续在提升“三率”上下功夫。完善居民参与社会治理的民主协商制度，制定社区购买社会组织指导目录清单，构建共建共治共享社会治理格局。认真做好第七次全国人口普查。健全退役军人服务保障体系，推进军民深度融合发展。

全力维护社会安全稳定。发挥社会稳定风险

评估机制作用，深入开展安全执法检查，坚决防范和遏制重特大事故发生。完善应急管理体制机制，落实防灾减灾各项措施。深化信访责任制，畅通信访渠道，最大限度化解矛盾。巩固国庆期间安保机制，全力推进“平安门头沟”建设。持续开展扫黑除恶专项斗争，守土尽责保平安，切实增强群众安全感。

（五）坚持全面深化改革，加强政府自身建设

全面强化党建引领。持续深化“不忘初心、牢记使命”主题教育成果，打造“红色门头沟”党建品牌，强化“七个红色”，推动“1179”工程落实，推进主题教育“四个一”制度成果落地，增强党员干部制度自信和行动自觉。抓好新一轮软弱涣散村党组织整顿，夯实基层基础。健全廉政风险防控机制，坚决查处违法违纪案件。坚定不移推进基层减负，持续改进机关作风。整合清理规范检查评比事项，深入推进综合考评。

深化重点领域改革。推进街道乡镇改革，推动社会治理和服务重心向基层下移。落实优化营商环境“9+N”政策 3.0 版，深化服务业扩大开放综合试点，持续优化营商环境。推进“互联网+不动产登记”，实现“一网通办”“异地受理”“同城通办”。过好“紧日子”，严格预算成本管控，强化政府性债务风险防控。做好对结对地区的扶贫协作和对口支援，保证完成与结对地区携手奔小康工作目标。

加快建设法治政府。认真执行区人大及其常委会决议和决定，自觉接受区政协民主监督，认真办理人大议案建议和政协提案，支持人民法院、检察院开展工作。严格履行重大行政决策法定程序，坚持政府常务会议会前学法。加快综合行政执法体制改革，实现行政执法“双随机、一公开”常态化。发挥行政复议监督纠错作用，完善行政诉讼工作。扎实推进“七五”普法。

做好明年工作，任务繁重，责任重大，让我们更加紧密地团结在以习近平同志为核心的党中央周围，在市委市政府和区委的坚强领导下，万众一心，奋力拼搏，以攻坚克难的勇气、百折不挠的韧劲、真抓实干的作风，全力以赴打造“红色门头沟”党建品牌和“绿水青山门头沟”城市品牌，开创现代化生态新区绿色发展新局面，为胜利实现“十三五”规划宏伟蓝图、全面建成小康社会而努力奋斗。

政府工作报告

——2019年1月9日在北京市门头沟区第十六届人民代表大会第五次会议上

北京市门头沟区区长　付兆庚

各位代表：

现在，我代表门头沟区人民政府，向大会报告政府工作，请予审议，并请各位政协委员提出宝贵意见。

一、2018年工作回顾

过去一年，区政府在市委、市政府和区委的坚强领导下，在区人大、区政协和社会各界的监督支持下，深入学习贯彻习近平新时代中国特色社会主义思想，认真落实北京市第十二次党代会和历次全会决策部署，紧紧围绕区委十二届六次全会工作要求，按照“绿色发展、生态富民、弘扬文化、文明首善、团结稳定”的区域发展总原则，统一思想、奋力拼搏，保持了经济社会持续健康发展的良好局面。预计完成地区生产总值188.6亿元，同比增长6%左右（剔除传统资源型产业退出影响因素按不变价计算增速为6.5%）；一般公共预算收入31.55亿元，同比增长6.5%；全社会固定资产投资122亿元，其中建安投资75亿元，超额完成市级下达的60亿元任务指标；社会消费品零售额69.5亿元，同比增长5.5%；全体居民人均可支配收入49090元，同比增长7%左右；地区资源依赖度持续下降，能源消耗总量控制在65万吨标准煤左右，万元地区生产总值能耗同比下降2.3%，圆满完成了区人大十六届四次会议确定的主要目标任务。

（一）精准聚焦，市区重点任务全面落实

“三个创建”坚定发展方向。按照“三步并作两步走，三年实现双达标，六年实现摘桂冠”的目标，高标准启动全国文明城区创建工作。在首都文明办组织的创建全国文明城区测评中，门头沟区在首都文明区和首都文明示范区7个区中名列第一、实地考察得分在16个区中名列第一。创立了“创城擂台赛”“大拇指点赞”等特色活动品牌，创城工作日益融入市民生活。国家森林城市创建工作扎实推进，完成国家林业与草原局创建备案，创森总体规划及实施意见编制完成。新一轮百万亩造林、京津风沙源治理二期项目本年度计划任务全部完成，全区新增林地6.1万亩，抚育林木19.1万亩，地区森林覆盖率、林木绿化率分别达到45.73%和69.22%。编制《北京百花山国家级自然保护区总体规划（2018-2027年）》，完成“绿盾2018”自然保护区专项行动各项任务。基本无违建区创建取得显著实效，浅山区违法占地违法建设专项治理顺利推进，率先通过全市“大棚房”清理排查整治验收，坚决遏制农地非农化。“打击违法建设违法用地百日攻坚战”成果丰硕，全年拆除违法建设146.86万平方米，完成市级任务的14.7倍。

“三大攻坚战”取得阶段性成果。打好棚户区改造攻坚战，2018年建成棚改安置房14307套，即将实现1万户居民搬迁上楼，累计完成安置房45675套。3751地块四个棚改项目全部启动，市政道路等公共配套设施同步完善，棚改工程质量显著提升，棚改腾退土地开发有序推进。打好污染防治攻坚战，大气、水、土壤污染防治三大行动计划有效落实，完成中央、北京市环保督察问题整改53项及集中式水源地环保专项督察问题整改。建设镇街粗颗粒物监测网站44个，完成7个村煤改清洁能源，全区基本已无燃煤锅炉。打赢蓝天保卫战，地区PM2.5年平均浓度为47微克/立方米，同比下降12.9%。全面落实河长制，成功创建水生态文明试点城市，在国家水利部评比验收中被评为优秀。修复废弃矿山26.48公顷，地区土壤国控监测点位全部达标。打好低收入精准帮扶攻坚战，设立3000万元低收入农户帮扶基金，开设“北京门头沟精准帮扶信息网”，市级低收入村与市级部门、企业结对帮扶实现全覆盖，预计低收入农户人均可支配收入达到12300元左右，同比增长16%以上，增速高于我区全体居民人均可支配收入增速。

“三件大事”有效落实。全面落实新版北京城市总体规划，分区规划及生态安全与空间管控等22个专题研究成果基本编制完成。在全市率先成立区规划建设委员会，强化对区域发展规划建设重大事项的统筹协调。从区镇村三级逐级落实管控、减量，推动土地集约利用，确保职住平衡。严格落实“三个严禁”，主动控制开发强度，科学确定山区镇街功能定位、主导产业及特色风貌，不搞大拆大建，杜绝新增房地产开发。启动水源地保护规划、林业规划协同调整，按照“六四一”模式探索分区规划实施与文化保护传承相统筹，力争实现“多规合一”。对废弃工矿用地通过“退、并、转”方式，实现留白增绿和减量更新。乡村振兴战略加快落实，率先出台《门头沟村庄民宅风貌设计导则》，探索建立规划师驻镇长效机制，坚持“六不变”“十个好”推进美丽乡村建设，完成70个村的美丽乡村规划编制，其余68个村规划编制工作加快推进。完成138个村村庄环境综合整治，建立未拆迁村运行维护长效管护机制，实现村内绿化美化14.51万平方米，在全市各区年度美丽乡村人居环境整治核查中排名第二、生态涵养区中位列第一。疏解整治促提升专项行动全年13项任务提前超额完成，其中9项任务完成情况全市排名第一，“防反弹、控新生”落实到位。全力推进违法建设拆除工作，腾退土地162.46万平方米，实现留白增绿14.6万平方米，退出一般制造业企业3家，清理整治“散乱污”企业7家。全区常住人口25.08万人、流动人口6.57万人，人口变动趋势处于可控区间。

（二）转型升级，经济发展质量稳步提升

营商环境持续优化。北京市“10+3”“9+N”系列政策全面落实，市区营商环境示范工程“五大行动”计划61项牵头任务有序推进。开展全区民营企业大走访，坚持区级领导包企联络、“一周一企”走访、重点企业“早餐会”等工作机制，为企业送上具有门头沟特色的“服务包”。区商贸促进服务中心正式成立，地区贸易促进服务能力进一步增强。成立中关村门头沟园发展顾问委员会，园区硬件服务环境、景观环境显著提升，高精尖产业服务中心投入使用。石龙产业孵化器三期主体一次结构工程完成80%，石龙五期土地一级开发项目基本具备入市条件。“创新创业门头沟行动计划”“门创30条”“高精尖19条”加速集成落实，开设多班次创业大巴，对高精尖企业实行三年全额房租补贴，成功举办2018年“京西创新论坛”。

高精尖产业加速集聚。国家可持续发展实验区建设取得新突破，代表北京市申报国家可持续发展议程创新示范区。委托波士顿咨询公司编制全区产业发展规划，初步确立了培育三大产业、打造四个产业集聚区的产业布局。产业结构持续优化，全区共有国家高新技术企业286家、中关村高新技术企业196家，中关村门头沟园地均产出率、劳均产出率、规模以上高新技术企业总收入增速在中关村示范区均位列第一，出口规模再创新高。协同发展成效显著，加快落实《关于推动生态涵养区生态保护和绿色发展的实施意见》，与西城区签订结对协作框架协议，设立乡村振兴绿色产业发展专项资金，开展八个领域合作协作，助推我区高精尖产业集聚和乡村振兴战略落实。积极落实《加快新首钢高端产业综合服务区发展建设打造新时代首都城市复兴新地标行动计划》，与石景山区、首钢集团签订合作发展框架协议，实现“服务冬奥、区域协同、产业互促”。新首钢协作区4.1平方公里全境纳入“首都国际人才社区”首批试点范围，高精尖产业加快布局。主动与京能、京煤集团对接，谋划工矿用地等资源统筹利用及绿色产业发展。

山地经济实现特色发展。加快国家全域旅游示范区、国家级旅游业改革创新先行区创建，47项重点任务有序推进，升级改造景区应急救援管理平台系统，建设门头沟区智慧旅游大数据中心。旅游观光铁路项目获得国家发改委批准，玉河谷风景区、雁翅乐巢等一批旅游项目加快实施。成立全市首个民宿联盟，朗诗绿色集团与清水镇小龙门村、斋堂镇白虎头村签订民宿开发合作协议，地区精品民宿达到22家。京西商旅古道基础设施建设一期和步道二期、三期工程顺利推进，清水镇、王平镇全国运动休闲特色小镇试点加快建设，引进藜麦等高附加值新品种打造特色农产品示范创新基地，大力推动文游、体游、农游深度融合。传承精品文化，建成西山永定河文化带和长城文化带五年行动计划项目库，开展分区规划历史文化保护与发展专题编制，谋划重点项目35个。成功推出大型人文地理纪录片《永定河》及京西古道灯会等一批文化旅游新项目。加强文物保护，实施潭柘寺戒台寺安防工程、王家山惨案遗址保护工程，启动灵水村北京市传统村落修缮试点建设。打造文创产业新亮点，筹建区文化创意产业行业协会，明珠琉璃瓦厂园区改造项目有序推进。地区品牌活动影响力不断提升，成功举办第十二届永定河文化节、第九届国际山地徒步大会。

（三）补齐短板，城乡建设进一步提速

基础设施承载力不断增强。组建区转型发展时期重点工作推进指挥部，强化重点领域区领导专题调度。83项区级重点工程按计划推进，完成投资占全社会固定资产投资比例达到近年来新高。对接北京大市政体系，S1线实现与地铁6号线联接换乘，108国道老线改造升级工程全部完工，109国道新线高速公路项目稳步推进。18个公路及市政道路项目进展顺利，双大路二期开工建设，黑山大街北延顺利完工，潭柘寺镇西一路、镇七路、东四路基本完工。区第二再生水厂、军庄镇再生水厂投入使用，门城水厂加快建设，完成潭柘寺镇供水干线工程和中门泵站选址工作，南水北调河西支线项目开工建设。35千伏石器线、营门线电力隧道工程加快实施，上岸变电站主体封顶，王平变电站投入使用，泰安路等4项道路电力工程完工。北京首钢餐厨垃圾收集运输处理一体化项目全部完工，焦家坡垃圾综合处理厂完成建设任务并进行设备调试。滨河路南延一期热力管线项目、城子供热管网工程顺利推进。

公共服务设施不断完善。保障房建设任务进展顺利，全年竣工（含基本建成）保障性住房6093套，超额完成市级任务。完善城乡商业布局，新建和规范便民商业网点51个，社区覆盖率达到94.3%，规划新建配套商业服务设施2.3万平方米。开工建设81个村级污水处理站，建成296公里污水管网，地区污水处理率达到87%。完成永定河文化博物馆、区档案馆新馆建设选址，区体育文化中心开始主体结构施工。景山学校门头沟校区、区教师进修学校综合教学楼改造项目进展顺利，新增5所一级一类幼儿园，增加学前教育学位1350个。完成缓解交通拥堵行动计划5项疏堵工程，密路网微循环规划工作顺利推进。18个未通公交村开通公交线路，山区建制村全部实现村村通公交。

城乡面貌持续改善。不断扩大绿色空间，实施长安街西延及S1线门头沟段城市景观提升工程，新区绿色廊道生态环境工程全部完工，绿海运动公园、永定河滨水森林公园、东辛秤C地块东区公共绿地公园项目加快推进。优化区域水系环境，提升门城湖水体水质，“三位一体”水环境治理一期、西峰寺沟上游主沟及其支沟治理工程顺利推进，综合治理小流域30平方公里。全面落实街巷长、小巷管家等制度，强化“门前三包”精细化管理，全区城市道路保洁“冲、扫、洗、收”新工艺作业覆盖率达到90%。扎实推进“厕所革命”，完成141座公厕新改建及品质提升工程。开展农村生活垃圾分类和资源化示范区创建，下大力气治理城市环境秩序固症顽疾，重点地区停车难问题得到有效缓解。

（四）拓展服务，民生福祉持续改善

就业及社会保障工作不断加强。强化就业精准服务，全区城乡劳动力实现就业4704人，城镇登记失业率控制在4.5%以内。社会保险覆盖范围持续扩大，各项社会保险待遇水平稳步提高。在山区农村实施5大类政策性保险，为全区户籍人员购买自然灾害公共责任险。成立困难群众救助服务指导中心，建立困难群众精准识别机制。建设区级养老服务指导中心和17家社区养老服务驿站，推动智慧养老院系统与区为民服务信息平台、“门城通”对接。引入专业社工组织，为全区683名困境未成年人建立“一人一档一策”。为684户残疾人家庭实施无障碍改造，安置1611名残疾人就业。加快人才公寓建设，向区内人才提供共有产权房、租赁型住房约200套。着力改善老旧小区居住环境，完成平改坡老旧小区57栋楼顶层漏雨修缮，完成6个小区老旧供热管网改造。推进19个村险村搬迁工程，开展农村地区4类重点对象和低收入群众危房鉴定，建立1246户危房改造台账，完成1964户抗震节能型农村住宅改造验收。

公共服务水平显著提升。教育体制机制改革不断深化，创新教师“区管校聘”机制，探索“共享教师”制度，特级教师和骨干教师赴山区学校任课。2018年高考成绩大幅提升，一本上线人数同比增长28.69%，市级“金招牌”学校数量位列生态涵养区首位。加快建设“健康门头沟”，完成第三批全国健康促进区试点工作。坚持开放办医，首都医科大学门头沟教学医院正式挂牌，京煤总医院、区医院与宣武医院实现医联体合作，阜外医院国家心血管中心在军庄、妙峰山镇建立基层高血压管理试点。深化分级诊疗制度建设，做实家庭医生服务，全区家庭医生签约10.5万人。制定我区推进全国文化中心建设行动计划，加快首都公共文化服务示范区创建。推进公共文化服务配送体系建设，门头沟公共文化资源数字文化服务云平台正式上线。加快建设食品安全示范区，首批200家餐饮品质提升示范店通过验收。丰富多元化群众体育活动，新建运动场地15块。积极回应群众关切，完成直接关系群众生活方面的重要实事26件。

社会服务管理持续创新。精心组织，启动村、社区“两委”换届选举工作。构建城市管理、社会服务、社会治安、城管综合执法和非紧急救助等多网融合“3+1+N”模式，打造1081个单元服务网格，通过“三线合一”，对1098类办理事项实行统一编码管理。完成拆迁社区合并调整工作，在60个社区开展“参与式协商”社区治理，“一刻钟社区服务圈”覆盖71个社区。为民服务信息平台受理事项4.1万件，办复率达到100%。农村基层组织自治能力不断提升，健全农村民主日制度，村务、党务、财务实现全面公开。组建军民融合发展领导小组，成立爱国拥军志愿服务队，军地加快融合发展。积极支持工会、共青团、妇联等群团组织开展工作，妇女儿童、民族宗教等各项事业全面进步。

社会总体保持安全稳定。推进“平安门头沟”建设，圆满完成全国两会、中非论坛等一系列重大安保维稳任务。加快推进突发事件预警信息发布平台建设，开展隐患排查治理“三年行动”，安全生产形势持续保持良好。积极防范化解金融风险，做好打击非法集资、P2P维稳工作。加强重大决策社会风险评估，主动防范涉众型重大矛盾隐患，信访法治化建设不断深化。全面夯实综治基层基础，深入开展“环京护城河”区域警务合作与群防群治力量联勤联动，强化流动人口和出租房屋管理。新建消防中队1个、小型消防站2个，全年未发生有影响火灾事故。扎实开展非洲猪瘟防控工作，辖区生猪养殖数量全部“清零”。深入推进扫黑除恶七个专项行动，实现全区重大恶性案件“零发生”，地区群众安全感进一步增强。

（五）政府自身建设稳步增强

党建引领全面强化。坚持把学习贯彻习近平新时代中国特色社会主义思想作为首要政治任务，坚决践行“两个维护”，全面落实市委市政府和区委各项重大决策部署。以首善标准深入推进政府党建，完成政府党组民主生活会问题整改12项。落实定期会商、研判机制，把牢意识形态工作主动权。全力做好门头沟区监察体制改革试点、派驻监督和市委巡视组巡视保障工作。严格落实党风廉政建设责任制和廉政风险防控措施，准确运用“四种形态”加大监督执纪问责力度，支持开展“为官不为”“为官乱为”专项治理、“严肃查处群众身边的不正之风和腐败问题”专项工作，驰而不息纠正“四风”问题，全年31名党员干部因违反八项规定、工作履职不到位被处理、问责。

改革创新持续深入。制定《北京市门头沟区机构改革方案》，夯实改革基础工作。成立区政务服务管理办公室，完成政务服务三级体系标准化改革，区政务服务中心加快建设。有序推进政务服务“一网一门一次”改革，建立“前台综合受理、后台分类审批、综合窗口出件”模式，全区政务服务事项网上可办率达到全市统一要求。完成国税地税机构改革、规划国土机构整合组建，区融媒体中心正式成立。深化政府信息化建设，建成区公共资源交易平台，“门城通”各项服务功能不断完善。深入推进街道改革，探索具有门头沟特色的“街乡吹哨、部门报到”工作机制，形成了“1个方案+3个清单”改革成果。公开全区行政处罚权力清单5568项，执法人员和执法平台实现双下沉。严格把控预算单位临时追加项目，落实部门预算结转结余资金收回机制，提高存量资金使用效益。进一步改革规范政府投资审计工作，52个审计项目节约财政资金2.3亿元。深化国资国企改革，完成门头沟区首例事转企改革和8家企业兼并重组，区属企业国有资产总额达到85.7亿元，同比增长4.1%。加快推进携手奔小康工作，设立1000万元专项资金，向察右后旗、武川县、涿鹿县、堆龙德庆区、神农架林区捐赠公益岗位2000个，举办“扶贫协作和对口支援帮扶大集”，着力带动企业帮扶，支持结对地区特色产业发展。

依法行政能力全面提升。结合新修订的市政府工作规则，修订完善区政府工作规则。认真执行区人大及其常委会决议和决定，自觉接受区人大工作监督、法律监督，主动接受区政协民主监督，定期向区委汇报、区人大报告、区政协通报工作。优化人大代表建议和政协委员提案办理流程，累计办理建议64件、提案115件，办复率达到100%。严格执行“三重一大”决策程序、政府权力清单和职权目录，调整规范政府法律顾问制度，定期开展政府常务会会前学法。编制本区政务公开全清单，扎实开展“文明创建、你我同行”政务开放日活动，提高政府工作透明度。推进区公共法律服务实体平台建设，普法宣传教育实效性进一步增强。严控行政运行成本，三公经费持续下降。

各位代表，过去一年，我们全面落实市委市政府重大决策部署和区委全会精神，持续推进改革创新，加快新旧动能转换，强化公共服务，锐意进取、奋力拼搏，取得了来之不易的成绩。这是市委、市政府和区委坚强领导的结果，是区人大、区政协监督和支持的结果，是全区人民团结奋斗的结果。在此，我代表门头沟区人民政府，向在各个岗位上奉献智慧和力量的全区人民，向给予政府工作大力支持的人大代表、政协委员，向驻区部队官兵、中央市属单位及社会各界人士致以最崇高的敬意！向所有参与、关心和支持门头沟区发展的同志们、朋友们表示最衷心的感谢！

在肯定成绩的同时，我们也清醒地认识到，我区经济社会发展中还存在一些困难、问题和短板，主要是：作为生态涵养区，门头沟区生态环境依然比较脆弱，生态环境与区域功能定位要求还有较大差距，生态优势尚未得到充分发挥，需要把守护好绿水青山作为头等大事，始终保持战略定力，落实功能定位，持续建设绿色生态屏障；门头沟区正处于新旧动能转换的攻坚期，在构建高精尖经济结构方面还处于起步阶段，支撑可持续发展的绿色产业体系尚未形成，需要在精准聚焦上下更大功夫，有针对性地完善政策，发展精品经济，加快绿色产业体系培育；地区营商环境总体竞争力不高，需要对标国际一流标准、坚持问题导向，不断提高办事效率和服务效能，推动营商环境持续改善；地区市政基础设施、公共服务设施和农村基础设施短板较多，供给管理水平还不能充分满足群众需求，需要立足长远科学安排项目，切实提升基础设施综合承载能力；地区农村产业基础依然薄弱，山区生态资源和旅游文化资源尚未有效转化为产业发展优势，农民持续增收难度很大，精准帮扶任务依然艰巨，需要加快落实乡村振兴战略，发展精品旅游，建设精品小镇，促进农村地区绿色发展、生态富民。我们要以对地区和人民高度负责的精神，更加努力做好政府各项工作，加快解决上述问题，决不辜负人民的期望。

二、2019年主要任务

2019年是新中国成立70周年，也是决胜全面建成小康社会第一个百年奋斗目标的关键之年，做好全年工作意义十分重大。综合当前形势，我们面临着重要发展机遇：习近平新时代中国特色社会主义思想和生态文明思想，为我们全方位推进事业发展提供了根本遵循；北京市第十二次党代会和历次全会确定的首都发展重点任务、蔡奇书记和陈吉宁市长调研门头沟区指示精神，为我们在更大格局中谋划发展指明了方向；市委、市政府印发的《关于推动生态涵养区生态保护和绿色发展的实施意见》，为生态涵养区绿色发展提供了强有力支撑；新版北京城市总体规划门头沟分区规划的编制完成，为我们未来加快推进全面协调绿色发展提供了美好蓝图。区委刚刚召开的十二届七次全会，对门头沟区今年各项重点工作提出了明确要求，我们必须在服务首都发展的大局中找准定位，努力把中央、市委市政府和区委的战略部署转化为推动地区发展的实际行动，为人民群众幸福美好生活而不懈奋斗。

2019年政府工作的总体要求是：全面深入贯彻习近平新时代中国特色社会主义思想和生态文明思想，坚决落实市委、市政府和区委的工作部署，坚持“绿色发展、生态富民、弘扬文化、文明首善、团结稳定”的区域发展总原则，围绕中华人民共和国成立70周年庆祝活动这个中心任务，坚持稳中求进总基调，践行首善标准，高举生态大旗，以“七个奋勇争先”走好绿色发展、高质量发展之路，全力推动“三四三三”工程，打造精品经济、精品旅游、精品小镇，争当生态文明建设的首都样板，塑造“绿水青山门头沟”城市名片。

2019年，我们要全面落实好《关于推动生态涵养区生态保护和绿色发展的实施意见》41项具体任务，综合考虑各方面因素，全区年度经济社会发展的主要预期目标是：全面完成北京市生态涵养区考核指标体系中环境保护、生态建设、减量发展、就业增收、城市服务、创新开放六大类21项年度指标任务，剔除传统资源型产业退出影响因素地区生产总值增长6.5%左右，一般公共预算收入增长6.5%左右，社会消费品零售额增长5.0%，全体居民人均可支配收入增长高于经济增长速度，城镇登记失业率控制在4.5%以内。

（一）践行首善，全力推动“三四三三”工程

要聚焦重点，以首善标准，坚定绿色发展方向，打好“污染防治、低收入精准帮扶、棚户区改造”三大攻坚战，办好“编制新城控规和镇域规划、落实乡村振兴战略、抓好疏整促专项行动、稳妥推进机构改革”四件大事，培育“文旅体验、科创智能、医药健康”三大产业，抓好“全国文明城区、国家森林城市、基本无违建区”三个创建。

坚决打好“三大攻坚战”。把棚改作为头号民生工程和防范系统性风险的重中之重，保质量、保进度、保配套、保服务，坚决打赢棚改攻坚战。加大棚改工程推进力度，完成城子C、D地块和液压支架厂、水煤浆厂棚改安置房项目，确保三家店粮库、大峪化工厂、铁路货场项目上半年正式开工。加快剩余安置房建设、回购，同步加强棚改项目周边环境建设，切实提升回迁群众居住品质。妥善解决历史遗留问题，制定棚改贷款清偿工作预案，为2020年全面完成棚改工程打牢基础。坚决打赢污染防治攻坚战，牢牢守住生态保护底线，全力推进地区环境质量持续改善。坚持管理减排与工程减排并重，强化重点污染源治理，确保完成空气质量改善各项任务指标，增强市民蓝天幸福感。严格落实河长制，把永定河治理作为水生态环境建设的一号工程，加强流域综合治理和生态修复。加快实施农村污水管网和农村污水处理设施PPP项目，不断提升地区污水处理率。严格保护耕地土壤环境，加强土地污染源头管控。继续开展农村垃圾分类与资源化利用示范区创建，垃圾分类示范片区通过市级验收。坚决打赢低收入帮扶攻坚战，坚持低收入帮扶与扶智、扶志相结合，用好低收入农户帮扶基金，加快实施产业帮扶项目，补齐低收入村发展短板，促进低收入农户上岗就业，增强帮扶对象“造血”能力，切实落实“两不愁三保障”要求，确保45个市级低收入村如期实现增收目标、低收入农户顺利“脱低”。

扎实办好“四件大事”。全面贯彻“守护好绿水青山”理念，完善并实施好分区规划，启动新城控制性详细规划和镇域“两规合一”综合规划编制，做好分区规划与水源地保护规划、林业规划、生态保护区规划的同步调整。严格管控“两线三区”，落实好2019年城乡建设用地减量任务，开展城市体检评估，确保区域生态空间只增不减、土地开发强度只降不升。着力引导企业和集体按照“控房减地、非白即绿”模式对废弃工矿用地进行“退、并、转”。用好“村地镇管”实施办法，开展“点状供地”试点，研究完善点状供地空间布局及配套政策。全面落实《镇域空间规划导则》《村庄民宅风貌设计导则》，建设精品小镇，打造潭柘寺京西文旅禅修名镇、军庄创新创业小镇、妙峰山全域景区化旅游示范小镇、王平运动休闲乐活小镇、大台工业转型发展示范小镇、雁翅滨河水岸休闲小镇、斋堂古村落文旅休闲名镇、清水生态休闲旅游小镇。加快落实乡村振兴战略，发挥好“丽水经验”和“六不变”“十个好”工作机制，完成138个村美丽乡村规划编制，全面启动各村庄美丽乡村建设，确保2020年年底前基本完成全区农村环境整治任务、美丽乡村建设取得重要进展。按照“清脏、治乱、增绿、控污”要求，下大力气抓好农村垃圾污水处理、村容村貌整治、厕所革命、四好农村路建设，全面提升农村人居环境精细化管理水平。持续推进农村改革和乡村治理，加快转变山区发展方式，加速特色产业培育，增加农民收入，不断缩小城乡差距。抓好疏解整治促提升专项行动，坚持首善标准，保质保量完成市级年度任务。健全完善后续管理机制，利用好腾退土地破解痛点问题，下大力气补齐便民服务设施，提升全区生活性服务业品质，有效推进建筑垃圾再利用，统筹空间抓好“留白增绿”。强化人口监测和调控，推动人口增量指标效能最大化。稳妥推进门头沟区机构改革，严格按照市委市政府要求，严肃机构改革纪律，组织实施好《北京市门头沟区机构改革方案》，科学制定“三定”方案。要全面强化党的领导，优化政府机构设置和职能配置，压茬推进镇街机构

改革，切实提高行政效能，形成党政军群协同联动新格局，保持思想不乱、工作不断、队伍不散、干劲不减。

着力培育“三大产业”。瞄准绿色GDP，因地制宜发展精品化、高附加值、环境友好的山地经济，加快构建绿色产业体系。围绕培育文旅体验、科创智能、医药健康三大产业，以传承“六大文化”为依托，打造精品民宿、生态旅游、户外体验为一体的文旅体验产业集聚区；以石龙五期人工智能产业园和新首钢协作区为载体，打造科创智能产业集聚区；以艺术设计和琉璃烧造等非遗产业为聚合，打造文化创意产业集聚区；以阜外医院西山园区为样板，推动京煤集团总医院向研究型医院转型，以培育医药研发产业转化和医工智能产业为核心，打造医药健康产业集聚区。构建精品经济，持续强化中关村门头沟园区创新服务载体及景观环境建设，推动各级各类产业扶持政策集成发力，加强人才服务保障，使企业引得进、留得住、成长快、发展好。加速新首钢协作区4.1平方公里土地产业布局，积极承接中关村溢出的数字智能、科技创新服务等新兴产业和城区疏解的总部经济，在全市率先建设“人工智能产业园”。推进节能环保、智能制造、医药研发公共服务平台建设，建立园区博士后科研工作站及院士工作站，着力扶持原始创新。支持阜外医院西山园区二期工程建设，加速科技研发成果产业化，培育以沙东制药、德山生物医药孵化器为载体的医药研发产业集群。

发展精品旅游，培育山地特色的文化旅游、健康养老和户外运动产业。提升京西古道品牌，加快完善古道基础设施，丰富景区景点和原创文化旅游活动，彰显古道文化遗产价值。加速文旅产业融合发展，推动八大景区组团规划落地，加快实施玉河谷风景区等一批旅游产业建设项目，用好乡村振兴绿色产业发展专项资金，吸引全国优秀民宿企业投资门头沟，集中建设一批精品旅游路线、精品民宿，努力用5至7年时间，使有条件的村庄基本建成以文旅体验产业为特色的田园综合体。传承精品文化，打造文化与生态并重的“西山永定河-北京人的精神家园”文化名片。完成西山永定河文化带和长城文化带保护与发展规划编制，推动五年行动计划项目落地。依托文化保护传承“六四一”模式，统筹推进文旅产业发展与古迹古村落保护性利用。支持利用废弃矿山和废旧厂房发展文化旅游创意产业。加大文物保护工作力度，在6月底前完成潭柘寺、戒台寺、灵山、妙峰山景区移交接管，实施潭柘寺大悲坛、戒台寺戒坛大殿修缮等17个文物保护项目。与西城区携手推动建设集养老、救助、福利院、休闲等多产融合于一体的康养服务设施，促进健康养老产业发展。加速清水镇、王平镇全国运动休闲特色小镇重点项目落地，依托山地特色大力发展户外运动产业。鼓励村集体经济组织入股景区和产业项目，提高文化旅游从业人员服务能力，使农民成为乡村振兴、产业发展的最大受益者。

切实抓好“三个创建”。全面争创全国文明城区，不断完善全区基础创建工作体系，坚持开展“创城擂台赛”“大拇指点赞”等特色品牌活动，加快推进区级创城问题台账落实整改，确保2020年全力冲刺首都文明示范区并实现全国文明城区提名。加快国家森林城市创建，分步实施《门头沟区国家森林城市建设总体规划》，抓好京津风沙源治理二期工程2019年项目，完成百万亩造林绿化4.15万亩、森林健康经营林木抚育项目8.7万亩、留白增绿18.16公顷，稳步提升森林覆盖率、林木绿化率，确保2020年实现国家森林城市创建目标。奋力争创基本无违建区，完成浅山区违法占地违法建设专项治理，坚持“拆管控并重”，深入摸排全区剩余违法建设并集中拆除收尾，做到应拆尽拆，确保2019年建成基本无违建区。

（二）提升品质，增强城市综合承载能力

要结合分区规划落实，集成市级支持政策，不断加大我区基础设施建设力度，完善公共服务配套设施，优化城市设计，提升城市综合承载力和整体风貌。

立足长远加大基础设施建设力度。全年计划安排重点工程80项，投资规模45.6亿元，其中建安投资35.5亿元。充分发挥区转型发展时期重点工作推进指挥部协调调度作用，加快重点工程立项，保证项目按计划进度有序推进。加快落实分区规划、生态涵养区生态保护和绿色发展实施意见，制定基础设施和公共服务需求清单，尽快补齐门头沟区基础设施短板和山区旅游服务基础设施短板。加快完善新首钢周边交通服务体系，年内全线建成长安街西延线，实施金沙街、曹各庄路等道路工程，协调推进锅炉厂南路、石龙路、河滩路东延等与中心城区联络线项目。持续完善

山区路网，全面推进军温路、双大路二期新改建工程，积极推动108国道三期工程和109国道新线高速路项目。完成门城水厂建设，推进潭柘寺镇利用鲁家山垃圾焚烧厂余热供热工程，确保焦家坡垃圾综合处理厂全面投入使用。实施潭柘寺、清水、斋堂110KV输变电工程，规划建设滨河地区5座变电站，进一步提升地区供电保障能力。

统筹加快公共服务设施建设。完善门头沟区租售并举的住房体系，开工建设京煤鑫华源共有产权房项目，完成绿城配建公租房项目和中骏公租房项目，推进集体土地建设租赁住房试点建设。启动区档案馆新馆建设，加快实施区政务服务中心、区体育文化中心新建项目，逐步补齐公共服务设施短板。完善教育服务设施，按照全市统一部署，统筹做好门头沟区高校落地对接工作，启动育园小学、新城20街区幼儿园新建工程，加快景山学校门头沟校区、教师进修学校综合教学楼改造项目实施。完善医疗服务设施，支持现有医疗机构提升能力水平，推动龙泉医院迁建、区医院综合教学楼项目前期手续办理，加快空白村卫生室建设。增强防汛保障能力，推进西峰寺沟上游主沟及其支沟治理、周家巷沟治理一期项目，实施6个镇9条河道水毁修复工程。着力推动消费升级，加速商业服务设施布局，力争到2020年底，门城地区社区商业设施配置面积达到600平方米/千人，城镇社区商业网点社区覆盖率达到98%。

立足生态塑造城市新风貌。落实与石景山区、首钢合作发展框架协议，三方统筹做好新首钢地区城市设计，推进“三区一厂”规划整合衔接。构建京西大尺度绿色生态空间，加快实施长安街西延、S1线门头沟段城市景观提升工程，完成绿海运动公园景观提升工程、永定河滨水森林公园工程，构建乔灌草立体配置、生物多样性丰富的城市绿地体系。加快推进“三位一体”城市景观提升水环境保障一期工程，推动永定河与首钢园区水系联通。打造西山永定河文化带文化地标，力争开工建设永定河博物馆新馆项目，培育沿岸特色文化会展新空间。做好庆祝新中国成立70周年等大型活动环境保障，开展长安街西延、六环路及阜石路门头沟段沿线环境整治。做好对废弃矿山、采空区的生态修复和再利用，深入挖掘矿山工业遗存的文化价值。发挥绿色金融支持作用，鼓励和引导优质社会资本，参与门头沟区生态保护、环境治理。

（三）完善保障，提升群众民生获得感

要始终坚持以人民为中心的发展思想，持续加大民生投入，强化就业和社会保障，增加公共服务供给，推进社会治理创新，不断增强人民群众获得感，维护社会和谐稳定。

强化就业和社会保障。建立精细化就业服务和援助体系，鼓励落户企业吸纳区内劳动力就业，推动创业带动就业，通过公共服务类岗位安置低收入劳动力。加大专项救助和临时救助力度，落实好“救急难”工作机制，扩大慈善救助覆盖面。设立儿童督导员，加强困境未成年人保护。完善社会养老助残服务体系，加快新城20街区等养老机构建设，新建4所养老服务驿站和农村幸福晚年驿站，完善智慧养老综合服务平台，为4800名重度残疾人发放居家养老助残券。进一步改善群众居住条件，有序推进老旧小区综合整治修缮，推广节能抗震农宅，实施农村地区4类重点对象、低收入群众和城市低保户危房改造。投资6.83亿元，办好直接关系群众生活的26件重要实事。

增加公共服务供给。优化城乡教育资源布局，持续推进“银龄计划”，开展好课后三点半服务，加快建设区第一幼儿园教育集团，为58家中小学幼儿园配备433名专职保安。加强与阜外医院等知名医院的合作对接，深入推进“健康门头沟”建设，开展“5+N”健康促进行动，启动区级“名中医身边工程”，确保高标准通过国家卫生区复审。发挥西城区技术资源优势，助力我区教育、医疗等公共服务水平提升。加快首都公共文化服务示范区创建，持续完善三级公共文化体系建设，开展文化惠民活动。助力冬奥，开展好全民健身冰雪运动系列公益活动。实施梨园停车场、泷悦长安停车场、畅通工程等交通综合整治项目，做好“村村通”公交、社区公交专线及S1线接驳线路的运营保障。

推进社会治理创新。夯实基层基础，严肃换届选举工作纪律，依法稳妥推进社区、村“两委”换届选举工作。完善法治、精治、共治机制，深入推进协商式民主管理，强化社区规范化建设和老旧小区自我服务管理，推进精品社区、一街一景特色品牌街巷建设。实行农村社区化管理，修订村规民约，健全村级组织权力运行全过程公开机制，促进“订单式”社区服务向山区延伸。加快推进镇街级城市管理指挥分中心建设，推广村居并行社区治理等典型经验做法，推动管理重心下移，提升城市精细化管理水平。加强“枢纽型”社会组织和行业协会建设，支持工会、共青团、妇联等人民团体发挥桥梁纽带作用，提高社会动员和社会志愿服务能力。深入推进“六进军营”特色拥军活动，落实军民融合发展三年行动计划，推进军民产业深度融合，扎实做好全国双拥模范城考评迎检工作。

维护社会和谐稳定。紧扣中华人民共和国成立70周年庆祝活动这个中心任务，制定门头沟区加强服务保障、深化平安建设方案，全面强化安全风险分级管控。着力防范化解金融风险，坚决打击违法违规金融行为。推进食品、药品、食用农产品安全社会共治，构建区城市安全风险管控长效机制。严格落实安全生产“党政同责、一岗双责、齐抓共管、失职追责”制度，探索建立企业安全生产诚信机制，坚决防范和遏制重特大事故发生。健全应急管理工作体系，加强综合防灾减灾工作。推行“阳光信访、责任信访、法治信访”，最大限度化解矛盾。深化“平安门头沟”建设，打造立体化、信息化社会治安防控体系。持续开展扫黑除恶专项斗争，切实增强地区人民群众的安全感。

（四）深化改革，建设人民满意的服务型政府

要全面坚持党的领导，持续深化改革创新，以人民满意为导向，建设服务型政府、法治型政府、廉洁型政府，不断提升政府服务效能。

持续加强党建引领。牢固树立“四个意识”，全面坚持党的领导，不折不扣贯彻落实中央、市委市政府和区委的决策部署，扎实做好市委巡视组反馈问题整改。以首善标准推进全面从严治党向纵深发展，坚持以红色党建引领绿色发展，打造“红色门头沟”党建品牌。支持深入推进纪检监察体制改革及派驻机构改革，继续深入开展政府系统两个专项治理工作，压紧压实政府领导班子成员分管领域管党治党责任，用好问责利器，着力建设廉洁型政府。巩固拓展作风建设成果，持续贯彻落实中央八项规定及其实施细则精神，坚定不移纠“四风”、树新风。落实好“团结统一、红色传承、向善尊贤、三严三实、互勉包容”的干部队伍建设原则和“四个当先、一个当头”要求，用好门头沟区《关于激励干部新时代新担当新作为建立容错纠错机制的办法（试行）》，不断完善公务员平时考核、基层考核评价制度，打造一支讲政治、懂专业、敢担当、善作为的政府干部队伍。进一步强化意识形态工作，讲好“四个一”的门头沟故事，弘扬好门头沟精神，引导回答好“门头沟四问”，凝聚全区共同奋斗的共识与力量。

深化重点领域改革。建设服务型政府，持续深化“放管服”改革，落实好“五个为”和“六个一”要求，开展减证便民行动，扎实推进“证照分离”改革，全面推进权责清单“两单融合”。着力推进市场综合监管机制创新，充分运用信用协同监管平台，深化“双随机、一公开”。探索推进跨部门联合监管和“互联网＋监管”，做到一次检查、全面体检。持续深化“一网一门一次”改革，加快一体化政务服务平台建设，优化整合提升各级政务服务大厅“一站式”功能，确保全面完成改革工作目标。充分发挥区公共资源交易平台作用，严格落实负面清单制度，规范市场监管。全面构建三级预算绩效管理体系，加强隐性债务风险防控，促进镇街事权与财权相匹配，提高财政资金使用效益。加快门头沟区国资国企产业布局调整步伐，支持企业做好10万平方米商业空间接收运营和景区资产接收管理。着力开展“造血式”帮扶，落实村村结对工作，做好对结对地区的扶贫协作和对口支援，保证完成与结对地区携手奔小康工作目标。

持续优化营商环境。加快推进政务服务提质增效、投资贸易扩大开放、双创生态部署打造、诚信法治环境提升、宜居宜业环境建设五大行动计划61项牵头任务。落实好区级领导包企联络、“一周一企”走访和“一企一策”“一事一策”精准服务等工作机制，开展多层级为企业“上门服务”。持续完善绿色产业服务体系，加大招商引资工作力度，在金融、技术、人才等创新要素资源集聚方面强化精准服务、特色服务，送上最优政策组合的“服务包”。为民营经济发展营造良好环境，落实好全区民营企业大走访工作，立足当下、救急纾困，帮助解决民营经济发展中遇到的突出问题。持续优化政商关系，真正做到“清”上加“亲”。

加速法治政府建设。认真执行区人大及其常委会决议和决定，主动加强与区政协沟通协商，定期向区委汇报、区人大报告、区政协通报工作，认真听取意见，自觉接受监督，切实提高人大代

表建议和政协委员提案办理质量。认真落实法治政府建设实施方案，全面完成各项考核指标，严格执行《北京市人民政府关于加强政府法律顾问工作的意见》，依法做好政府信息公开和政务公开。全面强化依法行政，规范执法标准，支持区纪委监委、人民法院、检察院开展工作。充分发挥审计监督职能，进一步强化审计结果运用。持续推进司法行政改革，加快公共法律服务体系建设，满足人民群众不断增长的公共法律服务需求。

各位代表，蓝图已经绘就，目标振奋人心，奋斗正当其时。让我们全面贯彻落实习近平新时代中国特色社会主义思想，坚决践行“两个维护”，在市委市政府和区委的坚强领导下，凝聚全区人民的智慧和力量，以攻坚克难的勇气、百折不挠的韧劲、真抓实干的作风，全力开创现代化生态新区绿色发展新局面，为胜利实现“十三五”规划宏伟蓝图、全面建成小康社会而努力奋斗，以无愧于时代、无愧于人民的业绩迎接新中国成立70周年。

北京市门头沟区人民代表大会常务委员会工作报告

——2019 年 1 月 10 日在北京市门头沟区第十六届人民代表大会第五次会议上

门头沟区人大常委会主任 陈国才

各位代表：

我受北京市门头沟区第十六届人民代表大会常务委员会委托，向大会报告工作，请予审议。

一、2018 年工作回顾

过去的一年，在中共门头沟区委的坚强领导下，区人大常委会以习近平新时代中国特色社会主义思想为指引，深入学习贯彻党的十九大和十九届二中、三中全会精神，坚持党的领导、人民当家作主、依法治国有机统一，立足首都城市战略定位和新版北京城市总体规划的落实，坚持稳中求进总基调，围绕区委中心工作，准确把握人大工作的切入点和议题设置的侧重点，服务大局、关注民生，认真履行宪法和法律赋予的各项职权，为推动全区经济社会发展和民主法治建设提供了有力保障。

全年共组织召开常委会会议 7 次，主任会议 10 次。履行监督权，依法听取、审议专项工作报告 20 项，提出审议意见 2 件，开展专项视察和代表集中视察 4 次，撰写专题调研报告 5 篇；履行重大事项决定权，依法对推进全国文明城区创建、批准分区规划和“十三五”规划纲要指标调整方案等事项作出决议、决定 8 项；履行人事任免权，依法任免国家机关工作人员 29 人次，较为圆满地完成了区十六届人大第四次会议确定的工作任务。

（一）关于监督工作

常委会立足促进新版北京城市总体规划在门头沟区的落实，紧扣区委提出的重点目标任务和改革发展举措，把监督重点放在落实区域功能定位和改善民生上，综合运用多种监督方式，依法推进全区经济社会发展，做到正确监督、有效监督。

1. 坚持服务大局，推进全国文明城区创建。为促进区委创建全国文明城区重大决策的有效落实，常委会作出了《关于推进全国文明城区创建工作的决定》，为创城工作提供法治保障；组织调研组赴重庆、厦门学习创城成功经验并形成专题报告，对门头沟区创城工作提出了意见建议；认真履行创城督查职责，围绕检查中发现的问题深入清水镇、斋堂镇、雁翅镇、大台街道办事处、大峪街道办事处等镇街单位进行实地督导；动员全体区人大代表、组织常委会机关全体同志投身创城工作，努力为创城贡献力量。

2. 坚持稳中求进总基调，促进经济社会健康发展。常委会抓住疏解非首都功能这个“牛鼻子”，持续推动疏解整治促提升专项行动的落实和深化，加强产业结构调整工作监督，推进“十三五”规划纲要有效落实，促进我区产业转型升级和城乡一体化协调健康发展。

聚焦转型发展。在对全区经济形势和产业发展情况进行深入调研的基础上，审议批准了《门头沟区分区规划（2017 年 -2035 年）》、区“十三五”规划纲要指标调整方案和部分年度重点工程任务目标调整方案，听取了“十三五”规划纲要中期评估报告和 2018 年上半年计划执行情况的报告，初步审查了 2019 年计划编制情况，对我区流动人口管理工作进行了专题调研；高度关注营商环境优化，组织部分区代表到区政务服务中心、国税大厅、地税大厅、不动产登记事务中心、电力服务大厅五个窗口部门进行暗访，并分别召开座谈会听取入区企业对落实“9+N”政策和改革优化营商环境的意见建议。围绕促进门头沟区经济社会健康发展，要求区政府立足区域功能定位，完善和落实好分区规划；做好年度目标与“十三五”规划任务目标的衔接，稳步推进中长期规划在年度间的执行；注重改善和优化营商环境，克服不稳定不确定因素影响，加快推进互联网、人工智能等高新技术产业在区内的落户发展；继续抓好疏解整治促提升专项行动的落实，注重结构调整，打造绿色创新产业体系，努力提高区域经济实力。围绕推进西山永定河文化带和长城文化带建设，听取了举办国际山地徒步大会情况的报告，组织全体区代表到龙泉镇琉璃渠村、妙峰山镇水峪嘴村，视察琉璃文化和古道文化的保护开发情况。建议区政府将文化带建设与落实区域功能定位相结合，抓好生态环境保护和文物古迹修缮，优化山区基础设施，提升地区资源承载力；挖掘传承门头沟区“六大文化”，按照“六四一”模式，走好分区规划实施与文化保护传承相统筹的“多规合一”新路，大力推动文游、农游、体游深度融合，为经济社会转型发展助力。

聚焦预决算审查监督。从预算编制、执行、调整及决算等环节入手，维护财经秩序，确保财政规范稳健运行。审查批准了2017年财政决算和2018年预算调整方案，听取、审议了2017年重大投资项目竣工决算及绩效情况的报告、2017年预算执行和其他财政收支审计工作报告以及2018年上半年预算执行情况的报告，并跟踪监督审计发现问题的整改落实情况；继续发挥人大各专委会专业优势，对区政府2019年预算编制情况进行了初步审查。建议区政府严格预算管理，提高预算编制的科学性和准确性，加强预算执行的规范性和严肃性，提升财政资金使用绩效；加强政府政策、资金和配套制度的集成，完善重点支出和重大投资项目决策、运行和管理模式，增强重点项目对地区经济增长和社会事业发展的推动作用；强化存量税源涵养和新增税源产出，夯实地区财源基础，保证综合财力平衡，促进地区经济良性发展。在加强预决算审查监督的同时，积极落实全国人大《关于推进地方人大预算联网监督工作的指导意见》精神，专题调研预算联网监督在基层人大财经监督工作中的运用，着手建立我区人大预算联网审查监督系统，实现预算决算等基本信息的传输和查询，逐步提升预算监督信息化水平。

聚焦农业农村改革。促进“落实乡村振兴战略，推进美丽乡村建设”三年专项行动的开展，审议批准了《门头沟区村庄民宅风貌设计导则》，推动村庄民宅特色风貌的传承和保护；主任会议深入斋堂镇牛战村和妙峰山镇炭厂村视察农村产业结构调整情况，要求区政府完善镇村规划布局，抓好《门头沟区村庄民宅风貌设计导则》的落实，同步推进美丽乡村建设、产业发展和农民增收的互联互动。持续关注精准扶贫工作，支持区政府及有关部门以产业扶贫、就业扶贫为重点，以政策扶贫为保障，全力打赢脱贫攻坚战。

3. 坚持民有所呼、我有所应，推动民生福祉改善。常委会密切关注人民群众最关心最直接最现实的利益问题，持续监督问效，让人民群众在共建共享发展中有更多的获得感、幸福感。

关注棚改工程建设。始终把棚户区改造当做全区头等民生大事来抓，视察棚改工程城子D地块、曹各庄北地块项目和石泉B地块商业配套设施建设情况，听取了棚改工程进展及配套商业资源情况的汇报。建议区政府扎实做好棚改资金平衡，全力推进安置房建设和入住进度，集中力量解决审批验收手续问题，加快医疗、商业、教育、停车等公共配套工程建设，切实完善已入住棚改新区的社会管理工作。

关注教育医疗事业发展。在2017年视察的基础上，继续听取分级诊疗制度建设情况的报告并开展专题调研，建议强化基层能力建设，筑牢农村卫生服务网底，解决山区群众就近医疗的问题；深度整合医联体资源，落实紧密型和专业型医联体建设，尽快实现各医疗机构间信息互联互通和数据共享，解决群众看病难、看病远的问题。积极推进中小学素质教育，到大峪一小、少年宫和首师大附中永定分校视察学校课外活动和特色课程开设情况，建议相关部门树立正确的成才观和教育观，大力发展素质教育，继续在课堂教学、课外活动和教育实践等方面进行探索，促进学生全面健康发展。

关注市政道路建设。审议了市政道路建设情况的报告，要求区政府把市政道路建设与创城工作全面对接、统筹推进，尽快补齐短板，确保达到创城标准；提高规划设计水平，推进门头沟区与市区联络道路的建设；认真研究打通断头路和一些地区交通拥堵的解决方案，加快形成门头沟区市政路网新格局，不断改善群众出行条件。

4. 践行绿色发展理念，推动环境质量持续改善。常委会坚持生态保护优先，着力促进绿色发展，推动区政府加大生态保护和环境治理力度，打造"海绵城市"，促进生态环境质量持续改善。

落实《环保法》相关规定，听取了环境状况和环境保护目标完成情况的报告，审议了"河长制"实施情况的报告，跟踪监督常委会2017年关于大气污染防治、"煤改清洁能源"审议意见的落实情况，并积极为市人大《北京市生态保护红线管理条例》的立项论证提供参考意见。建议区政府始终坚持环境优先原则，严守生态保护红线，努力构建责任明晰的"大环保"工作格局；加强组织领导，统筹有序推进"河长制"工作落实，确保"三长"管理机制长效化和规范化；强化大气污染防治，打赢蓝天保卫战，加强水污染、土壤污染等各项污染治理，推进环境质量全面提升。

5. 坚持全面贯彻实施宪法，推进地区法治建设。常委会坚持依法治国实践，严格落实宪法及相关法律规定，持续推进全区法治建设，依法保障反腐败工作开展，促进依法行政、公正司法，切实维护公平正义，保障社会和谐稳定。

严格执行《区人大常委会规范性文件备案审查办法》，全年共对《紧急工程管理办法》等4项区政府规范性文件进行了备案审查，促进依法行政，保障群众合法权益；认真处理群众来信来访，全年受理来信来访30件次、21人次，推动问题依法公正解决。按照监察法和监察体制改革的要求，探索人大监督的方式和路径。抓住落实"司法责任制"这个关键点，推进我区司法体制改革，听取了区法院工作报告。区法院围绕全区中心工作，准确把握深化司法体制改革的方向、目标和重点，不断深化司法责任制、司法人员分类管理和司法人员职业保障等各项改革，审判工作有序推进，审判质量和社会效果有了显著提升。关注区检察院开展行政公益诉讼情况，听取工作报告。区检察院聚焦制约区域发展的生态环境保护和国有资产保护等重点、难点问题，提高站位、勇于担当，创造性开展工作，打开了行政公益诉讼工作的新局面，取得了良好效果。

（二）关于代表工作

人大代表是人大工作的主体，常委会高度重视改进代表工作，完善工作机制，强化服务保障，激发代表履职热情，提高代表工作的水平。

1. 强化代表履职服务保障。认真落实常委会组成人员联系代表、代表联系群众的"双联系"制度，畅通双向联系渠道，就全国文明城区创建、半年经济社会运行等情况及时向代表通报，动员代表带头参与、建言献策；在开展代表集中接待选民和群众，并向选民述职活动的基础上，按照"全覆盖、制度化、常活动、重实效"的要求，巩固99个代表接待站建设成果，持续开展代表"进农村、进社区"活动，通过定期接待群众，收集意见建议，协调解决问题，密切了代表与群众的联系，赢得了群众的信任和支持。一年来，共有513人次代表接待、走访选民和群众3736人次，召开座谈会83次，收集群众意见建议285条，形成闭会期间代表意见建议31件；邀请300余人次代表列席常委会会议，参加常委会、专委会视察、调研等活动；组织130余名代表开展集中视察；安排133人次代表参加区委及"一府一委两院"的会议、座谈、工作检查和法院庭审，拓宽代表知情知政渠道，保障代表依法履行职务。认真做好市人大代表履职服务，按照市人大的部署和要求，积极组织市代表参加培训、年中集中活动、接待选民和视察检查，并邀请市代表参加区人大有关活动，结合我区实际，向市人大提出议案和意见建议。

2. 提高代表建议办理质量。把提高代表建议办理质量作为重点环节，促进代表建议"提、办、督"三方良性互动、高度融合，确保办理工作取得实效。坚持代表建议重点督办制度，对建立农村煤改电后续管理队伍、加快九龙路施工等5件代表建议进行重点督办，邀请有关代表参加，一批群众普遍关注的问题逐步得到解决。代表在区十六届人大四次会议期间提出的67件意见建议，已经解决、正在解决的38件，做好解释说明的11件，原则参考的18件；代表在闭会期间提出的31件意见建议，已经解决、正在解决的17件，做好解释说明的12件，原则参考的2件，代表意见建议办理的质量和效率均有了显著提高。

3. 抓好代表履职培训。制定代表培训计划，开展形式多样的学习培训活动。组织区代表集中学习全国人大和市人大贯彻习近平总书记关于坚持和完善人民代表大会制度重要思想交流会精神，进一步提高代表对人民代表大会制度优越性的理解和认识；举办"贯彻全国两会精神，学习宪法和监察法，提高代表依法履职能力”主题培训，邀请专家对宪法和监察法进行深入解读，为代表领会主要精髓，在实际工作中认真履行宪法和法律赋予的职责提供理论指导和帮助，共有240余人次区代表及相关人员参加了集中培训。同时，把集中学习培训与个人自学相结合，为每位代表订阅报刊、杂志，发放履职书籍，丰富了代表学习内容，提高了履职能力。

（三）关于自身建设

常委会始终坚持把党的领导贯穿人大工作全过程，注重在思想政治、素质能力、纪律作风等方面全方位加强自身建设，建立健全组织制度和工作制度，聚焦大事要事，服从服务中心，依法履行职责，推动各项工作落实，努力提升履职能力和水平。

1. 坚持党的领导。以习近平新时代中国特色社会主义思想为指引，自觉强化“四个意识”，始终在政治立场、政治方向、政治原则、政治道路上同以习近平同志为核心的党中央保持高度一致。全面贯彻区委对人大工作的要求，自觉在区委领导下开展工作，坚持重大事项向区委请示报告制度，常委会年度工作安排、重要制度建设、重大事项决定等都及时向区委请示汇报，保证人大工作始终围绕区委中心工作开展。严格落实常委会党组全面从严治党主体责任，坚持民主集中制，常委会议事质量和工作水平不断提高。

2. 强化政治建设。坚持把政治建设摆在重要位置，以党的十九大和十九届二中、三中全会精神为统领推动各项工作。组织常委会及机关全体同志集体学习了关于学习贯彻习近平总书记关于坚持和完善人民代表大会制度重要思想的讲话精神，强化责任担当，提高依法履职能力。围绕新形势下“两个机关”建设的新要求，落实“两学一做”学习教育常态化制度化，深入开展“不忘初心，牢记使命”主题教育，坚持每半月一次的机关学习论坛制度，把学习党章党规党纪和人大法律法规知识融入到日常工作学习中，全年共组织论坛22次，讲党课8次，交流各类文章65篇。严格执行中央八项规定和市、区委有关规定，正确运用监督执纪“四种形态”，强化党风廉政建设，持之以恒推进正风肃纪，努力树立为民务实清廉的良好形象。

3. 强化职能建设。适应新时代推进人大工作的需要，贯彻落实中央、市委文件精神，强化制度和职能建设。起草了《关于建立区政府向区人大常委会报告国有资产管理情况制度的意见》，加强人大和全社会对国有资产的监督管理，提升国有资产管理公信力。健全和完善讨论、决定重大事项工作机制，研究制定《区人大常委会关于讨论决定重大事项的规定》，明确了常委会行使重大事项决定权的范围和程序。修订常委会议事规则和专委会工作规则，进一步明确了常委会、专委会的监督职责。切实把调查研究作为人大开展工作的前提和基础，坚持带着问题走出去、沉下去，深入基层、深入群众调查研究，察实情、说实话、谋实招、求实效，全年共开展各类调研60余次。落实《镇人大工作指导意见》和《人大街道工委工作通则》，开展坚持和完善人民代表大会制度专题培训，指导镇人大依法履职，加强对人大街道工委的领导，共同推进全国文明城区创建和全区经济社会健康发展。

各位代表，一年来，常委会各方面工作取得了新的进展。这是中共门头沟区委正确领导和上级人大精心指导的结果，是全体人大代表、常委会组成人员和人大机关工作人员共同努力的结果，是“一府一委两院”、镇人大、人大街道工委及社会各界支持配合的结果，是全区人民群众关心帮助的结果。在此，我代表区人大常委会，向所有关心支持人大工作的同志们、朋友们，表示崇高的敬意和衷心的感谢！

在肯定成绩的同时，我们也清醒地看到工作中存在的不足：一是回应社会关切，在增强监督工作刚性、督促审议意见落实、推动问题解决方面还需持续发力；二是回应代表履职需求，在加强服务保障、推动建议办理落实、更好发挥作用方面还需继续努力；三是应对新形势新问题，在法律素养、理论水平、依法行权能力方面还需不断提升。我们将认真听取全体代表和各方面意见，采取有效措施，进一步改进工作，不断推动人大工作与时俱进。

二、2019年主要任务

新的一年，区人大常委会将以习近平新时代中国特色社会主义思想为指导，以习近平总书记坚持和完善人民代表大会制度重要思想为根本遵循，在中共门头沟区委的坚强领导下，服务首都“四个中心”建设，围绕建国70周年庆祝活动这个中心任务，认真贯彻区委决策部署，坚持“绿色发展、生态富民、弘扬文化、文明首善、团结稳定”的区域发展总原则，牢固树立以人民为中心的发展思想，强化以问题为导向的工作方法，严格履行宪法和法律赋予的职权，全力推进“三四三三”工程，为门头沟区坚持生态立区、走绿色发展之路提供民主法治保障。

（一）落实区域功能定位，推进地区经济社会发展

深入贯彻习近平总书记生态文明思想，把牢区域功能定位，落实全市《关于推动生态涵养区生态保护和绿色发展的实施意见》要求，坚持稳中求进工作总基调，严守生态保护红线和城市开发边界，认真履行监督和决定重大事项职能，促进文旅体验、科创智能、医药健康三大产业培育，关注民生及社会事业改善，推动城乡经济绿色协调发展。

1. 持续推进地区经济平稳运行。深入分析国际国内和全市经济运行情况，促进区政府立足地区实际，努力克服经济下行压力带来的困难，在确保地区经济平稳运行的基础上，实现更加集约高效高质量的发展。审议2018年财政决算报告和审计工作报告，听取审计查出问题整改落实情况的报告，听取上半年计划和预算执行情况的报告，审议年度预算调整方案，对2020年计划和预算（草案）进行初步审查；继续开展预算联网监督系统建设，在已经实现基本信息查询的基础上，拓展预警、分析和服务等功能。落实国有资产报告制度，审议国有资产管理情况的报告，并围绕加强地方人大国有资产监督职能开展专题调研。关注隐性债务问题，听取地方政府债务管理情况的报告。

2. 持续推进社会事业发展完善。紧紧围绕全国文明城区创建，依法履行监督职能，助推民生及社会事业的发展完善。组织全体区代表视察创城工作，常委会视察棚户区改造工程，视察门头沟区非物质文化遗产保护工作并进行专题调研，听取优质教育资源引进及运行、公共卫生体系建设和生活垃圾管理工作的报告，专题调研养老服务工作，跟踪检查常委会2018年市政道路建设工作审议意见的整改落实情况。

3. 持续推进绿色协调发展。践行习近平总书记的“两山理论”，坚持绿色协调发展理念，把生态环境保护和农村工作放在履职的重要位置，在守护好绿水青山的同时，推进我区城乡发展质量不断提高。把环境状况和环境保护目标完成情况确定为常委会常规监督议题，审议相关工作报告；视察门头沟区创建国家森林城市工作进展情况并听取报告；跟踪检查2018年常委会关于实施“河长制”工作审议意见的整改落实情况。抓住精准扶贫工作的关键时间节点，对区内精准扶贫工作完成情况进行审议；围绕实施乡村振兴战略、建设美丽乡村工作开展专题调研。

4. 持续加强法律监督。围绕深化反腐败、推进依法行政、保证公正司法，不断加强法律监督力度。抓好常委会讨论决定重大事项规定等制度的落实，促进经济社会各项工作依法依规开展；履行法定职责，为全区机构改革提供法治保障；继续做好规范性文件备案审查和信访工作。探索发挥人大监督职能，寓监督于支持之中，促进监察委依法履职。支持和促进法院解决“执行难”中的规避执行、抗拒执行等失信问题，听取区法院关于执行工作开展情况的报告；关注保障未成年犯罪嫌疑人、被告人和未成年罪犯的合法权益，听取区检察院关于未成年案件检察工作的报告。

（二）坚持履职为民，更好地发挥代表主体作用

坚持人大代表主体地位，搭建保障平台，拓宽履职渠道，强化学习培训，支持和促进代表特别是基层代表更好地执行代表职务，提高履职能力。充分发挥代表密切联系群众的桥梁纽带作用，坚持常委会组成人员联系代表、代表联系选民制度，持续开展代表“双进”活动，倾听群众呼声，反映社情民意；加强履职保障，邀请代表列席有关会议，扩大代表对常委会和专委会调研、视察和执法检查等活动的参与，广泛听取代表和群众的意见建议；采取多种形式加强履职培训，拓宽代表知情知政渠道。加强代表议案建议的督办，不断提高办理质量，推动群众关注的热点难点问题的解决，努力做到让群众受益，让代表满意。认真为市人大代表履职提供良好服务，邀请市人大代表参加区人大履职活动，为推动门头沟区实现绿色转型发展建言献策。

（三）加强自身建设，提高履职能力和水平

进一步加强党的建设，落实全面从严治党部署，践行“两个维护”，着力打造政治坚定、作风过硬、业务精通、廉洁自律的常委会和机关工作队伍，积极营造风清气正的政治生态，确保人大工作始终与区委决策合拍、与政府工作合力、

与群众愿望合心。进一步加强政治建设，深化党的政治理论学习教育，增强党性锻炼，不断提高政治觉悟和政治能力，分十个专题学习习近平总书记关于坚持和完善人民代表大会制度的重要思想，坚持理论指导实践，推动人大各项工作的开展。进一步加强能力建设，注重培养专业能力、专业精神，充分发挥专委会职能作用，深入开展理论研究和调查研究，不断提升常委会服务大局、反映民意、依法履职、推动落实的能力和水平。持续推进镇街人大工作，增进沟通交流，强化业务指导，努力实现全区人大工作整体推进、协调发展。

各位代表，2019 年是我们伟大祖国的 70 华诞，让我们更加紧密地团结在以习近平同志为核心的党中央周围，深入学习贯彻习近平新时代中国特色社会主义思想，在中共门头沟区委的坚强领导下，认真履行宪法和法律赋予的职责，紧密团结、紧紧依靠全区人民，发挥人民代表大会制度优势，发扬“讲奉献、争第一”的门头沟精神，求真务实、开拓进取，为开创现代化生态新区绿色发展新局面作出新的更大贡献！

政协北京市门头沟区第十届委员会常务委员会工作报告

——2019 年 1 月 8 日在政协北京市门头沟区第十届委员会第三次会议上

门头沟区政协主席　张　冰

各位委员：

我受政协门头沟区第十届委员会常务委员会委托，向大会报告工作，请予审议。

一、2018 年工作回顾

一年来，在中共门头沟区委坚强领导和市政协有力指导下，区政协准确把握人民政协性质定位，坚持团结和民主两大主题，按照“绿色发展、生态富民、弘扬文化、文明首善、团结稳定”区域发展总原则，团结引领政协各参加单位、政协委员和社会各界人士，聚焦区委区政府重大决策部署，认真履行政治协商、民主监督、参政议政职能，充分发挥协商民主重要渠道和专门协商机构作用，为全力开创现代化生态新区绿色发展新局面作出了积极贡献。

一年来，共召开常委会会议 6 次，开展专题协商、对口协商、界别协商、提案办理协商 16 项，民主监督议题 8 项，组织视察考察 114 次，形成协商意见 8 篇、调研报告 7 篇、大会发言 15 篇、社情民意信息 40 篇，编发政协信息 37 期，较为圆满地完成了区委制定的《2018 年政协协商工作计划》和区政协十届二次全会确定的工作任务。

（一）把牢方向增强定力，着力夯实共同思想政治基础

人民政协是政治组织，旗帜鲜明讲政治是人民政协的根本要求。一年来，区政协积极引领政协各参加单位和政协委员认真学习贯彻习近平新时代中国特色社会主义思想和中共十九大精神，自觉在思想上政治上行动上同以习近平同志为核心的党中央保持高度一致，始终保持正确的履职方向。

坚持把理论学习摆在更加突出位置。按照全国政协部署和市政协要求，区政协深入开展习近平总书记关于加强和改进人民政协工作的重要思想学习研讨工作。政协党组第一时间向区委常委会报告工作安排，在学习原文、研讨交流、查摆整改等各个环节，坚决贯彻区委要求，靠前指挥，以上率下，始终保持学习贯彻工作的正确政治方向。政协常委会及时召开动员部署会，制定学习方案，明确目的要求，掀起学习研讨热潮；组织开展常委读书班、委员读书班、学习座谈、主题宣讲、研讨交流活动 23 次；广大委员通过政协网站、政协信息、政协移动议政平台学习研讨专栏交流学习心得 61 篇；在多层研讨基础上，召开区政协习近平总书记关于加强和改进人民政协工作的重要思想座谈会暨理论研讨会，区属各民主党派、政协各专委会、界别、机关代表做了专题发言，市政协领导出席会议。通过深入学习研讨，明确了人民政协新时代的新方位新使命，凝聚了加强和改进人民政协工作的共识，把准了人民政协工作的中心环节和着力重点。全国政协、全市政协系统理论研讨会后，区政协按照部署要求，持续推进学习研讨工作走深走实，努力以理论大学习、思想大武装促进工作质量大提升。

坚持和加强党对政协工作的全面领导。区政协认真贯彻落实中共中央《关于加强新时代人民政协党的建设工作的若干意见》、中共北京市委《关于加强新时代政协党的建设工作的实施意见》及全国政协、北京市政协系统党的建设工作会议精神，全面加强新时代政协党的建设工作。区委研究制定了《关于加强新时代政协党的建设工作

的实施意见》（以下简称《实施意见》）；经区委批准，召开了政协党的建设工作会议，区委书记张力兵同志出席会议并发表重要讲话，为政协党的建设在政治上、制度上提供了保障。区政协建立健全了政协党组、机关党组、专委会分党组、党员委员履职党小组对党员委员全覆盖的组织体系；政协党组发出“关于认真学习贯彻《实施意见》和党建会议精神的通知”，健全完善了党的工作对政协委员全覆盖的工作格局，大力推进了政协党的组织和党的工作有效覆盖。始终坚持在区委领导下开展工作，严格执行重大问题请示报告制度，认真组织落实区委制定的《2018年政协协商工作计划》，切实把区委决策部署贯彻落实到政协工作的全过程和各方面，自觉做到党政工作推进到哪里，政协工作就跟进到哪里，智慧和力量就凝聚到哪里。

坚持凝聚共识和建言资政“双向发力”。区政协把凝聚发展共识摆在更加重要位置，最大限度地为地区改革发展汇聚力量。及时传达学习市委、区委全会精神，了解市区工作目标和重大决策部署，特别是引领广大委员深刻理解落实新版北京城市总规、“疏整促”专项行动及创建全国文明城区的重大意义，不断增进思想共识；围绕年度协商工作计划、全区重点工作开展视察、考察、调研，引领广大委员亲身感受区委区政府带领人民推进改革发展的工作成果和坚定决心，不断坚定发展共识；广大委员在各种履职活动中自觉协助区委区政府做好协调关系、化解矛盾、理顺情绪、凝聚人心的工作，着力打造协以成事、商以求同的良好氛围，努力画出最大“同心圆”。

（二）立足大局聚智聚力，着力深化协商议政

围绕中心、服务大局，是人民政协履行职能的重要原则。一年来，区政协充分发挥协商民主重要渠道和专门协商机构作用，认真开展协商议政，理性建言献策。

聚焦重大决策集思广益。围绕区委十二届六次全会提出的“创建全国文明城区”（以下简称“创城”）重大决策，迅速组织常委读书班赴江苏宿迁、福建福州考察“创城”工作，及时形成考察报告报区委决策参考，并在区委理论学习中心组（扩大）会议上介绍宿迁、福州“创城”经验，有力助推“创城”工作高标起航。深入开展“同心创城·同步践行”主题实践活动，围绕“门头沟创城，我怎么看”“落实创城要求，我怎么办”“服务创城工作，该怎么建言”开展思想大讨论活动，进一步深化“创城”共识；引领广大委员立足本职开展“五为活动”⑴，开辟信息专栏及时反映委员建议16篇。与区委统战部联合召开“勠力同心创建全国文明城区”中秋座谈会，邀请区属各民主党派、无党派人士、民族宗教界代表人士，参加政协各人民团体、各专委会、各界别，立足统战、共话“创城”、共商文明。深入开展“创城”监督工作，组织委员参加环境监督、“文明创建·你我同行”政务开放日等系列活动，努力在人人创城背景下打造政协方阵，尽展委员风采，贡献政协智慧。

紧扣重大部署资政建言。围绕区政府工作报告、区情季度通报等开展全体会议、议政性常委会会议协商，在加强生态文明建设，高标准打造京西绿色屏障；加快疏解非首都功能，全力培育经济发展新动能；统筹推进城乡规划建设，着力提升精细化治理能力；落实乡村振兴战略，多措并举建设美丽乡村；切实保障和

改善民生，推动发展成果共享普惠等方面形成70余条协商意见供区政府参考。围绕落实“三位一体”生态园林景观城市和海绵城市建设召开专题议政性常委会会议，在创新投融资模式、优化审批流程等五个方面提出12条协商意见。针对新一轮棚改工作深入镇企、工地、社区开展调研座谈，召开对口协商会议，在进一步处理好新棚改与人口、生态、规模三者关系，要与“创城”工作同步共建等五个方面形成10条协商意见、3条具体建议，倾情助推我区头号民生工程。

围绕民生改善履职尽责。紧密结合人民群众对“便利性、宜居性、多样性、公正性、安全性”美好生活的需要，围绕社区化养老服务体系建设、解决我区教育系统师资不足开展对口协商。围绕现代服务业发展及重点项目落地、创造更多就业机会、分级诊疗工作实施、文化创意产业推进等开展界别协商。把《进一步加强我区开放办医的提案》《关于促进我区商业服务业发展的几点建议》等事关百姓切身利益的提案作为领导督办提案，及时反映百姓需求，积极化解社会矛盾。持续开展“委员基层日”活动，引领委员访民情、察民意、聚民智，从基层总结上来一批饱含群众关切的日常提案和社情民意，努力推动社会热点难点问题的有效解决和惠民政策的贯彻落实。

（三）围绕党政决策落地，有序开展民主监督

协助党委政府解决问题、改进工作、增进团结、凝心聚力是政协民主监督的目的。一年来，区政协重点围绕党政重大决策部署的贯彻落实开展协商式监督，努力在参与中支持，在支持中服务，在服务中监督。

助力“三大攻坚战”的推进。棚户区改造、低收入帮扶、污染防控“三大攻坚战”是区委区政府确立的重点工作。区政协运用会议监督、视察监督、提案办理监督、特约监督等多种形式，组织广大委员深入村镇社区开展调研，及时与住建委、农委、环保等相关委办局开展协商式监督，为推进“三大攻坚战”发挥了积极作用。将低收入精准帮扶工作作为“十三五”期间持续监督议题，本年度把帮扶项目及资金的运行和实施效果作为主要监督内容，组织委员深入重点镇域进行实地调研，进村入户了解实际情况，针对落实中普遍存在的问题，完成监督性调研报告，形成《关于精准帮扶工作的建议》大会发言；各界别委员发挥自身优势，通过项目帮扶、捐资助困、招商引智等多种方式，助力实现全面建成小康社会目标。

助推“三件大事”的落实。编制实施分区规划、落实乡村振兴战略、抓好“疏整促”专项行动是区委区政府确定的三件大事。区政协紧紧围绕“门头沟分区规划”编制开展座谈研讨，从深入挖掘我区历史文化、发展绿色低碳经济、牢固树立尊崇规划的法律意识等方面提出建议。围绕“落实乡村振兴战略”，就壮大农民专业合作社发展开展对口协商，在借助美丽乡村规划做好振兴产业布局、完善集体土地流转体系做大做强农民专业合作社规模等方面提出建设性意见。开展美丽乡村建设主题沙龙活动，组织文化创意、金融、旅游、农业等行业委员，走进清水镇达摩庄村就讲好“达摩庄故事”开展深入研讨。发挥委员资源优势，积极引智助力潭柘寺特色小镇建设。把《关于进一步推动我区“疏整促”工作的提案》作为领导督办提案，开展视察考察、进行协商议政。推荐特约监督员54人，应邀履行监督职责16次，参加视察暗访、民主测评近两百人次。

促进重大政策的落地。北京市“10+3”“9+N”⑵系列政策是优化营商环境的重要举措。区政协通过走访考察等多种形式，深入相关单位和企业了解执行市相关政策及落实“门创30条”“高精尖19条”情况，解读政策了解需求，并在创新驱动、交易平台和信用环境建设等方面提出建议。组织委员到区服务窗口单位亲身体验企业注册申办流程、服务大厅接待能力、工作人员业务素养等情况，并迅速反馈存在问题。主席班子及时走访工商联，听取民营企业意见建议，通过协商座谈、政协信息等形式反映意见建议，努力推进我区营商环境的优化。

（四）统筹推进基础性工作，彰显政协履职特色

区政协主动适应新形势新要求，扎实推进基础性工作，努力为政协工作提质增效奠定良好基础。

深入开展调查研究。区政协各联合调研组紧紧围绕《2018年政协协商工作计划》，以专委会为依托，联合党派、界别和政协智库专家开展调研，通过多种形式向党派成员、委员、专家及相关部门广泛征求意见，使调查研究成为民主协商、集思广益、凝聚共识的过程。重视社情民意信息的收集和报送，努力从多渠道及时了解反映人民群众利益诉求，报送的《关于建设好“一腔血”红色文化的建议》《关于启动门头沟区文化名家工程的建议》等社情民意信息，发挥了议政建言“直通车”作用。

进一步加强提案工作。坚持把提案工作作为全局性、基础性、经常性工作抓实抓好。积极拓宽提案线索征集渠道，加强提案立案审查，创新提案交办方式，开展难点提案个别协商、热点提案集中协商、重点提案政协领导督办协商等形式，持续在提高提案质量、提案办理质量、提案服务质量上下功夫。2018年共立案136件，办复率100%。注重加强提案委自身建设，充分发挥委员会委员的主体作用，提案服务与办理方面的创新工作得到市政协提案委的充分肯定。

充分发挥政协文史作用。按照“党政领导决策时能够参考，委员议政时有所启迪，生产经营中能够借鉴”的要求，倾力服务长城文化带、西山永定河文化带建设。围绕长城文化带建设，举办政协学习报告厅，深入实地考察调研，召开“域内长城文化带建设”专题协商会议，在把门头沟区长城文化资源“找出来、护起来、用起来”等方面提出意见建议。召开“长城文化丛书——门头沟篇”总结研讨会，向区档案馆、图书馆、教

育党校赠送长城文化丛书《长城踞北——门头沟卷》，为域内长城文化带建设提供重要参考。充分挖掘门头沟区地质资源的教育价值和旅游潜力，与相关部门就地质资源保护性利用进行深入协商。编辑出版《京西渡口与桥梁》《政协文史第27辑》，启动《京西教育》《京西医药》征集工作，着力打造京西系列文化品牌。

（五）充分发挥统战功能，努力汇聚发展合力

区政协始终把大团结、大联合摆在突出位置，努力为全区经济社会发展增添助力、汇聚合力。

深化党派团体合作。认真贯彻“长期共存、互相监督、肝胆相照、荣辱与共”方针，注重发挥好各民主党派、人民团体、无党派人士在政协工作中的重要作用。坚持联合调研，支持以组织名义在政协会议上发表意见建议。坚持走访制度、党派协商制度、秘书长会议等制度，认真听取采纳各民主党派、工商联、人民团体、各界委员对区域发展和政协工作的意见建议。支持党派深入开展“8+1”活动，加大对各党派团体、广大委员慈善义举宣传力度，努力为全区发展寻求最大公约数。

增进各方各界团结。开展纪念“五一口号”发布70周年植绿活动，参观《大道同行——从“五一口号”到协商建国重要史事回顾展》《伟大变革——庆祝改革开放40周年大型展览》，举办纪念改革开放40周年“不忘初心、砥砺奋进”书画摄影作品展，参加市政协“醒狮跑”等活动，不断巩固“不忘合作初心，继续携手前行”的思想政治基础。在春节、教师节、开斋节、圣诞节等重要时间节点，开展慰问、走访、座谈等活动，充分发挥政协组织与社会各界的桥梁纽带作用。主动加强与市政协对口委室的沟通联系，积极争取业务指导。与北京市石景山、大兴，重庆开州，河北廊坊、固安等兄弟政协就发展乡村旅游、古村落保护利用、北京小巷治理、永定河文化带建设等方面开展研讨，不断深化交流合作。区政协书画院开展“传承永定河文化——2018书画艺术联展”“文化进万家”“乡情乡韵传统村落写生作品展”等活动，通过丰富的艺术作品传播门头沟故事。

（六）着力加强自身建设，为履职提供有力保障

推进履职能力现代化建设，是适应国家治理体系和治理能力现代化建设的必然要求。一年来，区政协从队伍建设和能力建设入手，着力加强自身建设。

从严加强队伍建设。认真贯彻中共十九大及《政协章程》关于加强委员队伍建设精神，制定《关于加强委员队伍建设的意见》，严格执行《履职工作简则》要求，继续完善《履职量化记分办法》，不断提高信息化服务水平，加大对委员履职宣传力度，努力建设一支“懂政协、会协商、善议政”“守纪律、讲规矩、重品行”的委员队伍。进一步加强政协机关干部队伍建设，扎实开展习近平总书记关于加强和改进人民政协工作的重要思想学习研讨活动，持续巩固党的群众路线教育实践活动、“三严三实”专题教育和“两学一做”学习教育成果，按照“团结统一、红色传承、向善尊贤、三严三实、互勉包容”干部队伍建设原则，不断培元、固本、强基、提质，努力打造一支政治坚定、作风优良的机关干部队伍。

从实提高履职能力。坚持把学习贯穿履职全过程，通过政协学习报告厅、情况通报会、常委读书班、委员读书班、移动议政平台、网站、信息等多种学习形式，引领广大委员学以聚识、学以夯实共同思想基础，努力提高政治把握能力。坚持不调研不协商、边调研边协商、先调研后协商，引领广大委员紧紧围绕区委区政府中心任务，深入一线沉到基层，着力在集中和分析各方意见上下功夫，努力提高调查研究能力。坚持以人民为中心的思想，深入开展“委员基层日”活动，引领广大委员紧密联系和服务群众，努力提高联系群众能力。坚持民主协商、平等议事的工作原则，营造既畅所欲言、各抒己见，又理性有度、合法依章的良好协商氛围，努力提高合作共事能力。

各位委员，过去一年的成绩，是中共门头沟区委坚强领导、市政协关怀指导、区人大和区政府大力支持的结果，是区政协各参加单位和全体政协委员团结合作、忠实履职的结果，是全区人民高度关注、热情支持的结果。在此，我代表政协常委会向为人民政协事业发展付出辛勤劳动、作出无私奉献的各位委员，向所有重视、关心和支持政协工作的各级领导、各界人士、全区人民，表示崇高的敬意和衷心的感谢！

在肯定成绩的同时，我们也清醒地认识到，与新时代新要求和人民群众期望相比，在准确把

握新时代政协工作规律、政协组织党的建设、政协工作提质增效、政协队伍建设等方面还存在差距，我们要高度重视，认真研究解决。

二、2019年主要工作

习近平总书记关于加强和改进人民政协工作的重要思想，深刻阐明了人民政协的地位作用、目标任务、职责使命、实践要求，科学回答了人民政协事业发展的一系列方向性、全局性、战略性重大问题，这是做好新时代人民政协工作的根本遵循和科学指南。我们必须锚定推动人民政协制度更加成熟更加定型、发挥好专门协商机构作用这一新方位新使命，把加强思想政治引领、广泛凝聚共识作为履职工作的中心环节，把协商民主贯穿于政治协商、民主监督、参政议政全过程，增强能力素质，勤勉履职尽责，担负起人民政治制度参与者、实践者、推动者的政治责任，为不断开创人民政协事业发展新局面作出贡献。

2019年是新中国和人民政协成立70周年，是决胜全面建成小康社会第一个百年奋斗目标的关键之年。中共门头沟区委在2018年12月25日召开的十二届七次全会上指出：守好生态屏障、确保首都西部生态安全，是市委、市政府交付门头沟区的崇高政治使命。要时刻牢记蔡奇书记"要继承和发扬好红色基因，团结带领广大人民群众创造美好生活"的要求，着力打造"红色门头沟"党建品牌，以红色党建引领绿色发展，秉持"三个持之以恒"(3)，守住好山好水好生态，建设绿色发展聚宝盆。要认真落实蔡奇书记"把方向、谋大事、抓党建、保平安"的调研指示精神，坚持稳中求进总基调，推进"三四三三"(4)工程，以"七个奋勇争先"(5)，打造"绿水青山门头沟"，争当生态文明建设的首都样板。这为区政协履行职能指明了方向，我们必须服从服务全市、全区改革发展大局，把加强党的建设贯穿始终，把充分发挥专门协商机构作用贯穿始终，把加强思想政治引领、广泛凝聚共识贯穿始终，把双向发力提质增效贯穿始终，同心协力谋发展，步调一致干事业，共同扛起生态文明建设大旗，为全力开创现代化生态新区绿色发展新局面，打造政协方阵，展现委员风采，贡献政协智慧。

（一）提高政治站位，强化思想政治引领。一是持续推动习近平总书记关于加强和改进人民政协工作的重要思想的学习走深走实，在坚持人民政协性质定位、发挥政协组织特有作用上进一步"加强"，在筑牢共同思想政治基础、双向发力提质增效上不断"改进"，着力推动政协工作高质量发展。二是以"红色门头沟"党建为引领全面推进政协党的建设。区政协党组、政协机关党组、各专委会分党组要肩负起实现党对人民政协领导的重大政治责任，认真履行管党治党、全面从严治党的主体责任，发挥好把方向、管大局、保落实的重要作用。认真落实区委《实施意见》和政协党建工作会议精神，按照"实现党的组织对党员委员的全覆盖，党的工作对政协委员的全覆盖"的要求，建立完善习近平新时代中国特色社会主义思想学习座谈会制度、联系党外委员全覆盖制度、党员委员参加双重组织生活制度、党员委员带头述职等制度，强化政协党组织在政协工作中的政治领导力、思想引领力、群众组织力、社会号召力。三是深入贯彻落实区委十二届七次全会精神，做到凝聚共识和建言资政"双向发力"。建言资政是围绕中心服务大局，引导社会凝聚共识是更重要的围绕中心服务大局，要团结引领政协各参加单位、全体政协委员和各界人士，反复深入地讲好"四个一"(6)门头沟故事，弘扬好"讲奉献，争第一"门头沟精神，回答好"门头沟四问"(7)，为绿色发展、高质量发展汇聚强大力量。

（二）围绕中心履行职能，提质增效促进发展。按照"绿色发展、生态富民、弘扬文化、文明首善、团结稳定"的区域发展总原则，为全力推进"三四三三"工程履职尽责。一是紧紧围绕全国文明城区、国家森林城市、基本无违建区"三个创建"，继续深入开展"同心创城·同步践行"主题实践活动、"委员基层日"活动和"委员沙龙"活动，着力在如何"提升群众获得感"上凝心聚力；聚焦培育文旅体验、科创智能、医药健康"三大产业"，紧扣文旅体验产业集聚区、科创智能产业集聚区、文化创意产业集聚区、医药健康产业集聚区的打造，精品经济、精品旅游、精品小镇的构建，加强调查研究，深入协商议政，着力在如何"挖掘生态和文化资源"上资政建言。二是紧紧围绕打好污染防治、低收入精准帮扶、棚户区改造"三大攻坚战"，融协商、监督、参与、合作于一体，持续开展民主监督，着力在如何"打赢打好、惠民利民"上献计出力。三是紧紧围绕新城控规和镇域规划编制、乡村振兴战略的落实、"疏整促"专项行动、稳妥推进机构改革"四件大事”以及群众关心的热点难点问题，开展参政议政，着力在解决发展不平衡不充分问题上提出具有前瞻性、针对性、可操作性的意见建议。

（三）不忘履职初心，强化责任担当。一是坚持“协商于民、协商为民”，在开展专题协商、对口协商、提案办理协商、界别协商等工作中，要“面对面”倾听民声，“心连心”体恤民情，“实打实”为民代言；二是继续发挥委员资源优势，支持广大委员送温暖、送科技、送文化、送健康等活动，在低收入精准帮扶工作中贡献力量。三是围绕群众思想“困惑点”、社会矛盾“易发点”，协助区委区政府做好问政于民、问需于民、问计于民工作，切实把各界群众推进绿色发展的积极性、主动性、创造性引导好、保护好、发挥好，为满足人民群众对美好生活的向往凝聚和释放正能量。

（四）加强团结联谊，汇聚发展合力。一是充分发挥政协组织团结统战功能，抓住庆祝新中国和人民政协成立70周年、“五一口号”发布71周年有利契机，引领政协各参加单位、全体委员深刻认识人民政协是一个政治共同体，必须共同落实中国共产党对人民政协的领导和对政协工作的要求；进一步加强对统一战线内部、政协内部事务的协商，推进政协协商与政党协商的联动。二是“延伸履职触角”(8)，开展更广泛的统一战线工作，搭建多种协商交流平台，把各界人士“像石榴籽那样”团结凝聚在一起，更加协调一致地开展工作，促进共同发展。三是进一步加强工作联动，主动接受市政协工作指导，加强与兄弟政协工作交流，不断创新工作方法，提升履职能力水平。

（五）抓好自身建设，夯实履职基础。2019年是十届政协届中之年，要以改革思维、创新理念、务实举措加强自身建设。一是以首善标准做好基础性工作。稳妥推进政协机构改革，做到人心不散、工作不乱、干劲不减。充分发挥提案工作全局性、基础性、经常性工作作用，落实好全国政协、市政协提案工作座谈会及《北京市政协提案审查实施细则》精神，进一步提高提案工作质量。充分发挥政协文史工作优势和文史撰稿员队伍作用，服务长城文化带和西山永定河文化带建设，着重征编富有时代精神和内涵的史料，着重征编对地方经济社会发展有借鉴作用的史料，努力为服务发展提供现实佐证；进一步协助区委区政府梳理好地区文脉、传承好红色文化基因、弘扬好“六大文化”(9)。进一步拓宽委员知情明政渠道，定期开展区情通报会，加密举办学习报告厅，高质量组织常委读书班、委员读书班，建立部门情况通报、专题学习研讨、学习交流等制度，为委员更好议政建言创造条件。二是守正出新夯实履职基础。进一步加强常委会建设，党员常委会组成人员带头做好述职工作，带动全体党员委员严守党的政治纪律和政治规矩，确保履职建言的正确方向；继续发挥专委会基础性作用，引领所联系界别委员树立“一线意识”(10)，努力在政协工作中履职尽责，在本职岗位中建功立业，在界别群众中示范引领；进一步提高委员履职信息化服务水平，强化委员履职考核，届中做好全体委员述职交流工作，不断增强委员意识、持续提升履职能力；委员中的中共党员要时刻牢记自己的第一身份是共产党员，第一职责是为党做好凝心聚力工作，要在坚守政治底线和贯彻区委决策部署上发挥中坚骨干作用，用自己模范行动团结凝聚、影响带动各界人士共同奋斗。三是以党的政治建设为统领，以提高事务性、政务性服务能力和水平为主线，扎实推进政协机关队伍建设，认真开展“不忘初心、牢记使命”主题教育活动，践行“四个当先，一个当头”(11)要求，努力锻造一支政治坚定、思想过硬、作风优良、纪律严明的机关干部队伍。

各位委员，同志们！使命呼唤担当，实干成就梦想。让我们更加紧密地团结在以习近平同志为核心的中共中央周围，在中共门头沟区委的坚强领导下，不忘初心，牢记使命，以拼搏为美，向行动致敬，为不断开创人民政协事业发展新局面，为全力开创现代化生态新区绿色发展新局面作出更大贡献，以优异成绩迎接新中国和人民政协成立70周年！

名词注释

（1）“五为活动”：区政协紧扣创建全国文明城区这一中心任务，开展了“同心创城·同步践行”主题实践活动，动员政协各参加单位、全体政协委员和政协机关干部，积极投身到创城工作中来，在“我为文明代言、我为文明点赞、我为文明示范、我为文明志愿、我为文明建言”活动中发挥模范带头作用。

（2）“10+3”：为深入贯彻落实习近平总书记视察北京时关于“北京要发展，而且要发展好”和“腾笼换鸟，构建‘高精尖’的经济结构”重要指示精神，在有序疏解非首都功能的同时，以建设具有全球影响力的科技创新中心为引领，加快培育科技、信息等现代服务业，发展节能环保、集成电路、新能源等新兴产业和高技术产业，北京市制定了加快科技创新构建高精尖经济结构系列文件。

“9+N”系列政策：北京市在2017年出台率先行动实施方案和136条政策措施清单的基础上，北京市发展改革委会同市财政局、市规划国土委、市城市管理委、市商务委、市工商局、市金融局、市高级人民法院、市电力公司等单位，精准制定了一批优化营商环境的政策措施，形成了“9+N”的政策体系，针对营商环境的痛点、难点、堵点问题，按照“精简环节、精简时间、精简费用和增加透明度”原则，不断增强企业和社会对北京改革优化营商环境的获得感。

（3）“三个持之以恒”：是中共门头沟区委十二届七次全会报告中对全区各级党组织和广大党员干部的要求，即：持之以恒落实生态功能定位，矢志推动绿色发展；持之以恒聚力担当作为，矢志打造一流业绩；持之以恒坚持以人民为中心，矢志追求为民造福。

（4）“三四三三”工程：是中共门头沟区委着眼发展全局提出的“三四三三”工程：第一个“三”就是着力打好“污染防治、低收入精准帮扶，棚户区改造”三大攻坚战，“四”就是着力办好“编制新城控规和镇域规划、落实乡村振兴战略、抓好疏整促专项行动、稳妥推进机构改革”四件大事，第二个“三”就是着力培育“文旅体验、科创智能、医药健康”三大产业，第三个“三”就是着力抓好“全国文明城区、国家森林城市、基本无违建区”三个创建。

（5）“七个奋勇争先”：是中共门头沟区委十二届七次全会报告中要求全区各级党组织和广大党员干部做到“七个奋勇争先”，全力完成好2019年各项工作任务，即：奋勇争先推进生态文明建设，绘好绿水青山图，坚守绿色发展；奋勇争先推进民生改善，增强群众获得感，共享绿色发展；奋勇争先推进乡村振兴，打造生态聚宝盆，践行绿色发展；奋勇争先推进绿色产业培育，构建“三精”新格局，促进绿色发展；奋勇争先推进创城攻坚，展现首善新风范，助力绿色发展；奋勇争先推进平安门头沟建设，维护安全稳定，保障绿色发展；奋勇争先推进全面从严治党，谱写“红色门头沟”党建新篇章，引领绿色发展。

（6）“四个一”门头沟故事：在北京地区发展史上，门头沟区发挥着“四个一”的重要作用。从辽代开始有煤炭开采，到元大都的建设至今，在北京城市发展史上奉献了“一盆火”；革命战争时期，京西山区中共第一党支部、京西第一支红色武装冀热察挺进军司令部、第一个抗日民主政府宛平县人民政府都成立在门头沟区，有1191名英烈献出了生命，为北京革命事业奉献了“一腔血”；建国后为北京社会主义现代化建设奉献了“一桶金”，1960年到2007年的48年间，门头沟地方原煤生产量占北京市煤炭终端消费量平均比重为63.5%（2008年调整为煤炭消费总量）；进入新时代，又毅然关闭了区属全部270家乡镇煤矿，500多家非煤矿山、砂石厂，毅然挑起了生态涵养区的建设重担，继续无怨无悔地为首都发展奉献“一片绿”。这“四个一”的历史奉献，凝练展现了“讲奉献、争第一”的门头沟精神。

（7）“门头沟四问”：你是门头沟人么、你爱门头沟么、你愿意门头沟好么、你怎样从我做起。

（8）“延伸履职触角”：参加人民政协的各党派团体和各族各界人士要坚持建言资政和凝聚共识双向发力，在建言资政的同时，还要深入各阶层、各领域、各方面代表人士及界别群众宣传党的路线方针政策和重大决策。

（9）“六大文化”：指我区独具特色的文化品牌，分别为生态山水文化、红色历史文化、民间民俗文化、古村古道文化、宗教寺庙文化、京西煤业文化。

（10）“委员的一线意识”：人民政协处于凝心聚力第一线、决策咨询第一线、协商民主第一线、国家治理第一线，是党和国家一线工作的重要组成部分，参加人民政协的各党派团体和各族各界人士必须强化“一线”思维，同中国共产党一样进行自我革命，通过自我教育、自我提高、自我改造，不断增强自身的能力和素质。

（11）“四个当先，一个当头”：是门头沟区对全区党员干部提出的要求，即：政治当先、绿字当先、公字当先、奉献当先、纪字当头。

大事记

1月

2日 “基本无违建区”创建工作专题会召开。会上，区规划国土分局汇报分类处置台账审核情况，区城管执法局汇报《门头沟区创建“基本无违法建设区”工作方案》(征求意见稿)，相关单位就区内“基本无违建区”创建工作发表意见建议。

3日 门头沟区举办创建全国文明城区“比学赶超”擂台赛。会上，通报2018年北京市文明城区测评报告内容和区内第4次“比学赶超”擂台赛结果。获擂台赛排名第一的永定镇和区教育工委的行政主要领导分别作经验介绍；排名末位的大台街道和区园林绿化局的行政主要领导分别作整改报告。区领导作创建全国文明城区工作报告。

7日～10日 区政协召开十届三次全体会议。会议听取并审议主席张冰所作的常务委员会工作报告、副主席所作的提案工作报告；听取区属民主党派、人民团体和政协界别代表大会发言；列席区第十六届人民代表大会第五次会议开幕会，听取并讨论区长付兆庚所作的政府工作报告；通报优秀提案；通过十届三次会议期间提案审查情况报告、政治决议。

9日～11日 区人大第十六届人大第五次会议召开。会议表决通过了关于区政府工作报告的决议，关于门头沟区2018年国民经济和社会发展计划执行情况与2019年国民经济和社会发展计划的决议、门头沟区2018年预算执行情况和2019年预算的决议，关于区人大常委会工作报告的决议，关于区人民检察院工作报告的决议。

22日 门头沟区党委议军会召开。会上，传达中央军委军事工作会议精神，进一步学习习主席强军思想；传达蔡奇在卫戍区党委九届六次（扩大）会议上的讲话要求及会议精神；研究有关事项。

▲ 门头沟区召开2019年创建“基本无违建区”暨无违法建设镇街工作动员部署会。会上，部署治理违法建设、创建基本无违建区的相关工作。区相关部门和镇街作表态发言。付兆庚与潭柘寺镇、城子街道签订创建“基本无违建区”工作责任书。

25日 召开区委常委班子2018年度民主生活会。会上，区领导围绕民主生活会的主题，认真进行对照检查，剖析问题产生的思想根源，明确整改措施，开展开诚布公的批评和自我批评。

31日 中共北京市门头沟区第十二届纪律检查委员会第六次全体会暨2019年区党风廉政建设工作会议召开。会上，传达市纪委全会精神。张力兵作重要讲话；付兆庚传达市纪委全会精神；闫中作工作报告。

1月至5月 全区开展居委会和村委会换届选举工作。全区106个参选社区、168个参选村，全部完成换届选举。完成新一届村和社区“两委”负责人首次培训。

是月 全区9个镇分别召开2018年镇党代会年会。共893名代表参会，各镇党代表参会，占实有镇党代表985人的90.66%；共有包括不是镇党代表的镇领导班子成员、镇机关中层以上干部、所属事业单位主要领导成员、所辖村（社区）“两委”班子主要领导成员及部分一般干部群众代表在内的373人列席各镇党代会年会。

是月 谷山村景区和聚灵峡（灵山古道）景区被评为国家AAA级旅游景区。门头沟区国家AAA级景区达到14家。

是月 门头沟区智慧旅游大数据中心涵盖数据采集分析、宣传营销等平台以及智能导览等多项功能。

是月 12345市民服务热线受理处置群众诉求情况，门头沟区综合成绩在全市16区中排名第一，潭柘寺镇平均综合评分在全市329个街乡镇中排名第一。

2月

3日 区交通局为方便梧桐苑、中铁西城等地区百姓在工作日的快速通勤，新开通快速直达专线204路，由梧桐苑公交场站到海淀桥南共16站，票价15元，刷卡10元，节假日停驶。

14日 位于潭柘寺镇平原村的八奇洞景区被批准为国家AAAA级景区。

25日 区委宣传部召开红色主题文化文艺创作方向研讨会。探讨区内红色革命精神内涵、红色文化文艺创作展演形式以及切入点、突破点等。

26日 门头沟区总工会第九届委员会第九次全体（扩大）会议召开。

3月

7日 “守好绿水青山 巾帼奋勇争先”门头沟区纪念“三八”国际妇女节主题活动举办。市、区领导分别为“全国三八红旗手”“北京市三八红旗奖章”获得者献花，为“四个一”故事、巾帼建功、最美家庭宣讲团代表颁发聘书，并向各行各业基层岗位女性代表颁发慰问品。受表彰的集体和个人代表进行表态发言。

8日 门头沟区推出“门头沟热心人”群众性文明创建组织品牌，围绕交通礼让、爱护环境、文明排队等8个方面开展“门头沟点赞”大拇指行动，

12日 门头沟区开展精品民宿调研。区领导到雁翅镇碣石村考察槐井石舍精品民宿，并召开座谈会。与会同志及企业负责人围绕精品民宿建设作发言。

13日～4月2日 上游官厅水库向永定河输水3100万立方米，门头沟区域内102公里永定河山峡段，近40年来首次实现全线通水。

14日 门头沟区被评为北京市2018年安全生产先进单位（连续10年蝉联该称号），并获北京市2018年安全生产重大进步奖。

15日 召开门头沟区践行“绿水青山就是金山银山”发展大会暨组织、宣传、统战、农村工作会。

20日 门头沟区卫生健康工作委员会正式组建，区委卫生和计划生育工作委员会更名为区委卫生健康工作委员会，与区卫生健康委员会合署办公，不再保留区卫生和计划生育委员会。

21日 门头沟区科学技术委员会与经济和信息化委员会合并，成立科学技术和信息化局，是区政府工作部门，为正处级单位，正式揭牌。

22日 门头沟区医疗保障局挂牌成立，下设3个岗位，编制8名。

▲ 门头沟区生态环境局揭牌，新组建的区生态环境局在原区环境保护局的职能基础上，增加应对气候变化和减排、监督防止地下污染、编制水功能区划、排污口设置管理、流域水环境保护、监督指导农业面源污染治理等职责，作为区政府的组成部门。

▲ 北京市门头沟区市场监督管理局揭牌成立，负责区内市场综合监督管理、市场主体统一登记注册、市场监管综合执法、宏观质量管理、产品质量安全、特种设备安全监督管理、食品安全监督管理、标准化、计量工作、检验检测、药品零售、医疗器械经营的许可、商标专利执法检查和处罚，以及化妆品经营和药品、医疗器械使用环节质量的检查和处罚等监管职责。

▲ 门头沟区文化和旅游局由原区旅游委、区文委整合而成。设有8个职能科室及1个文化市场综合执法大队。

▲ 门头沟区应急管理局成立。区应急管理局主要是原区安全生产监督管理局变更单位名称，并增加相应工作职能。

▲ 门头沟区政务服务管理局成立，为区政府工作部门，区政务服务中心为其所属公益一类事业单位。区政务服务管理局主要职责负责统筹推进门头沟区简政放权、放管结合、优化服务改革和行政审批制度改革工作。

25日 门头沟区新城35千伏营门线电力隧道工程全线初步贯通。该项目是满足“门头沟新城”开发建设的总体需求，配合“永定河滨水商务区”以及小园、曹各庄等地块安置房建设用地腾退所需的重点电力工程。暗挖隧道的贯通，标志着重点、难点施工任务基本结束，全线完工进入倒计时。

26日 北京市规划和自然委员会门头沟分局挂牌成立，下设内设机构13个。

27日 门头沟区举办2019年首场“西山讲堂”全民阅读推广活动。邀请国家行政学院原副院长作题为《让学习成为习惯》的专题讲座。200余名机关干部、市民群众参加。

28日 首农食品集团联合清水镇人民政府，在上清水文化广场举办首次“首农食品惠民大

集”。大集以“品味首农食品，共享美好生活”为主题，将百余种优质副食品在清水镇集中展卖。

▲ 第十届北京国际山地徒步大会新闻发布会在龙泉宾馆召开。徒步大会以“徒步京西、乐享四季”“徒步古道古村落，引领休闲新生活”为主题，由北京市体育局、门头沟区人民政府、北京市体育总会、北京市民间组织国际交流促进会联合主办。2019年是北京国际山地徒步大会举办第10个年头，已成为北京乃至全国最具规模的徒步品牌活动。

是月 原门头沟区司法局和原区政府法制办合并，重新组建门头沟区司法局，作为区政府工作部门，成立机关党委。门头沟区司法局机关内设行政科室7个。

4月

2日 区委党的建设工作领导小组会议暨干教、人才工作领导小组会议召开。会议审议《中共北京市门头沟区委党的建设工作领导小组2019年工作要点》《门头沟区2019年“红色门头沟”党建重点调研课题计划》《关于实施“京西聚智计划”加快推动现代化生态新区绿色发展行动方案（2019-2022）》等文件，听取2018年干教工作总结和2019年工作思路、2019年区级干部培训项目统筹情况以及门头沟区第二批人才租赁住房房源筹备情况等汇报。

10日 区委巡察工作领导小组专题会召开。会上，传达学习全市巡视巡察工作会和全市巡察办主任工作会等会议精神，研究审议《关于落实市委第五巡视组巡察专项检查反馈意见的整改方案》《市委巡察专项检查整改任务清单》《门头沟区委2019年度巡察工作要点》《门头沟区委延伸巡察村（社区）问题清单（试行）》等文件。

▲ 由区教委主办，北京市大峪中学等区内10余所中小学参与演出的大型原创校园舞剧《山谷幽兰》在中央民族剧院开演。舞剧《山谷幽兰》以孙惠君老师的真实教育题材进行创作改编，共分为“初涉山谷”“深谷天才”“打破坚冰”“我回来了”四幕，反映坚守在山区教育一线，在三尺讲台挥洒青春，为学生成长成才呕心沥血的优秀教师群体的感人故事。

11日 全区人才工作领导小组会召开。会上，审议通过《2018年人才工作总结和2019年工作思路》《关于实施“京西聚智计划”加快推动现代化生态新区绿色发展行动方案（2019-2022）及2019年推进项目》《关于加快推进新首钢国际人才社区建设 打造中关村京西国际AI创客高地的工作方案》《关于开展“门头沟区优秀人才”“门头沟区青年人才”认定及项目资助工作的实施方案》《关于2019年吸引高层次人才挂职锻炼的工作方案》。

12日 乌兰察布市党政代表团到门头沟区开展扶贫协作调研对接。乌兰察布市领导到中关村门头沟园北京精雕科技集团有限公司、北京夏禾科技有限公司、江泰保险经纪股份有限公司考察调研，随后进行京蒙扶贫协作座谈。

16日 “为义务兵父母投保健康综合险”签约仪式举行，并在全国率先为现役义务兵父母投保健康综合险，被中央电视台、《解放军报》等媒体刊发，获中央军委肯定。

18日 经内蒙古自治区人民政府同意，门头沟区对口帮扶的呼和浩特市武川县、乌兰察布市察右后旗2个国家级贫困旗县退出贫困旗县序列实现脱贫“摘帽”。

▲ 区领导付兆庚等到浙江省丽水市考察，双方分别介绍各自地区基本情况，签订《落实乡村振兴战略 推进美丽乡村建设全面合作协议》。

22日 区委宣传部开展2019年“书香门头沟 阅读永定河”门头沟区全民阅读活动暨第九届门头沟区图书交换大集第六届门头沟区书市活动。打造全民阅读品牌活动，石门营五区获市“阅读示范社区”称号。

29日 举办门头沟区纪念五四运动100周年主题活动。区领导，区相关部门及驻区企业负责人，区内团员青年代表等参加。活动回顾共青团百年发展历程及我区共青团工作，观看“红色京西峥嵘异彩·五四薪火百年相传”演出。

30日 门头沟区庆“五一”慰问演出暨第二届职工文化艺术节举办开幕式。

5月

5日～19日 “金顶纳吉祥 弘扬福文化”第二十七届妙峰山传统民俗庙会在妙峰山景区开幕，有100余档传统民间花会朝顶进香、酬山赛会进行民间文艺表演交流切磋技艺，以及施粥布茶、舍馒头、舍缘豆、舍茶叶等传统民俗活动。

17日 门头沟区全面从严治党（党建）工作考核专题会召开。会上，区纪委监委通报《2018年北京市全面从严治党（党建）工作考核情况通报》《2019年北京市全面从严治党（党建）工作考核实施方案》。

22日　区委宣传部与北京师范大学文化创新与传播研究院、首都文化创新与文化传播工程研究院联合发布“永定河文化内涵阐释与品牌传播”学术研究成果。

30日　举行“童谣歌唱祖国梦想起航京西”门头沟区2019年庆“六一”活动，全区各小学代表800余人参加。区领导为门头沟区“十佳新时代好少年”颁奖。

31日　大安山煤矿停产，正式关停。标志着北京近千年的采煤史宣告结束。

5月至10月　门头沟团区委牵头组织实施中华人民共和国成立70周年群众游行第30方阵工作，并具体承担综合协调、后勤保障、集结疏散和彩车管理等工作。

6月

11日～19日　区人力社保局联合武川县、涿鹿县举办贫困人口技能和实用技术系列培训班。培训分5期，每期2天至3天，内容涉及家政服务、手工编织、特色农产品（黄芪、向日葵、食用菌）栽培等，374人参加。

12日　门头沟区落实北京市涉农区党政领导班子和领导干部推进乡村振兴战略实绩考核工作专题会召开。会上，区农业农村局汇报工作进展情况，各与参会单位对《落实<北京市涉农区党政领导班子和领导干部推进乡村振兴战略实绩考核意见>的实施方案》提出意见建议。

13日　举办中关村门头沟科技园第五届“创新创业活动周”开幕式。

17日　2019年北京市门头沟区6·26国际禁毒日“绿色无毒 阳光生活”大型主题活动举办。

24日　门头沟、西城、石景山区妇联在田庄京西中共第一党支部联合开展“‘不忘初心 牢记使命’—巾帼红”庆“七一”主题党日活动。

27日　门头沟区庆祝中国共产党成立98周年暨“红色门头沟”党建引领绿色发展研讨论坛举办。

7月

3日～4日　门头沟区党政代表团到武川县、察右后旗对接扶贫协作工作。区领导张力兵到内蒙古自治区呼和浩特市武川县和乌兰察布市察右后旗进行回访，深入开展扶贫协作调研对接。

12日　张力兵到河北省张家口市涿鹿县调研对接扶贫协作工作。调研活动后，召开门头沟区与涿鹿县扶贫协作联席会。会上，门、涿双方分别介绍对口帮扶有关工作情况和安排；举行两地扶贫协作捐赠仪式，签署《2019年东西部扶贫协作协议》。

15日　西城区到门头沟区进行结对协作对接。区领导张力兵为“京西红色党性教育基地”揭牌。

24日　门头沟区举办“门头沟热心人”百姓宣讲大赛决赛暨门头沟区“我和我的祖国”百姓宣讲大赛开赛。推荐第一名参加全市决赛，并进入20强。全年共开展基层宣讲100余场，直接听众1.5万余人。

25日　张力兵到西藏自治区拉萨市堆龙德庆区对接携手奔小康工作。实地查看堆龙德庆区乃琼镇波玛村调研德吉藏家民宿一期、二期以及门头沟区2019年援助的京白梨试种项目，慰问两户易地搬迁的建档立卡藏族贫困群众；随后，到象雄美朵产业园调研2018年援助的玫瑰花种植项目，参观西藏圣香海螺民族产品开发有限公司；到堆龙德庆区人民医院，看望门头沟区援藏医疗人才，调研远程医疗平台建设。会上，门头沟区向堆龙德庆区捐赠健康扶贫慢病防控项目、精准帮扶大礼包和200个公益岗。张力兵代表门头沟区与堆龙德庆区委书记格桑平签署《2019年携手奔小康结对帮扶协议》。

29日　中国共产党北京市门头沟区第十二届委员会第八次全体会议召开。全会总结2019年上半年工作，部署下半年任务，审议通过《中共门头沟区委关于“红色门头沟”党建引领绿色发展的实施意见》。张力兵代表区委常委会作工作报告，并作讲话。

31日　举办“军民合力同心共迎祖国华诞”门头沟区军民共庆中华人民共和国成立70周年争创全国双拥模范城“四连冠”主题文艺演出。

8月

1日　举办门头沟区“军事日”活动。在区联合防空指挥部观看《联合防空录像片》，听取区民防部门有关汇报；检查慰问民兵应急分队，参观民兵装备器材，观看特警科目演练等。

5日　门头沟区与石景山区合作发展工作座谈会召开。会上，就两区合作发展进行研讨。

6日　中共北京市门头沟区委国家安全委员会第一次全会召开。会上，研究《中共北京市门头沟区委国家安全委员会2019年工作要点》《门头沟区关于加强新时代法治建设的实施方案》等事项。

8日　门头沟区与北京林业大学战略合作签约仪式举行。门头沟区政府与北京林业大学签署战略合作框架协议，门头沟团区委与北京林业大学团委签署校地合作共建协议，斋堂镇与北京林业大学学生处签署共建学生社会实践基地协议。

9日　“壮丽70年·奋斗新时代”京华大地调研行门头沟区座谈会召开。张力兵向与会记者通报中华人民共和国成立70年、改革开放40年特别是党的十八大以来门头沟区经济社会发展的实践、变革、成就和经验情况。

19日　门头沟区永定河综合治理与生态修复工程座谈会召开。北京市水利设计院汇报门头沟区永定河综合治理与生态修复工程设计方案；区水务局汇报永定河生态治理工程进展情况；与会各单位围绕永定河综合治理与生态修复工程进行研讨。

27日　开展“点状供地”试点规划编制工作蹲点调研。听取“点状供地”试点研究工作情况汇报，并进行研讨。

29日　涿鹿县到门头沟区对接携手奔小康工作调研座谈会召开。会上，涿鹿县介绍对口帮扶项目进展情况，门头沟区有关部门介绍对接协作工作情况。

9月

2日　门头沟区召开中华人民共和国成立70周年庆祝活动门头沟区服务保障动员大会。

4日至12月17日　门头沟区第二届技能大赛启动。4个比赛项目共产生一等奖4个、二等奖8个、三等奖12个。

9日　举行门头沟区2019年欢送新兵大会。

10日　门头沟区庆祝2019年教师节表彰大会举行。

▲　召开门头沟区委“不忘初心、牢记使命”主题教育工作会议。16日，组织门头沟区“不忘初心 牢记使命”主题教育第一次集中学习。20日，组织区领导班子“不忘初心、牢记使命”主题教育第一次集中研讨。10月24日，组织“不忘初心、牢记使命”主题教育第二次集中学习。11月4日　组织门头沟区领导班子“不忘初心、牢记使命”主题教育第三次集中研讨。12月2日　召开门头沟区委常委班子“不忘初心、牢记使命”主题教育专题民主生活会。张力兵代表区委常委会作对照检查发言，常委依次作个人对照检查发言，并对其他常委同志逐一提出批评意见。

11日　区文联、区作协、龙泉镇联合举办庆祝中华人民共和国成立70周年“我的故乡我的祖国”名家歌词创作漫谈暨红色龙泉中秋诗会。

12日　在首都博物馆推出“山河·家国——西山永定河文化展”。首次对西山永定河文化带的建设过程进行全面梳理与集中展示。通过225件（套）、264张珍贵照片重点展示西山永定河文化带的文化生态面貌和与北京城发展的密切关系，讲好首都历史文化、传承红色基因。

17日　市第七督查组到门头沟区督查中华人民共和国成立70周年庆祝活动维稳安保工作。督查组到城子街道蓝龙社区实地查看“雪亮工程”“智慧社区”等情况，并在龙泉镇政府主持召开座谈会，听取门头沟区新中国成立70周年庆祝活动维稳安保工作汇报。

25日　门头沟区委退役军人事务工作领导小组第一次会议召开。会上，研究《中共北京市门头沟区委退役军人事务工作领导小组工作规则》《中共北京市门头沟区委退役军人事务工作领导小组2019年工作要点》等文件。

▲　门头沟区委军民融合发展委员会第一次全体会议召开。会上，研究《中共北京市门头沟区委军民融合发展委员会及办公室工作规则》《〈门头沟区军民融合创新发展行动计划（2019-2021年）〉细化落实方案（2019年）》等文件。

29日　举行门头沟区与陆军政治工作部战略合作签字仪式。付兆庚介绍门头沟区基本情况；与陆军政治工作部办公室主任签订党建引领军地共建战略合作框架协议。

▲　新首钢大桥建成通车，长安街西延长线实现全线贯通。

30日　举行门头沟区烈士纪念日公祭烈士活动。区领导、驻区部队官兵、中小学生、军烈属代表等在宛平抗日烈士纪念公园举行公祭，向为全民族抗战事业献身的烈士默哀，向宛平抗日烈士纪念碑敬献花篮。

10月

1日，门头沟区以首善标准完成国庆主舞台群众联欢特色背景表演，并被北京市委、市政府授予“北京市筹备和服务保障中华人民共和国成立70周年庆祝活动先进集体”荣誉。该表演团队330人，经过3个月的集中训练，上演国庆主舞台上的“惊鸿一瞥”。

10日　区委书记张力兵为全区领导干部讲“不忘初心、牢记使命”主题教育专题党课。

15日　召开门头沟区公务员职务与职级并行工作部署会。

17日　门头沟区举办国家扶贫日系列主题活动。市、区领导为北京市消费扶贫双创中心门头沟分中心暨“灵山绿产”体验中心揭牌。18日　举行“绿水青山巾帼红”门头沟区妇联系统“不忘初心、牢记使命”主题教育实践活动。活动中，观看《第一篇章血染的风采》《第二篇章火样的激情》《第三篇章绿色的希望》节目演出。为老妇救会主任颁发证书，并送上慰问。

20日　“冬奥有我”大峪中学奥运主题服装服饰展演活动在冬奥组委展示中心举办。

25日　召开中华人民共和国成立70周年庆祝活动北京市筹备和服务保障工作总结表彰大会。会上，播放北京市筹备和服务保障工作记录专题片；蔡奇作了重要讲话；会上宣读了市委、市政府关于表彰北京市筹备和服务保障中华人民共和国成立70周年庆祝活动先进集体和先进个人的决定；市领导为先进集体和先进个人代表颁奖。区领导分别在市委主会场和门头沟区分会场参加会议。

11月

1日　召开2019年门头沟区领导干部警示教育大会。会上，观看警示教育片《倒在贪字脚下的人》。

11日　召开门头沟区委常委会专题民主生活会情况通报会暨领导干部大会。

12日　门头沟区委全面依法治区委员会办公室第一次会议召开。会上，审议通过《中共北京市门头沟区委全面依法治区委员会协调小组工作细则》等文件，并就进一步落实《门头沟区关于加强新时代法治建设的实施方案》进行部署。

15日　市委巡回指导组到区王平镇、妙峰山镇、大台街道基层村居开展“不忘初心、牢记使命”主题教育“回头看”工作。

16日　在中国生态文明论坛十堰年会上，门头沟区被国家生态环境部评为第三批绿水青山就是金山银山实践创新基地。

20日　区委宣传部以门头沟山区农村第一位共产党员“一门四烈士”崔显芳的事迹为原型，创作并演出京味儿音乐话剧《跟党走》，讲述中国共产党成立早期，京西山区农民坚定跟党走、与敌人英雄斗争的红色历史故事，传承革命精神。演出4场，观众3000余人。

22日　“绿色发展聚英才、红色京西谱新篇”门头沟区第二届“领军人才”“优秀人才”“青年人才”认定大会召开。会上，为“领军人才”“优秀人才”“青年人才”颁发了奖牌和证书；区宣传、组织、人力社保、石龙管委、团区委等部门与5所高校就共建人才实践基地签署合作协议；市委巡回指导组、区、校领导共同启动“5所高校门头沟区实践基地”。

28日　门头沟区书法作品捐赠仪式在永定河文化博物馆举办。书法家将5套11件精品无偿捐赠给永定河文化博物馆、区档案史志馆等多家单位永久收藏。

12月

3日　门头沟区领导干部在北京市市民热线服务中心，参加北京市“听民意 解民忧”第六季活动。活动中，听取门头沟区“接诉即办”办理情况，群众诉求集中、突出的热点问题，群众诉求分布情况以及目前工作中存在问题的介绍；对已办结群众诉求案件进行回访；随后召开现场会商会，就“接诉即办”工作的重要意义、当前形势、存在问题、改进措施、今后的发展方向等，进行交流和探讨并听取专家点评；随后到门头沟区诉求现场，实地考察群众诉求反映问题，召开现场推进会，研究解决方案，现场安排处置。

15日　北京永定河文化研究会成立15周年暨彭世强“彩墨京西”画展在永定河文化博物馆举行。画展共展出近百幅作品，作品主要描绘京西门头沟山水旖旎风光。

17日　第九届书香中国•北京阅读季举办阅读盛典颁奖活动。东辛房街道石门营新区五区被评为北京市“阅读示范社区”。

▲　门头沟区通过北京市‘节水型区’创建考评验收。

25日　召开中国共产党北京市门头沟区第十二届委员会第九次全体会议。会议传达学习市委十二届十一次全会精神；听取和讨论张力兵代表区委常委会作题为《以“讲奉献、争第一”的门头沟精神当好“两山”理论守护人》工作报告，以及付兆庚所作的全区经济社会发展情况报告；审议《中国共产党北京市门头沟区委员会关于加快“绿水青山门头沟”建设的实施意见》《区委常委会2019年抓党建工作情况报告》；表决通过《关于同意龚浩鸣、赵威同志辞去区委委员的决定》《关于递补贾卫东、张进香同志为区委委员的决定》。

30日　举办区消防救援队伍

挂牌仪式。张力兵为门头沟区消防救援队伍揭牌。

截至12月31日　全区共有党员36240名，基层党组织1392个，其中党委100个、党总支75个、党支部1217个。

是年　门头沟区民族宗教侨务办公室完成机构改革，在中共门头沟区委统战部加挂门头沟区民族宗教侨务办公室牌子。

是年　门城湖被评定为“2019年度北京市优美河湖”。这是继2017年，龙泉湾被评为“北京市优美河湖”后，门头沟区的第二处“北京市优美河湖”。

是年　门头沟区实施低收入户动态精准管理，建立“一对一”精准帮扶对接台账。深挖农户就业岗位，实现低收入劳动力转移就业3286人，就业率达到97.68%。完成低收入农户住宅鉴定，持续推进农村4类重点对象和低收入群众危房改造工作，282户危房实现竣工。

是年　门头沟区3817套棚改安置房完成分户验收，实现2500户居民搬迁上楼，累计建成安置房49492套。新棚改3751地块4个项目拆迁腾退基本完成，冯村南街、永定镇南区和3751-C3个项目实现开工，前期手续办理有序推进。

是年　完成138个村庄美丽乡村规划编制，门头沟区村庄民宅风貌设计导则、炭厂村村庄规划被评为“2019年度北京市优秀城乡规划奖”一等奖，分区规划获特殊贡献奖。在2019年底全市农村人居环境考核验收中排名第一。

是年　新组建部门全部完成挂牌及职责划转，改革后设置党政机构43个。

是年　推出“门头沟小院”“绿水青山门头沟”旅游和“灵山绿产”3个品牌，“门头沟小院”成为全市唯一地区性精品民宿品牌，“灵山绿产”成为全市首个区域性绿色产品品牌。

是年　国际山地徒步大会被评为“2019中国体育旅游十佳精品赛事”。

是年　洪水口村获评“国家森林乡村创建工作样板村”。

是年　向涿鹿、武川、察右后旗、堆龙德庆安排区级资金1100万元，支持公益岗位1830个，助力脱贫“摘帽”。

是年　中关村人工智能科技园先导园开园，中关村门头沟园区地均产出率、劳均产出率均位列生态涵养区首位。

中共门头沟区委委员会

综　述

2019年，区委常委会牢牢把握国庆70周年“不忘初心、牢记使命”主题教育主题主线全力打造“红色门头沟”党建品牌和“绿水青山门头沟”城市品牌，以“讲奉献、争第一”的门头沟精神，当好“两山”理论守护人。全年召开区委全会2次，召开常委会会议51次。

年内，区委常委会认真贯彻中央、市委决策部署，按照市委书记蔡奇“把方向、谋大事、抓党建、保平安”的要求，牢牢把握中华人民共和国成立70周年庆祝活动这个“纲”，以“红色门头沟”党建为引领，以年初率先召开70周年重大活动安保动员会为起点，主动把控全年工作节点、推进节奏和落实力度，有序完成村和社区“两委”换届，完成“两会”和“一带一路”高峰论坛、亚洲文明对话大会、世园会安保维稳，完成区级机构改革等一系列“大考”，特别是坚持把中华人民共和国成立70周年服务保障作为最大的政治任务，作为主题教育最生动的实践，区领导率先垂范，全区各单位、各条战线、各个行业干部群众自觉向前一步，发扬京西铁军连续作战的光荣传统，群众游行精密组织、分秒无误，联欢活动精心设计、精彩纷呈，中华人民共和国成立70周年观礼精准谋划、无缝衔接，“绿水青山”方阵荣获“精彩70”最佳方阵称号；发动“门头沟热心人”等各类力量群防群治，以“一事一档、一人一案、一山一哨”的机制精准施策，严密防控全区1125处点位，做到“精精益求精、万万无一失”，确保“西部无战事”，彰显老区人民讲政治、顾大局、勇奉献、重传承的崇高品质，激发凝心聚力共奋进、无我无畏勇争先的精神力量，为“讲奉献、争第一”的门头沟精神注入新的内涵。

国庆节后，区委常委会迅速转向换挡，劲不懈、势不减、扣不松，最大限度地把党员干部迸发出的爱党爱国爱人民的激情转化为推动地区绿色发展、生态富民的强大动力，全力以赴冲刺创建全国文明城区、基本无违建区、全国双拥模范城“四连冠”等节点任务，以京西铁军百战不殆的优良作风，完成全年各项任务，门头沟区被国家发展改革委纳入京西产业转型升级示范区，被国家生态环境部评为“绿水青山就是金山银山”实践创新基地。

坚定抓牢“不忘初心、牢记使命”主题教育，推动“红色门头沟”党建取得新成效

落实中央、市委关于主题教育的部署，提前谋划、精心筹备，以“五个突出”为特色，率先成立区委主题教育领导小组及办公室，率先召开全区主题教育工作会，坚持“月月有重点、周周有安排”，推出26项特色工作和96项特色任务，区四套班子率先垂范，带领全区1238个党组织、3.4万名党员坚持把学习教育、调查研究、检视问题、整改落实贯穿全过程，实现主题教育高标起航、高位推进、高效落实。发挥革命老区优势，与西城区合力打造京西红色党性教育基地，建立9个现场教学点，推进新时代文明实践中心建设，推动马克思主义读书会扩大到17家单位，推出话剧《跟党走》、书籍《京西抗日岁月》等原创作品，红色教育内涵不断丰富、感召力不断增强。区、处两级领导干部聚焦绿色发展和民生热点，主动蹲下身子搞调研，现场解决问题2362个，以问题破解成效践行初心使命、增进民生福祉，党员干部群众普遍感受到主题教育带来的新变化。坚决落实党的十九届四中全会精神，在全市率先形成“一项计划、一项工程、一项行动、一项机制”的

"四个一"制度成果，使主题教育在门头沟"两个品牌"建设中永放异彩。

牢记"抓好党建是最大的政绩"，以开展主题教育为契机，研究制定《关于"红色门头沟"党建引领绿色发展的实施意见》，不断压实全面从严治党主体责任，"红色门头沟"党建引领作用进一步增强。一是政治建设更加坚定。认真落实党中央关于加强党的政治建设的意见、市委贯彻措施及门头沟区抓落实任务分工，引导党员干部不断增强"四个意识"、坚定"四个自信"、做到"两个维护"。坚决把牢发展方向，率先召开"两山"理论动员大会统一思想，全区对"两山"理论的认识不断深入，对落实"绿色发展、生态富民、弘扬文化、文明首善、团结稳定"的区域发展总原则更加自觉。将意识形态工作纳入区委巡察范畴，建立意识形态考评体系，意识形态安全防线进一步巩固。二是干部队伍更加过硬。完成区级机构改革、街道机构改革及乡镇机构改革试点工作，全面实施公务员职务职级并行制度，进一步激发干部队伍活力。坚持"凡提四必"，完善处级干部选拔任用流程，强化科级干部选任专项检查，干部选任更加规范。强化对重点部门、关键岗位干部监督，加强"政治体检"，干部管理监督更加有效。与北京大学、人民大学、北京林业大学等高校签订人才合作框架协议，人才队伍建设迈出新步伐。三是基层基础更加坚实。实施农村基层党组织"头雁""聚力""领航""强基"工程，在全市率先完成村和社区"两委"换届。深化"五型"机关创建，推进国企党建整改任务落实，制定"非公企业和社会组织'红色聚力'行动方案"，健全中小学校及民办学校党建"2+1"工作机制，有力推动基层党组织全面进步、全面过硬。四是"六六工程"更加严实。坚持以"六六工程"推动管党治党，坚决将"两个维护"贯穿监督工作全过程，年内完成3轮21家党组织巡察，问责13起25人，市委巡视反馈问题整改完成90%；大力整治形式主义、官僚主义，严肃查处顶风违纪行为，年内运用"四种形态"处理908人次；在全区开展社区表格清理情况检查，全力为基层减负；抓牢"反腐惩恶"这把利剑，全年共立案118件，给予党纪政务处分69人；召开全区领导干部警示教育大会，强化以案为鉴、以案促改，进一步营造了风清气正的政治生态。

坚定当好"两山"理论守护人，推动"绿水青山门头沟"建设取得新成效

落实蔡奇"守住好山好水好生态，建设绿色发展聚宝盆"的要求，坚定不移守生态、绿富民，群众在绿色发展中享受到更多实惠。一是生态环境持续优化。瞄准创建国家森林城市，千方百计扩大绿色生态空间，完成新一轮百万亩造林4.15万亩、留白增绿18.16公顷、废弃矿山修复86公顷；坚决关闭灵山景区，灵山生态保护项目加快实施。坚持"抠0.1微克"治理PM2.5，全区PM2.5平均浓度为36微克/立方米，低于市级下达目标12微克，持续位居全市前列。配合实施永定河补水，40年来首次实现碧水长流；启动西王平泥石流治理等9个地质灾害治理项目，全面落实河长制，针对永定河沿河城断面Ⅳ类水质问题，通过加强永定河山峡段生态治理、沿岸截污治污等措施，确保三家店水质断面达到Ⅲ类标准，永定河生态修复功能显著提升，地区水环境质量不断改善，门城湖入选"2019年度北京市优美河湖"。坚决支持京煤集团关停大台煤矿，彻底结束上千年采煤史。着力推进农村"七边三化四美"和"厕所革命"，基本实现农村垃圾分类、污水处理全覆盖；全区138个美丽乡村创建村全部通过市级农村人居环境整治验收，第二、三批村庄验收平均得分均排名全市第二。二是绿色发展路径持续拓展。坚持规划先行，分区规划获市政府批复，新城街区控规和镇域国土空间规划编制正式启动，138个美丽乡村规划编制完成；推进集体建设用地快速审批政策集成，"点状供地"实施规划（草案）已基本完成；在"2019年度北京市优秀城乡规划奖"评选中，门头沟区村庄民宅风貌设计导则、炭厂村村庄规划荣获一等奖，分区规划荣获特殊贡献奖。坚持把发展精品民宿作为突破口，集成23项优惠政策，推出精品民宿发展服务手册，与西城区共同设立8亿元专项资金，举办两届精品民宿推介会，推出"门头沟小院"、"绿水青山门头沟"旅游和"灵山绿产"3个品牌，"门头沟小院"成为全市唯一地区性精品民宿品牌，"灵山绿产"成为全市首个区域性绿色产品品牌。着力打造富民增收"百果山"，奇异莓、杨梅、藜麦等高附加值农产品培育初具成效。中关村人工智能科技园先导园正式开园，中关村门头沟园区地均产出率、劳均产出率均位列生态涵养区首位。在全市首次实现以区政府名义回购园区产业用地，为全市存量产业用地有效管控积累了经验。阜外医院西山院

区项目顺利推进。在全市率先启动“百事套餐一次办”“双向承诺制不见面审批”改革，开展社会投资“简易低风险”工程审批工作，完成全市第一宗全流程案例，为世界银行对北京营商环境评估做出巨大贡献，地区营商环境进一步优化。三是民生保障持续改善。坚持聚焦“七有”“五性”抓民生。完成3817套棚改安置房分户验收，安置居民2500户6600人；险村搬迁稳步推进，累计搬迁完成23个村。深化北京市各民主党派支持门头沟区发展“8+1”行动，推动低收入村与市级部门和企业、西城区、市委宣传部下属单位等结对帮扶，实施“同心牵手、比翼致富”鹊桥工程，2019年低收入农户人均可支配收入预计实现1.46万元，同比增长17.5%；强化扶贫协作，助力涿鹿县、察右后旗、武川县、堆龙德庆区实现脱贫“摘帽”。持续优化公共服务，4所学校获批国家级冰雪运动特色校，幼儿园普惠率达到96.5%；顺利通过国家卫生区复审和慢性病综合防控示范区市级复审，医耗联动综合改革平稳推进，分级诊疗制度有序落实；加强村（社区）养老服务机构建设，“三边四级”养老体系不断完善。新首钢大桥建成通车，长安街西延线全线贯通，国道109新线高速公路即将开工建设，长安天街商业综合体投入运营，群众生活便利性有效提升。

坚定推动“六城联创”，城乡治理创新取得新成效

坚持首善标准，深化“六城联创”，推进基层治理创新，地区更加和谐稳定。一是创城攻坚再拔头筹。咬紧“强力攻坚年”目标，以“冲刺夺魁、勇争第一”的干劲，持续掀起创城热潮。坚持对标新版测评指标补短板、强弱项，依托“创城擂台赛”等“赛马”平台鼓斗志、比奉献，命名3批190家“1+X”达标创建单位，“门头沟点赞”“门头沟热心人”等品牌内涵不断丰富，“不乱扔垃圾的家园”等创建活动常态化开展，顺利通过2019年度首都文明办测评，在全市16个区中排名第一，为2020年冲刺“全国文明城区提名城区”奠定坚实基础。二是创建基本无违建区取得决定性胜利。坚持以“9041”为界限，以河道蓝线、生态红线、文保紫线及传统古村落为重点，实施全市“时间界限最早、范围最大、清零最彻底”的拆违攻坚，全年共拆违146.57万平方米，得到蔡奇、陈吉宁及各位市领导的肯定和赞扬，成为全市规自领域整治先进典型。门头沟区正式向市政府申报“基本无违建区”。三是各项创建工作有序推进。坚持以创城、拆违为标杆，统筹推进“六城联创”，创建国家森林城市36项指标有27项实现达标，创建北京市食品安全示范区工作进入收官阶段；围绕实现双拥模范城“四连冠”，顺利迎接市级考评验收，在全国率先为现役义务兵父母投保健康综合险，被中央电视台、《解放军报》等媒体刊发，获中央军委肯定。四是基层治理效能不断提升。深化“吹哨报到”“接诉即办”，推出“五个亲自”“一诉十接”“六员六主动”“5+2、7×24全天候工作法”等创新做法，破解一批群众身边的操心事、烦心事、揪心事，全年共受理12345热线诉求5万余件，办结率和结案率均为100%。坚持党建引领基层治理，涌现出“红色联盟议事会”“五彩微中心”等基层创新经验，共建共治共享的基层治理格局加快形成。五是安全维稳工作扎实推进。以配合中央专项督导为契机，提级升格扫黑除恶领导小组，按照“六必”要求，深挖问题线索，强化专案办理，取得扫黑除恶专项斗争重大突破。深化“平安门头沟”建设，加强重点领域矛盾纠纷动态预警和调处化解，区、镇街、村（社区）三级综治中心实现规范化建设。深化食品药品、生产、交通、消防等领域综合治理，实现较大以上事故零发生。

区委坚持总揽全局、协调各方、把握节奏，注重加强对人大、政府、政协工作的领导，调动各方积极性，同心协力共促绿色发展。召开区委第五次人大工作会，印发区委关于加强和改进人大工作的意见，支持区人大履行宪法和法律赋予的职责；结合区级机构改革，推进区政府机构设置更加科学、职能更加优化、权责更加协同；召开区委第五次政协工作会，印发区委关于加强和改进政协工作的意见，支持区政协有效发挥专门协商机构作用。支持区法院、区检察院严格执法、公正司法，持续深化群团改革，积极构建大统战工作格局，着力推进“8+1”行动，形成“名医工作室”等多个品牌。

单位名称：北京市门头沟区委办公室
地　　址：北京市门头沟区新桥大街36号
电　　话：69842176
邮　　编：102300

（刘　楠）

【创建全国文明城区】 1月3日，门头沟区举办创建全国文明城区“比学赶超”擂台赛门头沟区创建全国文明城区“比学赶超”

擂台赛，首都文明办领导，区领导张力兵、付兆庚等，京煤集团及全区各单位负责人以及各村（居）负责人分别在主会场和各分会场参加会议。3月5日，举办门头沟区创建全国文明城区“比学赶超”擂台赛，区领导张力兵、付兆庚等，京煤集团及全区各单位负责人以及各村居党支部书记、村委会主任分别在主会场和各分会场参加会议。5月10日，举办门头沟区创建全国文明城区“比学赶超”擂台赛，区领导张力兵、付兆庚等，区法检“两长”，京煤集团相关负责人以及区各单位负责人参加。7月1日，举办门头沟区创建全国文明城区“比学赶超”擂台赛，市委组织部张磊，区领导张力兵、付兆庚、陈国才、张冰等，京煤集团及全区各部门、各镇街、各村居负责人分别在主会场和分会场参加会议。8月6日，举办创建全国文明城区暨接诉即办“比学赶超”擂台赛，区领导张力兵、付兆庚等，区法检“两长”，京煤集团主要领导，全区各单位、各镇街、各村居、各中小学校校长分别在主会场和分会场参加会议。9月6日，举行创建全国文明城区暨接诉即办“比学赶超”擂台赛，区领导张力兵、付兆庚等，全区各单位党政主要领导，各镇街党政主要领导、班子成员及各村居党支部书记、主任分别在门头沟区主会场和镇街分会场参加擂台赛。10月12日，召开门头沟区创建全国文明城区暨接诉即办“比学赶超”擂台赛，区领导张力兵、付兆庚等，京煤集团负责人，全区各单位党政主要领导，各镇街党政主要领导、班子成员及各村居党支部书记、主任，各中小学校长等分别在主会场和分会场参加。15日，张力兵到永定镇调研创城迎检工作，听取永定镇创城相关工作的汇报，并对下一步工作进行部署。区委政法委、区创城办主要负责人参加调研。25日，召开门头沟区创建全国文明城区迎检动员会，区领导张力兵、付兆庚等，区有关部门主要负责人，各镇街领导班子成员分别在主会场和分会场参加会议。26日、27日，张力兵开展创城工作实地调研，围绕创城工作实地检查少年宫、冯村商业街、丽景长安、龙门一区、龙门三区文化中心和中医院。

（田玉娇）

【民主生活会】 1月4日，张力兵主持召开区委常委班子2018年度民主生活会征求意见座谈会。23日，召开永定镇2018年度民主生活会，区领导张力兵等，区委农工委系统督导组成员参加会议。25日，区委常委班子召开2018年度民主生活会。3月29日，召开落实市委巡视反馈意见专题民主生活会，市纪委市监委、市委组织部有关负责人到会指导。区领导张力兵、付兆庚等参加专题民主生活会，陈国才、张冰列席。张力兵主持会议，代表区委常委会作对照检查。区委常委依次作个人对照检查发言，开展批评和自我批评。12月2日，召开门头沟区委常委班子“不忘初心、牢记使命”主题教育专题民主生活会，市委组织部副部长，市委第四巡回指导组领导到会指导。11日，召开门头沟区区委常委会专题民主生活会情况通报会暨领导干部大会，区领导和法检“两长”，区纪委监委领导成员，其他区委委员、候补委员，党委政府工作部门、人大政协委室、群团组织主要负责人，镇街党政正职参加会议。26日，召开门头沟区委与各民主党派、人民团体民主协商会，区领导张力兵等，区委有关部门和门头沟区各民主党派、人民团体负责人参加。

（田玉娇）

【党建人才工作】 1月22日，召开门头沟区党委议军会，区领导张力兵、付兆庚等，区有关部门负责人参加会议。2月15日，召开门头沟区领导干部会议传达学习贯彻市委十二届八次全会精神，区领导张力兵、付兆庚等，全区各单位主要负责人参加会议。张力兵传达市委十二届八次全会重要精神。15日，召开2018年度门头沟区镇（街道）、系统党（工）委书记抓基层党建述职评议会区委常委，市委组织部有关负责人，区委党建工作领导小组成员、了解熟悉基层党建工作的区“两代表一委员”代表、基层党员干部群众代表参加会议。会上，全区镇（街道）、系统党（工）委书记依次述职，进行考核测评。张力兵讲话，付兆庚主持会议。21日。召开传达2018年度区委书记、系统党（工）委书记抓基层党建述职评议会精神电视电话会，区领导张力兵、付兆庚等，区法检“两长”，全区各单位党政主要领导，各镇街党政主要领导及班子成员分别在主会场和镇街分会场参加会议。张力兵传达2018年度区委书记、系统党（工）委书记抓基层党建述职评议会精神。4月2日，召开区委党的建设工作领导小组会议暨干教、人才工作领导小组会议，区领导张力兵等，区委党建、干教、人才工作领导小组成员以及区有关部门主要负责人参加会议。11日，张力兵到清水镇调研“红色党建”

工作，到清水镇梁家庄村实地调研精品民宿项目，并走访慰问建国前老党员。到清水镇杜家庄村，参观杜家庄村乡情村史馆和八路军第四纵队司令部旧址红色展室。在清水镇政府就红色党建工作主持召开座谈，研究部署下一步工作。15日、16日，张力兵到军庄镇、龙泉镇调研“红色党建”工作，到军庄镇军庄村，实地察看军庄博物馆，到军庄镇西杨坨村党员群众活动中心调研“红色党建”开展情况。到龙泉镇城子村，实地察看城子村党建园地、五微中心情况，到龙泉镇中门寺南坡社区察看南坡地区文化活动中心、“2+8协商会”情况。6月25日，区领导进行“七一”走访慰问，区领导张力兵等，区相关部门负责人参加。27日，举办门头沟区庆祝中国共产党成立98周年暨“红色门头沟”党建引领绿色发展研讨论坛，区领导张力兵等，党建领域专家学者，区委党的建设工作领导小组成员，全区各镇街、各部门党（工）委、党组书记及相关部门主要领导，基层党组织书记、老党员、基层党员、青年党员以及各领域作出突出贡献的党员代表参加论坛。8月22日，召开区委党的建设工作领导小组2019年第三次全体会，区领导张力兵等，区委党的建设工作领导小组成员，各镇街党（工）委书记，区有关单位领导参加会议。9月16日，区四套班子领导到中共中央北京香山革命纪念地参观学习，市委第四巡回指导组组长、副组长等，区领导张力兵、付兆庚等，区有关部门负责人参加。30日，举行门头沟区烈士纪念日公祭烈士活动，市第四巡回指导组副组长等，区领导张力兵等，区有关部门负责人，驻区部队官兵、中小学生、军烈属代表等在宛平抗日烈士纪念公园举行公祭。10月10日，区委书记张力兵为全区领导干部讲“不忘初心、牢记使命”主题教育专题党课，市委第四巡回指导组组长、副组长等，区领导，区法检“两长”，区人大、政协各委室主任，全区各部门主要负责人，各镇街领导班子成员，各村居书记、主任分别在主会场和分会场聆听党课。11月27日，召开门头沟区委学习贯彻十九届四中全会精神集中研讨会，市委第四巡回指导组领导参加会议。区委常委，区人大常委会、区政府、区政协领导班子成员进行发言交流。12月10日，张力兵结合“不忘初心、牢记使命”主题教育到软弱涣散村党组织调研，听取永定镇党委、王村党支部负责人有关支部建设的情况汇报。27日，召开，市委第四巡回指导组听取门头沟区委开展主题教育全面自查工作情况汇报会，市委第四巡回指导组领导，区领导张力兵等参加会议。

（田玉娇）

【换届选举】　1月25日，召开门头沟区村和社区“两委”换届选举工作推进会，区领导张力兵等，区村和社区“两委”换届选举工作领导小组成员单位主要负责人，各镇街有关负责人、各村和社区党组织书记等分别在主会场和各分会场参加会议。3月1日，张力兵到永定镇、龙泉镇调研村和社区“两委”换届工作，听取永定镇、龙泉镇党委主要负责人相关工作进展情况的汇报，并就下一步工作进行研讨。12日，张力兵到雁翅镇、王平镇调研村和社区“两委”换届工作，听取雁翅镇、王平镇党委主要负责人相关工作进展情况的汇报，并就下一步工作提出要求。5月6日，举办门头沟区2019年村和社区“两委”负责人培训班开班动员会。区领导张力兵等，区相关部门、各镇街负责人，新一届村和社区党组织书记、主任参加。会议总结全区村和社区“两委”换届选举工作，张力兵作党课辅导报告。

（田玉娇）

【全体扩大会议】　1月29日，召开全区领导干部大会，区领导张力兵、付兆庚等，区人大、政协各委室主任，各单位党政负责人，各镇街党政主要负责人及班子成员，村居书记、主任分别在主会场和各分会场参加视频会议。7月29日，召开中国共产党北京市门头沟区第十二届委员会第八次全体会议，区委常委会主持会议。全会坚持以习近平新时代中国特色社会主义思想为指导，深入贯彻市委十二届九次全会精神，总结2019年上半年工作，部署下半年任务，审议通过《中共门头沟区委关于“红色门头沟”党建引领绿色发展的实施意见》。张力兵代表区委常委会作工作报告，并作讲话。12月25日，召开中国共产党北京市门头沟区第十二届委员会第九次全体会议。区委常委会主持会议。会议传达学习市委十二届十一次全会精神，听取和讨论张力兵代表区委常委会所作的工作报告，以及付兆庚所作的全区经济社会发展情况报告，审议《中国共产党北京市门头沟区委员会关于加快“绿水青山门头沟”建设的实施意见》《区委常委会2019年抓党建工作情况报告》，表决通过《关于同意龚浩鸣、赵威辞去区委委员的决定》《关于递补贾卫东、张进香为区委委员的决定》。

（田玉娇）

【党风廉政建设工作】 1月31日，召开中共北京市门头沟区第十二届纪律检查委员会第六次全体会暨2019年区党风廉政建设工作会议。区领导，区法检“两长”，市纪委市监委第五纪检监察室干部，区纪委区监委领导班子成员、区纪委委员，全区各部门、各单位有关负责人参加会议。张力兵作重要讲话；付兆庚传达市纪委全会精神；闫中主持会议并作工作报告。5月17日，召开全面从严治党（党建）工作考核专题会，区有关部门负责人参加会议。11月1日，召开2019年门头沟区领导干部警示教育大会，市委第四巡回指导组领导，区领导张力兵、付兆庚等，区法检“两长”，区人大、政协各委室主任，全区各部门党政主要负责人，区属国有企业主要负责人，各镇街领导班子成员、村居书记主任，区纪委区监委班子成员及机关各部门负责人，区委巡察组、各联合派驻纪检监察组组长等参加会议，观看警示教育片《倒在贪字脚下的人》。4日，举行门头沟区领导班子“不忘初心、牢记使命”主题教育第三次集中研讨，市委第四巡回指导组组长、副组长等到会指导。区委常委，区人大常委会、区政府、区政协领导班子成员（不含不驻会）围绕“严守纪律讲规矩、清正廉洁铭初心”，聚焦“政治纪律和政治规矩”“党性修养”“廉洁自律”3个专题分别作交流发言，谈学习体会。11日，召开门头沟区区委常委会专题民主生活会情况通报会暨领导干部大会，区领导和法检“两长”，区纪委监委领导成员，其他区委委员、候补委员，党委政府工作部门、人大政协委室、群团组织主要负责人，镇街党政正职参加会议。

（田玉娇）

【镇街党（工）委书记月度工作点评会】 2月12日，召开镇街党（工）委书记月度工作点评会，区领导张力兵、付兆庚等，区相关单位主要负责人，各镇街主要负责人及班子成员分别在主会场和各分会场参加会议。4月4日，召开党（工）委书记月度工作点评会暨第二季度工作动员部署会，区领导张力兵、付兆庚等，区相关单位主要负责人，各镇街主要负责人及班子成员分别在主会场和各分会场参加会议。6月6日，召开镇街党（工）委书记月度工作点评会，区领导张力兵、付兆庚等，区相关单位主要负责人，各镇街主要负责人及班子成员分别在主会场和各分会场参加会议。12月6日，召开镇街党（工）委书记月度工作点评会，市委第四巡回指导组领导，区领导张力兵、付兆庚等，区相关单位主要负责人，各镇街主要负责人及班子成员分别在主会场和各分会场参加会议。

（田玉娇）

【重点工程】 4月3日，与首发集团围绕国道109新线高速项目进行座谈，首发集团领导及有关负责人，区领导张力兵、付兆庚等，区有关部门负责人参加座谈。

（田玉娇）

【外出学习调研】 4月8日，区领导到北京密云穆家峪机场参观考察，区领导张力兵等，密云区领导，门头沟区及密云区有关部门负责人考察直升飞机紧急救援、消防救援等情况。16日，区委理论学习中心组到北京服装学院进行参观学习，区领导张力兵、付兆庚等、区有关单位主要负责人参观服装艺术与工程学院毕业生作品静态展、中关村时尚产业创新园（土城空间等），观看北服时装周动态展演，并与北京服装学院领导班子进行座谈。17日，区领导到世园会门头沟园调研，区领导张力兵等，区有关部门负责人参加调研，实地察看门头沟区参展立体花坛情况。

（田玉娇）

【大型活动、仪式】 4月10日，大峪中学《山谷幽兰》校园舞剧在中央民族剧院演出，教育部领导，市委教工委、市教委领导，区领导张力兵等以及教育部、市委教工委、市教委、门头沟区有关部门负责人，全区教师代表、学生代表参加活动，一同观看演出。演出结束后，领导与演职人员合影。5月30日，举行“童谣歌唱祖国 梦想起航京西”门头沟区2019年庆“六一”活动，区领导付兆庚等，区相关单位主管领导，教育两委一室班子成员，全区各小学代表800余人参加活动。区领导为门头沟区“十佳新时代好少年”颁奖。6月13日，举办中关村门头沟科技园第五届“创新创业活动周”开幕式，九三学社中央原副主席、北京市政协原副主席，中关村管委会副巡视员，九三学社北京市委专职副主委兼秘书长、市委统战部党派处处长，区领导张力兵等，中科院院士等专家教授以及企业代表参加开幕式活动。7月30日，举行门头沟区工会第十次代表大会开幕式，市总工会党组书记、副主席，区领导张力兵等出席。31日，举办“军民合力同心 共迎祖国华诞”门头沟区军民共庆中华人民共和国成立70周年争创全国双拥模范城“四连冠”主题文艺演出，区领导张力兵等，区有关部门负责人，驻区部队官兵等参加。8月1日，举办门头沟区“军事日”活动，区领导张力兵、付兆庚等，区武装部、区公安分局、区退役军人事务局负责人参加。

（田玉娇）

【低收入精准帮扶】 4月12日，乌兰察布市党政代表团到门头沟区开展扶贫协作调研对接，乌兰察布市领导到中关村门头沟园北京精雕科技集团有限公司、北京夏禾科技有限公司、江泰保险经纪股份有限公司考察调研，随后进行京蒙扶贫协作座谈。区领导张力兵、付兆庚等以及市扶贫支援办、区有关部门负责人分别参加调研活动和座谈。7月3日至4日，张力兵率门头沟区党政代表团到内蒙古自治区呼和浩特市武川县和乌兰察布市察右后旗进行回访，深入开展扶贫协作调研对接。12日，张力兵带队到河北省张家口市涿鹿县调研对接扶贫协作工作，区有关部门主要负责人，涿鹿县委副书记、县长等参加。25日，张力兵带队到西藏自治区拉萨市堆龙德庆区对接携手奔小康工作。10月17日，举行“不忘初心、牢记使命”国家扶贫日活动，市扶贫支援办主任，区领导张力兵、付兆庚等，西藏自治区拉萨市堆龙德庆区领导，河北省张家口市涿鹿县领导，内蒙古自治区呼和浩特市武川县领导、乌兰察布市察右后旗领导参加活动，首站到北京市消费扶贫双创中心门头沟分中心，参加北京市消费扶贫双创中心门头沟分中心暨灵山绿产体验中心揭牌成立活动。付兆庚等领导为北京市消费扶贫双创中心门头沟分中心、灵山绿产体验中心揭牌，与会领导参观扶贫产品展区。12月12日，呼和浩特市党政代表团到门头沟区对接京蒙扶贫协作工作。内蒙古自治区党委常委、呼和浩特市、武川县领导，区领导张力兵、付兆庚等，到北京市消费扶贫双创中心门头沟分中心、北京精雕科技集团有限公司调研，随后召开座谈会，与会领导围绕京蒙扶贫协作工作进行座谈。

（田玉娇）

【接诉接办】 12月3日，门头沟区领导干部参加北京市“听民意 解民忧”第六季活动，市政务服务局领导，区领导张力兵、付兆庚等，区有关部门主要负责人参加。4日，召开“接诉即办”理论研讨会，张力兵在区委党校与党校教师代表座谈研讨运用马克思主义基本立场、观点、方法论述“接诉即办”工作。

（田玉娇）

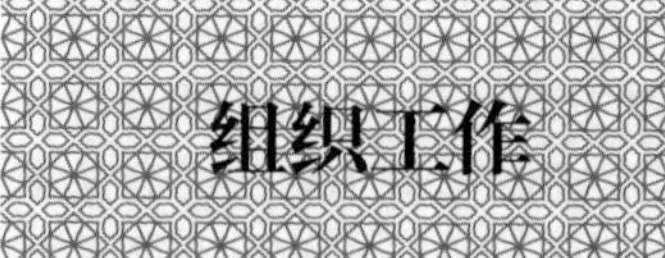

组织工作

【概况】 2019年，全区组织工作坚持以习近平新时代中国特色社会主义思想为指导，深入学习贯彻党的十九大和十九届二中、三中、四中全会精神，深入学习贯彻习近平总书记对北京重要讲话精神，认真贯彻落实蔡奇书记到门头沟调研指示精神，按照区委十二届七次、八次全会和践行“绿水青山就是金山银山”发展大会部署要求，以服务保障中华人民共和国成立70周年庆祝活动为主线，以开展“不忘初心、牢记使命”主题教育为抓手，守初心、担使命，讲奉献、争第一，深入打造“红色门头沟”党建品牌，奋勇当好“两山”理论守护人，为建设绿水青山门头沟、打造生态文明建设的首都样板提供了坚强组织保障。

单位名称：中国共产党北京市门头沟区委员会组织部
地　　址：北京市门头沟区新桥大街36号
电　　话：69842546
邮　　编：102300

（孙　思）

【个人有关事项报告集中填报】 1月14日至31日，区委组织部协助市委组织部完成35名市管干部2019年领导干部个人有关事项报告工作；组织全区606名区管处级领导干部、31名区管国有企业领导班子成员对2019年度个人有关事项进行年度集中报告。

（罗　樱）

【区委常委班子年度民主生活会】 1月25日，区委常委班子召开2018年度民主生活会。主题是“强化创新理论武装，树牢‘四个意识’，坚定‘四个自信’，做到‘两个维护’，勇于担当作为，以求真务实作风坚决把党中央决策部署落到实处。”

（罗　樱）

【镇党代会年会工作】 1月，

全区9个镇分别召开2018年镇党代会年会。共893名镇党代表参会，名镇党代表参会，占实有镇党代表985人的90.66%；共有包括不是镇党代表的镇领导班子成员、镇机关中层以上干部、所属事业单位主要领导成员、所辖村（社区）"两委"班子主要领导成员及部分一般干部群众代表在内的373人列席各镇党代会年会。各镇党代会年会重点围绕审查镇党委、纪委工作报告、党费收缴及使用情况报告，听取镇党委班子成员述职述廉报告并对党委领导班子及其成员进行民主评议，听取2018年党委书记抓基层党建工作述职，补选镇党委委员，组织代表开展提议提案工作及进行任期述职、履职交流发言和询问等内容进行。各镇共组织803名代表开展培训，组织598名代表开展调研活动，组织363名代表进行任期述职，组织109名代表进行履职交流发言，组织120名代表向镇党政领导班子成员进行面对面询问，共收到各类意见建议48件，其中7件被确立为提案。此次年会召开前，共有3名代表因受党纪政纪处分被终止代表资格，14名代表因工作调动党组织关系转出或去世等原因停止执行代表职务。

（袁　雪）

【居委会和村委会换届选举工作】　1月至5月，区委组织部推进居委会和村委会换届选举工作。1月2日、3日，分别召开门头沟区居民委员会选举工作动员部署培训会和村民委员会选举工作动员部署培训会，启动居委会和村委会换届选举工作。25日，召开全区村和社区"两委"换届选举工作推进会，研究换届难点，推进工作进度。4月14日，历时2个半月，全区106个参选社区、168个参选村，全部完成换届选举，为全市第二。5月，在龙泉宾馆完成新一届村和社区"两委"负责人首次培训。

（白　璐）

【区十六届人大五次会议选举有关工作】　1月，做好区十六届人大五次会议选举有关工作，补选陈波为北京市门头沟区第十六届人民代表大会常务委员会副主任；表决通过白晓芳为北京市门头沟区第十六届人民代表大会财政经济委员会主任委员。

（王　欣）

【保障市委第五巡视组有关工作】　1月，区委组织部继续做好保障市委第五巡视组有关工作，协助市委巡视组做好对37个处级单位的延伸巡视工作，协调相关单位向市委巡视组报送材料共150余项。

（王金焕）

【2018年度干部统计工作】　1月，区委组织部继续做好2018年度全区干部统计工作。完成全区领导班子统计表、处级干部统计表、事业单位领导人员统计表和优秀年轻干部统计表等报表填报，完成材料汇总校核和上报工作，开始接受全市第一轮集中会审。

（杜学良）

【党建引领绿色发展实施意见】　2月1日，区委组织部牵头起草《中共北京市门头沟区委关于"红色门头沟"党建引领绿色发展的实施意见（初稿）》（以下简称《实施意见》），先后征求全国、北京市党建领域部分专家学者的意见建议，并综合各方面意见建议进行修改。6月14日和17日，邀请12名全国、全市红色党建研究领域专家学者开展2次"红色之旅"活动，为完善《实施意见》提供理论支撑和实践基础。7月10日和16日，区委组织部召开2次研讨论证会和征求意见座谈会，邀请5名全国、北京市党建领域专家学者和13家区相关部门主要领导，围绕《实施意见》开展交流研讨，并书面征求区四套班子领导和全区各单位的意见建议。22日，区委常委会第98次会议对《实施意见》进行审议。29日，区委十二届八次全会审议通过《实施意见》，并以区委名义印发全区。

（柯尊超）

【处级班子民主生活会】　2月12日，区委组织部完成对全区85个处级领导班子、7个国有企业领导班子2018年度民主生活会督导工作。全区共成立3个区级联合督导组、12个系统督导组，对各单位民主生活会筹备、召开情况及会后工作进行全程督促指导。397名处级领导干部、50名科级党委（工委）委员、党组成员及29名国有企业领导班子成员通过参加了民主生活会。

（罗　樱）

【2018年度基层党建述职评议考核工作】　2月15日，区委组织部召开2018年度门头沟区镇（街道）、系统党（工）委书记抓基层党建述职评议会。会上，19名党（工）委书记进行现场述职，5名镇（街）党（工）委书记，2名系统党（工）委书记确定为"好"等次。2月至3月，组织全

区各级党组织开展基层党建工作述职评议考核工作，并将二级单位党组织书记以及村、社区、学校、“两新”组织、国企等党组织书记全部纳入述职评议考核范围，实现全区各基层党组织向上级党组织述职全覆盖。

（白　璐）

【人才京郊行工作总结见面会】　2月18日，区委组织部召开门头沟区“人才京郊行”工作总结见面会，欢送第十批挂职专家，接收第十一批专家10人，第十批、第十一批“人才京郊行”专家，接收、派出单位负责同志等21人参加会议。

（孙　玥）

【党建工作调查研究】　2月28日，区委组织部围绕打造“红色门头沟”党建品牌，组织开展党建工作调研课题申报工作，全区共申报调研课题57项。4月2日，根据各单位报送选题情况和部机关各科室职能分工，确定重点调研课题30项。11月5日，开展全区党建调研课题结题工作，制定《全区2019年党建调研课题成果汇编》。15日，撰写形成《关于“红色门头沟”党建引领绿色发展的研究与思考》调研报告，并推荐参加市党建研究会自主课题评选活动，获市党建研究会2019年度立项课题一等奖。围绕落实全区党建大会精神、打造“红色门头沟”党建品牌、老干部工作等中心任务，编辑出版《探索》刊物5期。

（柯尊超）

【人才慰问工作】　3月开始，每季度为第十一批“人才京郊行”专家，挂职锻炼高层次人才发放生活补助，并开展走访慰问活动，全年共发放生活补助和慰问款16.4万元。

（孙　玥）

【加强红色教育基地建设】　3月开始，继续加强与全国优质党性教育开发团队合作，优化提升党性教育课程质量，形成以“不忘初心、牢记使命”为主题，以“一个主题＋四个模块＋六大支撑”为基本架构的课程体系。同时，与西城区共同打造“不忘初心、牢记使命”京西红色党性教育基地，并进行了揭牌，进一步发挥红色党性教育基地继承红色革命基因、发扬红色奉献传统、迸发红色时代动力的重要作用，引导干部深刻体会红色门头沟的历史内涵。冬奥组委、新华社国际部、市委组织部干教处等多家单位到门头沟区党性教育基地接受教育，切实将红色资源转化为推动绿色发展的强大力量。

（孙　玥）

【组织参加全市干部人事档案工作视频会】　3月12日，区委组织部组织全区各单位人事部门负责同志参加北京市干部人事档案工作视频会议，学习领会全国及全市干部人事档案工作会议精神。

（王金焕）

【加强党的建设和组织工作统筹谋划】　3月15日，区委组织部研究制定《门头沟区2019年组织工作要点》，明确组织工作25项重点任务。4月2日，牵头召开区委党的建设工作领导小组会议暨干教、人才工作领导小组会议，审议通过《中共北京市门头沟区委党的建设工作领导小组2019年工作要点》，明确6方面28项重点任务。6月14日，研究制定《关于落实<中共北京市委贯彻《中共中央关于加强党的政治建设的意见》的措施>的任务分工》，提出5个方面30项任务，并明确责任单位，确保落到实处。8月22日，牵头召开区委党的建设工作领导小组会议，审议通过《区委党的建设工作领导小组及办公室成员名单》《关于以红色门头沟党建为引领进一步加强村级党组织建设的实施意见》《关于开展门头沟区非公企业和社会组织党建工作“红色攻坚”行动的方案》，部署“不忘初心、牢记使命”主题教育两批次联动衔接、第二批单位“先动起来、先学起来、先改起来”相关工作，不断把全面从严治党引向深入。

（孙　思）

【周末大课堂】　3月22日至12月13日，在区委党校连续举办10期周末大课堂专题培训班，内容包括区域治理与乡村振兴战略、压力管理与心理调适、新媒体时代的舆论引导、领导者形象与领导魅力等，全区处级干部2200余人次参加培训。

（孙　玥）

【春季干部培训班】　3月25日至4月26日，在区委党校举办2019年春季干部培训班，包括第21期处级干部进修班、第12期新任处级干部进修班、第7期人才战略储备专题研讨班等3个班次约110名干部参加培训。5月20日至6月21日，在区委党校举办2019年第二期春季干部培训班，包括第22期处级干部进修班、第13期新任处级干部进修班、第3期人才国情研修班等3个班次

100余名干部参加培训。

（孙　玥）

【区委常委班子巡视整改专题民主生活会】 3月29日，区委常委班子召开落实市委巡视组巡视反馈意见专题民主生活会。主题是“提高政治站位、坚持首善标准、落实全面从严”。

（罗　樱）

【个人有关事项报告汇总综合】 3月29日，对全区637名区管干部的个人有关事项报告材料进行汇总综合后，形成《门头沟区2019年领导干部个人有关事项报告材料汇总综合报告》，报区委书记审阅，并将汇总综合数据上报市委组织部备案。

（罗　樱）

【做好党员电教片制作及参评工作】 3月至6月，区委组织部选取张大学、邢卫兵、裴艳萍、刘英超、王怀敬、尚显兰、王宗桃等7位来自区内不同行业的优秀党员代表拍摄《我的初心故事》专题片，作为全市《初心·使命》党员教育系列片在“北京长城网”上进行展播。6月，向市委组织部报送《党建引领聚民心 联合自管促和谐》《存进一片真情 支取无限温暖》等2部电教片参加全市教学资源评审。9月，由门头沟区报送的《忆革命足迹 看红色京西》《门城老街》等2部电教片，在由市委组织部举办的“2019年北京市党员教育电视片观摩交流活动”中分获二等奖、三等奖。

（袁　雪）

【市委巡视组反馈意见整改工作】 3月，做好市委巡视组反馈意见整改工作，根据市委组织部关于查核门头沟区是否存在变相设置非领导职数配备干部问题的有关要求和市委巡视组在选人用人巡视专项检查中发现的“处级职务名称设置不规范”问题线索，逐一梳理相关情况，报区委常委会会议研究决定，积极抓好整改落实。针对选人用人干部人事档案专项审核中发现的档案不规范问题进行整改、规范和完善。4月，区委组织部继续做好市委巡视组反馈意见整改工作，根据市委巡视组选人用人干部人事档案专项审核中发现的档案不规范问题，对相关干部档案进行专项审核、重新认定和整改完善。5月，继续做好市委第五巡视组反馈意见整改工作，后召开巡视整改专题分析会和推进会，完成机构编制管理有关问题的整改、专题研究干部人事档案专项审核认定不规范问题的整改；通过要求二级单位全面自查、梳理二级单位存在问题并要求及时整改、加强监督检查等完成了抓班子建设不到位方面问题的整改；起草《门头沟区委关于落实选人用人巡视反馈意见整改情况的报告》等文件材料，完成市委组织部调研巡视整改迎接工作。

（王金焕　杜学良）

【机构改革相关工作】 3月，区委组织部对12个区政府工作部门的党组（工委、党委）设置进行调整，对17个区政府工作部门的党组（工委、党委）设置保持不变，同时做好更名、合并、新增单位和部门的“一把手”干部人事任免工作。

（王　欣）

【推进党建引领物业试点工作】 4月起，对全区住宅小区类型、物业管理情况、业委会组建情况等进行梳理分析，制定《关于党建引领业主委员会和物业服务企业参与社会治理试点工作实施方案》，首批确定包括商品房、保障房、房改房等不同类型小区在内的4个试点小区，并按照“一区一策”的要求，逐小区制定推进方案。制定下发《门头沟区党建引领业委会筹建工作手册》《门头沟区党建引领业委会工作运行规范》等系列文件，先后到各小区开展调研摸排30余次，确保试点工作平稳有序进行。试点开展以来，各试点小区“12345热线”投诉件总量较试点前普遍下降20%左右，打造德露苑社区“党建引领三方共治”，桥东街社区“党建引领准物业自管模式”等典型经验，为下一步全面推行奠定基础。

（左岩彬）

【人才工作领导小组会召开】 4月11日，区委组织部召开全区人才工作领导小组会。会上，审议通过了《2018年人才工作总结和2019年工作思路》《关于实施“京西聚智计划”加快推动现代化生态新区绿色发展行动方案（2019-2022）及2019年推进项目》《关于加快推进新首钢国际人才社区建设 打造中关村京西国际AI创客高地的工作方案》《关于开展“门头沟区优秀人才”“门头沟区青年人才”认定及项目资助工作的实施方案》《关于2019年吸引高层次人才挂职锻炼的工作方案》。

（孙　玥）

【干部人才进疆考核】 4月9日至13日，区委组织部到新疆和田开展第九批援疆干部人才进疆满两年集中考核，持续做好挂职干部接收和选派工作。

（王金焕）

【干教工作领导小组会召开】 4月11日，区委组织部召开全区干教工作领导小组会。会上，审议通过《2018年干教工作总结和2019年工作思路》《2019年区级干部教育培训项目统筹情况说明》《关于做好新时代干部教育培训工作的实施意见》。

（孙 玥）

【2018年度公务员考核工作】 4月29日，区委组织部、区人力社保局共同召开全区2018年度公务员考核工作会。会上通报2018年度绩效考核结果，对2018年度公务员考核奖励工作做部署，包括文件精神、工作要求、操作规程等要点。下发年度考核工作通知、考核奖励指标、具体工作说明等材料。5月底完成，涉及全区72家单位。

（杨秀婷）

【经济发展能力提升专题研修班】 5月6日至10日，在北京大学举办"门头沟区领导干部经济发展能力提升专题研修班"，主要学习习近平新时代中国特色社会主义思想经济工作解读、环境保护与生态经济、生态涵养与区域经济发展、投融资战略与资本市场等内容，全区各单位60名处科级干部、村党组织"第一书记"、选调生、到区内对口帮扶、对口协作地区挂职干部参加培训。

（孙 玥）

【干部教育培训工作的实施意见印发】 5月7日，区委组织部印发《关于做好新时代干部教育培训工作的实施意见》的通知。系统谋划以后四年门头沟区干部教育培训工作，有效建立起源头培养、跟踪培养、全程培养的素质培养体系，着力提升培训质量和水平。

（孙 玥）

【创城党建工作领导小组相关工作】 5月9日，按照区委工作部署，健全区纪委区监委、区委办、区政府办、区委组织部等45家单位为成员单位的党建工作领导小组，加强对"创城"工作的组织领导。6月5日，制发《关于做好"创城"工作党建工作领导小组近期相关工作的通知》，部署《北京市门头沟区争创"全国文明城区"工作党建工作领导组2019年任务分解书》。8月1日，组织协调领导小组各成员单位开展材料申报相关工作，完成区委交办的各项任务。

（柯尊超）

【人才健康体检】 5月15日至28日，区委组织部组织全区行政、事业单位区管处级干部，优秀企业经营管理人才，2017年认定的"门头沟区优秀人才""门头沟区青年人才"，第十一批"人才京郊行"专家，来区挂职干部和村党组织"第一书记"到区医院参加健康体检。

（孙 玥）

【第3期人才国情研修班】 5月20日，区委组织部举办门头沟区第3期人才国情研修班。陈燕、鲍怡坚、张红岗等9名"门头沟区优秀人才""门头沟区青年人才"参加培训。

（孙 玥）

【2018年度民主测评结果分析】 5月30日，区委组织部对2018年度处级领导班子及领导干部民主测评结果进行汇总分析后，形成《门头沟区2018年度处级领导班子及领导干部民主测评结果分析报告》。

（罗 樱）

【2018年度"一报告两评议"结果分析】 5月30日，区委组织部对2018年度科级干部选拔任用工作"一报告两评议"结果进行汇总分析后，形成《门头沟区2018年度干部选拔任用工作"一报告两评议"结果分析报告》。

（罗 樱）

【组织开展建党98周年系列纪念活动】 5月，区委组织部下发《关于做好纪念中国共产党成立98周年有关工作的通知》，全区基层党组织和广大党员以"强党性追寻红色足迹、忆初心感悟革命情怀、担使命传承奉献精神"为主题，开展志愿服务、主题党日、"我的初心故事"征集、走访慰问以及"共产党员献爱心"捐款等"六个一"活动"七一"前夕，区领导张力兵、付兆庚、陈国才、张冰等分别带队，对全区优秀基层党组织、建国前入党的老党员、老干部及生活困难党员代表进行走访慰问。

（徐 曼）

【干部抽调和挂职相关工作】 5月，区委组织部做好全区"拆违"工作督导组和第八轮区委巡察组人员抽调工作；做好国家税务总局北京市门头沟区税务局干部到区各委办局挂职安排工作；开展全区挂职干部2019年春节慰问金补发工作。

（王金焕）

【2019 年度基层党建工作】 5月，区委组织部制定《2019 年门头沟区基层党建工作重点任务清单（45 项）》，区委常委、组织部部长组织召开全区基层党建工作重点任务推进会。

（白 璐）

【机构改革期间机关基层党组织设置工作】 5月，区委组织部印发《关于做好全区机构改革期间机关基层党组织设置有关工作的通知》，对部分单位的基层党组织隶属关系进行明确，对基层党组织设置工作进行规范，同时对各级党组织分别提出工作要求。5月28日，召开机构改革期间机关基层党组织设置工作部署会，指导涉及机构改革的单位做好机构改革期间机关基层党组织设置有关工作。

（袁 雪）

【软弱涣散村和后进社区整顿工作】 5月，16个软弱涣散村通过验收，完成转化。10月，制定《门头沟区软弱涣散村和后进社区集中整顿工作方案》，确定9个软弱涣散村和5个后进社区，制定“一村（社区）一策”，落实“五个一”“1+3”帮扶机制，启动新一轮集中整顿工作。

（白 璐）

【个人有关事项报告随机查核】 5月至7月，按照10%的比例，随机抽取67名干部，委托市委组织部协调相关职能部门查核有关信息。经认定，54名干部如实报告，13名干部漏报；诫勉2人，责令作出书面检查7人，责令作出书面检查并提醒（班子内部通报）4人。

（罗 樱）

【承接机构改革新工作】 6月开始，区委组织部承接从区人力社保局转隶过来的北京市工作居住证、人才引进、留学人才引进、解决夫妻两地分居等4项工作。研究制定门头沟区关于《北京市工作居住证》办理的实施细则、工作规程等制度规章，填补制度空白，进一步夯实服务人才的制度基础。全年共办理北京市工作居住证业务478项，人才引进业务17人，留学人才引进业务3人、解决夫妻两地分居业务2人。

（杨 翻）

【发展对象培训示范班举办】 6月12日至14日，区委组织部举办2019年门头沟区党员发展对象培训示范班。通过专题讲授、影像教学、现场教学和结业测试等多种方式，对157名发展对象进行培训，引导发展对象坚定理想信念，端正入党动机，争做合格共产党员。

（徐 曼）

【2019 年度上半年考试录用公务员工作】 6月，经过职位申报、考生报名、笔试、资格审查、面试、体检、考察等环节，市委组织部分别于6月14日及6月28日审批通过门头沟区提交的50名拟录用公务员申请。相关人员经过入职环节正式进入区公务员队伍。

（杨秀婷）

【2018 年度民主测评和“一报告两评议”结果反馈】 6月18日，区委组织部逐单位逐人制定综合反馈表，在以往反馈年度各项指标得分的基础上，增设“与同类班子和干部的综合得分、好评率比较情况以及近三年变化情况”。区委组织部领导对14名测评结果较低或持续下降的单位“一把手”和领导干部，有针对性地进行提醒谈话。

（罗 樱）

【扫黑除恶市级迎检工作】 6月20日，中央扫黑除恶第11督导组成员、公安部一局二十六局一行3人到区委组织部检查区委组织部扫黑除恶工作开展情况。

（白 璐）

【党建工作能力提升专题研修班】 6月24日至28日，在人民大学举办“门头沟区领导干部党建工作能力提升专题研修班”，采用“高校学习＋实地调研＋经验分享＋研讨交流”的方式，帮助干部进一步提升党建理论、掌握工作方法。全区各单位60名处科级干部、村党组织“第一书记”、选调生参加培训。

（孙 玥）

【“红色门头沟”党建引领绿色发展研讨论坛】 6月27日，区委组织部牵头举办庆祝中国共产党成立98周年暨“红色门头沟”党建引领绿色发展研讨论坛。区四套班子领导、区委党的建设工作领导小组成员、各党（工）委（党组）书记及相关部门主要领导、各镇街党（工）委书记、基层党组织书记代表、老同志老党员、基层党员、青年党员，以及各领域作出突出贡献的党员代表等共130余人参加。6名来自全国、全市的专家学者，8名来自区内部分单位的党员干部，围绕“讲好红色故事、牢记初心使命”“传承红色基因、书写时代答卷”“高举红色旗帜、逐梦绿水青山”等3个模块开展研讨。

（柯尊超）

【退役军人“口袋”党员排查处理工作】 6月，区委组织部妥善完成十八大以来退役军人未落实组织关系的情况排查和处理工作。

（徐　曼）

【援藏干部慰问和干部挂职相关工作】 7月15日至19日，区委组织部分管日常工作的副部长送6名援藏干部到西藏拉萨市堆龙德庆区挂职；同时按照市委组织部要求，做好丁晓鹏、张立彬、安小伟3人延长挂职时间的相关工作；做好薛志勇、赵健2人关于第八批北京市与中央单位互派挂职干部考察和总结鉴定工作。

（王金焕）

【制定处级领导干部选拔任用工作流程】 7月，区委组织部研究制定《门头沟区处级领导干部选拔任用工作流程》，经区委常委会审议通过后实施落实。

（杜学良）

【全区2019年组工信息宣传工作片会】 7月17日，区委组织部召开全区2019年组工信息宣传工作片会，参会人员为各系统牵头单位、各镇街信息宣传职能科室负责人。会上，通报2018年和2019年上半年组工信息、宣传工作情况，部署“红色门头沟”微信公众号上线相关工作，就进一步抓好全区组工信息、宣传工作进行交流研讨。

（孙　思）

【人才座谈会召开】 7月，区委组织部召开第十一批“人才京郊行”专家、挂职锻炼高层次人才座谈会，与专家人才交流到区工作情况和下一步工作计划。

（孙　玥）

【强化柔性引才引智】 7月，区委组织部与西城区签订《干部人才培养工作专班2019年结对协作重点事项备忘录》，加强干部人才交流合作，开展“系列人才门头沟行”活动，助力地区发展。

（孙　玥）

【加强地区特色教材建设】 7月，区委组织部结合门头沟区干部履职需要和学习特点，与区档案史志馆、永定河研究会联合编印《京西红色历史·门头沟》《永定河文化·门头沟》两本干部教育读本，作为党校主体班次学员必学内容，推进红色教育和区域文化进党校、进课堂、进教材，增强全区党员干部知家乡、爱家乡、建家乡的责任感和使命感，提升文化自信。

（孙　玥）

【区级干部教育培训项目统筹】 8月1日，区委组织部下发《关于申报2020年区级培训项目的通知》，在单位申报、系统审核的基础上，对全区培训项目和经费进行深度统筹。2019年，全区共统筹126期区级培训项目。

（孙　玥）

【推进“两新”组织党建工作】 8月初，区委组织部制定下发《门头沟区非公企业和社会组织党建工作“红色聚力”行动方案》，明确“六个红色”的具体工作任务，为全区“两新”组织党建工作设立明确主线。组织召开门头沟区2019年“两新”组织党建工作联席会暨重点任务推进现场会，对“红色聚力”行动20项具体任务进行部署，进一步明确双覆盖和双提升的具体要求和内容，推动全区两新组织建设质量全面提升。

（左岩彬）

【局级干部配偶等经商办企业规范工作】 8月30日，区委组织部配合市委组织部开展局级领导干部配偶、子女及其配偶经商办企业行为规范工作，组织局级干部填写《领导干部配偶、子女及其配偶经商办企业情况报告表》，经区委常委会研究，确定门头沟区的局级领导干部配偶、子女及其配偶经商办企业禁业范围是“门头沟区行政区划范围内”，上报市委组织部。

（罗　樱）

【农村基层党组织建设工作】 8月，区委组织部印发《关于以“红色门头沟”党建为引领全面加强村级党组织建设的实施意见》，进一步加强农村基层组织建设。

（白　璐）

【解决干部不担当不作为问题专项整改】 8月，区委组织部会同区纪委监委、区城市管理委员会做好“用好月度‘12345’市民热线情况通报结果，推动解决干部不担当不作为问题”专项整改工作。

（张　惠）

【领导干部个人有关事项查核验证】 9月20日，门头沟区对市委组织部列入查核验证对象的9名处级干部，开展领导干部个人有关事项查核验证工作。经研究，9名干部对房产、投资情况的合法来源均能说明清楚，建议市委组织部予以采信。

（罗　樱）

【扶贫挂职干部期满考核】 9月，区委组织部到张家口市开展对中西部扶贫挂职干部期满考核工作。

（王金焕）

【干部抽调工作】 9月，区委组织部做好全区“不忘初心、牢记使命”主题教育13个指导组65名人员抽调工作。

（王金焕）

【选拔干部赴西城实训锻炼】 9月，区委组织部派10名处级干部到西城区进行3个月实训锻炼。

（王金焕）

【完成2019年度补充录用公务员工作】 9月，经过职位申报、资格审查、考生报名、面试、体检、考察等环节，市委组织部分别于9月2日、10月21日及12月31日审批通过门头沟区提交的5名拟录用公务员申请。相关人员经过入职环节正式进入区公务员队伍。

（杨秀婷）

【开展“不忘初心，牢记使命”主题教育】 9月至12月，门头沟区四套领导班子、88家区属处级单位、669名局处级领导干部、1200余个党组织（1238个）、3.4万余名党员（34262人）开展“不忘初心，牢记使命”主题教育。9月10日至26日，门头沟区先后召开“不忘初心、牢记使命”主题教育工作会议、区委主题教育领导小组会议、区委巡回指导组与所指导单位对接培训会、主题教育专项整治和“双报到”工作部署会。10月9日，参观北京市全面从严治党警示教育基地，市委第四巡回指导组领导、区四套班子领导参加。10日，区委书记张力兵讲专题党课，市委第四巡回指导组领导、区四套班子领导参加。11日，区委书记张力兵到永定镇进行调研指导，并开展“双报到”活动及软弱涣散基层党组织摸排，市委第四巡回指导组领导参加。12日，市委组织部副部长杜飞进调研东辛房街道，市委第四巡回指导组领导，区领导张力兵、付兆庚等陪同调研。15日，市委第四巡回指导组调研军庄镇和城子街道“不忘初心、牢记使命”主题教育开展情况。16日，召开北京市第二批“不忘初心、牢记使命”主题教育先进事迹报告会门头沟区专场。区四大部门领导、区委主题教育各巡回指导组成员、全区各单位主管领导，以及党员干部群众代表480余人参加报告会。18日，张力兵带队到京西山区中共第一党支部参加“绿水青山巾帼红”——门头沟区妇联系统“传承红色基因，牢记初心使命”主题教育实践活动，市委第四巡回指导组领导、部分区领导参加活动。21日，区委理论学习中心组第二次集中研讨，聚焦“理想信念”“宗旨意识”“担当作为”3个专题，围绕“坚定不移守绿色、首善担当践初心”开展交流研讨，市委第四巡回指导组领导，区委常委、区人大常委会、区政府、区政协领导班子成员参加研讨。22日，区四套班子领导参加市委巡回指导组谈话。24日，开展区委理论学习中心组第二次集中学习，集体学习《中国共产党问责条例》后，进行集中自学。区委常委、区人大常委会、区政府、区政协领导班子成员参加学习。同日，中关村门头沟科技园开展“不忘初心、牢记使命”主题教育暨马克思主义读书会第37次读书活动，市委常委、市委宣传部部长杜飞进，原武汉大学校长、原国家教育行政学院院长出席活动，市委办公厅、市委宣传部、市委第四巡回指导组领导及部分区领导一同参加活动。12月2日，区委常委会充分运用主题教育成果，在全区率先召开专题民主生活会，认真开展批评与自我批评。10日前，全区各单位全部完成专题民主生活会和专题组织生活会，全区主题教育取得预期效果。

（解　洋）

【北京市“突贡”推荐工作】 10月，经区委组织部推荐的北京精雕科技集团有限公司董事长兼总裁蔚飞获“第十三批北京市有突出贡献的科学、技术、管理人才”。

（孙　玥）

【公务员职务职级并行相关工作】 10月，区委组织部研究制定《门头沟区公务员职务与职级并行实施方案》及《门头沟2019年职级晋升考察工作方案》。10月15日，召开门头沟区公务员职务与职级并行工作部署会。23日，与全区70家涉及职务职级并行工作的单位主要领导召开座谈会，统一思想认识，交流问题难点；做好公务员职级并行工作部署会相关基础工作，做好全区领导干部谈话调研专项工作10个考察组33名人员和区委巡察组第九轮22名人员的抽调工作，统筹联系安排各考察组进驻考察事宜。25日，召开门头沟区职务职级并行考察工作部署会，抽调各单位人事干部成立23个考察组，考察工作全面铺开。

（季海洋　古英娟　王金焕）

【政工职评综合评审工作】 10月24日，区委组织部组织2019

年政工师申报人员进行论文答辩并召开区2019年政工职评综合评审会。会议评审通过10名政工师和1名助理政工师，并按程序报市政工职评办备案。

（孙　玥）

【门头沟区干部人事档案工作会】　10月25日，区委组织部召开门头沟区干部人事档案工作会，对人事档案专项审核“回头看”和“全覆盖”两项重点工作进行统一部署，并邀请市委组织部干部调配处对专项审核进行专题培训。

（王金焕）

【“百名英才”培训班】　10月29日至11月1日，区委组织部与西城区联合举办“百名英才”和门头沟区优秀人才国情研修班。通过集中组织开展高层次人才国情研修、学习交流，进一步激发广大人才的爱国情怀、奋斗精神和创新创造活力。西城区50余名“百名英才”和门头沟区18名优秀人才参加研修班。

（孙　玥）

【推进党群服务中心建设工作】

11月下旬起，区委组织部对中关村科技园门头沟园党群服务中心进行全面升级改造。重新明确团结群众的政治中心、引领群众的文化中心、服务群众的活动中心、联系群众的便民中心四大功能定位，建立以两站（红色驿站、党建联络站）、两廊（红色领航展示长廊、红色标杆风采长廊）、三区（红色诵读区、党员活动区、创客沙龙区）、四厅（创客会客厅、红色议事厅、创客艺术厅和创客发布厅）为载体的11大功能分区，将党群服务中心建成管用、好用、够用的功能型党群服务中心。同时，成立中关村科技园门头沟园党群服务中心党委，将园区原有4个党群服务站纳入其中，进一步理顺组织架构，提升工作实效。

（左岩彬）

【领导干部推荐大会召开】　11月19日，区委组织部召开门头沟区领导干部推荐大会，做好相关干部推荐和考察工作。

（王金焕　季海洋）

【科级干部“带病提拔”倒查】

11月21日至26日，区委组织部联合区纪委监委、区人力社保局，共同开展“带病提拔”倒查工作。经区纪委监委筛查，2018年1月1日至12月31日，门头沟区无受到撤销党内职务或行政撤职以上处分的科级干部。

（罗　樱）

【人才认定大会召开】　11月22日，区委组织部召开第二届“领军人才”“优秀人才”“青年人才”认定大会暨门头沟区与5所高校共建人才实践基地签约仪式，认定“领军人才”5名、“优秀人才”10名、“青年人才”10名，并颁发奖牌和证书。会上，北京大学、中国人民大学、北京交通大学、北方工业大学、北京信息科技大学等5所高校的相关负责人，与门头沟区委组织部、区委宣传部、区人力社保局、团区委、石龙管委现场签订《学生社会实践》《学生就业实践》《思想政治实践课》《干部培训》等内容的人才合作协议。市委主题教育第四巡回指导组领导和区四大部门领导，以及区人才工作领导小组成员、各单位人才工作主管领导等300余人参加会议。

（孙　玥）

【农村党建助理员招考工作】　11月，区委组织部制定《农村党建助理员招考工作方案》，启动新一批村级党建工作助理员招录工作。

（左岩彬）

【建立村和社区党组织书记长效管理机制】　11月，区委组织部印发《中共门头沟区委组织部关于建立村党组织书记区级备案管理制度的实施细则（试行）》《中共门头沟区委组织部关于建立村和社区“两委”干部资格联审长效机制的实施办法（试行）》，建立起门头沟区村和社区党组织书记长效管理机制。

（白　璐）

【开展全区人才工作调研】　11月，区委组织部以《进一步加强和改进全区人才工作的对策研究》为题，对全区科技、经济、教育、卫生、农业、社会等多个领域的人才队伍牵头单位、用人单位、人才代表等进行调查，召开人才座谈会10次，个别访谈176人次，问卷调查804份，通过数据分析和报告撰写，进一步深化对全区人才工作的认识和谋划。

（孙　玥）

【发展党员工作】　11月，区委组织部完成北京市下达的460名发展党员计划数。坚持对农村三年不发展党员实行“点名”发展，推动8个三年及以上未发展党员村全部实现党员发展。

（徐　曼）

【区党政机关科级领导干部选拔任用工作】　11月，区委组织部研究制定《门头沟区党政机关科级领导干部选拔任用工作指导意见》，进一步规范科级干部选拔任用的“分析研判和动议、民主推荐、考察、讨论决定、任职”等各环节的程序，不断提高科级干部选任工作的科学性、规范性和可操作性。

（古英娟）

【区公务员招录、调任及转任工作流程】 11月，区委组织部研究制定《门头沟区公务员招录、调任及转任工作流程》，规范招录“七步骤”、调离转任“三阶段”、调入转任“四方面”等程序，不断提升科级干部管理水平。

（古英娟）

【基层党建暗访督查工作】 11月至12月，区委组织部采取“四不两直”方式，对21个党（工）委落实基层党建重点任务、重点工作情况进行暗访，并拍摄暗访专题片。

（白 璐）

【全区领导干部大会】 12月11日，召开门头沟区领导干部大会，做好相关干部推荐和考察工作。24日，召开门头沟区领导干部大会，做好相关干部推荐和考察工作。

（王金焕 季海洋）

【基层党代表培训】 12月24日，区委组织部邀请中央党校教授为全区基层一线党代表进行党的十九届四中全会精神宣讲。

（袁 雪）

【“人才京郊行”专家考核鉴定工作】 12月29日，区委组织部开展“人才京郊行”第十一批专家考核鉴定工作。

（孙 玥）

【因私出国（境）证件管理审批】 截至12月31日，区委组织部共集中管理在职及退（离）休局级干部、在职处级干部及区管国有企业领导班子成员因私出国（境）证件556份，其中因私普通护照197份，往来港澳通行证75份，大陆居民往来台湾通行证284份，做到“应备尽备、应收尽收”。全年共批准退（离）休局级干部17人/次、在职处级干部7人因私出国（境）。

（罗 樱）

【2019年党内统计工作】 12月，区委组织部开展2019年度党内统计工作。截至12月31日，全区共有党员36240名，基层党组织1392个，其中党委100个、党总支75个、党支部1217个。

（曹广琦）

【推进党员“双报到”工作】 截至年底，全区机关、事业及公有制企业在职党员报到率100%，各单位9758名在职党员回社区（村）报到服务；各社区（村）共接收15623名在职党员，累计作出承诺6061项、提出建议1884条，参加报到社区（村）活动33113人次、为身边群众办实事1092件。

（徐 曼）

【个人有关事项报告重点查核】 年内，区委组织部共对528名干部个人有关事项报告进行重点查核。经认定，463名干部如实报告，65名干部漏报，批评教育9人，责令做出书面检查48人，诫勉8人。

（罗 樱）

【选人用人专项检查】 年内，区委组织部结合巡察对22家区属单位科级干部选任工作进行专项检查，共发现5个方面125项具体问题，提出整改意见89条。

（罗 樱）

【不担当不作为问题专项检查】 年内，区委组织部对29家被巡察单位开展不担当不作为问题专项检查，并征求区内17家单位意见，未发现干部存在不担当不作为问题。

（罗 樱）

【对领导干部提醒、函询、诫勉】 年内，区委组织部共提醒37人，函询103人，诫勉10人。13人因民主测评及“一报告两评议”得分相对较低受到提醒，24人因未如实报告个人有关事项受到提醒；103人因填报个人有关事项与抽查核实结果不一致受到函询；10人因个人有关事项报告漏报情节较重或存在漏报两种情形受到诫勉。

（罗 樱）

【完善干部履职“负面清单”】 年内，区委组织部综合区纪委监委、区法院、区检察院、区审计局、区信访办、“12380”举报受理、个人有关事项报告查核等信息，完善干部履职“负面清单”，共收集干部负面信息68条，提出处理意见34条。

（罗 樱）

【经济责任审计】 年内，区委组织部共对3名上年度离任的党政正职干部开展经济责任审计，对7名党政正职进行任中经济责任审计，对斋堂镇开展领导干部自然资源资产审计，并提出相应整改建议。

（罗　樱）

【"12380"举报】　年内，区委组织部共受理"12380"举报反映处级干部的举报8件次，收到由市委组织部举报中心转来的举报13件次。对受理、转来的信访举报采取直接查核、转办要结果等方式进行办理。经查核，举报反映的内容均不属实。

（罗　樱）

【职务职级并行相关工作】　年内，区委组织部研究制定《门头沟区晋升职级公务员管理暂行办法》《门头沟区职级晋升后不再担任领导职务干部管理办法（试行）》。

（季海洋　古英娟）

【全区公务员信息采集更新和统计年报】　年内，区委组织部开展2019年度全区公务员信息采集更新和统计工作，完成部署、业务培训、填报指导、审核上报等工作。

（古英娟）

【招录公务员】　年内，经过职位申报、考生报名、资格审查、面试、体检、考察等环节，12月12日市委组织部审批通过门头沟区提交的2名拟录用公务员申请。门头沟区完成首次面向优秀社区党组织书记招录公务员工作。相关人员入职后将继续在原社区党组织书记的岗位工作，由所在镇街负责日常管理。

（杨秀婷）

【干部人才挂职选派和接收工作】　年内，门头沟区共选派22名干部，10名一年期、28名短期专业技术人才，到西藏自治区拉萨市堆龙德庆区、新疆自治区和田市、青海省玉树囊谦县、内蒙古自治区察右后旗及武川县、河北省涿鹿县、湖北省神农架林区等对口支援地区进行挂职锻炼。接收来自内蒙古自治区察右后旗及武川县、河北省涿鹿县、湖北省神农架林区等地的16名干部，24名短期专业技术人才到区内进行挂职交流。

（王金焕）

【干部选拔任用整体工作】　年内，门头沟区共选任干部22批次、463人次，其中提拔183人次、交流调整等112人次。全年持续做好全区公务员职务与职级并行、机构改革期间处级领导干部人事任免、局级干部出国离京、党政班子工作安排、机关报周报、正处职名册及任免表季报工作；持续做好处级干部信息管理库专项信息维护工作；持续做好新增处级干部档案接收、审核以及材料整理维护和数字化工作；持续做好门头沟区科级干部的职级晋升工作方案和选拔任用方案审核、科级干部的任免职备案；持续做好科级及以下干部转任备案等相关工作，有效提高全区领导班子、干部队伍、公务员队伍建设整体水平。

（季海洋　杜学良　张　惠）

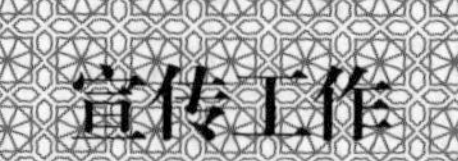

宣传工作

【概况】　2019年，区委宣传部共组织区委理论中心组学习22次，其中党性教育实地参观学习4次，围绕产业发展实地调研交流2次，开展主题交流研讨3次，开展马克思主义读书会特色学习1次，开展专题辅导培训12次。将二级领导班子理论中心组学习的日常指导和监督，纳入区委综合考评体系。组织开展"我和我的祖国"微视频、摄影作品大奖赛，发布视频20余条。开展"四力"教育，制定《门头沟区宣传思想战线开展增强"四力"教育实践工作方案》，举办2019年门头沟区宣传干部增强"四力"专题培训班。

年内，开展各级各类理论宣讲活动。举办门头沟区百姓宣讲比赛，并参加全市决赛，最终门头沟区选手进入全市20强。组建"我和我的祖国"百姓宣讲团，开展宣讲16次。成立"门头沟红色党建报告团"，与驻区部队组建"特色宣讲"开展双向宣讲活动，共宣讲12次；组建"门头沟热心人"百姓宣讲团，推动全区中心工作。全年共开展基层宣讲100余场，直接听众1.5万余人。

年内，扎根基层、深入一线，聚焦区域发展重点领域发现真问题、拿出好办法、推出应举措。加强制度保障，制定《门头沟区开展"不忘初心、牢记使命"主题教育的理论学习实施方案》《门头沟区"不忘初心、牢记使命"主题教育专项整治工作方案》（学习宣传习近平新时代中国特色社会主义思想和党的十九大精神），确保把理论学习贯穿主题教育全过程。传承红色基因，全市率先组织党员干部集体参观"北京香山革命纪念地"；全市首家组织观看原创大型河北梆子现代戏《人民英雄纪念碑》；创作并展演红色主题话剧《跟党走》；举办北京市第二批"不忘初心、牢记使命"

主题教育先进事迹门头沟区专场报告会，集体观看门头沟区主题教育专题片《我的初心故事》。观看人数5000余人次。开展“四力”教育，制定《门头沟区宣传思想战线开展增强“四力”教育实践工作方案》，举办2019年门头沟区宣传干部增强“四力”专题培训班，打造宣传思想文化战线上的京西铁军。

年内，完成巡视意见整改，形成整改情况报告。召开全区意识形态工作通报会，确保全区意识形态工作平稳有序。修订完善《门头沟区关于进一步加强党委（党组）意识形态工作的实施办法》等系列文件。组织全区各单位党政主要领导专题学习警示教育片、专业讲座等，增强领导干部意识形态风险防范意识。加强对全区86家单位意识形态责任落实的日常考核，纳入到区委综合考评体系。完善《门头沟意识形态阵地管理办法（试行）》，建立公共空间艺术品建设管理联席会议机制。深入推进“扫黄打非”工作，全年检查各类场所871家次，查处“黑网吧”1家，立案并办结18起，罚款3万元。

年内，坚持“纵向到底，横向到边”的制度设计理念（“纵向到底”即全区、镇街、社区（村）三级统筹联动创建网络，“横向到边”即从农村、社区、单位、景区到校园齐头并进有序推进），推行“网格化”管理。以“比学赶超”擂台赛与“1+X”达标创建相结合为突破口，形成“比学赶超”高压态势，将全区所有单位全部纳入擂台赛考核，围绕指标体系任务落实等内容，用一个平台、一个标准、一把尺子衡量各单位的创建工作成效，形成“周检查、月考评、双月擂台、年终考核”的效果评价体系。构建起“单月书记点评会、双月创城擂台赛”工作机制。创城工作纳入全区绩效考评范畴，赛马激励效应更加彰显。

年内，开展创城示范大街及样板村居创建活动，发挥辐射带动效应，逐步改善城区环境。用“绣花的功夫”加强背街小巷、集贸市场、老旧小区、城乡结合部等重点部位整治，为创城提供强有力的环境保障。开展与西城共建文明城区活动，搭建街街联手协作平台，在部门协作、文明创建、精品活动方面提升水平。开展各类志愿服务活动。通过向全区人大代表、政协委员汇报创城工作等形式，开展宣传造势，提高创城知晓率与满意度，通过优化人居环境，解决惠民问题，逐步提升城市文明素养和市民文明素质。

年内，建立健全长效工作机制，保证创城各项工作抓常抓长。印发《门头沟区统筹“六城”联创工作方案》，统筹推动国家森林城市创建、基本无违建区创建、国家卫生区复审、北京市食品安全示范区创建，进一步深化军（警）民共建工作。结合新时代文明实践工作，打通创建工作“最后一公里”。构建“实践中心—实践所—实践站”三级组织体系，建立门头沟文明实践员队伍，门头沟区成为新时代文明实践中心建设全国试点。落实贯通“三个中心”建设工作要求，建立门头沟新时代文明实践中心手机客户端，并与区融媒手机客户端实现互通。每月最后一周的周末开展新时代文明实践推动日活动，截至年底，全区600余支“门头沟热心人”志愿队伍3万余人，集中开展5次“文明天天见”系列新时代文明实践推动日活动。

年内，坚持以创城为总抓手，全力打造“绿水青山门头沟”城市品牌。拍摄10部创城短视频宣传片，规范全区硬质标语横幅设置，设计制作具有门头沟区特色的“讲文明树新风”公益广告3000余套、《市民文明手册》18万余册。发挥105支首都志愿团队、五星志愿者等社会组织力量，广泛开展“门头沟点赞”大拇指行动，围绕交通礼让、爱护环境等8个方面，做到周周有活动，月月有主题。常态化开展“小手拉大手，文明一起走”活动，形成1名教师教育1名学生，1名学生带动N个家长或亲友的“1+1+N”模式。培育“门头沟热心人”群众性文明创建组织品牌，组织全区600余支“门头沟热心人”志愿服务队伍3万余人，集中开展“七边三化四美”“不乱扔垃圾的家园”行动等多项志愿服务活动。积极组织道德模范选树工作，共推荐“身边好人”“北京榜样”候选人24人，其中肖壮获2019年8月第三周北京榜样周榜人物、2019年8月北京榜样月榜人物。制定“不乱扔垃圾的家园”行动方案和“七边三化四美”工作方案，通过开展“垃圾不乱丢”“垃圾分好类”“垃圾随手捡”等活动，大力推进农村人居环境整治和美丽乡村建设，持续巩固提升环境整治成果，实现“绿水青山”向“金山银山”的有效转化。

年内，根据《北京市庆祝中华人民共和国成立70周年宣传环境布置方案》，联合区城管委共同制定《门头沟区庆祝中华人民共和国成立70周年宣传环境布置方案》并组织实施。在长安街西延沿线及门头沟城区主要城区30余处节点布置立体花坛、地被花卉、景墙小品等园林景观，提升整体景观绿化效果。在S1线周边可视区域，进出区路口、主要大街、群众身边等进行70周年宣传环境布置工作。开启灯笼、中国结灯饰1200余套、悬挂国旗5000余面、布置硬质横幅300余处、公交站台宣传画面约200余处。

年内，深入宣传习近平新时代中国特色社会主义思想在门头沟区落地生根的发展成就，全力打造“红色门头沟”党建品牌和“绿水青山门头沟”城市品牌。配合中宣部、市委宣传部做好“壮丽70年·奋斗新时代”行进式主题采访，各主流媒体集中宣传报道门头沟区在中华人民共和国成立70周年特别是改革开放40年间的发展历程和重要成就，引导干部群众支持区域改革建设发展。开展“最美”双拥模范人物网络投票等系列活动。组织开展20余场集中采访活动，先后在《人民日报》、中央电视台、新华社、《北京日报》、北京电视台等中央、市属主流媒体上刊发播出。

年内，刊播推送各类稿件6000余条，制作宣传片20余部，出刊392版，150余万字，“学习强国”平台推送稿件22条。积极打造中央厨房，推进采编流程再造，搭建“门头沟融媒”APP，实现区属媒体平台信息共享。

年内，围绕门头沟区“三四三六”中心工程，开设多个栏目及话题，策划推出《门头沟区开展“不忘初心 牢记使命”主题教育专题党课》等新媒体文章，策划《我们的故事》等系列短视频，“京西门头沟”品牌下新媒体产品总阅读量达1802万，阅读总量较去年同期增长71%。在“两微一端”基础上，开设抖音、快手等短视频账号，拓宽网络宣传渠道，增强网络传播话语权。发布20余条原创短视频。其中，《门头沟区医院护士抢救危急病人》单条播放量达333万，点赞超30万次，截至10月底“京西门头沟”短视频平台累计播放量超500万次。启动新一轮舆情监测平台需求分析，收集全区网络舆情敏感关键词911个，进一步扩大网络舆情信息监测范围，改进网络舆情监测技术手段，截至10月底，共监测到舆情预警信息2147条。年内，共报送《门头沟今日舆情》303期，《舆情月报》9期，《舆情专报》5期，获领导批示99件。严控负面舆情发酵蔓延，妥善处置负面舆情20起。

年内，中关村（京西）人工智能科技园先导园项目建设完工投入使用；举办第十三届永定河文化节；潭柘寺、戒台寺修缮工程开工；永定河滨水森林公园主体建设完工；永定河文化博物馆建设扎实推进；门头沟区文化体育中心建设进入地上主体结构建设阶段；长城保护工程进入实施阶段。制定《琉璃制品厂遗址保护、技艺传承、综合利用概念规划方案》，积极推动琉璃重生计划。牵头上报2020年推进全国文化中心建设重点项目15项。

年内，开展“清明诗会”及多种形式的主题诗歌创作活动；制订门头沟区《非遗保护专项资金使用管理办法》。开展非遗传承活动，组织军庄大鼓参加2019国际篮联篮球世界杯北京赛区开场演出，京西太平鼓参加第十一届全国少数民族传统体育运动会、2019广东（佛山）非遗周展演等活动，成为京韵京味儿非遗文化代表。

年内，开展“我们的节日”传统文化活动，创新推出京西古道冰雪嘉年华灯会，丰富冬季山区市民文化活动。开展各级活动300余场，推出“欢声笑语月更圆”中秋主题文艺演出，“国庆吃面 国泰平安”主题活动。全年开展星火演出、百姓周末大舞台、下乡演出及周末场演出400余场/次，惠及群众10万余人。6个镇街建立文化中心，服务人群超过10万余人/次。组织开展“书香门头沟 阅读永定河”门头沟区全民阅读系列活动，建立形式多样的阅读阵地，2019年配送图书24297册，新建2家民宿图书室。

年内，组织书协、美协、作协、摄协40余名艺术家与区退役军人事务局联合开展“文化进军营”采风创作交流活动。创作出讴歌门头沟区“军爱民、民拥军，军民鱼水一家亲”浓厚双拥情谊的书法作品75幅，美术作品25幅，并在“共叙军民鱼水情 同创双拥模范城”双拥书画展中展出。创作诗歌作品100余首，并编制诗集1本。

年内，完成新闻出版相关业务衔接。机构改革后，区委宣传部从区文旅局转接涉及新闻出版、电影管理共四大类11个子项审批事项，5月完成各项业务的交接工作。认真完善北京市政务服务事项要素标准化的录入提交，实现业务有效衔接，随后认真梳理区文旅局移交的档案资料，对档案进行科学分类归档严格按照行政审批事项要求办理新闻出版、电影管理的相关办事事项。5月至年底，完成21个电影和出版物零售企业的设立、变更事项。完成16家图书企业的年检补检工作。

单位名称：中国共产党北京市门头沟区委员会宣传部

地　　址：北京市门头沟区新桥大街36号
电　　话：69842184
邮　　编：102300

（刘　婷）

【“门头沟区两会”专题宣传】 1月8日，区委宣传部策划组织中央及市属10余家媒体，开展“门头沟区两会”专题宣传报道工作。重点发布《门头沟将在全市率先建设“人工智能产业园”》，在各类媒体刊发各类稿件20余篇。

（赵盈春）

【徒步大会宣传】 3月28日，区委宣传部以第十届北京国际山地徒步大会为契机举办新闻发布会，组织中央及市属10余家主流媒体对全年赛事和新增路线进行集中采访，先后在各类媒体刊发各类稿件20余篇。

（赵盈春）

【推广马克思主义读书会经验】 4月8日，《前线》杂志2019年第四期刊发中央党校党建部主任、教授对中关村门头沟科技园马克思主义读书会的调研文章。北京日报、北京电视台等主要媒体对读书会进行专题报道。

（高学雷）

【全民阅读活动】 4月22日，区委宣传部开展2019年“书香门头沟 阅读永定河”门头沟区全民阅读活动暨第九届门头沟区图书交换大集第六届门头沟区书市活动。打造全民阅读品牌活动，石门营五区获市“阅读示范社区”称号。

（高学雷）

【精品民宿和公共文化服务集中采访】 5月8日，区委宣传部组织中央及市属10余家主流新闻媒体，围绕2019北京精品民宿发展论坛暨门头沟区民宿项目推介会开展专题采访报道，先后在各类媒体刊发各类稿件20余篇。8月20日，区委宣传部策划组织中央及市属10余家主流新闻媒体，开展门头沟区精品民宿和公共文化服务专题宣传报道工作，先后在各类媒体刊发各类稿件20余篇。12月13日，组织中央及市属10余家主流新闻媒体，围绕北京精品民宿推介会暨“门头沟小院”美宿路演仪式以及现场发布的“绿水青山门头沟”“门头沟小院”精品民宿和“灵山绿产”3个品牌Logo进行实地采访报道，先后在各类媒体刊发各类稿件20余篇。

（赵盈春）

【“永定河沿岸拆违”集中采访】 5月23日，区委宣传部策划组织中央及市属10余家主流新闻媒体，开展门头沟区拆违“70天大会战”成效专题宣传报道工作，先后在各类媒体刊发各类稿件20余篇。

（赵盈春）

【区级当代马克思主义读书活动试点工作】 7月12日，门头沟区召开当代马克思主义读书活动试点推广工作部署推进会。会上，下发《关于在基层党组织推广当代马克思主义读书活动的工作方案》，选取全区18家基层单位推广当代马克思主义读书会活动，建成“红色门头沟”党建品牌的拳头产品。

（高学雷）

【京西红色党性教育基地挂牌集中采访】 7月15日，区委宣传部组织北京电视台、《北京日报》《北京青年报》等媒体，对西城、门头沟区深入推进结对协作，合力打造“京西红色党性教育基地”挂牌仪式进行采访报道，在北京电视台《北京新闻》栏目等重点媒体刊播新闻报道。

（赵盈春）

【爱国主义教育基地考评工作会】 7月22日，区委宣传部组织召开市级爱国主义教育基地考评工作会。强化教育基地身份认同和责任担当，对市级爱国主义教育基地进行综合考评，对部分教育基地进行奖励，对不符合教育基地称号的予以除名。

（赵盈春）

【“门头沟热心人”百姓宣讲大赛】 7月24日，门头沟区举办“门头沟热心人”百姓宣讲大赛决赛暨门头沟区“我和我的祖国”百姓宣讲大赛开赛。进一步做好门头沟区庆祝中华人民共和国成立70周年群众主题教育活动，助力推进区域全国文明城区创建工作。推荐第一名参加全市决赛，并进入20强。全年共开展基层宣讲100余场，直接听众1.5万余人。

（高学雷）

【行进式主题采访】 7月24日，区委宣传部会同市委宣传部策划组织中央及市属20余家主流新闻媒体先后到军庄镇、妙峰山镇进行实地采访。在各类媒体刊发各类稿件30余篇，重点报道门头沟区永定河生态治理、废弃矿山生态修复治理等工作成效，以中华人民共和国成立70年、改革开放40年历史发展为背景、突出展示党的十八大以来北京改革发展成就。

（赵盈春）

【京华大地调研行】 8月9日，区委宣传部组织召开“壮丽70年·奋斗新时代”京华大地调研行门头沟区座谈会，并组织中央及市属10余家主流新闻媒体先后到清水镇、雁翅镇、妙峰山镇进行实地采访。在各类媒体刊发各类稿件30余篇，重点报道门头沟区美丽乡村、精品民宿、生态富民、红色党建、生态修复和永定河生态治理等工作成效。

（赵盈春）

【山河·家国——西山永定河文化展】 9月12日，在首都博物馆推出“山河·家国——西山永定河文化展”。首次对西山永定河文化带的建设过程进行全面梳理与集中展示。通过225件（套）、264张珍贵照片重点展示西山永定河文化带的文化生态面貌和与北京城发展的密切关系，讲好首都历史文化、传承红色基因。

（高学雷）

【“不忘初心、牢记使命”主题教育】 9月16日，区委宣传部组织开展“不忘初心、牢记使命”主题教育的理论学习。门头沟区在全市率先组织全区各系统、各单位党员干部500人集体参观“北京香山革命纪念地”。

（高学雷）

【参观国庆70周年大型成就展】 9月至12月，区委宣传部组织辖区干部群众9000人次到北京展览馆参观“伟大历程 辉煌成就——庆祝中华人民共和国成立70周年大型成就展”，深切感受中华人民共和国成立70周年来的伟大历程和辉煌成就。

（赵盈春）

【国庆主舞台群众联欢特色背景表演】 10月1日，门头沟区以首善标准完成国庆主舞台群众联欢特色背景表演，并被北京市委、市政府授予“北京市筹备和服务保障中华人民共和国成立70周年庆祝活动先进集体”荣誉。该表演团队330人，经过3个月的集中训练，上演国庆主舞台上的“惊鸿一瞥”。

（高学雷）

【市级爱国主义教育基地复评】 10月17日，区委宣传部根据区级前期初评及市委宣传部综合考评奖励候选对象情况，对冀热察挺进军司令部旧址陈列馆、平西情报交通联络站展览馆等市级爱国主义教育基地进行实地复评。

（赵盈春）

【组织观看演讲大赛全国总决赛】 11月6日，区委宣传部组织辖区市级爱国主义教育基地负责人到首都图书馆剧场观看演讲大赛全国总决赛。作为庆祝中华人民共和国成立70周年群众性主题宣传教育活动的重要组成部分。

（赵盈春）

【上演京味儿音乐话剧《跟党走》】 11月20日，区委宣传部以门头沟山区农村第一位共产党员“一门四烈士”崔显芳的事迹为原型，创作并演出京味儿音乐话剧《跟党走》，讲述中国共产党成立早期，京西山区农民坚定跟党走、与敌人英雄斗争的红色历史故事，传承革命精神。演出4场，观众3000余人。

（高学雷）

【不忘初心、牢记使命主题教育集中采访】 12月12日，区委宣传部策划组织中央及市属10余家主流新闻媒体，围绕《门头沟区制定“不忘初心、牢记使命”三年行动计划》进行实地采访报道，先后在各类媒体刊发各类稿件10余篇。

（赵盈春）

【区委综合考评思想建设类考核】 12月30日，区委宣传部完成区委综合考评思想建设类考核工作，对全区86家单位进行意识形态责任制落实及理论中心组学习情况的考核考评。

（高学雷）

【组织“我们的节日”文化活动】 年内，区委宣传部开展“我们的节日”传统文化活动300余场。开展星火演出、百姓周末大舞台、下乡演出及周末场演出400余场次，惠及群众10万余人。

（高学雷）

【推进全国文化中心建设】 年内，区委宣传部编写《2019年门头沟区推进全国文化中心建设主要工作任务》，重点推动永定河文化博物馆新馆建设工程、中关村（京西）人工智能科技园先导园项目建设、门头沟区体育文化中心建设等。

（高学雷）

统战工作

【概况】 2019年，门头沟区委员会统一战线工作部（简称区委统战部），完成机构改革，对外加挂北京市门头沟区民族宗教侨务办公室（简称区民族宗教侨务办）牌子。调整更新区委统战工作领导小组成员单位，召开全体会议，研究议题7个。区委常委会、理论中心组传达中央、市委有关会议精神3次，研究部署有关工作4次。推动13个镇街建立统战工作领导小组，在13个镇街和295个村居党组织设置统战委员，并开展培训。以庆祝中华人民共和国成立70周年为主线，举办党外代表人士培训班1期，培训党外人士30人，举办知识竞赛、文艺汇演、“我和我的祖国—永定河溯源之行”等系列红色主题教育活动。组织32人参与庆祝国庆群众游行和现场观礼。持续推进“8+1”行动，形成“中建·百花山社”等新品牌，3次在《北京日报》《人民政协报》整版宣传“8+1”行动，摄制视频8个，推动首都多党合作实践教育基地建设，开发“8+1”行动现场教学点3处，建设“北京科技小院”5个，“同心卫生室”22个。稳妥完成潭、戒两寺退市交接工作。扎实推进基督教私设聚会点治理，有效治理伊斯兰教领域“三化”问题，做好重大宗教节日、活动安全保障工作，组织参与全国少数民族运动会并取得二等奖。组织指导各宗教团体开展慈善公益活动，全年捐资100万余元。开展春节大走访活动，累计慰问80人/次。推动统战社团发展，指导区知联会、区新联会规范理事发展，健全工作制度，开展活动20余场，初步形成工作品牌体系。推荐门头沟区社会组织孵化中心申报市级新阶层人士统战工作示范点1个。加强党外代表人士队伍建设，制定《2019-2023年门头沟区统一战线教育培训规划》《关于加强和改进新时代社会主义学院工作重点措施责任分工方案》，调整区级领导联系党外人士名单，制定《关于进一步加强处级党员领导干部联系党外人士工作的意见》，开展处级单位党员领导干部联谊交友工作。加强与区委组织部日常联系沟通。开展区政协委员述职，完成委员届内调整。开展涉台培训5期培训2300人次。办理因公赴台68人次，接待台湾同胞来访5批134人次。对“京台基层社区交流经费”使用情况进行绩效评估。开展“不忘初心、牢记使命”主题教育，刊登、发布新闻稿件40余篇、微信文章196篇、《门头沟统战》信息14期，完成《强化工作体系 做大统战格局——以门头沟区为例》调研报告。

单位名称：中国共产党北京市门头沟区委员会统一战线工作部

地　　址：北京市门头沟区新桥大街36号

电　　话：69842327

邮　　编：102300

（江延红）

【“8+1”行动】 1月11日，民进北京市委到清水镇梁家铺和妙峰山镇陈家庄村开展2019年民进全国“春联万家”活动。16日，农工党北京市委到雁翅镇青白口村开展医疗服务文化下乡活动，慰问贫困群众，为村民送去春联和福字，提供义诊服务。21日，台盟北京市委开展2019年“助梦启航”送温暖活动，在付家台中心小学，慰问优困生，向学校赠送教学用品。在斋堂镇沿河口村，慰问低收入户。23日，民进北京市委启动帮扶门头沟区教育系统困难教职工“春蚕”救助计划，民进市委主委与区领导张力兵等就深入“8+1”行动及推进民进基层组织建设进行座谈，为因病致困教师送去慰问金。28日，民革北京市委到上苇甸村开展“文化走基层”及慰问老党员活动。29日，民盟北京市委到清水镇龙王村开展“写春联 送祝福”文化下乡暨慰问活动，并就低收入帮扶进行座谈和实地调研。3月11日，召开“8+1”行动黄安坨“中建百花山社”项目专题协调会，围绕“中建百花山社”项目建设构想、工作进度、遇到的问题、旅游产业扶持、村庄规划等相关工作进行座谈交流。4月10日，舞剧《山谷幽兰》在中央民族剧院盛大开演，该剧源于北京市各民主党派重点支持门头沟区发展“8+1”行动“一代宗师进校园”走进大峪中学项目。12日，召开九三学社（北京）双创基地座谈会，了解双创基地建设、入驻企业运营情况，收集企业发展诉求和意见建议，并就做好基地建设和企业服务工作进行交流。5月16日，召开“8+1”行动专题调研座谈会，市委统战部副部长实地考察九三学社（北京）双创基地，听取“8+1”行动工作情况汇报，就进一步深化“8+1”行动提出意见。28日，民建北京市委在雁翅镇房良村举办“名誉户主”项目对接仪式，民建北京市委主委与区委书记张力兵进行座谈，走访低收入户。民建丰台区工委、石景山区工委、门头沟区工委的12个支部与房良村12户低收入户签订《民建助力脱贫攻坚 名誉户主联系簿》，进行一对一帮扶。6月5日，民盟北京市委“乡村小名医工作站”在门头沟区揭牌，代培小名医，将尘肺病中西医结合疗法辐射全区。13日，九三学社北京市委、门头沟区政府联合主办中关村门头沟科技园第五届“创新创业活动周”活动，区委书记张力兵为九三乐创孵化器揭牌。19日，民进北京市委携手北京明伦公益基金会，在北京八中永定实验学校举行“贝壳及小海豚助学项目”签约暨发放仪式，共资助门头沟区9名贫困学生。21日，门头沟区召开北京市各民主党派深化“8+1”行动推进会，市领导齐静出席会议，并先后实地调研“助梦起航”“向妙峰山镇炭厂村捐建污水处理设施”“九三学社（北京）双创基地”项目。26日，民革北京市委调研门头沟区三家店村、中门寺南坡小区、民革党员企业，了解红色文化资源、百姓需求。7月11日、8月26日、10月11日，3次召开北京市各民主党派重点支持门头沟区发展“8+1”行动实践教育基地建设推进会，围绕首都多党合作实践基地选址、形式、内容、工程进展情况，资金审批等进行座谈交流。8月22日，九三学社北京市委主委、区领导张力兵为“院士专家服务站”揭牌。9月8日，民建北京市委组织“名誉户主”会员代表在门头沟区雁翅镇房良村举办“践行8+1行动 消费扶贫打核桃”主题活动。10日至14日，民盟北京市委在门头沟区举办“民盟先贤肖像巡回展”走进门头沟活动。12日，九三学社北京市委到首都师范大学附属中学永定分校举办“科普中国——科学大咖面对面”活动，邀请中国科学院院士为500名师生作“迎接第一个100年，中国的深空探测”主题报告。16日，民建北京市委与门头沟区委举办庆祝中华人民共和国成立70周年暨践行“8+1”行动《长征组歌》专场音乐会。19日，台盟北京市委“助梦启航”项目再行动，向付家台中心小学8名师生颁发“台盟之星”奖学金和奖教金总计8800元，向清水学校捐赠900册图书设立“助梦启航读书角”。10月20日，大峪中学在北京冬奥会和冬残奥展示中心举办“冬奥有我”主题服装展演，“垂衣裳”项目再结新硕果。11月1日，区委常委会听取“8+1”行动工作汇报，区委书记张力兵要求，“8+1”行动要与“七有”“五性”相结合，打造出带不走的“8+1”活动品牌。6日，致公党北京市委到门头沟区开展“8+1”行动调研活动考察张家村险村搬迁、煤改电推进情况，了解村庄建设发展中的困难和需求。7日，第030号“北京科技小院”落户斋堂镇白虎头村，市领导揭牌，召开科技小院工作推动会，到清水镇黄安坨村调研“8+1”行动工作，为首都多党合作实践教育基地九三学社北京市委分基地揭牌，实地考察中建·百花山社精品民宿建设。同日，台盟市委主委为首都多党合作实践教育基地台盟北京市委分基地揭牌。21日，民盟北京市委到潭柘寺镇南辛房村开展便民服务活动，为村民提供修锁配钥匙、维修家电、理发便民服务，服务村民200余人。12月11日，民盟北京市委联合中共门头沟区委、区政府共同举办第三届“东胡林人”论坛。27日，台盟北京市委到门头沟区雁翅镇付家台中心小学、斋堂镇沿河口村开展送温暖活动，慰问贫困学生、低收入户，送去慰问品。

（江延红）

【京台交流】 1月14日，门头沟区召开社区乡村对台交流座谈会。总结2018年社区乡村对台交流工作，围绕2019年对台交流计划、资金管理与使用等进行座谈。2月20日，东辛房街道和台湾竹田乡共同举办共炫民族风“咱们的节日”京台社区元宵大舞台视频连线活动，开展文艺演出，共度元宵佳节，共叙民族亲情。4月16日至20日、5月25日至29日，门头沟区分别接待台湾高雄台东妇女团、台湾屏东竹田乡回访团，参观“中国皇家琉璃之乡”——琉璃渠村、“巧手兰心”巧娘工作坊等，体验京西太平鼓、串珠手工艺制作等。5月，区台办联合区直机关工委组织系统内2000余名党员开展4期涉台教育培训，邀请北京联合大学台湾研究院副教授作题为《中央对台政策与当前台海形势》专题辅导报告。11月6日至10日，区台办联合台盟北京市委邀请4名台湾民宿专家到门头沟区交流参访，召开门台民宿产业发展专项交流会，举办农旅文创产业发展培训讲座，实地考察门头沟区沿河口村、黄岭西村、川底下村，为民宿企业经营者提出意见建议。

（江延红）

【走访党外各界人士】 1月28日，区领导走访慰问全区各民主党派主委、专职联络员、宗教场所负责人，与他们亲切交谈，代表中共门头沟区委送上节日问候和新年祝福。

（江延红）

【交流学习】 3月27日，区委统战部组织区新联会到宋庄，实地参观北京元亨利文化艺术馆、司秋利当代陶瓷艺术馆，与通州区委统战部、宋庄新联会进行座谈交流。详细了解宋庄艺术区整体概括及宋庄新联会工作情况，学习宋庄新联会在加强思想引领、服务理事会员、开展建言献策以及走出去、请进来等方面的工作经验，就门头沟区与宋庄开展文化互动、新联会联谊互动进行交流对接。

（江延红）

【学习考察】 3月31日至4月2日，区委统战部组织区知联会、新联会到深圳进行学习考察。参观深圳市党群服务中心、深圳市新阶层联合会、F518创意园、美年广场文化产业园、福田区统一战线服务中心及同心e站，与深圳市委统战部及宝安、南山、福田等区委统战部进行交流座谈，听取深圳市新的社会阶层人士统战工作及市、区各级新阶层联合会组织工作情况介绍，详细了解“鹏城新力”“同心E站”等线上工作平台及“鹏友加油站”“悦鹏E家”“鹏创前线”“众智鹏程”“鹏起爱益”“鹏举动力”等工作品牌运行情况。

（江延红）

【统战知识专题讲座】 5月7日至8日，区委统战部在区新一届村和社区“两委”负责人培训班上为全区400余名新一届村和社区“两委”负责人，讲解党的统一战线基本理论政策和统战工作部分案例，详细介绍地区统战工作情况，对基层组织负责人做好新时代统战工作提出要求。

（江延红）

【市委统战部领导调研】 5月8日，市委统战部副部长带队调研，先后实地察看雁翅镇房良村和青白口村卫生室建设情况，就村级卫生室建设、运营过程中存在的困难和问题以及村医配备有关情况与区卫健委、雁翅镇及卫生室相关负责人进行交流座谈。

（江延红）

【考察精品民宿产业发展】 5月15日，区领导带领8名党外人士、非公企业家组织党外人士、非公企业家到怀柔区学习考察精品民宿产业发展。实地考察瓦蓝·永无乡、莲石山房等精品民宿，听取设计理念、运营模式等相关介绍，向怀柔区文化和旅游局相关负责人详细了解怀柔区在推进精品民宿产业发展的经验做法。

（江延红）

【党外代表人士培训班】 5月20日至29日，区委统战部以区情介绍、国内国际形势等专题讲座，永定河博物馆、平西情报联络站等现场教学，重走情报小道、寻根马栏等体验教学以及自学“学习强国”APP等形式举办党外代表人士培训班。部分民主党派成员、宗教界人士、非公经济人士、党外知识分子及新的社会阶层人士30人参加培训。

（江延红）

【协商议政会】 6月11日，区委统战部联合区政协，组织政协委员围绕打造富有门头沟区特色的精品民宿进行协商议政发言。区领导张力兵出席会议。

（江延红）

【永定河溯源之行活动】 6月14日、11月12日，来自门头沟区、石景山区、丰台区的120余位党外各界人士，参观考察永定河山峡段、京西古道、首钢工业遗址、冬奥组委展厅、“燕京八绝”艺术馆、文物古建法海寺等地，共唱《我和我的祖国》，表达对祖国的美好祝愿。

（江延红）

【西城统一战线到区调研】 8月16日，西城区统一战线到门头沟区调研，召开低收入精准帮扶座谈会，揭牌成立京西社会主义学院教学培训基地。

（江延红）

【基层统战干部培训班】 8月23日，区委统战部组织全区13个镇街、295个村居党组织统战委员及七大党工委统战干部300余人，系统学习习近平总书记关于加强和改进统一战线工作的重要论述、对台形势政策解读、新时代首都民族宗教工作等内容。

（江延红）

【全区民主党派知联会新联会工作会】 8月28日，召开全区民主党派知联会新联会工作会。会上，传达《关于支持北京市各民主党派、无党派人士开展“不忘合作初心，继续携手前进”主题教育活动方案》等文件精神和全市统战系统信息工作会议精神，对上半年信息工作情况进行通报，对2020年经费预算工作进行安排部署。

（江延红）

【知识竞赛】 9月12日，区委统战部举办统一战线庆祝中华人民共和国成立70周年知识竞赛。全区各民主党派、工商联、知联会、新联会及宗教团体的13支队伍，围绕习近平新时代中国特色社会主义思想、党的统一战线理论、市情区情、冬奥知识、创建全国文明城区等内容，进行角逐。

（江延红）

【统战工作领导小组全体（扩大）会议】 12月6日，门头沟区召开统战工作领导小组全体（扩大）会议。会前学习中央、市委关于社会主义学院工作有关会议文件精神，研究审议成员单位主要职责、贯彻落实《中共北京市委贯彻落实<中共中央关于加强中国特色社会主义参政党建设的意见>的若干措施》的分工方案、加强和改进新时代社会主义学院工作重点措施责任分工方案等有关事项，部署推动镇街党（工）委成立统战工作领导小组工作。

（江延红）

【政协委员届中调整】 12月底，按照规定程序完成政协委员届中调整工作。17名同志为新任政协委员，选举产生4名同志为政协门头沟区第十届委员会常委。

（江延红）

调查研究

【概况】 2019年，区委研究室认真贯彻落实区委十二届八次、九次全会精神，聚焦两个品牌建设，充分发挥参谋助手作用，完成文稿起草、调查研究、深化改革各项任务。年内，按照部门“三定方案”批复，进一步理顺职责关系，优化组织结构，规范内部机构设置，将办公室、文秘科、调研科3个职能科室合并调整为综合科、调研科，进一步完善运行机制，提高行政效能。

年内，组织协调全区调查研究工作，围绕全区中心工作和经济社会发展的重点问题，推动各单位完成部门承担的区级重点调研课题任务，为区委、区政府科学决策提供参考和依据。对标中央、市委改革决策部署，统筹协调全区全面深化改革工作，制定年度工作要点，建立年度重点改革任务工作台账，强化督察督办，推动各项改革举措在门头沟区形成生动实践。

单位名称： 中共北京市门头沟区委研究室

地　　址： 北京市门头沟区新桥大街36号

电　　话： 69842694

邮　　编： 102300

（陈　凯）

【《调研成果汇编》印发】 年初，区委研究室从2018年全区调研成果中选取46篇优秀调研报告，编印《2018年门头沟区调研成果汇编》，为全区各单位破解难题、创新发展提供决策依据和理论支持。

（陈　凯）

【文稿起草工作】 年内，区委研究室完成区委重要文稿起草任务，高质量完成中华人民共和国成立70周年服务保障、主题教育、区委十二届八次、九次全会报告以及“‘绿水青山门头沟’建设实施意见”等重要文稿起草，确保每份文稿都能准确体现区委战略意图和工作导向。全年起草综合性文稿150余篇、50余万字。

（陈　凯）

【统筹全区调查研究工作】 年内，聚焦红色门头沟党建、绿水青山门头沟城市品牌建设、精品民宿及文旅体验产业发展，城市精细化管理、民生服务等全区经济社会发展重要领域，区委研究室组织协调各单位承办区级领导重点调研课题25个，区重点关注调研课题61个。承办完成《关于门头沟区以精品民宿为突破带动文旅体验产业发展研究》《关于门头沟区废弃矿山修复和利用的实践与思考》2个区级重点调研课题。11月，举办调查研究暨信息写作培训班，提高调研工作队伍能力和水平。全区调研报告获市级刊物刊登5篇次。

（陈　凯）

【全面深化改革工作】 年内，区委研究室制订《门头沟区全面深化改革五年实施规划》《门头沟区2019年全面深化改革工作要点》，召开区委全面深化改革委员会领导小组会议1次，区委全面深化改革委员会会议4次，审议通过议题40个，出台改革意见及方案32个，开展分级督察2轮，推动全区56项重点改革事项完成既定目标，推出“双向承诺制不见面审批”等改革亮点品牌，探索形成一批可复制可推广的“门头沟模式”和“门头沟经验”。

（陈　凯）

【决策信息服务】 年内，围绕区“二十字”区域发展总原则，聚焦“三四三六”工程等重点工作，区委研究室收集整理有关材料，编发《决策内参》10期；围绕区领导关注的重点工作、全区经济社会发展中重大事项和群众关心的热点难点问题，协调全区各单位，编发《工作研究》13期；加强全区改革工作经验亮点总结交流，编印区级刊物《改革动态》12期。

（陈　凯）

老干部工作

【概况】 2019年，区委老干部局开展不忘初心、牢记使命主题教育，坚持让党放心、让老同志满意和首善工作标准。围绕中华人民共和国成立70周年服务保障，不断加强离退休干部政治建设、思想建设和党组织建设，严格落实离退休干部政治和生活待遇。开展参观学习、理论培训、座谈交流、走访慰问活动，举办“健康杯”系列比赛、“讲奉献助创城”争做“门头沟热心人”健步行、趣味系列文体活动和宣讲活动。组织877名副处级以上退休干部和离休干部健康体检。组织老干部舞蹈队参加市委农工委系统离退休干部“壮丽七十年 颂歌献给党”文艺汇演，老干部舞蹈《七月火把节》获二等奖。组织引导离退休干部发挥优势作用，树立精准服务理念，着力提升老干部工作质量，用心用情做好离退休干部服务保障工作。

单位名称：中国共产党北京市门头沟区委员会老干部局

地　　址：北京市门头沟区剧场东街12号

电　　话：69837762

邮　　编：102300

（李传斌）

【离退休干部通报会】 1月16日，区委老干部局举办形势政策通报会。会上，老干部局领导传达《中央纪律检查委员会第三次全会公报》和区领导付兆庚在门头沟区第十六届人民代表大会第五次会议所作《门头沟区政府工作报告》，150余名离退休干部参加会议。

（李传斌）

【走访慰问活动】 1月17日，区委老干部局领导带队慰问雁翅镇、斋堂镇和清水镇深山区离休干部，送去米、面、油等生活用品。31日，老干部局领导带队慰问双腿截肢卧床多年，在河北省石家庄居住的园林绿化局退休老干部。5月21日，组织部领导在老干部局领导的陪同下，到区医院看望区人大原主任刘子刚、区园林绿化局94岁高龄离休干部李永举和92岁高龄离休干部杨文质。9月25日，老干部局领导慰问离休干部和局职退休干部3名。

（李传斌）

【送春联活动】 1月24日，区委老干部局组织老干部书画协会6名书法创作员，到永定镇曹各庄一区开展送春联活动，现场创作对联和“福”字200余幅。

（李传斌）

【老干部新春团拜会】 1月31日，区委老干部局组织召开门头沟区2019年老干部新春团拜会。区领导张力兵、付兆庚、陈国才、张冰及离退休局职老干部，老干部党支部书记、党建指导员，老党员先锋队代表出席团拜会。会上，付兆庚通报2018年全区经济社会发展情况，张力兵介绍打造“红色门头沟”党建品牌和“绿水青山门头沟”城市品牌情况，老干部是“四个一”门头沟故事的书写者、亲历者、见证者，是门头沟区的宝贵财富，希望老同志继续发挥政治优势、经验优势、威望优势，积极建言献策。

（李传斌）

【村庄民宅风貌设计导则宣贯会】 2月28日，区委老干部局组织召开《门头沟区村庄民宅风貌设计导则》宣贯会。邀请区规土分局领导围绕门头沟区三大功能定位、山地村庄特点详细讲解民宅风貌设计导则，全区200余名离退休干部参加会议。

（李传斌）

【离退休干部“健康杯”系列比赛】 3月12日至5月15日，在老干部活动中心举办“健康杯”系列比赛，设置台球、乒乓球、棋牌等6个项目，300余名离退休干部参加比赛。

（李传斌）

【老干部（老年）大学开班】 3月18日，门头沟区老干部（老年）大学开班。年内，建立区级校1个，街道、社区分校、分课堂19个，共开设古筝、国画、书法、手工、瑜伽、舞蹈、模特、器乐、合唱、智能手机使用、太极拳、摄影等14门课程，38个教学班，在校学员800余人。

（李传斌）

【参加健身项目比赛】 3月23日，区委老干部局组织老干部民族舞队参加2019年门头沟区全民健身运动会项目比赛，舞蹈《丝路风情》获三等奖。6月21日，组织老干部舞蹈队参加门头沟区2019年第六届“舞动门头沟”全民舞蹈大赛，舞蹈《七月火把节》获二等奖、舞蹈《欢庆胜利》获优秀奖。9月22日，组织老干部舞蹈队参加市委农工委系统离退休干部“壮丽七十年 颂歌献给党”

文艺汇演，老干部参赛舞蹈《七月火把节》获二等奖。

（李传斌）

【健康体检】　3月27日至28日，区委老干部局组织26名局级退休干部到小汤山疗养院进行健康体检。4月18日至5月10日，组织851名副处级以上退休干部和离休干部在区医院健康体检。

（李传斌）

【趣味运动会】　5月16日，区委老干部局在老干部活动中心举办老干部春季游艺会。游艺会设置猜谜语、钓鱼、套圈、拼手气等比赛项目，40余名离休和局职退休干部参加活动。10月11日，在老干部活动中心举办老干部秋季运动会。活动设置套圈、钓鱼、沙狐球、保龄球、夹球、投沙包6个运动项目，100余名离退休干部参加活动。11月28日，在区体育馆举办2019年至2020年第六届北京市民快乐冰雪季系列活动暨门头沟区处级退休干部趣味运动会。286余名处级退休干部参加。区委组织部部领导、区体育局领导、区委老干部局领导出席活动。

（李传斌）

【"讲奉献助创城"健步行活动】　5月24日，区委老干部局联合区委组织部、区委宣传部、区创城办在门城湖公园举办门头沟区老干部"不忘初心讲奉献 同心携手助创城 争做'门头沟热心人'"动员大会暨健步行活动。组织部领导、宣传部领导出席活动，200余名处级退休干部参加活动。

（李传斌）

【参观学习】　5月27日，区委老干部局组织离休和局职退休干部参观中国核工业科技馆。6月12日，组织处级退休干部参观中国核工业科技馆。8月28日，组织离休和局职退休干部参观世界园艺博览会。9月5日，组织300余名处级退休干部参观世界园艺博览会。10月23日至24日，组织300余名离退休干部到北京展览馆参观"伟大历程 辉煌成就"—庆祝中华人民共和国成立70周年大型成就展。11月12日，组织300余名离退休干部参观三元牛奶公司。

（李传斌）

【宣讲活动】　6月14日，区委老干部局组织老干部宣讲团围绕争做"门头沟热心人"、门头沟"四个一"故事主题宣讲活动，全区200余名离退休干部参加。9月29日，组织老干部宣讲团围绕"不忘初心 牢记使命 助力创城"主题，到三家店小学宣讲。10月12日，组织老干部宣讲团到大峪街道剧场东街社区宣讲，社区80余名党员参加活动。

（李传斌）

【"不忘初心 牢记使命"主题教育】　7月1日，区委老干部局组织局职离退休干部和老干部党支部书记参观冀热察挺进军司令部旧址陈列馆，邀请区委党校老师评说京西风云，30余名老干部参加主题党日活动。9月26日，组织老干部党支部书记、老干部宣讲团成员、老干部文体协会会长，到香山双清别墅参观学习，缅怀毛泽东主席等老一辈革命家丰功伟绩和中国共产党的光辉历史。

（李传斌）

【老干部座谈会】　7月16日，区委老干部局召开"我看新中国成立70周年新成就"老干部座谈会，全区副局级以上离退休干部、老干部党支部书记、老干部宣讲团成员、老党员先锋队队长、非公党建指导员参加座谈会。与会老干部围绕庆祝中华人民共和国成立70周年这一主题，从自己的视角，通过讲述中华人民共和国成立70年来故事和亲身的经历，回忆新中国成立以来取得的辉煌成就。

（李传斌）

【文艺演出】　9月18日，在区影剧院举办《牢记初心使命 我与祖国同行》—门头沟区离退休干部庆祝中华人民共和国成立70周年文艺演出。区委组织部领导出席活动，300余名离退休干部、各单位老干部工作者及社区老党员先锋队代表观看演出。

（李传斌）

【"翰墨颂祖国　丹心永向党"书画展】　9月24日，门头沟区离退休干部庆祝中华人民共和国成立70周年"翰墨颂祖国　丹心永向党"书画展在市委老干部局举办，共展出老干部书画作品100余幅。

（李传斌）

【老干部党校培训】　10月30日，区委老干部局在老干部党校举办"助力创城"培训班，邀请市委党校教授讲授"不忘初心 牢记使命"——中华人民共和国成立70周年光辉历程。

（李传斌）

【党的十九届四中全会精神报告会】　12月18日，区委老干部局邀请北京科技大学马克思主义学院教授，围绕学习贯彻《党的十九届四中全会精神》为全区离退休干部做专题报告，200余名离退休干部参加会议。

（李传斌）

党校

【概况】 2019年，门头沟区委党校（区行政学院、区社会主义学院）扎实开展干部教育、理论建设、思想引领、决策咨询、党的建设等各项工作。年内，共举办培训班18类26期，培训学员3008余人次，各班次累计1860学时，有效提高门头沟区广大党员干部和公务员队伍的整体水平。发挥党校理论宣传阵地作用，发行《理论与实践》刊物2期,400余册；基层理论宣讲近90余场，受众1万余人。完成市级课题3项，区级课题6项，校级课题10项；在各类期刊杂志发表文章11篇；获门头沟区党建调研优秀成果一等奖1项，获北京市党的建设研究会年度自选课题三等奖1项。

单位名称：中国共产党北京市门头沟区委员会党校
地　　址：北京市门头沟区新桥大街54号
电　　话：69842635
邮　　编：102300

（黄海明）

【周末大课堂】 年内，区委党校完成10期周末大课堂组织协调工作，参训领导干部2000余人次。2019年度周末大课堂在课程设置上围绕区委、区政府的中心工作，结合领导干部的切身需求，内容包括压力管理与心理调适、新媒体时代的舆论引导、领导者形象与领导魅力等。

（黄海明）

【门头沟理论宣传刊物】 年内，区委党校对刊物进行更名改版。将《理论与实践》更名为《门头沟理论宣传》，由区委宣传部主管，区委党校主办。优化封面设计和栏目设置，新设“创城之路”和“红色故里”栏目，更加贴近区情实际。2019年共刊印2期，印发400册。

（黄海明）

【培训工作】 年内，区委党校与区委组织部联合举办2期处级干部进修班、2期新任处级干部进修班、1期人才战略储备研讨班、1期人才国情研修班、1期机关事业单位科级任职培训班、1期公务员更新知识培训班、1期公务员普法培训班、10期周末大课堂，联合北京大学举办1期领导干部经济发展能力提升专题研修班，联合中国人民大学举办1期领导干部党建工作能力提升专题研修班；与区人保局联合举办1期公务员初任培训班、1期事业单位初任培训班；与区委统战部联合举办1期党外代表人士培训班；与区委组织部、区委农工委、区民政局联合举办1期村“两委”负责人培训班。年内，共举办培训班18类26期，培训学员3008余人次，各班次累计1860学时。突出红色传承教育，利用区内党性教育基地开展“京西红色精神现场教学”特色党日活动，组织学员到陕西延安进行集中党性锻炼；开展“不忘初心、牢记使命”专题组织生活会，引导学员不断增强传承践行初心使命的责任感和使命感。

（黄海明）

【理论科研】 年内，区委党校围绕“红色门头沟”党建品牌和“绿水青山门头沟”城市品牌建设，组织制定年度科研课题选题指南，开展红色门头沟党建、统一战线人才培养、营商环境、精准扶贫、生态文明等多个方面的课题研究，编印红色教材1本，举办学术研讨会1场，完成市级课题3项，区级课题6项，校级课题10项；全年在各类期刊杂志发表文章11篇，其中市级以上期刊杂志4篇，京西时报发表文章3篇，校级期刊3篇，其他1篇，获门头沟区党建调研优秀成果一等奖1项，获北京市党的建设研究会年度自选课题三等奖1项。

（黄海明）

【报阅卷】 年内，区委党校建立《党校报阅件》，将优秀科研成果提炼后报送区委领导，通过区委研究室《工作研究》刊载党校优秀调研文章，畅通科研咨政工作渠道。1月，《加强和改进基层理论宣讲工作的建议》被《工作研究》刊载，同时作为《党校报阅件》呈送区委领导。年内，完成3篇优秀调研报告的决策咨询成果转化，以《党校报阅件》形式报区委领导，努力发挥决策咨询作用。

（黄海明）

【理论宣讲】 年内，区委党校围绕“两会精神”“党支部工作条例”“生态文明”以及市委、区委各项重要会议精神，到机关单位、村镇社区进行宣讲，在“不忘初心 牢记使命”主题教育期间，选拔骨干教师参与区委理论讲师团，区委党校教师共下基层宣讲90余场，听课人数1万余人。

（黄海明）

【教学工作】 年内，区委党校在“不忘初心 牢记使命”主题教育期间，组织骨干教师开发《在回溯平西抗战中感悟中国共产党的初心和使命》《传承红色基因 牢记初心使命》及《“不忘初心、牢记使命”：中国共产党人的永恒使命》等课程，在全区各单位巡回宣讲。

（黄海明）

【“两学一做”学习教育】 年内，区委党校开展党的群众路线教育实践活动，将“两学一做”学习教育常态化制度化纳入“三会一课”等基本制度中，建章立制。以“两学一做”学习教育常态化制度化为抓手，开展“不忘初心、牢记使命”主题教育，制定工作方案，确保学习教育、调查研究、检视问题、整改落实同步推进，做到边学边改、即知即改、立行立改，把“问题清单”转化为“成效清单”。通过组织党员观看视频讲座、领导干部讲党课、青年教师讲堂、外出参观、会议文件学习等多种形式，紧跟形势发展，更新学习内容，强化思想建设，筑牢思想防线。

（黄海明）

直属机关工委工作

【概况】 2019年，门头沟区委直属机关工作委员会（简称区直机关工委）认真落实区委十二届七次、八次全会和全区党建工作大会精神，聚焦“红色门头沟”党建，坚持围绕中心、服务大局、建设队伍，以实施“五大工程”为抓手，全力推进机关党建工作再上新台阶。年内，新建一级党组织10个、转入4个、转出1个、撤销12个、更名9个，截至2019年12月，66个机关单位党组织隶属区直机关工委。围绕“红色门头沟”党建品牌建设，持续深化系统内“打造亮点、创建品牌”活动，推广《区直机关系统党建工作品牌案例集》中43个典型案例。12月，以机关党建基础知识、党纪条规、区情等为内容，编写《机关党员应知应会掌中宝》，全面提高党员综合素质。年内，完成《以“红色门头沟”引领机关党建——关于深入推进机关党建品牌建设的实践与思考》调研课题。全年，全系统党员开展调研走访605次，特长活动586次，扶贫济弱239次，志愿服务8515次，承诺践诺2603条，建言献策762条，实事数量1329件。全年，新发展党员82名，接转党员560人次。

单位名称：中共北京市门头沟区委直属机关工作委员会

地　　址：北京市门头沟区新桥大街36号

电　　话：69843115

邮　　编：102300

（李　红）

【工会工作】 1月21日至25日，区直机关工委举办迎新春棋牌乐活动，共218人参加。3月7日，举办庆祝“三八”妇女节扎染及多肉种植培训班，100余人参加。6月21日，组织25人参观2019北京世界园艺博览会。9月8日，组织122人参加第十届北京国际山地徒步大会斋堂站徒步活动。10月13日，组织106人参加第十届北京国际山地徒步大会清水站徒步活动。11月18日至21日，组织第20届“机关杯”篮球赛，5个男子队和3个女子队共67人参加。29日，组队参加区总工会举办“创城当先锋 文明我先行”门头沟区职工创城知识竞赛活动，获三等奖和优秀组织奖。年内，新建经管站、区委研究室2家暖心驿站。

（李　红）

【创城工作】 1月至2月，机关工委在“比学赶超擂台赛”创城考核中，在一般指标任务部门及无指标任务部门中总体排名第一。深化“我参与、我奉献、我快乐”主题教育活动，动员引导机关各级党组织和广大党员干部在“门头沟点赞”“公共文明劝导”“志愿服务日”等活动探索更多更好的特色做法，在创城攻坚行动中当先锋做表率。系统各单位共开展创城主题教育活动590次，志愿活动779次。

（李　红）

【党建督查】 2月，区直机关工委抽调骨干力量组建督导组，完成所属47个单位处级班子民主生活会的督导任务。3月，部署完成66个单位党组织专题组织生活会和民主评议党员工作，实现民主生活会、组织生活会督导全覆盖。加强督促指导，充分发挥机关党建联谊组的作用，深化1+6督导工作体系，确保党建各项工作措施和要求落到实处。

（李　红）

【慰问活动】 春节期间，区直机关工委筹集资金9.12万元，慰问困难党员、群众63人。“七一”期间，慰问党员50人，发放慰问金5.55万元。

（李　红）

【述职评议考核会】 3月27日，区直机关工委召开系统2018年基层党组织书记抓党建工作述职评议考核会。主会场共6名党组织书记现场述职，110人参加；分会场22名党组织书记现场述职，110人参加。

（李 红）

【机关文化建设】 4月20日，区直机关工委组织400余人到世园会试运行参观。11月22日，举办区直机关系统“以毽会友”毽球比赛，个人组66人、3人组54人、5人组40人参赛。

（李 红）

【捐款工作】 4月，“博爱在京城”捐款155418元。7月，“党员献爱心”捐款152268元。11月，“爱心暖阳”捐款169268.5元。

（李 红）

【教育培训】 5月5日至30日，区直机关工委开展区直机关系统党员轮训班，共分4期，每期5天，2000余名党员参加。内容涵盖习近平新时代中国特色社会主义思想、国情区情、党章党规、党性修养、意识形态、反邪教及国家安全教育等，实现2018年、2019年两年机关党员轮训全覆盖。6月11日至13日，举办为期3天的入党积极分子和发展对象培训班，176人参加培训和拓展。9月10日至12日、10月30日，举办为期4天的组织书记、党务干部培训班，增加领导干部心理建设、“不忘初心、牢记使命”主题教育宣讲和党务情景模拟课程，400余名党组织书记、党务干部参加培训。

（李 红）

【党员发展】 6月26日，区直机关工委组织98新党员到田庄开展集体宣誓活动。

（李 红）

【“不忘初心、牢记使命”主题教育】 10月至11月，区直机关工委组织全系统4000余名党员集中观看《决胜时刻》《我和我的祖国》《攀登者》《中国机长》《小巷管家》等电影。以“提高机关党建工作水平”为主线，突出重点，到农林大厦、人保大厦、政务服务、机关大院、文旅局等5个片区开展专题调研，到政务服务大厅、百花山管理处及所属小龙门林场、清水林场进行实地调研，与38个机关单位分管党建工作的领导和党务干部就机关党建工作责任制落实、党支部标准化规范化建设、新组建单位党建工作情况等问题进行交流，现场解答大家提出的问题。组建“不忘初心、牢记使命”宣讲团，选取7位普通党员立足本岗努力工作、心系百姓无私奉献、坚守初心履职担当的实践历程，在全系统进行7场巡回宣讲，近千名党员参加。围绕“红色门头沟”党建品牌建设，持续深化本系统“打造亮点、创建品牌”活动，大力推广《区直机关系统党建工作品牌案例集》中43个典型案例。11月28日，召开“不忘初心、牢记使命”主题教育工作会，全系统66个单位130余名主管领导和科长参会。

（李 红）

【机关党建工作要点】 年内，区直机关工委制订《2019年机关党建工作要点》和年度机关党建折子工程，细化分解为65项内容。落实区委基层党建重点任务部署，结合机关党建工作实际，制订《区直机关系统2019年基层党建工作重点任务清单》，明确20项具体任务和督查重点，以“清单”压实管党治党主体责任。以庆祝中华人民共和国成立70周年、庆祝中国共产党建党98周年为契机，在机关系统开展“十个一”系列教育活动。

（李 红）

【“不忘初心、牢记使命”宣讲】 年内，区直机关工委组建区直机关系统“不忘初心、牢记使命”宣讲团，征集“身边的好故事”，从中选定7名普通党员立足本岗努力工作、心系百姓无私奉献的实践历程进行宣讲。9月，在区直机关系统党组织书记、党务干部培训班上开展首场宣讲。10月，以党建联谊组为单位开展6场巡回宣讲，总受众900人次。12月20日，分上、下午两场组织开展学习宣传贯彻党的十九届四中全会精神宣讲报告会，系统内400余人参加。

（李 红）

【自身建设】 年内，区直机关工委完成“不忘初心、牢记使命”主题教育。聚焦“党的政治建设”“全面从严治党”“理想信念”“宗旨意识”“担当作为”“政治纪律和政治规矩”“党性修养”“廉洁自律”八大主题开展6天、3次交流研讨，深化班子成员对初心使命的理解和把握；10月至11月，组织机关全体党员到“平西情报交通联络站纪念馆”、香山革命纪念馆、香山双清别墅开展革命传统专题教育，赴北京展览馆参观“庆祝中华人民共和国成立70周年大型成就展”和门头沟区从严治党警示教育展。

（李 红）

【五型机关】　年内，以“五型机关”创建为抓手全面加强机关建设。机关各单位聚焦“绿水青山门头沟”建设大局，选好党建工作的切入点，在落实“三四三六”工程的各项重点任务中，引领机关党组织和广大党员自觉强化首善意识，主动担当作为、奋勇争先。聚焦本单位工作重点，大力推进执法部门、基层站所、服务窗口等重点单位和部门转变作风、优化服务、提高效率。广泛开展岗位建功、亮牌践诺、比学赶超等各类主题活动，引领机关党员立足岗位、履职尽责，打造群众满意的政务环境。

（李　红）

【五进农村】　年内，把打赢帮扶攻坚战作为机关各级党组织的政治任务，对已经脱低有可能返低的4055户动态关注户，持续监测；对806户线上边缘户，进行持续帮扶；对仍未上线的146户重点户，特别是人均可支配收入在1万元以下的86户重点户，精准掌握帮扶动态，集中力量全力攻坚。所属系统单位主要领导带队入村入户调研对接达294次，机关各级党组织到村开展党日活动1543人次，机关党员干部参与帮扶工作达到3171人次，共为低收入村解决困难和问题172个，折合投入资1380万元。9月25日至30日，帮助涿鹿县解决葡萄滞销问题，组织全系统广大党员认购葡萄4732箱26279斤，为涿鹿县农民创收13.69万元。12月13日，组织100余人参观北京市消费扶贫双创中心并购买扶困产品。

（李　红）

党史研究

【概况】　2019年，门头沟区档案史志馆党史科围绕区委、区政府的中心工作，以党史资料为基础，以党史研究为重点，年内，向9镇4街征集新民主主义革命时期革命遗址纪念地相关资料12份。完成1945年8月15日前和1949年9月30日前全区人口数、党员数、参加革命工作人数、战争中伤亡人数及烈士人数统计。完成《中国共产党北京市门头沟区历史》读本第一稿合稿初编及修改工作。撰写《门头沟红色革命老区文化内涵要义的探究阐释》《关于门头沟红色遗存的调查与思考》等文章。上报《红色遗存》相关革命遗址照片。参与舞台剧《灵魂的拷问》(关于崔显芳烈士)审稿。为《探索》杂志供稿6篇，编辑完成《2018年党史大事记》。

单位名称：北京市门头沟区档案史志馆
地　　址：北京市门头沟区石龙北路31号
电　　话：60800474
邮　　编：102308

（朱晓梅）

【征集纪念地相关资料】　年内，区档案史志馆向9镇4街征集新民主主义革命时期革命遗址纪念地相关资料12份。

（朱晓梅）

【抗日战争至解放战争时期党员数量统计】　年内，区档案史志馆完成统计1945年8月15日前和1949年9月30日前全区人口数、党员数、参加革命工作人数、战争中伤亡人数及烈士人数。

（朱晓梅）

【党史编研】　年内，区档案史志馆完成《中国共产党北京市门头沟区历史》读本第一稿合稿初编及修改工作，编辑完成《2018年党史大事记》。撰写《门头沟红色革命老区文化内涵要义的探究阐释》《关于门头沟红色遗存的调查与思考》等文章。

（朱晓梅）

门头沟区人民代表大会

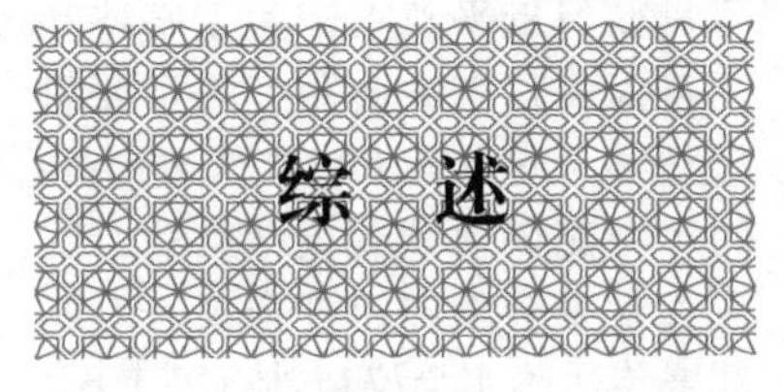

综 述

【概况】 2019年，北京市门头沟区人民代表大会常务委会（简称区人大），机构设有办公室、法制办公室、财政经济办公室、教科文卫体办公室、城建环保办公室、农村办公室、代表联络工作室（市代表联络工作处）、研究室等8个工作办、室。办公室机构内设有信访接待室（副处级）、文秘信息科。

区人大以“红色门头沟”党建为引领，紧扣区域发展总原则，落实以人民为中心的发展思想，积极行使宪法和法律赋予的各项职权，为全力推进“三四三六”工程、打造“绿水青山门头沟”城市品牌，提供有力的民主法治保障。全年共组织召开常委会会议10次，主任会议11次。依法听取、审议专项工作报告21项，提出审议意见5件，开展专项视察和代表集中视察4次，撰写专题调研报告5篇；依法对批准年度预算调整方案、2019年新增政府债务限额等事项作出决议、决定8项；依法推进机构改革，任免国家机关工作人员138人次，补选区人大代表2名，全面完成区十六届人大第五次会议确定的工作任务。

单位名称：北京市门头沟区人民代表大会常务委员会
地 址：北京市门头沟区新桥大街36号
电 话：69842136
邮 编：102300

（张旭东）

【机关学习及党建工作】 1月4日，区人大常委会召开区人大常委会党组会议，集中学习习近平总书记2019年新年贺词，党组成员结合人大工作进行交流发言；研究区人大常委会2019年工作要点，决定将该要点进一步修改完善后提交常委会第十六次会议；通过区人大常委会机关2019年党建工作要点。25日，区人大召开机关全体会议，传达市十五届人大二次会议的精神，总结区十六届人大五次会议工作情况，对会议的组织筹备工作予以充分肯定。29日，区人大常委会党组召开2018年度民主生活会，各位党组成员对照党章和中央、市委、区委相关文件提出的要求，对照初心和使命，开展批评和自我批评。各位成员深入查找问题、剖析原因、明确以后整改重点和努力方向，进一步凝聚共识。会议还通报区人大常委会党组2017年度民主生活会整改方案落实情况和此次民主生活会征求意见情况。2月22日，区人大召开常委会党组2018年度民主生活会情况通报会，机关全体党员干部参加会议。会上，通报区人大常委会党组2018年度民主生活会情况。3月28日，区人大常委会党组召开巡视整改专题民主生活会。会上，以“提高政治站位、坚持首善标准、落实全面从严”为主题，对照市委第五巡视组对门头沟区和人大工作巡视情况的反馈意见，开展批评和自我批评。班子成员深入查找问题、剖析原因、明确以后整改重点和努力方向。4月19日，区人大常委会机关召开2019年党建暨党风廉政建设会议。会上，通报区人大机关2018年党建工作考评结果和2019年区人大机关党建工作要点并签订深化落实全面从严治党主体责任清单。7月1日，区人大机关党支部组织机关全体党员干部开展主题党日活动，重温入党誓词、参观京西第一党支部纪念馆和崔显芳故居，深入了解门头沟区的革命老区精神，引领机关党员干部勇于继承红色革命基因、发扬红色奉献传统、迸发红色时代动力。5日，区人大召开机关干部大会，会上，通报2018年度区人大机关领导班子和领导干部民主测评情况，要求各位领导干部认真总结过去一年的思想和工作情况，深入查找问题，分析原因。8月2日，区人大召开机关全体会议，会上传达蔡奇书记到门头沟区调研时的讲话精神和区委十二届八次全会精神，并提出具体要求机关全体要认真落实蔡奇书记调研讲话精神和区委全会精神，立足本职，担当尽责，努力开创人大工作新局面；要以讲政治的高度，积极参与新中国成立七十周年庆祝活动，完成各项工作任务；要切实做好安全稳定工作，以优异成绩迎接中华人民共和国成立70周年。9月17日，区人大常委会召开“不忘初心、牢记使命”主题教育工作会议。会上对区人大主题教育工作提出要求，区委第五巡回指导组出席会议。26日，区人大常委会机关组织全体党员干部开展“不忘初心、牢记使命”主题教育党日活动，统一观看教育片《决胜时刻》。9月27日，区人大召开机关党支部党员大会，。会上，机关党支部书记传达区纪委、纪检监察派驻组关于节日期间严明纪律的通知。传达中华人民共和国成立70周年北京市委、区委专题会议精神，并提出具体要求机关全体党员干部认真落实蔡奇书记、张力兵书记的重要讲话精神，全力以赴、积极认真做好中华人民共和国成立70周年相关庆祝和保障活动，完成各项任务。同日，组织机关处级党员领导干部到对口帮扶村陇驾庄村，对美丽乡村建设和乡村振兴战略实施情况进行调研。10月9日，区人大机关党支部组织全体党员到香山革命纪念地参观学习，瞻仰双清别墅、来青轩等革命旧址，参观香山革命纪念馆。28日，区人大机关党支部组织全体党员到北京展览馆参观“庆祝中华人民共和国成立70周年大型成就展”。11月7日，区人大召开机关全体会议，。会上传达学习党的十九届四中全会精神，并提出具体。会议要求机关全体工作人员要深入学习贯彻十九届四中全会精神，认认真真、原原本本学习《中共中央关于坚持和完善中国特色社会主义制度、推进国家治理体系和治理能力现代化若干重大问题的决定》和习近平总书记就《决定（讨论稿）》作的说明，读原文、悟原理，以十九届四中全会精神指导和推动人大工作。11日，区人大常委会党组召开“不忘初心、牢记使命”主题教育对照党章党规找差距专题会暨调研成果交流会。区人大常委会党组成员逐一发言，对照党章党规找差距并交流调研成果。12月4日，区人大常委会党组召开“不忘初心、牢记使命”主题教育专题民主生活会，按照习近平总书记关于“四个对照”“四个找一找”的要求，盘点收获、检视问题、深刻剖析，明确努力方向和整改措施，进一步凝聚共识。4日，区人大机关党支部召开“不忘初心、牢记使命”主题教育专题组织生活会，会上，每位处级领导干部都做出深刻的检视剖析，党员同志做出深入的自我党性分析，同志们以整风精神，认真、坦诚、深刻地开展批评与自我批评。同日，区人大机关党支部召开党员大会，全体党员重温入党誓词、审议支部委员会工作报告，开展民主评议党员工作。11日，区人大机关党支部组织机关党员到区廉政警示教育基地参“以案为鉴筑牢防线，以案明纪警钟长鸣”主题展览。20日，区人大召开常委会党组“不忘初心、牢记使命”主题教育专题民主生活会情况通报会。会上通报区人大常委会党组“不忘初心、牢记使命”主题教育专题民主生活会情况。查找出11条问题，对产生问题的原因进行深入剖析，并从四个方面制定以后的努力方向和改进措施。20日，区人大召开机关党员大会，审议通过机关支部工作报告，投票选举新一届机关党支部委员。27日，北京市深入学习贯彻习近平总书记关于坚持和完善人民代表大会制度的重要思想暨纪念地方人大设立常委会40周年交流会视频会议结束后，区人大常委会随即召开会议，专题部署传达落实会议精神有关工作。会议提出具体要求。

（张旭东）

【门头沟区第五次人大工作会】 9月5日，中共门头沟区委召开第五次人大工作会议。会上，传达市委第五次人大工作会议精神，并就《中共门头沟区委关于新时代加强和改进人大工作的意见》作说明。区领导张力兵系统总结近年来门头沟区人大工作实践经验和取得的成绩。

（张旭东）

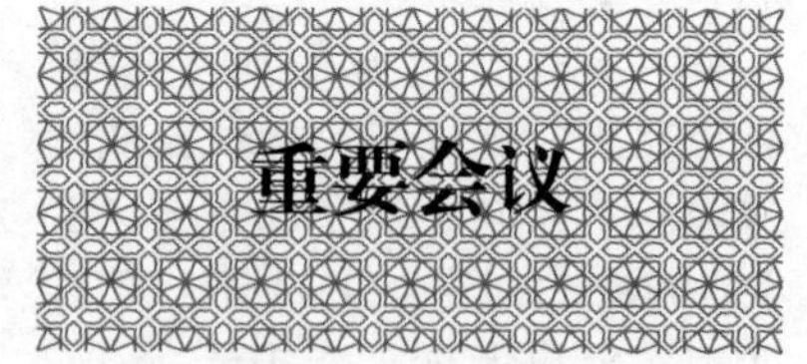

重要会议

【第十六届人民代表大会第五次会议】 1月9日至12日，门头沟区第十六届人民代表大会第五次会议在龙泉会堂召开。会议选举门头沟区第十六届人民代表大会常委委员会副主任1名；表决通过了关于区政府工作报告的决议、关于区2018年国民经济和社会发展计划执行情况与2019年国民经济和社会发展计划的决议、关于区2018年预算执行情况和2019年预算的决议、关于区人大常委会工作报告的决议、关于区高级人民法院工作报告的决议、关于区人民检察院工作报告的决议。

（张旭东）

【第十六届人大常委会会议】 2月19日，门头沟区第十六届人大常委会召开第十六次会议。区人大常委会组成人员27人出席会议。区法院、检察院领导，区人大常委会机关各办室、政府办相关负责人列席会议。会议传达北京市第十五届人民代表大会第二次会议精神，介绍全体代表听取审议六项工作报告和《北京市非物质文化遗产条例》的情况，通报大会选举表决事项和门头沟代表团在大会上的履职情况，传达区领导张力兵在代表团会议上的讲话。讨论通过区人大常委会2019年工作要点并进行人事任免事项。3月22日，门头沟区第十六届人大常委会召开第十七次会议。区人大常委会组成人员24人出席会议。会议依法对区级机构改革中涉及的区政府组成部门主要负责人进行人事任免。4月23日，门头沟区第十六届人大常委会召开第十八次会议。区人大常委会组成人员25人出席会议。区政府、区法院、检察院相关领导参加会议；部分专门委员会组成人员、区人大代表；区人大常委会机关各办室，区政府办、人力社保局、生态环境局相关负责人列席会议。会议听取和审议区政府《门头沟区2018年环境状况和环境保护目标完成情况的报告》和区人大城建环保委员会的初审意见；听取区法院《门头沟区人民法院关于近三年执行工作情况的报告》和区人大法制委员会的调研意见；听取《关于区十六届人大五次会议代表“建议、批评和意见”交办情况的报告》。十六届人大五次会议期间，共收到代表提出建议、批评和意见76件，交办区政府70件、区法院1件、京煤集团5件；确定5件由区人大常委会主任、副主任重点督办的建议。会议还进行人事任免事项。5月6日，门头沟区第十六届人大常委会召开第十九次会议。区人大常委会组成人员、区政府、区法院、检察院领导，区人大常委会机关各办室、政府办相关负责人列席会议。会议任命陆晓光为区人民政府副区长，任命亓纪为区人民法院副院长、审判委员会委员、审判员，决定由亓纪副院长代理、区人民法院代理院长职务。6月25日，门头沟区第十六届人大常委会召开第二十次会议。区人大常委会组成人员28人出席会议。区政府、区法院、检察院领导；部分专门委员会组成人员，部分人大代表；区人大常委会机关各办室、政府办、教委、财政局、审计局、人力社保局、园林绿化局相关负责人列席会议。会议听取和审议区财政局《门头沟区2018年区级决算（草案）报告》、区审计局《门头沟区2018年度区级预算执行和其他财政收支审计工作报告》和区人大财经委员会的审查结果报告。批准门头沟区2018年区级决算，要求区政府及相关部门要强化预算绩效管理制度建设，贯彻落实《中共中央国务院关于全面实施预算绩效管理的意见》，将预算绩效管理工作提升到新的高度，进一步完善门头沟区预算绩效管理制度和实施细则；听取区政府《门头沟区创建国家森林城市工作报告》和区人大农村委员会的调研意见；听取区政府《门头沟区优质教育资源引进及运行情况工作报告》和区人大教科文卫体委员会的调研意见；进行人事任免事项。7月30日，门头沟区第十六届人大常委会召开第二十一次会议。区人大常委会组成人员23人出席会议。会议听取《门头沟区2019年国民经济和社会发展计划上半年执行情况报告》《门头沟区2019年上半年预算执行情况报告》和区人大财经委员会的调研意见会议听取《关于门头沟区政府债务管理情况的报告》和区人大财经委员会的审查结果报告；批准门头沟区2019年新增政府债务限额；进行人事任免事项。9月24日，门头沟区第十六届人大常委会组成人员22人出席会议。会议听取区政府《门头沟区生活垃圾管理工作情况报告》和区人大城建环保委员会的调研意见；会议建议区政府及相关职能部门高度重视垃圾分类，以《北京市生活垃圾管理条例》修订为契机，以门头沟区创建全国文明城区为抓手，广泛深入开展宣传动员工作；听取区政府《门头沟区公共卫生体系建设工作情况报告》和区人大教科文卫体委员会的调研意见；听取区检察院《门头沟区人民检察院关于未成年人检察工作情况的报告》和区人大法制委员会的调研意见；表决通过《北京市门头沟区第十六届人民代表大会常务委员会代表资格审查委员会关于代表变动情况的报告》以及《北京市门头沟区人大常委会关于补选区第十六届人大代表的决定》；进行人事任免事项。10月22日，门头沟区第十六届人大常委会召开第二十三次会议。区人大常委会组成人员25人出席会议。会议进行人事任免事项；听取和审议区政府《门头沟区2019年区级预算调整情况的报告》以及区人大财经委员会的初审意见，批准区级预算调整方案；听取和审议区政府《门头沟区2018年度行政事业性国有资产情况报告》以及区人大财经委员会的初审意见，书面审查区政府《门头沟区2018年度国有资产管理情况综合报告》；审议通过《门头沟区人大常委会关于加强国有资产监督实施办法（试行）》；听取和审议区政府《门头沟区低收入帮扶工作情况报告》以及区人大农村委员会的初审意见；会议表决通过《北京市门头沟区人大常委会关于军庄镇人大补选镇第九届人大代表的决定》。12月17日，门头沟区第十六届人大常委会召开第二十四次会议，区人大常委会组成人员24人出席会议。会议听取和审议区政府《门头沟区2019年重点工程部分项目任务目标调整及重大投资项目实施情况报告》和区人大财经委员会的初审意见；批准2019年重点工程部分项目任务目标调整方案；听取区政府《门头沟区2018年度区级预算执行和其他财政收支审计查出问题整改情况报告》和区人大财经委员会的调研意见；书面听取区政府《落实区人大对市政道路建设工作情况报告审议意见书有关情况的报告》《落实区人大对实施“河长制”工作情况报告审议意见有关情况的报告》和区人大城建环保委员会、农村委员会的调研意见；听取和审议区政府《门头沟区十六届人大五次会议代表建议、批评和意见办理工作情况的报告》和区人大常委会代表联络室《区十六届人大五次会议和闭会期间“代表建议、批评和意见”办理情况的报告》；表决通过《区人大常委会代表资格审查委员会关于补选门头沟区第十六届人民代表大会代表选举结果报告》，依法确认当选区十六届人大代表的两位同志代表资格有效；讨论通过关于召开区十六届人大六次会议有关事项的各项草案，并授权主任会议在常委会议闭会期间对各项草案和大会相关安排做进一步修改、调整；表决通过《区人大常委会代表资格审查委员会关于代表变动情况的报告》，讨论通过《关于门头沟区第十六届人民代表大会第六次会议各代表团组团、代表团召集人建议人选》；讨论通过《北京市门头沟区人民代表大会常务委员会2018年工作报告（草案）》；研究通过《门头沟区养老服务工作的现状与思考》《关于加强地方人大国有资产监督职能的研究》《门头沟区非物质文化遗产保护工作情况的调研报告》《关于我区生活垃圾管理工作的调研》和《关于建设美丽乡村的调研报告》等区人大常委会年度调研报告；会议进行人事任免事项并就《门头沟区人大常委会关于预算联网监督工作暂行规定》《北京市门头沟区人大常委会关于进一步加强人大代表之家、人大代表联络站建设和工作的实施意见》的通过及印发执行相关情况向常委会组成人员进行通报。26日，门头沟区第十六届人大常委会召开第二十五次会议，会议进行人事任免事项。区人大常委会组成人员25人出席会议。

（张旭东）

各办室工作

【代表联络室工作】 2月21日，区第十六届人大五次会议期间代表建议、批评和意见交办会召开，区人大代表联络室，区政府办、法院、京煤集团相关负责人参加会议。根据76件代表建议内容的分类，需交区政府承办70件、区法院承办1件、京煤集团承办5件。按照相关规定，自代表建议交办之日起，具体办理单位应于3个月内答复代表，对于涉及面广、处理难度大的最迟不超过6个月。各承办单位将于2019年8月底之前全部完成对代表的答复工作。3月27日，区人大举办人大代表履职学习班。区人大代表以及人大机关全体干部130余人参加学习。学习班围绕习近平总书记关于坚持和完善人民代表大会制度重要思想及其理论与实践逻辑，如何提高人大的监督水平、如何提出代表议案和建议等内容，为全体代表进行讲解。5月20日至6月20日，在各镇人大、人大街道工委及京煤集团代表团（组）开展区人大代表联系群众接待选民和代表述职活动。期间，全区14个代表团（组）共组织开展调研、走访群众2309人次、召开座谈会31次，在做好各项基础工作的前提下，充分运用“代表之家”和“代表接待站”活动平台，开展集中接待活动。共有108名区代表、326名选民和群众参加接待活动，55名代表进行口头述职和书面述职。在集中接待活动中，选民和群众在现场提出的问题与建议共107条，经过核实情况、筛选把关，最终形成闭会期间代表建议、批评和意见45件。其中，涉及城市建设和管理方面23件，涉及农村工作方面7件，涉及路政交通方面7件，涉及医疗卫生教育方面5件，涉及环境治理工作方面2件，其他方面1件。7月31日，市人大门头沟代表团开展代表年中集中活动。区人大常委会主任，京能集团党委副书记、总经理，市人大农村办副主任，区人大副主任等17名市人大代表参加活动。会议传达蔡奇书记到门头沟调研时的讲话精神。会议学习市委十二届九次全会精神和市委第五次人大工作会议精神，通报市人大常委会2019年上半年工作情况和下半年工作安排。与会代表围绕贯彻市委十二届九次全会精神和市委第五次人大工作会议精神，围绕市人大常委会2019年上半年工作情况和下半年工作安排，以及《北京市机动车和非道路移动机械排放污染防治条例（草案）》，开展讨论。9月11日，区人大常委会组织全体区人大代表集中视察区全国文明城区创建工作情况。区人大常委会领导，全体区人大代表，人大机关干部130余人参加视察。代表们视察倚山嘉园、双峪菜市场、新桥文明示范大街以及永定河公园的楼门文化、社区环境、文明经商、文明游园、垃圾管理等情况。

（张旭东）

【法制办公室工作】 2月28日，区法制办组织召开区人大常委会议题交办会，区法院、检察院、老龄办等单位相关负责人参加会议。会上，通报2019年区人大常委会监督计划。会议听取区人民法院关于开展执行工作情况的报告；听取区人民检察院关于未成年案件检察工作开展情况的报告；完成区养老服务工作情况的调研；就上述工作征求相关单位的意见。希望各相关单位高度重视、周密计划、严密组织、扎实工作，认真完成区人大常委会交办的各项工作，为推动全区法治建设做出贡献。3月7日，区人大召开村和社区“两委”换届选举法律监督培训会。会上，解读村和社区“两委”换届选举工作的法律政策，对村和社区“两委”换届选举工作监督组全体成员进行培训。14日，区人大法律监督组到斋堂镇检查村委会换届选举工作。听取斋堂镇关于村委会换届选举工作情况的汇报；实地察看西斋堂村的公告公示栏、个人承诺书、委托书等有关资料，了解选举工作的准备情况；建议西斋堂村要进一步把握工作细节，做好资料的留痕工作，把基础工作做扎实，确保选举工作顺利有序开展。19日，区人大法律监督组到大峪街道办事处检查居委会换届选举工作。听取居委会换届选举工作情况的汇报，实地察看葡东社区投票选举情况，建议大峪街道办事处要精心组织，严把程序关，确保选举投票程序依法依规。4月10日，区人大法制委员会到区法院调研执行工作情况。区人大法制委员会组成人员到区法院执行局调研、座谈，听取法院执行工作情况的报告，并进行交流。26日，区人大法制办在王平镇组织召开镇人大主席工作会。会上，通报区人大常委会2019年工作计划，听取各镇人大近期工作汇报和2019年工作安排。

（张旭东）

【财政经济办公室工作】 2月28日，区人大财政经济委员会召开2019年财政经济监督议题交办会。会上，对中央、市委、区委新出台的系列财经监督政策进行解读，重点强调对人大和政府工作提出的新要求；介绍区人大2019年财经监督工作议题，重点说明各项监督议题的具体时间、内容、程序和要求等。5月30日，区人大财经委员会组成人员参加门头沟区财政支出事前绩效评估工作，听取区民政局关于精准救助项目的资金投入计划与绩效预期报告，从项目立项必要性、投入经济性、绩效目标合理性、实施方案有效性和筹资合规性等5个方面，与专家组一起进行评估工作。6月13日，区人大财经委员会召开2018年度区级决算草案初审会议．会上，听取区财政局关于2018年区级决算草案的报告，听取区发改委关于重大投资项目竣工决算及绩效情况的报告，听取区审计局关于2018年本级预算执行和其他财政收支情况审计结果的报告，并结合2018年部门决算草案及绩效管理工作情况，对区级决算草案和决算报告进行初步审查。7月3日，召开国有资产监督专题调研座谈会会议。会上，听取区国资委、财政局、市规划和自然资源委员会门头沟分局、文旅局关于企业国有资产、行政事业性国有资产、国有自然资源以及文化类国有资产管理情况的报告，并从全面摸清家底、直面存在问题以及改进优化管理等方面进行讨论。16日，区人大财政经济委员会召开2019年上半年计划和预算执行情况调研会议会议。会上，听取区发改委、财政局、税务局、统计局、科信局、商务局、中关村科技园区门头沟园管委会等7个部门关于各领域上半年经济运行情况的报告。16日，区人大财政经济委员会对区政府性债务限额进行初步审查，听取区财政局关于区政府性债务管理情况的报告。11月27日，区人大财经委员会召开财政经济座谈会，听取了区统计局关于门头沟区2019年经济发展情况的报告、区税务局关于门头沟区2019年税收预计完成情况及2020年税收预计情况的报告、区科信局关于门头沟区2019年工业经济运行情况的报告、区商务局关于门头沟区2019年商业经济运行情况的报告、区石龙管委关于中关村科技园门头沟园2019年经济发展情况的报告。11月28日，区人大财经委员会对区国民经济和社会发展计划草案和财政预算草案进行初步审查，初审会议听取并审议区审计局关于门头沟区2018年度区级预算执行和其他财政收支审计查出问题整改情况的报告、区财政局关于精品民宿专项资金管理情况的报告、区财政局关于门头沟区2019年预算执行情况和2020年预算（草案）的报告、区发改委关于门头沟区2019年计划执行情况与2020年计划安排情况的报告、区发改委关于门头沟区2019年重点工程部分项目任务目标调整情况的报告、门头沟区人大常委会关于预算联网监督工作暂行规定。12月16日至19日，区人大财经委组织委员和代表参加区内项目支出事前绩效评估工作。委员和代表们参加了区民政局关于2020年失能老人康复关爱项目和2020年巡视探访项目、区农业农村局关于潭柘寺禅意悦心沟域经济项目、区文旅局关于文化和旅游原创视频及音乐新媒体宣传推广项目的事前绩效评估。

（张旭东）

【城建环保办公室工作】 3月5日，区人大城建环保委员会召开2019年工作部署会。会上，通报城建环保委2019年工作计划，组织委员们学习《北京市生活垃圾管理条例》。4月26日，区人大常委会组织召开“两条例一决定”（《北京市机动车停车条例》《北京市非机动车管理条例》以及《北京市人民代表大会常务委员会关于修改〈北京市实施中华人民共和国道路交通安全法办法〉的决定》）贯彻实施执法检查启动会，区人大城建环保办传达市人大常委会“两条例一决定”执法检查组第一次会议暨执法检查启动会议精神，讨论部署门头沟区人大常委会关于检查“两条例一决定”贯彻实施情况的工作预案。区政府“两条例一决定”迎检工作小组负责人部署贯彻落实“两条例一决定”，接受人大执法检查工作预案。5月15日，区人大常委会执法检查组对区内“两条例一决定”贯彻实施情况进行实地检查。执法检查组对非机动车、电动自行车上路通行管理情况，居住区停车供给情况，路侧停车和车位规划情况，社区停车治理情况等进行实地检查。随后召开座谈会，听取区城管委、公安交通支队、市场监管局对区内“两条例一决定”贯彻落实工作情况的汇报；执法检查组成员围绕该工作提出意见建议。28日，区人大常委会视察区内棚户区改造建设工作进展情况，常委会组成人员和城建环保委员会部分委员实地察看已经基本竣工的液压支架厂棚改定向安置房项目、即将开工建设的大峪化工厂地块棚改安置房项目以及曹A地块配套服务设施交付情况。7月23日，区人大城市建设环境保护委员会召开座谈会，听取区生态环境局主要负责人关于门头沟区蓝天保卫战攻坚计划实施情况的汇报，各位委员就报告内容提出了意见和建议。区人大领导陈波出席会议。8月8日，区人大召开修订《北京市生活垃圾管理条例》征求意见工作动员部署会。会上，传达了市人大关于修订《北京市生活垃圾管理条例》征求意见工作会议精神，代表联络室负责同志就组织市、区、镇三级人大代表开展征求意见工作进行了部署。29日，区人大城建环保委员会组成人员到区鲁家山餐厨垃圾处理厂、潭柘寺镇赵家台村、东辛房街道石门营四区社区等地视察区生活垃圾管理工作情况，并召开座谈会。座谈会上，区城管委主要负责人汇报了区内生活垃圾管理情况，各位委员结合视察情况，就生活垃圾管理工作提出意见和建议。

（张旭东）

【农村办公室工作】 5月17日，区人大领导、农村委员会部分组成人员对门头沟区创建国家森林城市工作进行调研，听取区创森办负责人对区创森工作的情况汇报，实地察看创森绿海运动公园、留白增绿栗园庄地块、长安街西沿道路3处绿化在建项目情况。区城管委、园林绿化局、创森办、永定镇相关负责人陪同调研。6月11日，区人大常委会主任会议成员视察区内国家森林城市创建工作，实地察看留白增绿栗园庄地块、长安街西沿道路绿化美化、创森绿海运动公园建设情况，并听取相关负责人对创森工作的情况介绍。

（张旭东）

【教科文卫体办公室工作】 6月11日，区人大教科文卫体委员会召开优质教育资源引进及运行情况座谈会。会上，委员们听取区内优质教育资源引进及运行情况的汇报，并围绕人才引进、办学模式、课程改革等进行交流和座谈。8月6日，区人大教科文卫体委员会调研区内非物质文化遗产保护工作情况。实地考察龙泉镇琉璃渠村明珠琉璃瓦厂（琉璃烧制技艺—国家级非遗）、1958创意公社（古法藏艺掐丝珐琅—特色区级非遗）、龙泉镇潭柘紫石砚博物馆（潭柘紫石雕刻技艺—市级非遗）等项目，了解区内贯彻落实《北京市非物质文化遗产条例》及非物质文化遗产传承和保护等情况。27日，区人大常委会组成人员、教科文卫体委员会部分委员视察门头沟区非物质文化遗产保护工作，观看独具特色的非遗项目展示，实地视察1958创意公社的古法藏艺掐丝珐琅项目、潭柘紫石砚博物馆。随后召开座谈会，听取区文化和旅游局负责人的工作汇报。9月3日，区人大教科文卫体委员会调研区内公共卫生体系建设情况。实地考察区疾控中心、120急救中心和永定急救站的建设情况，听取区卫健委公共卫生体系建设情况的汇报，并进行座谈。

（张旭东）

门头沟区人民政府

综 述

【概况】 2019年，区政府办围绕市、区工作重点，多途径搜集整理信息，为领导科学决策提供依据。扎实开展“不忘初心、牢记使命”主题教育，牢固树立“四个意识”，坚决做到“两个维护”，深入践行“五个坚持”，围绕提升服务水平、为基层减负开展调研76次，解决问题44个，抓好8项专项整治任务整改；开展理旧账工程，查摆政府系统历史遗留问题97项，细化整改方案和三年行动计划，推动问题解决；以“红色门头沟”党建为引领，落实“三会一课”等制度，组织理论中心组学习26次。编印信息专刊249期、督办专报75期，市政府办公厅采纳信息93条，特刊、长篇约稿22篇；以绩效为导向敢抓善为，拟定政府折子工程和目标管理任务书，对162项市级绩效任务全面察访核验，及时通报问题督促整改；加强吹哨报到、接诉即办和重点舆情督查联动机制，强化领导批办事项落实，转办各类批示1300余件，挂账滚动督办事项275项；做好文稿起草审核工作，起草各类材料318篇。统筹议题审核、会议筹办、议定事项督办，组织政府常务会（办公会）、区政府专题会68次（下降36%），提交议题432项，组织全区性会议105次；加强公文管理，受理公文3649件，制发文件97件（减少30%）；大力推行电子政务，区政府数字档案系统高效运转。

组织市区领导检查、调研活动500余次，坚持“四不两直”，切实提高调研质量；办理市区人大代表、政协委员建议提案181件，办复率100%；完成机构改革后办公用房调整和车辆统筹调配工作。逐级签订责任清单，落实意识形态工作责任制，持之以恒正风肃纪；继续做好13家集中核算单位财务管理，严控行政运行成本；指导机关后勤加强制度建设，围绕散小工程、车辆管理等难点问题制定管理办法4项，后勤工作满意度大幅提升。

强化政府总值班室各项职责，协助区领导处理突发事件60件，组织保障各类视频会议882次，处理紧急文电1158件，保障城市平稳运行；以最高标准、最严要求、最好状态完成国庆70周年综合服务、后勤保障、技术通讯等任务，确保西部无战事。

单位名称：北京市门头沟区人民政府
地　　址：北京市门头沟区新桥大街36号
电　　话：69844858
邮　　编：102300

（孙少婷）

【“基本无违建区”创建工作专题会】 1月2日，门头沟区召开“基本无违建区”创建工作专题会，区领导付兆庚等参加会议，城管执法局汇报《门头沟区创建“基本无违法建设区”工作方案》，规土分局汇报分类处置台账审核情况。

（孙少婷）

【民主生活会征求意见座谈会】 1月12日，区领导付兆庚召开区政府党组民主生活会征求意见座谈会。会上，听取党代表、人大代表、政协委员、基层代表及相关单位代表围绕思想政治、精神状态、工作作风等方面对区政府党组及领导的意见建议。

（孙少婷）

【大棚房问题清理整治工作专题视频会】 1月19日，门头沟区召开大棚房问题清理整治工作专题视频会。区领导付兆庚等与市规划和自然资源委执法总队副总队长出席会议，农委、农业局、规土分局部署相关工作，市规自委副总队长介绍清理整治工作背景并就相关工作提出具体要求。

（孙少婷）

【创建“基本无违建区”工作动员部署会】 1月22日，门头沟区召开2019年创建“基本无违建区”暨无违法建设镇街工作动员部署会。区领导张力兵、付兆庚等出席会议。会上，部署治理违法建设、创建基本无违建区的相关工作。区相关部门和镇街作表态发言。付兆庚与潭柘寺镇、城子街道签订创建“基本无违建区”工作责任书。

（孙少婷）

【招商引资工作动员部署会】 1月22日，门头沟区召开2019年招商引资工作动员部署会。区领导张力兵、付兆庚、陈国才、张冰等出席会议。付兆庚主持会议，会议部署招商引资及产业培育工作，向2018年招商引资任务完成较好的雁翅镇、斋堂镇、大峪街道、大台街道颁发奖状，发改委、石龙管委等相关单位作表态发言。

（孙少婷）

【节前走访慰问】 1月23日，区领导付兆庚等开展节前走访慰问活动，到龙泉雾村、琉璃渠村、龙门二区、梨园社区走访慰问包括优抚对象、残疾人、困难户、困难职工、老党员在内的5户家庭，并代表区委区政府送去慰问品和慰问金。

（孙少婷）

【对接携手奔小康工作】 1月28日，武川县党政代表团到门头沟区对接携手奔小康工作。呼和浩特市委常委、武川县委书记，呼和浩特市副市长与区领导张力兵、付兆庚等参加对接活动。

（孙少婷）

【慰问快递行业一线职工】 1月28日，区领导付兆庚、张冰慰问快递行业一线职工，到黑山北小街顺丰快递营业点查看工作区域、了解运营情况，并送去慰问品。

（孙少婷）

【区政府党组2018年度民主生活会】 1月28日，区政府党组召开2018年度民主生活会。付兆庚等政府党组成员参加会议。付兆庚通报区政府党组2017年度民主生活会整改方案落实情况及2018年度民主生活会征求意见情况，代表区政府党组作对照检查发言；区政府党组成员逐一作个人对照检查发言，开展批评和自我批评，并作表态发言。

（孙少婷）

【保障农民工工资支付工作专题会】 1月29日，门头沟区召开保障农民工工资支付工作专题会。区领导付兆庚等听取人力社保局关于全区保障农民工工资支付工作有关情况的汇报，住建、维稳、公安、工会、信访等部门部署下一步工作，部分企业进行表态发言。区领导对未销账的拖欠农民工工资企业逐一进行点名并谈话，要求企业解决问题不过夜，务必将拖欠的农民工工资按照要求如期结清。

（孙少婷）

【春节期间安全秩序维护工作专题会】 1月30日，门头沟区召开春节期间烟花爆竹禁放及安全秩序维护工作专题会。付兆庚等区领导参加会议。会上，听取公安分局、相关镇街及单位关于烟花爆竹禁限放及安全秩序维护工作情况的汇报。

（孙少婷）

【第十六届人民政府第三次全体（扩大）会议】 1月30日，门头沟区召开第十六届人民政府第三次全体（扩大）会议。区领导张力兵、付兆庚等参加会议。通报了区政府党组民主生活会情况，区十六届人大五次会议和区政协十届三次会议情况。传达陈吉宁市长在市政府第二次全体大会上的讲话精神并部署2019年区政府工作。

（孙少婷）

【夜查春节前城市环境及景观布置工作】 1月31日，区领导付兆庚夜查春节前城市环境及景观布置工作情况。先后到黑河沟下游、双峪环岛、葡萄嘴环岛、S1线总站周边、紫金北路、幸福公园等地检查城市环境及夜景照明等有关工作情况。

（孙少婷）

【慰问一线职工】 2月1日，区领导付兆庚等到公路分局、供电公司看望慰问一线职工，送去慰问金，并听取工作汇报。

（孙少婷）

【“元宵节”烟花爆竹禁放工作专题会】 2月11日，门头沟区召开“元宵节”烟花爆竹禁放工作专题会。区领导付兆庚等参加会议。会议听取政法委、公安分局关于加强烟花爆竹禁放工作相关情况的汇报。

（孙少婷）

【“疏解整治促提升”专项行动动

员部署会】 2月12日，门头沟区召开2019年“疏解整治促提升”专项行动动员部署会。付兆庚等区领导参加会议。会上，听取发改委关于全区2019年疏解整治促提升专项行动计划有关工作的汇报。付兆庚与永定镇、城管执法局代表签订人口调控和专项行动任务责任书。

（孙少婷）

【潭柘寺镇土地一级开发有关问题专题会】 2月13日，门头沟区召开潭柘寺镇土地一级开发有关问题专题会。付兆庚等区领导听取京投公司及潭柘寺镇、相关单位的汇报发言。

（孙少婷）

【夜查元宵节烟花爆竹禁放工作情况】 2月19日夜，区领导付兆庚以“四不两直”方式到梧桐苑、石门营新区等小区，并沿景观大道、三石路、新桥南街检查人员值守工作情况，向坚守一线的机关干部和志愿者详细询问了解值守职责、上岗时间、工作范围、点位布置及人员部署等有关情况，并向辛勤工作的一线值守人员表示慰问和感谢。

（孙少婷）

【检查京西古道景区灯会安全保障工作】 2月19日，付兆庚以“四不两直”方式检查京西古道景区灯会安全保障工作情况。与实地查看灯会现场布置情况。

（孙少婷）

【优化营商环境工作专题会】 2月20日，门头沟区政府召开优化营商环境工作专题会。区领导付兆庚等参加会议。

（孙少婷）

【空气重污染应对工作部署会】 2月21日，门头沟区召开空气重污染应对工作部署会。北京市空气重污染橙色预警视频调度会议后，付兆庚等区领导召开门头沟区部署会。会上，传达市级相关工作要求并部署门头沟区工作。

（孙少婷）

【调研棚改工程并召开安置工作专题会】 2月22日，区领导调研棚改工程并召开安置工作专题会。张力兵、付兆庚、陈国才、张冰等区领导实地查看大峪化工厂项目、潭柘寺镇安置房二期地块、三家店粮库项目、铁路货场项目现场并听取项目进展情况的汇报，会议听取住建委、房屋征收事务中心等单位及项目实施主体单位的工作汇报。

（孙少婷）

【与阜外医院座谈】 2月22日，张力兵、付兆庚等区领导与阜外医院领导座谈。双方就加强合作进行深入交流。阜外医院领导等相关负责人参加会议。

（孙少婷）

【空气重污染应对工作落实情况检查】 2月22日，张力兵、付兆庚等区领导以“四不两直”方式到西六环石门营站、万辉双鹤药业及文体中心项目现场检查空气重污染应对工作落实相关情况。详细询问执法检查及违法行为查处情况、执法力量安排、企业停限产及施工现场管理等有关情况。

（孙少婷）

【到永定镇进行调研】 2月25日，付兆庚等区领导到永定镇进行调研。听取永定镇关于两委换届选举、重点时期安保维稳、疏解整治促提升和区级重点工程重点工作等情况的汇报。

（孙少婷）

【安保维稳例会暨全国两会保障动员部署会】 2月27日，门头沟区召开安保维稳例会暨全国两会保障动员部署会。付兆庚等区领导听取公安分局、信访办、维稳办及相关单位、各镇街的工作汇报。

（孙少婷）

【检查优化营商环境工作落实情况】 2月28日，付兆庚等区领导以“四不两直”方式检查窗口服务单位优化营商环境工作落实情况。实地到民生服务大厅、办税服务大厅、政务服务中心大厅及大峪街道、永定镇政务服务大厅检查了解情况。

（孙少婷）

【2019年污染防治工作（视频）会】 3月1日，门头沟区召开2019年污染防治工作（视频）会。付兆庚等区领导参加会议。会上，环保局总结门头沟区2018年污染防治工作，部署2019年重点任务及近期大气污染防治工作重点。城管执法局、水务局、龙泉镇、大峪街道作典型发言。传达北京市有关部门联合印发的关于加强近期大气污染防治工作的通知精神。

（孙少婷）

【检查空气重污染及便民服务等情况】 3月2日，付兆庚等区领导检查空气重污染应对措施落实情况及便民服务设施运行等情况。

（孙少婷）

【村镇供水保障工作专题会】 3

月2日，门头沟区召开村镇供水保障工作专题会。付兆庚等区领导听取水务局、相关单位及镇街的工作汇报。

（孙少婷）

【教育发展情况调研并召开座谈会】 3月2日，付兆庚等区领导调研门头沟区教育发展情况并召开座谈会。实地检查北京八中永定实验学校有关工作后到教委召开座谈会，听取教委关于全区教育发展情况的汇报和部分学校负责人关于教育工作的意见和建议。

（孙少婷）

【城市口袋公园选址规划调研】 3月6日，付兆庚等区领导到永定镇小园、石门营、上岸、曹各庄等地调研城市口袋公园选址规划有关工作。实地查看现场整治情况，详细询问土地性质、建设面积、规划设计、功能布局等情况。

（孙少婷）

【到龙泉镇调研】 3月7日，门头沟区领导到龙泉镇调研。区领导付兆庚等听取龙泉镇的工作汇报。

（孙少婷）

【检查“两会”安保工作并慰问一线工作人员】 3月9日，付兆庚等区领导到双大路、杜家庄、白虎头、芹峪口等检查站，慰问基层公安民警、武警官兵、民兵等一线工作人员，对他们的辛勤工作表示感谢。

（孙少婷）

【到大峪街道调研】 3月9日，门头沟区领导到大峪街道调研。区领导付兆庚等听取大峪街道的工作汇报。

（孙少婷）

【开展深入推进“接诉即办”工作专题调研】 3月13日，区领导付兆庚等实地调研城市管理指挥中心运行情况、运行模式等，听取城市管理指挥中心关于门头沟区“接诉即办”总体情况及下一步工作思路的汇报。

（孙少婷）

【到中关村门头沟园调研】 3月14日，围绕“持续优化营商环境，加快培育经济新动能”到中关村门头沟园调研。区领导付兆庚等到江泰保险经纪股份有限公司实地了解企业情况；召开座谈会，会议听取石龙管委关于园区发展情况的汇报，参会企业代表和职能部门进行发言。

（孙少婷）

【老旧小区品质提升工作专题会】 3月15日，门头沟区召开老旧小区品质提升工作专题会。付兆庚等区领导听取区住建委关于全区老旧小区综合整治情况的汇报，相关镇街汇报辖区内老旧小区存在的问题。

（孙少婷）

【调研低收入帮扶工作】 3月16日，付兆庚等区领导到清水镇齐家庄村、斋堂镇火村、雁翅镇田庄村低收入户家中，详细询问家庭情况、收入来源、致贫原因、帮扶措施等。入户结束后，在田庄村委会会议室召开座谈会，听取农委、人力社保局、相关镇、村干部代表及帮扶企业代表的发言。

（孙少婷）

【永定河沿线整治工作检查】 3月20日，开展“河长制”季度拉练暨永定河沿线环境安全问题整治工作实地检查并召开会议。付兆庚等区领导实地查看永定河王平镇域3处漫水路淹没情况，召开永定河沿线环境安全问题整治工作专题会，听取水务局等单位及相关镇的工作汇报。

（孙少婷）

【暗查农村人居环境】 3月21日，门头沟区领导以“四不两直”方式暗查在村人居环境并召开整治工作专题会。付兆庚等区领导实地到清水镇双塘涧村、斋堂镇军响村、雁翅镇雁翅村、王平镇东落坡村、妙峰山镇水峪嘴村进行详细检查，针对发现的问题要求属地立即整改，并举一反三，进行全面排查整改。在妙峰山镇水峪嘴村会议室召开会议，听取农委、各镇及第三方公司等单位的工作汇报。

（孙少婷）

【与首都医科大学座谈】 3月22日，门头沟区政府与首都医科大学座谈。首都医科大学校长、中科院院士，副校长等相关负责人与区领导付兆庚等出席会议。双方就教学医院发展、地区建设以及下一步合作等问题进行沟通。

（孙少婷）

【解决停车问题专题会】 3月26日，门头沟区召开推进城市精细化管理优化解决停车问题专题会。付兆庚等区领导听取城市管理委关于停车问题现状及解决思路的汇报。

（孙少婷）

【森林防火工作电视电话会】 3

月27日，门头沟区召开森林防火工作电视电话会。园林绿化局通报近期门头沟区发生的火情并部署清明节期间森林防火工作，重点部门和镇街就相关工作情况和下一步工作安排进行发言。

（孙少婷）

【实地调研棚改工程建设情况】 3月27日，付兆庚等区领导到棚改水煤浆厂项目工地，棚改城子D地块一标段、二标段项目工地，实地查看施工进度，并到样板间查看工程设计、建设情况。

（孙少婷）

【扶贫协作工作座谈会】 3月28日，门头沟区与呼和浩特市举行扶贫协作工作座谈会。内蒙古自治区党委常委、呼和浩特市委书记，呼和浩特市委副书记、市长带领党政代表团到门头沟区对接2019年扶贫协作工作。区领导张力兵、付兆庚等参加座谈，会上，签署两地《全面深化扶贫协作2019年行动协议》。

（孙少婷）

【专题民主生活会】 3月30日，区政府党组召开落实市委巡视反馈意见专题民主生活会。付兆庚等区政府党组成员参加会议。付兆庚代表区政府党组作对照检查发言，区政府党组成员逐一作个人对照检查发言，开展批评和自我批评，并作表态发言。

（孙少婷）

【检查森林防火工作】 4月2日，付兆庚等区领导到九龙路、108国道老线、潭王路沿线暗查清明节祭扫及管护员上岗等防火工作落实情况。

（孙少婷）

【检查调度森林防火及城市运行情况】 4月6日，区领导付兆庚等连续检查调度森林防火及城市运行情况并慰问森林消防机动支队官兵，到军庄镇灰口地区检查军庄镇及沿线检查站森林防火工作落实情况。

（孙少婷）

【永定镇口袋公园建设工作专题会】 4月9日，付兆庚等区领导召开永定镇口袋公园建设工作专题会。会上，听取永定镇关于口袋公园规划设计、资金需求等有关情况的汇报。

（孙少婷）

【“基本无违建区”创建工作调度视频会】 4月10日，门头沟区召开“基本无违建区”创建工作调度视频会。区领导付兆庚等听取治违办及各镇街的工作汇报，相关部门进行发言。

（孙少婷）

【2019年人力资源和社会保障工作会】 4月10日，门头沟区召开2019年人力资源和社会保障工作会。会上播放2018年度区人力资源和社会保障工作专题片，听取人力社保局的工作报告。区领导付兆庚与大峪街道、永定镇代表签订2019年度目标责任书。

（孙少婷）

【检查永定河河道整治工作情况】 4月13日，付兆庚等区领导以“四不两直”方式到妙峰山镇丁家滩村、水峪嘴村和吉祥湾实地检查永定河河道整治工作情况并召开专题会。座谈会上，区领导听取水务局、生态环境局、相关镇及单位的工作汇报，就沿线发现的问题提出整改要求。

（孙少婷）

【创建“基本无违法建设区”70天大会战动员誓师大会】 4月16日，门头沟区召开创建“基本无违法建设区”70天大会战动员誓师大会。区领导付兆庚等参加会议。

（孙少婷）

【美丽乡村建设考察并签署合作协议】 4月18日，付兆庚等区领导到浙江省丽水市考察，与浙江省丽水市政府签署合作协议。双方分别介绍各自地区基本情况，签订《落实乡村振兴战略 推进美丽乡村建设全面合作协议》。同日，付兆庚等区领导考察莲都区古堰画乡景区、欢庭·下南山民宿综合体，了解特色小镇建设情况和古村落保护开发利用情况。到松阳县四都乡平田村、陈家铺村、西坑村考察平田村古村落，陈家铺先锋平民书局，西坑村过云山居、云端觅境民宿。19日，付兆庚到松阳县新兴镇大木山茶园，遂昌县妙高街道东峰村、石练镇淤溪村学习考察。

（孙少婷）

【美丽乡村建设专题研讨会】 4月25日，门头沟区召开“打造精品民宿、发展精品旅游”专题研讨会。付兆庚等区领导出席会议，听取相关委办局、镇街关于到丽水考察学习的体会，并就门头沟区打造精品民宿、发展精品旅游、深入推进全区美丽乡村建设等工作进行研讨。

（孙少婷）

【环境整治提升工作专题会】 4月30日，门头沟区召开“迎国庆、迎冬奥”环境整治提升工作专题会。付兆庚等区领导听取城市管理委及设计单位关于国庆及冬奥会环境布置、整治提升设计方案的汇报。

（孙少婷）

【检查安全生产和城市运行情况】 5月3日，付兆庚等区领导以“四不两直”方式到龙泉象地项目、PLUS365购物中心、华润项目、政务服务业务用房及配套工程项目详细检查扬尘防治、现场管理、消防及配电设施使用、员工宿舍用电、消防通道、污水排放等问题，并询问安全生产措施落实、节日期间值班值守及节日期间超市运营、商品供应等有关情况。

（孙少婷）

【调研河长制及创建基本无违建区情况】 5月4日，付兆庚等区领导调研河长制及创建基本无违建区有关工作情况。到雁翅镇雁翅村、青白口村，王平镇安家庄村、东石古岩村，妙峰山镇陇驾庄村，军庄镇、防汛物资库检查河长制、永定河水环境治理及违法建设拆除等有关情况。

（孙少婷）

【精品民宿发展论坛暨民宿项目推介会】 5月8日，门头沟区举办2019北京精品民宿发展论坛暨民宿项目推介会。北京市副市长卢彦，市文旅局局长，区领导张力兵、付兆庚等出席活动。

（孙少婷）

【背街小巷整治提升工作专题会】 5月13日，门头沟区召开背街小巷整治提升工作专题会。付兆庚等区领导听取东辛房街道、龙泉镇及设计公司关于辖区内背街小巷设计方案的汇报。

（孙少婷）

【检查优化营商环境工作落实情况】 5月15日，付兆庚等区领导带队以“四不两直”方式检查办事服务大厅优化营商环境工作落实情况。先后到办税服务大厅、政务服务大厅、民生服务大厅检查了解情况，现场询问了解企业代表及办事群众满意情况，抽查窗口工作人员最新政策掌握情况。

（孙少婷）

【落实全市消防工作会议精神】 5月20日，付兆庚等区领导以“四不两直”方式带队检查消防安全隐患及大风天气应对工作。到熙旺中心检查KTV、电影院、培训机构及公司单位的灭火器材与设施、检查记录、消防逃生通道等；到滨河居住区便民服务网点拆违现场检查施工作业情况；到永定镇冯村南街棚改和环境整治安置房项目、中骏西山天璟项目检查停止施工作业情况；沿途查看冯村商业街广告牌匾和滨河路行道树等情况。

（孙少婷）

【实地调研市区重点工程】 5月31日，付兆庚等区领导调研市、区重点工程并召开工程调度会。实地查看文体中心、S1线景观提升工程三标段施工区域、绿海运动公园、金沙街等项目施工现场；在永定镇政府召开重点工程调度会，听取发改委、城市管理委等单位的工作汇报。

（孙少婷）

【2019年防汛桌面推演暨防汛动员大会】 5月31日，门头沟区召开2019年防汛桌面推演暨防汛动员大会。付兆庚等区领导参加会议。付兆庚与单位代表签订防汛责任书。

（孙少婷）

【渣土车整治工作专题会】 6月1日，门头沟区召开渣土车整治工作专题会。付兆庚等区领导听取城市管理委等单位的汇报。

（孙少婷）

【防汛工作拉练检查】 6月4日，开展防汛工作拉练检查。付兆庚等区领导先后查看清水镇达摩庄村泥石流易发区和险村改造工程、龙王村高边坡水毁修复工程、黄安村村级防汛应急准备工作，查看斋堂水库汛期安全、爨底下景区防汛及人居环境、石羊沟水毁修复工程，查看王平镇南涧沟水毁修复工程建设情况。

（孙少婷）

【城市运行及安全稳定会商会】 6月9日，付兆庚实地到东南街社区平房区、蔡家府平房78号院文保院落、铁三局四处3.7火灾现场、三家店西老店6.7火灾现场、梨园社区检查火灾隐患及消防安全等情况并召开视频会议，听取各镇街及相关单位汇报“端午”期间城市运行、安全稳定等工作。

（孙少婷）

【创建基本无违法建设区、无违法建设镇（街）工作交流会】 6月14日，门头沟区召开创建“基本无违法建设区、无违法建设镇（街）”工作交流会。付兆庚等区领导参加会议，永定镇、妙峰山镇、军庄镇、斋堂镇作典型发言，其他镇街及相关单位进行发言。

（孙少婷）

【“创新创业活动周”系列活动】 6月17日，门头沟区举办“创新创业活动周”系列活动。付兆庚等区领导参加“双创”笔会、人机互动体验以及“双创周”企业家沙龙交流会等系列活动。

（孙少婷）

【三家店地区消防隐患整治工作专题会】 6月21日，门头沟区召开三家店地区消防隐患整治工作专题会。会上，观看三家店地区消防隐患视频短片，听取消防救援支队、龙泉镇、城子街道关于三家店地区消防隐患整治专项行动工作方案相关情况的汇报。

（孙少婷）

【检查农村地区环境建设】 6月22日，付兆庚等区领导检查农村地区环境建设及防汛应对准备工作情况。实地到妙峰山镇丁家滩村地质灾害隐患点查看隐患治理情况；到妙峰山镇炭厂村实地查看旅游休闲文化资源开发及利用情况；到王平镇韭园村检查险户及避险措施有关情况；到斋堂镇双石头村检查地灾隐患点及避险转移场所有关情况；到斋堂镇川底下村查看美丽乡村建设及古村落保护情况，并检查永定河沿线环境治理及违法建设拆除有关情况。

（孙少婷）

【棚改工程专题调度会】 6月25日，门头沟区召开棚改工程专题调度会。会上听取住建委、棚改中心、房屋征收事务中心关于棚改项目推进情况的汇报，并就做好下一步棚改工作进行专题调度。

（孙少婷）

【检查S1线景观工程情况】 6月29日，付兆庚等区领导检查S1线景观工程及园林绿化工程建设情况。到S1线石厂站东侧绿地、西长安街一号南区绿地、石龙东路待绿化区域、东辛秤公园、永定河滨水森林公园三标段检查S1线景观工程及公园建设情况。

（孙少婷）

【“迎国庆”环境综合整治工作专题会】 6月29日，门头沟区召开“迎国庆”环境综合整治工作专题会。付兆庚等区领导听取城乡环境办、创城办、爱卫办关于环境秩序方面存在问题的汇报，相关镇街及委办局汇报工作开展情况、存在问题及下一步工作计划。

（孙少婷）

【降雨应对工作部署会】 7月5日，门头沟区召开降雨应对工作部署会。付兆庚等区领导参加会议，气象局通报近期天气情况，相关镇、防汛专项分指挥部汇报工作准备情况。

（孙少婷）

【重点商业项目业态布局工作专题会】 7月6日，门头沟区召开重点商业项目业态布局工作专题会。付兆庚等区领导听取商务局及龙湖天街、保利大都汇、华远、中骏等商业项目开发单位的工作汇报。

（孙少婷）

【约谈中铁置业集团】 7月12日，门头沟区约谈中铁置业集团。付兆庚等区领导参加约谈，区相关部门对项目建设下一步工作提出要求。

（孙少婷）

【棚改项目工程质量工作部署会】 7月20日，门头沟区召开棚改项目工程质量工作部署会。付兆庚等区领导听取房屋征收事务中心、住建委、棚改中心等单位的工作汇报。

（孙少婷）

【到区征兵体检现场走访慰问】 7月23日，区领导张力兵、付兆庚等到区征兵体检现场走访慰问。到区医院体检中心实地了解2019年全区征兵工作总体情况及征兵体检工作有关情况。

（孙少婷）

【60天专项执法行动】 7月23日，门头沟区召开“迎国庆、治污染、保环境”60天专项执法行动方案研讨会。会上，听取生态环境局制定的专项执法行动总体方案和各主责单位制定的专项执法方案，与会单位就污染防治、改善门头沟区空气质量、加强环境执法工作进行深入研讨。8月1日，门头沟区召开“清洁村庄迎国庆”农村人居环境60天专项整治行动动员部署（视频）会。付兆庚等区领导出席会议，区农村人居环境整治核查第三方公司通报自查情况，农业农村局部署60天专项整治行动工作，镇村代表进行表态发言，相关单位发言。

（孙少婷）

【调研低收入帮扶工作】 7月27日，付兆庚等区领导调研低收入帮扶工作开展情况。到清水镇梁家庄村考察芦笋种植项目，详细询问土质要求、配套设施、种植销售等有关情况；到雁翅镇大村考察蘑菇种植项目，详细了解了蘑菇品种、市场销售及利润等有关情况。深入两村低收入户家中，细致询问家庭基本情况、年收入、致贫原因及各项政策落实等有关情况，并检查梁家庄村精品民宿发展情况，两村人居环境、垃圾分类等有关情况。

（孙少婷）

【调研物业精细化管理工作】 8月3日，付兆庚等区领导调研物业精细化管理工作并召开部署会。到上悦居小区实地调研地下车库及社会停车场有关情况。部署会上，住建委、棚改中心部署加强物业管理工作，政法委、公安分局作表态发言，东辛房街道、德露苑社区及物业公司代表分别发言。

（孙少婷）

【精品民宿工作调度会】 8月3日，门头沟区召开精品民宿工作调度会。区领导付兆庚等听取文化和旅游局、相关职能部门、各镇街及企业、银行代表关于精品民宿工作开展情况的汇报。

（孙少婷）

【国家卫生区复审工作推进会】 8月8日，门头沟区召开国家卫生区复审工作推进会。区领导付兆庚等出席会议，区卫生健康委通报了近期国家卫生区复审工作进展情况，区市场监管局、龙泉镇、城子街道分别表态发言。

（孙少婷）

【“疏解整治促提升”专项行动会】 8月10日，门头沟区召开“疏解整治促提升”专项行动调度会暨“防反弹”工作部署会。会上，区发改委汇报2019年全市群众满意度调查情况、全区“疏解整治促提升”总体工作成效并部署下一步“防反弹”工作安排，各牵头部门汇报专项行动情况及下一步“防反弹”工作措施。

（孙少婷）

【2019年度征兵工作会】 8月14日，门头沟区召开2019年度征兵工作会。区领导付兆庚等参加。会上，传达北京市征兵工作会议精神，总结2018年度征兵工作，通报2019年征兵进展情况，明确门头沟区征兵政策规定。潭柘寺镇、城子街道介绍征兵工作先进经验。

（孙少婷）

【检查绿化工程】 8月17日，门头沟区检查绿化工程并召开推进会。付兆庚等区领导到永定镇栗园庄村南山地块检查“留白增绿”项目造林绿化工程；到莲石湖西路、三石路检查景观提升绿化工程；到永定镇政府召开百万亩造林、“留白增绿”工程推进会，听取园林绿化局等有关单位的工作汇报。

（孙少婷）

【检查农村人居环境】 8月17日，付兆庚等区领导以“四不两直”方式检查农村人居环境。到军庄镇东山村详细检查村内人居环境有关情况，对杂物摆放、公共空间管理、户外广告、环卫设施破损、乱停车、私搭乱建等问题提出了明确整改要求。28日，区领导付兆庚以“四不两直”方式检查农村人居环境。到龙泉镇琉璃渠村、妙峰山镇丁家滩村、王平镇西石古岩村、军庄镇军庄村和永定镇卧龙岗村，详细检查村内人居环境有关情况，对停车管理、垃圾分类、街面卫生、乱堆乱放、设施破损、违规充电、私搭乱建等问题提出明确整改要求。

（孙少婷）

【检查保障房建设工程质量有关情况】 8月21日，付兆庚等区领导带队检查保障房建设工程质量有关情况。实地查看中骏公租房和安置房项目、云梦嘉苑小区、中交绿城公租房项目、电建金地华宸公租房项目、迎晖南苑小区。

（孙少婷）

【到保障房公司调研】 8月27日，区领导付兆庚围绕“做大做强国有经济”主题到保障房公司调研，听取保障房公司关于企业经营情况及下一步发展思路的汇报。

（孙少婷）

【社会投资项目促开工工作专题会】 8月30日，门头沟区召开社会投资项目促开工工作专题会。付兆庚等区领导听取骏辉房地产开发公司、合景泰富北京公司关于项目有关情况的汇报，相关职能部门就推进项目进度、规范项目施工等问题进行发言。

（孙少婷）

【检查“国庆”景观布置情况】 8月31日，付兆庚等区领导实地查看西六环门头沟段沿线环境整治情况，长安街西延线相关工程进展、景观布置、环境整治及绿化美化情况，榕东板房厂、富根电器、中国兵器大厦改造提升情况，以及相关夜景照明工程进展情况。

（孙少婷）

【“不忘初心、牢记使命”主题教育基层调研】 9月4日，付兆庚围绕“不忘初心、牢记使命”主题教育到三家店三分社查看拆后整治提升、人居环境整治情况；到龙泉雾村查看龙泉雾市场升级改造及村庄人居环境整治效果，并在龙泉雾村大会议室召开座谈会。

（孙少婷）

【校园安全工作检查】 9月4日，付兆庚等区领导带队进行校园安全工作检查。实地对大峪中学、大峪一小的消防中控室、警卫室等地的安保情况进行检查。

（孙少婷）

【旅游景区专项规划及运行情况汇报会】 9月6日，门头沟区召开旅游景区专项规划及运行情况汇报会。会上，听取《潭柘寺—戒台寺—定都峰—九龙山旅游景区组团规划》编制情况及潭、戒、妙峰景区近期运行管理情况的汇报，并研究潭、戒、妙峰景区运行方案。

（孙少婷）

【国道109新线重点工程专题会】 9月7日，门头沟区召开国道109新线重点工程专题会。会上，听取设计单位、相关部门关于线由情况、拆迁政策及专业公司招标等有关情况的汇报。

（孙少婷）

【检查环境整治及景观布置情况】 9月11日，付兆庚等区领导实地检查“国庆”环境整治及景观布置情况。到永定河公园查看永定楼及门城湖灯光秀项目进展情况；沿西六环门头沟段、长安街西延线查看两侧环境整治及绿化美化情况；在冯村村委会桥头听取夜景照明工程进展情况的汇报。

（孙少婷）

【到信访办接访】 9月19日，区领导付兆庚围绕“听民意、解民忧”主题到信访办接访。听取信访办、政法委、房屋征收事务中心等单位的工作汇报，详细了解全区近期信访维稳情况及国庆服务保障情况，对当前群众主要诉求及矛盾化解工作进行分析研判。

（孙少婷）

【历史遗留问题专题会】 9月21日，门头沟区召开历史遗留问题专题会。付兆庚等区领导听取永定镇关于历史遗留问题的汇报。

（孙少婷）

【“迎国庆”环境秩序问题整治工作专题会】 9月21日，门头沟区召开“迎国庆”环境秩序问题整治工作专题会，付兆庚等区领导参加会议。会上，观看相关问题情况短片，环卫中心汇报“门前三包”存在问题及建议措施；相关属地及单位结合职责汇报工作方案和措施。

（孙少婷）

【检查空气重污染应对工作】 9月26日，付兆庚等区领导到龙泉象地项目检查施工工地停工、消防设施配备、空气重污染标识设置及知晓等有关情况；沿108国道检查渣土车行驶情况；到108国道检查站查看检查记录，了解近期渣土车运输等有关情况；到卧龙岗检查点询问检查情况，现场查看尾气检测情况，并慰问坚守岗位的各单位工作人员。

（孙少婷）

【“双报到”活动并围绕中心工作调研】 9月29日，付兆庚等区领导围绕“不忘初心、牢记使命”主题教育到龙泉镇开展“双报到”活动并围绕中心工作调研。到城子村委会参加党员“双报到”活动并参观党建活动室、了解基层党组织建设情况；到中门寺村委会听取软弱涣散村有关情况汇报并调研龙泉镇软弱涣散村和后进社区摸排工作。

（孙少婷）

【实践创新基地评选核查】 10月14日，“绿水青山就是金山银山”实践创新基地评选核查组到门头沟区开展核查工作。到“两山”转化典型案例清水镇洪水口村、梁家庄村进行现场核查。

（孙少婷）

【检查创城迎检工作情况】 10月17日，区领导付兆庚到三家店地区、新河西路社区、曹各庄新二区、石门营新区五区深入市场、村卫生站、背街小巷、单元楼、文明实践站等地，详细检查营业及卫生许可等相关证照、占道经营、消防设施、停车、电动车违规充电、小区绿化、垃圾分类等有关情况。

（孙少婷）

【调研深山区农民冬季供暖准备工作】 10月19日，付兆庚等区领导调研深山区农民冬季供暖准备工作。到西宝煤厂详细了解原煤采购、燃煤生产及运输供应等有关情况，并现场查看生产、储备及苫盖等有关情况；到清水村村民家中查看煤改清洁能源使用情况；到田寺村村民家中查看燃煤储备及使用情况，详细了解村民家中的取暖设施运行、温度及相关支出等有关情况。

（孙少婷）

【检查新一轮百万亩造林绿化工程】 10月19日，付兆庚等区领导以“四不两直”方式检查新一轮百万亩造林绿化工程。到清水镇田寺村，斋堂镇白虎头村、杨家村实地查看浅山台地、荒山及平缓地造林有关情况。

（孙少婷）

【到中关村门头沟园走访企业】 10月26日，付兆庚等区领导到中关村门头沟园走访企业并召开座谈会。到他山科技公司听取企业基本情况的汇报以及进一步改进地区营商环境、优化扶持政策的意见和建议，实地观看实验室的展示，并听取石龙管委关于整体工作情况及下一阶段工作安排的汇报。

（孙少婷）

【森林防灭火工作电视电话会】 10月30日，门头沟区召开2020年度森林防灭火工作电视电话会。会上，园林绿化局总结门头沟区2019年度森林防灭火工作开展情况、部署2020年度森林防灭火工作，雁翅镇、清水镇进行表态发言。

（孙少婷）

【主题教育专题调研】 10月31日，付兆庚等区领导到龙泉镇开展“不忘初心、牢记使命”主题教育专题调研。到琉璃渠村查看停车场、人居环境整治情况及“红色龙泉”书画展等；到中门寺南坡地区查看“红色2+8”议事会及南坡热心人“未诉先办”等工作开展情况；到龙泉镇党群服务中心查看“一所两中心”建设情况。随后召开座谈会，龙泉镇汇报“不忘初心、牢记使命”主题教育工作开展情况。

（孙少婷）

【检查农村人居环境整治工作情况】 11月2日，付兆庚等区领导检查农村人居环境整治工作情况并召开现场会。到潭柘寺镇桑峪村实地查看设施破损、污水处理、文明养犬及公共卫生间等有关情况，入户检查户厕改造有关情况。并在潭柘寺镇政府召开会议。

（孙少婷）

【党组扩大会议】 11月4日，门头沟区召开党组扩大会议。会上，传达学习贯彻党的十九届四中全会精神。付兆庚等区政府党组成员出席会议。

（孙少婷）

【检查冬季供暖工作】 11月7日，区长付兆庚结合“不忘初心、牢记使命”主题教育检查冬季供暖工作，先后到黑山供热厂、桃园社区热力站、华油燃气调压站、小园3A地块社区热力站、石门营供热厂实地检查供暖保障工作。

（孙少婷）

【冬季供热保障工作部署（视频）会】 11月11日，门头沟区召开2019年度至2020年度冬季供热保障工作部署（视频）会。付兆庚等区领导参加会议，区城市管理委、区农业农村局及其他职能部门汇报相关工作情况，热力集团门头沟分公司、华电京西热力、华油燃气、西宝型煤公司及其他供热保障企业进行发言，各镇街汇报存在的问题。

（孙少婷）

【调研“接诉即办”工作】 11月12日，门头沟区结合“不忘初心、牢记使命”主题教育调研“接诉即办”工作。付兆庚等区领导实地到大峪街道龙山家园三区社区察看小区设施环境，并详细了解存在问题、居民诉求等情况，并在大峪街道办事处召开会议。

（孙少婷）

【2020年重点领域工作务虚会】 11月23日，门头沟区召开2020年重点领域工作务虚会。听取综合经济部门的工作汇报；听取民生领域相关部门关于“七有”“五性”等有关工作情况的汇报；区领导分别围绕分管领域下一步工作计划进行发言。30日，区领导听取农业农村领域、城市规建管领域及重点工程建设相关部门的工作汇报，并分别围绕分管领域下一步工作计划进行发言。

（孙少婷）

【森林消防局机动支队驻地座谈】 12月5日，付兆庚等区领导到应急管理部森林消防局机动支队驻地，与机动支队支队长等进行座谈。观看机动支队宣传汇报片，机动支队汇报靠前驻防有关情况。

（孙少婷）

【2019年度市级绩效任务推进会】 12月6日，门头沟区召开2019年度市级绩效任务推进会。北京元方智库公司通报市政府绩效考核任务模拟察访核验结果及下一步工作建议，有关单位对照模拟察访核验发现问题汇报整改措施并进行表态发言。

（孙少婷）

【2020年社会治理领域务虚会】 12月9日，门头沟区召开2020年社会治理领域务虚会。会上，听取社工委民政局、城市管理委等相关重点部门及4个街道关于2020年工作思路的汇报，各

镇及相关单位分别围绕下一步工作计划进行发言。

（孙少婷）

【解决重点领域欠薪工作推进会】 12月27日，门头沟区召开2019年根治欠薪冬季攻坚行动暨解决重点领域欠薪工作推进会。会上，人力社保局汇报近期根治欠薪冬季攻坚行动进展情况，相关职能部门部署保障农民工工资支付工作，企业代表进行表态发言。

（孙少婷）

【研究镇域规划编制工作】 12月28日，门头沟区召开会议研究镇域规划编制工作。会上，听取潭柘寺镇镇域规划评估与实施方案的汇报；听取斋堂镇镇域规划有关情况的汇报。

（孙少婷）

外事及港澳台事务

【概况】 2019年4月4日，按照三定方案，北京市门头沟区人民政府办公室（简称区政府办公室）是协助区政府领导处理区政府日常工作、政府外事和港澳事务的区政府工作部门，为正处级，加挂北京市门头沟区人民政府外事办公室（简称区政府外办）牌子。中共北京市门头沟区委外事工作委员会办公室（简称区委外办）设在区政府办公室，承担区委外事工作委员会具体工作，负责宏观谋划、统筹协调、督促落实区委外事工作委员会各项决定和工作部署，并向区委外事工作委员会汇报。作为区政府办公室的内设机构，外事科负责检查区内各部门、各单位贯彻执行外事工作有关规定的情况。组织开展外事工作重大问题的调查研究，为区委、区政府的外事工作决策提供意见和建议。指导、督促、检查门头沟区有关部门和单位执行外事工作有关规定的情况。协助上级外事部门接待来访外宾。负责审核区内因公出国（境）人员的各项手续申办以及因公护照（通行证）、签证的管理工作。负责管理区内注册的非公有制企业人员和区属国有企业人员APEC商务旅行卡的申办工作。协助有关部门管理在区常驻外籍人员。

单位名称：北京市门头沟区人民政府外事办公室
地　　址：北京市门头沟区新桥大街36号
电　　话：69843657
邮　　编：102300

（程　红）

【翻译世园会门头沟区参展花坛宣传标语】 4月18日，区政府外办为2019年世园会门头沟区参展花坛宣传标语提供翻译保障。“绿水青山门头沟”成为城市品牌，翻译保障工作得到区领导的肯定，为门头沟区践行“两山”理论，树立城市品牌，发挥了积极的外部宣传作用。

（程　红）

【韩国首尔市永登浦区代表团一行到访】 5月21日，韩国首尔市永登浦区代表团一行在区厅长带领下到访门头沟区，到国家心血管病研究中心、中关村门头沟科技园、门头沟区大峪中学分校、798艺术空间、国家图书馆、中关村创业大街等地参访。2位区领导共同签署门头沟区与永登浦区友好合作意向书，宣布两区将在医疗旅游、经济金融、环境保护、文化交流等领域开展友好合作交流，其中医疗健康将是两地先期开展合作的重点领域。

（程　红）

【区委外事工作委员会第一次会议召开】 5月27日，区委书记、区委外事工作委员会主任主持召开区委外事工作委员会第一次会议并讲话。会上，审议《关于成立区委外事工作委员会及其有关事宜的汇报》，书面审议《中共北京市门头沟区委外事工作委员会工作规则》和《中共北京市门头沟区委外事工作委员会办公室工作规则》，同意根据会议要求修订完善后组织实施。

（程　红）

【斯里兰卡学生代表团到访】 12月23日，斯里兰卡学生代表团在市友协工作人员陪同下到访门头沟区，与北京市大峪中学进行友好交流。

（程　红）

综合行政服务

【概况】 2019年3月22日，门头沟区政务服务管理局成立，为区政府工作部门，区政务服务中心为其所属公益一类事业单位。区政务服务管理局主要职责负责统筹推进门头沟区简政放权、放管结合、优化服务改革和行政审批制度改革工作。负责协调推进门头沟区政务服务体系建设。指导、协调、监督区内各级各类政务服务平台的建设、管理工作。负责区内“互联网+政务服务”工作，统筹规划政务服务“一张网”建设。负责推进、指导、协调、监督本区政府信息公开和政务公开工作。五是完成区委、区政府交办的其他任务。

截至2019年年底，北京门头沟千余个事项推行全区通办，区、镇两级政务服务大厅能够通办30余个部门的1176个政务服务事项，有效推动“就近办”“全区通办”和“一网通办”工作，使企业群众办事更为便捷化。在区政务服务中心配置政务服务一体机，并以首都之窗为总入口，新上线一网通办“智慧政务3.0自助系统”，采用双频引导，能够办理千余个事项，自助办理很方便。

单位名称：北京市门头沟区政务服务管理局
地　　址：北京市门头沟区滨河路72号
电　　话：69863380
邮　　编：102300

（孙建茹）

【率先实现镇街“一窗通办”改革】 4月，全区13个镇街政务中心的业务全部实现“一窗通办”，开启镇街政务服务中心综合窗口改革新纪元。

（孙建茹）

【率先实现企业开办“上门办”】 5月，区政务服务管理局组织七大银行60余名志愿者，成立9个企业开办志愿服务站，实现企业开办“上门办”，已有400余家企业享受“上门办”的便利。

（孙建茹）

【考察调研】 5月23日，河南省商丘市政协考察团到门头沟区政务服务中心就政务大厅信息化建设、政务服务事项进驻下放情况、综合窗口设置、公共服务企业进驻等工作考察调研。

（孙建茹）

【“百人百题”测试】 5月27日，区政务服务管理局会同区发展改革委组织全区各部门后台审批人员以及各镇街政务服务中心综合窗口工作人员共137名，就《北京市优化营商环境应知应会100题》进行闭卷测试。

（孙建茹）

【推出三级政务平台标准化建设改革】 5月至10月，区政务服务管理局在2018年政务服务体系建设“六统一”的基础上，制定《门头沟区三级政务服务体系建设“双十”规范》，并按照标准进行加速推进，使全区20个区镇街级大厅全部步入标准化建设，使村居政务服务站规范化建设得到极大提升。

（孙建茹）

【率先推出“百事套餐e窗办”】 6月，区政务服务管理局推出60类近百个主题事项的“百事套餐e窗办”线上线下综合窗口，使“减材料、减环节、减时间、减跑动”改革目标有效落到实处。

（孙建茹）

【“微笑政务、贴心服务】 7月15日至8月16日，在全区各级各类政务服务大厅开展“微笑政务、贴心服务”活动。通过开展“微笑政务、贴心服务”主题活动，增强全区各大厅一线工作人员服务意识，培养形成微笑接待、主动问询、全程服务的行为规范，树立我区政务服务窗口良好形象。

（孙建茹）

【个人热点事项“门口办”】 7月，全区实现294个村居能办理群众热点服务事项，实现了个人热点事项“门口办”。

（孙建茹）

【政务便民新举措】 7月，区政务服务中心新设大型图纸打印专区，增设大型A0扫描仪1台。大型AO扫描仪具有图纸打印、扫描彩图、数据存储上传等功能。

（孙建茹）

【新设智慧政务公开区】 7月，区政务服务管理局新设智慧政务公开区，增设电子互动屏5台。电子互动屏可进行政务查询，包括大厅简介、业务查询、政务公开、政策解读、表扬栏、曝光台、满意度调查、宝贵建议等多各板块，为政务服务管理局升服务质量。

（孙建茹）

【窗口人员心理培训】 8月8日，区政务服务管理局邀请中国地质大学博士特聘教授，积极心理学专家，为区政务服务中心、车管站、大峪街道政务服务中心工作人员共84人，针对中心凝聚力及提升职场幸福力等多方面开展培训。

（孙建茹）

【参观交流学习】 8月，区政务服务局组织15名优秀窗口工作人员到附近工商银行（滨河支行）网点参观交流学习。结合工商银行服务理念，对窗口工作人员进行培训，进一步提升政务服务质效。

（孙建茹）

【率先推出“移动政务”上门办】 9月，区政务服务管理局启用“E窗通+E窗办”双系统，首次为长安天街商业体155个商户开展“上门办、一次办”证照服务，实现“不出商城办证照”目标。

（孙建茹）

【率先实现“全区通办”事项】 9月，区政务服务管理局率先推出第一批115个政务服务事项全区通办，向“就近办”稳步推进。即企业和群众可以在区级政务服务中心和各镇街政务服务中心即可办理。

（孙建茹）

【实现“一号业务咨询”改革】 10月15日，区政务服务管理局新建“一号业务咨询服务中心”投入运行，整合38家单位43部业务电话，实现“一号对外、一号咨询、一次告知”的一站式业务咨询模式，使区政务服务中心电话咨询能力提升四倍。

（孙建茹）

【交管业务进驻区、镇街办理】 10月，区交管部门车管站现场业务正式进驻区政务服务中心办理，同时也可以在各镇街政务服务中心就如何网上办理交管业务进行咨询，并有专人进行指导办理，充分满足群众就近办理交管业务的需求。

（孙建茹）

【“政务连心站”服务模式改革】 11月4日，区政务服务管理局会同区商务局、中关村门头沟科技园管委会等部门，在科技园区10个孵化器和5个大型商业体分别成立政务连心站，每个站点选配了1名政务专员、2名志愿者和1名联络员，为企业提供“管家式”服务。

（孙建茹）

【“不见面审批”改革】 11月25日，区政务服务管理局启动“双向承诺制”“不见面审批”改革，同步上线试运行“智慧政服·云综窗3.0应用平台”。通过制度改革和信息化系统应用，推行1019个政务服务事项“不见面”审批。至此，门头沟区级政务服务事项到现场平均跑动次数降到0.3次以下，开启政务服务“网办新时代”。

（孙建茹）

【实现千余事项“全区通办”】 12月，区、镇两级政务服务大厅实现30余个部门1176个事项“全区通办”。这一举4有效推动“就近办”“全区通办”和“一网通办”工作，使企业群众办事更为便捷化。

（孙建茹）

信访工作

【概况】 2019年，区信访办实现了“不发生大规模集体越级上访、不发生非接待场所集体访、不发生因信访问题引发的群体性事件和重大个人极端行为、不发生因信访问题引发的重大舆情事件”的工作目标。年内，共受理群众来信来访1197批2193人次，同比（1031批2982人次）批次上升16%，人次下降26.5%。其中受理群众来信762件同比（450件）上升69.33%。其中受理纸信498件同比（213件）上升133.8%；自收纸信55件，同比（32件）上升72%；市转纸信383件同比（144件）上升166%；国家局转纸信60件，同比（37件）上升62%；联名信10件251人次，同比（21件）件数下降52%，人次（710人）下降65%；网上信访124件次，同比（120件）上升3%；领导信箱140件同比（117件）上升20%。接待群众来访435批1174人次，同比（581批1827人次）批次下降25%，人次下降36%；其中集体访58批703人次，同比（70批1158人次）批次下降17%，人次下降39%。发生到市信访293批388人次，同比（118批284人次）批次上升148%，人次上升37%。到市集体访7批59人次，同比（14批154人次）批次下降50%，人次下降62%。未发生到重点地区集体访。年内，进一步完善信访工作联席会议机制，充分发挥信访工作联席会议作用，加强对信访工作的整体统筹，形成了党委和政府统一领导、信访部门综合协调、各部门齐抓共管的工作格局。

单位名称：北京市门头沟区委门头沟区人民政府信访办公室
地　　址：北京市门头沟区新桥大街12号
电　　话：69842720
邮　　编：102300

（刘兆奎）

【领导接访下访】 年内，区领导共开展接访活动45人次，通过接访、下访、约访等形式，共接待和处理信访问题25件46批487人次；镇街及委办局领导干部接待群众968件1040批4119人次，妥善化解大量社会矛盾纠纷。

区信访办有效落实领导干部接访下访和阅批群众来信制度。自8月中旬至庆祝中华人民共和国成立70周年活动结束，按照区领导分工安排，区领导每周一半天时间亲自接访；各镇街每天安排1名处级领导干部在岗接访。重点时期，每天安排1名区级领导干部在岗接访，遇特殊情况或紧急情况安排随时接访，做到访不过夜。

（刘兆奎）

【网上信访】 年内，全区各级信访机构坚持每个工作日登录北京市网上信访信息系统，及时签收信访件，签收率达到100%；对自收信访件及时录入信访系统；对受理的信访件在15日内全部作出受理告知单，60日内办结；确因情况复杂不能按期办结的，延期原因及时告知信访人并出具延期告知单。按照信访信息应录尽录要求，对全年以来的信访信息进行全面自查，依法依规进行信息录入，做到不落一项、不漏一件（次）。

（刘兆奎）

【信访法规宣传】 年内，区信访办制定并下发《区信访办2018年法治宣传教育工作要点》，将“七五”普法学习内容与信访矛盾排查调处工作有机的结合起来，组织全区单位举办信访条例宣传月活动，向群众宣传《信访条例》《治安处罚法》《人民调解》等相关法律法规，发放信访宣传材料、宣传品3万余份。同时依托“门头沟区信访办”门户网站和今日头条公众号，及时宣传发布政策法规和各类信息等共356篇，引导教育群众自觉、依法、有序信访。组织开展信访条例宣传月活动，投入3万余元制作宣传品，进一步引导广大群众对《条例》的正确理解和对“网上信访”的依赖感和信赖感，不断营造出理性表达诉求、依法有序信访和网上信访的主渠道的社会氛围。依托政府网站和今日头条公众号，及时宣传发布政策法规和各类信息，引导教育群众自觉、依法、有序信访。

（刘兆奎）

【矛盾纠纷排查】 年内，区信访办协助区委政法委完成社会稳定风险评估工作报告备案意见22件。强化重要敏感信访信息预警、预判、预测机制，妥善处理行动性、群体性、极端性信息。年内，组织全区排查67次，其中常规排查2次，专项排查7次，动态排查58次。对重点领域、重点人员加强风险防范，提高防范处置重大突发信访事件的针对性和有效性。针对重点矛盾及重点人，均逐案落实了区、镇两级领导包案，有计划、有步骤地加以推动解决。

（刘兆奎）

【化解矛盾纠纷】 年内，区信访办通过联合接访会商，快速化解矛盾解纷，共妥善处理59批集体访，化解13批民工讨薪事件。特别是区级领导亲自接待化解重点矛盾，亲自主持召开专题会研究解决疑难问题，一批重点难点问题得到有效化解。

（刘兆奎）

【化解信访积案】 年内，区信访办开展信访积案大排查，摸清全区信访积案和矛盾纠纷底数，针对全区重点矛盾和重点人化解工作，区委副书记、区委政法委书记两次主持召开工作专题会，推动化解信访矛盾。贯彻落实市信访办关于积案化解工作要求，实行处级领导包案推动积案办理，经过全区上下共同努力，市里交办的78件信访积案（其中来访积案59件、纸信积案12件、网信积案7件）已全部办结。针对市信访联席会议交办的重点矛盾（17件），目前4件重点矛盾已办结，13件正在办理中。

（刘兆奎）

【信访事项复查复核】 年内，区信访办共受理信访复查复核22件，其中16件已按期办结，6件正在规定期限内办理。不存在被责令重新作出答复、超期提交证据材料、不落实终极答复意见、提供虚假或有意隐瞒证据材料等情形。

（刘兆奎）

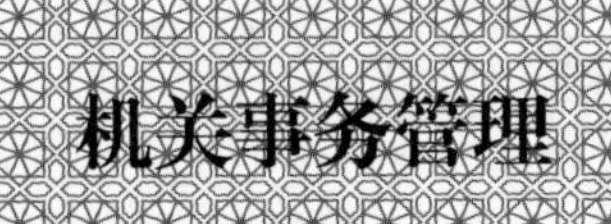

机关事务管理

【概况】 2019年，门头沟区机关后勤服务中心围绕区委、区政府的中心工作和总体部署、要求，坚持“服务、保障、管理”的工作主线，开展好机关后勤的各项服务保障工作。

单位名称：北京市门头沟区机关后勤服务中心
地　　址：北京市门头沟区新桥大街36号
电　　话：69829929
邮　　编：102300

（炼宇晴）

【车辆管理工作】 年初，区机

关后勤服务中心完善中心内负责的机关执法车辆15辆。事业单位用车24辆维修保养协议。

（炼宇晴）

【食堂工作】 1月，机关食堂更换800套新餐具。年内，对食堂老旧设施设备更新改造。

（炼宇晴）

【绿化美化】 3月，区机关后勤服务中心对政府院内1450平方米草坪进行更换，补栽丹麦草1520平方米、月季1400株。10月，配合市政对院内景观灯进行更新。

（炼宇晴）

【安全保卫工作】 6月，区机关后勤服务中心对院内地下消防栓阀门进行更换。12月，完成院内监控系统升级改造。年内，开展2次消防知识讲座培训。

（炼宇晴）

【维修保障工作】 7月，区机关后勤服务中心对政府大院32间办公用房进行改造；对政府院内5栋办公楼外墙10728平方米进行粉刷；对政府办公楼及会议楼一层修缮。9月，对政府院内南北楼办公楼2100平方米断桥铝窗户进行更换。

（炼宇晴）

政协北京市门头沟区委员会

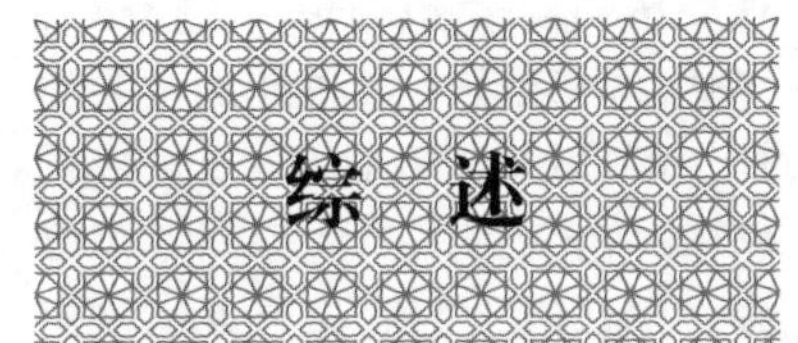

综　述

【概况】　2019年，中国人民政治协商会议北京市门头沟区委员会（简称区政协），机构设有提案委员会、经济科技委员会、环境与人口资源委员会、学习与文史委员会、社会法制与民族宗教委员会、教文卫体委员会。办公机构设办公室、研究室、专委会工作一室、专委会工作二室、专委会工作三室、专委会工作四室、专委会工作五室、专委会工作六室，政协办公室下设文秘信息科和委员联络科长。截至2019年年底，第十届委员会共有委员167名，常委33名。

年内，召开政协常委会会议5次，开展专题协商、对口协商、界别协商、提案办理协商16项，民主监督议题8项，组织视察考察121次，形成协商意见9篇、调研报告5篇、大会发言14篇、社情民意信息9篇，编发政协信息41期。

年内，围绕庆祝中华人民共和国成立70周年、人民政协成立70周年中心工作，组织参观“国庆70周年大型成就展”、“人民政协光辉历程展”，开展以《我的祖国、我的政协》为主题的系列庆祝活动。围绕纪念“五一口号”发布71周年开展植绿活动。围绕年度协商工作计划、全区重点工作开展视察、考察、调研工作。开展“提升京西古道品牌”专题协商和“传承与保护我区非物质文化遗产”对口协商，举办“擦亮首都文化金名片讲好门头沟故事”专题报告会，组织“知家乡、爱家乡”讲座60余场。围绕“打造精品民宿”重大决策，形成考察报告报区委决策参考，六方面20条协商意见为推进精品民宿工作提供有益参考。持续开展“同心创城·同步践行”主题实践活动，开展“创城”监督，参加环境监督、“文明创建·你我同行”政务开放日等系列活动；推进“委员基层日”活动，争当“门头沟热心人”，在人人创城背景下打造政协方阵，展现委员风采，贡献政协智慧。围绕门头沟区便民服务设施建设情况，开展调研走访，在加强规划落实、充分发挥市区两级政策资金引导作用等方面达成共识。围绕提高城市精细化治理水平，提出学习借鉴双井街道突破行政社区传统思维、借鉴全媒体手段进行城市精细化治理等意见建议。到区城市管理指挥中心，东辛房、城子办事处视察调研“接诉即办”工作，对如何高效运行提出意见建议。围绕群众关注的教育、医疗、环境建设等民生问题，开展“优化教师资源配置工作”、“加强山区医疗卫生机构建设”、“落实分级医疗做实家庭医生签约工作”、“农村地区生活垃圾及面源垃圾治理”调研协商，努力为解决百姓的烦心事、操心事建言献策。围绕污染防治、低收入精准帮扶、棚户区改造“三大攻坚战”融协商、监督、参与、合作于一体。紧扣“精准帮扶工作”，就项目落地、资金前期投入后期跟进、科技帮扶龙头企业带动等方面持续跟踪调研，助力脱贫攻坚；开展门头沟区全面推进河长制落实情况专题协商，形成六方面的协商意见报送区委区政府，有力助推河长制治理体系建设与治理能力进一步提升。围绕“完善门头沟科技园区服务体系”开展专题调研，在完善基础设施建设、公共服务体系等方面提出意见建议。召开“关于加强门头沟电商物流从业行业管理的提案”“在创建全国文明城区中加强文化建设的提案”等重点提案办理协商会议。政协常委会议专题听取党风廉政建设情况通报、全区重点工程进展情况通报，就棚户区改造、重点工程建设等开展监督性调研视察；应邀参加区委、区政府座谈、测评、政务公开日等活动，有力助推党委政府决策部署的贯彻落实。坚持新型政党制度，深化党派合作。深入推进党派协商、走访联系、联合调研、协商座谈等工作，推动各党派团体、各族各界人士实现思想上的共同进步；坚持秘书长会议制度，支持党派深入开展 8+1 行动；加强同党外知识分子、非公有制经济人士、新阶层人士的沟通联系，努力为经济社会发展找到最大公约数。进一步密切与少数民族、宗教界代表人士的日常联系。进一步加强工作联动，主动接受北京市政协工作的指导。加强与兄弟政协的工作交流，不断创新工作方法，提升履职能力水平。坚持把调研工作作为政协的基础性工作加以推进。各联合调研组围绕《政协 2019 年协商工作计划》和《政协 2019 年协商工作安排》开展调研；持续发挥政协智库作用，进一步发挥提案工作全局性、经常性、基础性工作的作用，共交办提案 134 件，办复率达 100%。编辑出版《门头沟文史第二十八辑》《京西医药文化》等书籍；《门头沟文史》一至二十七辑被中国政协文史博物馆收录。

年内，完善《关于开展政协协商的基本规程》等制度，进一步加强政协工作制度化规范化程序化建设。持续发挥专委会基础性作用，积极为各种履职活动和界别开展“委员基层日”活动做好组织、协调、沟通、服务等相关工作。认真落实《关于加强政协委员队伍建设的意见》《政协委员履职工作简则》《政协委员履职量化记分办法（试行）》相关要求，不断提高为政协委员履职服务与管理的水平。发挥政协委员履职主体作用。政协机关深入开展“不忘初心、牢记使命”主题教育，扎实推进“五型机关”建设，加强党风廉政建设；坚持“二十字”干部队伍建设原则，践行“四个当先，一个当头”要求，发扬“讲奉献、争第一”门头沟精神，努力锻造一支信念过硬、政治过硬、责任过硬、能力过硬、作风过硬的机关干部队伍。

单位名称：中国人民政治协商会议北京市门头沟区委员会
地　　址：北京市门头沟区新桥大街36号
电　　话：69843038
邮　　编：102300

（王　婧）

【党建工作】　1 月 29 日，区政协党组召开 2018 年度民主生活会。党组书记张冰主持会议并代表党组对 2017 年度民主生活会整改任务落实情况进行总结，通报此次民主生活会征求意见情况，并代表区政协党组班子作对照检查发言，党组成员逐一发言。张冰就制定政协党组及党组成员整改方案和下一步整改落实工作提出要求。3 月 28 日，党组召开落实市委巡视反馈意见专题民主生活会，张冰代表政协党组班子作对照检查发言。随后，政协党组成员逐一进行对照检查，作自我批评，其他成员对其提出批评意见。4 月 28 日，党组召开年度党风廉政建设工作会。会上作《门头沟区政协 2019 年党风廉政建设和反腐败工作报告》，全面回顾 2018 年党风廉政建设工作情况，并 2019 年相关工作进行部署。5 月 5 日，党组召开党的建设工作研讨会，与会人员围绕“加强政协党的建设，探索实现两个全覆盖的有效机制和途径”主题，谈认识、说做法、提建议，通过研讨进一步深化对新时代加强政协党建工作重要性的认识。9 月 29 日，党组召开扩大会议，传达学习中央政协工作会议暨庆祝中国人民政治协商会议成立 70 周年大会精神，传达全国政协、北京市政协相关部署要求。12 月 20 日，党组认真贯彻落实区委第五次政协工作会议精神，就如何学习贯彻会议精神提出要求。26 日，党组召开专题会议，传达学习区委十二届九次全会精神，审议通过《认真学习宣传贯彻中共门头沟区委十二届九次全会、中共门头沟区委第五次政协工作会议精神的通知》。

（王　婧）

【民主生活会】　1 月 30 日，区政协机关党总支召开专题组织生活会，党总支书记代表党总支做对照检查，机关全体党员在各自党小组，紧密联系思想和工作实际逐一开展批评和自我批评。4 月 28 日，机关党总支召开年度党建工作会，就党总支年度工作计划进行说明。9 月 27 日，机关党支部开展“忆初心传承红色基因、强使命学习先烈事迹”主题党日活动，支部党员到雁翅镇田庄村，开展“忆初心传承红色基因、强使命学习英烈事迹”主题党日活动。

（王　婧）

【办好服务百姓“八小”便民设施】　3 月 7 日，区政协召开年度工作会暨课题开题会。审议通过专委会工作要点和协商工作安排，并就“办好服务百姓‘八小’便民设施”、“优化营商环境”协商议题进行开题研究。4 月 4 日，到区商务局走访交流。7 月 25 日，组织部分科技经济界、工商联届委员视察门头沟区“八小”（小餐饮、小食杂、小旅店、小歌厅、小发廊、小洗浴、小建材、便民服务、家电维修）便民服务设施建设工作，了解群众对生活服务多元化的诉求、经营者对营商环境建设的意见建议。听取相关部门情况介绍。11月8日，召开专题协商会，听取区商务局负责人就区内便民服务设施建设工作总体情况通报，与会委员进行议政发言。（增加“八小”便民服务设施的说明）

（王　婧）

【低收入村和低收入户精准帮扶】　3月15日，区政协到帮扶村潭柘寺镇桑峪村开展帮扶工作。了解村委会换届选举工作进展情况、新任职村第一书记基本情况，与村书记及相关人员座谈，共同探讨村发展方向，并就村精品民宿、节日民俗文化活动组织、村域环境整体提升和引进公司企业参与村经济发展项目等方面进行交流。7月12日，组织农业界委员、民进、致公党、课题组成员到区农业农村局进行调研座谈，就科技帮扶、龙头企业示范带动、农村产业发展与低收入村协同发展等问题进行交流。完成监督性调研报告，就确保项目后期管理到位、确保项目资金及时拨付、确保帮扶资金全额落地等方面提出意见建议。

（王　婧）

【委员届中述职活动总结座谈会】

7月12日，召开委员届中述职活动总结座谈会，各专委会主任逐一汇报委员届中述职活动开展情况，并总结活动特点及成效。

（王　婧）

【不忘初心、牢记使命主题教育】

9月12日，区政协召开“不忘初心，牢记使命”主题教育推进会。会上，区政协领导张冰对机关主题教育进行部署，传达学习中央、市委、区委关于开展主题教育的总体要求，并对全体党员切实抓好主题教育方面提出工作要求。19日至20日，围绕“旗帜鲜明讲政治、牢记使命守初心”开展集中学习研讨。聚焦“党的政治建设”、“全面从严治党”2个专题，以“旗帜鲜明讲政治、牢记使命守初心”为题进行交流研讨。10月12日，张冰以《为国履职 为民尽责》为题，给全体机关干部和委员代表讲专题党课。18日，开展“不忘初心、牢记使命”主题教育专题党课和集中研讨活动，区政协领导以《坚定理想信念 牢记党的宗旨 勇于担当作为》为主题讲党课。随后开展处级领导干部和机关党员“不忘初心，牢记使命”主题教育第二次集中研讨交流。11月1日，开展第三次集中学习研讨，重点围绕“政治纪律和政治规矩”、“党性修养”、“廉洁自律”3个专题，聚焦“严守纪律讲规矩、清正廉洁铭初心”主题，依次发言交流心得体会、学习收获。8日，机关党员处级领导干部开展主题教育调研成果交流专题会议，区委第五巡回指导组同志参加会议。12日，召开对照党章党规找差距暨调研成果交流会，重点围绕三方面18个“是否”查摆差距，深刻分析出现问题的根源以及以后整改的方向，并就主题教育调研成果交流发言。29日，开展第四次集中学习研讨，区政协领导以“提高政治站位 坚定制度自信 勇担时代使命”为题讲党课。机关处级党员干部围绕“学习贯彻党的十九届四中全会精神”主题，依次发言交流心得体会、学习收获。12月4日，召开专题民主生活会，传达学习市委组织部副部长、市委“不忘初心、牢记使命”主题教育第四巡回指导组组长在区委领导班子民主生活会上的讲话精神。生活会上，张冰代表政协党组班子作检视剖析发言。政协党组成员逐一进行检视剖析，作自我批评，其他成员对其提出批评意见。18日，召开专题民主生活会情况通报会。会上，通报政协党组专题民主生活会情况。总结收获、检视问题、深刻剖析、认真整改。大家开展严肃的批评和自我批评，达到预期目的，收到良好成效。

（王　婧）

【干部任免】　12月16日，区政协召开干部任免大会。区领导张力兵主持会议。会议宣布，张冰不再担任区政协党组书记，张永任区政协党组书记，杜斌英任区政协党组成员。

（王　婧）

重要会议

【全体委员会议】　1月7日至10日，召开十届三次全体会议。听取并审议主席张冰所作的常务委员会工作报告、副主席所作的提案工作报告；听取区属民主党派、人民团体和政协界别代表大会发言；列席区第十六届人民代表大会第五次会议开幕会，听取并讨论区长付兆庚所作的政府工作报告；通报优秀提案；通过十届三次会议期间提案审查情况报告、政治决议。区委、区人大、区政府领导出席开、闭幕会。区委书记张力兵在闭幕会上讲话。区属部委办局和镇街的部分领导列席大会。

（王　婧）

【常务委员会会议】　1月25日，召开十届委员会第十三次会议，传达学习北京市两会精神，听取2018年全区党风廉政建设情况的通报，通报区委办印发的区政协协商工作计划、通报协商工作安排，审议通过工作要点。6月11日，召开十届委员会第十四次会议暨第七次议政会，就“打造精品民宿”调研课题进行议政，政府相关部门负责人进行回应。11月7日，召开十届委员会第十五次会议暨第八次议政会，会前，组织全体委员实地视察新城大街、石龙路、长安街西延、金沙街道路建设及景观提升工程；到东辛房办事处和区城市管理指挥中心，了解“接诉即办”工作运行情况。会上，听取全区重点工程进展情况通报和区委办、区政府办关于提案办理情况通报。26日，召开十届委员会第十六次会议，会议传达学习中共北京市委第五次政协工作会议精神。会议决定政协门头沟区第十届委员会第四次会议于2020年1月5日至8日在龙泉宾馆召开，审议通过政协十届四次会议中共党员会议议程（草案）、预备会议议程（草案）、大会建议议程（草案）和建议日程（草案）、常委会工作报告（草案）和关于提案工作情况的报告（草案）。听取各专门工作委员会工作汇报。12月26日，召开十届委员会第十七次会议暨第九次议政会，传达学习区委十二届九次全会精神和区委第五次政协工作会议精神，听取全区纪检监察情况通报，围绕政府工作报告进行议政发言。

（王　婧）

【提案交办会】　3月1日，召开提案交办会。会上，介绍十届三次大会提案交办的基本情况。全年共交办提案128件，其中移交区委办23件，移交区政府办105件。

（王　婧）

【秘书长会议】　7月9日，区政协召开年度第二次秘书长会议，部署纪念人民政协成立70周年征文活动。秘书长会议组成人员和区属各民主党派副主委围绕加强自身建设、推进北京市各民主党派重点支持门头沟发展“8+1”行动等重点亮点工作进行交流发言。区政协相关部门总结近五年来各党派、工商联大会发言工作，并就区政协十届四次全会大会发言准备工作进度进行说明。11月7日，召开年度第三次秘书长会议，通报政协十届四次全会大会发言准备工作进展情况，交流大会发言提纲。

（王　婧）

专门委员会工作

【提案委员会】　1月14日，召开十届三次全会工作会议，总结大会提案工作，对提案复审等工作进行安排部署。3月8日，召开工作会，传达全国政协第十三届委员会第二次会议精神；学习政协第十三届全国委员会常务委员会第四次会议修订的《中国人民政协协商会议全国委员提案工作条例》；通报区政协十届三次大会提案复审及交办情况；部署提案委员会重点工作，明确重点提案办理协商任务；布置年度提案分析工作。10月23日，召开重点提案办理协商会，听取区委办公室关于十届三次会议提案办理工作情况的通报，听取区政协、区商务局、区文旅局、区规自分局重点提案办理情况的汇报。24日，提案委员会召开提案办理情况通报会，分别听取区委办、区政府办负责人就政协十届三次会议提案办理情况的通报，十届三次大会共交办提案128件，全部进行办理和答复。11月21日，召开年度工作会，审议通过十届四次大会提案工作情况的报告和提案委员会工作总结，推荐年度优秀提案14件。

（王　婧）

【学习与文史委员会】　2月18日，召开年度工作研讨会，就年度工作计划进行汇报和说明，与会人员就年度重点工作进行交流研讨和统筹协调。27日，召开工作会，总结去年学习与文史工作，研讨2019年工作计划，与会人员围绕会议议题发表意见建议。3月5日，召开提升京西古道品牌开题会，对课题工作方案进行说明；书面提交《不同版本“京西古道”出书经过》和《京西古道大事纪略》，聘请专家作开题指导；10月31日，召开专题协商会，汇报调研成果，提交调研报告和视频资料，区级领导及相关部门负责人到会听取意见建议并进行现场回应。3月14日，召开文史征集研讨会，对年度文史征集工作提出意见建议。4

月 11 日，举办“擦亮首都文化金名片讲好门头沟故事”学习报告厅。7 月 4 日，召开“我与人民政协——庆祝人民政协成立 70 周年征文活动”部署会。10 月 15 日，举办聚焦创城工作举办学习报告厅，重点讲述门头沟区创城系列问题。

（王 婧）

【教文卫体委员会】 2 月 18 日，召开年度工作研讨会，就专委会工作计划进行汇报和说明，与会人员就年度重点工作进行交流研讨；28 日，召开工作会议，就专委会年度工作要点及全年重点工作进行说明部署；同日，党员委员履职党小组召开会议，传达学习《中共政协北京市门头沟区委员会专门委员会分党组 党员委员履职党小组运行简则（试行）》，并就年度工作进行部署。3 月 13 日，围绕“打造精品民宿”课题召开开题会，就课题选题背景和工作方案进行说明。区发改委、区农委、区旅游委相关负责人围绕“打造精品民宿”情况进行通报。聘请专家进行开题辅导；20 日，到延庆区考察“精品民宿”工作，听取相关部门负责人关于在打造精品民宿工作中制定政策加大扶持力度、提供服务促进规范提升、积极培育行业自治组织等方面，以及精品民宿经营者关于设计开发定位、经营服务理念创新、营销运营模式多样化等方面的情况介绍，双方进行沟通交流；27 日，到密云区开展调研，听取密云相关部门负责人关于该区在打造精品民宿工作中出台实施的系列举措和民宿发展的整体情况，以及精品民宿、乡村酒店经营者关于民宿开发的设计定位、经营状况、营销模式等方面的介绍。同时，就民宿设计开发的经验、经营中存在的困难和问题、需要政府帮扶的内容等进行交流；4 月 26 日，到清水镇西达摩村、梁家庄村、洪水口村及斋堂镇黄岭西村进行实地参观考察调研。听取民宿经营者关于民宿开发的设计定位、经营状况、营销模式等方面的介绍，了解镇及民宿经营者在发展中的诉求；6 月 11 日，召开十届委员会第十四次会议暨第七次议政会，就“打造精品民宿”调研课题进行议政，政府相关部门负责人进行回应。7 月 24 日，围绕加强山区医疗卫生机构建设课题，到斋堂医院、雁翅镇青白口村卫生室和妙峰山镇卫生院开展视察协商调研，与镇主管领导、医院领导及乡村医生进行座谈交流和相关问卷调查，提出意见建议。8 月 15 日，围绕门头沟区非物质文化遗产传承与保护工作课题，到龙泉镇琉璃渠村，听取区非遗办、龙泉镇关于全区及龙泉镇非遗工作开展情况的介绍及非遗发展状况及存在的困难，并就区内非物质文化遗产传承与保护工作进行探讨。9 月 26 日，召开对口协商会，听取课题组对口协商议题前期调研情况的报告和区文旅局关于《门头沟区非物质文化遗产保护工作情况汇报》，围绕非遗工作专门机构设置、专职人员配置、资金保障等进行交流，提出 5 条意见建议。与会相关领导进行现场回应。年内，围绕“优化教师资源配置工作”“加强山区医疗卫生机构建设”“落实分级医疗，做实家庭医生签约工作”开展视察协商。专委会牵头相关界别，多次到妙峰山民族学校、斋堂医院、门矿医院、妙峰山卫生院及多处村卫生室进行视察调研，并与政府相关主管部门、学校、医院领导及教师、医护人员、村医代表等进行座谈交流，提出相关意见建议上报区委。

（王 婧）

【社会法制与民族宗教委员会】 2 月 27 日，区政协走访所联系的团委青联界、妇联界界别组长，就界别工作现状、年度工作计划及存在问题进行协商研讨。3 月 7 日，召开工作会，通过专委会年度工作计划；通报界别工作计划，集体学习全国政协十三届二次会议上所做的政协常委会工作报告。3 月 21 日，围绕“门头沟科技园区服务体系建设情况”课题，召开重点调研议题研讨会；5 月 9 日，到石龙管委调研“石龙产业园配套服务业情况”听取科技园配套服务现状介绍，就存在问题双方进行交流探讨；30 日，调研石龙管委及 5 家驻科技园区企业，相关负责人参加座谈并就科技园区配套服务现状提出意见建议；11 月 13 日，召开重点调研报告研讨会，报告共提出完善基础设施建设、完善公共服务体系、完善政策服务体系，完善人才服务体系四方面建议。3 月 29 日，召开专题协商工作开题会，对调研工作方案做出说明，听取门头沟区“河长制”工作情况介绍，与会双方进行座谈研讨。7 月 11 日，调研妙峰山镇“河长制”落实情况，实地观看爱河湾河长巡查执法站和下苇甸古渡口公园周边环境、设施建设及拆违情况；与妙峰山镇进行座谈，听取镇政府领导及陈家庄、斜河涧村级河长代表关于“河长制”落实情况介绍，并进行互动交流。10 月 11 日，实地调研城子和大峪街道，查看桥东街社区、龙门五社区、增产路社区黑河沟段和葡东社区中门寺沟段等河道治理工作，听取工作人员情况介绍，了解区内“河长制”的落实情况及现存问题。30日，召开专题协商会，课题组成员从法律法规、开发建设、人力财力、宣传引导等方面提出具体建议。参会单位进行回应。

（王　婧）

【专委会工作六室】　3月21日，围绕整合潭柘寺地区旅游文化资源，打造文旅体验产业示范基地议题，召开界别协商开题会。区文旅局相关负责同志就潭、戒两寺退市、文物保护、文旅体验、营商环境等方面进行介绍，课题组就文旅产业发展规划、政策扶持等问题进行交流；10月24日，召开结题会，调研成果转为十届四次全会大会发言，供区委区政府决策参考。5月16日，围绕传承和弘扬门头沟精神，讲好门头沟故事课题，召开界别协商会。听取相关工作情况通报，并就西山永定河文化带建设、工作中如何体现和突出永定河文化、门头沟精神内涵等方面与课题组成员进行交流讨论；10月10日，召开界别协商课题结题会，报告转化为十届四次全会大会发言供区委区政府决策参考。8月22日，组织参加全国政协重大专项工作委员宣讲团北京宣讲报告会，通过同步视频，听取全国政协常委、副秘书长、民进中央副主席作题为《如何当好政协委员》的宣讲。10月15日，围绕“农村地区生活垃圾及面源垃圾治理”监督议题，到清水镇进行实地调研，与相关部门座谈交流，形成意见建议报区委区政府。

（王　婧）

走访与调研

【区政协领导走访、座谈】　2月21日，区政协领导督导清水镇村委会换届选举工作，听取镇、村委会换届选举工作情况汇报，对换届选举工作提出意见建议。会后实地深入洪水口村，现场了解村民代表的选举工作。27日，张冰等及相关委室主任走访委员，围绕《中国美丽乡村全国广场舞大赛总决赛落户门头沟的建议方案》进行交流。28日，张冰走访重点联系企业北京航科精机科技有限公司，听取企业关于国家级军工项目“JZ急救包”研发情况的介绍，公司负责人对区委、区政府以及相关部门近几年给予的帮助和扶持表示感谢。3月7日，区政协领导走访专委会所联系的团委青联、妇联、民族宗教界界别组长，并进行座谈。11日、12日，张冰及主席班子调研朝阳区双井街道13个社区建设情况，并围绕社区治理工作进行互动交流，在如何提升门头沟区城市精细化治理水平方面提出意见建议。4月23日，区政协领导带队，对清水镇加强重点区域安全防范，排查化解社会矛盾，全面落实安全生产责任制，消除各种安全隐患，严防火灾和重大安全生产事故等落实情况进行检查。25日，区政协领导到潭柘寺镇调研精准帮扶、村两委换届工作，听取镇开展村“两委”换届选举和精准帮扶工作落实情况的汇报，与新一届书记、村长和村第一书记进行座谈，详细了解全镇重点帮扶户的家庭现状、帮扶措施、区镇村三级帮扶对接落实情况。5月7日，区政协领导督导检查清水镇“拆违”组织运行和工作进展情况，并慰问一线工作人员。9日，张冰等及相关委室负责人，到1958创意园走访北京市诺兰盛典文化发展有限公司，实地参观1958创意园，听取结合门头沟区历史文化特色及文旅创意产品的介绍。22日，区政协领导张冰等走访文化界委员，参观齐白石美育学校和中企导航咨询中心，进一步了解企业经营状况及存在困难。29日，区政协领导张冰等到区市场监督管理局走访政协委员，听取改革后新组建的区市场监督管理局主要职责、优化营商环境建设、合署办公后工作情况及党建引领改革发展相关工作。6月5日，区政协领导张冰等走访政协委员、国家税务总局北京市门头沟区税务局党委书记、局长，实地考察税务服务大厅优化营商环境建设情况，听取办税服务流程管理介绍，双方进行交流座谈。5日，张冰到联系点王平镇安家庄村党支部进行调研，与镇党委负责同志、新当选的村“两委”班子全体成员进行座谈交流，详细了解安家庄村党支部建设及美丽乡村建设等情况。13日，张冰带队走访政协常委、潭柘寺方丈，实地察看寺庙山门周边环境保护情况，调研了解了寺庙宗教事务开展情况，并就区委、区政府关心的相关问题征询常道常委意见及建议。18日，张冰带队走访政协委员、戒台寺方丈，实地察看重建工程罗汉堂、千佛阁以及寺院内防水、防洪等环境设施建设情况，听取寺庙宗教事务开展情况介绍。26日，政协主席班子走访政协委员，听取深化改革创新全面提升社会治理水平的工作介绍，实地参观考察街道党建服务中心。28日，区政协领导带队到龙泉镇、大峪街道等地，针对门前三包责任制落实情况、违规广告牌匾、店外经营、堆物堆料、暴露垃圾等问题进行检查，并对各相关单位、属地镇街在加强门店日常监督管理等方面提出工作要求。7月5日，张冰等走访政协委员、市规划和自然资源委员会门头沟分局，了解机构改革后，市规划和自然资源委员会门头沟分局的主要工作职责、工作重点和下一步工作计划，双方就相关工作进行座谈交流。16日，张冰等走访政协委员、北京回归风文化传播有限公司总经理、北京上方印乡村旅游文化发展有限公司董事长，就准备投资经营精品民宿项目进展情况进行介绍和研讨。9月4日，张冰等到王平镇东马各庄村、安家庄村、吕家坡村重点了解村两委班子建设、安全稳定等工作，实地视察村容村貌，并与村民亲切交谈，详细了解生产生活情况。24日，张冰带队到区公安分局反恐怖和特巡警支队调研，并走访政协委员、区反恐怖和特巡警支队副支队长。实地查看特警装备和区反恐办实体运行情况，听取支队国庆安保相关工作介绍，了解政协委员在服务保障中的工作情况及履行政协委员职责情况。26日，区政协领导到所联系的妙峰山镇督察国庆安保维稳工作，听取镇国庆安保维稳工作安排及重点问题、矛盾排查处置情况汇报，入村走访炭厂、上苇甸、陇驾庄，慰问建国前老党员和安保志愿者代表。26日，区政协领导到区中等职业学校走访、慰问区政协委员、民进会员，并与校领导进行座谈。10月11日，组织开展“加强山区医疗卫生机构建设”、“落实分级医疗，做实家庭医生签约工作”视察调研活动，张冰一行实地视察东辛房社区卫生服务中心（北京京煤集团总医院门矿医院），听取相关情况介绍并召开座谈会，与会人员围绕“加强山区医疗卫生机构建设”、“落实分级医疗，做实家庭医生签约工作”展开交流研讨，并提出意见建议。11日，区政协领导到民生银行门头沟支行走访银行党支部书记、行长，与企业相关负责同志进行座谈，了解民生银行门头沟支行党组织建设工作及业务开展情况。23日，张冰及班子成员到区法院听取2019年前三季度相关工作介绍，并进行交流座谈。区第五巡回指导组参加座谈。29日，张冰及党组成员到区检察院实地参观、观看宣传片、PPT演示和座谈等形式，详细了解检察院的基层党建制度建设、机关文化建设和2019年工作情况。11月5日，张冰等到区发改委走访看望内蒙武川县到区挂职干部。12日，区政协领导走访政协委员，到委员所在企业北京华朗博科技有限公司及门头沟爱眼协会，了解企业经营情况，工作中遇到的困难及问题。16日，区政协领导走访政协常委。走访座谈中，听取潭柘寺中医药健康旅游产业园规划，“中医药＋文化＋康养＋旅游”项目的背景、目标、内容、进展等情况。

（王　婧）

【市领导调研】　4月29日，北京市政协农业农村委员会主任带领市政协委员一行到门头沟区，就“提升产业发展质量、培育乡村发展新动能”开展调研。市政协委员实地考察北京绿纯金蜂蜜养殖专业合作社和炭厂村村域经济发展情况，并与企业管理者和镇村领导进行交流互动。座谈会上，区领导通报门头沟区“三农”工作整体情况、工作措施、存在问题及政策需求，与会职能局领导就门头沟区休闲观光用地、土地流转、宅基地盘活、新型业态发展、科技扶农、劳动用工等问题进行交流。

（王　婧）

政协活动

【双周学习微课堂】　2月20日，区政协领导到华方艺术中心参观“改革开放四十年·北京民俗泥塑收藏展”，重温老北京风俗记忆，感受改革开放40年来的变化，并考察学习非物质文化遗产传承和保护工作。3月13日，传达学习区创建全国文明城区“比学赶超”擂台赛会议精神，就《中国共产党支部工作条例（试行）》和《中共中央关于加强党的政治建设的意见》开展专题学习。25日，传达学习全国两会精神，学习《中共北京市委关于北京隆达轻工控股有限责任公司及下属印刷包装集团有限公司制版厂违反政治纪律和组织纪律问题责任追究情况的通报》。4月8日，开展“知家乡 爱家乡，提升京西古道文化品牌”讲座。5月20日，组织机关党员干部观看北京长城网《绿水青山就是金山银山》学习视频。6月3日，传达学习全国政协主席汪洋在全国地方政协工作经验交流会上的讲话精神，观看《宪法伴我成长》《维护宪法权威捍卫宪法尊严》专题片和扫黑除恶专题宣传片。7月2

日，学习习近平总书记在“不忘初心、牢记使命”主题教育工作会议上的讲话。8月2日，传达学习《法治宣传伴您行 全民创城齐行动——致市民朋友们的一封信》《关于做好“不忘初心、牢记使命”主题教育两批次联动衔接有关工作的通知》精神，观看《红色记忆》党史宣传片。9月2日，观看《垃圾随手捡 文明天天见》《礼让人人赞 文明天天见》《法治宣传 助力创城》等创城宣传片。11月18日，学习传达习近平总书记中华人民共和国成立70周年系列讲话精神，全体党员干部一同观看《以“红色门头沟”党建为引领，打造“绿水青山”门头沟》宣传片。12月10日，传达学习党的十九届四中全会精神，市委十二届十次全会精神及区领导张力兵宣讲报告会精神。

（王　婧）

【交流活动】　3月14日，房山区政协到门头沟区就政协党的建设、委员学习、履职管理等方面进行座谈调研。区政协相关部门负责人介绍“委员基层日”和“学习报告厅”2个品牌活动的开展情况，就加强政协系统党的建设工作、委员服务和委员量化记分办法以及信息化管理系统作详细介绍，双方还就党建工作以及委员服务工作进行交流。4月30日，由区文联、区政协教文卫体委员会、区文旅局、区总工会、区妇联、民建门头沟区工委、永定河文化博物馆联合举办的北京地区非遗表演创作展开幕，展览包含金漆镶嵌、花丝镶嵌、牙雕、雕漆等19个方面。5月23日，河南省商丘市政协对门头沟区优化营商环境建设情况进行考察调研。参观门城湖环境建设情况，实地考察区政务服务大厅，听取政务服务事项、政策落实、管理运行情况介绍；参观中关村门头沟科技园孵化中心、遨博协作机器人创新中心、园区非公党建和摄影书画展等，听取区优化营商环境建设整体情况介绍，与园区和企业工作人员就优化营商环境促进企业发展等方面进行交流。30日至31日，内蒙古武川县政协到门头沟区实地考察永定河文化及生态建设、潭柘寺镇特色旅游发展及精品民宿打造等情况。两地政协还围绕对口帮扶工作、精品民宿培育与发展以及政协创新工作开展交流座谈。7月5日，房山区政协到门头沟区就农村改善人居环境推进美丽乡村建设情况进行调研考察。实地参观妙峰山镇炭厂村污水处理、环境整治、沟域治理和生态旅游业发展等项目。双方就经济发展和美丽乡村建设进行交流。8月12日至14日，张冰带队到内蒙古武川县考察调研京蒙扶贫协作市区两级项目，了解对口帮扶相关工作开展情况；参观大青山抗日游击根据地司令部旧址和下南滩武川古城遗址。座谈会前，举行向武川县政协捐赠的仪式；两地政协还就政协履职与创新工作、编辑出版文史书籍、协助武川县政协建设军事国防教育基地等内容进行交流。12月12日，北京市政协重大专项工作委员宣讲团到区内，就深入学习贯彻中共十九届四中全会精神、中央政协会议精神、市委政协工作会议精神作宣讲报告。

（王　婧）

【植绿活动】　4月12日，区政协举办纪念“五一口号”发布71周年植绿活动。区属民主党派负责人，区领导，区政协党组班子、主席班子成员出席活动，区属各民主党派成员、政协各界别委员代表以及政协全体机关干部参加活动。

（王　婧）

【学习培训】　4月14日至18日，区政协组织常委春季读书班，与“打造精品民宿”课题组部分成员，到浙江省丽水市、江西省婺源县考察精品民宿及创城工作。5月6日，传达区委关于门头沟创建“基本无违建区”暨全面创建“基本无违法建设镇”相关工作安排，传达学习张力兵同志讲话精神，并就全力助推门头沟区实现创建基本无违建区目标提出工作要求。6月19日，参加北京市政协社情民意信息工作视频会议。6月31日、8月1日，举办委员暑期读书班，传达学习中共门头沟区委十二届八次全会精神、全国地方政协工作经验交流会精神和北京市区政协工作交流会精神，就政协党风廉政形势进行分析并作廉政教育。区领导付兆庚到会通报全区上半年经济社会发展工作情况和下半年工作安排。由各界别推荐出委员代表进行述职，张冰代表区政协常委会对上半年工作进行总结，对下半年重点工作进行部署。委员实地考察“2019年中国北京世界园艺博览会”。7月3日，区政协参加北京市政协同步视频会，听取“不忘初心聚民心 牢记使命铸辉煌——中国共产党民族工作光辉历程与深刻启示”专题辅导报告。11月12日，组织机关全体党员集体观影《小巷管家》。

（王　婧）

【界别活动】　5月9日至28日，政协13个界别167名委员，以界别为单位，结合自身界别特色及职业特点开展届中述职，认真总结自担任十届政协委员以来的本职工作及履行委员职责情况。

（王　婧）

纪检监察

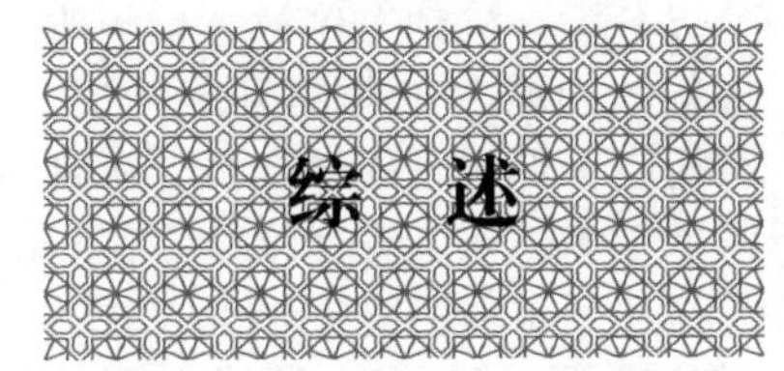

综述

【概况】 2019年，中共门头沟区纪律检查委员会 门头沟区监察委员会（简称区纪委区监委）认真落实十九届中央纪委四次全会、市纪委十二届五次全会和区委十二届九次全会工作部署，增强“四个意识”，坚定“四个自信”，做到“两个维护”，结合“不忘初心、牢记使命”主题教育成果，锲而不舍落实中央八项规定精神，始终保持反腐败高压态势，一体推进不敢腐、不能腐、不想腐的有效机制。

年内，开展门头沟区创建全国文明城区、低收入帮扶、拆违治乱、“吹哨报到”改革监督等重点工作监督检查，严明村和社区“两委”换届纪律，严厉打击拉票贿选、破坏选举秩序行为，受理问题线索182件，取消候选人资格5人，立案审查7人，营造风清气正的换届环境。区四大部门领导班子和36名市管干部制定全面从严治党个性化责任清单，督促区委二级班子、区管领导干部分别制定责任清单81份、457份。以镇街书记月度点评会、基层党建述职会等为抓手，现场点评指出相关党组织从严治党有关问题，督促责任落实。全年共启动问责调查13起，问责党员干部25人。健全区领导带头督促问题整改、巡察前情况通报机制，采取制发巡察工作手册，应用“天眼查”等平台软件，推广延伸巡察“五步法”。全年累计完成3轮次、21家单位党组织的巡察，发现问题896个，提出整改意见建议131条，移交问题线索59个，转立案14个，给予党纪政务处分9人，有效发挥巡察利剑的作用。聚焦“关键少数”、重点工作和政治生态，综合运用“9+X”监督方式，推动日常监督精准化。充分运用第一种形态，抓早抓小。全年共运用“四种形态”处理908人次，其中第一种形态833人次，占91.74%；第二形态62人次，占6.83%；第三、四种形态分别为3人次、10人次，占1.43%。

年内，创建“监督检查室＋联合派驻组＋镇街纪检监察组织”协作联动机制，探索“村（社区）党组织纪检委员与村（居）务监督委员会主任‘一肩挑’”模式，破解基层监督力量薄弱、能力不足等难题。全年开展监督4515次，发现问题187个；制发监督反馈单140份，纪律检查建议书、监察建议书13份。对标对表监督执纪工作规则和监督执法工作规定，完善监督执纪执法流程。对党的十八大以来至2019年7月期间制定的规范性文件进行清理修改完善，予以废止32件，宣布失效3件，修改1件，向区委、区政府提出废止建议20件。

针对市委巡视反馈的“部分领导干部办公面积超标”问题，对11名处级干部分别进行组织处理和问责；查处违反中央八项规定精神问题2起，给予2名正处级党员领导干部党纪处分；查处形式主义、官僚主义问题2起，给予4名党员干部党纪处分。在市级14项任务的基础上，增加拆违、发展精品民宿等7项重点内容，公布22家牵头单位的监督举报电话和邮箱，制定《关于专项整治漠视侵害群众利益问题的工作方案》，全年共查处群众身边不正之风和腐败问题39件，结案21件，给予党纪政务处分20人，组织处理1人，不断提升群众的获得感。深挖彻查涉黑涉恶腐败和“保护伞”，建立健全与区政法、公安、检察、法院协作配合机制，共受理相关问题线索144件，立案36件，给予党纪政务处分26人，其中查处涉黑涉恶腐败和“保护伞”案件6件。建立“13+4+X”专项监督管理台账，构建全覆盖信访举报平台，共受理信访举报

880件次，同比下降24.72%。谈话函询81人次，处置问题线索827件，立案118件，结案76件，给予党纪政务处分69人，挽回经济损失291万元。推进“追防一体化”机制建设，将在逃17年的2个逃犯抓获归案，其中一个案例入选《北京市反腐败追逃追赃案例选编》。持续深化警示教育，制定《关于在全区深入开展“以案为鉴、以案促改”警示教育实施方案》，制作《倒在“贪”字脚下的人》警示教育片，通报曝光典型案件54件次，组织121批次6800余名党员干部到区警示教育基地参观学习。中央、市、区三级宣传平台同发力，在中央纪委国家监委网站登载《家人隐瞒包庇让爱成害17年追逃案尘埃落定》，在中国纪检监察报登载《醉倒在酒局里的一把手》。在中央纪委国家监委网站通报曝光违反中央八项规定案件1件，北京纪检监察网通报违反中央八项规定案件1件，区廉政网曝光台通报曝光违纪违法案件8件，《以案为鉴》刊物通报曝光违纪违法案件44件、典型案件分析7篇。

年内，开展“不忘初心、牢记使命”主题教育活动。采取举办集中脱产培训班、光盘学习、全员测试等方式，不断提升纪检监察干部履职能力。单设干部监督室，完善内部监督机制，共处置问题线索11件，谈话函询5人次，组织处理1人次。聘请16名特约监察员，自觉接受外部监督。

单位名称： 中共门头沟区纪律检查委员会 门头沟区监察委员会

地　　址： 北京市门头沟区新桥大街36号

电　　话： 69843066

邮　　编： 102300

（吴大春）

【宣传教育】 1月，区纪委区监委在中国纪检监察报刊发稿件《一张涂改的支出凭单》。2月，在中央纪委国家监委网站刊发稿件《家人隐瞒包庇让爱成害17年追逃案尘埃落定》。22日，市纪委市监委召开全市纪检监察系统警示教育大会，门头沟区设立16个分会场，全区纪检监察系统干部共200余人参加会议。4月，新改版的门头沟廉政网正式上线，改版后的廉政对相关栏目进行整合优化。4月至10月，与北京电视台“清风北京”栏目组合作拍摄制作专题片《星星之火可以燎原》《马栏村的红色记忆》在北京电视台新闻频道清风北京栏目播出，其中《马栏村的红色记忆》在中央纪委国家监委网站播出；拍摄制作警示教育片《倒在贪字脚下的人》，在全区警示教育大会和区廉政警示教育基地播放，用身边事教育身边人发挥震慑警示作用。同时在区廉政警示教育基地举办“以案为鉴筑牢防线，以案明纪警钟长鸣”警示教育主题展览。在中央纪委国家监委网站通报曝光违反中央八项规定案件1件，北京纪检监察网通报违反中央八项规定案件1件，区廉政网曝光台通报曝光违纪违法案件8件，《以案为鉴》刊物通报曝光违纪违法案件44件、典型案件分析7篇。6月，在中国纪检监察报刊发稿件《醉倒在酒局里一把手》，填补近年来在中央纪委媒体平台的新闻宣传空白。10月16日，举办学习贯彻《规则》《规定》专题培训班，培训班共设立4课，就审查调查规定的运用、案件审理工作规定的运用等内容进行全面细致的讲解。全区180余名纪检监察干部参加培训。

（吴大春）

【调研督导】 2月19日，区纪委区监委领导就村（居）委会换届选举工作到永定镇调研，听取永定镇关于村（居）委会换届选举工作情况的汇报，与村干部进行座谈研讨。6月11日，区纪委领导到大台街道调研，实地查看垃圾分类、机动车停放、旱厕改造等“创城”工作的开展情况，与街道干部进行座谈交流。认真听取创城工作、安保维稳工作和无违建区工作的进展情况，并就“创城”和环境整治工作提出具体要求。8月15日，区纪委领导带队到西城区纪委监委，就两区推进生态涵养区保护和绿色发展结对协作中加强监督协作进行对接，签订《在生态涵养区生态保护和绿色发展结对协作中加强监督协作工作机制协议书》，建立结对协作监督碰头机制、监督检查机制、监督会商机制、监督会议机制，畅通协调碰商沟通渠道。9月21日，区纪委领导结合“不忘初心、牢记使命”主题教育到大台街道开展调研，听取大台街道主题教育和国庆安保维稳工作汇报，实地走访千军台社区和黄土台社区，就民生难点问题与街道和社区干部进行座谈交流。11月19日，市纪委书记监委主任围绕贯彻党的十九届四中全会精神、中央纪委三次全会精神、落实全面从严治党“两个责任”到门头沟区调研。实地查看担礼村永定河畔拆违、上苇甸村凌沟拆除52栋别墅的情况，现场调研督导下苇甸村拆除“老兵之家”违建别墅工作；走访炭厂村，了解村民利用红色资源、闲置沟域资源发展村集体经济的情况；到门头沟区纪委监委机关慰问干部，听取区委、区纪委关于履行全面从严治党主体责任、监督责任工作情况、“不忘初心、牢记使命”主题教育进展情况以及基层纪检监察干部履职情况汇报。

（吴大春）

【区域帮扶】 4月22日，区纪委领导带队接收雁翅镇太子墓村贫困户，并在村委会召开务虚会了解对接贫困户事宜。7月22日，机关党委组织各支部书记到雁翅镇太子墓村对贫困户情况进行调研。9月29日，机关党委组织全体党员捐款慰问雁翅镇太子墓村贫困户。10月初，帮助雁翅镇太子墓村解决农产品脱销问题，按照相关优抚政策雁翅镇太子墓村贫困户全部脱贫。

（吴大春）

【执纪审查】 4月30日，区纪委区监委结合全区农村和社区“两委”换届选举工作，制订《门头沟区纪委区监委关于严肃查处违反换届选举纪律规定专项工作方案》，对违反选举纪律行为一律“零容忍”，共受理涉及农村和社区换届选举问题线索159件，其中信访举报119件，占比74.84%；区选办转来38件，占比23.90%；基层单位上报2件，占比1.26%；对涉及换届选举问题线索启动快速核查58件，出动办案力量330余人次，取消候选人资格5人，立案审查1人，拟立案审查4人，下发监察建议书1件。10月14日，出台《关于在纪检监察工作中建立协作联动机制的意见》，将监督检查部门按照“片区室+系统组+功能镇街”的模式，混合编程片区联动，组成4个协作组。以有限资源搭配拧成“多股绳”，集中力量打出“组合拳”。全区纪检监察组织开展日，常监督1480次，发现问题40个；围绕年度重点任务开展专项监督1824次，发现问题110个；共制发监督发现问题反馈单133份。

（吴大春）

【京蒙帮扶】 7月25日，区纪委区监委派干部随门头沟区党政代表团到堆龙德庆区对接携手奔小康工作。调研德吉藏家二期民宿、京白梨试种情况，看望慰问2户德吉藏家一期建档立卡贫困户，详细了解贫困户经济收入、就业、民宿收入等情况.27日，随门头沟区党政代表团到内蒙古自治区呼和浩特市武川县和乌兰察布市察右后旗，开展调研对接，及时跟进了解扶贫协作监督执纪工作各项机制落实情况，围绕挂职干部履职、项目资金落地、扶贫工作实效等进行沟通。听取2018年度18个京蒙扶贫项目资金落实情况和2019年门头沟区14个扶贫项目开展情况的介绍，实地查看门头沟区安排帮扶资金引入的100亩高山玫瑰项目落地情况，并同门头沟区选派到当地的挂职干部进行廉政谈话，提出纪律要求。

（吴大春）

【区委巡察】 年内，十二届门头沟区委完成4个轮次对27家区属单位党组织和129个村、社区党组织的常规巡察。对4家单位开展规划自然资源领域专项交叉巡察，并配合房山区委完成对4家单位的专项巡察；区委高度重视巡察工作，组织召开9次会议研究部署巡察工作，区委、区政府领导43人次参加会议、听取汇报并反馈巡察情况，领导小组成员12次赴巡察一线慰问巡察组工作人员。通过巡察，发现被巡察党组织问题896件，移交区纪委监委问题线索59件，立案14件，给予党纪政务处分9人；向被巡察单位提出整改意见131条，向区委区政府有关职能部门提出意见建议8条。年内，区委落实10名巡察组正（副）处级巡察专员编制，抽调干部143人次参加巡察工作，组织开展巡察干部培训班4期共164学时，巡察干部能力素质持续提升。

（吴大春）

重要会议

【第十二届六次全体会议】 1月31日，中共门头沟区纪委第十二届六次全体会议。区四套班子领导，区法检“两长”，市纪委市监委第五纪检监察室干部，区纪委区监委领导班子成员、区纪委委员，全区各部门、各单位有关负责同志参加会议。会上，听取并审议通过区委领导代表区纪委常委会所作的题为《忠诚履职尽责 奋勇改革争先，推动新时代纪检监察工作高质量发展》的工作报告；全会审议通过《中国共产党北京市门头沟区第十二届纪律检查委员会第六次全体会议决议（草案）》；

（吴大春）

【第一届特约监察员聘请会】 8月23日，北京市门头沟区监察委员会第一届特约监察员聘请会，聘请16名特约监察员。区纪委领导到会并要求特约监察员提高政治站位，建立特约监察员制度；积极履职尽责，重点监督是否履行党章党规，献言献策当好特约监察员。

（吴大春）

【纪检监察干部大会】 12月26日，召开全区纪检监察干部大会，170余名纪检监察干部参加。会上，逐字逐句在全体机关党员干部传达学习区委十二届九次全会精神讲话精神。

（吴大春）

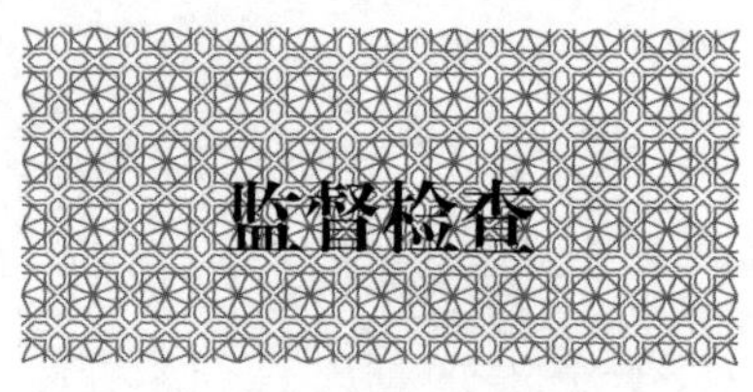

【“四风”问题监督检查】 元旦前夕，区纪委区监委制发《关于2019年元旦和春节期间严明纪律规矩加强监督检查工作的通知》，联合税务、财政等相关单位盯紧变异“四风”问题，采取明察暗访、随机抽查、突击检查及信息化等手段，对宾馆酒店、农家乐、大型超市商场、机关食堂等场所开展监督检查。

（吴大春）

【畅通监督举报渠道】 3月1日，在信访室设置1个电话受理坐席，配备2名工作人员接听12388举报电话，每天上午9点至12点，下午13点至18点，其余为语音留言时间.4月30日，对全区80余家党政机关和事业单位进行重点抽查和随机检查。同时畅通“信、访、网、电”监督举报渠道，区纪委电话举报热线全面接入中纪委12388电话举报受理系统，广泛发动群众参与监督。

（吴大春）

【出台信访举报预案及办法】 8月1日，区纪委区监委出台《门头沟区纪委区监委信访举报突发事件应急处置工作预案》。12月18日，出台《门头沟区纪委区监委领导干部信访举报约访接待工作办法》，进一步畅通信访举报渠道，维护群众切身利益，规范委领导接待信访举报人工作。26日，处置子平台贯通办理子平台和综合办案系统正式启用，实现信访举报处理信息的实时反馈和全流程闭环管理。

（吴大春）

民主党派

中国民主同盟北京市门头沟区工作委员会

【概况】 2019年，中国民主同盟北京市门头沟区工作委员会（简称民盟区工委）现有在册盟员122人。年内，民盟组织继续以5%的速度发展，发展新盟员7名，其中企业管理工作者1名，政府工作者5名，医务人员1名。另有5名至8名积极分子在培养中。盟员中市政协委员及民盟市委委员1人，区人大代表4人，区政协委员8人。盟员中的人大代表和政协委员围绕区内中心工作，在区人大和区政协平台上积极工作，认真履职，建言献策。年内，盟工委以“不忘合作初心，继续携手前进”为工作宗旨，进一步加强思想建设、组织建设、制度建设和廉政建设。组织盟员参加民盟市委、北京市、区统战部，市、区政协组织及民盟区工委组织的参观、理论学习和培训30余次，参与培训人数保持在80%以上。年内盟工委的工作围绕中华人民共和国成立70周年和中国人民政治协商会议制度建立70周年开展学习参观培训活动；围绕门头沟区“创建全国文明城市”工作、“西山永定河文化带建设”“长城文化带建设”“8+1精准扶贫济困活动”“门头沟区营商环境状况”“农村妇女权益保障”“农村文化建设情况”等开展调研考察工作，撰写调研报告，与区政府相关部门进行协商对接。参与盟市委“8+1”帮扶行动精准帮扶贫困攻坚中，深入农村，送医送药、送健康、送文化助推农村转型发展。主办第三届“东胡林人论坛”，助推区内历史文化与旅游业的发展。年内，区工委被盟市委评为“民盟思想宣传工作先进集体”。2名医生盟员受到北京中医药管理局表彰，被评为“北京中医行业榜样人物”。

单位名称：中国民主同盟北京市门头沟区工作委员会

地　　址：中国共产党北京市门头沟区统一战线工作部

电　　话：69842327

邮　　编：102300

（张金明　张　焱）

【参政议政】 1月7日至11日，民盟区工委4名人大代表和8名政协委员分别出席区人大十六届五次会议及区政协十届三次会议。建言献策，撰写议案、提案。在政协党派议政会上盟工委作《关于加快我区农民专业合作社发展的建议》的发言。会上，委员们在门头沟区教育、农村旅游开发、农村医疗及文化建设，社区管理、交通等方面问题提出意见建议。3月21日，晨光会议中心A区四层会议室召开工委全会。会上，布置年内工作、细化调整组织制度、商讨《2019年我区农村妇女权益保护（调研提纲）》《优化门头沟区营商环境调研提纲》。6月26日，在晨光二层第四会议室，民盟工委召开全委会，由主委布置近期工作。到潭柘寺镇平原村搞公益活动，到龙王村文化义诊下乡。“营商环境”调研课题进程情况及存在问题。7月11日，民盟工委召开全会，分析“我区营商环境状况调研”调研课题，确定主笔人。年内，工委及各支部将信息上报作为一项重点工作，号召盟员发现身边的民生问题、社会问题等等，从百姓身边的难事、热点关注中寻找信息点，及时上报。共提供给区委、市委20余条信息，10余条政协提案。

（张金明　张　焱）

【学习培训】 1月27日，民盟区工委召开2018年度工作总结表彰会。组织学习门头沟区人大、政协会议的重要文件，围绕区创城工作和中华人民共和国成立70周年庆典活动部署及新一年的盟工委主要工作。4月，民盟区工委2次组织30余位盟员到北京陶瓷艺术博物馆参观学习“民盟先贤—张澜家风展”活动，接受爱国主义教育。5月下旬，组织骨干盟员参加党外代表人士培训班，到妙峰山情报站、田庄、斋堂抗战烈士陵园、马栏挺进军司令部实地参观学习。7月6日，民盟门头沟区工委、石景山区工委、大兴区工委和房山区总支等4区民盟组织联合举办2019年暑期学习班，门头沟区工委四大支部推选中青年骨干盟员30余人参加学习培训，盟市委常务副主委出席并讲话。盟员们学习《不忘入盟初心 履行义务职责》《用新思想铸魂引航——习近平新时代中国特色社会主义思想的必要性》2个专题报告，结合领导讲话及专题讲座的学习内容进行交流。9月10日，民盟北京市委、区工委庆祝中华人民共和国成立70周年——民盟先贤肖像巡回展在门头沟区博物馆举行启动仪式。民盟市委、门头沟区委领导、区各党派负责人及60名盟员出席开展仪式。21日，参观抗日战争纪念馆，10月27日，参观电影博物馆，重温历史、缅怀先烈。10月28日，组织盟员参加“国庆70周年大型成就展”参观学习活动。

（张金明）

【服务社会】 1月29日，民盟区工委成员与盟市委领导到区清水镇龙王村扶贫济困，慰问解放前老党员。为村民送春联、送福字。还考察达摩庄村的经济发展情况。4月12日，组织6位盟员到绿海家园参加植树绿化京西活动。24日，副主委同盟市委秘书长带领科普团队到军庄小学举行手拉手科普培训活动。4月下旬至6月底，民盟区工委先后2次到潭柘寺平原村，开展“健康、法制、文化三下乡”活动。为山区百姓进行健康讲座、医药咨询指导。还从疾病防治出发，对山区居民进行健康文化普及从而综合提升居民的生活质量。民盟区工委联合潭柘寺法庭，在军民中开展“扫黑除恶”专项斗争宣讲和“非法贷”宣讲，帮助山区百姓提高法律意识和风险意识。6月27日，民盟区工委联合区文联、懒投资科技有限公司到区清水镇龙王村落实“8+1”行动，开展“走基层，送温暖”活动。对村民进行义诊，为老党员、复转老军人、低收入户等送去400元户的慰问品，20余幅书画作品和部分图书，解决困难群众的生活问题，丰富村民的文化生活。7月28日，主委到区法院，根据法院工作人员集体体检结果和工作状况进行夏秋养生知识科普讲座。从作息、活动、心态、饮食等多角度向参会者进行介绍与辅导并提出养生建议。9月10日，在先贤画像巡回展上，区政协副主席为门头沟区峪园社区“盟员之家”揭牌。12月29日，主委带领10余名盟员，为城子社区赠送各类图书活动，以改善并丰富社区精神文化生活。年内，民盟区工委建立4个慢病管理基地。分设在2个社区（峪园、金泰丽湾）、1个企业（精雕科技公司）、1个农村（潭柘寺镇平原村），主动服务，定期开展科普讲座及中医耳穴治疗、教授八段锦等。全年开展活动28次，服务居民千余人次，提高居民的防病意识和健康意识，受到居民及社会各界的广泛赞誉。除此以外，盟内医疗专家团队不定期的到民生、城子、七棵树、矿桥等社区、法院、财政局、邮储银行、妙峰山卫生院、清颐养老院等单位开展义诊及健康讲座。为社区全科医生授课，提高基层医务人员医疗技术水平。

（张金明　张　焱）

【考察调研活动】 年内，工委围绕区委、盟市委的中心工作调研，并积极参与政治协商。开展调研课题2项，分别是优化门头沟区营商环境调研、山区农村妇女权益保护的调研。开展实地考察、座谈等调研活动。1月中旬，在潭柘寺镇主持召开《山区农村妇女权益保护》的调查研究工作的动员部署会。3月12日，主委陪同盟市委和区委统战部领导考察清水镇洪水口村、杜家庄村、黄塔村。就“无线电天文小镇规划”等事宜进行调研，落实8+1精准帮扶工作。4月16日，盟工委组织人员到潭柘寺南村、南辛房村、平原村，就山区妇女权益保障问题进行调研。11月22日，民盟区工委教育支部在民盟办公室举行支部扩大会议，支部全体委员、教育支部中的工委委员、区人大代表、政协委员参加会议。会议以主要内容之一是结合区内全面小康建设及创城工作，号召支部成员展开有关民生问题的社情民意的调研征集工作。经过调研、走访共完成社情民意调研信息8件，由区工委上交区统战部。

（张金明　张　焱）

中国民主建国会北京市门头沟区工作委员会

【概况】 2019年，中国民主建国会北京市门头沟区工作委员会（简称民建门头沟区工委）围绕门头沟区中心工作，多方面，多角度的履行党派职责，积极创新发展，为门头沟区的发展起到积极作用。年内，共有会员202人，下设8个支部。高级职称41人，中级职称41人，博士学历5人，硕士研究生学历25人，本科学历128人，全国政协委员1名，北京市人大代表2名，区政协副主席1名，区政协常委1名，区政协副秘书长1名，区政协委员10名。区政协各专委会副主任1名，北京市新联会理事2名，门头沟区新联会副会长3名，区各部门特邀监督员16名。

单位名称：中国民主建国会北京市门头沟区工作委员会
地　　址：北京市门头沟区滨河大厦632房间
电　　话：69822562-8010
邮　　编：102300

（李　涛）

【组织建设】 年内，民建门头沟区工委先后成立2个专委会，发展27名新会员，增补工委委员、支部委员，举办和参加各种培训班和统战知识竞赛、中华人民共和国成立70周年庆典参观展览，工委获民建中央脱贫攻坚奖先进集体，第六支部获“民建北京市委2015年度至2018年度先进基层支部”，1人获民建中央脱贫攻坚奖先进个人，6人获“民建北京市委2015—2018年度优秀会员”，1人获民建北京市委网站优秀通讯员，1人获首都精神文明建设奖，28篇文章刊登在民建中央网站，2人增补为政协门头沟区第十届委员，在雁翅镇房良村建立民主党派主题教育基地，编纂印刷《初心·我们这5年》图册。

（李　涛　李　彤）

【参政议政】 年内，民建门头沟区工委共提交政协提案12份，其中《关于复兴古道水岸经济，打造三家店古镇名村建设》获门头沟区政协2019年度优秀提案。《创造就业岗位，夯实创城根基的建议》作为大会发言材料进行重点汇报，《关于依托潭戒两寺为龙头，带动周边文化旅游资源》《关于加强门头沟区电商物流从业行业管理》等提案作为会间界别提案向大会提交。年内，围绕《关于整合潭柘寺地区文化旅游资源，打造文旅体验产业示范基地的建议》，成立“政协课题调研组”，将调研成果确定为2020年区“两会”的大会发言。完成《加强基层组织管理，彰显基层管理特色》《民建在解放战争和建国初期的历史作用》等理论研究成果。

（李　涛　李　彤）

【拓宽服务领域，打造特色品牌】 年内，在门头沟区雁翅镇房良村建立“名誉户主”项目，签订《民建助力脱贫攻坚，名誉户主联系簿》。在河北省涿鹿县、呼和浩特市武川县、乌兰察布市察右后旗等地建立支援协作项目：建立百亩精品蔬菜大棚、百亩精品黑玉米种植、千亩玫瑰花种植、建立玫瑰花加工企业；开发旅游产业扶贫线路，持续开展一老一小社服工作、纪念五一口号植树活动，助力禁毒办开展以“绿色无毒、阳光生活”为主题的百场禁毒宣传；承办庆祝中华人民共和国成立70周年《长征组歌》专场音乐会；扶贫帮扶工作累计投入千余万元。创建产业扶贫、消费扶贫品牌。

（李　涛　李　彤）

【会员服务社会 组织服务会员】 年内，民建门头沟区工委为会员企业举办工商税务知识、金融知识、法律知识培训班，走访会员企业，为会员解决贷款融资、企业运营、法律援助问题。

（李　涛　李　彤）

【不忘合作初心 继续携手前进】 年内，民建门头沟区工委成立“不忘初心 牢记使命”主题教育领导小组，工委班子、支部班子带领全体会员开展活动126次，参与人数达1521人次。到房山区堂上村、门头沟区房良村回顾历史唱响红歌；组织召开“找差距 促提升”民主生活会；全体会员就“民建四问”、“民建人的责任与使命”等主题开展集体讨论并形成报告，每位会员撰写《我的入会初心》学习心得体会。报送工委信息被民建中央采纳28篇，民建北京市委采纳28篇，门头沟区政协及中共门头沟区委统战部采纳35篇。

（李　涛　李　彤）

中国民主促进会北京市门头沟区工作委员会

【概况】 2019年，中国民主促进会北京市门头沟区工作委员会（简称民进门头沟区工委）现有会员92人，分设中等职业学校支部、进修学校支部、新桥路中学支部、永定支部。会员中有北京市政协委员1人，区政协委员9人。年内，区工委健全民主集中制的工作机制，倡导尊重、体谅、包容、关爱每一位会员，推动形成团结民主、甘于奉献、尊老敬小、包容有爱的“民进一家亲”氛围。加强凝聚共识工作，牢记民进先贤“立会为公”初心，引导汇聚正能量。区工委获民进中央“民进全国先进基层组织”称号和民进北京市委“2019年度社会服务工作先进集体”称号。《提升农村人居环境应完善常态化管理》被评为民进北京市委2018年度优秀调研成果一等奖。

单位名称：中国民主促进会北京市门头沟区工作委员会

地　　址：中国共产党北京市门头沟区统一战线工作部

电　　话：69842327

邮　　编：102300

（郑华军）

【区政协十届三次全会委员履职】 1月7日至10日，区政协十届三次全会上，民进门头沟区工委作《关于我区地质资源开发与利用的建议》《关于精准帮扶工作的建议》的大会发言。区工委以党派名义提出《以门头沟精神为引领助推全国文明城区创建工作》《门头沟区地质资源开发与利用》2件提案。

（郑华军）

【“春联万家”活动】 1月11日，由民进北京市委、西城区委、门头沟区工委主办的2019年民进全国“春联万家”北京分会场分别在门头沟区梁家铺村和陈家庄村举办，为两村村民书写春联300幅，福字300个。

（郑华军）

【工作年会暨春节慰问活动】 1月19日，民进门头沟区工委举行2018工作年会暨春节慰问活动。工委主委总结民进区工委2018年工作并对2019年工作安排做出说明。副主委向全体会员汇报活动经费使用情况和会员参加活动情况。活动对在参政议政和社会服务方面表现突出的优秀会员进行表彰。

（郑华军）

【慰问退休老会员】 春节前夕，民进门头沟区工委委员带领部分新会员代表分别慰问区工委退休的工委老领导和老会员。通过此次慰问活动表达区工委及全体会员对老会员的问候和关心，感谢老会员为民进组织的发展进步所做的贡献。

（郑华军）

【参政议政工作暨协商课题开题会】 3月9日，民进门头沟区工委召开参政议政工作暨协商课题开题会。区委统战部干部就如何撰写社情民意信息进行专题辅导；工委副主委就《民进区工委2019年工作要点》进行说明；工委副主委布置《民进门头沟区工委2019年协商工作安排》。工委主委就民进区工委2019年的重点工作作发言。

（郑华军）

【结对共建座谈会】 3月15日，民进门头沟区工委联合区儿童福利院召开结对共建活动座谈会，区儿童福利院院长及部分福利院员工与区工委的会员们一起回顾在门头沟民进人的陪伴下，福利院的孤残儿童们走过的六年快乐时光，研讨并明确结对共建工作以后的发展方向。

（郑华军）

【职高支部开展慰问服务活动】 4月20日，民进门头沟区工委职高支部联合区志愿者服务人员共同开展“走进雁翅镇社会福利中心慰问献爱心活动”。向福利中心交付工委全体会员捐赠的各类衣物10余袋，近百件。同时转交会员向雁翅镇社会福利中心捐助的1000元现金。

（郑华军）

【歌曲快闪活动】 6月16日，民进门头沟区工委在永定楼文化广场以“我和我的祖国”为主题，组织全体会员开展歌曲快闪活动，充分体现民进会员昂扬向上的精神面貌。快闪视频分别被“北京民进”和市统战部公众号采用发布。

（郑华军）

【“手拉手”共建活动】 7月6日，民进门头沟区工委联合区福利院开展“关爱儿童共携手，暖心陪伴度暑假”的主题活动。活动中民进会员与福利院儿童共同拍摄庆祝中华人民共和国成立70周年短视频“我爱你，中国”。会员还陪伴孩子们利用河边捡拾的鹅卵石和小草帽，创作石头画和彩绘草帽，并进行蔬菜采摘的体验。

（郑华军）

【暑期夏令营活动】 7月16日至20日，民进门头沟区工委在妙峰山民族学校开展以“民进良师同携手 暖心陪伴度暑假”为主题的暑期夏令营活动。在为期5天的夏令营活动中，来自北京市各级民进组织的优秀老师们为山区的孩子们精心授课，受到孩子们的欢迎。夏令营授课教师为山区孩子们讲授京剧、摄影、超导磁悬浮、中国传统纹样、国画、童话剧、动画制作、数学游戏、食品健康与安全、航模、等课程。

（郑华军）

【参观学习活动】 8月21日，民进门头沟区工委永定支部组织会员到首钢园区和北京冬奥组委开展参观学习活动。在首钢陶楼，会员们观看“首钢牵手冬奥”宣传片，并参观首钢发展成就展。在工作人员引领下，会员们参观首钢工业文化园区三号高炉，明辉湖等首钢工业遗存的保护和利用情况；参观2022年冬季奥林匹克运动会组委会办公地、北京冬奥会展示中心和首钢国家冬季运动训练设施。

（郑华军）

【生物科学讲座】 9月24日、11月25日，民进门头沟区工委邀请中国农业大学生物学院教授分别到八中京西附属实验小学和北京二小永定分校带领500余名学生走进“蛋壳里的世界”，了解鸟类胚胎体外培养的历程及应用。

（郑华军）

【主题教育活动】 10月19日，民进门头沟区工委开展“不忘合作初心，继续携手前进”主题教育活动。著名传拓艺人、区民俗协会副主席宣讲《门头沟区的红色历史文化》，会员们参观平西交通联络站，主委作《为执政党助力为国尽责》的工作报告，与会会员以支部为单位结合工作报告进行讨论，对工委领导班子及工委近年来的工作和未来发展提出意见、建议。4名会员代表分别从做好工委工作、主动履行会员责任、扶贫助困、积极参与社会服务等角度做先进典型宣讲。11月2日，教师进修学校支部10余名会员到马栏地区开展“忆红色历史，看绿色今天”主题教育活动。会员们了解马栏村的光荣历史

（郑华军）

【参政议政工作会】 12月14日，民进门头沟区工委召开参政议政工作会。与会会员围绕社会热点、难点问题和自身工作中发现的提案线索发表意见。会员们提出有关社会管理、促进经济发展、民生保障、政策解读、工作机制、教育发展等方面的建议15条。与会会员中的政协委员在阐述自己的建议的同时也认领大部分建议。

（郑华军）

中国农工民主党北京市门头沟区工作委员会

【概况】 2019年，中国农工民主党北京市门头沟区工作委员会（简称农工党门头沟区工委）组织农工党员学习十九届四中全会和区委十二届八次、九次全会精神，围绕庆祝中华人民共和国成立70周年和政协成立70周年，参加社会调研、反映社情民意、开展社会服务活动。在区政协十届三次会议上提交的集体提案《关于加快推进区域医疗中心建设》和个人提案《关于门城地区率先实现完整垃圾分类体系》被评为优秀提案。年内，发展新党员3名，培养发展对象2名。

单位名称：中国农工民主党北京市门头沟区工作委员会
地　　址：北京市门头沟区新桥大街36号
电　　话：69842327
邮　　编：102300

（师建熙）

【参政议政】 两会期间，农工界别共提交集体提案1篇、个人提案8篇，农工党区工委题为《关于加快推进区域医疗中心建设》调研报告作为大会发言，题为《关于建设美丽乡村的几点建议》在第一联组讨论中作为中心发言。

（师建熙）

【“三学一讲”专题活动】 1月17日，农工党门头沟区工委在京西晨光饭店会议室开展“三学一讲”专题活动，工委委员就《中华人民共和国宪法》作题为《弘扬宪法精神，深化依法治国实践》辅导报告。

（师建熙）

【敬老慰问活动】 1月31日，农工党门头沟区工委班子成员到定点帮扶单位妙峰山敬老院开展敬老爱老慰问活动，为老人们送去棉毛套装、福字袜和米面油等生活用品。农工党区工委3个支

部分别到离任老主任、老党员家中走访慰问。

（师建熙）

【观看法制教育影片】 3月29日，农工党门头沟区工委组织党员到门头沟区熙旺国际影城观看法治教育影片《特别追踪》，年轻党员撰写提交观影心得体会。

（师建熙）

【参加“五一口号”纪念活动】 4月12日，为纪念“五一口号”发布71周年，农工党门头沟区工委组织农工党员参加区政协开展的植绿活动，重温统一战线和多党合作光荣历史。

（师建熙）

【健康京郊行帮扶活动】 7月12日，农工党门头沟区工委组织农工医疗专家团队雁翅镇淤白村，开展《农工情·健康京郊行》低收入村帮扶活动，为33位60岁以上村民提供免费健康义诊咨询服务。

（师建熙）

【山区医疗专题调研】 7月24日，农工党门头沟区工委课题组到雁翅、斋堂、妙峰山3镇，通过访谈村卫生室、社区卫生服务中心、游客、村民和发放问卷等形式，就门头沟区山区医疗卫生机构建设情况开展专题调研，形成的调研报告转化为党派集体提案。

（师建熙）

【参加征文绘画摄影活动】 年内，农工党门头沟区工委提交《凝心聚力，共谋复兴新史诗》和《一件提案的遐想》2篇征文；《赠家乡村民七米牡丹画长卷》参加中华人民共和国成立70周年书画展；2名党员参加农工市委摄影作品展并获奖。

（师建熙）

【助力低收入帮扶工作】 10月，苹果丰收，农工党门头沟区工委订购雁翅镇青白口村苹果215箱4300斤，价值22280元，助力青白口村苹果销售，推动“8+1”结对帮扶工作深入开展。

（师建熙）

【民主生活会主题】 12月5日，农工党门头沟区工委召开题为“不忘合作初心，继续携手前进”领导班子民主生活会，与会委员分析自身问题，开展批评与自我批评，进一步统一思想，强化责任担当，齐心协力推动主题教育活动的有效开展。

（师建熙）

【社会调研和参政议政】 年内，在创建全国文明城区工作中，农工党门头沟区工委党员围绕养犬、规范停车、垃圾分类和加强社区自治等方面提出意见建议，提交社情民意信息15篇。向农工市委、区政协、区委统战部报送信息13篇。在区政协十届三次会议上，农工界别共提交集体提案1篇、个人提案8篇，其中集体提案《关于加快推进区域医疗中心建设》和个人提案《关于门城地区率先实现完整垃圾分类体系》被评为优秀提案。

（师建熙）

【参加庆祝建国知识竞赛】 9月12日，农工党门头沟区工委组队参加区委统战部举办的“同心同行七十年 坚定不移跟党走”门头沟区统一战线庆祝中华人民共和国成立70周年知识竞赛活动，农工党区工委获第一名。

（师建熙）

【推进“8+1”名医团项目】 年内，农工市委在门头沟区军庄卫生院和青白口村分别建立农工党名医工作室，由东城区委和海淀区委每月定期安排市里医疗专家到军庄卫生院和青白口村坐诊、带教。

（师建熙）

中国致公党北京市门头沟区支部委员会

【概况】 2009年5月，中国致公党北京市门头沟区支部委员会（简称致公党门头沟区支部）成立，现有党员66名。2019年，致公党门头沟区支部结合“不忘合作初心，继续携手前进”主题教育活动开展展现区域特点的活动，发挥致公党“侨”、“海”特色，在政治理论学习、参政议政、社会服务、民主监督、组织建设等方面积极开展工作。

单位名称：中国共产党北京市门头沟区委员会统一战线工作部
地　　址：北京市门头沟区新桥大街36号
电　　话：69826638
邮　　编：102300

（黄骞仪）

【参政议政】 1月10日，在门头沟区政协十届三次会议大会参政议政发言上，党员代表支部以

《关于中关村门头沟科技园“高精尖”产业政策实施》为主题进行大会发言。年内，支部组织转班调研并撰写《深入实施乡村振兴战略 抓好美丽乡村建设 合理推进村庄规划编制及消防设施建设工作》调研报告，获得致公党北京市委2019年调研课题评审会专家组肯定。

（黄骞仪）

【团队建设】 3月5日，致公党门头沟区支部以“节能环保、文化创城”为主题举办女党员庆祝活动。10月19日，举办首届羽毛球联谊赛，比赛分为女单、男单和双打，全体党员参加。

（黄骞仪）

【支部活动】 9月14日，致公党门头沟区支部联合西城六支部开展“不忘合作初心、继续携手前进”主题教育活动。参观市级爱国主义教育基地——马栏村冀热察抗日挺进军司令部旧址、国家级传统村落——沿河城村，了解革命老区门头沟的抗日革命历史、优秀革命传统和英雄人物事迹，并进行座谈讨论。28日，致公党北京市委秘书长带队参加致公党门头沟区支部在区龙泉镇城子村委会举办的“不忘合作初心，继续携手前进”主题教育系列活动。区委统战部副部长、龙泉镇党委书记等出席活动。年内，支部部署主题教育工作，并举办马克思主义读书会，邀请北京工业大学马克思主义学院教授以《不忘初心 携手前行》为主题授课，联合城子村两委班子成员及全体中共党员共同学习，向城子村委会赠送88本《习近平新时代中国特色社会主义思想学习纲要》。年内，支部选拔3组参赛队伍、9名参赛选手参加由区委统战部主办“同心同行七十年 坚定不移跟党走”门头沟区统一战线庆祝中华人民共和国成立70周年知识竞赛，获多个奖项。

（黄骞仪）

【“8+1”精准帮扶】 11月6日，北京市人大常委会副主任、致公党北京市委主委到门头沟区开展8+1精准帮扶调研，实地考察对口帮扶斋堂镇张家村，并为致公党门头沟区支部在张家村村委会设立的志愿者服务站授牌。支部鼓励党员通过多渠道为帮扶工作献计出力，共引进7家企业注册落户对口帮扶斋堂镇张家村。

（黄骞仪）

【社会服务】 年内，致公党门头沟区支部成立张家村志愿者站、永定河文化志愿者站。致公党门头沟区支部在全区范围内共成立8个志愿者站。春节前夕，支部联合北京致公志愿者协会到区城子街道办事处龙门社区一区开展“迎新春志愿者在行动”送文化志愿活动。多名书法家现场为社区居民书写春联、“福”字、书法小品。青年志愿者，为居民带来即兴喜剧表演。党员为社区老年朋友捐献骨关节炎药剂。年内，支持大峪一小开展“少年爱家乡 翰墨绘京西”美术实践写生活动，邀请永定河艺术家协会老师进行指导。年内，在龙泉镇东南街社区、水闸西路社区、琉璃渠社区3个社区开展系列志愿活动，累积为60余名居民提供理发服务，为80余名居民提供修脚服务。

（黄骞仪）

九三学社门头沟支社

【概况】 2019年，九三学社门头沟支社共有社员69人，比上年增加6人。门头沟区政协委员7人，其中区政协副主席1人，区政协常委1人。北京市政协委员1人，北京市人大代表1人，门头沟区工商联副会长1人，门头沟区青联委员3人。

单位名称：九三学社门头沟支社暨基层委员会（筹）
地　　址：中国共产党北京市门头沟区统一战线工作部
电　　话：69842327
邮　　编：102300

（安长生）

【社会服务】 1月，九三学社门头沟支社联合区文联开展送医下乡活动，为清水镇百姓进行义诊，提供健康体检、健康咨询，百余名当地村民收益。6月，“九三乐创空间”正式挂牌成立，承办门头沟区第五届大众创业万众创新活动周、京西创新论坛、九三学社第三节京津冀青年论坛——践行“8+1”行动暨“科技金融助力双创”路演活动，吸引29家优质企业入驻门头沟科技园。8月，联合阜外医院支社、北京市中西医结合医院及北大口腔医院8名医疗专家，到涿鹿县和察右后旗开展义诊活动和慰问活动。9月，组织承办北清学生与门头沟大峪中学开展寻梦之旅活动以及科学大咖面对面走进门头沟首师大附属中学永定分校活动，邀请到中国探月工程首席科学家、中国科学院院士作《迎接第一个100年，中国深空探测》主题报告，200余名学生及相关人士参加，助力青少年科学梦，开拓门头沟学子的视野。11月，“九三学社院士专家服务站”和首都多党合作实践教育基地——九三学社北京市委分基地、“百花山社”精品民宿正式落户黄安坨，深入推进“8+1”行动，助力门头沟发展。12月，九三学社门头区基层委员会（筹）携手德露苑社区共同举办“关爱健康送医进社区”的义诊活动。

（安长生）

【各支社和青工委开展活动】 1月，九三学社门头沟支社召开2018年度工作总结大会。10名社员被评选为优秀社员。4月，组织参观北京石墨烯研究院，学习九三科研人务实、钻研的精神。5月，组织参加区政协组织举行的纪念“五一口号”发布71周年植绿活动。7月，组织参观用友“数字企业体验馆”。9月，组织社员参观“庆祝新中国成立70周年主题摄影展”。11月，科技支社（筹）开展走近社员系列活动，组织参观九三学社（北京）双创基地，学习《九三学社北京市第十三届委员会发展规划》文件，了解社市委实施“思想建设工作创新行动”、探索“‘四位一体’履职模式创新”行动、实施“基层组织活力提升行动”等8项重点工作。同月，综合支社组织社员前往潭柘寺敬老院，开展“关爱老人 温暖深冬”敬老公益活动。

（安长生）

【参政议政】 年内，九三学社门头沟基层委员会（筹）认真履行参政议政、政治协商的职责。开展党派调研，在把握区委区政府中心工作的基础上，针对具体问题深入基层，了解政策和需求，上下贯通，找到解决问题方法，形成意见建议。年内，向区委统战部、区政协及九三市委报送信息15篇，向统战部报送社情民意信息4篇，其中，《关于加强社区教育的建议》、《建立家庭教育指导服务站的建议》被《门头沟信息》采用。在门头沟区政协第十届三次会议中，支社7名政协委员参加大会，提交7篇个人提案及1篇党派提案。其中党派提案《以“创城”为契机关注青少年心理成长的建议》获得2019年度优秀提案。在协商民主工作中，九三学社门头沟基层委员会（筹）针对《关于进一步落实河长制》《关于农村生活垃圾及面源垃圾处理问题》《关于美丽乡村全国广场舞大赛总决赛落户门头沟》等议题深入开展调研协商工作。《关于进一步落实河长制的建议》作为政协十届四次会议党派发言并转成党派提案。

（安长生）

【组织建设】 年内，九三市委批准成立九三学社门头沟区基层委员会（筹），筹备组自批准之日开始，成立3个支社＋青年工作委员会，即科技支社（筹）、医疗卫生支社（筹）、综合支社（筹）、青年工作委员会（筹），排名不分前后，并且推荐支社委员和青工委员候选人，市委对以上候选人正在进行考察。

（安长生）

人民团体

总工会

【概况】 2019年，门头沟区总工会全区共有直属基层工会90个，涵盖单位1920个，专职工会干部149人，兼职工会干部1983人，会员总数49222人。年内，围绕中华人民共和国成立70周年庆祝活动这个中心任务，围绕区委中心工作，围绕职工需求，以“讲奉献、争第一”的门头沟精神，集中精力办好五件大事、强化四项重点工作，切实增强工会工作引领力、凝聚力、服务力、创新力。完成中华人民共和国成立70周年门头沟区700人次集结、疏散演练及观礼活动；召开门头沟区工会第十次代表大会；开展“不忘初心，牢记使命”主题教育，评选第一批“门头沟十大工匠”，举办门头沟区第二届技能大赛，进一步激发全区广大职工和工会干部投身“绿水青山门头沟”建设的热情。

单位名称：北京市门头沟区总工会

地　　址：北京市门头沟区新桥大街34号

电　　话：69843871

邮　　编：102300

（王　丹）

【送文化下基层】 1月4日，区总工会职工文化艺术协会戏曲家分会在大台地区举办“文明创城我先行 国粹艺术永传承”戏曲专场演出。24日，区总工会职工文化艺术协会和区便民服务协会到清水镇杜家庄村和雁翅镇苇子水村开展精准帮扶送温暖志愿服务活动。7月27日，区总工会书画家协会到军庄镇孟悟村军营地开展笔会联谊活动。10月25日，区总工会职工文化艺术协会在大峪街道文化中心举办经典红歌音乐会。11月8日，机关党支部组织职工文化艺术协会“金辉艺术团”到困难帮扶村清水镇杜家庄开展文化帮扶下基层活动。

（王　丹）

【慰问活动】 1月23日，区总工会领导走访慰问区城管执法大队、永定卫生院一线职工，为他们送上棉被等慰问品。2月21日，区总工会领导慰问区社区卫生服务中心患重大疾病职工，为其送去5万元温暖慰问金。6月28日，区总工会领导走访困难职工，为他们送去凉席。7月11日，区总工会全面启动“助力创城·夏日送清凉”活动。18日，区总工会领导到区新城项目建设工地，走访慰问高温一线的建筑工人，并送去清凉包、西瓜等防暑降温慰问品。24日，区总工会领导先后到斋堂派出所、杜家庄检查站等深山区公安站所，开展夏季送清凉慰问。9月9日，区总工会领导到军庄小学、军庄中学、潭柘寺小学、潭柘寺中学走访慰问。11月7日，区总工会领导到献血职工家中进行探望慰问。

（王　丹）

【九届八次委员（扩大）会召开】 2月26日，门头沟区总工会第九届委员会第九次全体（扩大）会议召开。会上，区总工会领导以题为《凝心聚力共谋新发展 维权服务开创新局面 团结动员广大职工 以更加优异成绩迎接新中国成立70周年》，向委员会作工作报告，总结门头沟区工会2018年工作，部署2019年任务。

（王　丹）

【职工文化活动】 3月5日，区总工会在区影剧院举办2019年庆“三八”电影专场，为女职工安排电影大片《疯狂的外星人》。7日，举办纪念“三八”国际妇女节健康知识讲座。5月24日至25日，门头沟区第八届“职工杯”

乒乓球比赛开幕，来自全区各行业的工会组织30个团体，150名运动员参加比赛。6月19日，门头沟区第二届职工文化艺术节比赛项目正式启动。系列比赛项目之一职工歌咏合唱决赛在少年宫举行。7月19日，举办第一期机关论坛，3名干部职工，分享自身的知识、经验和看法。10月2日，区总工会职工文化艺术协会在石门营幸福广场公园举办国庆综合文艺演出活动。25日，区总工会职工文化艺术协会在大峪街道文化中心举办经典红歌音乐会。12月26日，在区影剧院举行第二届门头沟区职工文化艺术节获奖作品汇演。

（王　丹）

【劳模工作】 4月4日，区总工会组织区内部分劳模及机关工会干部开展义务义务植树活动。6月5日，组织区内部分劳模、首都劳动奖章获得者、门头沟工匠获得者参加劳模讲堂活动。9月10日，区总工会领导慰问3位2019年劳动奖章获得者，送去区委区政府和工会组织的温暖关爱。27日，在清水镇洪水口村召开第三期劳模大讲堂，组织区内部分劳模、首都劳动奖章获得者、门头沟工匠获得者下基层参观学习。10月29日，区总工会领导走访慰问摔伤劳模，送去区委区政府和工会组织的关怀。11月7日，组织开展2019年度劳模健康体检活动。14日，组织区内56名劳模分批次到宁夏劳模疗休养基地和海口劳模疗休养基地进行休养。12月19日，门头沟区第三家劳模创新工作室揭牌仪式在北京隆科兴科技集团股份有限公司举行。

（王　丹）

【“五一”劳动节表彰会召开】 4月30日，2019年门头沟区庆“五一”先进表彰暨慰问演出活动在区影剧院举行。推荐评选出全国五一劳动奖章1人，首都劳动奖状1人，首都劳动奖章2人，北京市工人先锋号1个，首次评选出门头沟十大工匠。

（王　丹）

【主题教育】 6月26日，区总工会机关党支部组织全体党员参观“大兴区首都新机场”建设，开展“不忘初心，牢记使命”主题党日活动。9月17日，机关召开“不忘初心、牢记使命”主题教育工作部署会。10月23日，机关党支部书记为全体党员及工会干部讲党课。25日，机关党支部组织全体党员到香山纪念地，参观双清别墅、来青轩、香山纪念馆等革命旧址。11月8日，召开“不忘初心，牢记使命”领导班子调研成果交流会。

（王　丹）

【扶贫协作和支援合作】 8月20日至24日，区总工会领导到察右后旗总工会、武川县总工会、涿鹿县总工会进行帮扶协作调研工作。9月3日，与西城区总工会在清水镇杜家庄村举行结对协作座谈会暨战略协作框架协议签订仪式。

（王　丹）

【第二届技能大赛】 9月4日，门头沟区第二届技能大赛正式启动。10月17日，门头沟区第二届技能大赛康复护理师项目在区人保局正式开赛。11月4日，门头沟区第二届技能大赛精品民宿厨艺比赛在百年食府正式开赛。12月17日，门头沟区第二届技能大赛闭幕式在大峪街道文化中心举行。经过激烈角逐，4个比赛项目共产生一等奖4个、二等奖8个、三等奖12个。

（王　丹）

【创城工作】 11月29日，区总工会全区工会组织举办创城知识竞赛活动。全区各级工会组织47支代表队以笔试方式进行初赛，最终选拔8支代表队进入决赛。

（王　丹）

共青团

【概况】 2019年，中国共产主义青年团北京市门头沟区委员会（简称团区委）围绕中华人民共和国成立70周年庆祝活动这一主线，以最坚决的态度、最周密的筹划和最高的标准做好相关服务保障工作。在抓好国庆游行这件大事的同时，团区委认真贯彻落实共青团门头沟区十四届七次全委会要求，坚持稳中求进工作总基调，保持和增强政治性、先进性、群众性，树立全面从严治团的鲜明导向，围绕“红色门头沟”党建品牌和“绿水青山门头沟”城市品牌，认真履行新时代共青团的职责使命，团结带领全区广大团员青年传承红色基因，全区共青团工作取得新的成效。

单位名称： 中国共产主义青年团北京市门头沟区委员会

地　　址： 北京市门头沟区新桥大街36号

电　　话： 69842938

邮　　编：102300

（史　岩　曹　琛）

【2018年度团费收缴及团统工作】　1月10日，团区委开展全区团组织2018年度团费收缴和团统工作，全区54个直属团组织共上缴2018年团费41930.86元。团区委上缴团市委团费16772.34元；经团区委统计汇总，截至2018年12月，全区共有30个基层团委，8个团工委，6个团总支，451个团支部，3817名团员，27名专职团干部，1047名兼职团干部。

（史　岩　曹　琛）

【两节送温暖】　1月23日、25日、28日，团区委领导班子到潭柘寺镇团委、城子街道团工委、民政局团支部、灵水村和消防支队开展走访慰问活动。2月，团区委对40名在册困境青少年开展"两节送温暖"慰问活动。

（史　岩　曹　琛）

【社区青年汇"两节"文艺汇演】　1月25日，社区青年汇举办"春风送暖辞旧岁 情满京西贺新年"文艺汇演区级活动。

（史　岩　曹　琛）

【激情冰雪·相约冬奥滑雪活动】　1月26日，社区青年汇组织32名青年到莲花山滑雪场，开展"激情冰雪·相约冬奥滑雪"区级活动。

（史　岩　曹　琛）

【青春自护·平安春节】　1月27日至2月16日，门头沟区9家社区青年汇分别开展以"青春自护·平安春节"为主题假期安全讲座，共300余名家长和孩子到场听课。

（史　岩　曹　琛）

【"五星志愿者"申报工作】　1月30日，团区委推荐33名志愿者参加第五批北京"五星志愿者"申报工作。

（史　岩　曹　琛）

【申报北京青年五四奖章】　2月26日，团区委开展第三十三届北京青年五四奖章评选表彰人选征集工作，根据前期动员部署和组织推荐，经区委组织部批准向团市委上报区内6名优秀青年代表参评北京青年五四奖章。

（史　岩　曹　琛）

【首都学雷锋志愿服务推动日】　3月3日，门头沟团区委与"京西杂谈"志愿服务队到通州参加2019年"爱满京城"首都学雷锋志愿服务推动日暨"迎国庆百万志愿者共建和谐宜居之都"主题活动。

（史　岩　曹　琛）

【"蓝立方"常态化志愿服务项目】　自3月5日"学雷锋"纪念日起，团区委在"蓝立方"志愿岗亭发起常态化志愿服务项目，提供文明引导、环境整治、便民服务和志愿文化推广等志愿服务。

（史　岩　曹　琛）

【"学雷锋纪念日"志愿服务主题活动】　3月5日，来自全区基层村居、行政事业单位、社会志愿组织和教育卫生系统等部门的100余支志愿服务队共同开展"学雷锋纪念日"志愿服务主题活动。

（史　岩　曹　琛）

【法治副校长和合适成年人培训会】　3月29日，团区委在晨光饭店开展为期一天的法治副校长和合适成年人工作培训会。来自全区司法和教育系统各个单位的50余名青少年法治工作者参加培训。

（史　岩　曹　琛）

【绿色银行】　4月1日，由团区委和区园林局、绿化办在定都阁景区共同主办2019年门头沟区"绿色银行"启动仪式暨门头沟区"五四百年青年林"植树活动。来自市、区青联委员、驻区企业团青干部和区内青年代表100余人共同完成"五四百年青年林"项目建设。

（史　岩　曹　琛）

【涿鹿公益摄影行活动】　4月18日，团区委、区文联携手社会各界公益摄影师到逐鹿县卧佛寺狼窝村开展"古村公益摄影行"扶贫宣传活动。

（史　岩　曹　琛）

【戏剧思享汇戏剧教育讲座】　4月21日，社区青年汇开展"戏剧思享汇"戏剧教育讲座活动。通过老师的讲解和亲身体验，让大家了解戏剧文化意义，共吸引20名青年参加此次活动。

（史　岩　曹　琛）

【北京世界园艺博览之旅主题活动】　4月22日，社区青年汇带领24名青年到北京世园会开展"新青年城市体验营之北京世界园艺博览之旅"主题活动。

（史　岩　曹　琛）

【纪念"五四"运动100周年主题活动】　4月29日，门头沟区纪念“五四”运动100周年主题活动在区少年宫举行。区领导张力兵、付兆庚等驻区企业领导及区委、区政府、北京农商银行等相关领导出席活动。市区青联委员、各镇街团（工）委书记、各直属团组织主管领导及负责人、团青干部、志愿者代表、学生代表等400余人现场观看演出。

（史岩 曹琛）

【“青春心向党，建功新时代”主题活动】 5月4日，社区青年汇带领32名青年到地坛公园，开展“青春心向党，建功新时代”，继承弘扬“五四运动”精神，纪念“新中国成立70周年”主题活动”。

（史岩 曹琛）

【新青年城市体验营】 5月11日，社区青年汇带领80名青年到雁翅镇京西中共第一党支部纪念馆，开展“新青年城市体验营之五四运动历史之旅”活动。

（史岩 曹琛）

【中国人民抗日战争纪念馆活动参观】 5月25日，社区青年汇带领200余人参观中国人民抗日战争纪念馆，开展“不忘初心·牢记使命”活动。

（史岩 曹琛）

【“送医下乡”志愿服务项目】 5月至10月，团区委开展2019年“送医下乡”志愿服务项目。通过覆盖雁翅镇、斋堂镇、清水镇不少于12个低收入村的义诊、讲座、宣传活动，切实提高门头沟区深山区低收入村的卫生医疗水平。

（史岩 曹琛）

【国庆70周年群众游行工作】 5月至10月，团区委牵头组织实施中华人民共和国成立70周年群众游行第30方阵工作，并具体承担综合协调、后勤保障、集结疏散和彩车管理等工作。

（史岩 曹琛）

【团干部培训班】 6月5日至6日，团区委举办门头沟区2019年第一期团干部培训班。全区各直属团组织团干部、团建督导员及青年汇社工60余人参加培训。11月28日至29日，团区委举办门头沟区2019年第二期团干部培训班，全区各直属团组织，内蒙古察右后旗、武川，河北涿鹿等对口帮扶地区三省四地70余名团干部参加培训。

（史岩 曹琛）

【青联委员精准助力低收入帮扶村】 6月20日至7月3日，门头沟区青联委员以界别为单位，充分运用“6＋1”工作模式（即每个界别组要完成6项帮扶任务，每一位青联委员至少参加一次区青联组织的集体项目），助力门头沟区低收入村精准帮扶工作。

（史岩 曹琛）

【美育师资教育拓展培训】 7月6日至27日，由北京市青年宫老师分别到9家社区青年汇以制作面人、编织中国结、草绳编织为教学题材开展活动，共吸引110余名青年参加。

（史岩 曹琛）

【冰雪总动员主题活动】 7月14日，社区青年汇带领44名青年到启迪宏奥冰上运动发展中心开展“冬奥在身边—冰雪总动员”主题活动，让青年们感受到冰雪运动的魅力。

（史岩 曹琛）

【青春自护·暑期安全讲座】 7月16日至8月24日，门头沟区9家社区青年汇分别以《我很棒自信心训练》《绘画心理分析》《青春不“毒”行》《青春要爱不要“艾”》《溺水自护防范及自护方法》为主题开展青春自护·暑期安全讲座，共吸引360余名家长和孩子参加。

（史岩 曹琛）

【单身青年交友联谊活动】 8月4日，社区青年汇组织200名单身青年，在龙泉宾馆开展“团聚七夕 全城热恋”单身青年交友联谊活动。

（史岩 曹琛）

【青联四届二次常委会】 8月30日，门头沟区青年联合会第四届委员会常务委员会第二次会议召开。会议审议通过《门头沟区青年联合会第四届委员会退出委员的决定（草案）》《门头沟区青年联合会第四届委员会增补委员候选人建议名单（草案）》，确认1名委员因工作变动原因卸职，并根据青联改革要求，增补委员31名、常委2名。

（史岩 曹琛）

【困境青少年帮扶项目】 8月至11月，团区委委托北京儒源社会工作事务所开展单亲困境家庭青少年服务调研工作，为单亲困境家庭青少年进行摸排走访，并提供社会融入、学习培训和心理介入等服务。

（史岩 曹琛）

【国庆70周年志愿服务】 9月1日至10月30日，团区委在区内3个人流密集地点、6个重要城市社区和部分公共文化设施分别设立“城市志愿服务点”，为广大市民提供文明引导、便民措施和志愿服务推广等志愿服务。9月15日至22日，团区委组织区内机关事业单位、驻区企业和社会组织38名志愿者到世园。10月2日，团区委组织招募60名社会志愿者，在滨河世纪广场公园、永定河公园、葡山公园、黑山公园和幸福广场公园设立30个志愿服务岗，为国庆游园活动提供志愿服务。开展志愿服务，主要负责观众入场引导、秩序维持、游客咨询和绿色通道服务等工作。

（史岩 曹琛）

【“双零社区”创建工作】 9月26日，经团中央维护青少年权益部批准，门头沟区大峪街道绿岛家园社区、龙泉镇中门家园社区、永定镇信园社区入选第二期“青少年零犯罪零受害社区（村）”试点单位。

（史岩 曹琛）

【共建文明交通路口志愿服务周活动】 10月24日至11月1日，团区委在区9个主要交通路口设置“礼让人人赞 文明天天见”志愿服务岗，全区共有9个社会组织200余人次志愿者参加。

（史岩 曹琛）

【基层团组织低收入帮扶工作】

11月19日至21日，团区委分三天组织43名基层团干部到深山区低收入村开展帮扶工作，对门头沟践行“两山”理论的实践、山区团青干部发展状况、山区居民生活现状等多个方面开展调研工作。

（史岩 曹琛）

【共青团与人大代表、政协委员面对面】 11月22日，团区委邀请区内青年志愿组织和社会组织负责人，围绕“参与创建全国文明城区工作中的运行机制”主题召开面对面座谈会。

（史岩 曹琛）

【“传承传统文化 感悟历史”活动】 11月23日，社区青年汇组织120名家长和孩子，走进北京故宫开展“传承传统文化 感悟历史”活动。

（史岩 曹琛）

【区2019年青年交友联谊活动】

11月24日，社区青年汇组织200名单身青年开展“缘定暖冬 遇见最好的Ta”——门头沟区2019年青年交友联谊活动。

（史岩 曹琛）

【“激情冰雪·助力冬奥”体验滑雪运动活动】 11月29日，社区青年汇组织60名团员青年到军都滑雪场开展“激情冰雪·助力冬奥”体验滑雪运动活动。12月14日，社区青年汇组织60名青年到奥林匹克森林公园开展“新青年城市体验营之冬奥体验之旅”主题活动。

（史岩 曹琛）

【团组织规范化建设专项核查】

12月，团区委围绕团干部任命、团员发展和团组织整理整顿开展专项核查工作。梳理排查各级团组织出现的问题，并及时督促其完成整改，2019年在全市范围内率先完成重点团支部整理整顿工作。

（史岩 曹琛）

【“宪法周”普法活动】 12月，团区委开展“青春船长”系列活动。12月1日、12月4日，分别组织大峪中学师生走进北京航天航空大学、清华大学，开展校园参观和宪法宣传活动。12月5日，团区委开展2019年“模拟法庭”活动，15名京师实验中学学生走进法庭，实景演绎了一起涉未成年人故意伤害案件的司法流程。

（史岩 曹琛）

【“平安北京”预青考核】 12月13日，团区委组织召开2019年“平安北京”预防青少年违法犯罪考核工作推进会，传达市级文件精神，部署全区相关工作。

（史岩 曹琛）

【走进创博会主题活动】 12月22日，社区青年汇带领24名青年到北京国家会议中心开展“走进创博会”主题活动，让青年们对创业有了新的认知。

（史岩 曹琛）

妇女联合会

【概况】 2019年，门头沟区妇女联合会（简称区妇联）结合新形势，发挥“枢纽型”组织作用，坚持红色门头沟党建引领，积极践行两山理论，坚持服务大局、服务妇女的宗旨，突出重点，推进全区妇女儿童事业的健康发展。年内，通过“鹊桥工程”、社区家长学校等项目活动，为打赢脱贫攻坚战和创建绿水青山门头沟城市品牌贡献巾帼之力。

单位名称：北京市门头沟区妇女联合会
地　　址：北京市门头沟区新桥大街36号
电　　话：69842568
邮　　编：102300

（王宝云　高　倩）

【巧娘“特色年货”西城展卖】
1月12日，门头沟区人民向西城区人民拜大年活动举办。“特色年货”在西直门凯德MLL一层大厅展卖。区妇联组织北京花露蝴蝶养殖专业合作社展、北京布韵传奇手工编织专业合作社、北京益农缘生态农业专业合作社、北京阿芳嫂黄芪种植专业合作社巾帼企业参加展卖活动。展卖活动期间，门头沟区妇联向西城区妇联赠送巧娘作品，向西城姐妹拜大年，共谋在新的一年里结对协作发展工作。

（王宝云　高　倩）

【“两节”慰问】　1月22日，市妇联副主席一行走访慰问龙泉镇“两癌”患病困难妇女和东辛房街道老妇救会主任，并为老人送上新春祝福。区领导、区妇联主席等以及各级妇联组织在春节前夕对全区35名老妇救会主任和2名“两癌”患病困难妇女家庭开展走访慰问活动。

（王宝云　高　倩）

【“妇女就业之家”揭牌】　2月28日，区巧手匠心作品展暨妇女就业之家揭牌仪式在北京布韵传奇手工编织合作社举行。市妇联副主席、区妇联主席共同为“妇女就业之家”揭牌。清水镇40余名巧娘庆祝“妇女就业之家”开业，参观就业之家培训室、销售中心及作品展室。

（王宝云　高　倩）

【女性维权幸福家庭大讲堂】　3月1日，区妇联组织女性维权幸福家庭大讲堂专题讲座，纪念《中华人民共和国反家庭暴力法》实施3周年。来自区公安分局、区法院、区司法局、区民政局从事调解工作人员以及各镇街妇巾帼亲情服务队骨干队员250人参加此次活动。

（王宝云　高　倩）

【“呵护生命 关爱女性 暖流行动”启动】　3月4日，区妇联申请北京市妇女儿童基金会资金支持，由区蒙恩关爱家庭中心承办，主题为“呵护生命 关爱女性 暖流行动”健康计划服务项目启动。9镇4街的患“两癌”姐妹70余人学习插花技艺。

（王宝云　高　倩）

【科技帮扶】　3月5日，市科委与区妇联，开展“春风送暖农家女 科技帮扶大沟村”活动。赠送“食药两用”的蔬菜种子及科普图书。市科委、区科委、市妇联、属地镇妇联领导以及部分“妇字号”基地的女能人和当地村民积极参与活动。

（王宝云　高　倩）

【示范基地检查】　3月，市妇联副主席带队到区“双学双比”示范基地——北京九仙草农业科技发展有限公司进行实地检查，对项目基地种植产业的发展规模和发展前景给予肯定。

（王宝云　高　倩）

【“三八”国际妇女节庆祝活动】　3月7日，区妇联开展“守好绿水青山　巾帼奋勇争先”——“三八”国际妇女节庆祝活动.活动展示各行各业女性在践行“两山理论”、建设现代化生态新区进程中的巾帼风采。市妇联副主席和区相关领导出席活动，全区各条战线的女干部、女职工、女企业家、巾帼志愿者、最美家庭代表，以及各镇街、委办局妇委会主管领导、妇联干部400余人参加活动。

（王宝云　高　倩）

【“十三五”妇女儿童规划统计监测会】　4月2日，区妇儿工委办公室、区统计局联合召开妇女儿童发展规划统计监测会。对“十三五”妇女儿童发展规划指标统计工作进行部署，区妇儿工委相关成员单位参加会议。

（王宝云　高　倩）

【社区家长学校项目】　4月2日，社区家长学校项目在全区启动。区妇联联合区教委蒙恩关爱家庭服务中心、康馨社会工作事务所、东辛房华久社会工作服务中心3家社会组织合作，设计适合家长和孩子们参与的家庭教育讲座和家庭亲子活动。教育讲座类课程包括“如何发挥隔代家庭教育的优势扬长避短”“小学低年级家庭教育的重点”“如何面对 家有二孩”“如何应对孩子的青春期“叛逆””等25种课程；家庭亲子活动包括“绿植盆栽”“编织中国结”“曲曲饼干烘焙”“包粽子”等18种体验课程。年内，开展家庭教育讲座137场，家庭亲子活动179场。

（王宝云　高　倩）

【2019 年度项目工作会】 4月2日，区妇联召开2019年度农村妇女创新创业项目工作会。会上，签署《落实2019年北京农村妇女创新创业项目资金使用协议》三方协议书，同时邀请第三方绩效评估机构经理，就“市妇联项目资金绩效评价标准与应用”进行专题讲解指导。

（王宝云　高　倩）

【鹊桥工程】 4月4日，中共门头沟区委第十二届第18次常委会议通过《关于联手打造“同心牵手 比翼致富”鹊桥工程 助力我区脱贫攻坚工作实施方案》。此项工程分4个阶段进行，摸清情况问需求；多方联手聚资源；招龙引凤搭鹊桥；比翼双飞共致富。9日，区妇联率先在低收入未婚大龄男女比较集中的雁清斋启动“鹊桥工程”。区妇联主席与3个镇妇联主席、专职副主席，“妇字号”基地“女能人”一起，就工作方案的实施进行部署和磋商。6月30日，门头沟区“同心牵手·比翼致富”鹊桥工程推进会暨“一见钟情·缘来是你”联谊活动在下清水村举办。区妇联、区农村农业局、区民政局、区人保局、区市场监督局等5个成员单位相关领导；清水镇、斋堂镇、雁翅镇、潭柘寺镇妇联主席、专职副主席出席活动。会上，清水镇副镇长代表各镇发言。特聘低收入户所属村的17名妇联主席为“同心牵手·比翼致富”鹊桥工程——红娘，与会领导为她们颁发聘书，并佩戴“红娘证”。“红娘”代表讲述如何为低收入户牵线搭桥，助他们喜结良缘的故事。门头沟区首批有婚恋意愿的低收入户大龄单身男女40余人参与“一见钟情·缘来是你”联谊活动。12月30日，区妇联组织开展第三期区“同心牵手·比翼致富”鹊桥工程联谊会暨“一见钟情 Ÿ 缘来是你”联谊活动。清水镇、斋堂镇、雁翅镇妇联主席、专职副主席出席活动活动邀请专家讲授“沟通的艺术”课程，详细讲述红年牵线技巧、婚姻价值、相亲人员的婚恋心理素质培养、婚恋沟通的技巧等内容。

（王宝云　高　倩）

【恒爱行动】 4月15日，区妇联开展“恒爱行动——百万家庭亲情一线牵”手工编织爱心毛衣活动。大峪街道、城子街道、永定镇、龙泉镇的40名爱心妈妈一针一线为新疆儿童编织毛衣。

（王宝云　高　倩）

【交流参访】 4月18日，台湾台东高雄妇女代表团30余人到区内交流参访。通过参观考察、座谈交流、技艺切磋等形式，进一步促进两地姐妹情感认同，形成双方妇女发展共识。区妇联主席介绍门头沟区的风土人情及妇女发展情况，并赠送门头沟区地标性建筑——定都阁的手工艺剪纸作品。台湾参访团到“中国皇家琉璃之乡”——琉璃渠村，体验中华传统文化的魅力及琉璃制造工艺的神奇。还参观学校建立起的琉璃文化博物馆。在区法院参观院史陈列馆、诉讼服务中心、婚姻家庭关系修复中心等，观看“子女共同抚养协议的案例故事”短片，与区法院副院长及女法官们一同探讨，如何以更柔和、更细致的方法解决好家庭矛盾，为子女健康成长提供良好的家庭环境。

（王宝云　高　倩）

【组织各界优秀女性参观学习】 4月19日，区妇联组织区妇女代表、镇街妇联主席、委办局妇委会主任、区政协妇联界别组委员、区民宿行业女企业家等各界优秀女性30余人到怀柔区渤海镇精品民宿、田凤银长城美术馆参观学习。

（王宝云　高　倩）

【“益家筑梦 携手成长”项目】 4月20日，由市妇联组织开展的“益家筑梦 携手成长”项目在大峪街道、东辛房街道、龙泉镇、潭柘寺镇、斋堂镇等5个镇街落地，该项目的“家庭教育”“家庭环保”“家庭安全”“家庭健康”“家庭文化”“家庭技能提升”6个板块的“中国画学习与体验”“有趣的皮影”“夏日必备紫草膏制作”“有机蔬菜种植”“家庭多肉植物种植”“插花艺术体验”“创意花盆”等35场相关活动在区内开展。

（王宝云　高　倩）

【项目监管】 4月24日，市妇联发展部部长带领市科委、市农业农村局、市财政局以及第三方评估机构等相关考察组成员对门头沟区2019“双学双比”基地项目和巾帼科技示范基地项目进行检查和评估，区、镇妇联领导一同参加评估活动。考察组首先到北京花露蝴蝶养殖专业合作社，基地负责人汇报基地项目情况。考察组实地查看项目即将投入运营的场所和规模。考察组专家从项目绩效评价的角度对带动低收入妇女从业就业的社会效益、项目资金规范使用、资料留存等方面提出具体要求，对基地科技发展提出合理化建议。同时，对区妇联严格执行《北京市农村妇女创业就业发展补助资金管理办法》

等文件有关要求的做法给予肯定。

（王宝云　高　倩）

【第十届执行委员会第九次（扩大）会议】　4月25日，区妇联召开第十届执行委员会第九次（扩大）会议，区妇联十届执委，各街镇、委办局妇联主席及妇联干部50余人参加会议。选举产生门头沟区出席北京市第十四次妇女代表大会正式代表。同时推荐区妇联党组书记、主席李秋芳作为北京市妇联第十四届执委候选人。

（王宝云　高　倩）

【区巧娘入选“门头沟十大工匠”】　5月1日，北京布韵传奇手工编织专业合作社理事长王慧芳和北京诺亚盛典文化发展有限公司董事长刘婷赫入选“门头沟十大工匠”。

（王宝云　高　倩）

【“5.15国际家庭日”活动】　5月12日，区妇联组织妙峰山民族学校的学生和家长以及最美家庭代表共百余人举办“5.15国际家庭日”献给祖国妈妈的爱——家庭亲子体验活动。活动分为分享照片、读信、我的妈妈最漂亮、爱要大声说出来、爱心手工送妈妈和大合唱《我和我的祖国》等环节。

（王宝云　高　倩）

【首都最美家庭】　5月15日，门头沟区李夺家庭获评2019“全国最美家庭”。李夺家庭和刘艳家庭获评“首都最美家庭标兵家庭”。王永萍等17户家庭获评2019“首都最美家庭”。

（王宝云　高　倩）

【捐善款情系“三省四地”贫困姐妹】　6月13日至14日，先后召开各镇（街）妇联动员部署会和各“妇”字号基地负责人动员部署会。随后，面向各镇（街）妇联、委办局妇委会、工会女工委员会下发文件。动员广大妇女姐妹，伸出援助之手，献出一份爱心。6月13日至25日，区妇联在全区范围内开展爱心捐款活动。捐款22余万元。

（王宝云　高　倩）

【“最美军嫂”评选活动】　7月1日，区妇联联合区委宣传部、区人武部、区退役军人事务局联合开展门头沟区“最美军嫂”评选活动，共推荐12名“门头沟区最美军嫂”候选人。

（王宝云　高　倩）

【三级妇联干部培训班】　7月22日至23日，区妇联举办以“不忘初心 牢记使命”为主题的三级妇联干部培训班。区妇联机关、各镇街妇联主席、副主席及其主管领导，各委办局妇委会主任及其主管领导，工会女工委员会主任，各村居妇联主席共150余人参加。

（王宝云　高　倩）

【创城法治宣传活动】　7月至10月，区妇联开展“法治宣传伴您行 巾帼创城齐行动”主题法治宣传教育活动，先后8次到永定镇冯村、贵石村、何各庄村、侯庄子村，宣传妇女维权相关法律政策。充分利用“门头沟女性”微信公众号，各镇（街）、各村（居）LED电子显示屏，宣传致妇女姐妹朋友们的一封信、创城法治宣传口号，引导全区妇女姐妹支持、理解、配合创城法治宣传教育工作，在接受问卷调查时以积极态度作答。

（王宝云　高　倩）

【三级妇联干部、市区妇女代表培训交流】　8月15日至16日，区妇联组织三级妇联干部、市区妇女代表80人开展培训交流活动。活动中参观中国妇女儿童博物馆，并邀请区发改委副主任为学员们授课。

（王宝云　高　倩）

【2019年度妇女儿童工作会】　8月22日，区妇儿工委办公室组织召开2019年度妇女儿童工作会，区妇儿工委成员单位主管领导、联络员50余人参加会议。会上，总结2018年全区落实妇女儿童发展规划情况，明确2019年工作重点。还审议通过区妇儿工委工作规则及成员单位职责，并通报加强政策法规性别平等评估工作进展情况。

（王宝云　高　倩）

【妇联系统家国情怀故事宣讲会】　11月22日，由区妇联主办、大峪街道办事处承办的妇联系统家国情怀故事宣讲会在大峪街道文化中心举办，150余名妇联干部和妇女姐妹现场聆听。区妇联为响应门头沟区“红色党建引领，打造绿水青山”号召，宣扬和传承四个一精神，成立“不忘初心 牢记使命”——区妇联系统家国情怀宣讲团，成员分别来自不同岗位和战线，宣讲内容包括红色故事、拥军爱民、社会建设、家庭教育等。

（王宝云　高　倩）

【推选节目获奖】　11月，区妇联推选司法局组织的双簧《反对家暴》和音乐快板《尊法维权 振兴中华》表演活动，参加北京市妇女法治文艺作品“脚本征集”评选活动，分别获一等奖和三等奖。

（王宝云　高　倩）

【“以案释法”活动】　11月，区妇联开展“巾帼维权 送法到家”以案释法专题讲座，邀请市级巾帼律师，进村居、进校园、进企业。在大峪街道、永定镇、新桥路中学、祺捷利技术发展有限公司，分别围绕“如何理性看待和处理校园欺凌事件”“浅谈女性工作和生活中自我法律保护”“婚姻家事案件中常见法律问题”等主题，先后组织5次妇女维权宣讲活动，助力全国文明城区创建。

（王宝云　高　倩）

【获全国妇女儿童权益先进荣誉称号】　11月，区法院党组副书记、副院长安辉被中华全国妇女联合会评为全国维护妇女儿童权益先进个人荣誉称号；区妇联权益部被评为全国维护妇女儿童权益先进集体荣誉称号。

（王宝云　高　倩）

【廉政主题教育实践活动】　12月20日，区妇联组织全区妇联干部家庭中开展“警钟长鸣——流水不腐，户枢不蠹”主题教育实践活动。通过活动强化广大妇女干部廉洁修身、廉洁齐家的意识。

（王宝云　高　倩）

科学技术协会

【概况】　2019年，门头沟区科学技术协会（简称区科协）结合门头沟区“十三五”规划，以普及科学知识为切入点，把《全民科学素质行动计划纲要》的实施工作贯穿于“科技周”“科普之夏”“全国科技工作者日”“全国科普日”等科普品牌活动之中，充分发挥全民科学素质领导小组成员单位自身资源优势，以业务工作为支撑，创新形式，组织开展形式多样的科普活动，进一步强化了广大公众的科普意识，在区内形成爱科学、学科学、用科学的浓厚科普氛围。在瓜草地生态观光园建设都市型现代农业示范基站工作，发挥基站辐射作用，提升农民农业管理水平和科学素质。针对不同人群需求，开展科普“进社区、进农村、进军营、进学校、进企业”等系列活动，加大了科技知识在全社会的宣传覆盖面，提高了公众参与率，有效提升了全区公众科学素质，完成了全年各项工作任务。

单位名称：北京市门头沟区科学技术协会
地　　址：北京市门头沟区新桥大街40号
电　　话：69843535
邮　　编：102300

（高海翔）

【参加第19届北京青少年机器人竞赛】　1月，区科协组织共门头沟区3所学校11名中小学生及教练员参与3个竞赛项目比赛，获FLL项目小学组三等奖、智能工程小学组三等奖，教育机器人项目初中组三等奖，教育机器人项目高中组三等奖。

（王榕）

【2019年度科普宣传员工作会】　3月29日，区科协组织召开2019年科普宣传员工作会，各镇街科协秘书长、优秀科普宣传员、科普宣传员代表180人参加会议。会上，区科协对2018年科普宣传员工作进行总结，对2019年度工作进行部署，并对工作表现突出的72名优秀科普宣传员进行表彰。

（魏元霞）

【科技工作者培训会】　3月29日，区科协邀请中科院老科学家科普演讲团教授，为全区180名科技工作者进行科普培训。教授以“为健康保驾护航”为题，阐述相关科普知识。通过与专家面对面交流，让科技工作者全面系统的了解最前沿的科学知识。

（魏元霞）

【科普互助活动】　4月28日，区科协联合西城区科协在斋堂镇马栏村开展“喜迎建国七十载 党建引领惠民需”科普互助活动。两区科协工作人员、来自北京市三甲医院的医学专家和村民100人参加活动。区科协设立科普展台，向村民发放科普宣传材料、科普宣传品，进行科普知识咨询解答活动。西城区科协向门头沟区赠送科普活动用品，市三甲医院的医学专家为村民进行义诊。

（魏元霞）

【“科技周”活动】　5月24日，区科协带领科技工作者，参观位于中国人民革命军事博物馆举办的“2019年北京科技周”主会场。通过参观，让科技工作者们在展览中开拓眼界、在体验中学习知识、在互动中感受科技魅力。

（魏元霞）

【“全国科技工作者日”座谈会】 5月30日，区科协召开“科技工作者日”座谈会，部分全民科学素质领导小组成员单位主管领导、镇街科协主管领导及秘书长40人参加座谈会。会上，表彰2018年度科普活动优秀集体和先进个人。参会人员围绕“礼赞共和国、追梦新时代”主题，就“科技工作者如何在科普工作中发挥自身的优势作用？对区科协应当如何为科技工作者做好服务方面的建议”等内容进行交流发言。

（李兆琳）

【科技活动进校园】 5月，区科技馆与首都师范大学到实验二小永定分校、东辛房小学等学校，组织开展科技馆活动。活动邀请首都师范大学科技教育中心教授讲解“神奇的小纸片”。

（李兆琳）

【科技人员登山比赛】 6月21日，区科协组织全民科学素质领导小组成员单位、所属学（协）会、镇（街）科协的科技人员代表共24支队伍，96名科技工作者，在妙峰山镇涧沟村古香道举办门头沟区第十五届科技人员登山比赛。最终教育学会等3支代表队获一等奖，永定镇等3支代表队获二等奖。

（魏元霞）

【科技馆深山校园行】 6月，区科技馆与首都师范大学到清水中学、大台中心小学等深山学校，给学生们带来丰富有趣的科技活动。同在蓝天下，共享创城成果。

（李兆琳）

【科普报告进社区活动】 7月，区科协联合门头沟区中医药、区医院、龙泉医院、爱眼协会等专家组成的讲师团，开展科普报告进社区活动34场。专家采用多媒体的形式讲述《如何养成口腔卫生好习惯》《幽门螺旋杆菌科普知识》《拔罐与养生》《老年心理健康》等主题讲座。

（魏元霞）

【“科普之夏”活动】 7月至9月，区科协围绕“礼赞共和国、智慧新生活”主题，发动全民科学素质工作领导小组成员单位、所属学协会、镇街科协等部门，开展270余场贴近公众、贴近民生、贴近实际的科普活动，丰富社区居民的暑期生活，倡导树立科普意识。

（常艳红）

【科普活动社区行】 8月，区科技馆与多个社区组织开展“科普活动社区行”。历时16天，行走6个社区，组织6场讲座、6次科技实践、6场科普展览，参与公众900余人次。

（李兆琳）

【科普惠民走进潭柘寺镇】 8月29日，区科协和西城区科协领导汇聚潭柘寺镇开展助力乡村振兴座谈会。两区科协在南村组织开展共建共享科普惠民科普义诊和科普互动活动，让老百姓不出村就能享受到西城区医学专家团队的优质医疗服务，体验到科技对生活的普惠。

（常艳红）

【“全国科普日”活动】 9月14日至20日，区科协以“礼赞共和国、智能新生活”为主题，立足于门头沟区公众对科普工作多样化的需求，结合科协工作实际，创新形式，组织开展丰富多彩的科普活动。各成员单位、镇街科协发挥各自的优势，广泛开展科普宣传活动，提高门头沟区公民的科学意识和科学素养。

（常艳红）

【科普征文】 9月，区科技馆与实验二小永定分校共同举办“祖国在我心中”有奖征文活动，100名学生参加活动。

（李兆琳）

【参加第39届北京青少年科技创新大赛】 9月至12月，区科协组织举办门头沟区第39届青少年科技创新大赛，并筛选优秀作品参加北京青少年科技创新大赛。大赛共收集全区30余所中小学校学生和老师作品342项。门头沟区获市级奖项54个，其中优秀青少年科技创新项目二等奖2项、三等奖10项；少年儿童科学幻想绘画1等奖1项、二等奖11项、三等奖22项；优秀科技辅导员一等奖1项、二等奖1项；创意作品一等奖1项、二等奖1项、三等奖4项。

（王　榕）

【门头沟区科普嘉年华活动】 10月22日，区科协在永定河文化广场举行“2019门头沟科普嘉年华活动”。活动以培养科学精神、创新精神为主要目的，以互动体验为主要形式，以“科技”、“创新”为主要内容，面向社区全体居民、青少年，通过科普剧表演、科学秀表演、竞赛、前沿科技成果展示、科技互动体验、科普宣传展示等多种活动形式，打造好听、好看、好玩、有趣、有范儿的“科普大餐”。

（常艳红）

【科技馆暑期活动】 10月，区科技馆以“培育和践行社会主义核心价值观”“京西科普 绿色京西”“助力创城 为创城添彩”主题活动为重点，面向全区的社会公众，发挥科普主阵地作用，普及科学知识，传播科学思想。

（李兆琳）

【科普展览】 10月，区科协在区科技馆举办主题为“坚持党建引领 传承红色基因”展览，展示革命老区历史风貌，传承革命老区优良传统。

（李兆琳）

【科普冬令营】 11月，区科技馆与津津教育组织小朋友们到五洲植物园开展科普冬令营活动。

（李兆琳）

【组织北京市青少年创客交流展示活动】 12月，区科协组织区大峪中学师生参与北京青少年创客国际交流展示评审活动。门头沟区申报的2项学生作品和1项教师作品获二等奖。

（李兆琳）

【科普互动进农村】 年内，区科协聘请科技公司，到深山区为农民开展20场微生物“黑科技”互动体验活动。此次活动主要包括微生物科普知识讲座、互动体验、人体健康测试、科普展板宣传，以及区科协科普微信公众号的推广等方面的内容。

（魏元霞）

【创建全国文明城区科普伴你行活动】 年内，区科协围绕“创建全国文明城区，提高广大公众素质”为目标，开展“科普知识进万家”活动；发挥全媒体科普视窗平台阵地的宣传作用；开展“互联网＋科普”进行宣传等科普活动，把创建文明城区的内容纳入进来，做到科普工作与创建工作相互融合，扩大科普与创建全国文明城区知识传播的覆盖面。

（魏元霞）

【科普宣传员规范管理】 年内，区科协制订《科普宣传员工作管理办法》《关于做好科普宣传员工作的通知》，明确科普宣传员的工作职责、工作任务和工作目标。区科协与镇街科协成立科普宣传员管理小组，通过日常工作指导和年底工作查验资料等方式对科普宣传员工作进行管理。充分发挥科普宣传员职能作用，走进百姓家中进行一对一科普宣传，共发放科普试卷、口袋书9.7万份，开展科普活动5862场。

（魏元霞）

【科普微信平台管理】 年内，为使微信平台更贴近用户需求，加强门头沟区居民与社区之间的科普互动联系，区科协加强科普微信平台管理，丰富“区级活动、基层活动”2个模块的内容，广泛宣传节能环保、网络技术、家庭必备、健康饮食、居民安全、健康医疗等科学知识。

（常艳红）

【北京市公民科学素质大赛】 年内，区科协采取多种形式，宣传组织公众参与北京市公民科学素质大赛线上答题活动，门头沟区参与率达到9.16%，位于全市第三。区科协联合北京科技报社举办“2019门头沟科学素质大赛”线下知识竞赛活动，决出一、二、三等奖。组织门头沟区代表队参加北京市2019年公众科学素质总决赛，门头沟区获大赛优秀组织奖和决赛优秀奖。

（常艳红）

【农村科普之春活动】 年内，在门头沟区9个镇开展农村科技需求调查工作，根据农村需求有针对性地组织开展实用技术培训。全年开展农村科技培训12次，受益农民300人次。

（侯越）

【科普画廊科普宣传】 年内，对全区现有农村和社区95处科普画廊更换二次科普展板2478块，包括消防知识、健康生活、创建全国文明城区、创建森林城市等内容。

（侯　越）

【组织门头沟区科普惠农兴村计划的实施】 年内，区科协申报并实施全市“科普惠农兴村工程”5项，包括中草药种植技术科普、“科技兴农 精准助力”点亮乡村旅游致富、白虎头村精准扶贫与美丽乡村建设科普活动、科技助力梦想 陪你飞出乡村、传承文化，科技兴农。

（侯　越）

【实施青少年科技后备人才早期培养计划】 年内，门头沟区大峪中学3名同学参加北京市后备人才培养计划，进入重点实验室，为他们提供与杰出科学专家和现代高新科技零距离接触的机会。

（王　榕）

【基层科普行动计划项目申报】 年内，区科协开展2019年度北京市基层科普行动计划项目申报工作。对申报单位加强培训指导，严格审核把关，并在区政府网进行公示。申报单位及时与社区对接，进行实地调研，掌握社区第一手情况，了解居民的需求，并结合门头沟区创建文明城区中心任务，认真制定具有特色的实施方案、填写项目申报书和演示文稿 PPT 等材料。通过材料申报、区科协审核、市科协审批、现场答辩、专家综合评议等多个环节，区科协最终成功申报 3 个项目，获得资助经费 60 万元。

（魏元霞）

工商业联合会

【概况】 2019 年，门头沟区工商业联合会（简称区工商联）认真履行各项职能，完成全年工作任务。通过多种途径，促进企业转型升级；发挥政治引领作用，为区域经济发展建言献策；加强与区电视台、《京西时报》的合作，宣传区民营企业的成绩；全年组织主席会，常委会、执委会及各种活动 20 余次；引导广大非公经济人士勇于承担社会责任，参与“送温暖、献爱心”、参与脱贫攻坚和社会慈善事业，截至 12 月底，会员企业累计捐款、捐物超过 100 万元。不断壮大会员及执、常委队伍，发展新会员 13 家，会员总数 643 家，执委总数 82 人。年内，刊登在《中华工商时报》、新浪网、中国网等刊登区非公有制经济发展的先进典型报道 5 篇。利用工商联手机客户端、向上级机关报送企业动态及成就 30 余条，刊发 35 条。

单位名称：北京市门头沟区工商业联合会
地　　址：北京市门头沟区新桥大街36号
电　　话：69842495 69852380
邮　　编：102300

（安　鑫）

【光彩事业】 年内，区工商联会员企业参与“博爱在京城”和慈善协会活动，慰问区儿童福利院、敬老院、“八一”慰问官兵、捐资助学、“两节”送温暖，向对口帮扶单位捐助产业发展资金、开展慰问困难群众等公益活动。

（安　鑫）

【脱贫攻坚】 年内，区工商联开展促进低收入村、低收入户精准帮扶工作。民营企业在全区低收入村中开展的智力帮扶、技术帮扶、资金帮扶、就业帮扶。区工商联引导区内民营企业，以解决就业、产业投资、消费扶贫等方式，更深入的参与其中。截至年底，会员企业与三地草签购买产品、投资等协议金额超过 300 万元。为解决对口帮扶地内蒙古武川县土豆丰收滞销的问题，引导会员企业购买价值 5 万余元的产品。

（安　鑫）

【商会工作】 年内，由京西中医药健康产业发展商会承办的“世界中联第二届非物质文化遗产高峰论坛”召开，来自意大利、蒙古、加蓬等国家和地区及国内 200 余名专家学者参加。年内，爱眼协会在区少年宫举办小学生爱眼护眼知识互动环节，爱眼小志愿者与眼科权威专家火热互动。年内，“天地有大美·诗意永定河”中国永定河诗词大会颁奖晚会在区影剧院举办。晚会中国永定河诗词大会组委会与中国教育电视台致敬母亲河，向中华人民共和国成立 70 周年献礼。年内，北京精品民宿发展论坛暨门头沟区民宿项目推介会在门头沟区举行。此次论坛分为主旨演讲、政策解读、高峰对话等环节，搭建共推乡村振兴、共谋精品旅游发展的平台。

（安　鑫）

【民营企业百强调研、发布】 年内，区工商联完成门头沟区 37 家总收入 1 亿元以上的民营企业的调研，历时 3 个多月。在市工商联召开的“2019 北京市民营企业百强发布会”上，区内有 4 家企业入围。北京民营企业百强调研与发布工作是为建立民营经济发展“大数据”，扩大非公有制经济领域统战工作覆盖面，准确掌握全市及门头沟区民营经济和民营企业的发展状况、结构布局、变化趋势、运行规律及主要问题。

（安　鑫）

法 治

政法委与综治

【概况】 2019年，区委政法委认真落实区委十二届八次全体（扩大）会议部署，以“红色门头沟”党建为引领，发扬“讲奉献、争第一”的门头沟精神，服务保障中华人民共和国成立70周年系列庆祝活动的完成，为全力开创现代化生态新区绿色发展新局面创造安全稳定的社会环境和公正优质的法治环境。年内，落实动态管控机制，组织实施涉恐隐患排查整治等专项行动，联合开展安全检查59次，累计检查重点场所单位288家，发现并督促整改涉恐隐患17处。在党的十九大召开期间，实施中小旅馆联合异地互查行动2次、京冀两地集中清查行动1次、对抗式检查行动1次，发现并督促整改隐患41处。完善建筑市场维稳补充协议和建筑企业负面清单制度，以责令停工措施处罚建筑企业8家；及时处置欠薪事件，受理群众来访咨询举报355件，处理突发事件5起，为470名劳动者追回工资293.66万元。发挥区为民服务平台涉稳预警作用，处理相关事项344件；坚持网络实时监控，累计发现涉全区负面舆情1849条，协同市网信办成功处置“石羊沟发生局地山洪”等负面舆情5起。梳理全区拟施和在施重点工程项目，收到社会稳定风险评估报告44个，出具备案意见40个。加强日常维稳工作，组织80家单位召开工作例会48次，指导解决矛盾纠纷112件；开展专题会商28次，协调解决突出问题180余项；启动区领导带队督查、区派督查、区委政法委专项督查三级督查模式，累计督查190余次，发现并处理涉稳隐患542件，完成全国“两会”、“一带一路”国际合作高峰论坛、党的十九大等安保任务。组建反邪教宣讲团，开展“五进”反邪教宣讲活动320余场，建立“京西卫士”微信公众号，拓宽宣传载体和线索渠道。理顺流管工作体制，制定《门头沟区关于进一步加强全区基层流管站和流管员队伍规范化建设的工作意见》和《关于进一步加强全区社区（村）流管站和流管员队伍规范化建设的实施方案》，完成流管工作交接，确保全区97处基层流管站正常运转。严打违法群租行为，违法群租房在帐数目144处，涉及9个镇街63个社区（村），居住人员1984人，全部按时完成整治；拆除隔断36间，疏解居住人员1457人。加强对流动人口群体中无正当职业、无有效证件、无固定“落脚点”和故意逃避登记人员走访核查，累计组织开展清理整治行动43次，清查出租房屋4.2万间，核查流动人口8.6万人次；整改隐患问题346件，抓获犯罪嫌疑人68人，查获散居社区关注群体7人，清理“三无”人员264人。开展“疏解整治促提升”专项工作。加强干警党性修养工作，举办全区政法干部党性修养专题培训活动1期，举办全区政法系统年轻干部党性修养培训活动1期。推动党建工作创新，组织开展庆“七一”优秀党课评比等全区政法系统纪念中国共产党建党96周年系列活动。深入推进司法改革成果展示工作，组织人大代表、政协委员、党代表等10余人到区公安分局执法办案管理中心进行参观考察。加强重大案件协调工作力度，对影响社会稳定的重大诉讼案件开展专项协调10余次，督促政法机关依法全面履行法定职责。组织开展依法行政专题培训，与区委组织部、区法制办对全区党政机关领导干部开展专题培训，共计培训300余人次。

单位名称：中国共产党北京市门头沟区委政法委员会

地　　址：北京市门头沟区新桥大街46号
电　　话：69843158
邮　　编：102300

（李根谛）

【中央、市委扫黑除恶督导检查】 1月2日至4日，市委扫黑除恶第12督导组副组长等到门头沟区开展扫黑除恶专项督导检查，区委政法委组织相关单位协助开展配合督导工作。6月19日至20日，中央扫黑除恶第11督导组总联络员到门头沟区开展扫黑除恶专项督导检查。11月，中央扫黑除恶督导组到北京督导“回头看”工作，按照相关要求，门头沟区对照中央扫黑除恶督导“回头看”反馈问题和工作意见建议撰写并提交工作报告。

（王兴斌）

【区法学会常务理事会召开】 3月5日，区委政法委召开区法学会常务理事会，听取2018年工作落实情况，研究部署2019年工作安排。

（王兴斌）

【内设机构改革】 3月22日，区委政法委完成内设机构改革工作。改革后，区委政法委机关行政编制25名，内设机构6个。

（殷顺凤）

【扫黑除恶宣传】 4月23日至24日，区委政法委组织区公安分局、区人民法院、区人民检察院、区司法局干警到王平镇惠和新苑社区、永定镇西峰家园社区开展扫黑除恶宣传活动，累计发放各类宣传材料3000余份。

（王兴斌）

【区委平安建设工作领导小组成立】 6月10日，区委编办批复设立门头沟区委平安建设工作领导小组。9月3日，召开区委平安门头沟建设领导小组第一次全体（扩大）会议，审议《中共北京市门头沟区委平安门头沟建设领导小组工作规则》《中共北京市门头沟区委平安门头沟建设领导小组办公室工作规则》《2019年平安门头沟建设工作要点》《中共北京市门头沟区委平安门头沟建设领导小组成员单位、成员及办公室成员名单》。

（牛　奔）

【干部教育培训】 6月26日至28日，在门头沟区举办门头沟区政法领导干部学习贯彻习近平总书记重要讲话精神专题研讨班，98名政法干部参加培训。

（殷顺凤）

【扫黑除恶专项斗争培训】 7月26日，门头沟区在龙泉宾馆组织开展扫黑除恶专项斗争培训，全区扫黑除恶专项斗争领导小组成员单位主管领导和86名具体负责人参加培训。12月5日，在北斗星酒店组织开展扫黑除恶专项斗争培训，全区扫黑除恶专项斗争领导小组成员单位主管领导和具体负责人130余人参加培训。

（王兴斌）

【治安志愿者评选活动】 8月16日至26日，开展门头沟区第二届“我最喜爱的治安志愿者”评选活动。17.5万余名群众参与投票，累计投票20万余次。经综合评定，李华等20名治安志愿者被评为为门头沟区第二届“我最喜爱的治安志愿者”。

（牛　奔）

【组织部分单位相关负责人旁听案件】 8月25日，区委政法委组织区城管局、区住建委等单位负责行政执法工作的负责人到区人民法院旁听北京鸿泉兴建材有限责任公司诉北京市门头沟区王平镇人民政府撤销限拆通知书一案。

（王兴斌）

【“不忘初心、牢记使命”主题教育】 9月至12月，区委政法委组织开展“不忘初心、牢记使命”主题教育。10月10日，印发《门头沟区关于“不忘初心、牢记使命”主题教育扫黑除恶专项斗争整治工作方案》。11月4日，向上级部门报送《门头沟区关于“不忘初心、牢记使命”主题教育专项整治牵头任务进展情况报告》。

（王兴斌）

【案件移交专题会】 11月20日，区委政法委召开涉法涉诉信访终结案件移交专题会。会上，对两起终结案件进行移交。区人大常委会、区政协、区纪委区监委、区人民法院、永定镇、大峪街道、东辛房街道等单位领导参加会议。

（王兴斌）

【司法协调小组工作会】 11月22日，区委政法委召开区委依法治区委员会司法协调小组工作会。会上，传达区委全面依法治区委员会领导小组办公室第一次全体会精神，审议通过《区委全面依法治区委员会司法协调小组关于加强司法能力建设的工作方案》和《中共北京市门头沟区委全面依法治区委员会司法协调小组工作细则（试行）》。区人大常委会法制办、区政协社会和法制委员会、区公安分局、区人民法院、区人民检察院、区司法局等单位主管领导参加会议。

（王兴斌）

【平安建设考核工作】　12月11日，区委政法委召开平安建设考核工作部署会。20日，下发考核细则，启动2019年度平安门头沟建设考核工作。

（牛　奔）

【低收入帮扶工作】　年内，自开展低收入帮扶工作以来，通过持续加大对低收入户的帮扶力度，通过办理低保、社会力量帮扶、安排公益岗位等多种途径对低收入户进行帮扶。截至12月31日，斋堂镇高铺村48户低收入户年人均收入全部达到或超过低收入标准，完成全部脱低任务。

（马　力）

政府法治建设

【概况】　2019年3月，原门头沟区司法局和原区政府法制办合并，重新组建门头沟区司法局，作为区政府工作部门，成立机关党委。门头沟区司法局机关内设行政科室7个，即办公室、政工科、普法和公共法律服务科、基层建设和矫正帮教科、法治和调研科、行政复议应诉科、法律服务监督管理科。机关公务员编制32个，实有30人，机关工勤3人；基层司法所13个，司法助理员编制46个，实有44人；参照公务员管理事业单位1个，即法律援助中心，编制5个，实有5人；全额拨款事业单位2个，阳光中途之家，编制7个，实有7人；行政复议调解接待中心，编制5个，实有4人；自收自支事业单位1个，即北京市华夏公证处，编制8个，实有7人。

区司法局结合机构改革及安保维稳工作，扎实做好干部谈心谈话及思想教育工作，确保队伍思想不乱、工作不断、干劲不减。稳步推进公务员职务与职级并行制度实施，认真开展队伍情况分析及职数摸底测算，结合实际制定具体工作方案，核对人员档案信息，开展职级套转及晋升。局党组及班子成员深刻检视剖析自身问题，组织召开专题民主生活会，认真开展批评和自我批评。扎实推进地区法治建设，制发国家机关“谁执法谁普法”普法责任制实施办法及普法责任制清单等，明确48家普法责任制单位普法清单。年内，强化战时会商、组织协调和应急处置调度。强化“两类”人员教育管理，战时阶段加大走访排查力度，通过技术手段实时监管社区矫正对象动态，与属地公安派出所等部门建立会商机制。发挥第一道防线作用，采取普遍排查和重点排查相结合的方式，形成无盲区、全覆盖的工作格局。加大律师管理执法检查力度，确保全区律师行业稳定无风险。成立21人工作小组，参与龙泉镇4个重点地段森林防火沟口、路口管控工作并完成任务。年内是，北京市华夏公证处被评为北京市“公证为民先锋”先进集体，1人被评为“公证为民”先进个人；1人被评为“门头沟区最美女性”；1人被评为门头沟“优秀人才”；在北京市司法行政系统中华人民共和国成立70周年维稳安保工作中基层建设和矫正帮教科获集体三等功，龙泉司法所、办公室、城子司法所获先进集体，1人获个人三等功，14人获先进个人；1人被评为民进北京市委2019年度社会服务工作先进个人；1人被评为“七五”普法中期先进个人；惠农公益法律服务中心被评为中央专项彩票公益金法律援助项目贡献突出实施单位；门头沟区司法局被评为2019年度人民调解宣传工作先进集体。

单位名称：北京市门头沟区司法局
地　　址：北京市门头沟区增产路大街46号
电　　话：69842353
邮　　编：102300

（李昌德）

【加强领导干部依法行政培训】　年初，区司法局制定2019年区政府常务会学法计划，全年安排会前学法6次。5月27日至29日，11月12日至14日，组织两期依法行政专题研讨班，培训全区副处级、科级领导干部240余人次。培训内容涉及全面依法治国新理念新思想新战略、行政复议应诉、政府信息公开、行政决策等方面。11月，组织行刑衔接与公益诉讼讲座、行政执法三项制度与案卷评查讲座，培训执法人员130余人次。

（李昌德）

【低收入帮扶慰问活动】　1月8日，区律协和华夏公证处为斋堂镇白虎头村送去慰问资金，并就该村集体经济发展中合同签订等涉法问题、村居公益法律服务情况等与村“两委”进行座谈。

（李昌德）

【主题党日活动】　1月16日，区司法局领导及机关、律师、公证党员共20余人参加，包括走访慰问低收入户、举办法治宣传教育活动。5月30日，区司法局50余名党员到对口帮扶村斋堂镇白虎头村，在宛平县人民抗日战争为国牺牲烈士纪念碑前祭奠英烈，敬献花篮，重温入党誓词。随后进行农情参观，了解白虎头村发展情况、村民法律援助需求、增产增收法治保障等工作，并开展蘑菇采摘、玉米种植农事体验。8月26日，以“精准帮扶＋农事体验”为主题，共30余名党员参加。活动设创城法治宣传站和法律咨询点，开展“脱贫攻坚 法治护航”主题宣传，向村民解读创城法治宣传一封信，宣传扫黑除恶、交通安全等相关法律知识，并组织党员进行收玉米农事体验。

（李昌德）

【收到四川省司法厅感谢信】 1月17日，四川省司法厅来信对门头沟区司法局专门工作组赶到四川省绵阳市，就门头沟区律师辩护代理案件开展现场指导监督工作表示感谢。

（李昌德）

【诉讼文书送达工作会商】 1月21日，区司法局、区律协、区法院就电子送达方式、网上预约立案程序性问题进行交流研讨。区法院与区律协签署关于电子送达的合作协议。

（李昌德）

【2018年度专职人民调解员述职活动】 1月23日，组织专职人民调解员述职考核活动，3人被评为优秀。同日，进行2018年“调解之星”评选,1人被评为“调解之星”。

（李昌德）

【珍惜矫正、拒绝酒驾专题教育活动】 2月18日，区阳光中途之家组织城子、东辛房及妙峰山司法所具有机动车驾驶资格及因酒后被执行社区矫正的17名社区矫正对象，就安全驾驶、酒驾危害等内容进行教育。

（李昌德

【调整、取消23项公证事项收费】 2月25日起，下调财产继承公证、经济合同公证、赋予债权文书强制执行效力公证等4项公证服务收费标准；取消译文代办收费；证据保全类、公证监督类等18项收费实行市场调节价。

（李昌德）

【为矫正对象安装“北京社矫”APP】 3月5日，区司法局组织门头沟区所管社区矫正对象完成“北京社矫”APP安装、注册。

（李昌德）

【法律志愿服务活动】 3月5日，区司法局组织局机关、司法所党员干部和党员律师、公证员，在大峪街道绿岛家园社区开展“学雷锋 讲奉献”助力创城法律志愿服务活动，为市民解答法律咨询。

（李昌德）

【白虎头村对口帮扶】 3月13日，区司法局全面了解村域内产业发展、引进企业落地进展以及村民增产增收情况，从协助审查旅游、服务等合同、举办乡村法律大讲堂方面服务白虎头村创新旅游产业需求，协商利用其红色资源共建开展党员教育活动。

（李昌德）

【国家工作人员学法用法考试】 3月15日，区司法局联合区人力社保局，在门头沟区机关事业单位初任培训班期间，举行国家工作人员学法用法考试。考试内容涵盖市区中心工作、环保法、旅游法、公务员法、宪法监察法及扫黑除恶、疏解整治促提升等，全区180余名初任培训人员参加。

（李昌德）

【律所驻在式补短板专项检查】 3月，区司法局将排查清除律师行业的风险隐患作为检查重点。采取蹲点检查、随机抽查、查处结合等方式对全区律师所开展专项检查并组织整改。

（李昌德）

【选举参加北京律师代表大会代表】 4月2日，由区政法委牵头，区司法局联合区公安分局、区人民法院、区人民检察院、区信访办等11个部门召开，听取门头沟区律师代表选举工作汇报，对3名代表候选人进行联审。11日，第二届门头沟区律师代表大会第二次会议选举产生门头沟区出席北京市第十一次律师代表大会代表，20余名律师代表参与会议并表决。

（李昌德）

【“宪法进万家”法治宣传】 4月9日，在京浪岛公园启动“宪法进万家”法治宣传活动启动。通过收听宪法微课堂、观看宣传展板、领取宣传材料、解答法律咨询、扫码关注“门头沟普法”微信公众号等形式，向近百名个体出租经营者、银建出租经营者宣传宪法、交通安全、国家安全、扫黑除恶等法律知识。

（李昌德）

【律师行业扫黑除恶专项知识培

训】 4月11日，区司法局组织律师学习最高人民法院、最高人民检察院、公安部、司法部联合印发的《关于办理恶势力刑事案件若干问题的意见》等4个意见等内容。24名律师参与现场培训。

（李昌德）

【第二届人民调解协会第三次理事会】 4月12日，第二届门头沟区人民调解协会第三次理事会召开。会上。审议修改《北京市门头沟区人民调解协会章程》，表决通过《门头沟区人民调解协会2019年“十个一”工作计划》。

（李昌德）

【纪律处分条例专题讲座】 4月17日，区司法局邀请中共中央党校、国家行政学院专家，讲解新修订的《中国共产党纪律处分条例》。区司法局全体人员和各司法所正、副所长60余人参加。

（李昌德）

【律师事务所检查考核工作会】 4月23日，区司法局召开律师事务所2019年度检查考核工作会。会上，解读检查考核工作方案，明确考核范围、时间、程序等，并对全区9家律所负责人及行政人员开展律所年检业务培训。

（李昌德）

【律师行业优化营商环境工作系列培训】 4月26日，区司法局、区律师协会、区法院联合举办律师行业优化营商环境工作系列培训。区法院围绕“执行合同”和“办理破产”两个指标，为辖区律师讲解优化营商环境的背景意义和相关政策法规。5月30日，区司法局组织律师学习营商环境文件精神和重点内容，发放《北京市优化营商环境工作100题》等学习资料。

（李昌德）

【村“两委”负责人宪法专题辅导】 5月8日，区司法局邀请中国政法大学法学院专家，对村“两委”负责人进行宪法专题辅导。围绕宪法的基本原则，从人权原则、民主原则、法治原则3个方面，结合案例解读公民基本权利、宪法中民主原则的具体体现、程序正义、法不溯及既往等法治原则的基本内涵。全区240余名村“两委”负责人参加辅导。

（李昌德）

【区委全面依法治区委员会第一次会议】 5月27日，区委书记、区委全面依法治区委员会主任张力兵主持召开区委全面依法治区委员会第一次会议。会上，审议通过委员会、办公室及各协调小组机构设置，以及《中共北京市门头沟区委全面依法治区委员会工作规则》《门头沟区委全面依法治区委员会2019年工作要点》等文件。

（李昌德）

【第二批“最多跑一次”公证事项】 5月，在52项公证事项“最多跑一次”的基础上，推出第二批“最多跑一次”公证事项。对于不涉及财产的委托、未成年人监护委托、法定监护公证等60项公证事项，只要申请材料齐全、真实，符合法定受理条件，实现让当事人“最多跑一次”。

（李昌德）

【律所优化营商环境法律服务情况专项调研】 5月29日，区司法局对亚太律所营商环境法律服务情况进行实地检查和座谈研讨，了解其在搭建优化营商环境服务平台、组建服务团队、开展服务活动等方面情况。

（李昌德）

【2019年度村居公益法律服务工作部署会】 5月30日，区司法局召开2019年度村居公益法律服务工作部署会。会上，就进一步提升村居公益法律服务工作质量和服务规范性进行部署。区司法局与8家律师事务所现场签订村居公益法律服务协议。

（李昌德）

【党建暨党风廉政建设工作会】 5月31日，区司法局领导班子成员、局机关和事业单位全体工作人员及各司法所所长50余人参会。会上，总结2018年党风廉政建设工作、党建工作，部署2019年主要工作、党建工作要点。

（李昌德）

【法治文艺演出基层巡演启动仪式】 6月5日，在城子街道办事处文化中心剧场举办2019年法治文艺演出基层巡演启动仪式暨扫黑除恶专场演出。区法治文艺益民服务队为市民表演相声、快板书、杂技、曲艺剧等融合宪法、扫黑除恶、创城等内容的精品法治文艺节目。

（李昌德）

【“两类”人员扫黑除恶大调查活动】 6月18日，区司法局举办“两类”人员扫黑除恶大调查活动。活动以一次集中教育、一次个别谈话、一次专题考试的形式，帮助社区矫正对象正确认识扫黑除恶专项斗争，鼓励举报涉黑涉恶违法犯罪线索。

（李昌德）

【律师法律服务进企业活动】 6月20日，区司法局组织律师到北京公交集团第八客运分公司第七车队，举办律师法律服务进企业活动。活动以公交安全出行为主题，就公交车上财物被盗、人身伤亡的法律责任由谁承担等问题进行解读，并现场开展解答法律咨询。

（李昌德）

【法律援助初审员、联络员培训班】 6月27日至28日。区司法局对全区298个村居法律援助联络员、13个司法所法律援助初审员，进行法律援助实务、公共法律服务体系业务、法律援助“以案释法”等方面培训。

（李昌德）

【“七五”普法讲师团培训班】 7月2日至3日，区司法局举办2019年门头沟区“七五”普法讲师团培训班。邀请市司法局相关部门和北京嘉观律所专业人员采取以案释法方式，分别对《北京市城乡规划条例》《政府信息公开条例》和《宪法》修正案进行详细解读。全区50余名普法讲师团普法骨干参与培训。

（李昌德）

【法律援助进军营】 7月18日，区司法局到驻区某部队，举办法治讲座，播放扫黑除恶沙画宣传短片，扫黑除恶、军人维权、军人军属法律援助条件及办理程序等相关内容，并解答官兵法律咨询。19日，联合区曲艺家协会、区法治益民服务队到驻区某部队举办文艺演出，并就宪法、扫黑除恶、创建全国文明城区和法律援助等知识进行有奖竞答。

（李昌德）

【警示教育大会】 7月26日，区司法局召开全区律师、公证、基层法律服务行业警示教育大会。60余名律师、公证员以及基层法律服务工作者参加。会上，通报年度内以来，律师、公证、基层法律服务行业受理投诉情况和违法违规典型案例，并针对存在问题和风险隐患进行警示教育。

（李昌德）

【律师调解试点工作座谈交流】 7月30日，区司法局、区人民法院、区律师协会、7家律所律师代表，就诉前调解阶段律师调解工作开展座谈交流。区人民法院对《关于开展律师调解试点工作的实施意见》进行解读，参会人员围绕律师调解员的产生、调解工作程序、案件补贴标准等进行探讨。6名律师现场自荐报名加入调解员队伍。

（李昌德）

【解矫前集中教育活动】 8月19日、20日，区司法局分两批次对全区19名临近解除社区矫正的人员进行教育。内容包括社会主义核心价值观专题讲座、解矫前法治教育和安置帮教政策讲解、扫黑除恶专题讲座、我为创城做贡献主题活动、解矫前重新违法犯罪危险性心理评估及解矫前宣誓。区人民检察院派员全程进行法律监督。

（李昌德）

【“脱贫攻坚 法治护航”主题宣传】 8月26日，区司法局向斋堂镇白虎头村村民宣传扫黑除恶、交通安全等相关法律知识，解读创城法治宣传一封信。

（李昌德）

【公共法律服务协同调度平台实操培训】 8月30日，区司法局组织各司法所、区法援中心、华夏公证处、区人民调解协会的30余名工作人员，以“一人一机”的模拟登陆方式进行公共法律服务协同平台实操培训。

（李昌德）

【执法问题排查纠治】 8月至11月，区司法局组织区属执法部门开展执法不公、选择性执法、随意性执法3个方面7类执法问题的集中排查纠治工作。对2019年以来“立案后不予处罚”和“立案后撤销立案”的两类案件进行逐一排查，实地走访区城管执法局、区生态环境局、区交通局、区园林绿化局和区应急管理局5家重点执法单位，督促相关工作落实。

（李昌德）

【推行政府法律顾问制度】 8月，区司法局完成全区律师法律顾问统一续聘工作，实现13个镇街及区属46家单位外聘政府法律顾问全覆盖。12月，对外聘政府法律顾问工作情况及各单位落实政府法律顾问制度进行考核。

（李昌德）

【7名社区矫正对象被裁定特赦】 9月2日，北京市第一中级人民法院到区司法局对2名未成年社区矫正对象宣告裁定特赦。20日，区司法局组织5名符合特赦条件的社区矫正对象到北京市第一中级人民法院参加特赦宣告。

（李昌德）

【守法普法协调小组第一次全体会议】 9月9日，区委全面依法治区委员会守法普法协调小组相关领导及各成员单位参加，48家普法责任制单位、13个镇街主管领导列席。会上，传达市委依法治市委守法普法协调小组第一次会议和区委依法治区委第一次会议精神；审议通过协调小组工作规则，普法责任制实施办法、清单及2019年全区普法依法治理工作要点等相关文件。

（李昌德）

【“不忘初心、牢记使命”主题教育工作】 9月16日，区司法局开展“不忘初心、牢记使命”主题教育工作进行部署。区委第四巡回指导组成员、局领导班子成员、局机关全体党员、离退休党支部以及律师行业党支部党员代表、司法所所长参加。

（李昌德）

【机关党委党员大会】 9月19日，区司法局机关党委党员大会召开。应到会有选举权党员92名，实到84名。会上，表决通过《党员大会选举办法》(草案)，差额投票选举产生第一届机关党委委员会委员9人。会后，新当选的机关党委委员召开第一次全体会议，选举产生第一届机关党委委员会书记、副书记，并对委员进行分工。

（李昌德）

【革命传统教育】 9月27日，门头沟区律师行业党支部组织律师党员实地参观京西第一党支部纪念馆、崔显芳烈士纪念馆、崔显芳故居等，并带领律师党员重温入党誓词。10月1日，区司法局组织30余名机关干部集中观看中华人民共和国成立70周年阅兵仪式，其他党员干部、退休党员、律师党员另行以集中或自行观看方式收看。10月8日，局领导班子成员、机关党委委员到北京香山革命纪念馆参观学习，并观看《为新中国奠基》主题展览。15日，组织31名党员到马栏红色教育基地，开展情景体验方式并参观冀热察抗日挺进军司令部旧址及重温入党誓词。

（李昌德）

【创城法治文艺演出】 10月10日、15日、17日，区司法局在大峪绿岛、城子西街和东辛房石门营六区开展“同心共筑中国梦、法治文艺京西行”——门头沟区创建全国文明城区法治文艺演出暨普法联盟系列宣传活动。活动聚焦提升创城法治宣传知晓率，设置法律有奖竞答环节，将法治元素融入演出节目中。

（李昌德）

【服务保障工作表彰会】 10月12日，区司法局举办中华人民共和国成立70周年服务保障工作表彰会。局领导班子成员及全体干部、司法所所长、事业单位负责人参加会议。会上，宣读《关于对新中国成立70周年服务保障工作先进典型通报表扬的决定》《北京市司法行政系统国庆70周年维稳安保工作先进集体和先进个人评选表彰工作推荐名单》和干部任免决定。基层建设和矫正帮教科、办公室、法律服务监督管理科、龙泉司法所、城子司法所负责人作交流发言。

（李昌德）

【区领导出庭应诉行政案件】 10月29日，区法院公开开庭审理原告北京金春时代商场有限公司诉被告北京市门头沟区人民政府大峪街道办事处、北京市门头沟区人民政府撤销限拆通知书与行政复议一案。区政府副区长、大峪街道办事处主任作为行政机关负责人出庭应诉。11月27日，区法院公开开庭审理原告李某诉被告龙泉镇政府、区政府撤销限拆决定及复议决定一案。副区长作为被诉复议机关负责人出庭应诉。

（李昌德）

【公共租赁住房摇号公证】 10月31日，在晨光饭店公共租赁住房摇号，公证人员对摇号全过程进行监督。摇出109户大套型顺序号、126户小套型顺序号。

（李昌德）

【案卷评查质量抽验】 11月6日至7日，区司法局依托北京市行政执法信息服务平台随机抽取区城管执法局、区人力社保局等26个行政执法部门的行政处罚卷案50卷，评查人员31名，开展集中督查工作，评查结果优秀卷20卷，不合格卷1卷。

（李昌德）

【依法治区委员会办公室第一次会议】 11月12日，区司法局召开区委全面依法治区委员会办公室第一次会议。会上，传达学习中央全面依法治国委员会第二次会议以及市委全面依法治市委员会第一、二次会议精神，审议通过《中共北京市门头沟区委全面依法治区委员会协调小组工作细则》《中共北京市门头沟区委全面依法治区委员会请示报告制度》等文件，并就进一步落实《门头沟区关于加强新时代法治建设的实施方案》进行部署。

（李昌德）

【入监帮教活动】 11月21日至25日，区司法局会同区相关职能部门组成帮教团队对关押在北京市监狱管理局清河分局所属潮白、前进、垦华、清园监狱86名门头沟籍罪犯开展入监帮教活动，同时开展扫黑除恶工作宣讲。

（李昌德）

【门头沟区司法行政开放日】 11月29日，区司法局机关、华夏公证处、区法律援助中心、区阳光中途之家、13个司法所、部分律师事务所向社会开放。以“弘扬宪法精神 推进国家治理体系和治理能力现代化——司法行政70年”暨“司法行政在身边”为主题，结合“不忘初心、牢记使命”主题教育、“12·4”国家宪法日宪法宣传周系列宣传活动，向社会各界和广大人民群众宣传司法行政职能并提供法律服务。各司法所开展“走千家进万户”专项活动，即入户做一次沟通宣传、发放一份宣传册、发放一张司法所联系卡、征集一次意见和建议、办理一件实事。

（李昌德）

【宪法宣传周系列宣传活动】 11月29日，区司法局在区影剧院举办国家宪法日宪法宣传周系列宣传活动启动仪式暨法治文艺专场演出。全区各普法责任制单位、各镇街主管领导、中小学生和村居民代表600余人观看演出，同日，以“弘扬宪法精神，推进国家治理体系和治理能力现代化”为主题的大型社会面宣传咨询活动，在区体育馆前主会场和新桥大街、滨河路等分会场开展，全区39家普法责任制单位，向广大市民发放宪法、扫黑除恶等各类宣传材料并提供法律咨询服务。

（李昌德）

【青少年法治宣传活动】 12月1日、4日，区司法局联合团区委、区教委、晨夕法律服务中心，组织北京大峪中学师生走进北京航空航天大学、清华大学，活动以领略大学校园风采和上法治课为主，学习宪法中“国旗、国徽、国歌”和刑法中“盗窃侵占”“敲诈勒索”等内容。

（李昌德）

【领导干部重温宪法誓词暨旁听庭审】 12月2日，在区法院大法庭举办领导干部重温宪法誓词暨旁听庭审活动。全区各普法责任制单位、各镇街主管领导集中重温宪法誓词，并进行行政案件旁听庭审活动。庭审结束后，主审法官结合案件争议焦点进行法律解读并与现场旁听人员进行互动答疑。

（李昌德）

【社区矫正警示教育专题活动】 12月19日，区阳光中途之家组织29名社区矫正对象开展警示教育专题活动。播放市司法局社区矫正对象警示教育片及门头沟区4个收监案例视频，并从遵纪守法、珍惜自由、回报社会3方面进行案例警示教育。

（李昌德）

【司法所年度工作督察检查】 12月23日至30日，区司法局对各司法所2019年度工作落实情况进行督察检查。督查内容涵盖司法所规范化建设、社区矫正、安置帮教和人民调解等业务范围。

（李昌德）

【区级公共法律服务中心改造完成】 12月28日，区级公共法律服务中心改造完成。该中心位于新桥大街60号，建筑面积360余平方米，内设法律援助、人民调解、律师服务、公证4个窗口，开辟综合接待、法律咨询、休息等候、法治宣传等区域，搭建起“综合性、一站式、标准化”的服务实体平台。

（李昌德）

【印发公职律师公司律师制度实施办法】 12月30日，以区委办公室、区政府办公室名义印发《门头沟区推进公职律师公司律师制度实施办法》。该办法包括指导思想、基本原则和目标任务，公职、公司律师制度、规范设立审核、完善组织管理等内容。截至年底，共有区国资委、大峪街道办事处等5家单位完成备案，12名公职律师获颁执业证书。

（李昌德）

【政府法律顾问及合法性审核工作】 年内，区司法局加强对外聘政府法律顾问以及各单位落实政府法律顾问工作的考核，完成全区律师法律顾问的统一续聘工作，实现各镇街及区政府部门外聘政府法律顾问全覆盖。全年审核区政府重大决策及规范性文件并出具法律意见38件（其中规范性文件4件、合同协议9件、决策及其他文件25件），审核区政府依申请公开答复70件，向市政府备案行政规范性文件4件；反馈各部门各类意见征求33件；反馈市政府规章草案征求意见10件。

（李昌德）

【行政执法监督】 年内，区司法局落实机构改革后执法衔接工作，督促相关执法部门在市执法信息服务平台完成职责划转、人员划转、部门主体与受委托组织信息维护等工作。推行行政执法公示、行政执法全过程记录、重大执法决定法制审核制度3项制度，组织专题培训2期，制定《关于推行行政执法三项制度的指导意见》，督促13个镇街完成执法信息网站公示工作。加强法制培训，组织行政执法资格预考2次，共145人次参加。组织区属执法单位开展执法不公选择性执法随意性执法排查纠治相关工作。落实执法案卷评查制度，在组织各执法单位自查案卷529卷的基础上，抽验26个行政执法单位50本案卷。加强行政执法数据统计分析工作，督促各执法部门提升执法效能，配合“迎国庆、治污染、保环境”60天专项行动，制作执法日报60期。

（李昌德）

【行政复议应诉】 年内，区司法局收到行政复议申请42件，受理41件，经审查决定不予受理1件，受理率97.6%。受理的41件案件中，正在审理4件，已审结37件（含维持22件、驳回5件、决定终止10件）。区政府年内收到行政应诉案件40件，其中一审案件23件，二审案件17件。一审案件中，区政府作为单独被告的17件，区政府与委办局、镇街作为共同被告的6件。区政府一审案件23件分别为：撤销行政批复1件，不服信息公开答复2件，行政强制1件，不服征收补偿决定1件，不服征收决定1件，履行法定职责5件，不服行政复议决定7件，请求确认行政行为违法3件，行政赔偿2件。

（李昌德）

【社区矫正和安置帮教】 年内，区司法局接收社区矫正对象96人，解除社区矫正对象87人，开展居住地核实71件，开展矫前社会调查52件。探索集中教育新形式，年内开展各类集中教育40期涉及709人次。依法做好特赦工作，对7名被裁定特赦的社区矫正对象做好安置帮教无缝对接。完成社区矫正对象重新违法犯罪危险性心理评估278人次。核查入监所服刑人员179人次，刑满释放人员材料核实、转递137人次，指导司法所完成视频会见29例。

（李昌德）

【司法所建设和人民调解】 年内，区司法局会同有关部门健全动态预警机制，加强矛盾纠纷调处化解。加强人民调解队伍专业化建设，创新教育培训方式方法，补齐知识短板，突出实战导向，开展调解员能力测试。加大人民调解队伍培训力度，举办区级骨干人民调解员培训、档案专项培训。年内，全区各级人民调解组织开展矛盾纠纷排查活动4679次，预防纠纷49件，成功调解纠纷2394件（含口头协议806件、书面协议1588件），协议涉及金额5244.86万元。

（李昌德）

【法律服务监督管理】 年内，区司法局强化对律师、公证、基层法律服务队伍的监督管理，针对律师行业开展驻在式补短板专项检查，实现“双随机一公开”常态化进行，重点就村居法律顾问服务情况，律师业务档案情况，律师参与接待、庭审等多项执业活动的规范化情况进行执法检查。推进律师制度改革落地，逐步建立公职律师、公司律师队伍，推进律师诉讼代理服务收费及税收制度落实，与区法院、区律师协会就在诉前调解阶段开展律师调解工作开展座谈交流，推荐律师加入调解员队伍。召开全区律师、公证、基层法律服务行业警示教育大会，加强培训和督导，做好扫黑除恶专项斗争工作。组织和引导广大律师、基层法律服务队伍和公证力量做好村居公益法律顾问工作、助力基层法治环境建设。开展服务民营企业专项活动，助力区域营商环境建设。做好法治宣传，全面助力全国文明城区创建工作，为区域建设发展提供有力的法律保障。

（李昌德）

【公共法律服务】 年内，区司法局着力优化公共法律服务资源配置，统筹推进律师、公证、法律援助、人民调解便民服务，有效打通司法行政为民“最后一公里”。在原有法律援助“3+N”工作体系基础上，完成区级公共法律服务中心实体平台，13个镇街公共法律服务站和301个村居公共法律服务室建设。完善公共法律服务质量管理体系，开展法律援助案件质量评估，确保群众获得高质量的法律服务。开展法律援助专项维权季活动，对未成年人、残疾人、老年人等特殊人群和农民工讨薪、请求工伤待遇等开通绿色通道，实现优先受理、简化程序、快速办理。年内，共受理法律援助案件1222件，为受援人挽回经济损失1393.9万元。公证处共接待来访来电咨询1万余人次，办理公证案件2100件，其中民事1560件、经济93件、涉外446件、港澳台1件。

（李昌德）

【扫黑除恶专项斗争】 年内，区司法局建立扫黑除恶会商、信息报送等机制，加强督导检查，发现问题及时整改。加强涉黑涉恶线索摸排，建立摸排台账。深化扫黑除恶法治宣传教育，推出原创沙画视频《扫黑除恶 法治护航》在区级新媒体平台推送并被“北京政法”微信公众号、“平安北京”微博转载。强化对律师行业的监督管理，持续加大开展“两类”人员走访排查力度，积极履行职责，配合做好“两委”换届资格联审工作，共筛查22轮涉及4209人次。梳理扫黑除恶专项斗争开展以来工作档案资料，迎接中央巡视组扫黑除恶“回头看”检查。

（李昌德）

【下属单位情况】

单位名称：北京市门头沟区大峪司法所
地　　址：北京市门头沟区龙山家园3号院龙山二区居委会三楼
电　　话：69827922
邮　　编：102300

单位名称：北京市门头沟区城子司法所
地　　址：北京市门头沟区龙门B9城子办事处
电　　话：69827440
邮　　编：102300

单位名称：北京市门头沟区东辛房司法所
地　　址：北京市门头沟区石门营新区紫金路南口（东辛房办事处院内）
电　　话：69842867
邮　　编：102300

单位名称：北京市门头沟区潭柘寺司法所
地　　址：北京市门头沟区潭柘寺镇赵家台村后
电　　话：60860689
邮　　编：102308

单位名称：北京市门头沟区龙泉司法所
地　　址：门头沟区门头沟路24号龙泉镇政府院内
电　　话：69839436
邮　　编：102300

单位名称：北京市门头沟区永定司法所
地　　址：北京市门头沟区永定镇石龙西路58号（永定镇政府）
电　　话：60850043
邮　　编：102300

单位名称：北京市门头沟区军庄司法所
地　　址：北京市门头沟区军庄镇政府
电　　话：60810545
邮　　编：102300

单位名称：北京市门头沟区妙峰山司法所
地　　址：北京市门头沟区妙峰山镇政府
电　　话：61880021
邮　　编：102300

单位名称：北京市门头沟区王平司法所
地　　址：北京市门头沟区王平大街东路9号（王平镇政府）
电　　话：61857278
邮　　编：102300

单位名称：北京市门头沟区雁翅司法所
地　　址：北京市门头沟区雁翅镇雁翅村公路北164号
电　　话：61839750
邮　　编：102305

单位名称：北京市门头沟区斋堂司法所
地　　址：北京市门头沟区斋堂镇大街45号
电　　话：69819036
邮　　编：102309

单位名称：北京市门头沟区清水司法所
地　　址：北京市门头沟区清水镇上清水村河西60号（清水镇政府）
电　　话：60855452
邮　　编：102311

单位名称：北京市门头沟区大台司法所
地　　址：北京市门头沟区大台路8号（大台街道办事处）
电　　话：61870462
邮　　编：102303

单位名称：北京市门头沟区法律援助中心
地　　址：北京市门头沟区新桥大街60号
电　　话：69843075
邮　　编：102300

单位名称：北京市门头沟区阳光中途之家
地　　址：北京市门头沟区龙泉镇三家店西老店村282号
电　　话：60864866
邮　　编：102300

单位名称：北京市华夏公证处
地　　址：北京市门头沟区新桥大街60号
电　　话：69843165
邮　　编：102300

（李昌德）

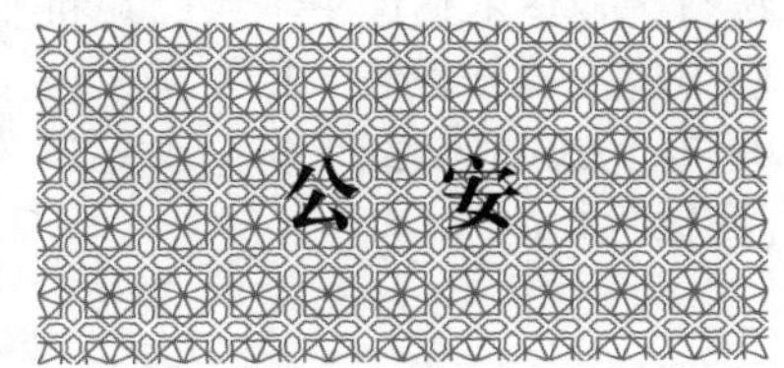

公　安

【概况】　2019年，北京市公安局门头沟分局（简称门头沟区公安分局）在平安北京建设考评中连续被评为优秀，全区群众安全感在全市排名前列。开展安保专项培训19批次，制定方案预案52份，制定重点任务账单40项，组织各类会议80余次。逐人落实评估风险、教转稳控，实现重大保卫、重要会议期间人员“零危害”和“零参与”；适时启动危险物品“四停一封”超常规管控措施，确保案事件“零发生”；围绕基层“两委”班子换届选举，主动融入，深入调查，全面梳理，重点工作，对8名干扰破坏选举人员依法处理。年内，共处置群体访90批1152人次，群体访人次同比减少46%。严格落实扫黑除恶“一把手”责任制、线索核查“四长”制等工作机制，摸排、转接线索286条，核查侦办反馈率100%，从中破获黑恶因素类案件70起，打掉犯罪团伙12个，其中九类涉黑涉恶因素类案件破案率89.74%，高于全市平均水平；紧盯影响群众安全感的违法犯罪活动，突出“打现行、破现案”，查破刑事案件387起，同比上年基本持平；持续完善“办案管理中心+基层所队案管组+智能办案区”闭环监督体系，落实执法处置精准指导，依法处理违法犯罪人员810人，逮捕193人，同比上升12.2%。围绕群众反映强烈的突出治安问题，开展“使命·2019平安行动”等专项行动60余次，清查出租房屋4.7万余间，查处黄赌违法犯罪嫌疑人110人，疏解劝返“三无”人员460人；对全区36处基础要害部位，按照“一图一表一方案”标准，推动“打整管控建”落地落实；开展“黑车”、“僵尸车”占道、机动车乱停乱放等专项治理，查处各类交通违法24.1万余起，处罚违法停车6.5万余起，涉牌违法1495起，清理僵尸车88辆；推进户籍、出入境业务线上线下同步办理，办理户政业务3.6万余件、出入境证件4.6万余件。创新建立第一联勤区注重打防、第二联勤区重点整治、第三联勤区旅游监管、第四联勤区守好外围“四个警务联勤区”工作格局，有效提升警务效能；年内，外围防线共盘查车辆22万余辆，核录人员信息33万余条，查获违法犯罪嫌疑人46人，收缴各类违禁品366件。年内，立刑事案件1183起，同比下降22.2%，可防性案件同比下降44.1%。年内，协助破案143起，抓获违法犯罪嫌疑人109人。组织开展主题党课、辅导讲座、专题培训，推出参观红色教育基地、主题展览，“不忘初心跟党走”主题演讲比赛等系列党建活动，通过“两微一端”、政工专刊等平台，开展“典型风采展示”53人次；对安保工作中涌现出的9个先进集体和192名先进个人给予战时奖励，1个集体被评为北京市工人先锋号，1人被纳入区级先进典型、4人分别被评为市局系统先进典型。年内，召开支委会580余次，支部党员大会500余次，组织生活会100余次，各级党组织书记讲党课236次，完成15个党支部的增补选工作；持续优化基层单位班子结构，年内，提报干部34人，平级交流23人，免职24人；严格落实平时考核与战时考察机制，任期考核39人，试用期考核36人，跟进考察现职领导干部200余人，考核谈话472人次；全年帮扶慰问236人次，解决民警“三就”问题27人次、累计投入资金150余万元为民警办实事、办好事。召开党风廉政建设责任制领导小组会14次；组织开展为期3个月的“懂规矩、守底线、争为安保作贡献”纪律教育专项整治活动，自编《分局纪律作风教育学习读本》《警规警纪、时时牢记》折页口袋书，自制《小节不保、大劫难逃》警示教育片；受理问题线索、信访举报、政风行风热线37件，办结27件，办结率73%。认真倒查分析制度建设的薄弱点、权力运行的风险点和监督管理的空白点，确定领导干部和民警岗位123个、廉政风险点342个；制定防范措施572条，对相关单位11名责任领导进行约谈提醒；采取“3+X”督导方式开展检查，发现各类问题400余件，并通过督办确保问题隐患清零。

单位名称：北京市公安局门头沟分局
地　　址：北京市门头沟区新桥大街45号
电　　话：69842494、69820788
邮　　编：102300

（赵秋来　任成壮）

【74名社区民警进行述职述廉工作】　1月1日至21日，门头沟区公安分局完成14个户籍派出所74名社区民警2018年度述职述廉工作。期间，各所邀请辖区党政机关、居村委会等各界领导和代表，共召开报告会88场，4400余人次，征求各类意见、建议56条，并将整改情况及时作反馈和解答。

（赵秋来　任成壮）

【110宣传日活动】 1月10日，门头沟区公安分局在区影剧院门前开展以“警民牵手110，共创平安迎大庆”为主题的集中宣传活动。分局领导及指挥处、刑侦和治安支队、大峪派出所等单位领导和民警30余人次参加。发放宣传材料8000余份，解答咨询200余人次，征求意见建议30余条。

（赵秋来 任成壮）

【综合整治专项行动】 1月16日，门头沟区公安分局投入警力66人、协警32人，以及区综治办、城管等执法力量20人，对警情多发、案件高发的龙泉镇梨园社区开展清理整治专项行动。共清查出租房屋422间，核查流动人口724人，审查无有效身份证件11人，消除安全隐患35件，处罚违法出租房主4人；清查街面足疗、发廊等重点场所16家，核查从业人员62人；向群众发放安全防范宣传材料1240份。

（赵秋来 任成壮）

【基层所节前检查】 1月31日，门头沟区公安分局局长到三家店、城子、东辛房派出所检查指导春节安保工作。听取各单位工作汇报，询问重点人管控、烟花爆竹禁放、煤气中毒预防、消防安全等落实情况，并对打击办案、治安防控等方面工作进行指导，对重点人稳控、反恐防恐、社会面清整、隐患排查，以及加强纪律作风教育，严格落实“人车枪弹酒密网”等内部安全规定等作强调。

（赵秋来 任成壮）

【春节期间交通安保工作】 2月4日至10日，门头沟区公安分局共出动警力810余人次、协警及协管760余人次；共疏导车辆4.27万余辆次，群众9.71万余人次；快速高效处置事故、拥堵、反映“三类警情”236次。全区未发生重大交通事故和严重交通拥堵现象。

（赵秋来 任成壮）

【元宵节禁放工作】 2月19日，门头沟区公安分局组织发动各类力量4.76万余人次。其中，巡逻控制警力1000人次，街道干部1600人次，治保力量3.6万人次，工商、交通、城管、禁放单位、保安及其他力量9000人次。出动各种车辆315台/次。其中，巡逻警车125台次，消防车45台次，其他单位车辆145台次；查处违反禁放规定案件15起，行政拘留1人、罚款15人次，收缴烟花爆竹25箱。

（赵秋来 任成壮）

【旅馆业场所安保检查】 3月2日至10日全国“两会”期间，门头沟区公安分局共出动警力113人次，检查旅馆业场所48家次，整改隐患问题5件，处罚2起、罚款5500元，下发《责令改正通知书》2份，宣传教育场所负责人和从业人员500余名。

（赵秋来 任成壮）

【调解一起涉外籍民事纠纷】 3月8日，门头沟区公安分局接永定派出所报1名在门头沟区暂住的津巴布韦籍人员与其中国籍房东因租房纠纷在永定远洋新天地暂住地发生争执，到派出所寻求调解。接报后，治安支队出入境中队指导派出所民警利用“外管通”app对该名外籍人员进行核查，发现该人存在“违住”的违法行为，遂依据《中华人民共和国出境入境管理法》相关规定对其进行处罚。后经工作，双方自愿达成协议。

（赵秋来 任成壮）

【清明节交通疏导】 4月5日至7日，门头沟区公安分局交通支队共出动警力530余人次，协警、协管员480余人次；疏导车辆4.52万余辆，群众18.7万余人。完成清明节期间辖区的道路交通疏导工作。

（赵秋来 任成壮）

【国家安全教育日活动】 4月15日，门头沟区公安分局与区委政法委、宣传部等部门一同在区影剧院小广场开展“4.15国家安全教育日”活动。区领导以及区相关部门、反恐怖中队全体民警、辖区各界群众500余人参加活动，发放各类反恐宣传资料500余份，解答群众现场咨询100余次。

（赵秋来 任成壮）

【异地互查行动】 4月24日，门头沟区公安分局组织开展“五大安保”第二阶段行业场所集中异地互查行动。共出动警力32人/次，清查旅馆洗浴32家次、机修16家次、歌厅8家次、寄递12家次、乡村民宿32家次，整改隐患问题8件，发现违规经营问题2件，教育场所负责人和从业人员320余名。

（赵秋来 任成壮）

【寄递业联合检查】 4月25日，门头沟区公安分局与西区邮政管理局、区委政法委对辖区寄递业开展联合检查。检查组对监控设施、进京快件张贴二次安检标识等内容逐项进行检查；就反恐防恐工作进行提示；结合“一带一路”、世园会安保等对企业负责人进行教育。期间，共出动检查力量12人次，检查寄递企业13家次，整改隐患问题3件。对其中1家未按照《快递暂行管理条例》进行末端网点备案的企业，交由西区邮政局依法查处。

（赵秋来　任成壮）

【网络安全日宣传活动】　4月26日，门头沟区公安分局、区委网信办开展“4.29首都网络安全日”宣传暨优秀志愿者表彰及授旗活动。区领导及区属相关单位、志愿团队和志愿者共200余人参加。活动期间，总结2018年全区网络文明及志愿者工作，并对2019年工作进行部署；对评选出的12名优秀网络安全志愿者、2个优秀网络安全志愿团队进行表彰。最后，为“门头沟热心人——网络文明志愿者”、网络安全志愿者“门头沟小伙伴”志愿团队授旗；向市民发放网络安全宣传材料。

（赵秋来　任成壮）

【传统春季庙会安监工作】　5月5日至19日，区妙峰山举办历时15天的第二十七届传统春季庙会活动。期间，80余档民间花会进行表演，共接待游客1.3万余人。门头沟区公安分局领导先后到妙峰山景区现场指挥，并在5月5日开幕式及周末等重点时段每天组织39名执勤警力；一般时段每天组织12名执勤警力，现场协助景区维护治安秩序，确保各项活动安全。

（赵秋来　任成壮）

【对部分行为社会场所集中检查】

5月10日以来，门头沟区公安分局治安支队组织相关派出所对辖区旅馆、机修、歌厅、电玩、寄递等行业场所开展集中检查。共出动警力78人次，区文旅局等部门出动执法力量24人次；清查旅馆洗浴21家次、机修14家次、歌厅电玩18家次、寄递点28家次；整改隐患问题6件，行政拘留违法收购禁收物品人员1名，关停、取缔违规电玩场所各1家。同时，对场所负责人和从业人员开展现场安全提示和岗位培训。

（赵秋来　任成壮）

【“三电”设施安保宣传日】　5月17日，门头沟区公安分局治安支队（区“三电”办）与驻区部队、供电局、融媒体中心、歌华有线，中国移动、电信、联通等“三电”成员单位领导与工作人员开展“打击盗窃破坏‘三电’设施违法犯罪”大型宣传活动。活动共设置宣传点8处、组织各类宣传人员112人次，发放各类宣传材料1.2万余份，悬挂大型宣传条幅30个，摆放宣传展板20块，示图板22块，宣传教育群众1.3万余人次。

（赵秋来　任成壮）

【“清洁五号”专项行动】　5月24日至29日，门头沟区公安分局集中开展娱乐场所“清洁五号”专项行动。治安支队与刑侦（禁毒）、大峪、永定、月季园、三家店派出所等单位成立检查组，出动警力48人次，对辖区8家歌舞娱乐场所和1家电玩场所开展集中清查，共核查从业人员98人，尿检98人，整改隐患问题3件。进一步规范娱乐场所依法依规经营和扫黑除恶、反恐防恐等意识。

（赵秋来　任成壮）

【预防非法集资诈骗宣传活动】

5月28日，门头沟区公安分局刑侦支队联合区金融办、工商局、网信办、市监局及辖区内中国银行、建行、工行等各大银行，在物美大卖场前开展预防非法集资诈骗宣传活动。期间，发放宣传材料4000余份，播放预防非法集资诈骗视频短片7个，解答群众问题86人次。

（赵秋来　任成壮）

【开斋节安保维稳】　6月5日，门头沟区公安分局局长实地到清真寺现场指挥“开斋节”安保维稳工作，查看人流疏导、秩序维护、防爆安检等工作情况，并对执勤警力提出要求，确保参加“开斋节”活动的350余名信众安全。

（赵秋来　任成壮）

【高考期间安保】　6月7日至8日，门头沟区公安分局完成2019年度大峪中学考点27个考场，675名考生的高考安保工作。期间，出动警力68人次、保安员28人次、内部保卫人员24人次，区城管、工商等部门执勤人员36人次，为考生及家长提供便民服务90余次。

（赵秋来　任成壮）

【永定河主干流禁渔区联合执法行动】　6月11日，门头沟区公安分局治安支队会同区水务局、自然生态局等多部门对永定河主干流禁渔区开展联合执法行动。当场处罚违法人员14人，罚款700元，现场教育群众100余人。

（赵秋来　任成壮）

【主题党日活动】　7月9日，门头沟区公安分局党委成员带领局属各单位党（总）支部书记到雁翅田庄京西第一党支部纪念馆，开展“强党性追寻红色足迹、忆初心发扬红色传统、担使命迸发红色动力”主题党日活动。与会人员参观第一党支部纪念馆、崔显芳烈士纪念馆、田庄高小党支部旧址和崔显芳故居；在纪念馆广场的党徽前，分局党委领导带领全体人员进行庄严宣誓。

（赵秋来　任成壮）

【主题教育知识竞赛决赛】　8月29日，门头沟区公安分局举办“不忘初心、牢记使命”主题教育知识竞赛决赛。政委、政治处主任、市局党委主题教育第八巡回指导组副组长、区委宣传部副部长及各基层党（总）支部干部民警代表80余人观看比赛。6支进入决赛的参赛队通过比赛，月季园所党支部获一等奖，交通支队党总支部、三家店所党支部获二等奖，反特巡支队党总支部、妙峰山所党支部、第一支队党支部获三等奖。

（赵秋来　任成壮）

【健步走活动】　9月7日，区反恐办在斋堂徒步大会现场开展以“快乐徒步，全民反恐”为主题的健步走活动。区政府、门头沟区公安分局有关领导等，及区反恐部分成员单位和运动员200余人参加。期间，分局反特巡支队进行反恐装备器材展示。

（赵秋来　任成壮）

【极端行为事件演练活动】　9月10日，门头沟区公安分局在门头沟区定都阁景区开展处置景区人员密集场所个人极端行为事件演练活动。演练设置火灾救援、游客救治等演练内容，并达到检验机制、提升能力的效果。

（赵秋来　任成壮）

【国庆阅兵途经辖区安全保障】　10月1日，庆祝中华人民共和国成立70周年大会在北京举行。门头沟区公安分局共组织88名执勤民警、400名保安员和280余名社会力量，全力做好门头沟辖区周边交通管控、秩序维护等工作，确保受阅部队顺利通行。

（赵秋来　任成壮）

【国庆黄金周交通安保工作】　10月8日，门头沟区公安分局交通支队完成国庆黄金周交通保障工作。共出动警力930余人次、协管力量740余人次；有力处置拥堵、事故、反映“三类警情”418次；共疏导车辆5.31万余辆次，游人9.73万余人次。国庆黄金周期间未发生重大交通事故和严重交通拥堵。

（赵秋来　任成壮）

【重点地区清理整治专项行动】　11月6日，门头沟区公安分局组织警力会同龙泉镇政府集中对梨园地区开展清理整治行动。期间，共出动各种力量65人，清查出租房屋308间，核查流动人口1415人；清查六小门店90余家，核查从业及消费人员170余人；发现并整改存在火灾隐患房屋75间、治安隐患房屋32间、煤气中毒隐患房屋6间；发放防盗、防火、防煤气中毒等宣传材料1000余份；静态采集车辆112辆，查处无照游商1人，流浪乞讨1人，黑车揽客2人，违章停车、占道2人。

（赵秋来　任成壮）

【重点科研装备运输安保】　11月21日，门头沟区公安分局根据公安部、市局要求，组织治安、反特巡、交通支队，永定、月季园、大峪、东辛房、三家店、城子、军庄派出所警力共24人次，警车12辆次，完成国家重点科研装备门头沟路段公路运输安保工作，未发生任何问题。

（赵秋来　任成壮）

【“12.4宪法日”宣传活动】　11月29日，门头沟区公安分局在区体育馆前开展“12.4宪法日”宣传活动。为现场群众发放宪法知识读物及宣传手册，职能部门通过展板展示、宪法宣讲、普法咨询、解答咨询等方式向社会面开展宪法教育宣传。

（赵秋来　任成壮）

【黑车清理整治】　12月19日，门头沟区公安分局治安、交通支队，门城6所与区交通局、城管执法局，对月季园路、物美大卖场以及黑山大街等部位开展联合清整。期间，共出动警力26人次，执法部门力量38人次，查处黑车扰序案件3起，行政拘留2人、警告1人；城管执法部门暂扣黑车2辆、罚款1万元，收缴黑车标识物3个。

（赵秋来　任成壮）

案例选辑

【破获一起卖淫嫖娼案】　1月26日，门头沟区公安分局破获一起卖淫嫖娼案。1月中旬，经看守所管教民警对在押人员张某某（男，42岁，北京市人）教育谈话中，其检举揭发一处从事卖淫嫖娼窝点。根据线索，在门头沟区一小区居民楼内当场抓获嫌疑人13人。经审查，依法刑事拘留2人，行政拘留4人。

（赵秋来　任成壮）

【查处非法涉枪案】 3月5日，门头沟区公安分局接刑总转来非法涉枪线索。获悉曹某某（男，21岁，门头沟区三家店人）在网上购买瞄准镜等物品，可能非法持有枪支。接报后，刑侦支队通过线索查证，在石景山区将曹某某抓获。经讯问，该人对2018年9月至2019年3月通过淘宝网及微商购买水弹枪、弹弓、手弩、钢珠等物品的事实供认不讳。

（赵秋来 任成壮）

【抓获一名网上逃犯】 3月8日，门头沟区公安分局在市局相关部门的配合下，在门头沟区妇幼保健院抓获1名涉嫌聚众斗殴罪的在逃人员。经审查，犯罪嫌疑人李某某供认2018年11月4日22时许，纠集20余人持钢管、木棒在门头沟区潭柘寺镇对前来讨债的陆某某等人进行殴打，致陆某某右手软组织挫伤、头部顶骨骨折，后被公安机关网上追逃的事实。

（赵秋来 任成壮）

【破获一起电信诈骗案件】 3月12日，门头沟区公安分局接事主李某某报案，2015年6月通过网络游戏认识一名女子王某某，并加为微信好友，后王某某以家里有工厂为由让李某某投资。2017年11月至2018年5月，李某某通过支付宝、微信等方式，给王某某投资转账8万余元。经工作，于3月13日13时许，在山西忻州市将涉嫌诈骗的犯罪嫌疑人王某某抓获。经审查，嫌疑人王某某对诈骗事实供认不讳。

（赵秋来 任成壮）

【抓获一名入室盗窃犯罪嫌疑人】 3月28日，门头沟区公安分局合成作战中心抓获入室盗窃犯罪嫌疑人张某某。1月8日，门头沟区永定镇惠康家园发生一起入室盗窃案件，被盗物品价值高达数万元。经工作，于3月28日，会同永定派出所民警到河北省廊坊市将犯罪嫌疑人张某某抓获。

（赵秋来 任成壮）

【破获一起非法持有毒品案】 3月31日，门头沟区公安分局刑侦支队禁毒中队会同大峪派出所共同行动，在门头沟区永定镇将非法持有毒品的袁某某（男，48岁）及吸毒人员余某某抓获，当场查获毒品20.04克。两人均对违法犯罪事实供认不讳。

（赵秋来 任成壮）

【查获一名盗窃嫌疑人】 4月16日，门头沟区公安分局反特巡支队接指挥处布警，视频巡控员发现2名女子骑一辆三轮车在蓝龙建筑工地有盗窃工地建筑材料嫌疑，向三家店方向驶去。接警后，101巡逻车组立即寻线追踪，4时许在三家店河堤处将一名涉嫌盗窃嫌疑人查获，并在其三轮车内起获铁方管20根、电焊线缆1盘等赃物。

（赵秋来 任成壮）

【打掉一电信诈骗案件团伙】 5月2日，门头沟区公安分局刑侦支队会同月季园派出所组成专案组，经过缜密侦查，先后在海南省临高县美台镇、河南省郑州市将涉嫌诈骗的犯罪嫌疑人王某某、樊某某等6人抓获，共起获电脑4台、POS机10余台、银行卡20余张，手机15部。初步核查，该团伙成员作案近百起，涉案金额20余万元。

（赵秋来 任成壮）

【铲除一非法经营液化气罐黑窝点】

5月29日，门头沟区公安分局三家店派出所警长在工作中发现，辖区一出租平房内储存有41个液化气罐，存在严重安全隐患。经审查，经营人余某某（男，49岁，安徽人）对其2019年以来非法经营、存储液化气罐的违法事实供认不讳，余某被依法行政拘留。

（赵秋来 任成壮）

【破获一起强奸案】 8月27日，门头沟区公安分局接群众110报警：在区三家店南街铁路小区，其朋友疑似被人强奸。接警后，刑侦支队立即会同三家店派出所共同开展工作。经查，8月26日23时许，犯罪嫌疑人李某某在区三家店南街铁路小区家中，采取暴力胁迫手段，先后2次强迫被害人王某某与其发生性关系。经审查，犯罪嫌疑人李某某对其实施强奸的犯罪事实供认不讳。

（赵秋来 任成壮）

【抓获一名涉车盗窃嫌疑人】 11月6日，门头沟区公安分局依托视频监控系统，抓获一名盗窃车内财物嫌疑人。6日凌晨3时左右，东辛房派出所通过视频巡控发现在龙门B3小区路口一男子形迹可疑。派出所领导立即部署巡控员进行视频跟踪报告嫌疑人位置。当嫌疑人张某某（男、50岁、门头沟人）流窜到门头沟北路与矿建街路口时被民警当场查获。

（赵秋来 任成壮）

【打掉一跨区非法经营药品窝点】 11月20日，门头沟区公安分局治安支队与大峪派出所通过前期发生的一起非法经营药品案证据，在通州区一出租房内打掉一非法经营药品窝点，当场将嫌疑人孙某某（女，33岁）等3人抓获，起获各类药品400余种。

（赵秋来 任成壮）

【取缔一起非法宗教活动】 11月27日，门头沟区公安分局配合区委统战部取缔一起非法宗教活动。13日至20日，大峪派出所民警发现辖区黑山公园内有多人聚集唱基督教赞歌，经报区委统战部认定，为非法宗教活动。27日，在该点再次活动时，分局一支队、大峪派出所民警配合区委统战部工作人员依法开展取缔，现场收缴宗教宣传品4份，同时对相关人员进行警示教育。

（赵秋来 任成壮）

【打掉系列盗窃工地电缆犯罪团伙】 11月29日，门头沟区公安分局刑侦支队会同永定派出所，经过几日连续蹲守，打掉一个由河南项城籍人员组成的系列盗窃工地电缆犯罪团伙，并对范某（男，52岁，有盗窃前科）、李某战（男，49岁，有盗窃前科）、范某某（男，52岁，有盗窃前科）、范某某（男，29岁）、喜某某（女，49岁）5名团伙成员依法刑事拘留。

（赵秋来 任成壮）

检察

【概况】 2019年，门头沟区人民检察院共受理审查批准逮捕案件154件195人，其中批准逮捕139件173人，是全市唯一一个无捕后不起诉案件的基层院，且无捕后无罪判决案件。受理审查起诉案件232件315人，其中提起公诉208件282人，无撤回起诉、无罪判决案件。纠正漏犯5人、占比位居全市第一；结案率和有罪判决率连续四年达100%、位居全市第一；认罪认罚适用率位居全市第一，认罪认罚适用率为73.46%，是全市首个达到年适用率70%的院；量刑建议采纳率96.62%，位居全市第一。审查起诉阶段提高效率，降低一次退补率、二次退补率，在全市位居第二，办案周期较捕诉合一改革前缩短6.25天。办理涉未刑事案件14件19人，开展观护帮教12人次，共为4名未成年被害人申请救助金14700元。刑检工作成效显著，区检察院成为全市唯一一家多项核心业务数据均居全市第一的基层院。年内，行政公益诉讼立案19件，制发诉前检察建议18份，位居全市第二，检察官人均办案数连续三年位居全市第一。依托诉前检察建议督促行政机关清除堆放在永定河沿岸一级水源保护区内的建筑渣土等4200车、84000方；督促行政机关开展集中式饮用水源地污染源全面排查15处，确保居民饮用水安全；督促行政机关对古村落20余株百年以上珍贵古树采取紧急保护措施，传承永定河文脉；办理区内首例国有财产保护领域公益诉讼案件，督促行政机关收缴部分社区拖欠的异地建设费140余万元，全力挽回国有财产损失；督促行政机关针对30余所学校周边售烟情况开展专项联合执法，净化门头沟区校园周边环境。此外，区委审议出台关于支持检察机关依法开展公益诉讼工作的意见，并推动建立全市首个区委牵头、检察院发挥核心作用、相关委办局及各镇街主要领导组成的联席会议制度，增强公益诉讼工作实效。

强化侦查监督，针对侦查机关询问笔录制作不规范等问题，向其制发检察建议和纠正违法通知书8份，均获整改。监督侦查机关撤销案件3件3人，维护司法公正。强化刑事审判监督，刑事再审检察建议改判数位居全市第一。区人民检察院高效审查服刑人员刘某申诉，针对法律适用错误问题，在2周内向审判机关制发再审检察建议，检察长列席审委会履行监督职责，审判机关采纳我院建议、启动再审，区检察院派员出席再审法庭并发表意见，审判机关纠正了原审判决错误，2名被告人分别被减少刑期一年及一年六个月。强化刑罚执行监督，针对刑期计算错误、未按规定送达法律文书等问题向内蒙古、天津、深圳等地法院制发纠正违法通知书7份、检察建议4份，均获整改，区检察院刑罚执行和监管活动书面监督数量位居全市第三。强化民事检察监督，受理监督案件18件，向审判机关制发检察建议4份、均被采纳。针对违法采取限制高消费执行措施问题，监督审判机关予以纠正，促使其建立立审执协调机制，解决多年来案款流转衔接不畅问题。针对未依法履职查找被执行人财产线索问题，区人民检察院多次到中央机关和市级单位实地调查，取得被执行人的财产线索，促使审判机关启动恢复执行程序，保护当事人合法权益。

年内，区人民检察院办理多项检察监督精品案、优秀案，其中办理的门头沟区全市百强民营企业自主知识产权受侵害一案入选北京市检察机关维护市场经济秩序十大典型案例；办理的监督北京市第一中级人民法院违规押解案被评为全国检察机关刑事执行检察和司法工作人员相关职务犯罪侦查精品案件、全市检察机关刑事执行检察优秀案件；办理的吴某等人不批捕复议案被评为全市检察机关刑事强制措施监督优秀案件；办理的魏某某寻衅滋事撤案监督案被评为全市检察机关立案和侦查活动监督优秀案件。

年内，区检察院未成年人检察办案组被中华全国妇女联合会授予“全国维护妇女儿童权益先进集体”荣誉称号；建立的“慧数慧检”检察管理信息化平台获评“2019年度法检信息化最佳创新驱动实践奖”，区检察院成为北京市唯一获得此项荣誉的检察机关；拍摄的公益诉讼宣传片《移“山”记》，在全国检察机关第四届微电影视频微动漫征集展播活动中获评“十佳微电影”，并作为全市检法系统唯一一家单位在中央政法委举办的“第四届平安中国微电影微视频微动漫比赛”中斩获“微电影作品奖”；率先制作的“认罪认罚从宽十问十答”微视频被最高人民检察院及市检察院微信公众号转发、面向全国推广；连续两年获得“全国新闻宣传先进单位”；连续三年在区平安建设考核工作中评为“优秀”等次；获评全区首批创城示范达标单位；等等。

单位名称：北京市门头沟区人民检察院
地　　址：北京市门头沟区滨河路21号
电　　话：59908182
邮　　编：102300

（岳启杰）

【工作报告获全票通过】 1月10日，区人民检察院党组书记、检察长在门头沟区第十六届人民代表大会第五次会议上汇报区检察院2018年的主要工作及2019年工作计划，并获全票通过。

（岳启杰）

【走访慰问活动】 2月1日，区检察院党组书记、检察长党组成员，检委会专职委员分别带队走访慰问离退休老干部、离休干部遗属及困难干警，为他们带去节日的问候和祝福。

（岳启杰）

【年度首次党风廉政建设会】 1月29日，区人民检察院召开2019年第一次党风廉政建设会暨第一次党风廉政建设联席会、节前教育会议。院领导，检委会专职委员及全体干警参加会议。会上，传达市检察院转发的市纪委关于近期查处形式主义、官僚主义典型问题的通报及查处违反中央八项规定精神典型问题的通报。全文宣读上级相关保密规定。

（岳启杰）

【发出检察建议监督行政机关履职】 1月，区人民检察院就饮用水水源一级保护区未经规划许可擅自建设问题向门头沟区清水镇政府发出诉前检察建议并获回复，清水镇政府将3处涉案房屋等设施拆除完毕，腾退占地2207.8平方米，经北京市测绘设计研究院现场核查达到验收标准。

（岳启杰）

【部门负责人及检察官述职大会】 2月12日，区人民检察院召开部门负责人及检察官述职大会。会上，各部门负责人及检察官围绕德、能、勤、绩、廉等情况汇报全年业务工作，剖析存在的问题和不足，明确努力方向和改进措施。

（岳启杰）

【法律进企业普法活动】 3月6日，区人民检察院到北京路桥方舟交通科技发展有限公司开展“法治宣传进企业护航共建促发展”主题法治宣传活动。区人大代表、路桥方舟公司总经理，市人大代表、路桥方舟公司工会主席、办公室主任，公司员工125人参加活动。

（岳启杰）

【法律进单位普法活动】 4月10日、12日，区人民检察院组织中国邮政储蓄银行北京门头沟区支行员工参观门头沟区看守所。17日，检察官为门头沟区支行开展“银行业犯罪风险防范与法律适用”普法讲座。门头沟区支行行长、15家网点支行行长及职工120余人参加活动。

（岳启杰）

【入选全国检察院教学实践示范基地】 4月24日，根据最高人民检察院发布的《关于国家检察官学院教学实践示范基地（2019-2022）公告》，区人民检察院首次成为全国45个检察院教学实践示范基地之一。

（岳启杰）

【开展法律进机关普法活动】 4月26日，区人民检察院到区发展和改革委员会开展“携手防范金融风险，共促和谐营商环境”主题普法讲座。区发改委全体员工，区12家银行、保险公司分管领导共70余人参加活动。

（岳启杰）

【公众开放日活动】 4月28日，区人民检察院举办“‘我将无我’奋斗，不负人民重托——共和国建设者走进检察机关”主题公众开放日活动，邀请全国、北京市劳动模范和先进工作者代表，市区人大代表，政协委员等

24 人到院。区人民检察院领导，检委会专职委员、相关部门负责人参加活动。会上，检察长从公益诉讼新职责、服务社会治理创新等方面通报近年来区人民检察院依法履职情况。

（岳启杰）

【向法院发出检察建议并获回函】 4 月，区人民检察院民事检察监督部门在办理房屋买卖合同纠纷一案中，针对法院违反法定审理期限等问题向区人民法院发出检察建议，并于 4 月 23 日收到整改回函，有效维护司法公正和当事人的合法权益。

（岳启杰）

【五四青年节主题活动】 5 月 6 日，区人民检察院到清水镇开展“百年弦歌浩荡·五四薪火相传”主题活动。青年干警在燕家台村憩英园革命烈士纪念碑前共同学习在抗日战争、解放战争和抗美援朝中牺牲的 22 位革命先烈的光荣事迹，并向革命烈士默哀致意。

（岳启杰）

【法律进军营普法活动】 5 月 17 日，区人民检察院到军营开展“共筑强军梦，送法进军营”主题法治宣传活动。

（岳启杰）

【法律进社区普法活动】 5 月 21 日，区人民检察院到向阳社区，开展“送法进社区·检察惠民生”主题法治宣传教育活动。市人大代表、向阳社区居委会委员，社区居民 130 余人参加活动。

（岳启杰）

【年度首期扫黑除恶专题培训】 5 月 22 日至 24 日，区人民检察院联合门头沟区公安分局、区法院举办区扫黑除恶专题培训暨公检法 2019 年第一期联合培训。区领导，区人民检察院、公检法机关分管扫黑除恶工作的领导及 100 余名相关干警参训。

（岳启杰）

【侵犯知识产权领域疑难案件专家论证会】 5 月 30 日，区人民检察院召开侵犯知识产权领域疑难案件专家论证会。邀请刑法学专家学者就一起侵犯商业秘密案件为干警答疑解惑。

（岳启杰）

【接受市检察院巡视组巡视】 6 月 3 日，北京市人民检察院党组第三巡视组专项巡视门头沟区检察院党组工作动员会召开。市检察院党组第三巡视组组长，区检察院党组书记、检察长、院党组其他成员，检委会专职委员，退休干部代表及全体干警参加会议。

（岳启杰）

【法律进交通枢纽普法活动】 6 月 14 日，区人民检察院组织干警到城子公交枢纽站开展法治宣传，城子公交公司主管领导、司乘人员 30 余人参加活动。

（岳启杰）

【中央扫黑除恶督导组督导】 6 月 20 日，中央扫黑除恶第 11 督导组第 1 下沉小组成员、随行督导记者到院开展扫黑除恶专项斗争下沉督导。院领导，检委会专职委员及扫黑除恶领导小组办公室工作人员参加督导汇报会。院领导从工作落实、案件办理、存在问题及下一步工作推进等方面开展情况汇报。

（岳启杰）

【法律进乡村普法活动】 6 月 25 日，区人民检察院第一检察部到区龙泉镇城子村，开展扫黑除恶专项斗争普法宣传活动。

（岳启杰）

【主题党日活动】 7 月 1 日，区人民检察院开展“初心映党旗 奋进新时代”主题党日活动，各党支部书记进行微党课展讲。区人民检察院领导、检委会专职委员、全体干警，以及门头沟区直机关工委常务副书记及 2 名区人大代表参加活动。10 月 8 日，区人民检察院与中铁置业北京公司联合举办“追忆先烈守初心·青春奋斗担使命”主题党日活动，到斋堂镇火村抗日革命根据地参观学习。区人民检察院、中铁置业北京公司有关领导及两部门 60 余名青年参加活动。

（岳启杰）

【保密警示教育大会】 7 月 4 日，区人民检察院召开 2019 年保密警示教育大会。会上，通报 2018 年全国窃密泄密情况及部分失泄密案例。院领导结合中央及市院保密委员会要求，对保密工作提出具体意见。

（岳启杰）

【全院检察工作会】 7 月 4 日，区人民检察院召开 2019 年检察工作会。会上，宣读 2019 年工作要点，对检察工作进行全面部署。

（岳启杰）

【中层干部、检察官培训班】 7 月 10 日至 13 日，区人民检察院举办 2019 年中层干部、检察官暨青年干警主体培训班。党组书记、检察长，党组成员，检委会专职委员，部门负责人，检察官及青年干警 60 余人参加培训。

（岳启杰）

【法律进学校普法活动】 7 月 12 日，区人民检察院到北京市第八中学永定实验学校，开展“以案说法，远离犯罪”法治宣传，为 300 多名初高中学生讲授防治校园欺凌等相关法律问题。

（岳启杰）

【保护精雕科技集团知识产权】 7 月 18 日，经区人民检察院依法审查并提起公诉的北京精雕科技集团有限公司原工程师田献印侵犯商业秘密案，获法院当庭判决，被告人田献印犯侵犯商业秘密罪判处有期徒刑一年十个月，并处罚金人民币 10 万元。北京精雕公司系门头沟区全市百强民营企业，商业秘密遭泄露将对该企业造成巨大损失。

（岳启杰）

【向法院制发再审检察建议获采纳】 年内，区人民检察院在审查刘泉生刑事申诉案过程中，发现门头沟区人民法院刑事判决错误适用累犯规定，导致对刘泉生错误认定累犯从重情节。7 月，区人民检察院就该问题向门头沟区人民法院制发再审检察建议书，建议其通过再审纠正上述判决中的问题并在以后工作中避免类似问题。7 月 26 日，门头沟区法院认为该判决在适用法律上确有错误，应予再审。审判委员会决定采纳区人民检察院检察建议，另行组成合议庭对该案进行再审。该案系区人民检察院首次对刑事申诉案件发出再审检察建议书。

（岳启杰）

【“检察护航民企发展”开放日活动】 8 月 23 日，区人民检察院举办检察护航民企发展主题公众日开放日活动。邀请市、区人大代表、政协委员、民企代表、民企职工代表等 20 余人，近距离了解区人民检察院发挥检察职能护航民营经济发展的工作成效。区人民检察院党组书记、检察长，区政协副主席、区工商联联合会主席，区人民检察院检委会专职委员、相关部门主任及青年干警参加活动。

（岳启杰）

【2019 年第一期业务青训营】 8 月 29 日至 9 月 1 日，区人民检察院举办 2019 年第一期门检业务青训营。特邀全国检察业务专家、第六届全国公诉人业务竞赛前三甲、市级公诉标兵、知名演讲与辩论 专家、人大代表、人民监督员及律师担任专家评审和指导老师，区人民检察院 40 周岁以下检察官及检察官助理参加业务实训。

（岳启杰）

【法律进社区普法活动】 8 月，区人民检察院“创城普法宣传小组”到双峪社区，开展“法治宣传伴您行·全民创城齐行动”主题宣传活动，区人大代表、双峪社区主任以及社区群众 60 余人参加活动。

（岳启杰）

【开展形势政策教育专题讲座】 10 月 10 日，区人民检察院邀请中国人民解放军军事科学院战争研究院院长兼研究员、博士研究生导师到院作“国际形势与军事力量走出去”专题讲座。区检察院党组书记、检察长，区委第四指导组组长及全体检察人员参加讲座。

（岳启杰）

【加强行刑衔接工作座谈会】 10 月 18 日，区人民检察院与门头沟区市场监管局召开加强行政执法与刑事司法衔接工作座谈会。会上就加强行政执法与刑事司法衔接，严厉打击房屋租赁领域“黑中介”问题达成共识

（岳启杰）

【检察长讲授主题教育专题党课】 10 月 21 日，区人民检察院党组书记、检察长以“践行初心使命、弘扬门检精神，用接续奋斗谱写新时代检察华章”为题，为全体检察人员讲授党课。

（岳启杰）

【法律进机关普法活动】 11 月 5 日，区人民检察院为全区行政执法机关开展公益诉讼专题讲座。全区各委办局、镇街等执法单位主管行政执法工作的相关人员 50 人参加讲座。

（岳启杰）

【承办全市检察机关秋季徒步大会】 11 月 16 日，由市人民检察院主办、区人民检察院承办的全市检察机关“京检追梦人奋进新时代”2019 年秋季徒步大会在京西古道举行，近千名检察人员参加活动。

（岳启杰）

【优秀法治宣讲员选拔实训】 11 月 25 日，区人民检察院组织优秀法治宣讲员选拔实训。区检察院党组书记、检察长，党组成员、检委会专职委员及全体干警参加，区委第四巡回指导组到会指导。

（岳启杰）

【第二次刑事疑难案件专家论证会】 11 月 28 日，区人民检察院召开

2019年第二次刑事疑难案件专家论证会暨检委会扩大学习会议。与会4名专家就5起典型案件答疑解惑。区检察院党组书记、检察长及全体检察人员参加论证会。

（岳启杰）

【“检察守护青春路，争做宪法小卫士”活动】 12月4日，区人民检察院举行“检察守护青春路，争做宪法小卫士”主题活动，区检察院党组书记、检察长，相关部门检察官，门头沟区大峪第一小学副校长、30余名师生代表参加活动。

（岳启杰）

【“以案为鉴、以案促改”警示教育大会】 12月10日，区人民检察院召开“以案为鉴、以案促改”警示教育大会暨第四次党风廉政建设联席会，区检察院党组书记、检察长及全体检察人员参加会议。

（岳启杰）

【公益诉讼宣传片《移“山”记》获奖】 年内，在全国检察机关第四届微电影视频微动漫征集展播活动中，区人民检察院公益诉讼宣传片《移“山”记》作为全市检察系统唯一一家获评“十佳微电影”，并作为北京市检法系统唯一一家获中央政法委举办的“第四届平安中国微电影微视频微动漫比赛”评选“微电影作品奖”。

（岳启杰）

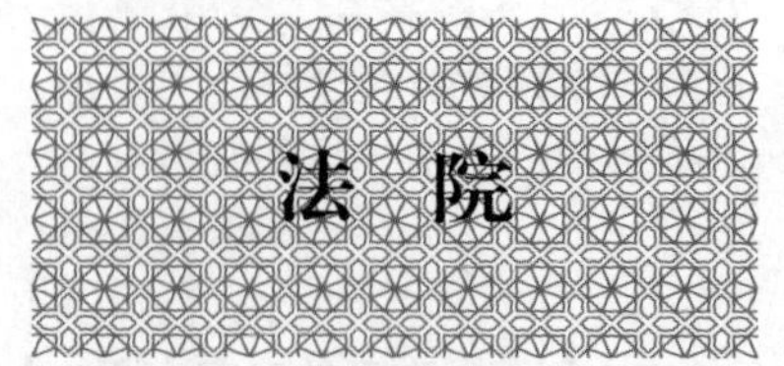

法院

【概况】 2019年，区人民法院完成内设机构改革，内设机构（派出法庭除外）从20个精简为10个，包括立案庭（诉讼服务中心）、刑事审判庭、民事审判一庭、民事审判二庭、行政审判庭（综合审判庭）、执行局、审判管理办公室（研究室）、综合办公室、政治部、司法警察大队。全年新收案件12351件，办结12352件，同比分别上升9.9%和9.4%。区人民法院紧扣执法办案第一要务，通过依法惩治刑事犯罪、监督支持依法行政、妥善调处民商事纠纷、切实解决执行难，公正高效审理好每一起案件；主动融入工作大局，通过深入开展扫黑除恶专项斗争、服务保障乡村振兴战略实施、全面优化营商法治环境、全力保障全国文明城区创建、有效推进“基本无违建区”建设，服务保障辖区经济社会发展；坚持守正创新，通过重塑审判执行工作格局、打造更高质量的司法精品、提供更有温度的诉讼服务、实现更高水平的司法公开，践行司法为民宗旨；全面从严治院，通过扎实开展“不忘初心、牢记使命”主题教育，全面加强司法能力建设、紧抓纪律作风建设，打造一支忠诚干净担当法院队伍。

单位名称：北京市门头沟区人民法院
地　　址：北京市门头沟区滨河路74号
电　　话：61868000
邮　　编：102300

（孙冬冬）

【党风廉政建设】 1月2日，区人民法院召开新年首次党组会专题研究党风廉政建设工作。3月25日，召开全院工作会，总结、部署党风廉政建设和反腐败工作。5月31日，召开“突出问题集中整治 加强内部管理活动”专题民主生活会，市高院党组成员、副院长督导。6月6日，组织开展端午节前审务督察。25日，市车改办到区法院对公务用车管理使用情况进行专项检查。8月13日至14日，对廉政监察员、特邀监督员开展联合培训。9月3日，召开“以案为鉴、以案促改”警示教育大会。9月，政治部对11名新任科级领导干部进行任前谈话及廉政法规考试。10月10日，就领导干部选拔任用、政府采购管理、公务用车情况、案件评查与执纪监督工作衔接等7个方面工作开展专项督查。11月8日，代院长带领全体党组成员参观区廉政教育基地。21日，召开机关纪委、廉政监察员会议，部署开展为期一月的集中审务督察专项工作。

（孙冬冬）

【区法院工作报告获全票通过】 1月11日，门头沟区第十六届人民代表大会第五次会议全票通过区法院2018年工作报告。

（孙冬冬）

【深化党建工作】 1月14日，区人民法院召开2018年度民主生活会征求意见座谈会。24日，召开党组班子民主生活会。4月12日，召开2018年度党支部书记抓党建工作述职评议会。5月31日，召开“向榜样看齐”主题活动，聘请“全国法院办案标兵”担任“青年干警思想政治辅导员”。7月1日，开展“永葆奋斗精神 永怀赤子之心”现场教学活动，组织百余名党员、入党积极分子和团员前往天安门观看升旗仪式。4日，召开“党的建设和政治工作”

研讨会。5 日，组织开展“重走抗战路奋斗在今朝”红色主题党日活动。9 日，组织党员领导干部参观全面从严治党警示教育基地。12 日，举办“门法正能量奋进正当时”思想政治教育主题活动暨七一表彰演讲活动。25 日，召开党组班子年中工作述职会，总结上半年各项工作开展情况，研究部署下半年工作重点。

（孙冬冬）

【拓展新媒体强化司法宣传】　1 月 15 日，《北京青年报》等多家媒体采访报道民一庭审理的一起车位合同纠纷案件。3 月 20 日，执行局法官做客北京电视台《法官来了》栏目，与网友分享执行典型案例。27 日，区人民法院组织策划《法官的一天》活动，邀请北方工业大学文法学院师生及媒体记者见证体验执行法官的一天。7 月，在抖音短视频平台发布的单条作品阅读量破百万。同月，《人民日报》微信公众号对刑庭审理的一起涉嫌销售假冒注册商标的商品案件进行报道。8 月 10 日，北京科教频道《庭审纪实》栏目对区人民法院审理的一起涉定向安置房纠纷进行报道。同月，政治部组织新媒体矩阵小编做客人民网交流学习。同月，区人民法院团委、政治部组织制作的微视频《我爱你中国》获全国法院第六届微电影微视频评选优秀奖。9 月 17 日，中国教育电视台《法治天下》栏目以《抢弟大战》为题对区人民法院执结的一起家庭经济纠纷案件进行专题报道。11 月 27 日，区人民法院原创《京法执行时：“老赖”欠钱不还求拘留—法官安排！2 小时后火速还钱》短视频在抖音发布当天浏览破百万。

（孙冬冬）

【加强司法能力建设】　1 月 17 日，区人民法院执行局 1 名法官被评为“全国法院办案标兵”。21 日，组织全体员额法官进行轮训考试。2 月 22 日，“尚 • 书 • 荟”阅读兴趣小组组织开展“回 • 享”系列讲坛。3 月 19 日，应邀到中央财经大学法学院参加“新时代司法领域法治人才培养研讨会”。4 月 16 日，执行局局长受邀到国家法官学院，交流“1+N+X”信息化执行团队工作模式及执行工作风险防控长效机制建设经验。5 月 22 日至 24 日，联合区公安分局、区人民检察院举办区扫黑除恶专题培训暨公检法 2019 年第一期联合培训。7 月，立案庭（诉讼服务中心）邀请市高院申诉审查庭副庭长为全庭干警开展“反向审视提高质效”专题培训。9 月 6 日，综合办公室组织开展法信平台应用培训会。12 月，在第五届司法业务技能比赛中，区人民法院 1 名法官获商事审判业务标兵，2 名法官助理获法官助理业务标兵，1 名书记员获书记员业务标兵。年内，区人民法院获北京法院优秀调研成果一等奖，以全国基层法院第一名的成绩获评第 30 届学术讨论会组织工作先进单位，并获 30 周年突出贡献金奖。

（孙冬冬）

【着力提高案件审判质量】　1 月 24 日，市高院组织召开“北京法院优秀裁判文书网上互评活动表彰会”，区人民法院获二等奖 1 篇，三等奖 2 篇，优秀奖 1 篇。1 月，民一庭庭长梅宇审理的杨红光与王丽宏股东损害公司债权人利益责任纠纷一案一审民事判决书入围“全国法院年度百篇优秀裁判文书”评选活动。2 月，区法院开展 2018 年度十大精品文书（案例）评选活动。4 月 10 日，召开 2018 年度发改案件质量评查会。5 月 30 日，召开“立、审、执工作协调会”。6 月 12 日，召开全面提升审判质量工作会。7 月，区法院代院长分别与审判业务庭室就审判质效提升进行专题座谈。8 月 . 民一庭制发“审判流程节点图”及《审判流程规范化工作指引》手册。11 月，区法院建立审判工作例会制度。年内，出台《关于院长、庭长全面规范履行审判监督管理职责的规定》，召开各层级法官会议 50 余次，一审服判息诉率达 91.9%。

（孙冬冬）

【代表联络工作】　1 月 25 日，区人民法院到区医院就人事争议、医疗合同纠纷等进行调研座谈，并专项回复代表建议。2 月 12 日，走访市人大代表，并就乡村振兴问题开展调研。18 日，邀请市人大代表参加区法院、区音协、向阳社区举办的“上元诗音”元宵联谊会。5 月 28 日，区人大常委会主任陈国才批示肯定区法院代表联络工作。12 月 16 日，区人民法院代院长参加北京市法院、检察机关征求市人大代表意见建议座谈会。年内，区人民法院主要领导走访完全部驻区市人大代表，共聘请 18 位代表委员担任特邀监督员，组织 76 场代表委员联络活动，通过参与专项督察、明察暗访、联合培训等方式加强对法院工作的全面监督。

（孙冬冬）

【基层社会治理深度参与】　1 月 30 日，区人民法院到清水镇燕家台村开展帮扶活动。31 日，未审庭同团区委协作对处于困境中的涉诉未成年人进行帮扶慰问。1 月，速裁庭向区住建委发送关于物业管理的司法建议并得到回函；2名干警获聘区治安大讲堂讲师团讲师。3月21日，门头沟区婚姻家庭关系修复中心联席会第二次会议在区法院召开。28日，民二庭召开涉投资理财典型案例新闻通报会。4月17日，潭柘寺法庭为潭柘寺镇两委班子及镇辖区各村新任两委班子进行法治授课。24日，潭柘寺法庭与区中医院在辖区联合开展“健康、法治、文化”三下乡活动。5月20日，斋堂法庭与斋堂镇政府就司法保障需求座谈交流。6月13日，斋堂法庭为斋堂镇政府工作人员专题讲授法治课程。10月23日，民一庭邀请市人大代表对受到严重心理创伤的当事人共同开展判后走访工作。10月，执行局就小额贷款管理问题向中和农信项目管理有限公司发出司法建议并收到回函。11月，各部门集中学习市高院发布的“营造良好居住环境 助力基层治理”等四批典型案例。12月，民一庭党支部和军庄镇西杨坨村党支部举办共建签约仪式，发放便民联系卡。

（孙冬冬）

【扫黑除恶专项斗争】 1月，区人民法院刑庭制发《扫黑除恶专项斗争工作宣传手册》及《指导手册》。2月13日，成立扫黑除恶专项斗争工作办公室专班。21日，公开开庭审理首例由区检察院认定的涉恶案件。4月23日至24日，区人民法院扫黑办联合区扫黑办、区公安分局、区人民检察院、司人民法局开展扫黑除恶宣传活动。5月16日，市高院扫黑除恶专项斗争督导“回头看”工作组到院督导检查工作。6月20日，中央扫黑除恶第11督导组第1下沉小组到区人民法院开展督导工作。10月25日，扫黑办与区公安分局、区人民检察院就金某寻衅滋事一案座谈研讨。年内，对2013年以来5000余件案件进行摸排，共排查出涉黑涉恶线索4条，分别被区公安分局、市局刑侦总队接收查办；审结3起与黑恶有关案件；开展“入户式、巡回式”宣传30余次；参与“两委”干部及集体经济组织资格联审，审查6000余人次。

（孙冬冬）

【优化营商法治环境】 1月，区人民法院民一庭《门头沟法院通过分步化解、调解贯穿，为企业产业转移提供有力司法保障》案例获北京法院为“疏解整治促提升”专项行动提供司法保障优秀案例。2月15日，诉服办与技术室联合召开电子送达操作培训会。21日，区人民法院与区律协签订电子送达合作协议。26日，民二庭到石龙经济开发区管理委员会为园区企业进行优化营商环境法律法规政策宣讲。4月26日，民二庭、审管办（研究室）与区司法局联合为区律协举办营商环境培训会。5月9日，立案庭（诉讼服务中心）对送达地址位于通州、大兴、延庆、密云、丰台5区的案件，推广适用委托送达。24日，民二庭到创客艺术中心，为石龙经济开发区管理委员会及区工商联所属100余家企业围绕优化营商环境相关政策做主题授课。10月9日，到区工商联就“优化营商环境”相关工作开展专题调研。11月11日，到工商银行门头沟支行为区工商联、民进门头沟工委及20余名区内企业家开展“优化营商环境”授课。年内，商事案件电子送达率达44.2%，鉴定时间缩短近三分之一，商事案件审理周期缩短15.5%。

（孙冬冬）

【持续推进司法公开】 1月，斋堂法庭、王平村法庭分别邀请辖区人民陪审员到法庭座谈交流。3月6日，民一庭召开“商品房预售合同纠纷审理情况及典型案例”新闻通报会。3月，执行局召开民间借贷案件执行工作及典型案例新闻通报会。4月2日，潭柘寺法庭邀请潭柘寺镇党建协调委员会成员单位举办法院开放日活动。5月15日，华北电力大学法学院55名大学生到院观摩庭审并开展学习交流活动。30日，民一庭召开“涉未成年子女抚养案件审理情况及典型案例新闻通报会”。6月11日，刑庭邀请中建三局北京公司事业部开展“庭审现场荡涤心灵”法院开放日活动。9月11日，执行局召开涉房产网络司法拍卖常见问题及典型案例新闻通报会。年内，开展庭审直播2729次，裁判文书上网率达100%。

（孙冬冬）

【加大关怀干警力度】 2月11日，区人民法院全体党组成员看望慰问春节后返岗干警。27日，与京煤集团总医院团委就专业医疗保障和法律咨询服务开展交流座谈。3月8日，区人民法院妇委会组织“幸福三月、为爱烘焙”“三八”国际劳动妇女节主题活动。15日，邀请京煤医院专家为干警开展急救知识讲座。4月21日，邀请北京演艺集团戏剧专业名师为干警讲授戏剧知识。8月30日，新筹备的医务室开始试运行。9月，政治部在全院开展干警需求问卷调查活动。12月2日，召开机关事务管理委员会成立筹备会，进一步提升机关事务管理水平。4日，区法院公共浴室改造完成并正式投入使用。年内，完成对单位食堂和篮球场的升级改造。

（孙冬冬）

【严密安保维稳制度举措】　2月21日，区委政法委副书记到院调研指导涉诉信访工作。4月2日，信访办召开座谈会，研究推进第三方驻院信访接待工作。5月14日，区人民法院代院长到小红门信访接待窗口检查指导工作。7月17日，召开重大敏感案件立审执协调工作会。9月9日，召开党组会专题研究重点信访人稳控化解方案。18日，司法警察大队开展维稳处突演练。11月5日，立案庭（诉讼服务中心）干警张紫艳被市高院政治部评为庆祝中华人民共和国成立70周年期间在维稳安保工作中表现突出人员。20日，区委政法委副书记在区人民法院主持召开涉法涉诉信访终结案件移交工作专题会。年内，完成“e租宝”集资参与人信息核实登记工作。

（孙冬冬）

【创新“多元调解+速裁”工作模式】　3月1日，在北京人民法院“多元调解+速裁”工作现场推进会上，区人民法院田裴速裁团队获北京市优秀调解速裁团队，人民调解员闫志芳获北京市优秀特邀调解员。5月20日至22日，到上海法院考察调研“多元调解+速裁”工作。。6月25日，立案庭、速裁庭被评为“2018年度多元调解与速裁工作先进单位”，1人被评为“2018年度立案工作先进个人”。7月2日，立案庭对人民调解员进行专题培训并开展廉洁警示教育。30日，同区司法局、区律协、区人民调解协会就律师参与诉前调解工作进行座谈。11月，人民调解员孙长龙在门头沟区第二届“领军人才”“优秀人才”“青年人才”认定大会上被评为优秀人才。11月，“多元调解+速裁”工作机制获北京市法院司法改革“微创新”最佳示范案例。

（孙冬冬）

【服务依法治区】　3月28日，区人民法院行政庭与区房屋征收事务中心就国有土地房屋征收补偿决定非诉执行案件座谈交流。5月28日，民二庭干警就“合同管理与风险防范”为门头沟区依法行政研讨班授课。8月16日，刑庭应邀到区纪委以刑事诉讼中证据的审查与判断为题授课，区纪委监委各部室、各派驻纪检监察组纪检监察干部等100余人参加。10月9日，组织辖区12个镇街及部分委办局主要领导人到院旁听案件并开展座谈会。29日，行政庭公开开庭审理一起申请撤销限拆通知书与行政复议案件，区政府副区长以行政机关负责人身份出庭应诉。年内，向全区各委办局和乡镇机关征集行政执法难点，到10余家单位进行“一对一”订单式解惑答疑。

（孙冬冬）

【强化司法便民利民举措】　3月，区人民法院诉讼服务办公室被全国妇联授予“全国巾帼文明岗”荣誉称号。5月18日，立案庭（诉讼服务中心）向诉讼群众提供网上立案流程表。年内，建立“接诉即答”“接单即办”工作机制，联系法官到位率和反映事项办结率均达100%，向3名生活困难的当事人发放救助金60余万元、为20名当事人减免缓交诉讼费10余万元，

（孙冬冬）

【健全执行长效机制】　6月24日，最高院执行局执行指挥中心领导到执行局调研。6月，与最高院司法案例研究院共同编写的《执行工作长效机制的创新探索——门头沟法院实践》一书出版发行。年内，开展“晨堵夜查”活动20余次，通过司法网络平台处置各类资产244件，将657名被执行人纳入失信名单、限制高消费1264人、司法拘留45人、向公安机关移送拒不执行判决、裁定罪线索7条，为讨薪农民工、交通事故受害人等特殊群体发放案款1000余万元。

（孙冬冬）

【推进“基本无违建区”建设】　7月1日，区人民法院参加创建基本无违建区涉诉案件专题会。17日，区委书记张力兵对《区法院部署四项举措推动涉无违建区创建案件办理提质增速》作出批示。8月21日，区委副书记、政法委书记批示肯定《关于区法院行政庭涉违法建设类案件的情况报告》，要求抓好成果转化。26日，行政庭组织辖区行政机关工作人员旁听拆除违法建设类行政案件并开展指导培训。11月20日，民一庭对全区大规模拆除违建别墅伴生的两起“先行民事案件”公开开庭宣判。11月，民二庭召开法官会议专题研讨涉拆违案件审判难点及审理思路。

（孙冬冬）

【服务保障乡村振兴战略实施】　7月30日，市高院党组书记、院长批示肯定《北京市门头沟区人民法院关于服务乡村振兴的工作意见》。7月，《发挥人民法庭优势 打造服务乡村振兴基层阵地》入选最高法院第六批司法改革案例。8月

2日，区委常委会第99次会议专题研究区法院服务乡村振兴的“一个意见、四个办法”。8月7日，王平村法庭邀请辖区镇街司法所就落实服务乡村振兴的工作意见进行座谈。9日，在王平村法庭召开专题法庭工作会。20日，与区农业农村局就司法服务乡村振兴相关事宜座谈交流。22日，区人民法院代院长到王平镇韭园村调研走访，听取基层组织意见建议及村民司法需求。26日，斋堂法庭“农民法治夜校”系列普法宣讲班在白虎头村开班开讲。29日，斋堂法庭受邀与斋堂镇信访办公室、司法所，三方协同成功化解一起农民工人身损害赔偿纠纷。9月10日，斋堂法庭干警列席法城村村民代表大会并指导制定村规民约。12月2日，《人民法院报》头版头条以《党建引领共建“三治”乡村——北京市门头沟区法院服务保障乡村振兴工作纪实》为题，报道区法院服务乡村振兴的工作举措和成效，区委书记张力兵批示肯定。年内，在赵家台等32村创建“无讼示范村居”。

（孙冬冬）

【“不忘初心、牢记使命”主题教育】 8月8日至9日，区人民法院代院长主持召开两场“不忘初心、牢记使命”主题教育干警代表座谈会。26日，召开党组扩大会议专题研究主题教育“先动、先学、先改”工作；市委第16巡回指导组到区法院召开“不忘初心、牢记使命”主题教育基层调研座谈会。9月5日，全体党组成员到大峪街道开展“双报到”暨“不忘初心、牢记使命”主题调研活动。16日，召开“不忘初心、牢记使命”主题教育工作会。20日，全体党组成员及支部书记到北京香山革命纪念地参观学习。10月8日，召开庆祝中华人民共和国成立70周年观礼汇报会。12日，举办“他的初心，我读给你听”——《见证初心和使命的“十一书”》诵读分享会。17日，区人民法院代院长以《锤炼最强党性深化自我革命 用忠诚和担当践行新时代人民法院的职责使命》为题为全院干警讲授“不忘初心、牢记使命”专题党课。24日，全体党组成员到区人民检察院开展“不忘初心、牢记使命”主题教育交流座谈。11月1日，全体党组成员到京西第一党支部进行红色革命传统教育，青年干警到斋堂镇白虎头村开展“不忘初心、牢记使命”主题教育青年实践活动。7日，组织干警参观庆祝中华人民共和国成立70周年大型成就展。8日，召开“不忘初心、牢记使命”主题教育调研成果交流会。14日，召开“不忘初心、牢记使命”对照党章党规找差距专题会。12月6日，召开领导班子“不忘初心、牢记使命”专题民主生活会，市委主题教育第四巡回指导组副组长，区委副书记、区委政法委书记等参加会议。年内，在微信公众号开设“不忘初心 牢记使命”音频栏目，以接力诵读方式学习《习近平新时代中国特色社会主义思想学习纲要》。

（孙冬冬）

【服务创建全国文明城区工作】 年内，区人民法院开展“法治宣传伴您行、全民创城齐行动”活动26次，组织400余人次参与“门头沟热心人”志愿服务。探索“法官初步诊断＋心理咨询师深入矫治”家庭关系修复模式，引导树立文明家风。常态化开展法治副校长共建活动，累计为10余所学校近千名师生授课。

（孙冬冬）

【下属单位情况】

单位名称：北京市门头沟区人民法院斋堂人民法庭
地　　址：门头沟区斋堂镇斋堂大街10号
电　　话：61868285
邮　　编：102309

单位名称：北京市门头沟区人民法院王平村人民法庭
地　　址：门头沟区王平镇惠和新苑小区13号楼
电　　话：61859615
邮　　编：102301

单位名称：北京市门头沟区人民法院潭柘寺人民法庭
地　　址：门头沟区京潭大街与208村道交叉口东北200米
电　　话：61868976
邮　　编：102308

（孙冬冬）

军　事

人民武装部

【概况】　2019年，中国人民解放军北京市门头沟区人民武装部（简称区人武部）完成政治教育、民兵整组、军事训练、民兵执勤、年度征兵等各项工作任务，单位全面建设不断得到加强和巩固。

单位名称：中国人民解放军北京市门头沟区人民武装部

地　　址：北京市门头沟区中门寺街18号

电　　话：61892300

邮　　编：102300

（门韶兴　温　博）

【开训动员大会】　1月2日，区人武部组织召开开训动员大会。重温军委主席习近平的开训动员令，并宣读卫戍区2019年度军事训练动员令。

（门韶兴）

【冬季适应性训练】　1月2日至8日，区人武部组织冬季适应性训练，其中北京市在房山区、河北省涞水和易县进行野外拉练。

（门韶兴）

【兵役登记工作】　1月10日，区征兵办下发关于做好兵役登记工作的通知，传达兵役登记有关政策规定，推进兵役登记工作高标准高质量落实。

（门韶兴）

【党委议军会】　1月22日，召开区党委议军会。区领导张力兵、付兆庚等参加，各相关委办局领导参会。会上，传达学习中央军委军事工作会议精神，围绕区国防动员和后备力量建设需要解决的事项进行研究。

（温　博）

【组织全国“两会”民兵安保执勤】　3月1日至21日，区人武部组织清水镇、斋堂镇和雁翅镇3个镇民兵，担负门头沟区6个进京检查站的执勤任务，服务全国“两会”期间安全稳定。

（门韶兴）

【为义务兵父母投保健康综合保险】　4月起，为从门头沟区入伍的义务兵父母投保健康综合险。4月16日，在门头沟区人武部举行为义务兵父母投保健康综合险签约仪式，解放军报、国防报、中央电视台军事频道、人民网、千龙网等多家媒体进行宣传报道。此做法在全市推广。

（温　博）

【武装干事集训】　4月16日至18日，区人武部组织各镇、街道及相关委办局武装干事集训。培训主要内容为学习民兵信息系统的操作使用、民兵整组程序方法，征兵相关政策法规以及国防动员、军事设施保护等知识

（门韶兴）

【应征青年役前教育训练】　5月11日至12日、6月22日至23日，区征兵办组织应征青年，分别在京煤技校等地进行役前教育训练。切实让应征青年了解区征兵政策规定及新兵入伍科目训练内容，提高体检合格率和部队适应能力。

（门韶兴）

【沉浸式主题教育】　5月21日，区人武部组织50余名民兵干部、骨干到马栏村冀热察挺进军司令部旧址，采取再现抗战情景体验战斗生活的方式，开展“传承红色基因、担当强军重任”主题教育实践活动。

（温　博）

【组织民兵实弹射击】　6月18日至19日，区人武部在某部靶场，组织区内民兵进行轻武器实

弹射击。

（门韶兴）

【红色党建“双向宣讲”活动】 6月25日至8月20日，区人武部邀请陆军装甲兵学院教授、门头沟区档案馆原馆长以及军地英模、典型代表等组成宣讲团，进军营、进机关、进社区，共开展12场红色党建宣讲活动。

（温　博）

【区领导过“军事日”活动】 8月1日，区人武部组织区“四套班子”领导过军事日活动。活动中，区领导进入人防指挥所，熟悉指挥程序、指挥位置等；区领导张力兵检查民兵分队；观摩民兵应急装备展示，组织轻武器实弹射击训练。

（温　博）

【预定新兵役前培训】 8月20日至24日，区征兵办组织预定新兵进行役前教育训练，切实把好新兵入口关，为兵员遴选，定兵做好准备。

（门韶兴）

【夏秋季新兵欢送大会】 9月9日，区征兵办在区总工会三层会议室，组织召开2019年夏秋季新兵欢送大会。会上，新兵代表和新兵家长代表进行表态发言，宣读表彰门头沟区籍优秀士兵奖励通报。

（门韶兴）

【庆祝新中国成立70周年民兵安保执勤】 9月20日至10月2日，区人武部组织雁翅镇、斋堂镇、清水镇民兵参加中华人民共和国成立70周年安保执勤任务。

（门韶兴）

【签订军地战略合作框架协议】 9月29日，门头沟区政府与陆军政治工作部签订战略合作框架协议。

（温　博）

【对基层人武部进行检查考核】 12月9日至13日，由门头沟区人武部领导带队，围绕党管武装、兵员征集、民兵建设、基础设施、国防教育、双拥工作等6个方面内容，对所属14个基层人武部，进行检查考核。

（温　博）

【概况】 2019年，区人防办学习贯彻习近平总书记系列重要讲话，落实第七次全国人防工作会议精神，着眼人防事业创新发展，围绕“抓作风，强素质，求突破，促发展”的工作思路，改进作风，敢于担当，狠抓落实，争先创优，完成各项工作任务。3月28日，区人民防空办公室举行更名揭牌仪式。

单位名称：北京市门头沟区人民防空办公室
地　　址：北京市门头沟区新桥大街36号
电　　话：69842578
邮　　编：102300

（门韶兴）

【创城志愿服务活动】 1月11日，区民防局全体机关干部20余人对区政府周边内主要大街和黑山公园路面死角进行大扫除。2月15日，组织全体干部职工到公园开展捡垃圾，美化环境的活动。15日，组织全体党员到剧场东街社区及周边参与创建全民文明城市助力活动。

（张国庆）

【专项治理自查自纠整改工作会】 1月11日，区民防局召开腐败问题专项治理自查自纠整改工作会。会上，党组书记、局长传达市委自查自纠整改工作推进会精神，并按照督导组的要求对局内自查自纠整改工作进行再部署、再安排。局党组对查找出来的问题高度重视，建立台账，进一步明确问题、整改措施、责任人、整改期限等，确保对查找出来的问题整改工作落到实处。

（孙　帅）

【党风廉政建设工作】 1月30日，区民防局召开领导班子2018年度民主生活会，党组书记对2017年度民主生活会整改落实情况进行通报，代表局党组进行对照检查发言，聚焦思想政治、精神状态、作风建设3个方面，带头做自我对照检查、自我剖析发言，局党组成员逐一作个人对照检查发言，严肃开展批评与自我批评，相互间“红脸出汗”、“咬耳扯袖”，深入查找自身存在的突出问题，深刻剖析问题根源，提出以后努力方向和下步整改措施。6月27日，区人防办组织全体党员到京西第一党支部纪念馆和革命烈士崔显芳故居参观学习，接受革命传统教育。9月25日，人防办党组领导班子召开主题教育第一次集中学习交流研讨。人防办领导班子成员同志逐一发言。围绕党的政治建设、政治纪律和政治规矩三个专题，联系自身思想和工作实际，分别畅谈学习心得体会。10月11日，人防办党组领导班子召开主题教育第二次集中学习交流研讨。16日，区人防办组织党员参观冀热察挺进军司令部旧址陈列馆。12月30日，区人防办党组组织全体党员干部召开学习会，学习区委十二届九次全会精神。

（张　柯　艾建顺　张国庆　吕　莹）

【执法检查】　1月30日，区民防局联合区住建委、区安监局、区公安消防支队对妇幼医院、冯石环路6号院（365购物中心）地下空间进行联合安全检查。检查组在检查中对人防工程设备设施、消防安全使用状况、人员密集型场所出入口通道等进行了巡检，同时，重点加强对所有工程的有限空间管理、冬季火灾防控和春节期间地下空间安全管理措施落实等情况进行了详细的检查。此次检查总体情况良好，对个别工程内存在的消防设备存放不规范等现象，检查组均要求使用单位当场整改，对不能当场整改的，检查组要求其限期整改，确保隐患彻底消除

（杨文华）

【治理检查】　1月至3月，区民防局对辖区内人防工程开展安全生产大检查。共出动检查人员404人次。主要针对存放易燃易爆危险品、安全用电、消防设备使用、出入口畅通情况进行检查。“两会”期间，联合安监、消防、住建委、属地镇街等部门，对人员密集场所开展安全隐患排查，努力实现辖区内地下空间“零事故”。对检查中发现的问题向各使用单位负责人进行反馈，要求积极落实整改，并开展自身的隐患排查整治，及时消除各类安全隐患，加强人防工程的安全管理，确保各项安全，。2月26日，区民防局主要领导到区政务服务中心综合窗口检查指导工作，实地查看窗口办公环境，询问窗口办事流程、服务规范和办件情况，重点了解窗口审批服务具体工作。3月1日，区民防局在龙门一区开展“3.1国际民防日”宣传活动。现场通过讲解民防知识、发放宣传材料、接受居民咨询等方式，宣传防空防灾知识，进一步使居民群众全面深入了解人防民防工作。宣传活动共发放局制作《防空警报知识宣传册》《门头沟区人防工程平时使用管理规定》、宣传袋等宣传资料300余份，接受居民群众咨询11余人次。6日，区民防局联合区住建委、消防支队、安监局和大峪街道对中昂时代广场和金泰丽湾小区进行联合执法检查。6月18日，区人防办开展机关人员“准军事化”训练工作，组织干部职工参加区武装部组织的实弹打靶训练。8月1日，区四套班子领导在“军事活动”中到区人防指挥所考察指导工作。

（杨文华　刘燕新　张国庆　刘媛媛　艾建顺　苑拥军）

【业务培训】　2月21日，区民防局召集相关部门学习《在迎接世行营商环境评价和营商环境专项督查调度会上的讲话提纲》及《门头沟区落实“9+N”2.0版政策宣传培训迎接督查工作方案》等文件。26日，组织开展“优化营商环境”政策培训会。会上，对“优化营商环境政策“9+N”2.0版”进行解读，同时就人防工程备案、平时使用、拆除、改造等相关政策进行讲解。3月，参加市人防办2019年度京津冀三地人防无线通信协同训练。民防局作为主台分别与房山区、红桥区、南开区、保定市、衡水市进行短波及卫星通信科目训练。6月18日，组织干部职工参加区武装部组织的实弹打靶训练。7月18日，区人防办举办应急救援技能训练演练。

（周　彭　范　萌　刘燕新　杨文华）

【宣传交流活动】　3月22日，潭柘寺中心小学和黑山小学300余名学生在门头沟区防空防灾宣教体验馆参观。分别在人防展区、地震展区和气象展区参观体验。26日，黑龙江省人防办到门头沟区防空防灾宣教体验馆参观。5月10日，区人防办主管领导带领相关工作人员到永定楼文化广场参加以“提高灾害防治能力，构筑生命安全防线”为主题的宣传活动。

（雷　平　杨文华）

【组织防汛应急演练】　6月12日，区人防办在中铁西城小区召开人防工程防汛工作会，区人防办、相关镇街、人防工程使用单位参加会议。会上，对2019年人防工程防汛工作进行部署，并与部分镇街及使用单位代表签订人防工程防汛责任书。观摩人防办、北京中铁第一太平物业服务有限公司、北京人防浩天救援队组织开展的防汛应急演练。

（张　柯）

【不忘初心牢记使命主题教育活动】　9月25日，区人防办党组领导班子召开主题教育第一次

集中学习交流研讨。10月11日，区人防办召开党组理论中心组学习会议，认真学习区领导张力兵在门头沟区委“不忘初心、牢记使命”主题教育专题党课上的报告。12日，区人防办党支部开展“不忘初心、牢记使命”主题教育党员学习交流，各位党员以“守初心、担使命，争当京西铁军”为主题，进行交流发言。16日，区人防办组织全体党员到斋堂革命烈士陵园敬献花篮，缅怀革命先烈。同日，区人防办全体党员到雁翅镇芹峪村开展低收入村帮扶调研活动，现场查看花椒种植园管理情况。18日，区人防办围绕区委“不忘初心、牢记使命”主题教育领导小组部署安排，人防办党组书记、主任为全体党员干部讲党课。

（张国庆　罗　强　吕　莹）

【地下空间综合整治工作会】 9月27日，区人防办、区住建委召开地下空间疏解整治促提升工作交流会。会上，区住建委及区人防办先后对近年来区普通地下室及人防工程管理中存在的问题进行交流，并对下一步工作进行部署。

（张　柯）

【防空警报器鸣放活动】 年内，区人防办制定《门头沟区2019年防空警报试鸣实施方案》和《门头沟区人防办防空警报试鸣协调小组工作方案》。9月12日，区政府召开防空警报试鸣工作部署会。完成区人防指挥所和指挥车设备设施的检修，先后多次与市半联调联通，参加市办组织的预演20次。全区警报器巡查检修工作130余次，召开警报设点单位动员部署会并举办警报器操作培训班，试鸣当日，警报器设点单位安排专人值守城区影响覆盖率100%。9月16日起，通过区电视台《门头沟新闻》、京西时报、政务网等发布“北京市人民政府关于在全市部分区域试鸣防空警报的通告”；在各社区、村委会和人口密集场所张贴防空警报试鸣通告。制作《防空警报知识宣传册》1.6万余册发放给公众。在大峪街道办事处绿岛社区居委会组织人员开展以“不忘初心、牢记使命”为主题的全民国防教育日人民防空知识宣传教育活动。

（杨文华）

【利用人防工程规划停车位】 截至年底，全区平时用于停车的人防工程停车位12106个。年内，批准规划提供停车位8900余个，占规划车位总数的74.1%。人防工程提供的停车位占全区小客车总数的10%左右。

（张书军）

经济管理

经济社会发展与综合调控

【概况】 2019年门头沟区发展和改革委员会（简称区发改委），扎实推进稳增长、调结构、强生态、惠民生、促改革、保落实各项工作，全区经济社会发展平稳运行，主要领域指标均达到或超过预期目标，为完成“十三五”规划任务、谋划“十四五”发展奠定坚实基础。地区生产总值完成200亿元左右，同比5.5%，剔除传统资源型工业退出因素影响，同比增长10%以上。全区全社会固定资产投资完成135亿元，同比增长2%，投资总量稳中有进。建安投资完成85亿元，同比增长8%，完成进度继续在全市保持领先。一般公共预算收入完成33.63亿元，同比增长6.5%，实现减税降费大环境下收入正增长。居民人均可支配收入达到53500余元，收入水平居10个远郊区首位，同比增长8%。三次产业结构整体预计达到2:33:65，服务业发展增势强劲，增加值全年占比65%，比2018年年底提升8个百分点。

单位名称：北京市门头沟区发展和改革委员会

地　　址：北京市门头沟区新桥南大街甲28号

电　　话：69842187

邮　　编：102300

（胡晓颖）

【与西城结对协作】 2月，西城区与门头沟区结对协作工作落地，两区共同制定《携手促进生态涵养区生态保护和绿色发展工作推进机制方案》，成立以书记、区长为组长，常务副区长为副组长的协作发展领导小组，并组建由各分管区领导任组长的13个工作专班，分领域深入推进两区在国民经济和社会发展各重点领域紧密合作。年内，西城区与门头沟区开展结对协作，两区共同出资成立总额8亿元（2019年至2022年）的乡村振兴绿色产业发展专项资金，聚焦精品民宿，构建山区绿色产业体系，壮大农村集体经济，实现生态富民。市委书记蔡奇对6月28日《北京日报》专版（两区结对守护绿水青山—门头沟西城联手促绿色产业扎根京西）亲自批示：“相关区要像门头沟、西城一样，结对协作要精准，要有一揽子措施。”

（胡晓颖）

【节能监察工作】 4月至7月，区发改委对32家用能单位开展节能监察综合执法工作，对存在违法行为的5家单位进行行政处罚。完成3个用地项目节能审查，开展新能源项目安全检查。

（胡晓颖）

【节能宣传活动周活动】 6月17日，区发改委举办以“绿色发展 节能先行”为主题的节能宣传活动，通过发放1000余份宣传材料、发放节能宣传产品、观看节能宣传展板等方式，引导全民积极参与节能低碳行动，提高节约意识。

（胡晓颖）

【着力优化营商环境】 年内，区发改委组织全区26个成员单位迎接世界银行评价、中国营商环境评价、国务院大督查、市级对各区评价、绩效评价等重点工作。制定门头沟区优化营商环境三年行动计划，分解营商环境18个一级指标、87个二级指标、802项2017年以来国家出台的“放管服”改革任务及国务院督查发现的问题，有序推动各项任务落实和问题整改。针对企业、中介机构、窗口人员和单位内部等培训280余场次，参训人次超过2万人次。在区政府门户网站、新媒体、京西时报、电视台等开设优化营商环境专栏、专题，发布相关文章60余篇。创新出台“民宿政策服务包”、总结出推进“六办”模式等20个先行先试、21个典型经验和做法，多项经验和做法获市领导认可并批示，在全市宣传推广。

（胡晓颖）

【疏整促任务完成】 年内，区发改委细化台账任务，提前完成市级上账任务，总体呈现“一高两快双满意”。“一高”即治理违法建设与腾退土地面积完成进度持续保持高位；“两快”体现在占道经营整治、“开墙打洞”整治、棚户区改造等疏解整治类任务进度较快，一季度基本全部完成或超额完成，“留白增绿”、市场提升、便民服务网点建设等提升类任务加速推进，7月完成全部任务；“双满意”体现在工作满意度及成效满意度得到认可。门头沟区居民对疏整促工作总体满意度为97.3%，排名全市第三。

（胡晓颖）

【京津风沙源治理二期工程】 年内，区发改委完成门头沟区京津风沙源治理二期工程2016年项目市级验收；完成门头沟区京津风沙源治理二期工程2017年项目区级预验收；门头沟区京津风沙源治理二期工程2018年项目，全部开工建设，其中林业工程全部完成，小流域综合治理工程完成总工程量的83%，易地搬迁工程完成总工程量的84%；门头沟区京津风沙源治理二期工程2019年项目全部开工建设，其中林业工程全部完成，易地搬迁工程累计完成50%，小流域治理工程累计完成51%；取得门头沟区京津风沙源治理二期工程2020年项目实施方案批复。

（胡晓颖）

【完善精品民宿发展政策】 年内，区发改委研究制定《门头沟区精品民宿发展服务手册》，出台《门头沟区推进精品民宿发展工作实施方案》《门头沟区乡村振兴绿色产业发展专项资金管理暂行办法》等文件，汇总6个部门23项政策形成政策服务包，从金融政策、程序流程和服务体系等方面切实为民宿项目落地提供保障。

（胡晓颖）

【京煤集团产业转型升级政策课题研究】 年内，区发改委聚焦高质量发展和实现多约束条件下的新时代城市复兴目标，厘清东北老工业城市和资源型城市转型升级道路，同步梳理北京新首钢、上海自贸区以及中央和国家层面政策文件百余件，提炼涉及土地、财税金融、人才、产业转型扶持、基础设施及公共服务五大类共155条政策措施，形成7项20条核心结论，构建以时间、空间、级别和领域为参考轴的“四维政策矩阵”，基本呈现当前中国主要产业转型升级城市，在新旧动能转换、强化创新能力、实体经济发展、优化营商环境、提升城市治理、完善民生保障和加大生态修复等方面的代表性政策措施以及可复制的经验做法。

（胡晓颖）

【北京京西产业转型升级示范区申报】 年内，区发改委协调推动门头沟区域内滨河地区、中关村门头沟园、京西煤业矿业文旅区、阜外医院西山园区及3751周边地块等区域纳入示范区范围，实现门头沟区政策覆盖范围逐步增加至17.82平方公里，获批中央预算2420万元。

（胡晓颖）

【扶贫协作和支援合作】 年内，门头沟区召开区委常委会、区长办公会、主管区长专题调度会等8次重要会议研究部署扶贫支援工作。区主要领导带队到结对帮扶地区调研对接5次，受援地区党政代表团来访9次，双方召开高层联席会11次，深入交流、共商携手奔小康工作。研究制定《门头沟区扶贫协作和支援合作工作领导小组工作规则》《2019年门头沟区扶贫协作和支援合作工作要点》《2019年门头沟区扶贫协作对口支援工作主要任务指标》，设立10个工作专班，加大重点工作统筹协调力度，压紧压实工作责任。共向河北涿鹿县、内蒙古武川县和察右后旗、西藏堆龙德庆区、湖北神农架林区援助区级财政资金1188万元，动员社会力量捐款及捐物折款675万元，选派挂职干部15人、专业技术人才57人，推动13个镇（街道）、10个村（社区）、21所学校、6所医院、10家企业、7家社会组织与受援地区36个乡镇、23个贫困村、21所学校、12所医院务实开展结对帮扶，各项帮扶措施共惠及3.1万建档立卡贫困户，助力各受援地区摘帽后巩固脱贫成果。

（胡晓颖）

【能源消费及强度控制目标完成】 年内，完成2019年度能源消费总量及强度控制目标。区能源消费总量62.07万吨标准煤，较年度约束目标63.3万吨少1.23万吨标准煤；单位GDP能耗下降率5.17%，超预期目标2.67个百分点。能源消费总量排名全市最低，能源利用效率排名生态涵养区第2，单位GDP能耗排名全市第7。

（胡晓颖）

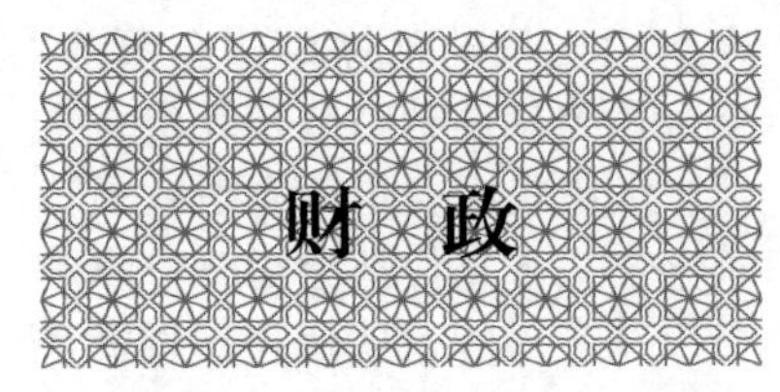

财 政

【概况】 2019年，区财政局全面贯彻区委、区政府重大决策和指示精神，落实全国财政工作会议、区委十二届七次全会精神，按照“红色党建引领绿色发展”要求，围绕“三四三六”工程保障区级重点工作，充分履行财政统筹管理职能，全力做好财政收支平衡，提高财政资金配置效率。年内，门头沟区级一般公共预算收入33.6亿元，同比增长6.6%，一般公共预算支出110.9亿元，同比增长4.3%。

单位名称：北京市门头沟区财政局
地　　址：北京市门头沟区滨河路56号
电　　话：69844680
邮　　编：102300

（孙　庞）

【资金支持春节期间走访慰问】 年初，区财政局安排春节期间走访慰问资金1，298.59万元，涉及全区各类优抚、社会救助对象、一线职工等60类17905户困难群体，其中区级资金744.04万元，市级资金408.05万元，红十字捐款等其他资金146.5万元。

（于乐乐）

【筹措非洲猪瘟防控资金】 年初，区财政局筹措非洲猪瘟防控资金，及时安排生猪养殖清退资金282.55万元，清退生猪3766头，涉及全区144个养殖场、养殖户。春节前资金全部到位，保障养殖场和养殖户利益。安排购置消耗性防控物资资金14.64万元，以确保防控物资储备足以应对突发情况。安排动物防疫监督检查站车辆消毒通道建设资金31.75万元，加强对进京动物和动物产品运输车辆的消毒，有效降低非洲猪瘟等动物疾病传入的风险。

（刘　玥）

【2019年预算公开】 年内，区财政局结合往年公开过程中的问题，完善政府和部门预算公开目录，修改收支增减变化原因、部门整体绩效目标、国有资产占用情况、专业性名词解释等公开要求；新增《对口帮扶预算安排情况表》及重点项目安排情况说明；部门预算公开增加《一般公共预算项目支出情况表》《国有资本经营预算支出情况表》及各部门对“对口帮扶”事项解释说明；围绕预算公开完整性、真实性、细化程度及财政部2018年预决算信息公开检查中要求，加大核查力度，各部门公开内容需经三级审核机制方可确认，检查覆盖面达到100%；在区政府统一平台和“首都之窗”网站同步公开。截至2019年2月14日，全区预算公开部门（含街道）63个，除涉密单位外，公开率达100%。

（杨　璐）

【国库支付电子化改革实现“全覆盖”】 4月4日，邮储银行授权支付业务电子化支付工作的完成，标志着门头沟区涉及4家代理银行、200余家预算单位的国库支付电子化改革实现“全覆盖”，预算单位、财政部门、代理银行、代理支库和人民银行可进行包括申请、支付、额度、清算、入账等业务的全方位电子化管理。截至4月底，共办理电子化支付业务19325笔，支付资金43.5亿元。

（罗克楠）

【保障棚户区改造项目】 年内，区财政局多措并举保障棚户区改造项目稳步推进，对接区土地储备分中心、区住建委等部门，到现场了解项目进展和实施过程中存在的问题。协同区土地储备分中心梳理全区在施土地一级开发项目和棚户区改造项目，根据土地出让收入规模统筹保障棚户区改造项目建设。对接市财政局申请市级政府债券，2019年新增19亿元债券资金助力项目顺利推进。2019年门头沟区棚改安置房3817套完成竣工验收，3个新棚改项目开工。

（李　青）

【惠民惠农财政补贴资金专项治理】 年内，区财政局开展惠民惠农财政补贴资金“一卡通”专项治理工作。2017年至2018年区财政资金下达惠民惠农财政补贴资金94，475.36万元，发放资金70，960.38万元，涉及14家银行，一卡通总数量达24334张。共抽查门头沟区村集体87个，涉及5979户7969人。

（张　波）

【助力石龙园区收购停产企业】 年内，区财政安排4500万元用于收购园区内一家停产在地企业全部股权，并通过北京产权交易所以单方竞买方式成功底价摘牌。股权收购完成后，将其建设成专业化协作机器人研发基地，引进优秀协作机器人研发企业入驻，为高精尖项目落地提供高品质产业载体，全力打造京西高精尖产业项目基地。市政府对门头沟区的此项工作给予肯定，并将其作为典型案例，在全市宣传推广。

（陈　杰）

【为争创生态文明示范区保驾护航】 年内，区财政局共投入2，831万元用于环保工作。加大资金投入提高环境监督执法能力建设，强化移动源排放监管力度，全力做好“压煤、控车、治污、降尘”治理工作；做好生态保护红线勘界定标工作，严守生态保护红线，积极争创全国生态文明建设示范区、创建“绿水青山就是金山银山”实践创新基地，加快创森进程；继续落实全国第二次污染源普查工作。对区内污染源现状进行调查、建档，在综合分析的基础上估量污染源的危害程度及潜在危险，确定重点控制对象，为领导决策提供依据。

（边海燕）

【推进平安校园建设】 年内，区财政局推进平安校园建设，落实《北京市中小学校幼儿园安全管理规定（试行）》文件要求，投入资金106.82万元，通过政府购买社会服务的方式，为全区40所中小学、幼儿园增派97名专职保安，提供门卫管理、治安维护、监控值守等服务，切实提升学校安全防范应对处置能力，提高校园安全整体水平。

（薛思蒙）

【落实精品民宿扶持政策】 年内，区财政局统筹资金8亿元，其中西城区一次性转移支付4亿元，门头沟区配套资金4亿元（连续4年，每年1亿元），组成乡村振兴绿色产业发展资金，纳入国库专账管理；拨付清水镇梁家庄村“创艺乡居”贷款贴息补助资金500万元，实现村、企协作经营落地；拨付区文旅局民宿工作经费49.18万元，保障门头沟区精品民宿旅游推介等相关活动开展；配合区农业农村局拟定《门头沟区乡村振兴绿色产业发展专项资金拨付流程指导意见》，加强专项资金管理，规范资金拨付流程，确保资金使用安全有效。

（郝　宇）

【国库现金管理增值效果显著】 年内，区财政局国库现金管理增值效果显著，根据财政库款变动情况，计算剔除特殊流出后的月均修正流出水平，进而分析库款水平波动及形成原因，监控每月库款存量情况。加强与市财政局国库处、局内预算科及业务科室沟通联系，掌握每月调拨收入预计数及预算单位大额支付资金需求，对未来3个月库款支付保障能力进行有效分析，预测每月库款余额。2015年至2019年年底，在确保库款规模合理的前提下，区财政充分利用阶段性闲置资金开展国库现金管理运作23次，累计获得利息收入20，460万元，累计利差收入16，129万元，切实提高财政资金使用效益，实现国库资金保值增值。

（赵　晴）

【预算执行动态监控“一张网”】 年内，区财政局织密预算执行动态监控“一张网”，加强重点资金监控，加大预警问题核查，稳步推进动态监控工作，监控成效进一步显现。监控范围实现全覆盖。截至2019年，纳入监控范围单位231家，包含218家区级预算单位及13个乡镇（街道），涉及机构改革的新增单位也及时纳入系统，实现所有纳入国库集中支付的预算单位全覆盖。资金监控延伸到财政预算资金末端。区级集中支付所有财政预算资金、集中支付部分财政专户资金以及市对区专项转移支付资金均纳入监控范围。细化预警规则，结合门头沟区实际情况，完善公款违规购买名贵特产预警关键字词，贯彻落实重点监控内容。

（罗克楠）

【推进“公厕革命”工作】 年内，区财政局大力推进区内“公厕革命”工作，为响应党中央关于开展农村地区“公厕革命”工作部署，区财政局按照20万元/座的标准，先行预拨资金9，900万元，共改造门头沟区公厕495座，涉及9镇120余村，全面推进区内公厕改造步伐。

（郝　宇）

【支持老旧小区屋顶漏雨修缮工作】 年内，区财政局大力支持区属老旧小区屋顶漏雨修缮工作，与区住建委沟通，核实全区区属老旧小区漏雨面积及维修资金，安排维修资金2,289.72万元，惠及全区13个小区，修复漏雨面积7.02万平方米。

（邵　丹）

【助力区人居环境整治工作】 年内，区财政局助力门头沟区人居环境整治工作，安排美丽乡村环境整治及维护资金8,207.62万元，由斋堂、雁翅、清水等9镇统筹使用。安排农村人居环境整治检查考核资金700万元，确保人居环境整治工作长治、有效。积极助力门头沟区“六城联创”工作。

（郝　宇）

【保障基层公共体育设施建设】 年内，区财政局力保基层公共体育设施建设，投入资金1，335万元在军庄镇灰峪村、永定镇冯村、黑山公园等休闲广场建设全民健身专项球类活动场地18片，包含笼式篮球场7片、足球场5片、乒乓球长廊2片及羽毛球场4片。投入资金585万元用于2019年北京市重要民生实事项目和市政府重点工作任务—大峪街道、龙泉镇、妙峰山镇总长度5173米的5条健身步道建设项目。投入资金1，208万元，在9镇4街配建室外健身器材1106件，室内健身器材544件，全部器材安装完毕投入使用。

（王佳宇）

【推进城乡居民基本医疗保险制度】 年内，区财政局推进城乡居民基本医疗保险制度可持续发展，因北京市调整2020年城乡居民基本医疗保险筹资标准及相关政策，每名参保居民财政补助平均提高1，000元，首诊医疗机构再次扩大范围，区属三级医院住院报销比例由75%提高到78%。

（苏 然）

【支持公共文化事业发展】 年内，区财政局三方面支持门头沟区公共文化事业发展，加大文化基础设施建设投入力度，促进基层公共文化设施达标。投入资金3，409万元，支持清水镇洪水口村、潭柘寺贾沟村、清水镇黄安坨村等21个镇、村级文化活动室改扩建及装修改造工程和文化室设备配备项目。打造地区文化品牌，提升门头沟区文化资源影响力。投入资金1，569万元，开展中国北京永定河文化节、斋堂镇古村落百戏节等大型品牌文化活动；支持太平鼓舞蹈、柏峪燕歌戏非遗演出、妙峰山庙会等非物质文化遗产的保护及传承；保障参展文博会和文化创业产业宣传，深入推动门头沟区文化创意产业发展。积极落实文化惠民工程，丰富群众文化生活。投入资金1，257万元，支持公益电影放映、周末场演出、百姓周末大舞台演出和三馆免费开放；同时，支持下乡下基层演出、传统节庆活动、戏曲演出周等群众文化活动，切实提高群众文化生活水平。

（王 敬）

【保障区内公共交通服务体系】 年内，区财政局安排资金3，442万元用于公共交通出行服务项目，完善门头沟区公共交通服务体系，提升区域交通承载力，推进为民办实事项目。保障门头沟区公交线网升级优化。结合城市建设和百姓实际需求，安排资金及时新增和优化公交线路、班次、站点，方便群众出行。加大山区“村村通”线路运营资金投入。全区178个行政村均实现公交通达，通车率100%，提升山区群众出行便利度。保障门城社区“微循环”公交线路运营。门头沟区高峰期3条“微循环”单程运营时间缩短到10分钟内，方便社区居民接驳出区线路。安排资金统筹推进S1线公交接驳首末场站建设工作，不断优化调整S1线公交接驳运营线路。

（边海燕）

【完成市对区专项转移支付绩效自评】 年内，区财政局组织完成对“雪亮工程”等10项2018年市对区专项转移支付资金的绩效自评，共涉及118个项目9.2亿元资金。强化绩效管理责任约束。转移支付绩效自评是落实《北京市专项转移支付管理办法》的重要内容，有助于门头沟区完善转移支付预算管理。

（董大鹏）

【支持政务服务建设优化营商环境】 年内，区财政局支持政务服务建设优化营商环境，先后支持区政务服务中心24小时自助服务厅建设、公共资源交易平台建设、小微企业准营并联审批平台建设、新政务服务中心建设等，加速区内行政服务审批事项“马上办、网上办、就近办、一次办”的建设步伐，创造便利高效的政务环境，提升门头沟区便民服务信息化水平。继续落实“门创三十条”、“高精尖十九条”相关政策，加大对“高精尖”企业入驻的扶持力度，着力培育产业格局，带动一批科技含量高、环境友好型企业在门头沟区落地发展，培育新的税源增长点。支持园区开展规划跟踪评价工作。评估园区生态环境，对资源环境承载力及环境质量现状进行有效监测和分析，形成生态环境管理的优化建议。支持精雕公司和富士康集团在石龙园区联手打造智能制造平台项目，为企业发展和产业建设创造便利条件。

（陈 杰 姚 爽）

【实施绿色政府采购】 年内，区财政局全面实施绿色政府采购，优化绿色产品政府采购执行机制，采购人及其委托的代理机构在进行政府采购时，对属于绿色政府采购清单范围的采购产品，实施优先采购或强制采购。转发《环境标志产品政府采购品目清单的通知》《节能产品政府采购品目清单的通知》等政策相关文件，并结合门头沟区实际情况，提出具体工作措施，加强绿色采购力度。2019年门头沟区共实现节能产品政府采购金额1，279.86万元，环境标志产品政府采购金额1，316.60万元。

（李　超）

【推进扫黑除恶工作】 年内，区财政局推进门头沟区扫黑除恶工作开展，在财政业务工作中加强组织领导，统筹财力资源。及时出台《门头沟区扫黑除恶专项斗争资金保障工作方案》，规范资金保障和使用管理工作。加大经费投入，2019年追加专项经费73.7万元，加大扫黑除恶专项斗争工作宣传力度，提高群众知晓率。与政法系统相关部门对接，掌握扫黑除恶相关资金需求，在有限的财力情况下，做好2020年全区扫黑除恶工作的资金保障。

（赵　辰）

【推进新政府会计制度实施】 年内，区财政局推进新政府会计制度实施工作，定期召开专题会，通报全区各单位政府会计工作进度及存在的问题，督促单位落实新制度。通过实地走访及软件公司、支出科室反馈，了解全区各单位建账、记账情况及存在的问题，研究解决对策。设立“政府会计咨询服务开放日”，邀请会计师事务所和软件公司，每周安排1个至2个工作日专门解答各单位政府会计业务问题。

（王琳红　白凤首）

【法制宣传教育活动】 年内，区财政局启动“法治宣传伴您行全民创城齐行动”主题法治宣传教育活动。制定创城主题法治宣传工作方案，明确工作任务，细化工作内容，加强制度保障。扩大创城社会面宣传，通过局职工微信群、OA法宣专栏、LED大屏投放《致市民朋友们的一封信》《创城法治宣传口号》，提升创城法治宣传教育知晓率。根据“包干到村居”宣传任务要求，与永定镇上岸、石厂、石佛、石门营等4个村对接，协商两轮创城法治宣传进社区、进乡村具体工作形式及内容，助力地区法治环境优化和市民法治素养提升。

（王广伟）

【危房改造补贴资金发放】 年内，区财政局依据《北京市农村4类重点对象和低收入群众危房改造工作方案（2018-2020年）》，积极做好四类重点对象和低收入群众危房改造补贴资金发放工作。门头沟区将分步骤、分重点做好4类重点对象和低收入群众危房改造工作，保障一户有一处安全住房。按照市级补贴4.7万元/户、区级补贴2.1万元/户的标准，2019年门头沟区完成94户补贴资金发放工作。

（李　青）

【支持百花山国家级自然保护区建设】 年内，区财政局支持百花山国家级自然保护区建设，安排森林管护项目资金339.89万元，通过病虫害防治和可燃物清理，恢复脆弱的生态环境，稳定森林生态系统，为首都雾霾治理做出贡献。安排野生动植物培育保护资金16.82万元，动态监测濒危植物，加强人工培育和扩繁，促进珍稀濒危野生植物种群数量和种质提升。安排基础设施建设资金365万元，翻建巡护栈道、设置指示牌及宣传牌，完善保护区解说标识的建设，消除安全隐患。安排科普宣教资金10.91万元，发挥百花山国家级保护区面向公众的科普宣传教育职能，提升在公众中的知名度和认可度。

（刘　玥）

【产权登记工作】 年内，门头沟区2019年事业单位及其所办企业产权登记工作结束。年内，申报产权登记事业单位186户，其中占有登记7户、年度检查172户、暂缓登记1户、注销登记6户。通过占有登记和年度检查的179户单位，国有资产总额4，561，664.49万元。申报产权登记的事业单位所办企业11户，其中2户暂缓登记，9户符合产权登记审核要求予以登记。予以登记的9户企业实收资本总额987.57万元，全部为国有资本，2018年度利润总额-199.09万元。

（尹翠君）

【乡村公路建设资金投入】 年内，区财政局加大乡村公路建设资金投入，加快“四好农村路”建设工作进度，将乡村公路大修比例由过去3.15%提高至5.3%，超过市级5%的考核要求。增加建制村通公交道路完善工程，全面提升门头沟区乡村公路总体路况水平。2019年安排财政资金7,642.76万元用于乡村公路建养。连续4年提前谋划，积极做好大修项目储备，不断加大资金投入，按计划、按步骤开展大修工作。2016年至2019年，共安排财政资金3.2亿元，对门头沟区乡村公路建养工程予以资金保障。

（边海燕）

【加大文物保护资金保障力度】 年内，区财政局加大文物保护资金保障力度，加大对传统古村落的保护，投入3，011万元用于灵水村整治改造和川底下村古建筑群修缮工程。拓宽文物保护深度和广度，投入3，389.92万元用于沿河城关堡城墙抢险加固及戒台寺戒坛大殿、潭柘寺大悲坛、东辛房村关帝庙、龙岩寺配殿、宝峰寺等文物保护修缮工程。支持文物基础资料修编与信息化建设，投入805.5万元用于三普资料审定修编、文物资源数据库建设。支持革命文物保护、修缮及展示，投入300万元用于冀热察挺进军司令部旧址陈列馆提升。

（王　敬）

【保障大峪街道“回天利剑”整治工作】 年内，区财政局积极保障大峪街道“回天利剑”整治工作。由局领导带队与大峪街道、社区相关人员多次开展现场调研，实地了解问题具体情况，根据实地考察情况并经多方多次会商，制定专项工作方案，解决大峪街道滨河西区停车混乱、侵占消防通道和承泽苑菜市场拆迁后期整治等问题，改善周边居民生活环境。聘请专业评审机构开展项目预算审核，为项目把好质量关。

-（曹菲菲）

税　务

【概况】 2019年，门头沟区税务局共有在编干部职工531人，共有31个单位，其中15个内设机构，另设机关党委办公室和老干部科，1个纪检组，2个事业单位，11个派出机构。所辖税务登记企业共计38019户。全年累计组织各项税费收入（含社会保险基金收入）95.2亿元。其中，税收收入完成86.98亿元，完成市局下达年度税收收入预期目标的100.9%；地方公共财政预算收入完成49.29亿元，区级地方公共财政预算收入完成22.3亿元。

单位名称：国家税务总局北京市门头沟区税务局
地　　址：北京市门头沟区石龙工业区龙园路4号
电　　话：69865090
邮　　编：102300

（钟智钢）

【领导调研】 1月2日，区领导到区社保大厅调研，了解门头沟区税务局干部进驻区社保大厅开展“两人一窗”社会保险费征管职责划转征收模式落实情况。2月2日，国家税务总局党委书记、局长带队到区税务局龙泉税务所调研，并走访慰问干部职工。20日，国家税务总局督察内审司督察调研工作组到区税务局开展督察调研，座谈了解小微企业普惠性税收减税政策落实和个人所得税改革开展情况。28日，北京市税务局党委书记带队到区税务局调研指导。3月1日，北京税务系统金税三期系统并库上线工作。13日，国家税务总局装备采购处副主任到税务局调研政府采购网上超市工作开展情况。27日，北京市税务局副巡视员到门头沟区税务局督导调研减税降费、组织收入等工作。6月5日，区领导张冰带队到区税务局调研税收工作，了解组织收入、减税降费落实、优化营商环境等重点工作进展情况。12月31日，区领导张力兵、付兆庚、陈国才、张冰等到门头沟区税务局调研、慰问。

（钟智钢）

【征管改革】 1月2日，区税务局选派业务骨干进驻区社保大厅开展“两人一窗”社会保险费征管前期学习。7日至11日，区税务局组织各办税服务厅和税务所集中开展金税三期系统业务录入工作，及时发现和反馈系统问题。8日，区税务局召开金税三期系统并库“小双轨”验证实施动员部署会议。29日，区税务局组织参加北京市税务局金税三期系统并库工作培训会。2月12日，区税务局召开金税三期系统并库大双轨及单轨上线工作部署会。3月1日，区税务局零点完成金税三期系统并库上线后的第一笔纳税申报业务，金税三期系统并库上线成功。27日至28日，区税务局组织辖区纳税人开展深化增值税改革培训。4月1日，区税务局机关事业单位社会保险费开征首日进展顺利。同日，区税务局有序推进增值税改革新税率开票首日平稳顺利。12月19日，区税务局召开个人所得税汇算清缴工作专题会议。

（钟智钢）

【党风廉政建设】 1月4日，区税务局召开2018年度党支部书记抓党建工作述职述廉评议会议，现场点评11名支部书记述职情况并进行集体廉政谈话。16日，召开党建工作领导小组第一次会议，讨论加强新形势下全局党的建设工作和集中整治形式主义、官僚主义问题。5月27日，北京市税务局党委第二巡察组到区税务局召开巡察工作动员会，全面部署巡察中共门头沟区税务局党委工作。8月28日，北京市税务局党委第二巡察组开展十九大届期巡察门头沟区税务局党委情况反馈。9月18日，召开“不忘初心、牢记使命”主题教育安排部署会。20日，区税务局部署开展十九大届期第一轮巡察工作。26日，区税务局组织召开“不忘初心、牢记使命”主题教育第一次集中学习研讨会。10月11日，区税务局在石龙税务所召开“不忘初心、牢记使命”主题教育情况汇报会，深入推进基层党支部开展好主题教育。12日，区税务局组织召开“不忘初心、牢记使命”主题教育第二次集中学习研讨会。15日，区税务局召开党委理论学习中心组学习暨“不忘初心、牢记使命”主题教育专题学习（扩大）会议。30日，开展党委班子成员和调研员主题教育研讨交流。11月12日，召开领导班子对照党章党规找差距专题会议。19日，召开主题教育领导小组办公室会议，对照国家税务总局通报明察暗访问题，认真抓好检视整改。12月2日，门头沟区税务局组织党委班子成员开展宪法宣誓活动。6日，召开党委班子民主生活会。

（钟智钢）

【税务文化】 1月23日，区税务局组织慰问家庭困难干部职工。2月19日，组织12名党员干部参加区献血办组织的无偿献血志愿活动。同日，组织290余名干部职工参加元宵节禁放烟花爆竹看护值守工作。9月21日至10月1日，组织120余人在浅山区21个点位参加防火护林任务。10月24日，组织中华人民共和国成立70周年群众游行方队人员召开“发扬受阅方队精神，践行税务初心使命”主题座谈会。

（钟智钢）

【税收法治建设】 1月24日，区税务局召开“七五”普法宣传工作专题会。8月19日，部署内控指标疑点核查工作，防范执法风险，保障税收工作顺利进行。20日，区税务局专项部署督察和审计工作。9月9日，北京市税务局第四督察审计组到区税务局开展2019年督察审计专项工作。

（钟智钢）

【优化纳税服务】 2月11日，区税务局围绕贯彻落实小微企业普惠性减税措施，为辖区200余位纳税人开展专题培训辅导。3月13日，组织涉税中介机构开展2019年减税降费政策业务培训。27日至28日，组织辖区纳税人开展深化增值税改革培训。12月17日，组织开展“优化营商环境、落实减税降费”纳税人专项培训。

（钟智钢）

【优化营商环境】 2月15日至21日，区税务局领导带队走访辖区企业界人大代表政协委员，了解代表委员对减税降费政策落实和个人所得税新政实施情况的感受，征询意见建议。3月14日，组织办税服务大厅窗口干部开展优化营商环境集中辅导。18日至22日，组织开展享受减税降费政策系列宣讲活动。10月29日，联合区文化和旅游局、雁翅镇政府共同开展“共话减税降费 服务绿水青山”门头沟区精品民宿税收座谈活动。向辖区20余家精品民宿经营者开展税收政策宣讲，倾听意见建议，推出个性化纳税服务措施，助力精品民宿发展。

（钟智钢）

【教育培训工作】 2月27日，区税务局组织开展减税降费最新优惠政策和金税三期系统并库全员培训。8月22日，组织业务骨干及部分中青年干部参加“岗位练兵 业务比武”考核。9月25日至27日，开展“不忘初心、牢记使命”主题教育党支部书记培训。12月24日，开展个人所得税汇算清缴有关事项全员培训。

（钟智钢）

【党团活动】 3月8日，区税务局团总支组织青年先锋队成员开展“扮靓母亲河”志愿服务活动。4月4日，区税务局团总支组织团员青年开展义务植树活动。28日，区税务局团总支组织召开“书香为伴”读书分享活动。5月16日，区税务局组织部分党员、团员代表到斋堂镇吕家村开展“植树添绿 助力创城”志愿活动。11月1日，区税务局组织党员代表到北京展览馆参观中华人民共和国成立70周年大型成就展。

（钟智钢）

【税收宣传工作】 4月4日，区税务局组织20余名业务骨干在黑山公园开展“税收宣传进公园”活动。10日，区税务局与北京公交集团第四客运分公司第11车队在BRT4龙泉西公交站共同开展“税收宣传进公共交通场所”活动。17日，组织税务干部到365plus购物中心开展税收宣传活动。23日，区税务局与临镜苑社区居委会共同开展社区税收宣传活动。26日，区税务局围绕“落实减税降费、促进经济高质量增长”的主题，在中关村门头沟科技园创新大厦举行税法宣传志愿讲师团成立暨开课仪式活动。5月13日，区税务局税法宣传志愿讲师团到区大峪中学开展“京西青少年税法学堂”趣味互动活动。6月14日，区税务局局长参加区情直通车活动，为区纪委干部讲授税收基本知识。7月5日，在第一税务所办税服务厅举行税务开放日活动。8日，北京职业技术学院组织学生参观了解区税务局办税服务厅日常业务办事流程。10月29日，区税务局联合区文化和旅游局、雁翅镇政府共同开展“共话减税降费、服务绿水青山”门头沟区精品民宿税收座谈活动。11月29日，区税务局与区属相关部门联合开展“12·4”国家宪法日宣传活动。

（钟智钢）

【下属单位情况】

单位名称：国家税务总局北京市门头沟区税务局第一税务所
地　　址：门头沟区石龙工业区雅安路9号
电　　话：60806741
邮　　编：102300

单位名称：国家税务总局北京市门头沟区税务局第二税务所
地　　址：门头沟区石龙工业区雅安路6号
电　　话：69832234
邮　　编：102300

单位名称：国家税务总局北京市门头沟区税务局第三税务所
地　　址：门头沟区石龙工业区龙园路5号
电　　话：69860721
邮　　编：102300

单位名称：国家税务总局北京市门头沟区税务局石龙税务所
地　　址：门头沟区石龙开发区龙园路5号
电　　话：69828536
邮　　编：102300

单位名称：国家税务总局北京市门头沟区税务局永定税务所
地　　址：门头沟区石龙工业区龙园路5号
电　　话：60806537
邮　　编：102300

单位名称：国家税务总局北京市门头沟区税务局潭柘寺税务所
地　　址：门头沟区石龙工业区龙园路5号
电　　话：60803000
邮　　编：102300

单位名称：国家税务总局北京市门头沟区税务局龙泉税务所
地　　址：门头沟区增产路50号
电　　话：61860852
邮　　编：102300

单位名称：国家税务总局北京市门头沟区税务局大峪税务所
地　　址：门头沟区新桥南大街39号
电　　话：69804076
邮　　编：102300

单位名称：国家税务总局北京市门头沟区税务局军庄税务所
地　　址：门头沟区滨河路52号
电　　话：60804546
邮　　编：102300

单位名称：国家税务总局北京市门头沟区税务局妙峰山税务所
地　　址：门头沟区滨河路52号
电　　话：69801809
邮　　编：102300

单位名称：国家税务总局北京市门头沟区税务局斋堂税务所
地　　址：门头沟区斋堂镇斋堂大街8号
电　　话：69816874
邮　　编：102300

（钟智钢）

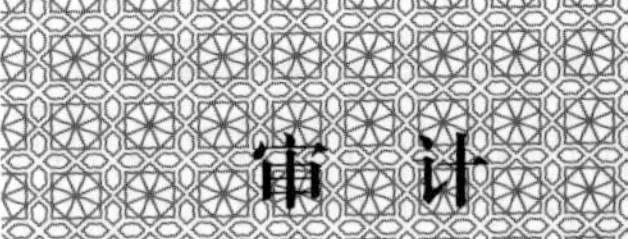

审　计

【概况】 2019年，门头沟区审计局按照市局“提质增效攻坚年”工作要求，共安排审计项目38个，坚持稳中求进工作总基调，坚持新发展理念，坚持推动高质量发展，聚焦区域“三四三六”工程战略，精心组织制定年度工作计划，促进区域经济高质量发展，促进全面深化改革，促进权力规范运行，促进反腐倡廉，大力推进审计全覆盖，更好地发挥审计在党和国家监督体系中的重要作用。

单位名称：北京市门头沟区审计局
地　　址：北京市门头沟区滨河路72号
电　　话：69842121
邮　　编：102300

（李　瑾）

【审计局成立35周年座谈会】 1月4日，区审计局召开审计局成立35周年座谈会。局领导班子、部分退休干部及相关科室人员参加座谈会。会上，局领导向退休干部表示欢迎和慰问，向退休老干部介绍近年来审计局的工作情况，取得的成绩以及当前形势下面临的新挑战。

（田　纯）

【预算执行审计实施方案汇报会】 2月，区审计局召开预算执行审计实施方案汇报会。会上，各审计组长结合各自项目特点进行汇报，就实施方案的审计内容、审计重点和审计方法进行交流研讨。

（吴云云）

【民主生活和民主评议会】 3月7日和8日，区审计局分别组织开展支部委员会和开展民主评议党员大会。通过开展民主生活会和民主评议会，书记与委员、委员与党员、党员与党员之间相互谈心谈话、相互评议，积极查找支部班子及委员、党员的不足，并深入剖析原因，24名党员积极发言。会上，党组书记、局长作总结讲话，并提出具体要求。

（胡加良）

【2019年党风廉政建设工作会】 4月24日，区审计局召开2019年党风廉政建设工作会。区纪委、区监委第六联合派驻纪检监察组组长、局领导班子全体成员及机关全体干部等参加会议。会上，副局长总结区审计局2018年党风廉政建设工作，部署2019年党风廉政建设工作任务；第六联合派驻纪检监察组组长从充分认识门头沟区反腐败工作面临的形势、进一步落实好全面从严治党主体责任及加强监督执纪力度3个方面，对局党风廉政建设工作提出具体要求。最后，局党组书记、局长就局当前做好党风廉政建设工作提出具体意见。

（王　芳）

【支部活动】 5月，区审计局组织青年审计干部开展“青春心向党 建功新时代”主题活动。此次活动中，青年审计干部参观京西山区中共第一党支部纪念馆、崔显芳烈士纪念馆、重温入团誓词。7月，区审计局党支部全体党员、积极分子及团员前往北京延庆参观革命圣地——平北抗日战争纪念馆，不断提升党性修养。

（吴云云　邵芳浩）

【企业减税降费政策落实情况座谈会】 5月28日，区审计局组织召开企业减税降费政策落实情况座谈会，区内9家企业及区国资委、区税务局、区石龙管委参加座谈。会上，审计人员介绍减税降费政策落实跟踪审计内容和要求，解读2019年最新减税降费等相关政策文件以及清理、规范行政事业性收费和政府性基金目录清单。各企业结合自身经营状况及享受政策情况积极发言，提出建议意见，并认真填写调查问卷。相关部门针对企业提出问题现场作出解答。

（刘雪融）

【防灾减灾宣传活动】 5月，区审计局组织开展防灾减灾宣传活动。活动中集体学习防震知识，组织观看防震减灾科普视频，发放《地震应急避险》宣传手册。通过普及和推广防灾减灾知识，进一步提高全局干部职工防灾减灾意识和能力。

（王　力）

【学习《北京市城乡规划条例》】 6月28日，区审计局组织全体审计干部集中学习《北京市城乡规划条例》以下简称《条例》。从新修订《条例》的基本情况、立法目的、修订内容等方面，结合门头沟分区规划进行讲解，帮助审计干部深入理解《条例》出台背景和重大意义，为准确把握《条例》的新理念、新规定、新要求提供保障。

（吴云云）

【选拔任用科级干部集体廉政谈话】 6月，区审计局开展选拔任用科级干部集体廉政谈话，区审计局党组书记和区纪委区监委第六联合驻派组副组长出席会议，与新选拔任用的科级干部进行廉政谈话，并对新选拔的同志提出具体要求。

（李　瑾）

【“保护河湖”卫生清理活动】 7月1日，区审计局组织年轻干部到莲石湖开展“保护河湖”卫生清理活动。

（付严锋）

【青年审计干部项目经验交流会】 7月，区审计局组织开展青年审计干部项目经验交流会。12名青年审计干部结合近期自身实践，从审计调查了解、重点问题如何突破、大数据审计方法应用等方面进行交流，

（朱　莎）

【专项审计调查】 7月，区审计局为查清门头沟区重点工程目标

任务完成总体情况，成立审计组，对纳入近三年政府目标管理任务书的重点工程开展专项审计调查。

（刘林群）

【“不忘初心、牢记使命”主题教育】 9月12日，区审计局召开“不忘初心、牢记使命”主题教育工作会。聚焦守初心、担使命、找差距、抓落实的总要求，围绕“五个突出”，对全局开展主题教育进行总体安排。会后，区审计局按照月有重点、周有安排的思路，采取“三项举措”扎实推进主题教育。通读《习近平关于“不忘初心、牢记使命”重要论述选编》，认真学习党章、《习近平新时代中国特色社会主义思想学习纲要》，把习近平总书记四次视察北京、五次对北京重要讲话精神以及在中央审计委员会第一、第二次会议上的重要讲话精神贯通起来学习；组织观看《德耀中华——第七届全国道德模范颁奖仪式》，学习张富清等道德模范坚守初心、不改本色的先进事迹；围绕推进首都高质量发展、做好审计项目审计组织方式“两统筹”、落实“提质增效攻坚年”重点工作任务等进行调研；聚焦年度目标，研究主体责任落实、审计项目推进、大数据审计运用等方面，促进审计工作提质增效。20日，区审计局开展“不忘初心、牢记使命”主题教育，奔着问题去、聚焦问题查、针对问题改，把深入调研工作落到实处，局长带领班子成员与区第六巡回指导组副组长到城管委进行调研。调研中，审计局针对政府投资审计如何做好服务等方面征求城管委的意见。城管委提出由于缺乏专业人员，对于新出台的涉及政府投资的规定掌握不到位。局长当即提出解决方案：印发审计发现问题手册，加强审计宣传；责成相关科室近期安排人员与城管委开展座谈交流会，做好审计与相关部门业务工作的交流融合。11月，区审计局结合“不忘初心，牢记使命”主题教育，组织全体审计干部前往熙旺国际影城观看《小巷管家》。年内，区审计局主动作为，区领导带队到区城管执法监察局开展专题调研。调研中了解治违工作的开展情况，提出相应审计意见，为全区创建“基本无违建区”保驾护航。

（吴云云）

【内部审计工作培训会】 10月25日，区审计局召开内部审计工作培训会。全区一二级预算单位共58家参加。会上，讲解如何规范单位内部审计工作的管理。对各单位日常财政财务工作中存在的问题进行解答交流，从公务支出方面、财务票据方面、项目管理方面、资产和审核方面以问题实例的形式讲解。如何规范内部审计工作提出要求，从7个方面使各单位进行规范管理。

（杜芯蕊）

【基层调研】 11月1日，区审计局党员干部到临镜苑社区，与社区干部就工作中的资金、实物管理等情况进行座谈，倾听基层心声。座谈中，介绍社区工作涉及到的财、物管理情况，审计局党员干部对社区干部提出的问题进行解答。

（殷 浩）

【宪法宣传教育】 11月29日，区审计局设立宣传点，面向社会广大群众，开展宪法宣传咨询活动。局内普法人员以展示讲解“知法懂法”展板，向过往群众发放审计法律相关知识宣传手册的形式普及法律知识，积极引导人民群众增强学法用法遵法守法意识，让宪法走进人民群众、走进日常生活。12月，区审计局组织全体审计干部参与“美好生活从宪法开始”线上互动体验、有奖竞答活动，促使全局审计干部坚定宪法自信，增强宪法自觉，提高法制意识。

（杜芯蕊）

【审计整改情况报告在区人大获通过】 12月17日，区人大常委会审议通过《门头沟区2018年度区级预算执行和其他财政收支审计查出问题整改情况报告》。

（郭兆瑞）

【预算执行审计】 年内，区审计局在对本级财政部门具体组织2018年本级预算执行情况开展审计时，实现全口径预算审计监督全覆盖，并运用数据分析等手段，在政府采购、公务卡使用等方面实现了一级预算单位审计监督全覆盖。

（李 瑾）

【经济责任审计】 年内，区审计局坚持优化经济责任审计结构。任中审计比例为60%，比上年增加24%。统筹开展斋堂镇党政领导干部经济责任同步审计和自然资源资产离任审计，突出生态环境问题与领导干部履职尽责情况的关联，准确界定责任，审慎作出评价，促进权力规范运行和反腐倡廉。

（李 瑾）

【政府投资审计】 年内，区审计局坚持改革规范投资审计。不再参与投资项目的结决算等管理环节，清理历史遗留投资审计项目22项，节约财政资金0.64亿元，围绕门头沟区中心工作制定投资审计计划，安排重点工程目标任务完成情况审计调查，重点审查2016年至2018年目标管理任务书重点工程任务完成情况，深入分析未完成重点工程任务原因，揭示工程管理问题，提出审计建议。

（李　瑾）

【大气污染防治专项资金审计】 年内，区审计局助力“三大攻坚战”中的污染防治工作，完成对2016年、2017年大气污染防治专项资金管理与使用情况的审计。

（殷　浩）

【固定资产投资理论学习交流会】 年内，区审计局组织固定资产投资理论学习交流会。通过对相关理论进行系统了解和学习，审计工作人员做到工作经验与理论知识结合。

（付严锋）

【政府投资项目审计】 年内，区审计局深入贯彻区政府和市审计局对政府投资项目审计工作的指导思想，坚持依法审计，认真履行审计监督职责，围绕政府投资项目的资金管理使用、项目前期审批、招投标程序履行、工程项目管理等重要环节进行审计监督，逐步加强转型后的政府投资审计工作。

（刘林群）

【百日攻坚专项治理违法建设资金审计】 年内，区审计局成立审计组，对全区2018年百日攻坚专项治理违法建设资金开展专项审计。通过审查违法建设任务完成、工作模式、项目落实政策的实施、专项资金收支管理等情况，揭示项目在具体实施运作、专项资金使用管理中存在的问题，综合分析主要原因，提出针对性建议。

（郭　冬）

【提高审计质量】 年内，区审计局持续深入贯彻落实“提质增效攻坚年”工作要求，恪尽职守，履职担当，采取三项措施着力提高审计质量和效率、提升审计工作层次和水平。坚持推进审计全覆盖。重新梳理完善审计对象库，并进行分类管理，研究编制5年轮审计划，把乡镇纳入到预算执行审计全覆盖范围，有计划、有步骤的对本级国有企业、重大公共工程项目、重点民生资金项目、自然资源资产审计对象实现全覆盖。继续深化大数据审计。着手开发门头沟区审计数据综合分析平台，促进审计项目的一键分析应用和全过程信息化管理。继续完善已有的审计项目库系统，充分发挥审计业务数据的统计分析功能。积极以审计整改促进审计效能提升。严格落实审计问题清单销号制度，做好问题台账管理和销号审核，加强审计整改跟踪检查力度，定期对预算执行审计发现问题进行督促整改。

（郭兆瑞）

【多措并举提升投资审计质量】 年内，区审计局为加强政府投资项目审计质量管理，依法全面履行审计监督职责，多措并举提升投资审计质量，提高政府投资绩效。依法审计，严格履行审计程序。对审计计划确定、审计通知书送达、现场审计取证、审计报告出具各个环节制定严格的质量标准，推动审计工作严格按照法定程序进行，在审计过程中与被审计单位广泛征求意见，防范审计风险；加强对聘请的中介机构和人员的监督管理。将外聘人员编入审计组，加强对外聘人员的审计成果、取证等材料的复核审查；加强投资审计工作全过程管理。加强对政府投资及重大公共工程项目的审计监督，主要包括工程项目建设程序、招标投标、建设用地和征地拆迁、工程结算、决算等方面内容；推进审计发现问题整改落实与成果转化运用。加强与被审计单位的沟通交流，全力推进审计查明问题的整改落实。及时向区委、区政府提交审计工作专报，揭示政府投资项目审计中发现的突出问题，提出审计建议，督促项目投资和建设管理单位落实责任。

（郭　冬）

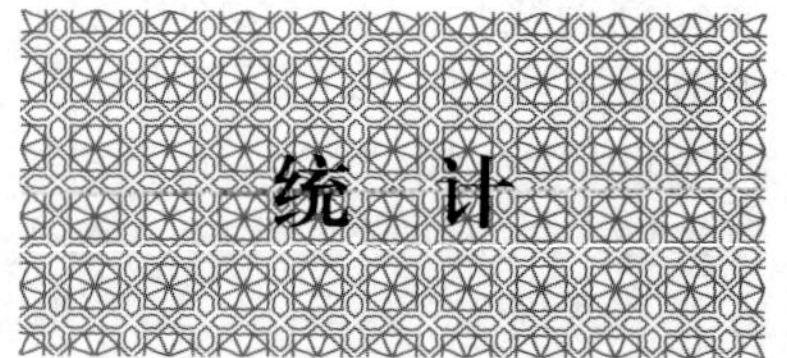

统　计

【概况】 2019年，区统计局、调查队完成门头沟区第四次全国经济普查。确保普查登记进度，门头沟区单位上报率达到105.85%。年内，在全区13个镇街进行抽样调查，涉及1.6万余人，抽样调查经过事后质量抽查，全面准确评估抽样调查数据。开展全区人口总数摸底工作，利用大数据平台做好居住用户监测，估算全区人口增量，通过对社区基础资料的分析，对全区人口规模、镇街人口分布等做初步估算，与相关部门合作开展市场化调研，摸清全区人口情况。低收入精准监测水平不断优化。加大调研力度、现场及远程指导力度和审核力度，畅通答疑渠道，确保低收入调查应统尽统。加强部门沟通，形成良性互动，互享政策和数据等信息，共同研究低收入帮扶针对性建议。启用低收入农户调查平台，实现账页录入、审核、数据上报等各类功能。年内，落实统计“七五”普法各项任务，开展统计普法宣传，提升统计法律法规认知度。加强统计信用体系建设，做好诚信单位库和诚信人员库的建维，向统计调查单位发出诚信统计倡议，开展统计诚信承诺活动，营造“诚信统计光荣、虚假统计可耻”的良好社会氛围。局队组织干部参与2019年执法技能考核，并取得优异成绩，平均分数在全市排名第一。同时，在2019年行政执法资格考试中，局队选拔的7名干部主动克服工学矛盾、认真准备，全体人员一次性通过，无一人掉队。

统计分析服务作为局队2019年年度重点工作之一，全年共完成各类统计信息289篇，被北京市统计局采用214篇，被国家统计局采用14篇，被区委区政府采用21篇，基本实现预定目标，尤其是局队撰写的政务信息在市局内网及国家局内网上累计采用113篇次，首次突破百篇，为地区经济和社会的发展提供分析研判资料。

单位名称：北京市门头沟区统计局、北京市门头沟区经济社会调查队

地　　址：北京市门头沟区中门寺街16号东楼6-8层

电　　话：69842503

邮　　编：102300

（高　莹）

【第四次全国经济普查】　1月9日，门头沟区经济普查办公室（以下简称区经普办）人员参加北京市经济普查工作视频会议并召开视频会议精神贯彻落实会议。3月13日，区经普办召开门头沟区第四次全国经济普查登记阶段推进会。4月30日，完成门头沟区第四次全国经济普查非一套表单位数据采集工作。5月27日至31日，市经普办到门头沟区开展事后数据质量检查。6月10日，区经普办召开迎接国家第四次全国经济普查检查工作布置会。13日，区经普办参加第四次全国经济普查国家事后质量抽查工作培训会。年内，开展“砥砺奋进做经普·共建生态门头沟”经普主题宣传日活动。普查登记首日区长入户指导，利用新媒体宣传渠道，线上线下同步发力，全面提升门头沟区普查知晓率；采用全过程质量监督方法，以督导检查和报表审核为主要抓手，在普查登记、复查各阶段，开展数据质量控制工作，高质量通过全市事后质量抽查。

（高　莹）

【统计法治建设】　1月17日，门头沟局队启动2019年统计执法工作。5月30日，门头沟局队开展建筑业单位统计基础工作专项检查。7月15日，完成建筑业企业原始记录和统计台账设置情况专项执法检查。9月29日，门头沟局队完成工业总产值专项执法检查工作。11月8日，门头沟局队“三步走”开展金融业数据质量专项核查。25日，门头沟局队完成2019年执法检查。29日，门头沟局队开展“12.4”法治宣传活动。年内，区统计局开展统计普法宣传，提升统计法律法规认知度。对统计执法检查中发现的问题严格规范执行，全年完成执法检查任务250家。

（高　莹）

【统计调查与研究】　1月22日，门头沟局队完成自然资源资产负债表试编工作。30日，门头沟局队开展门头沟区党政群机关绩效管理公众评价调查。2月21日，门头沟局队完成企业办事《有问有答》编制工作。3月13日，门头沟局队建立低收入农户联动监测平台。25日，门头沟局队开展房地产价格调查。4月22日，门头沟局队开展新建商业设施地毯式调查。23日，门头沟区统计局队开展家庭医生签约服务需求调查。30日，门头沟局队启动区域“文旅融合”专题研究。6月17日，门头沟局队开展“互联网＋政务服务”调研。20日，门头沟局队完成低收入调查数据质量自查。7月15日，门头沟局队启动2019年统计年鉴编辑工作。8月7日，门头沟局队自主开展“新首钢协作区交通状况调查”。19日，门头沟局队开展住户调查风险点排查。9月27日，门头沟局队开展国庆期间价格核查工作。10月9日，门头沟局队开展中美第三产业行业分类对比研究。16日，门头沟局队完成法人单位经营情况调查。12月25日，门头沟局队“六步骤”完成网购用户专项调查工作。

（高　莹）

【统计监测】　2月1日，门头沟局队启动春节期间消费价格监测。3月4日，门头沟局队启动进出口贸易统计监测。4月10日，门头沟局队开展大众消费便利化水平统计监测。25日，门头沟局队启动五一小长假旅游统计监测。

5月5日，门头沟局队开展精品民宿统计监测。6月6日，门头沟局队开展“6.18”消费统计监测。7月3日，门头沟局队开展“暑期＋汛期”旅游市场监测。24日，门头沟局队开展“夜间旅游”统计监测。12月2日，门头沟局队开展“首店经济”统计监测。3日，门头沟局队到科技园管委会调研创建中关村企业监测台账。

（高 莹）

【重要会议】 3月18日，门头沟区参加市局2019党风廉政会并迅速贯彻落实会议精神。4月3日，区统计局党组书记、局长在门头沟区第34次区政府常务会上讲解三大普查条例。同日，门头沟区第34次区政府常务会上，区领导付兆庚听取门头沟区第四次全国经济普查工作最新进展汇报并对下一阶段经普工作提出要求。7月30日，门头沟局队召开半年统计工作会。

（高 莹）

【统计服务】 3月29日，举办门头沟区“统计大讲堂”系列讲座。7月10日，门头沟局队启动中华人民共和国成立70周年宣传工作。8月2日，国家统计局贸经司党支部、北京市统计局商调队党支部到门头沟局队开展共建活动。9月20日，门头沟局队开展“传承红色基因 唱响统计旋律”专题讲座。23日，门头沟局队以“扎根基层社区话统计”为主题开展2019年统计开放日活动。25日，门头沟局队完成中华人民共和国成立70周年统计资料编印工作。10月17日，门头沟区局队协助中关村门头沟园清理“僵尸企业”。11月15日，北京市统计局原总统计师到门头沟区委党校干部培训班作“保障数据质量，深化统计改革，全面推进依法治统”专题讲座。

（高 莹）

【基层调研】 9月27日，区统计局党组到西胡林村、斋堂统计所与江泰保险经纪股份有限公司开展“一村一所一企”基层调研。

（高 莹）

【完成全区新入住地区现状调查】 年内，区统计局完成全区新入住地区现状调查，针对2015年以后入住的商品房和商改住项目开展人口抽样快速调查，积累经验，为明年的普查工作做好预案。在全区13个镇街进行抽样调查，涉及1.6万余人，抽样调查经过事后质量抽查，全面准确评估抽样调查数据。

（高 莹）

【开展产业经济分析研究】 年内，区统计局调查了解门头沟区各类自然资源的存量特点以及生态建设方面的有效举措，经过多次部门调研，同时结合《自然资源资产负债表》编制成果，从生态资源基础、生态资源利用、生态宜居环境营造、生态涵养效益4个方面，对全区生态涵养建设发展的进程与成效进行综合评价，建立《门头沟区生态涵养发展指数评价体系》，形成《门头沟区生态涵养发展评价报告》。自然资源资产负债表编制工作稳步推进，逐步完善自然资源资产化管理，提升生态文明建设水平。全年完成2016年门头沟区自然资源资产负债表编制，2017年自然资源资产负债表中完成相关数据的收集，进入市级审核评估阶段。

（高 莹）

国有资产监管

【概况】 2019年，门头沟区人民政府国有资产监督管理委员会（简称区国资委）学习传达中央、市、区有关会议精神，召开国资系统党建经济工作会，总结2018年工作，部署2019年重点任务。制定区国资委2019年目标管理责任书，确定70项工作任务，其中重点工作30项。召开党委会24次，研究“三重一大”决策事项187个。做好机构改革工作，研究制定国资委《三定方案》。加强区级36个重点督办事项和党委会187个决策事项的跟踪督办力度。组织区国资委系统300名党员培训班、两期党组织书记轮训班，统筹开展系统内党员的线下轮训工作。在全系统开展“不忘初心 牢记使命”主题教育，以“五讲五树一提升”主题实践活动为抓手，国资委党委领导班子共开展调研21人次，召开集体座谈会4次，实地调研7次，发现解决实际问题26件；系统内基层党组织开展学习交流研讨38次，主题党日活动16次，编印“不忘初心 牢记使命”知识手册1000本，扎实有序推进主题教育深入开展。

单位名称：北京市门头沟区人民政府国有资产监督管理委员会
地　　址：北京市门头沟区新桥大街36号
电　　话：69854234
邮　　编：102300

（李 建）

【优化商业布局】 年内，区国资委指导京门商投公司优化10万平方米商业布局，制定小白楼项目整体运营方案。华远项目初步确定还建方案。小园、曹各庄配套商业的业态落位和招商工作全部完成。完成千人配套便民超市服务设施建设。新建安康小区便民超市。北京市消费扶贫双创中心门头沟分中心暨灵山绿产体验中心揭牌开业。

（李 建）

【重点项目实施】 年内，区国资委指导门城基础公司推进26项重点工程，焦家坡垃圾综合处理厂实体及配套工程基本完成，政务中心、文体中心、永定镇集体土地租赁房等工程正有序推进。指导京西置地公司做好三家店、石门营土地开发及已拆除工业大院、城中村的梳理工作。为鑫融公司增资4500万元，支持石龙公司收购安普公司转让股权，得到市领导批示表扬。做好北京京西潭柘投资发展控股有限公司清算工作。

（李 建）

【旅游资产接收】 年内，区国资委指导山水旅游公司结合实际制定降本增收方案，完善内控制度。龙门涧景区经营权及资产整合工作有序推进，成为爱国主义教育基地。完成供电公司资产接收，共完成7处灵山委办局资产的接收、收购和入账工作。配合做好“潭戒妙峰”景区接收工作。

（李 建）

【国资国企改革】 年内，区国资委完成锅炉服务部事转企改革和广大顺昌装潢制品厂、雅来绣花厂等5家空壳企业的注销工作。推进退休人员社会化管理工作。推进非经营性资产剥离移交工作，签订物业服务协议或采取准物业形式提供有偿服务。实行董事会工作报告制度，组织6家一级监管公司制企业召开董事会工作专题会。完成京门商投、门城基础和山水旅游3家企业董事会换届工作。制定下发《门头沟区区属国有企业投资监督管理办法》，推动区属国有企业规范投资管理。招商引进4家企业。

（李 建）

【国有产权管理】 年内，区国资委梳理国企债务，推进不良资产减债工作，用350万元解决京门国资中心、京门商投公司所属29家企业的债务3822万元。按照创建“基本无违建区”要求，拆除国资系统违章建筑1.1万余平方米。完成2019年度国有资本收益1290.6万元。为8家国有企业进行产权登记。安排国有资本经营预算项目8个。编制2020年国有资本经营预算。完成21个审计项目，审计资产总额20.7亿元。

（李 建）

【国有资产统计】 年内，区国资委监管企业资产总额83亿元，同比减少2.8%；负债总额31.2亿元，同比减少14.2%；所有者权益51.7亿元，同比增长5.6%；资产负债率37.7%，同比降低4.9个百分点；实现营业收入121526.8万元，同比增长51.2%；利润总额5393.5万元，同比增长118.1%；上缴税金7889万元，同比增长105.7%。做好6家国企负责人经营业绩考核工作，成立专门的考核小组，按照百分标准对企业各项任务完成情况进行综合评分。结合企业功能定位，按照竞争类、公益类分类标准制定并与6家企业负责人签订经营业绩考核责任书。完成区属国有及国有控股企业财务年终决算和薪酬标准核定工作。

（李 建）

【为民办实事工程】 年内，区国资委指导保障房公司完成政府291套剩余房源的接收，做好安康小区462套公租房、永和新苑102套人才公寓的管理运营工作。成立静态交通公司，积极推进棚改地块项目接收工作。指导京门国资中心协调解决拆迁补偿和历史遗留问题。做好国资系统47万平方米自管老旧小区的物业管理工作。

（李 建）

【国资委系统帮扶】 年内，区国资委落实结对帮扶要求，与西城区国资委座谈交流。区属国企出资80万元资金对西藏堆龙德庆、内蒙古察右后旗和武川、河北涿鹿4个地区进行产业帮扶。针对西藏地区医疗资源相对落后的现状，捐赠30万元进行医疗设备项目帮扶。充分发挥京门商投公司的市场优势，注册“灵山绿产”商标，帮助受援地销售农特产品，真正实现造血式帮扶。

（李 建）

【安全维稳工作】 年内，区国资委做好全国“两会”、亚洲文明对话、世园会、庆祝中华人民共和国成立70周年等重点时期重点人维稳工作，妥善解决79个信访件和12345热线转办件189件。做好国资系统安全生产、环境保护、疏解整治促提升工作，开展安全检查75次。

（李 建）

【创城工作】 年内，区国资委进一步开展宣传活动，营造创城氛围，对检查出的问题做到立行立改。创设特色品牌，构建国资委系统“三级创城”体系，开展“文明我先行 党员做先锋”主题实践活动，评选文明党员、文明党支部、文明党委，实现党建引领创城工作。系统内各企业积极响应，形式国资系统“党建+”红色品牌，按照“1+4”工作模式，即京门商投公司党委的“党建＋商业”、门城基础公司党总支的“党建＋项目”、山水旅游公司的“党建＋旅游”、京门国资中心和区保障性住房公司的“党建＋服务”。全系统共创建党员先锋岗51个，打造文明标兵班组34个，组织志愿活动42次，评选2个文明党委，7个文明党支部，28名文明党员，对在争做“五类先锋”和争创“五个一批”中表现突出的10名先锋、10个基层示范点，予以通报表彰，实现“抓党建促创城”、“抓创城促党建”的“双赢”。

（李　建）

市场监管

【概况】 2019年3月22日，北京市门头沟区市场监督管理局揭牌成立，负责区内市场综合监督管理、市场主体统一登记注册、市场监管综合执法、宏观质量管理、产品质量安全、特种设备安全监督管理、食品安全监督管理、标准化、计量工作、检验检测、药品零售、医疗器械经营的许可、商标专利执法检查和处罚，以及化妆品经营和药品、医疗器械使用环节质量的检查和处罚等监管职责。区局以完善监管体系、执法体系、应急处置体系为目标，狠抓重点，夯实基础，落实监管责任，加快职能转变，促进地区经济社会实现高质量发展。立足京西红色热土，传承红色基因，助力打造“红色门头沟”党建品牌。深入开展“不忘初心，牢记使命”主题教育，全面推进从严治党。做好创建全国文明城区工作。落实周检查月督察工作机制，累计检查各类主体1500余户次，完成原工商、原质监机关办公区无障碍设施改造，组织开展每两月一次的志愿服务活动，区局被命名为2019年第一批“1+X”达标单位。优化营商环境。构建“一窗办理”服务模式，充分发挥牵头部门作用，组织召开联席会议，落实文件内容，切实做到“一窗办理、一网通办”。扎实推进“证照分离”改革工作，对标对表实施“证照分离”改革，确保改革工作全面落地。年内，全区市场主体达到43669户，同比增长9.07%。新设市场主体5635户，同比增长37.41%。推动“疏整促”专项行动，治理完成“开墙打洞”33户，无证无照经营108户。完成商品质量抽检67组，抽检合格率99%。落实企业主体责任。重点对煤炭、车用尿素、涂料生产及销售企业开展执法检查20次，完成各类产品抽查34组，经检验全部合格，各类强检计量器具、定量包装商品1790台件，抽检流通商品144件，完成缺陷产品召回工作12起。维护百姓切身利益。共受理投诉举报2422件，挽回经济损失208万余元，响应率100%，解决率和满意率均保持在85%以上。筑牢食药安全底线。完成各级抽检共1851批次，食品类抽检1590批次，发现不合格产品13批次，合格率为99.2%；药品类抽检261批次，发现不合格产品1批次，合格率为99.6%；完成快速检测1518批次，合格率100%。销毁过期药品和查扣物品3批次，共销毁药品约3.8吨，销毁查扣物品约5.19吨。

单位名称：北京市门头沟区市场监督管理局
地　　址：北京市门头沟区滨河路70号
电　　话：69869749
邮　　编：102300

（刘淑伍　张付凯）

【“两送一推进”加强政企互动】 1月3日，门头沟区市场监督管理局到辖区某材料有限公司开展送法律送服务工作。结合企业问题，详细讲解登记、商标、市场监管等方面的法律法规，为企业提供政策指导。

（刘淑伍　张付凯）

【蓝天保卫战商品抽检】 截至1月3日，区市场监督管理局强化对燃煤、成品油、车用尿素、建筑类涂料和胶粘剂等重点商品质量监管，全年共完成成品油质量抽检41组、燃煤质量抽检21组、车用尿素抽检9组，检测结果全部合格。完成流通领域建筑类涂料、粘胶剂类商品抽检10组，其中1组不合格，立案进行查处。

（刘淑伍　张付凯）

【净化校园周边经营环境】 1月4日，区市场监督管理局成立未成年人健康成长社会文化环境工作领导小组，制定工作方案。严格审查各类企业登记资格，落实前置审批制度，对校园周边

200米内的新开业或迁入的互联网上网服务营业场所（经营性网吧）、电子游戏经营场所、歌厅、舞厅、卡拉OK厅、游艺厅、台球厅（2所5厅）严把准入关。结合进校园宣传、暑期消费课堂等工作，向未成年人讲解相关法律法规，加强其自我维权意识。

（刘淑伍　张付凯）

【12315投诉举报数据分析】　截至1月4日，区市场监督管理局完成2018年度12315投诉举报数据分析。全年受理消费者投诉630件，同比增长36.66%，投诉问题主要集中在合同违法、产品质量、售后服务和广告违法等方面；受理消费者举报344件，同比下降8.02%，举报问题主要集中在无照经营、登记事项违法和广告违法等方面；全国12315互联网平台方面，共接收消费者投诉1635件，其中受理1371件。

（刘淑伍　张付凯）

【颁发第一张电商执照】　1月8日，门头沟区市场监督管理局办理门头沟区第一张电商营业执照，为门头沟区电子商务经营者登记工作带来良好开端。

（刘淑伍　张付凯）

【农村假冒伪劣食品专项整治行动】　1月22日，区市场监督管理局突击检查龙泉、军庄地区酒类销售商户30余户，发现3户经营者存在销售侵权白酒行为，执法人员当即对199瓶涉嫌侵权白酒进行查扣，并对涉案商家的店内存在的问题予以指导，三起案件正在进一步调查处理中。

（刘淑伍　张付凯）

【市场主体总量突破4万户】　截至1月25日，门头沟区各类市场主体突破4万户，总数达40015户，其中内资企业31844户、外资企业139户，农民专业合作社283户、个体工商户7749户。

（刘淑伍　张付凯）

【儿童用品经营主体专项检查】

1月30日，区市场监督管理局检查销售主体经营资质，是否按规定亮照经营，查看是否销售“遛娃神器”，是否销售“三无产品”，禁止销售不合格商品，共检查经营主体12户次，下架涉嫌存在安全风险的儿童推车4辆。

（刘淑伍　张付凯）

【市场秩序保障】　春节前夕，区市场监督管理局突出日用、娱乐、旅游等重点行业，以繁华商区、有形市场、文化娱乐服务场所等为重点区域，通过约谈、行政指导、执法检查等形式，严厉查处无证照经营、商标侵权、合同违约等违法行为。分局共出动执法力量98人次，检查经营主体168户次，其中烟花爆竹零售网点7户次，商场超市29户次，有形市场32个次，检查旅游景区16个次，纠正轻微违法行为开展行政指导12次，未发现销售假冒伪劣商品、虚假宣传促销、商标侵权等违法行为。“五一”期间，集中执法力量对主要大街、潭柘寺、戒台寺、妙峰山等山区旅游景区、各大商场等重点区域进行检查，共检查86户，对6户存在轻微不合规行为商户进行提示；以商场超市、餐饮酒店、食品流通企业等行业为重点，对计量器具、市场价格及所售食品进行检查；在旅游景区、各大商场等人流密集场所宣传消费提示和投诉举报方式，及时处理消费纠纷，防止出现群体性消费纠纷事件。

（刘淑伍　张付凯）

【走访指导“门头沟京白梨”地标企业】　2月14日，“门头沟京白梨”地理标志证明商标注册成功后，有效地保护京白梨的品牌、质量、特色和传统工艺，极大地提升知名度和价值，“军庄京白梨”种植面积由过去600亩，增长至2000亩，产量达到80万斤，销售额达到1600万元。走访中负责人表示，京白梨属于销售淡季，市场暂未发现有侵权假冒京白梨的行为。

（刘淑伍　张付凯）

【“9+N”政策宣传进园区】　2月26日，区市场监督管理局到中关村门头沟科技园举办“9+N”2.0版新举措宣讲会，重点企业代表共100余人参加会议。宣讲会上对优化营商环境“9+N”2.0版企业开办政策进行解读说明，区内企业开办所需时长再次缩短，由5日缩减至3日。通过使用新版网上服务平台“e窗通”进行登记，申请人原本需要在工商、税务、公安等3个部网站填写的信息，只需要在1个系统即可全部填写完成。

（刘淑伍　张付凯）

【企业开办志愿服务站成立】　3月6日，区市场监督管理局协调区内建设银行、农商银行、工商银行、中国银行、农业银行、邮政储蓄银行、北京银行等7家银行，在各银行网点设立9个“企业开办志愿服务站”，推行企业开办“联动办、就近办、上门办”服务。

（刘淑伍　张付凯）

【学习雷锋精神 弘扬光荣传统】 3月7日，区市场监督管理局以“弘扬新时期雷锋精神，继承老一辈光荣传统”为主题，到门头沟区光荣院对老人们进行慰问，与老人们亲切交谈，并送去米、面、油等慰问品。

（刘淑伍　张付凯）

【“3·15”系列宣传活动】 3月7日，3月13日，门头沟区市场监督管理局联合中信银行门头沟分行等单位，在永新社区开展3·15“信用让消费更放心”主题宣传活动。分局干部提示群众购买商品时留存好票据，以便发生纠纷时维权使用，并现场发放新《消法》图册、《北京消费者杂志》等宣传品。金融机构就如何防范非法集资、如何理性选择金融服务产品、非法集资的社会危害性等当前社会热点、难点问题向居民普及了相关金融知识。活动共100余人参与，悬挂横幅2条，发放各类宣传品300余份。

（刘淑伍　张付凯）

【新增无传销社区（村）】 3月15日，区市场监督管理局联合属地评选出德露社区苑、中门寺南坡二区、大峪街道办事处桥东街社区、军庄镇杨坨社区、王平镇雁翅村、斋堂镇灵水村、潭柘寺镇赵家台村、永定镇冯村嘉园为8个无传销社区（村）。

（刘淑伍　张付凯）

【2019年第一次局务会】 3月25日，区市场监督管理局召开成立后的第一次局务会。局班子成员、副处级领导干部以及各部门主要负责人参加会议。会上，局长提出具体要求。

（刘淑伍　张付凯）

【保健品市场乱象百日整顿】 4月1日，区市场监督管理局到农村、社区、商超、有形市场、旅游景点、军营、学校等重点地区开展宣传18次，重点约谈7户直营、生产、委托生产企业，全部签订《承诺书》，办理“保健”类案件8件，罚没款10.01万元。

（刘淑伍　张付凯）

【落实国家卫生区复审问题整改】 4月3日，区市场监督管理局召开“创卫复审”工作专题会。会上，局领导强调要高度重视“创卫复审”工作，提高政治站位，认清当前形势，各部门要积极履职尽责，坚持问题导向，狠抓落实。对整改清单中的13处问题点位逐一整改。整改后，11处点位立行立改整改完毕，另外2处问题点位基本确定整改方案，确保近期整改完毕。

（刘淑伍　张付凯）

【规范保健食品经营秩序】 “两节”期间，区市场监管局召开保健食品专项整治工作部署会，各部门共50人参加会议。会上传达《门头沟区市场监管局保健食品专项整治工作方案》。重点检查节日保健食品进货来源，经营者落实索证索票制度情况，要求企业在显著位置分别设立提示牌，注明“保健食品销售专区（或专柜）”字样。向经营者发放《告知书》，进行相关提示告知。举办食品安全“社区课堂”，指导消费者识别保健食品标签、说明书，着重讲解保健食品不涉及疾病预防、治疗功能。共检查经营企业45户次，发放《特殊食品销售告知书》50余份，解答群众咨询10余人次，发现产品混放、标识不清晰、台账不规范等问题均已要求现场整改。

（刘淑伍　张付凯）

【加强清明节期间市场秩序控制工作】 清明节前后，区市场监督管理局对墓园、集贸市场、餐饮酒店、食品流通企业等进行重点检查，严厉查处销售冥币、无照经营、销售未在有效期内食品等违法违规行为；组织特种设备使用单位开展安全自查，加强特种设备日常维护保养，深入开展安全隐患排查治理，强化特种设备安全管理工作；针对清明节假日重大活动、人员流动、安全生产等特点，开展重点监督检查；针对购买祭扫用品等易发纠纷领域发布消费提示。出动执法人员342人次，检查主体255户次，未发现违法行为。

（刘淑伍　张付凯）

【特种设备检查】 4月8日，区市场监督管理局对万佛华侨陵园有限公司、S1线、阜外医院等单位的车辆安全装置、运行情况等方面进行检查，共检查厂内观光车4台、电梯12台、压力容器4台，均在检验有效期内。

（刘淑伍　张付凯）

【服务医疗器械生产企业】 4月9日，区市场监督管理局联合北京国医械华光认证有限公司完成对北京兰岩医疗科技有限公司生产企业生产质量管理规范（GMP）现场检查工作，发现的产品说明书描述存在瑕疵、采购验证记录部分缺失、返工规程及制度待建立完善等10个问题提出整改意见，并要求企业一个月内完成整改。

（刘淑伍　张付凯）

【为市场个体户年报开“绿色通道”】 4月12日，区市场监督管理局主动联系市场主办方，提示商户带齐营业执照、身份证、手机、许可证等年报所需材料；根据市场个体户实际情况，分别引导其在市场就近填报或到工商所服务厅填报；对填报过程中出现的问题耐心向商户进行解释，有序开展年报服务。共出动干部4人次，协助填报150户次。

（刘淑伍 张付凯）

【“4·26知识产权日”系列宣传活动】 4月26日，区市场监督管理局通过上街宣传、进社区宣传等方式向群众宣传保护知识产权相关知识，共发放宣传品600余份，累计接受群众咨询30余人次。深入科技园区向企业开展法律法规宣传，为企业解疑释惑10余次。积极利用门户网站，以及微博、微信等客户端对活动进行宣传。

（刘淑伍 张付凯）

【纪念五四运动100周年主题团日】 4月29日，局属相关部门11名青年干部围绕12个重点业务科室的工作进行讲授，采取抢答的方式开展30道业务知识问答。组织全体青年干部参观爱国主义教育基地“京西第一党支部”及崔显芳烈士纪念馆。

（刘淑伍 张付凯）

【多措并举服务企业年报公示】 4月，区市场监督管理局通过开展上门年报、宣传指导等多种方式服务企业年报。在熙旺中心、物美大卖场、永兴奥特莱斯商场等人流量较大的商场超市和经营主体密集的商业楼宇共张贴发放宣传海报70余张；协助鑫源市场、龙泉雾社区等地80余户个体户完成年度报告的申报。截至4月，门头沟区2018年度企业年报公示率达44.37%，个体年报公示率达59.65%，农村专业合作社年报公示率达56.74%。

（刘淑伍 张付凯）

【保健食品百日行动】 4月，区市场监督管理局共出动监督检查人员540人次，检查销售对象为老年、病弱群体的保健食品经营店铺122户次，检查社区、公园、广场、车站等人员密集场所39次，检查宾馆、酒店等重点场所11个，检查旅游景区，城乡结合部，农村集市及春节庙会等重点区域26个，开展行政指导、约谈6次。

（刘淑伍 张付凯）

【市场秩序保障工作】 “五一”期间，区市场监督管理局集中执法力量对主要大街、潭柘寺、戒台寺、妙峰山等山区旅游景区、各大商场等重点区域进行检查，共检查86户，对6户存在轻微不合规行为商户进行提示；以商场超市、餐饮酒店、食品流通企业等行业为重点，对计量器具、市场价格及所售食品进行检查；在旅游景区、各大商场等人流密集场所宣传消费提示和投诉举报方式，及时处理消费纠纷，防止出现群体性消费纠纷事件。

（刘淑伍 张付凯）

【五措施强化违规销售电动自行车治理】 5月，区市场监督管理局对发现的违法违规问题，通过行政约谈、行政处罚等及时进行规范。共检查主体8户次，未发现违法经营行为，同时经营者已主动消化不符合新标准的库存车辆。

（刘淑伍 张付凯）

【捣毁食品加工黑窝点】 5月7日，区市场监督管理局执法人员在东辛房24号院出租房屋内，发现3名嫌疑人正在加工制作“臭豆腐”，屋内生产环境脏乱，食品来源不明，存在严重的食品安全隐患。经查，3名嫌疑人为外地来京人员，在未办理任何资质手续，也没有健康证明的情况下，私自在出租房屋内进行食品加工，且卤水露天放置，不符合食品生产的规定。根据《食品安全法》相关规定和要求，执法人员要求其立即停止违法经营行为，并将已经生产的臭豆腐收缴销毁。

（刘淑伍 张付凯）

【检查多个食药所“创卫”待查点位】 5月21日，区市场监督管理局党组书记带队对龙泉、东辛房、永定、大峪等镇街食品经营单位进行检查。重点对食品经营单位的原料进货查验、食品贮存及保管、餐饮具清洗消毒管理、从业人员健康体检等制度落实情况进行详细检查，督促从业人员严格落实食品安全管理制度，严把质量安全关口。共检查餐饮经营单位12家，出动执法人员28人次，立案查处2起。

（刘淑伍 张付凯）

【科技活动周拉开帷幕】 5月23日，区市场监督管理局采取科所联动形式开展“药品安全 科普惠民”科技活动周活动，重点为群众普及药品安全常识、如何正确识别真假药品、如何应对用药后出现身体不适的情况等用药相关问题。利用微信、微博等媒体矩阵，提高公众对药品安全科学认识水平，共发放《化妆品选购与安全使用手册》《健康生活之日常用药篇》《预防食物中毒基本知识》《安全用药常备手册》等宣传材料及各类宣传品3000余份，现场接受群众药品安全咨询350余人次。

（刘淑伍　张付凯）

【国家卫生区复审市级再评估问题整改】 5月，区市场监督管理局党组书记主持召开创卫再评估紧急部署会，对相关工作进行再动员再部署，强调在整改过程中要坚持问题导向，狠抓落实，确保问题整改到位。主要领导亲自带队，采取“四不两直”的方式对门城地区13个相关餐饮单位进行突击检查，核查问题点位，推动问题整改。对整改清单中的7处问题点位逐一整改。6处点位已立行立改整改完毕，另外1处问题点位确定整改方案，确保近期整改完毕。

（刘淑伍　张付凯）

【优化营商环境】 5月，新版“e窗通”上线，实现全流程网上“一窗受理”，企业不用再往返各部门分步提交材料，只需根据需求勾选要办理事项后，系统会智能引导申请人填报所需全部信息，实现开办企业一次性领取执照、公章、发票等不超过1天，并能通过网站实时查看取得执照、刻制公章、领用发票、用工信息采集等事项的办理进度。通过审批后，可立即获得一张载有市场主体身份信息的电子营业执照，与纸质营业执照具有同等法律效力。

（刘淑伍　张付凯）

【儿童节期间专项检查】 “六一”期间，发布儿童节消费警示，提示广大家长和儿童在选购食品、服装、玩具、图书以及外出游玩等方面要谨慎，消费时保留号相关票；严查中小学校、幼儿园周边100米范围内商户经营资质，共检查66户；以儿童玩具、文具用品、书店、音像制品等经营单位为重点，联合专业检测机构对市场上销售的学生用品进行抽检。共抽检学生用品5组，送至检测机构进行检测。对发现的销售不合格商品行为，执法人员将依据法律法规进行严厉查处；开展迎“六一”食品安全进校园系列宣传活动，以常见的食品安全问题为切入点，围绕如何识别不健康食品、如何保证食品卫生等问题，为普及孩子们食品安全知识。共发放食品安全小画册、彩笔、书包等宣传品600余份。

（刘淑伍　张付凯）

【“免费检定上门服务”计量惠民活动】 6月3日，计量检定人员主动上门服务，对市场强检计量器具进行严格细致的计量检定，并在检定合格的计量器具明显位置张贴计量检定合格标识，确保市场在用的计量器具合格率100%，现场共检定电子秤230余台件。

（刘淑伍　张付凯）

【端午期间市场秩序监管】 端午节期间，区市场监管局规范国泰百货、熙旺中心、华润365等大型商场发布的商品广告、格式条款及有奖销售等促销宣传，严厉查处虚假宣传及其他侵犯消费者权益的行为。开展节日期间旅游市场专项检查，针对纪念品宣传、产品质量及广告等行为进行检查，对商户进行食品安全提示和法律法规宣传根据上级要求强化值班备勤，做好突发事件应急执法，按时报送相关表格信息。

（刘淑伍　张付凯）

【端午节期间市场秩序保障】 端午节期间，提前制定端午节节前市场保障方案，开展各专项执法检查，重点检查涉及节日促销、户外广告、店堂广告、合同履约等经营活动，坚决查处无照经营、超范围经营、虚假宣传、欺诈消费者等违法经营行为，共出动执法人员196人次，执法车辆90车次，检查各类经营户144户次，其中商场超市6户次，有形市场9个次，景区5个次，未发现违法经营行为。

（刘淑伍　张付凯）

【机关党委、机关纪委成立大会】 6月14日，区市场监督管理局召开党员廉政教育暨机关党委、机关纪委成立大会。会上，选举产生第一届机关党委和第一届机关纪委。

（刘淑伍　张付凯）

【上半年投诉举报情况】 6月，12315中心共接听归集各类咨询信息158个，受理投诉318件，举报131件，为消费者挽回经济损失180余万元。投诉举报数量较去年同比增长43.91%，同时，为消费者挽回经济损失同比增加133.77%。

（刘淑伍　张付凯）

【取缔五家食品加工黑作坊】 6月18日，区市场监督管理局执法人员重点对永定镇卧龙岗村、西北环线西侧等待拆迁区域的民房进行摸排检查，共发现5户非法从事食品加工作坊。执法人员当场对5户非法从事食品加工作坊予以取缔，对非法从事加工生产活动的工具及原材料进行查扣。

（刘淑伍　张付凯）

【2019年食品安全宣传周启动仪式】 6月27日，门头沟区举办2019年食品安全宣传周启动仪式，区食药安委会常务副主任、副区长、出席活动并发表讲话，区食药安办主任、区市场监管局局长主持活动，区食药安办常务副主任，区食药安办副主任等领导出席。区食品药品安全委员会各成员单位和13个镇街的主管领导以及生产、餐饮、流通环节的企业代表参加。仪式上，区食药安办主任、区市场监管局局长做食品安全宣传周主旨讲话。教委、龙泉镇食品安全主管领导做表态发言。

（刘淑伍　张付凯）

【2019年度商品条码双随机检查】 7月1日，检查商业超市、药店、蛋糕房20余家，随机扫描共600余个，检查结果显示，条码覆盖率保持在90%以上，条码识读率为95%以上。

（刘淑伍　张付凯）

【开展纪念七·一主题活动】 7月1日至3日，门头沟区市场监管局到京西山区中共第一党支部纪念馆集中开展纪念七·一主题活动，300余名党员参加。

（刘淑伍　张付凯）

【实行生产许可、备案制度】 7月1日起，《北京市小规模食品生产经营管理规定》正式实施，按照该规定，区市场监管局对辖区内小作坊、小餐饮店实行许可制度，对小食杂店实行备案制度。

（刘淑伍　张付凯）

【完成2018年度年报工作】 7月，2018年度全区内资企业年报率96.20%，个体工商户年报率91.74%，外资企业年报率97.06%，农专社年报率94.98%。其中，企业、个体、农专社年报率较2017年度有较大幅提高。

（刘淑伍　张付凯）

【督导“创卫”复审工作】 7月19日，区市场监管局督导“创卫”复审工作，按照“三必查”的原则，全方位掌握“创卫”期间市场经营状况。共检查经营单位20余家，农贸市场1个，个别经营场所仍存在卫生死角，检查组要求经营者立行立改。

（刘淑伍　张付凯）

【开展医疗服务价格检查】 截至8月1日，全区二级及以上参改医疗机构100%全覆盖检查，共完成一级及以下25家参改医疗机构检查，检查比例达63%。未发现价格违法违规行为。

（刘淑伍　张付凯）

【主题教育活动】 8月9日，52名团员青年集中开展“青春建功新时代，携手共建模范城”主题活动。3名团员青年通过“演示文稿+影音视频”的方式分享分别推荐了电影《建军大业》《英雄儿女》电视剧《长征》；军转干部带领大家一起学唱了歌曲《团结就是力量》；3名团员青年分别讲述《信仰、是前行的力量》《最可爱的王军堂》《不忘初心、牢记使命、再建新功》身边军转干部的平凡故事。

（刘淑伍　张付凯）

【获北京市不良反应组织协调工作先进单位】 8月，区市场监督管理局被评为2017年度至2018年度北京市组织协调工作先进单位，系区局连续第二年获此项荣誉。

（刘淑伍　张付凯）

【医耗联动综合改革价格专项检查】 8月，区市场监督管理局围绕贯彻落实北京医耗联动综合改革政策进行，针对中医、病理、康复、精神、手术、检验等6类医疗服务价格项目规范及医用耗材零加成执行情况进行检查。检查的重点是医用耗材“零加成”承诺和医疗机构价格公示情况，完成对全区参改的46家医疗机构检查全覆盖。从检查的总体情况来看，各医疗机构都在显著位置对医用耗材“零加成”进行承诺，并通过多种方式进行价格公示。

（刘淑伍　张付凯）

【专项检查】 8月，区市场监督管理局完成打击整治食品违法犯罪治乱除害五大战役第一战役专项工作，第一战役重点检查是否按照食品经营许可的范围开展食品经营活动；含铝添加剂的购买及贮存情况；是否经营添加食品添加剂以外的化学物质和其他可能危害人体健康的物质的食品；超范围、超限量使用食品添加剂等行为。此次专项共检查经营主体381户，发放告知单381份，出动1097人次，出动车辆381车次。开展面食制品抽检检测30批次，未发现不合格样品。

（刘淑伍　张付凯）

【与内蒙古察右后旗对接“菜篮子”工程】 9月2日，区市场监督管理局考察团听取察右后旗地理、文化、旅游等相关历史介绍及“菜篮子”工程建设，就对接“菜篮子”工程进行交流，针对产品的种类、储存方式、发展优势和市场需求等方面提出建设性意见和建议，并表示以后将继续与察右后旗进行深入对接，探索切实可行的合作方案。

（刘淑伍　张付凯）

【“不忘初心、牢记使命”主题教育工作会】　9月16日，区市场监管局以视频会形式召开“不忘初心、牢记使命”主题教育工作会。全局120余名党员干部在各自会场参加。

（刘淑伍　张付凯）

【区纪委监委派驻纪检监察组正式进驻】　9月19日，区纪委监委第十四联合派驻纪检监察组正式进驻门头沟区市场监督管理局，对区市场监管局进行全方位监督。

（刘淑伍　张付凯）

【成立12345接诉即办工作专班】　9月29日，将原工商、原食药、原质监、原物价等部门4个投诉举报平台，整合为一个12345接诉即办工作平台。抽调原工商、原食药、原物价等部门的4名业务熟练的干部，再安排原质监法制科、原工商办公室、区消费者协会的3名工作人员，作为后备梯队做保障，组成11人的区局接诉即办专班。

（刘淑伍　张付凯）

【保障第10届北京山地徒步大会举行】　9月，区市场监督管理局以斋堂镇中心镇区、徒步路线沿途及周边旅游景点的超市、商店、餐馆、民俗旅游户等为重点，对商户经营资质、经营行为、食品安全等情况进行全面检查，共检查22户次，未发现违法经营行为；进行快速检测15件，签订责任承诺书10份。对区内主要道路沿线及重点商业区广告进行检查，以户外广告、房地产广告及各类商业广告内容为检查重点，共检查各类经营主体10户，各类广告牌匾27块。向商户宣传相关法律法规，提示其提高责任意识，规范开展经营活动，消除安全隐患。

（刘淑伍　张付凯）

【国庆70周年市场秩序保障和安保维稳工作】　国庆节前夕，区市场监督管理局以“三强化”持续做好庆祝中华人民共和国成立70周年活动，做好市场秩序保障和安保维稳工作，强化安全监管。以倒排期工作表为主要脉络有效开展工作，共检查1562户次，立案查处118件，罚没款16.35万元。

（刘淑伍　张付凯）

【完成国庆期间市场秩序保障工作】　国庆期间，区市场监管局集中执法力量对主要大街、各大商超、旅游景区等人流密集区域进行重点检查，加大对无照经营、商标侵权、广告违法、虚假宣传等各类违法经营行为的打击力度。加大线上线下宣传力度，在旅游景区、各大商场等人流密集场所宣传消费提示和投诉举报方式，共出动执法人员440人次，检查441户次，未发现违法经营行为。12345投诉举报共签收工单59件，主要涉及预付费、退费、商品质量、异地及超范围经营、食品过期、食用后不适、食品感官异常、无证无照经营等方面。

（刘淑伍　张付凯）

【57家餐饮品质示范店通过最终验收】　10月21日，中国烹饪协会检查组以听取汇报及实地检查相结合的方式，对区餐饮品质示范店开展评审验收，首先，检查组参加门头沟区餐饮品质提升验收迎检工作会，随后，对大峪、永定、龙泉3个辖区进行实地验收。门头沟区市场监管局将根据验收结果，对符合品质餐饮标准的57家餐饮单位进行公示并挂牌。

（刘淑伍　张付凯）

【“放心肉菜示范超市”专家组综合评议】　10月28日，考评小组由市市场局食品流通处、市商委等有关单位、新闻媒体代表组成，对区2019年新增候选的“放心肉菜示范超市”建设情况进行综合审评。在听取相关汇报、查看制度、查验记录的基础上，主要采走访看现场的方式查看超市生鲜区结构布局，蔬菜、水果、生鲜肉及水产品标签标识情况，并现场对部分食用农产品供货商资质及相关的合格证明文件进行抽查。考评组对区市场监督管理局的“放心肉菜超市示范店”建设工作表示满意，尤其对超市销售散装熟食的追溯系统进行仔细了解，并表示认可。

（刘淑伍　张付凯）

【供热特种设备安全专项检查“回头看”】　10月29日至11月5日，区市场监督管理局对辖区内供暖单位特种设备再次进行专项检查，针对高风险隐患狠杀“回马枪”。执法人员共检查6家锅炉使用单位，出动执法人员16人次，共检查锅炉20台套。重点对设备是否在检验有效期内，安全附件是否校验、操作人员是否持证上岗、应急预案是否健全等内容进行核实。

（刘淑伍　张付凯）

【2019年度食品安全考核点位自查】 11月14日，区市场监督管理局以城子办事处为切入点，采取“四不两直”的方式，对辖区重点行业进行自查。执法人员随机抽取代表性幼儿园、超市、药店共3家，严格按照2019区政府食品药品安全工作考核评价细则逐项查看。

（刘淑伍　张付凯）

【开展2019年食品安全突发事件应急演练】 11月13日，由区食药安办牵头，区卫健委、区疾控中心、区住建委、门矿医院、北京市京能建筑公司等单位协同参与，共同模拟开展2019年区内食品安全突发事件应急演练。区食药安办、市市场监管局应急管理处、市场监管局、区食药安委会部分成员单位及监管所共30余人全程观摩此次演练。

（刘淑伍　张付凯）

【足球队首次出战喜获机关事业组亚军】 11月17日，第十三届门头沟区“足协杯”室内五人制足球比赛在区体育馆落幕，门头沟区市场监督管理局足球代表队在比赛中取得优异成绩，荣获机关事业组亚军。

（刘淑伍　张付凯）

【接受创建北京市食品安全示范区综合评议】 11月20日，区食药安办接受市食药安办组织的门头沟区创建北京市食品安全示范区综合评议。10家相关成员单位主管领导参加评议会。会上，区委常委、常务副区长从门头沟区食品安全总体状况、创建食品安全示范区取得的成效、现阶段食品安全监管面临的挑战3个方面向专家评审组汇报门头沟区创建北京市食品安全示范区工作情况；综合评议组组长、市市场监管局副局长对区内食品安全示范市创建工作的举措和经验予以肯定。

（刘淑伍　张付凯）

【端掉一处特大非法收售药品窝点】 11月19日，区市场监督管理局派出16名精干执法人员，联合公安部门开展雷霆行动，一举打掉通州区某小区内一特大非法收售药品窝点，执法人员现场查获波利维、立普妥、速效救心丸等各类药品414种，总16516盒，货值金额达90余万元。

（刘淑伍　张付凯）

【餐饮业品质提升再创佳绩】 12月，区市场监督管理局完成年度160家餐饮企业及1条阳光餐饮示范街区建设目标，全面完成2019年度门头沟区餐饮业规范化和精细化管理及品质提升工作任务。在前期开展品质提升工作基础上，辖区共360家餐饮单位完成“厕所革命”、文化品味提升、文明服务和文明就餐，建设完成5条阳光餐饮示范街区，95.8%的餐饮单位全面实现“信息阳光”、“过程阳光”、“评价阳光”、“阳光管理”、“阳光监管”。

（刘淑伍　张付凯）

【完成公平竞争审查督查迎检】 11月15日至12月10日，国务院公平竞争审查工作联席会办公室进驻北京，对北京市各区公平竞争审查工作开展情况进行全面督查。区市场监督管理局完善补充新的联系会成员单位和相关机制，新的成员单位由24家单位组成。组织政府办、发改委等全区25家单位对部门内出台的政策、措施、文件等进行公平竞争审查，共梳理排查文件265件，审查22件，完成上报各类文件资料20余件。

（刘淑伍　张付凯）

【微电影《门城老街》获奖】 12月20日，由局干部自编、自导、自演的微电影《门城老街》在全市238部“不忘初心、牢记使命”党员宣传专题教育片中获三等奖。

（刘淑伍　张付凯）

【获全国市场监管系统优秀市场监管所】 12月30日，区市场监督管理局门城工商所获全国市场监管系统优秀市场监管所称号，此次评选是人力资源和社会保障部与市场监管总局首次联合牵头组织，分别从政治立场坚定、工作业绩显著、勇于改革创新等6个方面进行评选，门城工商所是北京市6个优秀市场监管所之一。

（刘淑伍　张付凯）

【规范全国“两会”期间市场秩序】 年内，区市场监督管理局成立“两会”期间市场秩序控制领导小组，主要领导担任组长；加强对区政府周边、主要大街、大型商超等重点地区和旅游、娱乐、广告等重点行业的日常监管，严厉查处无证无照经营、销售假冒伪劣产品、销售不符合相关质量安全标准商品、侵犯注册商标专用权、合同欺诈及不正当竞争等违法经营行为；与相关部门的执法联动，齐抓共管严厉打击危害人身健康、存在重大安全隐患、威胁公共利益和安全的经营行为，共检查64户次，未发现违法经营行为。

（刘淑伍　张付凯）

【“开墙打洞”和无证无照经营治

理】 年内，区市场监督管理局完成治理“开墙打洞”点位 3 户、无证无照经营点位 19 户。

（刘淑伍　张付凯）

【下属单位情况】

单位名称：门城工商所
地　　址：双峪路35号熙旺中心B座9层
电　　话：69850701
邮　　编：102300

单位名称：永定工商所
地　　址：石龙南路甲12号
电　　话：69802734
邮　　编：102308

单位名称：城子工商所
地　　址：惠民家园一区东70米
电　　话：69869772
邮　　编：102300

单位名称：军庄工商所
地　　址：军庄镇军庄中学旁
电　　话：60811024
邮　　编：102300

单位名称：王平工商所
地　　址：王平大街东路7号
电　　话：61859467
邮　　编：102301

单位名称：斋堂工商所
地　　址：斋堂大街53号
电　　话：69816729
邮　　编：102309

单位名称：城子食药所
地　　址：龙门B9小区南区1号楼1单元旁
电　　话：61898177
邮　　编：102300

单位名称：大台食药所
地　　址：大台街道西桃园火车站后老办事处院内
电　　话：61875286
邮　　编：102304

单位名称：东辛房食药所
地　　址：石门营东辛房街道办事处
电　　话：69860259
邮　　编：102300

单位名称：龙泉食药所
地　　址：门头沟路24号（龙泉镇政府）
电　　话：69839462
邮　　编：102300

单位名称：妙峰山食药所
地　　址：妙峰山镇政府后边平房
电　　话：60815674
邮　　编：102300

单位名称：清水食药所
地　　址：清水镇政府二层
电　　话：60855989
邮　　编：102311

单位名称：潭柘寺食药所
地　　址：潭柘寺镇食药所院内
电　　话：60860670
邮　　编：102300

单位名称：王平食药所
地　　址：王平大街东路18号王平镇人民政府王平食药所
电　　话：61857115
邮　　编：102301

单位名称：雁翅食药所
地　　址：雁翅镇雁翅村公路北164号
电　　话：61839311
邮　　编：102305

单位名称：大峪食药所
地　　址：滨河路72号大峪街道办事处后院三层
电　　话：69847155
邮　　编：102300

单位名称：斋堂食药所
地　　址：军庄镇杨坨车站北10米
电　　话：60810748
邮　　编：102300

单位名称：军庄食药所
地　　址：斋堂镇政府南楼4层
电　　话：69812630
邮　　编：102309

单位名称：永定食药所
地　　址：石龙西路58号永定镇政府2层201室
电　　话：60850130
邮　　编：102308

（刘淑伍　张付凯）

金　融

工商银行

【概况】　2019年，工商银行北京门头沟支行（简称工商银行门头沟支行）认真贯彻总分行党委各项决策部署，牢记“六最”要求，坚持“三要三不要”原则，立足区域经济，加快经营转型，夯实经营基础，形成良好的发展态势。支行全年实现本外币拨备前利润3.88亿元，实现中间业务收入7157万元。支行积极落实“大小新优”的策略安排，各项融资业务稳定发展。支行深挖存量客户需求，不断提高议价能力，通过批量开户与场景建设等方式开拓新的客源，夯实存款业务根基。深化网点智能化转型，调整网点布局，持续优化网点人员结构，从客户视角推动服务“痛点”整治，持续抓好厅堂服务温度和服务效率提升。坚持“两个从严”，落实“一岗双责”，不断推动党建工作发展。认真开展“不忘初心 牢记使命”主题教育，支行党委将继续把党建工作与经营管理工作有机结合，以党建工作的进一步推动支行改革发展进程，进一步完善党建工作机制，积极引导，切实提升基层党员干部党建工作能力。转变工作作风，积极营造风清气正的政治生态。遵守执行中央八项规定精神及各项规章制度，推出精简会议、网点集中配送、部分工作集约化运营等举措，治理形式主义、官僚主义取得一定成效；坚持主动作为和问题导向，建立基层减负和办实事责任清单，逐条落实。

单位名称：中国工商银行股份有限公司门头沟支行
地　　址：北京市门头沟区新桥大街16号
电　　话：69863476
邮　　编：102300

（陈　瑶）

【制定目标】　年初，工商银行门头沟支行召开2019年年初工作会，总结上一年度经营结果，布置安排全年工作。同时，开展“开门红”短途劳动竞赛活动。

（陈　瑶）

【员工关怀】　2月，工商银行门头沟支行举办新春联欢会，全体员工共迎新春。3月，举办妇女节活动和书法兴趣班。6月，开展“蹑影追风 燃动青春”卡丁车赛车活动；7月，支行配送消暑用品为网点送清凉。8月，组织开展羽毛球兴趣班。10月，开展“共筑西山梦 金秋健步行”秋季健步走活动。

（陈　瑶）

【公益活动】　3月，工商银行门头沟支行组织举办学雷锋义务活动。4月，到定都峰进行义务植树活动。7月，到相关单位进行公益宣传活动。

（陈　瑶）

【消保宣传】　3月，工商银行门头沟支行开展金融消费者主题宣教活动。5月，开展防范非法集资宣传活动。6月，组织金融知识万里行“普及金融知识，守住‘钱袋子’”为主题的义务宣讲活动。9月，全面推动“金融知识进万家”活动。

（陈　瑶）

【员工培训】　8月，工商银行门头沟支行开展针对新入职员工的服务礼仪和工作规范方面的专题培训。8月，开展一把手合规文化大讲堂。10月，支行开展管理能力提升讲座。11月，开展服务能力提升培训。

（陈　瑶）

建设银行

【概况】 2019年，中国建设银行股份有限公司北京门头沟支行（简称建行门头沟支行）中长期劳动合同人员141人，平均年龄38岁，其中本科及以上学历人员108人，党员71人；下设9个部室（含营业部），5个营业中心（其中惠民支行为年内新增，但尚未对外营业），1个个人金融中心。本外币全口径存款时点余额133.01亿元；本外币各项贷款时点余额30.98亿元。

单位名称：中国建设银行股份有限公司北京门头沟支行
地　　址：北京市门头沟区双峪路22号
电　　话：69835874 69839098
邮　　编：102300

（曹飞鸿）

【尊老爱幼弘扬美德】 8月，建行门头沟支行党委下辖永定支行党支部到区光荣院，为老人送去关怀和温暖。12月，到区儿童福利院，开展“牢记初心、携手前行，暖阳关爱、筑梦未来”党团共建志愿服务活动，以实际行动为“边缘儿童”奉献爱心。

（曹飞鸿）

【积极践行“两学一做”】 年内，建行门头沟支行开展“不忘初心，牢记使命”主题教育。共开展14次党委中心组学习，2期专题读书班，各层级党员集中学习150余次，并为每名党员购置《“不忘初心，牢记使命”主题教育学习笔记本》，记录学习心得。五四青年节前夕，全体党员和共青团员共同参观五四运动的起源地——北京新文化运动纪念馆。7月6日，建行门头沟支行全体党员和入党积极分子，到平西情报交通联络站纪念馆，开展“红歌唱响忆初心，学习英雄担使命”庆“七一”主题党日暨党委书记讲党课活动。10月12日，支行组织全体党员在班后观看红色教育电影《决胜时刻》，温习中华人民共和国成立前后的历史。21日，组织部分党员代表到区警示教育基地开展“不忘初心、牢记使命”主题教育参观，以反贪反腐案例为员工筑牢思想底线。29日，组织部分党员代表及退休老干部党员参观双清别墅、来青轩等香山革命根据地旧址缅怀红色历史，传承红色基因。

（曹飞鸿）

【以“村口银行”服务乡村振兴】 年内，建行门头沟支行累计拓展裕农通125户，村口银行乡村覆盖度达100%。同时，不断丰富“村口银行”的服务场景，在探索出“裕农通＋慧兜圈”、“裕农通＋党建”的普惠金融模式基础上，再进一步拓展“裕农通＋收费”（水费、电费等）“裕农通＋养老”、“裕农通＋医疗”等更多、更丰富的农村金融生态服务。

（曹飞鸿）

【以“金融科技”服务民生信息化建设】 年内，建行门头沟支行为“门城通”系统嵌入区支行“智慧政务”模块，功能上线后，百姓可通过手机端APP进行供暖、燃气的线上缴纳，初步实现银政互联和政民、政企互动。在已经完成京煤集团总医院“银医通”的基础上，通过“智慧医疗”平台产品对门头沟区卫计委所辖区医院、卫生中心等医疗机构进行信息化建设服务。

（曹飞鸿）

【优化营商环境】 年内，门头沟区政务服务平台—“门城通”APP中上线建行专属模块“惠懂你”。通过精准测算普惠金融贷款额度，为助力小企业发展、提升区内营商环境开辟新的渠道支持。6月14日，与北京石龙管委会共同在中关村门头沟科技园第五届“创新创业活动周”期间组织马克思主义读书会，同时为中小企业提供普惠金融相关政策交流。

（曹飞鸿）

【京郊特色民宿贷】 年内，建行门头沟支行为支持门头沟区乡村振兴和精品民宿产业发展，推出普惠金融新产品“京郊特色民宿贷”，并为区内“一隅有关民宿”发放300万元贷款，是区内各家商业银行在该项目上的首笔贷款。

（曹飞鸿）

【联学共建助力扶贫攻坚】 年内，建行门头沟支行围绕助力扶贫攻坚主题，先后开展5次联学共建。7月16日，与分行造价咨询中心前往支行定点帮扶对象马栏村，现场捐赠米、面、油等生活物资价值1.5万余元。8月3日，与分行个人金融部到桑峪村开展“金智惠民 乡村振兴”实践活动，为村民宣讲金融知识，活动后制作村内主要产业（瓦罐豆芽）抖音宣传小视频。10月8日，与区发改委领导班子到齐家庄村开展“永葆初心担使命、爱心扶贫勇担当”主题党日，向部分低收入户捐赠米、面、油等生活物资，同时全行党员以购代捐进行消费扶贫，购买低收入农户自产的蜂蜜222瓶444斤。27日，与分行办公室到桑峪村开展联学共建及精准帮扶，调研村内产业发展情况，并购买村内特色产品红薯进行消费扶贫献爱心。11月20日，联合区国资委到北京消费扶贫双创中心开展“以消费扶贫践行初心使命”联学共建主题党日活动，并大量购买受援地区特色产品，助其提高收入。12月19日，到马栏村就2019年以来马栏村进一步强化基础党建、打造红色旅游品牌、产业发展等方面进行交流，并捐赠米、面、油等生活物资价值1.6万余元。

（曹飞鸿）

农村商业银行

【概况】 2019年，北京农商银行门头沟支行实现各项存款余额147.41亿元，贷款余额33.72亿元，经济利润2.05亿元，不良贷款率0.0433%。门头沟支行对外营业网点14家，建立乡村便利店54家、简易助农取款点42家、投放ATM 59台，实现门头沟乡镇全覆盖。

单位名称： 北京农商银行门头沟支行
地　　址： 北京市门头沟区滨河路115号滨河大厦一层、十二层
电　　话： 69835548
邮　　编： 102300

（王　茉）

【年度乡村便利店总结会】 1月，北京农商银行门头沟支行召开2018年乡村便利店总结大会，分析门头沟区乡村便利店建设工作面临的形势及存在的问题，明确2019年乡村便利店建设工作的总体思路及主要目标，对便利店进行排名及表彰，并邀请优秀辅导员做经验分享。

（王　茉）

【“执梦青春 舞动农商”联欢会】 3月，北京农商银行门头沟支行举办“执梦青春 舞动农商”联欢会。支行党委书记代表班子致辞，，并为113名在职女职工送上节日祝福。

（王　茉）

【参加促进精品民宿发展座谈会】 4月，区领导张力兵主持召开促进精品民宿发展座谈会。门头沟支行参加座谈，行长从资金、技术、人才、宣传等6个方面阐述农商行将全力支持精品民宿项目，发挥特色优势，提供多元融资服务，提高资金使用质效和撬动作用，助力精品民宿产业培育发展。

（王　茉）

【纪念五四运动100周年主题活动】 5月，北京农商银行副行长应邀出席门头沟区纪念五四运动100周年主题活动，并与区委书记、区长、人大主任共同为活动开幕。北京农商银行门头沟支行作为独家协办单位全程参与策划、场务服务、节目参演，同时作为全区12家金融机构代表进行行业宣言。

（王　茉）

【宣传活动】 5月，北京农商银行门头沟支行参加区发改委金融办组织开展的“远离非法集资，共建和谐金融”大型宣传活动，与前来咨询的群众交流，讲解打非知识，宣传农商特色金融产品。

（王　茉）

【七一主题党日活动】 7月，北京农商银行门头沟支行组织开展“不忘初心，牢记使命”七一主题党日活动，在职党员、团员以及党员发展对象近百人，在平北抗日战争纪念馆重温入党誓词，接受爱国教育。

（王　茉）

【“多证联办，一次办好”现场会】 9月，北京农商银行门头沟支行与区政务服务管理局、区市场监管局共同组织召开“多证联办，一次办好”现场会，农商行作为区内“企业开办志愿服务站”落地7家银行之一、帮助企业办理银行执照最多的银行机构参加会议。支行分管行领导向参加会议的各委办局、各商户就门头沟支行3家“企业开办志愿服务站”业务运行情况以及在办理营业执照方面的丰富经验向商户进行介绍。

（王　茉）

【反假货币宣传活动】 年末，北京农商银行门头沟支行到潭柘寺镇鲁家滩农贸市场，开展“防范假币，保护自我；杜绝假币，从我做起”为主题的反假货币宣传活动，通过发放宣传折页、讲解防伪知识点等形式，讲解假币识别技巧。

（王　茉）

财产保险

【概况】 2019年，人保财险门

头沟支公司主要涉及业务有车险及商业非车险，其中商业非车险包括财产险、农险、安责险、诉讼保全保险、船货险等。公司设有总经理室、综合部、运营支持部、车险中介业务部、农业保险部/保险扶贫部、永定营销服务部。公司一直本着守土有责，服务好门头沟区经济建设的原则，始终坚持有效益的发展。

单位名称：人保门头沟支公司
地　　址：北京市门头沟新桥大街18号
电　　话：69843284
邮　　编：102300

（高　娜）

【业务经营指标】　截至2019年12月31日，人保财险门头沟支公司实现保费收入9682.93万元。其中，农险实现保费收入753.04万元。全年农险累计赔款237万元。农房保险累计赔款40万元。

（高　娜）

【强化非车险团队建设】　年内，人保财险门头沟支公司在农房保险、乡村干部保险、安责险、诉讼保全保险方面都取得一定成效。其中，安责险签约402余户。农险方面，公司加强农村销售队伍建设，促进传统政策性农险发展，积极响应国家精准扶贫和普惠金融政策，发挥政策性农险的杠杆作用。

（高　娜）

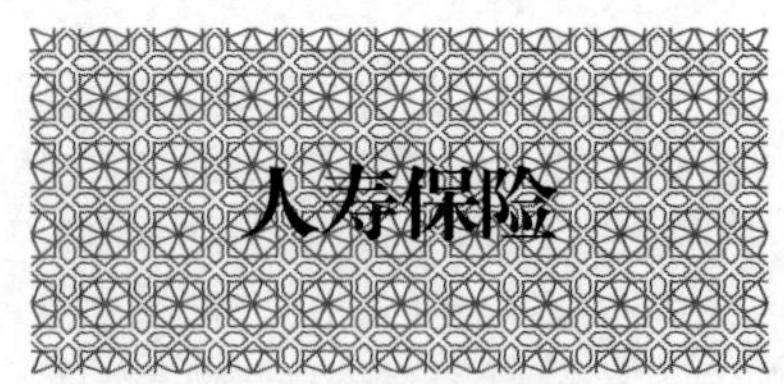

人寿保险

【概况】　2019年，中国人寿保险股份有限公司北京市门头沟支公司（简称人寿门头沟支公司）以改革创新为突破口，聚焦质量、聚焦队伍、聚焦发展，各项工作迈上新台阶。个险渠道全年达成期交保费2723.76万元，达成率73.62%；其中标保1378.24万元，达成率74.5%；短险保费377.55万元，达成率94.39%；10年期达成1396.01万元，达成率73.47%；保障型达成902.3万元，达成率68.62%。长险举绩人力140人，达成率77.35%。新增人力382人，月均增员率10.3%，月均举绩人力144人，季均有效人力169人，截至三季度晋升主管15人，月均星级人力28人。团险渠道全年短期险达成456万元，达成率101%。同比增长28.2%，短险创费达成232.23万元，达成率116 %，同比增长16.7%，实现业务和效益的双增长。银保渠道保险规划师季末主管人数6人，达成率100%，保险规划师季均有效人力32人，达成率80%，截至三季度末，客户经理季末实动人力2人，达成率100%；长险首年标保达成59.46万元，达成率90%，保障型保费完成63.3万元，达成率158%，短险达成7.8万元，达成率112%。

单位名称：中国人寿保险股份有限公司北京市门头沟支公司
地　　址：北京市门头沟区滨河路64号
电　　话：69866673
邮　　编：102300

（金利梅）

【队伍建设】　4月，人寿门头沟支公司开始推广"小早管，大早学，二早练"早会模式，强化会议的管理和学习的功能，每天7点—8点主管进行汇报，总结当日，追踪明日，为团队自主经营和周单元经营打下基础。团险渠道持续加强销售队伍建设，扎实推进基础管理工作，部门销售人力10人，员工制6人、代理制4人。通过3S系统管理，队伍活动量稳步提升，实现全员举绩。提升新增代理人员销售能力，加快招募代理人队伍，逐步改善队伍生态环境。

（金利梅）

【业务结构优化】　年内，人寿门头沟支公司组织开展健康险职场训练、保额销售逻辑经验分享，提高销售人员的销售技能，推动保障型产品的销售。团险渠道通过开展与政府的合作，深入开发政保业务板块，通过加大对区内企业的拜访力度，提高法人业务的深度开发，多措并举实现提高意外险占比，提高经济效益和业务的内涵价值。构建网沙功能组，借助各种节日契机与支行做好对接和沟通，开展网沙、线下，将内勤分组，分别关注帮扶对应组经理所辖组员及业务，设立目标落实到位。

（金利梅）

【新项目落地】　年内，人寿门头沟支公司团险部经过与区委、区武装部、区退役军人事务局、区民政局、区财政局、多次上下级反复沟通，成功竞标义务兵父母保险项目，承保保费77.37万元，该创新项目在全国尚属首次。后期会为义务兵父母提供更加优质、高效、便捷的保险服务。

（金利梅）

【党建工作】　年内，人寿门头

沟支公司支部开展“不忘初心、牢记使命”主题教育活动，全面推进常态化制度化工作。坚持组织生活制度，认真落实“三会一课”制度、党员民主评议制度和政治学习制度，推进党内民主建设。积极稳妥做好组织发展工作，充实党员队伍。

（金利梅）

农业与农村建设

农业农村工作

【概况】 2019年3月22日，门头沟区农业农村局挂牌成立，开启门头沟区农业农村领域的一次职能大转变、业务大整合、效能大提升。8月29日，成立中国共产党北京市门头沟区农业农村局机关委员会，下设区农业农村局机关等5个党支部，并选举产生第一届委员会委员9名。9月16日，区委农工委区农业农村局机关支部委员会成立，并选举产生第一届机关支部委员会委员。

年内，区农业农村局加快落实乡村振兴战略，扎实抓好美丽乡村建设、低收入帮扶、险村搬迁、煤改清洁能源等各项工作，低收入农户收入稳步增长，农业农村经济保持平稳发展态势。1月至12月，全区居民人均可支配收入为53743元，同比增长9%，全区居民人均可支配收入继续在10个远郊区中处于领先地位，并在全年各季度中均保持8%以上的增速。全区农村集体经济总收入12.3亿元，同比增长23.3%，农民人均所得24097元，同比增长8.1%。全区低收入农户人均可支配收入15278元，增速22.9%，高于全市平均增速2.7个百分点。全区实现农林牧渔业总产值68081万元，同比下降10.3%。其中农业产值4797.1万元，同比增长35.6%；林业产值61151.1万元，同比下降12.9%；畜牧业产值484.5万元，同比下降63.4%。年内，获"北京市拥军优属模范单位"荣誉称号。

单位名称：中共北京市门头沟区委农村工作委员会
北京市门头沟区农业农村局
地　　址：北京市门头沟区石龙北路33号农林大厦
电　　话：69843144
邮　　编：102300

（赵　竹）

【减煤换煤】 2018年至2019年采暖季，区农业农村局累计完成减煤换煤任务3.3万吨，其中减煤完成1.5万吨，优质型煤替代完成1.8万吨。

（赵　竹）

【市、区领导调研】 1月22日，区领导张力兵到区农业农村局调研，听取区经管站关于村地镇管、村地区管等工作的汇报；听取区农村农业局关于机构改革后，相关工作开展情况的汇报。3月16日，区领导付兆庚到清水镇齐家庄村、斋堂镇火村、雁翅镇田庄村调研低收入帮扶情况。5月28日，市领导到清水镇调研低收入帮扶工作，开展拉练观摩活动。7月27日，区领导付兆庚到清水镇、斋堂镇、雁翅镇调研低收入帮扶情况。10月16日，市委农工委领导到清水镇洪水口村等村调研美丽乡村建设工作。30日，市领导到雁翅镇大村调研低收入帮扶工作。

（赵　竹）

【农村工作会召开】 3月15日，门头沟区践行"绿水青山就是金山银山"发展大会暨组织、宣传、统战、农村工作会召开。区四大部门领导及区新农村建设领导小组各成员单位负责人在主会场出席会议，各镇领导班子成员、各村"两委"负责人、市区选派第一书记和辖区市级示范社负责人在镇村视频分会场参加会议。会上，作题为《深入践行绿色发展理念 以首善标准 实施乡村振兴战略》2019年农村工作会报告，报告总结2018年"三农"各项工作，明确下一步工作思路和要求。

（赵　竹）

【新一届村"两委"负责人培训班】

5月6日至10日，区委农工委、区委组织部及区民政局联合举办“门头沟区2019年村‘两委’负责人培训班”。全区各村“两委”负责人、各镇相关领导并邀请对口帮扶地区内蒙古武川县、察右后旗和河北涿鹿县选调部分镇村干部等280余人参加培训。区领导张力兵出席开班仪式并讲授党课，付兆庚参加结业式并作总结讲话。

（赵　竹）

【主题教育培训】　6月24日至28日，开展农工委系统“不忘初心、牢记使命、传承红色革命基因、争当绿色发展先锋”主题教育培训，农工委系统400余名党员参加培训。

（赵　竹）

【第一书记培训】　8月5日至9日，区农村农业局举办2019年门头沟区新农村建设能力提升示范培训暨第一书记培训班，市派和区派第一书记50余人参加。

（赵　竹）

【农村实用人才培训】　10月16日至17日，区委农工委与区社区学院联合举办门头沟区2019年农村实用人才综合素质提升培训班1期，80人参加。10月22日至23日，组织14人参加“北京美丽乡村”网站信息员培训班1期。11月18日至22日，组织各镇60名农村实用人才参加2019年北京市农民示范培训1期。

（赵　竹）

【区农业农村局工会成立】　12月5日，北京市门头沟区农业农村局工会委员会成立。13日，召开第一届会员代表大会，选举产生第一届工会委员7名。

（赵　竹）

【农村党建助理员培训】　12月16日至20日，区委农工委与区委组织部共同举办2019年门头沟区农村后备干部示范培训班暨农村党建助理员培训班。全区120余名农村后备干部及农村党建助理员参加。

（赵　竹）

【公务员职务职级并行工作】　年内，区农业农村局启动公务员职务职级并行工作。通过人员摸底测算，职务职级并行工作方案的制定，完成非领导职务33名公务员的职级套转，完成一级主任科员及以下职级晋升26人。同时配合区委组织部职级晋升考察组完成局内一级至四级调研员的职级晋升相关工作。

（赵　竹）

【低收入村与农户分布情况】　年内，门头沟区共有市级标准低收入村45个，包括潭柘寺镇2个村、雁翅镇13个村、斋堂镇10个村、清水镇20个村，深山区低收入村占比95.6%。门头沟区持续监测的市级标准低收入村45个，区级标准低收入村29个，低收入农户4685户、8422人，分布在8个镇，120个村。其中，深山区雁翅、斋堂、清水3镇3827户，占比81.7%；浅山区潭柘寺、军庄、妙峰山、王平3镇844户，占比18.0%；门城地区龙泉镇14户，占比0.3%。永定镇无低收入户农户。

（赵　竹）

【低收入帮扶】　年内，区农业农村局动员各相关单位对接市级资源并吸引社会企业、公益组织、各大高校、市属单位等社会力量到低收入村合力推进帮扶工作。及时更新“北京门头沟精准帮扶信息网”专题网站，编发《低收入增收工作简报》24期，持续加大帮扶宣传力度。2019年，全区低收入农户年人均可支配收入15278元，增速22.9%，高于全市平均增速2.7个百分点，全市排名第三。经管部门监测，2019年低收入农户收入均已超过标准线11160元，提前一年实现上线率100%。

（赵　竹）

【低收入产业情况】　年内，区农业农村局加强项目督导，统筹使用涉农资金，重点支持低收入村、低收入农户发展符合区域功能定位的特色产业，出台《门头沟区2019-2020年低收入发展项目实施方案》等文件。全年实施低收入发展项目47个全部主体完工，并储备2020年低收入发展项目55个。

（赵　竹）

【美丽乡村建设】　年内，区农业农村局制定《门头沟区农村人居环境整治村庄清洁行动实施方案》《门头沟区开展“清洁村庄迎国庆”农村人居环境60天专项整治行动实施方案》和《门头沟区“百村示范、千村整治”工程实施方案》等文件，完成138个美丽乡村村庄规划及实施方案的编制工作。农村公厕改造、污水治理、垃圾分类、村容村貌提升基本实现全覆盖。年内，获“2019年全国村庄清洁行动先进县”、农业农村部、财政部表彰的“2019年度农村人居环境整治成效明显的激励候选县”。

（赵　竹）

【险村险户搬迁】 年内，门头沟区累计完成5个镇23个村的险村险户搬迁工作。

（赵 竹）

【沟域经济】 年内，区农业农村局重点打造雁翅镇田庄沟域及潭柘寺镇禅意悦心谷沟域，涉及雁翅镇田庄村、潭柘寺镇王坡村。

（赵 竹）

【煤改电】 年内，区农业农村局完成3个镇5个村的清洁能源采暖设备安装工作。

（赵 竹）

【农村农业保险】 年内，门头沟区共开设政策性农业保险、蜂业气象指数保险、农村房屋保险、乡村干部责任保险、密植园果树树体保险5大类险种。此外，在全市开办的27个政策性农业保险险种中，门头沟区涉及苹果、樱桃、梨、枣、核桃、果树树体、露地花卉保险等主要险种。全区农村农业保险投保工作完成，其中政策性农业保险全区参保农户965户，投保651.22万元，由中央及市级承担保费补贴331.77万元，由区级承担保费补贴254.32万元，由农户自行承担保费65.12万元。农村房屋全区承保5677户，投保54.71万元，由区级承担保费补贴40.05万元，农户自行承担保费14.66万元。农村干部责任保险全区承保1020人，投保16.32万元，保费均由区财政负担。

（赵 竹）

【有机肥补贴工作】 年内，区政府安排预算148.0635万元，实施门头沟区节能减排减少面源污染2019年有机肥补贴项目，并制定《门头沟区节能减排减少面源污染2019年有机肥补贴实施意见》，按照80%的比例对农户购买有机肥进行补贴，并通过公开招标，与2家有机肥生产单位签订供肥合同，由区农综中心配合发放。全年配送有机肥3101吨。

（赵 竹）

【畜禽养殖退养工作】 年内，区农业农村局会同区财政局制定《门头沟区开展“疏解整治促提升推进畜禽生态养殖”实施方案》。全区共退出禽类22661只，其中鸡鸭19930只、鹅2731只，补贴资金共126.96万元。

（赵 竹）

【“大棚房”专项整治工作】 年内，区农业农村局、区规自分局、区园林绿化局和区经管站4家单位联合印发《门头沟区建立完善长效监管机制严防“大棚房”问题反弹的实施意见》，落实区、镇、村三级巡查制度，清查出设施农业（塑料大棚、日光温室、连栋温室）63宗259栋，除已拆除17栋和张家村14栋非农业大棚以外，共31栋未上码，上码大棚228栋。年内，拆除52栋，新增27栋（其中2栋属园林备案），现共有大棚203栋。

（赵 竹）

【农产品质量安全工作】 年内，区农业农村局以“漠视侵害群众利益”为重点制定专项整治实施意见，成立领导小组，设立举报电话。开展蔬菜农药及农药残留专项整治、禽蛋兽药残留及兽药专项整治、水产品兽药残留专项整治、实施生猪屠宰专项整治和实施农产品安全监管工作整改提升等5项整治行动，共出动执法人员239人次，执法检查182次，采样421份。到3个村进行宣传，出动12人，咨询人数30人，发放宣传品6种500余份。抽检蔬菜样本2个，全部合格。组织举办农产品质量安全相关培训，培训人数75人，聘请市级4位专家就农药安全使用、加强生产经营主题责任意识提升和自控能力建设以及试行农产品合格证制度等方面进行培训。同时，完成区级定性检测1万个，定性检测320个，合格率达到100%

（赵 竹）

【重大动植物疫病防控】 年内，区农业农村局针对禽流感、口蹄疫和新城疫等5种重大动物疫病共实施14次集中强制免疫，累计免疫各种畜禽46.3万头只次，应免畜禽免疫率达到100%。共采集血样2319份，采集拭子640余份，实验室监测疫病样本8861份。依法落实狂犬病强制免疫制度，发放疫苗8974头份，免疫标识8974份，全力确保不发生区域内源性人、畜狂犬病事件。累计开展1606户次流调工作，并按照国庆阅兵游行任务安排，完成全区7000只鸽子的疫情排查工作，累计采集38只鸽子血样本和240份咽肛拭子和环境拭子样本。

（赵 竹）

【创城志愿服务活动】 年内，区委农工委、区农业农村局每月组织机关党员干部开展创城志愿服务活动，捡拾清理路面烟头等垃圾，并对创城包干路段进行巡查。

（赵 竹）

农村经济经营管理

【概况】 2019年，门头沟区农村合作经济经营管理站（简称区经管站）围绕“三三一一”工作思路，推进农村“新三起来”工程，强化农村集体“三资”监管，培养造就一支经管队伍，完成帮扶脱贫第一政治任务，全面完成100项目标管理任务，推进农村经管工作取得新的进展。

单位名称：北京市门头沟区农村合作经济经营管理站
地　　址：北京市门头沟区石龙北路33号农林大厦
电　　话：69844255
邮　　编：102300

（胡乐林）

【领导调研】 11月，区经管站领导班子走访各镇，对经济组织收益分配、精品民宿发展等问题开展调研督查，特别是对门头沟区现有景区经营状况进行分析，研究景区管理模式，探索村集体经济组织入股景区的方式方法，并形成调研报告。

（胡乐林）

【农村土地承包经营权确权登记颁证】 年内，门头沟区5个镇95个村开展农村土地承包经营权确权登记，实测土地面积4.02万亩，打印证书5950份。农村土地承包经营权确权登记颁证基本完成。

（胡乐林）

【农村产权交易】 年内，门头沟区第13、14、15批农村产权交易项目完成签约。15个农村产权交易项目涉及永定、龙泉、清水、妙峰山4个镇7个村，总成交总额83869.03万元。

（胡乐林）

【“三资”监管定期检查】 年内，区经管站完成9个镇90个村的农村集体“三资”监管定期检查工作。对农村集体“三资”管理制度落实执行情况、财务票据管理以及相关农村重大事项民主程序履行情况等方面进行重点检查，下发整改通知书，撰写检查报告，督促镇、村按要求进行整改。

（胡乐林）

【“三资”平台财务审查】 年内，区经管站累计查看220个村次31739笔账目，发出预警7次，涉及金额95.7万余元。

（胡乐林）

【清产核资】 年内，门头沟区9个镇级集体经济组织、181个村级集体经济组织、73家镇村集体企业完成清产核资工作。经清查核实全区农村集体资产总额116.4亿元，镇级集体资产6.4亿元，村级集体资产110亿元。

（胡乐林）

【农村村干部任期和离任经济责任审计】 年内，区经管站在9个镇181个村开展村干部任期和离任经济责任审计。

（胡乐林）

【村级财务公开】 年内，区经管站开展村级财务公开情况检查。4月下旬至5月上旬，检查9个镇34个村；10月底至11月上旬，检查6个镇19个村。

（胡乐林）

【农民负担监督管理执法检查】 年内，区经管站完成农民负担执法检查，区内各项涉农收费减免政策已落实到位，未发现增加农民负担等违法违规现象。

（胡乐林）

【农村管理信息化】 年内，区经管站动态开展农村管理信息化四级网络及农村管理信息化动态维护工作，完成四级网络巡检及农村管理信息化动态维护工作。

（胡乐林）

【教育培训】 年内，区经管站组织开展“三资”管理、农经统计、清产核资等各类培训班5期600余人次。

（胡乐林）

工业与信息化建设管理

科技信息化

【概况】2019年，门头沟区科学技术委员会与经济和信息化委员会合并，成立科学技术和信息化局（简称区科信局），是区政府工作部门，为正处级单位，3月21日正式揭牌。下设科室包括办公室、技术创新促进科、发展规划科、产业和信息化管理科。局属事业单位：北京市门头沟区果蔬花卉研究所（区科技开发实验基地）、北京市门头沟区科技开发服务中心、北京市门头沟区国家生态修复科技综合示范基地、北京山地生态科技研究所、北京市门头沟区中小企业服务中心、北京市门头沟区信息中心，北京市门头沟区可持续发展中心。

年内，着力提升全区科技创新和信息化发展水平。完成三大科学城—门头沟区对接，推进石龙五期规划与土地腾退工作。推动申报创新示范区议程，积极提升生态承载和生态农业技术创新能力，在深山区种植推广藜麦300亩，着力打造王平试验种植基地，开展特色品种驯化移栽，成功引种杨梅、油蟠桃、明星杏、库车小白杏、美国西梅、皮尔曼石榴等。以服务企业、服务群众为宗旨积极优化营商环境，强化首都科技条件平台建设，整合科技资源，促进科研成果落地，积极推动“高精尖”重点项目落地工作。截至2019年年底，全区高新技术企业保有量477家，增速近70%，跃居生态涵养区第二位。建设科普教育示范基地和科普体验厅，定期开展形式多样的科普宣传惠民活动，推进“科普进军营”系列拥军活动。

单位名称：北京市门头沟区科学技术和信息化局
地　　址：北京市门头沟区新桥大街40号
电　　话：69843260
邮　　编：102300

（苏宁声）

【专利数量】　截至2018年12月31日，门头沟区专利申请1177项（其中发明378项、实用新型674项、外观设计125项），专利授权675项（其中发明63项、实用新型496项、外观设计116项），PCT专利申请17项。较2017年全年相比，专利申请量提高55.9%，专利授权量提高78.6%，其中发明专利申请量提高64.3%，发明专利授权量提高31.2%，万人专利拥有量21件较去年12件有大幅增长，另外PCT专利申请较2017年增幅高达240%（2017年PCT申请5件）。

（苏宁声）

【机关党建】　1月28日，区科委领导班子召开2018年度民主生活会，会议主题为“强化创新理论武装，树牢‘四个意识’，坚定‘四个自信’，做到‘两个维护’，勇于担当作为，以求真务实作风坚决把党中央决策部署落到实处”。9月17日，区科信局党组召开“不忘初心、牢记使命”主题教育专题工作会议。21日，区科信局党组成员到京西林场调研。

（苏宁声）

【科技项目验收】　1月，生态保护红线区生态监管技术集成与示范完成验收。该研究创新点以门头沟区为示范，提出生态红线保护区生态功能提升具有重要作用的关键生态修复技术，制定门头沟区关键生态修复技术集成手册，为类似区域生态修复技术的推广提供借鉴。4月7日，区科信局对金色摇篮幼儿园病虫害严重且物种单一的绿化植物完成改造升级，改造后的园区具备教育科普功能，帮助儿童认知大自然规律，了解植物生长发育特征。4月，“京郊山区采暖煤改综合技术研究与示范”项目通过专家验收。课题主要任务是针对“首都清洁空气行动计划”实施和山区农村民居冬季采暖的切实需求，研究优选出适合当地的最佳太阳能燃煤替代采暖技术配置模式，建立示范工程，通过运行数据采集和分析，总结出模式实现太阳能集散热效率和系统运行经济性最大化的运行程序。12 月 13 日，区科信局组织专家召开“门头沟区全民体质健康科普体验厅”“门头沟区妙峰山镇谷山村京白梨科普体验厅”“门头沟区少年儿童体育竞技项目（足球）拓展夏令营”“助冬奥，展未来，门头沟区冬奥有我科普校园行”“2019 年校园近视防控科普”活动结题验收会。

（苏宁声）

【优化营商环境】 2 月 28 日，区科委实地走访北斗时空科技控股（北京）有限公司，听取企业意见，送去“服务包”。3 月 21 日，区科委（知识产权局）邀请到北京市知识产权维权援助中心领导和北京国策方略知识产权研究院院长解读知识产权维权援助及企业知识产权战略管理与应用等内容。20 日，首都科技条件平台门头沟工作站到市科学技术研究院研发实验服务基地的专业服务机构北京市计算中心，就加盟科技创新服务战略联盟等相关事宜进行工作对接，以实际行动落实北京市优化营商环境政策“9+N”2.0 版等要求。4 月 15 日，首都科技条件平台门头沟工作站联合科技金融领域中心中国工商银行北京门头沟支行，在洪源智能工坊智能制造产业孵化器与 50 家企业面对面对接，解读首都科技条件平台和首都科技创新券等政策，深入挖掘企业科技需求。5 月 29 日，区科信局组织全区 20 余家企业 40 余名相关人员开展技术合同登记培训。9 月 2 日，区科信局对钻时科技（北京）有限公司、北京剑江制衣集团和北京神鹫智能科技有限公司开展“一企一策”上门走访工作。18 日，区科信局与首都科技条件平台门头沟工作站相关人员到北京杰控科技有限公司进行服务走访。

（苏宁声）

【科技项目立项】 4 月 20 日，区科信局组织专家召开“痕量灌溉及纳米气泡增氧系统在羊肚菌种植中的应用与示范”课题立项论证会，经专家组论证，同意立项。此课题区科技专项支持 30 万元。主要内容是在门头沟区大棚内试种羊肚菌。21 日，组织专家召开“鸡心果新品种种植推广示范”课题立项论证会，经专家组论证，同意立项。此课题区科技专项支持 20 万元。主要内容是通过对清水镇黄安坨村的 100 亩闲置荒地为试点，引进种植鸡心果树苗 7430 株，对其进行示范种植，研究掌握鸡心果生长所需要的条件，为大面积种植推广积累经验。同日，组织专家召开“军庄镇军庄村黑果花楸新品种种植推广和示范园建设”课题立项论证会，经专家组论证，同意立项。此课题区科技专项支持 30 万元。主要内容是通过对军庄镇军庄村 15 亩地进行整地灭荒、土壤改良、安装滴灌等基础设施，并引种黑果花楸 5400 株，建设黑果花楸新品种种植推广示范园。同日，组织专家召开“门头沟区西马各庄村美丽乡村智能民宿示范”课题立项论证会，经专家组论证，同意立项。此课题区科技专项支持 30 万元。主要内容是在王平镇西马各庄村改造两套民宿，安装门锁人脸及指纹识别设备；空气源热泵和环境监测仪等传感器设备；摄像机等监测设备以及开发手机客户端 App 和后台服务和管理系统。同日，组织专家召开“门头沟山地果树绿色生态栽培技术研究与示范—精细化管理研究”课题立项论证会，经专家组论证，同意立项。此课题区科技专项支持28万元。主要内容是山地苹果、梨、杏、欧李、枣等果树矮化密植绿色生态种植技术研究、山地果树病虫害防治研究以及山地野生果树水肥管理技术。同日，组织专家召开“北京山地热带景观植物杨梅引种试验示范”和“北京山地油蟠桃新品种引种试验示范”课题立项论证会，经专家组论证，同意立项。2 个课题区科技专项共支持 32 万元。主要内容是对“南果北引”技术的一个试验性的探索。同日，组织专家召开“新型气调库建设及储藏保鲜技术应用示范（京白梨）”和“新型气调库建设及储藏保鲜技术应用示范”课题立项论证会，经专家组论证，同意立项。2 个课题区科技专项支持共 80 万元。主要内容是 40 吨气调贮藏库建设，采用 1 个缓冲间和 2 个气调库对京白梨、樱桃保鲜分区控制，采用最先进的保鲜库内流场均匀技术及气调库控制技术，能够较长时间保持被储藏物的质地、色泽、口感、营养等的基本不变、对气调库操作人员培训以及对京白梨、樱桃的保鲜贮藏效果进行评价，提出开展气调保鲜贮藏技术应用的建议及规程。

（苏宁声）

【培训工作】 4 月 23 日，国家税务总局北京市门头沟区税务局与区科学技术和信息化局联合举办“高新技术企业和研发费加计扣除政策”专项培训会。介绍首都科技条件平台服务企业方式、加盟条件平台权利和义务、企业有效科技需求范围、有效科技需求解决办法与工作流程等。现场解答企业申请、推荐和使用创新券的相关问题，并发放宣传材料200余份。区内的高新技术、2019年参评科技型中小等企业的技术和财务负责人200余人参加。5月29日，区科信局组织全区20余家企业40余名相关人员开展培训。培训会上，围绕技术合同认定登记实务、技术合同网上登记系统进行详细演示和讲解、就企业如何申请和使用首都创新券进行介绍。现场培训老师会后对企业进行“一对一”个性问题答疑解惑。8月13日，区科信局组织召开2020年度门头沟区科技项目储备培训会，北京黄安坨科技开发有限公司、北京阿芳嫂黄芩种植专业合作社等16家相关单位参加。此次会议讲解2020年门头沟区科技项目基本情况以及储备项目申报材料如何填写，重点强调科技资金如何规范使用。21日，区科信局组织召开北京市农业科技园区申报工作培训会，特邀市科委农村发展中心领导做培训讲解。28日，区科信局首都科技条件平台门头沟工作站协助北京市科学技术研究院研发实验服务基地在北京市计算中心举办首都科技创新券申报及使用相关政策培训。培训就首都科技创新券的结构体系、服务对象、立项申请、使用兑换等基本流程和基本政策进行介绍。针对创新券立项、评审、答辩和结题等阶段遇到的常见问题及解决办法进行解答。9月3日，区科信局邀请中国科学院植物研究所高级工程师和寿光格顿农业科技有限公司高级工程师对清水镇黄安村低收入村民开展“蔬菜和豆类栽培关键技术”专题培训。培训从蔬菜的国内外主要栽培模式、叶菜类和茄果类蔬菜种植关键技术、病虫害防治、豆类施肥管理和病虫害防治、绿色种植关键技术等方面进行了详细讲解。14名低收入人员参加专题培训。12日、17日，分别邀请北京植物园、市园林科学研究院的高级工程师到妙峰山镇禅房村、涧沟村和北京玫瑰谷香露有限公司就玫瑰的种植和病虫害防治进行技术培训，参加培训的玫瑰种植户60余人。专家就玫瑰整形修剪、生产种植、抗旱措施、病虫害防治等关键技术进行讲解，并发放技术资料。10月15日，科信局联合区石龙管委，组织召开高新技术企业申报政策培训。会上，就高新技术企业相关的政策、申报流程、申报条件、申报材料的准备等问题进行讲解。特别针对未通过认定的企业出现的问题，以及年度内高新申报系统中进行调整部分的注意事项等开展逐一解答。

（苏宁声）

【高新技术企业受理】　5月20日，2019年度首批高新技术企业受理报送工作结束。此批次共收到高新技术企业申报材料49件，其中属首次申报者45家，证书到期重新认定者4家。按高新技术领域划分，电子信息27家、高技术服务11家、先进制造与自动化5家、生物与新医药3家、资源与环境2家、新材料1家。7月8日，2019年度第二批高新技术企业受理报送工作结束。此批次共收到高新技术企业申报材料42件，其中属首次申报27家，证书到期重新认定15家。按高新技术领域划分，电子信息22家、高技术服务11家、先进制造与自动化3家、生物与新医药4家、资源与环境1家、新材料1家。8月15日，2019年度第三批高新技术企业受理报送工作结束。此批次共收到高新技术企业申报材料70件，其中属首次申报企业为50家，单批次申报总量、首次申报数量均创下历史新高。按高新技术领域划分，电子信息40家、高技术服务13家、资源与环境6家、先进制造与自动化5家、新能源及节能技术3家、生物与新医药2家、新材料1家。

（苏宁声）

【百家重点实验室进千家企业对接会】　6月5日，首都科技条件平台门头沟工作站带领区内企业微馆健（北京）健康科技有限公司到北京师范大学，协助北京师范大学研发实验服务基地，举办“百家重点实验室进千家企业”对接活动。门头沟工作站收集到微馆健（北京）健康科技有限公司“专项运动员专项技术动作脑电训练”的科技需求，将需求发布后，得到北师大研发实验服务基地的响应，该基地与企业沟通，确定初步的合作意向。6日，区科信局首都科技条件平台门头沟工作站举办2019年度“百家重点实验室进千家企业”对接会。会上，重点讲解提高支持力度、取消定额限制、扩大支持范围、开展两项试点、强化风险防控等5大政策变化以及创新券申请、推荐、使用等环节的注意事项等。

（苏宁声）

【博士后工作站】　6月14日，区科信局国家生态修复科技综合示范基地（博士后工作站）召开进站博士后卢佳楠的开题汇报。卢佳楠博士是博士后工作站第一位与企业联合培养的博士后研究人员，其研究课题为《新标准下烧结机烟气脱硫脱硝除尘工艺的研究与实践》。同日，区科信局国家生态修复基地（博士后工作站）组织博士后出站考核，刘春博士汇报研究课题《“京白梨”优质高效栽培关键技术研究》完成情况及主要成果。

（苏宁声）

【科技对口帮扶】 7月9日至10日，区科信局组织扶贫工作组，特邀北京市林业果树科学研究院科研究员到涿鹿县栾庄乡开展苹果树管理技术专题培训。工作组与涿鹿县领导针对栾庄乡4万余亩苹果生产园区发展现状及问题开展座谈，并针对树体健康程度、效益和密闭程度等现状，开出淘汰、复壮、健康3剂建议性改良方法。7月15日至19日，区科信局扶贫工作小组到内蒙古察右后旗推动帮扶项目实施，开展技术培训，并研究深化帮扶工作。实地考察土牧尔台镇羊肚菌栽培基地的项目大棚建设、水源、土质等情况，为察右后旗100余名食用菌种植户提供关于食用菌种植技术的培训，就种植户提出的问题作解答。10月22日至23日，区科信局到内蒙古武川县组织调研，为当地种植户和企业技术人员提供马铃薯栽培技术专业培训。10月22日至25日，区科信局组织相关专业技术人员到内蒙古武川县、内蒙古察右后旗及河北省涿鹿县开展“电子商务”培训，培训分3期，共160余人参加，培训对象主要为该地区电子商务从业人员、种植创业者、从业者等。

（苏宁声）

【技术合同登记通过检查】 7月10日，北京技术市场管理办公室组织执法人员在国宜宾馆对门头沟区科委技术合同登记处2018年技术合同登记情况进行执法检查。北京市技术市场管理办公室对门头沟区登记处2018年度登记的8份合同、奖酬金单、财务自查情况以及5家新注册企业、登记信息表等相关文件进行检查。门头沟区技术合同登记处通过北京技术市场管理办检查。

（苏宁声）

【2019年度科学技术奖励】 8月，区科信局组织项目奖候选单位参加市奖励办召开的提名工作培训。9月，区科信局举办《北京市科学技术奖励办法》专场政策宣讲。提名工作开展期间，共接待来电来访咨询单位11家，网上填报材料单位5家，最终成功被受理4家。

（苏宁声）

【高精尖重点项目落地】 截至10月，开展高精尖重点项目储备，推动高精尖重点项目落地工作。共征集上报项目42个，经市经信局各专业处室审核，共有10个项目进入北京市高精尖产业重大项目库，项目涉及总投资11.9亿元，其中在建项目6个，涉及总投资5.9亿元；手续办理项目1个，涉及总投资2亿元；在谈项目3个，涉及总投资4亿元。

（苏宁声）

【国家知识产权试点城市】 年内，国家知识产权局确定门头沟区为国家知识产权试点城市，建设周期为2019年6月至2022年6月。门头沟区试点特色主题为“强化知识产权保护”。

（苏宁声）

【政策解读宣讲】 年内，门头沟区高新技术企业申报企业91家，未通过企业7家。8月8日，区科信局联合区石龙管委，召开“高新技术企业申报政策培训会”。会上，就高新相关的政策、高新申报流程、申报条件、申报材料的准备等问题进行讲解。对企业提出的，材料准备中的疑点难点，开展逐一解答。9月5日，区科信局在中关村石龙园一周微课堂对园区内16家企业进行科技奖励政策的专项解读。从颁布背景、奖项设置、各奖项申报资格、提交材料要求等方面讲解《北京市科学技术奖励办法》的相关规定。

（苏宁声）

【市区两级专项推荐】 年内，“市区两级重大关键任务科技支撑”专项推荐工作完成。此次项目征集共收到4家企业上报的“申报书”。5月22日，经区政府批准，正式向市科委推荐“门头沟科创智能公共服务平台建设”和“德山M-Lab生物医药技术服务平台新建项目”2个项目，在区内开展为高精尖产业发展提供服务的硬件平台建设。

（苏宁声）

【科技项目中期督导】 年内，区科信局组织技术专家、财务专家对2019年门头沟区科技项目进行中期现场督导。7月24日，对“痕量灌溉及纳米气泡增氧系统在羊肚菌种植中的应用与示范”“美丽乡村智能民宿示范”及“新型气调库建设及储藏保鲜技术应用示范（樱桃）”3个课题进行现场督导，涉及科技扶持资金100万元。25日，对“北京山地油蟠桃新品种引种试验示范”“北京山地热带景观植物杨梅引种试验示范”“鸡心果新品种种植推广示范”及“门头沟山地果树绿色生态栽培技术研究与示范—精细化管理研究”4个课题进行现场督导，涉及科技扶持资金80万元。29日，对“军庄镇军庄村黑果花楸新品种种植推广和示范园建设”和“新型气调库建设及储藏保鲜技术应用示范（京白梨）”2个课题进行现场督导，涉及科技扶持资金70万。

（苏宁声）

开发区建设

【概况】 2019年，中关村门头沟科技园园区有党员708人，其中非公企业党员580人。成立基层党组织46个，其中非公企业党委1个、非公企业党支部36个。企业实现三级税收30.19亿元，占全区税收的33.7%。完成区级财政留成7.30亿元。年内，园区新登记注册企业603家，注册资金122.62亿元，其中注册资金超过亿元的知名企业39家。园区坚持“高精尖”产业导向，截至2019年12月，园区共有高新技术企业254家，实现总收入365.1亿元，同比增长16.65%，高端产业功能区绩效指标地均产出率193.19亿元/平方公里，同比增长16.65%；劳均产出率208.77万元/人，同比增长27.83%。高新技术企业质量效益稳步提升。科技活动方面，当年专利申请数585件，同比下降2.50%，当年专利授权数296件，同比下降4.82%。园区产业集聚能力不断提升，产业创新能力不断增强。随着科技企业集聚发展，一批符合“高精尖”经济结构的优秀人才到门头沟区发展。园区高层次人才和青年人才不断积蓄，人才队伍逐步扩大，青年人才占比提升。园区规模以上高新企业拥有港澳台和外籍人员12人；拥有留学归国人员104人，比上年同期增长47人；人才学历层次不断提升，本科以上学历从业人数突破6500人，在园区从业人员中的占比由上年同期的35.7%提升至42.3%。三年来，先后制定出台“门创30条”、“高精尖19条”产业政策，园区约833家次企业申请获得各级产业政策支持资金5.58亿元。截至2019年年底，园区建成的总部大厦7个，共33.7万平方米，在建总部大厦包括东方博特、三聚裕进、以及石龙三期总部企业基地，总建筑规模约33.1万平方米。年内，北京德山科技有限公司被北京市经济和信息化局授予第二批北京市小型微型企业创业创新示范基地称号。石龙经济开发区工作委员会在第十四届北京市思想政治工作优秀单位表彰活动中获北京市思想政治工作优秀单位称号。

单位名称：北京石龙经济开发区管理委员会
地　　址：北京市门头沟区永安路20号
电　　话：69803404
邮　　编：102308

（亢　建）

【煜邦数码、一诺先科入驻园区】

1月4日，北京煜邦数码科技有限公司、北京一诺先科装备技术有限公司先后入驻中关村门头沟科技园。北京煜邦数码科技有限公司是一家从事高集成数码雷管芯片设计以及相关控制系统研发的国家高新技术企业。北京一诺先科装备技术有限公司是一家提供旋转设备压缩机、蒸汽轮机、燃气轮机、分布式能源领域控制解决方案的企业。

（亢　建）

【德山M-Lab孵化器企业家座谈会】 1月8日，德山M-Lab生物医药孵化器以“回顾展望，建言发展”为主题，举办入驻企业新春座谈会，着眼不断优化服务能力，进一步加强孵化器建设，为企业解决实际问题，有效促进孵化器及入孵企业的发展。

（亢　建）

【中关村前沿技术系列沙龙】 1月16日，新一代人工智能医疗创新研讨会在中关村门头沟科技园创新大厦举行。参会专家、企业家代表围绕“新一代人工智能赋能健康医疗”的大主题，对人工智能赋能健康医疗产业的现阶段成果和未来趋势进行多角度深入探讨。

（亢　建）

【西城区发改委组织企业到园区参观】 1月21日，西城区发展改革委领导带队，组织国家能源投资集团、中石油集团、中国核工业集团、国家电网等19家驻西城区央企代表，到中关村门头沟园参观调研，并就门头沟区引进央企资本与技术推动自身产业转型升级以及构建“高精尖”经济结构开展座谈交流。

（亢　建）

【结对帮扶座谈】 1月23日，剑江制衣集团与清水镇上达摩村进行对口帮扶工作座谈。座谈会上，上达摩村介绍村里实际情况和发展致富计划，剑江制衣集团表示愿意为村民提供就业岗位。

（亢 建）

【工会会员活动】 1月25日至27日，石龙开发区工会面向辖区职工会员开展“迎新春”免费领取米面油普惠服务活动，提供米面油大礼包2000份。3月6日至7日，石龙开发区工会面向辖区女工会员开展“初春三月暖，工会送温情”免费领取洗护礼包活动，提供洗护礼包1000份。4月24日、25日，石龙开发区工会面向辖区工会会员开展迎五一会员免费看电影活动，发放电影票兑换券4000张。5月1日至9月30日，石龙开发区工会与北京浩金锐环保科技有限公司联合开展面向全市会员的除甲醛送健康活动。6月5日、6日，石龙开发区工会面向辖区工会会员开展“目浴阳光，用心呵护”免费配镜活动。7月15日、16日，石龙开发区工会开展“夏日送清凉”免费领取清凉礼包活动，发放1500份“清凉礼包”。9月26日、27日，石龙开发区工会面向开发区工会会员开展“贺祖国七十华诞 祝职工平安健康”系列活动之免费领取血压仪活动，发放1000个血压计。

（亢 建）

【困难职工慰问座谈会】 1月30日，石龙开发区工会召开2019年石龙开发区工会困难职工慰问座谈会，向园区19名困难职工分别发放1000元慰问金和价值200元的米面油慰问礼包。

（亢 建）

【政策微课堂】 2月14日，中关村门头沟科技园举办2019年政策微课堂第一讲，邀请东兴证券及太平洋证券2家证券公司的专家为园区企业解读科创板上市有关政策，园区20余家企业参加。3月14日，区工商分局消保科到“政策微课堂”为企业普及消费投诉法律知识。21日，区工商分局法制科到“政策微课堂”开展市场监管法律风险防范课程。4月11日，“政策微课堂”举行国家高新技术企业认定政策宣，30余家企业参与。8月8日，区科信局技术创新促进科到“政策微课堂”为企业讲解国家高新技术企业政策及高新申报实务。9月5日，区科信局发展规划科到“政策微课堂”为20余家企业解读科技奖励政策。

（亢 建）

【政策解读交流会】 2月22日，中关村门头沟科技园管委会高精尖企业服务部、产业促进部走访“智源Lab”硬科技公共服务平台，与入驻平台的企业代表开展政策解读交流。5月15日，中关村门头沟科技园联合区商务局共同举办“着力优化营商环境，提升跨境贸易便利化”专题培训，园区60余家企业参会。

（亢 建）

【优化营商环境政策宣讲】 2月26日，中关村门头沟科技园管委会联合区发改委、区工商局、区法院、区人保局、区商务委召开门头沟区优化营商环境“9+N”相关政策宣讲会，相关部门领导、园区管委会工作人员及重点企业代表100余人参加会议。28日，园区管委会规划建设部邀请区规土委相关领导讲解《关于高精尖产业项目供地程序及降低用地成本的指导意见》政策讲解培训会，70余名企业代表参会。

（亢 建）

【危险化学品专项整治】 2月28日至3月5日，石龙管委联合永定派出所组成专项检查组对园区开展危险化学品重点单位专项检查工作，并针对此次检查中发现的问题，提出整改意见，明确时限要求。

（亢 建）

【中科微精（北京）光子科技有限公司入驻】 3月12日，中科微精（北京）光子科技有限公司入驻中关村科技园区门头沟园，入驻面积703平方米，注册资金1000万元。中科微精（北京）光子科技有限公司是一家从事超快激光微细加工装备的研发、生产、销售的企业。

（亢 建）

【厂房租赁签约】 3月26日，中关村京西公司与金龙泉泵业公司举行厂房租赁签约仪式。双方的签约标志着门头沟区第一家老旧厂房改造项目正式启动，该项目也是中发展集团园区板块盘活老旧厂房、打造高精尖产业载体的第一例，是京西公司全面践行“经营园区”理念，实现“轻资产、强服务”转型的重要探索和支撑。

（亢 建）

【门头沟园企业项目路演会】 4月19日，中关村科技园区门头沟园举办“北京精雕与京津冀协同发展基金签约仪式暨园区企业项目路演会”，芯盾时代、天乐泰力、潭柘紫石砚、智慧云测、航科精机以及遨博智能6家园区企业代表分别对企业各自重点项目进行路演。

（亢　建）

【赠送《马克思恩格斯选集》】 4月23日，石龙工委向部分非公企业高管、支部书记和党群中心主任赠送《马克思恩格斯选集》，作为入党政治生日礼物。

（亢　建）

【书记议事厅会议】 4月23日，石龙非公综合党委召开2019年书记议事厅第一次会议。非公企业党委委员、党群服务中心主任及园区非公企业党支部书记30余人参加会议。

（亢　建）

【税法宣传志愿讲师团成立】 4月26日，中关村门头沟园管委会联合门头沟区税务局在园区创新大厦举办“税法宣传志愿讲师团成立暨开课仪式”活动。“税法宣传志愿讲师团”由26名业务骨干组成，第一课向参会企业代表讲解增值税改革政策。

（亢　建）

【主题团日活动】 4月30日，石龙团工委开展“传承五四精神 争当创城先锋”纪念五四运动100周年特别主题团日活动并观看习近平总书记纪念五四运动100周年重要讲话。

（亢　建）

【中关村（京西）人工智能产业发展系列讲座】 4月30日，门头沟区政府授权园区开发企业中关村京西建设发展有限公司和北京石龙经济开发区投资开发有限公司联合举办2019年中关村（京西）人工智能产业发展系列讲座第一讲——AI产业结构与企业定位讲座，中关村门头沟园管委会、中关村京西公司、石龙公司、入园企业和拟入园企业参加讲座。

（亢　建）

【首届人工智能产业化论坛】 5月6日，首届“未来之门”·中关村（京西）人工智能产业化论坛于在中关村门头沟园京西创客工场举办。此届论坛主题为“类脑计算及AI触觉传感器应用产业化”，由中关村门头沟园管委会、中关村（京西）人工智能科技园建设运营主体中关村京西公司和北京他山科技有限公司共同主办，旨在探讨人工智能类脑计算架构和触觉传感技术的发展趋势，促进AI触觉传感器的规模化应用。

（亢　建）

【第一届职工写作培训班】 5月11日与12日，北京石龙经济开发区工会举办第一届职工写作培训班，开发区15家单位60余名文学爱好者参加培训。

（亢　建）

【防范非法集资宣传】 5月27日，中关村门头沟科技园管委会联合北京银行石龙经济开发区支行开展防范非法集资宣传活动。

（亢　建）

【德山党支部结对共建】 5月30日，中关村门头沟科技园德山非公联合党支部与京煤总医院内一党支部结对共建签约仪式在京煤总医院举行，这是德山非公联合党支部继与清华大学医学院药学院学生党支部、门头沟区食药监局党总支签约结对共建后，开展的第三家支部结对共建活动。

（亢　建）

【北京英田影视文化股份有限公司入驻】 6月4日，北京英田影视文化股份有限公司（股票代码872177）完成办公地迁址等工作，正式入驻中关村门头沟科技园阳光大厦23层，租用面积900余平方米。

（亢　建）

【优化营商环境宣传活动】 6月10日，石龙管委联合区工商联、区市场监管局、区税务局、区商务局多部门，在创新大厦楼前开展“优化营商环境 促进区域经济转型发展”宣传活动。活动中共发放宣传彩页、宣传手册500余份，营造“人人关心营商环境，人人维护营商环境”的良好氛围。

（亢　建）

【创新创业活动周】 6月13日，中关村门头沟科技园第五届“创新创业活动周”在石龙创新大厦创客艺术中心开幕。门头沟区内各委办局、各民主党派代表、园区管委会、园区企业代表等200余人次参加开幕式活动。活动周期间，开展共有利德衡绿创空间项目路演及专题培训、人机互动体验、马克思主义读书会、京西人工智能与先进制造论坛、洪源智能工坊分享会、德山M-Lab政策宣讲、京西医药产业项目对接路演会等14个活动。6月18日，“创新创业活动周”落幕。

（亢　建）

【科创智能公共服务平台成立】 6月18日，北京智源创芯科技有限公司运营的门头沟科创智能公共服务平台在阳光大厦24层举办成立仪式。平台汇聚智能硬件产业链上下游资源和服务，围绕整个产业链，具备提供技术研发、概念验证、工业设计、测试检验、中试熟化、规模化生产服务以及人才、知识产权、投融资、法律财务、咨询、市场拓展、供应链管理等专业服务的能力。

（亢　建）

【宜创科技获“中关村金种子”称号】 7月5日，宜创（北京）科技有限公司获第八批“中关村金种子企业”荣誉称号。宜创科技是一家从事企业软件服务的公司。“金种子企业”是指属于中关村战略性新兴产业领域，在技术水平、商业模式、创新能力、创业团队和治理结构等方面表现出较强发展潜力的初创期企业。

（亢　建）

【新兴领域专题赛网络与信息安全专项赛】 8月15日，由国家科技部指导，科技部火炬中心、中关村管委会、国家国防科技工业局信息中心主办，北京市经济和信息化局、中关村石景山园、中关村门头沟园联合主办的第四届中国创新挑战赛暨中关村第三届新兴领域专题赛网络与信息安全专项赛线上赛正式开赛，1517支参赛队伍参赛。

（亢　建）

【“科技金融、助力双创”路演】 8月22日，九三学社第三届京津冀青年论坛践行“8+1”行动专题活动暨“科技金融、助力双创”路演活动在中关村门头沟科技园举行，并为“院士专家服务站”揭牌。“院士专家服务站”的设立，不仅是进一步深化和提升“8+1”行动的重要举措，也将进一步为门头沟区的发展增添新动能。

（亢　建）

【北京市小型微型企业创业创新示范基地】 9月9日，北京市中小企业公共服务平台网络2019年度工作交流会对第二批认定“北京市中小企业公共服务示范平台”和“北京市小型微型企业创业创新示范基地”称号的40家单位进行授牌。德山M-Lab孵化器获第二批“北京市小型微型企业创业创新示范基地”称号，成为门头沟区首家荣获称号的孵化器。德山M-lab孵化器作为门头沟区生命大健康产业创新创业的重要载体，是全区唯一一家针对医药健康领域的专业孵化服务机构。

（亢　建）

【“万企帮万村”捐赠】 9月20日，京蒙扶贫协作“万企帮万村”捐赠仪式在察右后旗党政二楼会议室举行。北京石龙经济开发区投资开发有限公司、北京利德衡环保工程有限公司分别向贲红镇贲红村、大六号镇晨阳村各捐赠10万元。

（亢　建）

【北京大申烽华科技有限责任公司入驻】 10月11日，北京大申烽华科技有限责任公司入驻中关村门头沟园阳光大厦。北京大申烽华科技有限责任公司是一家专业从事智慧档案馆、智慧图书馆建设和数字缩微胶片安全永久存储服务的国家级高新技术企业。

（亢　建）

【他山科技“AI触觉传感芯片”项目】 10月18日，北京他山科技有限公司和英国曼彻斯特大学就合作开发“AI触觉传感芯片项目”在中关村论坛重大成果发布会上发布。该项目投资额1亿元，是全球首款采采用精简脉冲神经元网络架构的触感专用芯片，该芯片为数模混合芯片，同时具有多通道片间路由通讯能力。芯片数字部分的架构设计由曼彻斯特大学负责，芯片的模拟部分和总体设计、验证、流片由他山科技负责，同时支持他山科技已有的触觉传感器多功能层分时转换和多功能层电极动态拼接专利技术。

（亢　建）

【基层党组织书记轮训】 10月31日、11月1日，石龙工委开展“不忘初心、牢记使命”主题教育基层党组织书记轮训，园区基层党组织书记、党员代表等70人参加轮训。

（亢　建）

【第八届“石龙杯”消防技能比武】 11月15日，石龙管委联合区消防救援支队在北京科技高级技术学校共同举办第八届“石龙杯”消防技能比武暨2019年“安康杯”竞赛活动，石龙经济开发区18家单位共100余名运动员参加竞赛活动。

（亢　建）

【民营企业入围“1+3”百强企业】 11月15日，中关村科技园区门头沟园北京光环新网科技股份有限公司、北京精雕科技集团有限公司、北京迪安帝智能科技有限公司和北京利德衡环保工程有限公司入选“1+3”（2019年北京民营企业百强榜单、北京民营企业科技创新百强榜单、北京民营企业文化产业百强榜单和北京民营企业社会责任百强榜单）百强企业名单。

（亢　建）

商　贸

商务管理

【概况】　2019年3月20日，区商务委员会（门头沟区粮食局）更名为门头沟区商务局（门头沟区粮食和物资储备局）。25日，区商务局（门头沟区粮食和物资储备局）正式揭牌。门头沟区商务局（简称区商务局）围绕1179工程，严格落实“疏整促”任务，全力推进社零额、生活性服务业品质提升、粮食安全区长责任制等市级绩效考核任务。开展行业促消费、精准帮扶、营商环境建设、文明城区创建等重点工作；全力保障商务行业安全运行，行业发展稳中提质。消费市场稳步增长，实际完成社会消费品零售额73.5亿元，同比增长5.9%。进出口额累计4.1亿美元，同比下降4.4%；其中出口2.2亿美元，同比下降7%；进口1.9亿美元，同比下降1.3%。实际利用外资3462万美元，同比增长21.4%。完成粮食区长责任制考核及抽查工作。保障行业安全稳定，开展多种形式的宣传活动，围绕“安全生产月”和“五大重点节日”，营造“安全第一、预防为主”的良好氛围。围绕中华人民共和国成立70周年服务保障，发挥督促指导作用。

单位名称：北京市门头沟区商务局
地　　址：北京市门头沟区双峪路39-1
电　　话：69842571
邮　　编：102300

（王　倩）

【参展参会】　5月28日至6月1日，区领导带领门头沟分团参加2019年北京国际服务贸易交易会。11月5日至11日，区领导带领门头沟分团到上海参加首届中国国际进口博览会。全区共有40余家企业、130人参与。

（马　洁）

【行业安全工作】　年内，区商务局全面推进安全生产标准化建设、安责险试点推广等工作。1月至3月，共出动执法人员405人次，检查企业135家次，发现各类安全隐患19处，整改完毕。4月起，对重点行业单位开展安全生产督导246家次，发现并消除隐患38处。

（李　亮）

【宣传培训】　年内，区商务局围绕商务行业“两个安全生产规定”，结合全年各阶段安全生产活动，通过上街宣传、悬挂横幅、下发通知等形式，营造安全生产氛围。11月20日，面向全区60余家重点商务行业单位及属地镇街安全生产管理人员开展消防安全知识大培训。

（李　亮）

【便民服务网点建设】　年内，区商务局完成新建和规范提升各类商业便民网点60个，在3个空白社区进行网点补建。

（杨　楠）

【生活性服务业品质提升】　年内，区商务局完成新建和规范提升各类商业便民网点任务，其中蔬菜零售网点14个，超额完成市级下达的年度41个网点的考核任务。

（杨　楠）

【“疏解整治促提升”专项行动】　年内，区商务局完成北京双峪农副产品市场提升改造任务，面积1.13万平方米，涉及商户416户，涉及人口624人。对市场柜台、商户牌匾及地面等进行重装，提升市场规范化水平。

（杨　楠）

【挖掘腾退空间，补充便民商业】　年内，区商务局建立《“疏整促”所腾退空地可用来建设便民商业网点数据台账》，开展实地走访，与属地建立沟通机制，选取永定镇和军庄镇共4个点位做试点，全部开业。

（杨　楠）

【优化商业布局，保障配套服务功能】　年内，区商务局编制完成《门头沟商业设施布局规划》。按照区级、镇街及社区三级消费网络推进落实；牵头制定《门头沟区关于出售居住配套商业服务设施业态布局的工作方案》，通过专班联审机制，严把拟出售配套商业设施的出售关，确保商业设施服务功能的发挥。

（杨　楠）

【送货下乡及进社区活动】　年内，区商务局组织开展12次“送货下乡及进社区活动”。

（杨　楠）

【生活必需品应急物资供应保障】　年内，区商务局开展2019年防汛基础工作自查，核对库存应急物资，签署2019应急物资存储、运输协议书，完成应急物资的轮换。

（杨　楠）

【商业专项资金扶持】　年内，区商务局制定《门头沟区生活性服务业资金管理暂行办法》及申报指南；通过组织召开政策宣讲会、项目征集、初审，符合条件的18个项目完成申报。组织门头沟区商业企业参加市级商业便民服务设施项目投资补助、商务发展项目政策宣讲会，广泛征集项目。共2个项目通过市级终审，获得172.3万元支持资金。

（杨　楠）

【接诉即办】　年内，区商务局参与“吹哨报到”工作13次，“东辛房办事处安康小区购物不方便”“永定信园社区、惠润家园菜市场建议保留”“龙泉镇琉璃渠村、龙泉雾村购菜不方便”“永定镇建设基本便民商业网点”“大峪街道便民商业执照办理”等问题得到解决。

（杨　楠）

【对口帮扶】　年内，区商务局组织企业负责人到对口扶贫地区武川县、察右后旗和涿鹿县开展实地对接农副产品销售4次；设立蒙餐店“聚顺德羊肉坊”；采购涿鹿、武川、察右后旗3个地区的产品191.3万元；搭建帮扶地区产品进机关、进社区、进商超、进超市、设立专柜、扶贫大集等供需平台；开展3次走进西城对口帮扶地区特色产品展卖活动；开展20次对口帮扶地区特色产品进社区展销活动；新增1家对口帮扶地区专卖店；新增4个销售专柜，累计达到11个；由区国有企业牵头建立约140余平方米的消费扶贫分中心，10月17日开张运营；在中昂广场举办2019年“不忘初心，牢记使命”国家扶贫日系列活动之门头沟区扶贫协作地区特色产品展销大集，进一步拓宽对口帮扶协作地区特色产品销售渠道。

（杨　楠）

【美发行业技能大赛】　年内，区商务局组织开展北京市第九届商业服务业技能大赛初赛暨门头沟区2019年美发行业技能比赛，提高从业人员技能水平，提升全区商业服务业服务质量和生活性服务业品质。

（杨　楠）

【餐饮行业技能大赛】　年内，区商务局举办主题为“食在门头沟”之“食尽美味 美时美客”餐饮大赛，通过以赛代训的方式，带动商业服务行业发扬工匠精神，提高行业技能与服务水准。

（杨　楠）

【拍卖企业年检】　年内，区商务局审核完成2018年度拍卖企业年审初审。新批准设立拍卖企业1家、迁入2家。

（杨　楠）

【政策性粮食库存数量和质量大清查】　年内，区粮食和物资储备局完成政策性粮食库存数量和质量大清查工作。共检查区内粮食货位60个，其中市储备粮货位30个，区储备粮货位21个，商品粮货位3个，空仓货位6个。

（朱　静）

【外贸企业备案工作】　年内，区商务局办理对外贸易经营者备案113件，其中新增83件，变更30件。受理外商投资企业设立及变更备案申请59件，出具设立备案回执18件，变更备案回执41件。

（马　洁）

【外资企业联合年报】　年内，区商务局组织83家外商投资企业开展2019年外商投资企业年度投资经营信息联合报告工作，申报率为100%。

（马　洁）

【商务部信息监测报送】　年内，

区商务局完成商务部商贸流通业统计监测系统报送工作。组织商贸统计企业完成2018年度年报、2019年度季报及月报，报送率达到百分百。组织60余家监测企业召开信息监测工作培训总结会2次。

（陈　玥）

【推进繁荣夜间经济】　年内，区商务局制订《门头沟区关于推进夜间经济发展的实施方案》，组织掌灯人、专班成员召开繁荣夜间经济工作部署推进会1次。完成2019年繁荣夜间经济指标考评工作。

（陈　玥）

【无障碍环境建设】　年内，区商务局完成对全区38家规模以上商务行业单位无障碍环境建设情况摸底排查，建立企业无障碍环境建设信息台账。

（陈　玥）

京门良实

【概况】　2019年，北京京门良实国有资产经营管理有限公司（简称京门良实公司）转变经营理念，以转型发展为根本要求，坚持稳中求进工作总基调，各项工作稳步开展。公司资产总额41024万元，实现营业收入71198万元，实现利润997万元。储备粮存储总量30万吨，安全储粮率达到100%。其中自主存粮15万吨，异地代储库存15万吨，共完成14.8万吨原粮和80万吨成品粮的出入库任务和政策性供应任务。军粮供应实现销售263万元。退耕还林补助粮食供应工作完成349吨。

单位名称：北京京门良实国有资产经营管理有限公司
地　　址：北京市门头沟区滨河南路3号
电　　话：69842491
邮　　编：102308

（张希瑶）

【安全检查】　1月8日，京门良实公司开始冬季安全自查活动，围绕消防安全、用电安全、取暖安全，以储粮库区、外租点为排查重点，排查下属单位4个，出租场所20余处，排查整改安全隐患3处。23日，首农食品集团第四检查组到杨坨粮库进行冬季安全检查。5月9日，首农食品集团到杨坨粮库进行“大排查、大整治、大提升”专项检查，重点检查药库安全情况。

（张希瑶）

【走访慰问活动】　1月17日，京粮集团到公司进行春节走访慰问活动。7月25日，首农食品集团到公司开展“送清凉”慰问活动。9月26日，公司党委慰问公司离休干部、退休劳模、老党员。年内，京粮集团及公司共发放慰问金慰问品7800余元。

（张希瑶）

【退耕还林】　1月18日，完成门头沟区2018年第二轮退耕还林补助粮发放工作，共涉及斋堂镇、妙峰山镇、龙泉镇等8个镇5000余退耕农户，退耕还林面积2.2万余亩，共计发放特一粉292.730吨，特等大米460.403吨。

（张希瑶）

【粮食大清查】　4月25日，北京市粮食和物资储备局领导到杨坨粮库巡视政策性粮食库存数量和质量大清查工作，听取杨坨粮库粮食库存汇报，并实地检查三家店粮库、杨坨粮库院内的各级储备粮及成品粮的储存情况。

（张希瑶）

【粮食应急供应保障】　6月12日，斋堂粮库应急加工车间完成试运转，为汛期深山区粮食应急供应提供有力保障。

（张希瑶）

【三家店粮库移交工作】　7月22日，京门良实公司完成三家店粮库地上物拆除工作，并移交京粮置业。

（张希瑶）

【职工知识竞赛】　8月2日，京门良实公司党委组织开展“不忘初心，牢记使命”主题教育暨第六届职工知识竞赛活动，斋堂粮库以280分获胜。

（张希瑶）

【斋堂粮库改扩建工程】　8月19日，斋堂粮库地仓改扩建工程破土动工。斋堂粮库地仓改扩建工程项目总投资5000余万元，总建筑面积4200平方米，改扩建35米×120米平房仓1栋，共5个廒间，装粮高度16米，总仓容5万吨，并配建其他配套附属设施。

（张希瑶）

【消防月主题活动】　11月9日，京门良实公司开展“119安全消防月”主题活动，活动分为理论和应急预案演练两部分。

（张希瑶）

【主题党日活动】　年内，京门良实公司党委组织开展“不忘初心 牢记使命”主题教育党日活动，参观焦庄户地道战遗址纪念馆、房山霞云岭“没有共产党就没有新中国纪念馆”，重温入党誓词。

（张希瑶）

【机动车检测】　年内，机动车检测场完成升级改造和功能提升，机动车安检线由原1条，增至2条。尾气检测线由原3条，增至5条。同时，新增1条摩托车检测线。升级改造后，检测设备由24台套，增至40台套。同时，对场区环境、办公条件、服务休息区进行整治。日检测能力由原来的150辆增至450辆。2019年，共检测车辆72881辆，实现收入2099万元，实现利润571万元。

（张希瑶）

【储备粮异地管理】　年内，京门良实公司拥有13个代储单位，异地储备粮规模达到17.1万吨，占公司总库存的69%。公司严格执行储备粮异地管理制度，完善异地储备粮实物检查办法，制定北京市首个成品粮微信视频巡查办法，确保异地储备粮“储得实、管得好、调得动、用得上”。

（张希瑶）

【燃气安全专项检查】　年内，京门良实公司开展燃气安全专项检查。主要排查对象包括职工食堂、餐馆、宾馆操作间、煤气间，共排查职工食堂4个、餐馆6个、宾馆操作间1个，纠正安全隐患4处。

（张希瑶）

【三家店粮库西库转型】　年内，京门良实公司推进三家店西库以服务民生进行转型，积极对库房进行修缮、硬件配备，自主研发成品粮管理软件系统，上线运行。全年入库市储备大米1000吨，面粉3000吨；区储备大米100吨，面粉400吨。

（张希瑶）

【粮食贸易】　年内，京粮盛隆公司开展多种合作经营模式，严把风险管控关，完成粮食销售29万吨，其中稻谷21万吨，玉米6.34万吨，小麦2.29万吨，实现收入6.5亿元，实现利润115万元。

（张希瑶）

【企业注销】　年内，京门良实公司完成门良机动车检测公司及北京京西宏远宾馆洗浴部、北京京西宏远宾馆歌舞厅、北京京西宏远宾馆理发店、北京佳家主食配送中心销售部、北京斋堂星城粮贸中心煤窝粮店、北京斋堂星城粮贸中心军响华宝粮店、北京五彩路劳务服务社共8户吊销企业的注销工作。

（张希瑶）

【资产移交】　年内，京门良实公司总面积4.74万平方米722户非经营性资产移交至房地集团首华物业公司。

（张希瑶）

供销合作社

【概况】　2019年，门头沟区供销合作社是集体所有制合作经济组织，由1个基层联社和2个直属单位构成。年内，完成营业总收入708.9万元，同比减少149.8万元，减幅18%，其中不动产租金收入706.1万元，同比减少115.6万元，减幅14.1%；实现非营业收支净额180.5万元，同比减少32.6万元，减幅16%。其中世欣瑞达小额贷款公司股东分红款164万元，股本收益率8%，同比减幅1个百分点，减少20.5万元。

单位名称：北京市门头沟区供销合作社

地　　址：北京市门头沟区新桥大街2号

电　　话：69842992

邮　　编：102300

（王咏梅）

【大件家具存放点】　年初，回收公司配合门头沟区首个强制垃圾分类试点示范片区验收工作，先期在东辛房办事处石门营新区的6个社区，建设社区再生资源收购点与大件家具临时存放点，并通过市相关部门的验收工作。

（王咏梅）

【巡察整改】　3月13日至5月17日，区委第五巡察组对供销社开展为期45个工作日的巡察，指出6个方面存在的43项问题。年内，完成整改39项，未完成4项，建立和规范相关制度5项。

（王咏梅）

【建立健全规章制度】　5月、8月、12月，区供销合作社出台《门头沟区供销社负责人履职待遇、业务支出管理暂行办法》《门头沟区供销合作社公务用车补充管理办法》《党委议事规则（修订版）》等相关制度。

（王咏梅）

【领导干部经济责任审计】 9月2日至10月22日，区审计局派出审计组对区供销合作社党政正职进行为期2个月的全面审计，提出在8个方面存在的21个问题，并提出7条审计建议。

（王咏梅）

【主题教育工作】 9月至12月底，区供销合作社党委进行“不忘初心、牢记使命”主题教育工作。

（王咏梅）

【党员发展】 11月，贸易大楼接收预备党员2人，回收公司、贸易大楼和基层联社预备党员按期转正3人。

（王咏梅）

【东胡林蜂产品产业融合项目】 年内，东胡林蜂产品产业融合项目完成工程监理、会计审计、整体验收等工作。

（王咏梅）

【再生资源回收进社区】 年内，北京龙欣顺达再生物资利用有限公司全年共建设社区收购点25个，其中新建20个，升级改造5个。

（王咏梅）

交通　邮电

交通运输管理

公路建设

【概况】　2019年，北京市交通委员会门头沟公路分局（以下简称公路分局）计划内公路建设、养护计划总投资3.05亿元，实际完成投资3.11亿元，完成年度投资计划的102%，其中新增固定资产项目完成投资1.17亿元、养护类工程年度完成投资1.94亿元；全年计划内公路建设、养护、尾款使用资金计划4.6亿元，年度资金支付率99.7%以上。截至2019年年底，辖区内公路总里程982.273公里，公路密度67.71公里/百平方公里。按行政等级分：国道里程178.862公里（其中国家高速18.83公里），省道73.133公里，县道254.779公里，乡道237.297公里，村道157.273公里，专用公路80.929公里。按技术等级分：高速公路18.83公里，一级公路40.599公里，二级公路228.657公里，三级公路289.843公里，四级公路404.344公里。国道中二级以上等级道路里程比率85.9%，省道中二级以上等级道路里程比率70.5%。其中门头沟公路分局管养里程463.064公里，按行政等级分：国道里程160.032公里，省道72.853公里，县道230.179公里；按技术等级分：一级公路40.599公里，二级公路199.031里，三级公路217.413公里，四级公路6.021公里。

单位名称：北京市交通委员会门头沟公路分局
地　　址：北京市门头沟区龙泉花园1号楼
电　　话：69828999
邮　　编：102300

（黄鑫嫣）

【领导检查、调研及慰问】　1月11日，市交通委领导到分局开展党风廉政建设调研。24日，分局班子成员到援派干部家走访慰问。30日，市交通委领导领导探望曹广辉父母和家人。2月1日，公路分局召开2018年度领导班子民主生活会。同日，区领导付兆庚慰问公路一线干部职工。3月6日，交通运输部安全与质量监督管理司水运处领导、到公路分局就交通运输部安全生产监管系统平安工地子系统在双大路二期道路工程试用情况召开总结会。

（黄鑫嫣）

【路网工作】　1月25日，公路分局组织开展春节前路网外场设施、隧道机电设施和桥下空间安全检查工作。4月28日，公路分局组织开展“一带一路”峰会、世园会及“五一”小长假网络及设施安全应急保障督查工作。6月21日，公路分局组织召开“接诉即办”工作会。7月30日，公路分局组织召开路网应急值守工作培训会。

（黄鑫嫣）

【养护工作】　1月，公路分局完成2019年门头沟区公路绿化工程设计、2019年门头沟区公路安全生命防护工程和公路网既有国道命名编号调整项目勘察设计、2018年门头沟区普通公路水毁设施恢复重建工程施工和施工监理的招标工作。3月4日，公路分局组织召开2019年门头沟区公路地质灾害防治工程和公路绿化工程方案审查技术委员会会议。18日，公路分局紧急处置付马路K0+600山体崩塌。19日，公路分局领导带队进行养护检查。4月4日，公路分局与相关参建单位共同对部分管养路线和在施工地进行检查。26日，公路分局组织“一带一路”峰会、世园会及“五一”节前养护检查暨安全专项监督检查。6月1日至2日，公路分局对下安路K5+900塌方点实施绿化恢复。25日，公路分局组织养护作业单位北京市政路桥管理养护集团有限公司第八公路工程处开展石担路泵站有限空间作业暨汛期泵站抢修清淤为主题的应急演练。28日，门头沟区108国道K18+600至K22+100路段绿化景观提升工程完工。7月初，2019年门头沟区公路地质灾害防治工程开工。施工中标单位为北京路桥瑞通养护中心有限公司，监理单位为北京中城建建设监理有限公司，勘察设计单位为北京市勘察设计研究院有限公司。7月17日，公路分局组织养护作业单位北京市政路桥管理养护集团有限公司第八公路工程处开展立交桥易积水点位汛期应急演练。8月底，2019年公路地质灾害治理工程完工。9月2日，公路分局组织召开“70年大庆”养护保障工作动员部署会。10日，公路分局领导带队进行中秋节前养护检查。20日，公路分局完成对新桥大街非机动车道设置含自行车标志的彩色铺装标志块，选取路口、非机动车道线型变化处、与公交车进出站冲突点前、后位置处设置彩铺标志块，彩铺标识块长5米。30日，公路分局领导对区域内公路设施进行再次检查。10月4日，公路分局清理完成109国道K76+050发生山体塌方。16日，公路分局领导检查西苑路中修工程工地。

（黄鑫嫣）

【安全、应急、防汛工作】　2月18日，公路分局召开2019年第一季度党委安全工作例会。3月14日，公路分局领导到双大路二期道路工程工地检查。4月26日，公路分局领导对机关办公楼、斋堂家属房、琉璃渠家属区等地开展安全专项检查。5月9日，公路分局领导到双大路二期道路工程第二、三合同段桥梁及路基施工现场进行监督检查。28日，公路分局领导检查防汛准备情况，现场对养护单位京门物资储备点人员、物资、机械设备的准备情况进行了抽查。6月5日，门公路分局领导到双大路二期道路工程第一合同段天津关隧道、第三合同段刘家峪桥梁及沿河口小桥人工挖孔桩施工现场进行端午节前安全监督检查。27日，公路分局领导到双大路二期道路工程工地检查。7月11日，公路分局领导到双大路二期道路工程督导检查。9月6日，公路分局领导开展中秋、国庆“两节”节前道路设施安全检查。11日，公路分局领导到双大路二期道路工程开展中秋节前安全检查。27日，公路分局领导到双大路二期道路工程第二、三合同段现场进行国庆节前安全监督检查。

（黄鑫嫣）

【行政执法】　2月20日至22日，路政大队协同区交通局、交通支队、区环保局、区城管局等部门，在潭柘寺镇、石门营六环路出入口处开展专项执法行动。3月5日，公路分局领导召开石担路热力管线工程设计方案审查会。公路分局养护科、路政大队，北京市热力集团、北京市政路桥管理养护集团有限公司第八公路工程处、北京市市政六建设工程有限公司、北京市七环工程技术咨询有限责任公司等部门或单位参加会议。4月11日，公路分局召开区城管委涉路审批工程路由汇报会。公路分局养护科、路政大队，区城管委、北京市政路桥管理养护集团第八公路工程处、北京京西门城基础设施投资建设有限公司、北京市七环工程技术咨询有限责任公司等部门或单位参加会议。5月14日至20日，路政大队协同区交通局、交通支队、区环保局、区城管局等部门，在潭柘寺镇、卧龙岗桥、军庄六环出入口等处开展夜查联合行动。5月，路政大队开展以“规范执法、服务为民”为主题的路政宣传活动。6月14日，路政大队对丰台区4辆涉嫌违法超限车辆开展入户执法。24日，路政大队组织执法人员学习《北京市全面推行行政执法公示制度执法全过程记录制度重大执法决定法制审核制度实施方案》。7月22日至24日，路政大队协同区交通局、交通支队、区环保局、区城管局在陇驾庄等地，严厉查处建筑垃圾和渣土运输车、混凝土罐车、砂石运输车等重型车辆上路扬尘和道路遗撒问题。8月12日至14日，路政大队协同区交通局、交通支队、区环保局、区城管局在石门营六环出入口，开展为期三天的夜查行动。9月6日，分局路政协同区公安、首发路产等部门对辖区高速公路桥下空间开展“防风险保平安迎大庆”消防安全检查专项行动。10月16日，路政大队联合丰台区运输管理分局货管科对丰台区6家运输企业开展入户执法。11月6日，路政大队开展以“文明出行畅通北京”为主题的定点普法宣传活动。11日至13日，路政大队协同区交通局、交通支队、区环保局、区城管局等部门，在六环路石门营出口、六环路军庄出口联合开展治超行动。12月4日，路政大队在石担路设立固定宣传点，向群众发放宪法宣传材料、解答群众问题。同时，组织路政执法人员在芹峪口综合检查站、高速公路军庄收费站向来往车辆司机发放宣传材料，普及宪法知识。16日，北京市高速公路入口治超工作启动，路政大队成立2个治超联合执法应急处置小组，协同区交通局、区公安分局、交通支队、高速公路收费管理所开展高速公路入口治超应急保障联合执法行动。

（黄鑫嫣）

【党建工作】 3月14日，公路分局召开党支书记述职评议会。6月27日，公路分局领导到双大路二期土建一标项目部就项目部驻地临时用地及建设问题进行调研。7月23日，公路分局党委书记以《干事创业 勿忘初心》为题作专题党课。9月4日，门头沟公路分局领导班子召开"不忘初心、牢记使命"主题教育专题民主生活会。11月19日，公路分局全体干部职工到区廉政警示教育基地参观区纪委区监委举办的"以案为鉴筑牢防线，以案明纪警钟长鸣"主题展览。12月11日，公路分局组织全体职工干部到北京市消费扶贫产业双创中心开展主题宣传教育活动。

（黄鑫嫣）

【石担路预防性养护工程】 5月12日，石担路预防性养护工程开工，9月17日完工，11月15日完成交工验收。该工程起点为石门营路口，终点为陈家庄，全长13公里。石门营路口至水闸桥西口（K0+000至K7+600）为一级公路，水闸桥西口至陈家庄（K7+600至K13+000）为二级公路。主要施工内容包括病害处理、主路超薄罩面、辅路微表处、检查井加固、道路附属工程修复等。

（黄鑫嫣）

【柏峪——斋幽路道路工程】 年内，双大路（柏峪——斋幽路）二期完成土石方147万方、挡墙5.2万方、涵洞37道；桥梁工程完工1座，在施11座，未开工3座。隧道工程进洞640米。该项目西起门头沟斋堂镇柏峪村北侧，与双大路一期相接，向东经天津关村、岩坡顶村、刘家峪村、龙门口村、沿河口村后，至终点斋幽路，道路全长17.9公里。

（黄鑫嫣）

【潭柘寺——王平预防性养护工程】 6月14日，G234（潭柘寺——王平）预防性养护工程工程开工，11月6日完工，15日完成交工验收。该工程起点为潭柘寺镇，终点至王平镇，设计全长26.6公里，道路等级为三级公路，设计速度40公里/小时，路基宽8.5米，路面宽7米。此次施工内容包括病害处理，铣刨重铺路面面层，交通工程及附属工程等。

（黄鑫嫣）

【军庄路口——六环路大觉寺立交改建工程】 年内，军温路（G109军庄路口——六环路大觉寺立交）改建工程完成权属勘界、林研编制、共建协议签订等工作，取得林地占用许可手续。铁路涵洞顶进工程完成施工图和施组编制工作。该工程因征地拆迁、管线综合、树木伐移等原因，当前处于停工状态。该项目位于门头沟区军庄镇和海淀区温泉镇，道路起点为京大公路（即现况109国道），沿线经过军庄镇中心、杨坨、郝家坊、老庙、灰口、寨口等村镇，终点至六环路大觉寺立交，与现况军温路相接，道路全长6.45公里，其中门头沟段4.76公里，海淀段1.69公里。

（黄鑫嫣）

运输管理

【概况】 2019年，门头沟区共有市属公交企业2家，公交场站18处，五级客运站34处，公交线路87条，配车1017部，日均发车班次5000余车次，日均运送乘客47万人次。出租汽车企业1家61辆车，个体出租车19辆，从业人员110人。货物运输企业219户，总车数621辆，货运量131万吨、周转量18050万吨/千米。危险化学品运输企业4户，车辆39辆。机动车维修企业17家，其中一类汽车维修企业3家，二类汽车维修企业2家，三类汽车维修企业12家。驾培机构1家，教练车125辆（其中10辆摩托车），教练员137人，训练场地总面积16.65万平方米（训练场地面积5.7万平方米）。监管铁路道口9个，安全迎送列车74039列次，其中客车18119列次、货车55920列次。

单位名称：北京市门头沟区交通局
地　　址：北京市门头沟区滨河路60号
电　　话：69842840
邮　　编：102300

（刘天通）

【交通执法检查】 2018年12月30日至2019年1月1日，区交通局主要检查门城地区所监管铁路道口、客运场站和S1线、危化运输企业及客、货运输线路秩序。共计检查企业12户次，检查车辆18辆，出动执法人员30人次。2月4日至10日，区交通局检查化危企业6户次、检查客运场站15户次、检查铁路道口19处次。除夕、初一、初五烟花爆竹巡逻共出动执法人员116人次，按照区烟花办规定的时段对辖区17个禁放点进行巡查，共巡查检查禁放企业44户次。出动执法人员90人次。一季度，区交通局采用定点执法检查与流动治超相结合，对区域重要路段的违法运输车辆实施精准打击和路面管控，上路检查122次，出动执法人员521人次，共检查车辆835车次，暂扣车辆34辆，共处罚56起违法行为，罚款为25.69万元。同比增长286.32%。“两会”期间，区交通局领导带队检查13次，全行业共检查企业96户次，检查道口37处次，出动执法人员481人次，检查车辆617辆，查扣违法车辆17辆，处理15车，缴纳罚款9.36万元，发现与整改1处隐患。3月1日至10日，区交通局开展夜查整治行动，共出动执法人员85余人次，检查车辆350辆，暂扣涉嫌非法改装车辆17辆，其中百吨王2辆。3月5日至7日，区治超办组织区交通局、区公安分局、区公路分局、区环保局、区城管局等部门在全国“两会”期间开展联合行动。此次行动共出动执法人员52人，检查车辆65辆，区交通局暂扣涉嫌违法车辆5台，交管现场罚款600余起，罚款3万余元。5月1日至4日，区交通局对门城地区所监管铁路道口、客运场站、危化运输企业、维修企业及客、货运输线路秩序的安全执法检查。共出动执法人员100人次，检查企业20户次，检查过往车辆50车次。6月7日至9日，区交通局对门城地区所监管铁路道口、客运场站、危化运输企业、维修企业及客、货运输线路秩序的安全执法检查。共出动执法人员60人次，检查企业11户次，检查过往车辆35车次，巡逻高考考点1处。10月1日至7日，区交通局对门城地区所监管铁路道口、客运场站、危化运输企业、维修企业及客、货运输线路秩序、永定河公园、黑山公园、葡山公园、滨河世纪广场公园、幸福广场公园周边秩序进行安全执法检查。检查企业30户次，检查区属公园24处。其中检查化危企业3户次；检查客运场站10户次；检查铁路道口10处次；检查汽车维修企业6户次，检查双龙峡景区1户次。共出动执法人员142人次，出动执法车辆12车次。

（刘天通）

【快速直达专线204路开通】 2月3日，门头沟区新开快速直达专线204路，由梧桐苑公交场站至海淀桥南共16站，采取早晚高峰时间段运营，节假日停驶。票价15元，刷卡10元，免费乘车证件均无效。

（刘天通）

【山区公交38条线路停驶】 2月12日，因下雪路面湿滑，山区公交892、929、931、948、M2、M3、M4、M5、M6、M7、M8、M9、M10、M11、M12、M13、M14、M15、M16、M17、M18、M19、M20、M21、M22、M23、M28、M29、M31、M32、M33、M34、M35、M36、M37、M38、M39、M40等38条线路采取双向停驶。

（刘天通）

【“清明节”期间交通运输安全检查】 4月5日至7日，区交通局检查企业12户次，其中检查化危企业2户次、检查客运场站4户次、检查铁路道口5处次、检查汽车维修企业1户次。共出动执法人员24人次。

（刘天通）

【出租汽车行业换证检查】 4月9日，区交通局开展出租汽车行业换证检查工作，对建银出租和个体出租共80辆运营车辆进行检查。

（刘天通）

【京津冀一体化交流座谈会】 4月18日，河北省涞水县交通局领导班子到区交通局，围绕京津冀一体化交通行业协同发展战略目标进行座谈。8月15日，区交通局与河北省涿鹿县交通局在岔道检测站开展跨区域联合执法行动，集中对大货车超限超载、非法改装等违法运输行为进行整治，并向过往车辆司机发放“外埠大货车进京须知”“京津冀联合治超百日会战专项行动方案”宣传材料，同时签订《2019年携手共建治超友好站协议》。

（刘天通）

【纯电动版公交车】 5月前，门头沟区更新39部纯电动版公交车，涉及公交线路有M24、979、891内、891外、快速直达专线67、快速直达专线68路。

（刘天通）

【区交通运输综合执法大队揭牌仪式】 6月28日，北京市门头沟区交通运输综合执法大队正式揭牌。该部门为区交通局管理的副处级行政执法机构，以区交通局名义执法。

（刘天通）

【法制宣传】 8月20日、21日，区交通局在西辛称村、四道桥村、小园村、峪新社区开展创城法制知识宣传，共发放《致市民朋友们的一封信》1000余份，扫黑除恶宣传折页1000余份，《道路运输管理条例》相关知识宣传彩页1000余份，以及印有法制宣传内容的便民手提袋400个。11月29日，区交通局开展社会面宣传咨询活动。此次宣传活动共出动10名工作人员，制作展板1块，横幅1条，发放各种宣传材料1240余份。

（刘天通）

【M41、M42路公交开通】 10月10日，区交通局协调新开公交M41路、M42路。M41路由小园公交场站到桥户营共11站，发车时间：早6:00—9:00、晚16:40—20:10，由桥户营到小园公交场站共13站，发车时间：早6:25—9:25、晚17:05—20:35。M42路由石厂村到梧桐苑公交场站共11站，发车时间：早6:20—9:20、晚17:00—20:20，由梧桐苑公交场站到石厂村共11站，发车时间：早6:20—9:20、晚17:00—20:20。

（刘天通）

【重型大货车扰民治理】 11月8日，区交通局根据群众举报组织执法力量对石门营地区的重型大货车扰民现象进行整治。共出动执法人员10余人，检查货运车辆10辆，暂扣涉嫌非法改装大货2辆。

（刘天通）

【流动治超联合执法行动】 11月11日至13日，门头沟区治超办组织开展流动治超联合执法行动，加大对违法运输大货车、尾气超标、超载超限检查力度。区交通局、交通支队、环保局、城管执法局等部门共出动执法人员42余人，检查车辆37辆，交通支队现场罚款10余起，罚款1500余元，交通局暂扣涉嫌违法车辆4辆。

（刘天通）

邮　政

【概况】 2019年，中国邮政集团公司北京市门头沟区分公司（简称门头沟区邮政分公司）机构设置为6部（人力资源部、计财基建部、监督与检查保障部、市场经营部、寄递事业部、党委党建工作部）1室（办公室）4个专业局（商函分局、代理业务分局、分销业务分局、报刊发行分局）1个专业公司（集邮公司）。下辖分支机构共3个邮政支局17个邮政所。门头沟区邮政分公司共有职工392人，其中正式工177人，劳务用工140人，劳务承揽75人。全局共设有投递道段47条，普邮道段34条（其中城区23条，农村地区11条），快递包裹专段13条。日投递总里程为1671.3公里。邮运趟车邮路4条，日里程为414.8公里。年内，代理金融专业实现业务收入5465.7万元，完成目标进度的102.74%；寄递事业部业务收入1426.31万元，增长绝对值1087.96万元，同比增长326%；集邮专业收入累计完成765.34万元，完成全年预算目标的78.1%；分销专业全年实现收入448.1万元，完成全年预算目标的102.8%；函件专业实际完成155.2万元，完成进度的83.8%。

单位名称：中国邮政集团公司北京市门头沟区分公司
地　　址：北京市门头沟区河滩路2号
电　　话： 69842560
邮　　编： 102300

（刘　超）

【职工代表大会】 2月26日，门头沟区邮政分公司召开一届八次职工代表大会。会上，审议通过主题为“锐意改革共谋新发展凝心聚力奋进新时代”的工作报告、2018年财务收支情况和招待费支出情况报告、2018年人工成本使用情况和2019年绩效考核办法说明的报告、2018年办实事完成情况及2019年重点项目。28名职工代表和18名列席代表参加此次会议。

（刘　超）

【总体收入指标】 年内，门头沟区邮政分公司实现业务收入8878万元，完成预算指标的102.92%，超序时进度2.92个百分点。利润总额累计实现796万元，完成预算837万元的106.33%，超序时进度6.33个百分点。劳产率完成22.5万元，平均水平同比增长1.79万元。

（刘　超）

【机制政策引领】 年内，门头沟区邮政分公司持续开展的一年期存款积分换购活动，换购物品贴近用户的需求，得到新、老用户的认可及喜欢，提升客户的粘度，使价值存款不断增加。年内，门头沟区邮政分公司通过“金融强、门邮兴、职工富”全员营销活动，发动非从储人员积极参与到营销储蓄余额中来，参加活动的职工达到80余人，营销的余额达到1500万元。8月至10月，结合分行发行的发退役军人保障卡，门头沟区邮政分公司开展“寻找最可敬的人”活动，为退役、现役及军属提供开卡服务，共开办军人保障236张，全市排名第二。

（刘　超）

【劳动竞赛】 年内，门头沟区邮政分公司开展“猪拱家门，中邮送福”“三月女人天，美丽女人节”“欢乐和谐庆六一，中邮保险送祝福”等金融VIP客户答谢会，共邀约客户81名，为客户讲解资产配置。联合君康保险公司举办客户答谢会，讲解钱币收藏和如何资产保值与升值。举办“邮你、邮我、邮爱、邮梦”关爱青少年健康成长篮球活动，通过活动调整客户结构，提高客户的粘性。各支行与社区联系举办活动40余场，拉近余额增长500余万元。开展“金猪贺岁齐努力 门邮开门创佳绩”金融专业劳动竞赛活动。9月、10月，门头沟区邮政分公司组织开展“心中有梦要行动、全力以赴向‘钱’冲”大干30天保险抢收竞赛，完成竞赛指标111%。

（刘　超）

【主题邮局设置】 年内，门头沟区邮政分公司申请设置“野猪林临时邮局”和“猪场地临时邮局”，被中国邮政集团公司评为“2019生肖原地邮局”。

（刘　超）

【世界邮展】 年内，门头沟区邮政分公司参加中国2019世界集邮展览活动。

（刘　超）

【双创周活动】 年内，门头沟区邮政分公司参加石龙管委2019“双创周”活动。

（刘　超）

【新媒体项目】 年内，门头沟区邮政分公司整合“线上朋友圈广告+线下DM广告”等资源，开发国泰商场、北京市开放大学门头沟分校、中山音乐堂、斋堂中小学教育基地、马术俱乐部、门头沟区医院等商函新媒体业务，创收18.5万元。

（刘　超）

【政务图书项目】 年内，门头沟区邮政分公司营销《习近平在正定》及“两会”系列图书，共销售2872册，形成流转额15万元，实现收入7.5万元。

（刘　超）

【服务三农项目】 年内，门头沟区邮政分公司为门头沟区内10余家合作社提供产品销售、寄递服务、金融贷款等邮政业务，为大沟村樱桃、雁翅红苹果销售提供服务。

（刘　超）

【安全生产管理】 年内，门头沟区邮政分公司组织部室、支局、支行召开安全会议12次，组织召开邮银例会12次，安保干部以支局为单位组织开展防抢、防火、防爆演练8次；与全局职工签订2019年行人、骑车人、驾驶员、投递员等重大节日重大会议期间交通安全责任书700余份；通过现场车辆检查与GPS相结合的检查方式，共检查维修机动车300余辆次，电动三轮车226辆次，车辆安全行驶79万余公里，确保交通安全工作未发生重大问题。

（刘　超）

【职业鉴定】 年内，门头沟区邮政分公司有90名员工参加职业鉴定考试，涉及6个工种，全局通信生产人员岗位持证率达到69.61%。

（刘　超）

【局所建设】 年内，门头沟区邮政分公司完成对大台邮政所的整体装修改造，通过消防、安防验收，10月14日开业；完成石龙支局、石门营邮政及双峪路邮政所自助柜员机的布放改造工作；为职工食堂更换安装具有运行状态监控、报警、记录和查询功能的废气净化设备；完成网点微改造中对于营业投递网点办公家具、设备的购置工作，提升员工工作环境，提高用户用邮体验；对各支局、所进行强弱电线路检修并对防火用电等安全工作进行检查，确保一线职工的正常生产秩序及生产安全。对出租房屋、宿舍进行安全消防检查，确保安全无事故。

（刘　超）

【党建工作】 年内，门头沟区邮政分公司开展帮扶工作，主要领导先后2次到天河水村调研，为村党员活动室送去政务图书，详细了解村民现状、村里困难，尽最大力量帮助村里解决实际困难。各党支部围绕“发现身边典型、讲好邮政故事、不忘初心使命”开展专题研讨，学习其美多吉先进事迹；以支部为单位开展“岗位建功当先锋 提升服务促发展”党员主题实践活动；积极参加门头沟热心人志愿服务活动。市公司巡察组到门头沟区邮政分公司进行为期3周的巡察工作，分公司对发现的问题迅速整改。召开党风廉政建设警示教育大会，组织党员干部到门头沟区看守所参观、接受警示教育。开展“不忘初心，牢记使命”主题教育工作，将学习教育、调查研究、检视问题、整改落实贯穿始终，针对主题教育中发现的问题，严格落实整改。

（刘　超）

【先进单位、集体】　年内，门头沟区邮政分公司获北京市交通安全先进单位。继续保持“首都文明单位标兵”。门头沟区分公司代理金融局获北京市邮政分公司“先进集体”。门头沟区分公司大峪邮政支局大峪投递部、石龙邮政支局双峪支行获北京市邮政分公司“先进班组”。

（刘　超）

【分支机构情况】

单位名称：大峪支局
地　　址：门头沟河滩路6号
电　　话：69842515
邮　　编：102300

单位名称：军庄所
地　　址：门头沟军庄镇
电　　话：60811504
邮　　编：102300

单位名称：三家店所
地　　址：三家店水闸路11号
电　　话：69842177
邮　　编：102300

单位名称：承泽苑所
地　　址：滨河居住区承泽苑2号楼一层
电　　话：61864313
邮　　编：102300

单位名称：龙泉所
地　　址：龙门西三区B9区7号楼底商
电　　话：69833126
邮　　编：102399

单位名称：妙峰山所
地　　址：担礼村
电　　话：61883414
邮　　编：102399

单位名称：斋堂支局
地　　址：斋堂镇西斋堂
电　　话：69816804
邮　　编：102309

单位名称：王平村所
地　　址：王平镇西村
电　　话：61859647
邮　　编：102301

单位名称：大台所
地　　址：大台矿内
电　　话：61870374
邮　　编：102303

单位名称：木城涧所
地　　址：木城涧玉皇庙
电　　话：61872380
邮　　编：102304

单位名称：清水所
地　　址：清水镇上清水
电　　话：60855495
邮　　编：102311

单位名称：雁翅所
地　　址：雁翅镇雁翅村
电　　话：61830189
邮　　编：102305

单位名称：石龙支局
地　　址：门头沟石龙北路62号
电　　话：69804026
邮　　编：102308

单位名称：双峪路所
地　　址：门头沟大峪南路2号
电　　话：69842523
邮　　编：102300

单位名称：潭柘寺所
地　　址：潭柘寺镇
电　　话：60862394
邮　　编：102308

单位名称：石门营所
地　　址：石门营小区A4地块14号楼底商
电　　话：60865012
邮　　编：102308

单位名称：梧桐苑所
地　　址：龙兴南二路2号院8号楼1层117
电　　话：61866944
邮　　编：102308

（刘　超）

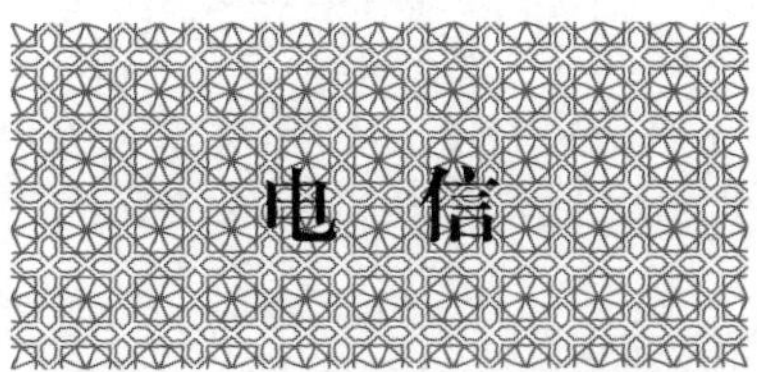

电　信

【概况】　2019年，北京联通门头沟区分公司围绕集团公司“新基因、新治理、新运营、新动能、新生态”的工作思路，坚持稳中求进主基调，深入推进互联网化转型，全面落实“三个一切”经营理念，加快创新突破，持续提升发展能力和微观活力，增收增效，扎实做好全年各项工作，取得较好工作业绩。

单位名称：中国联合网络通信有限公司北京市门头沟区分公司
地　　址：北京市门头沟区新桥大街4、6、8、10号
电　　话：69828848
邮　　编：102300

（郭壮丽）

【精准投资建设提升移动网络信号质量】　年内，宽带接入合计立项投资313万元，完成远洋新天地、西山天璟等公众住宅小区的宽带接入建设；通过工单驱动建设模式，完成各类楼宇补点工单896个；新建10GPON OLT设备PON口320个，完成16台接入网OLT及交换机设备扩容工作。大客户立项投资700万元，完成雪亮工程、交通监控等监控组网、航天方石等客户组网项目建设，完成裘马四季二期、龙湖天街二期、西山天璟等商务楼宇的覆盖。年内，共建设5G基站95个，72个5G站点已经入网投入使用，实现了重点区域覆盖。开展移动网络质量提升专项行动，通过梳理问题小区，优化调整、加装信号放大器、新建站点等方式解决客户投诉，客户感知有效提升；配合完成华为POTN网一期全部网元的安装、调测，为在全区范围内发展10G EPON及大颗粒专线专网业务打下坚实基础；完成IPRAN网络400G扩容改造和多台5G传输设备的汇聚，9个主要汇聚局所具备5G发展对汇聚能力的需求。

（郭壮丽）

【落实改革发展，优化资源配置】　年内，北京联通门头沟区分公司持续深化综合网格和营业厅网格划小改革，落实政企线和网络线划小工作，通过划小双选，政企线新增人员9名；网络线划分2个网格，构建建维优一体定位，12月底完成小CEO选聘，以增量收益分享为核心的分配机制渗透到各专业领域；充分发挥绩效考核指挥棒的作用，以业绩指标为牵引，驱动各三级部门聚焦重点，攻坚克难；推进全面激励体系建设，盘活各类资源，统筹使用，提升员工获得感。

（郭壮丽）

【客户感知和企业形象双提升】
年内，北京联通门头沟区分公司开展“全员服务在行动”“我让用户十分满意”“装维质量提升攻坚”等专项活动，实施正负向激励，营业厅服务回访好评率由年初的93.55%提升至年末的97.37；入户服务回访好评率由年初的97.05%提升至年末的98.74%，全年投诉总量同比下降22.1%，升越级投诉同比下降5.2%，重复投诉大幅减少。

（郭壮丽）

【“不忘初心、牢记使命”主题教育】　年内，北京联通门头沟区分公司党委和各支部利用集中研讨、讲座、参观、自学的形式，对习近平新时代中国特色社会主义思想认真系统学习；采取集中座谈听取意见、党委领导深入各部门开展调研及员工问卷相结合的方式，开展调查研究，形成调研报告6篇；综合调研结果，党委形成“一方案两清单”，共梳理出10大类42个整改事项；党委班子和各支部认真召开民主生活会和组织生活会。结合主题教育，开展党建考核、组织支部三层次结对子，党支部间互促互进强党建，党支部与综合网格结对先锋模范促发展，与客户党支部的结对拓展业务提效益。

（郭壮丽）

生态环境

环境保护

【概况】 2019年3月22日，门头沟区生态环境局揭牌，新组建的区生态环境局在原区环境保护局的职能基础上，增加应对气候变化和减排、监督防止地下污染、编制水功能区划、排污口设置管理、流域水环境保护、监督指导农业面源污染治理等职责，作为区政府的组成部门。6月12日，门头沟区生态环境综合执法大队揭牌。新成立的区环境执法大队整合污染防治、生态保护、机动车排放、辐射安全等方面的职责，以及区农业农村、水务、园林绿化等部门有关污染防治和生态保护等方面的执法职责，以区生态环境局名义执法。

年内，门头沟区PM2.5的平均浓度36微克/立方米，同比下降25%，全市排名第3。PM10、SO2和NO2浓度分别为65微克/立方米、4微克/立方米和30微克/立方米，累计达标天数为256天，空气重污染4天。全区降尘量6.1吨/月·平方公里。区内共有4处考核断面，斋堂水库断面、三家店断面、侯庄子断面均达标，沿河城断面受上游官厅水库来水影响未达标。全区土壤环境质量总体保持稳定，建设用地和农用地土壤环境安全得到基本保障，土壤环境风险得到基本管控，再开发利用的污染地块安全利用率达到100%。完成《门头沟区生态保护红线勘界定标方案》并上报区政府。

单位名称：北京市门头沟区生态环境局

地　　址：北京市门头沟区石龙北路20号

电　　话：69833234

邮　　编：102300

（王　珊）

【“两山”实践创新基地建设】 年内，区生态环境局相关部门对照“两山指数”评估指标体系进行自查，编制《北京市门头沟区“绿水青山就是金山银山”实践创新基地实施方案》及相关申报材料。11月16日，在中国生态文明论坛十堰年会上，门头沟区被国家生态环境部评为第三批“绿水青山就是金山银山”实践创新基地，区领导付兆庚作主题为《建绿水青山门头沟，做“两山”理论守护人》的主旨演讲。

（王　珊）

【生态文明建设工作】 年内，区委组建中共北京市门头沟区生态文明委员会，履行区委生态文明办职责，保运转、抓统筹、严督察、优服务、促落实，协同推进生态文明建设、生态文明体制改革。印发《中共北京市门头沟区委生态文明委2019年工作要点》《中共北京市门头沟区委生态文明建设委员会工作规则》《中共北京市门头沟区委生态文明建设委员会专项工作小组工作规则》与《中共北京市门头沟区委生态文明建设委员会办公室工作细则》等文件。

（王　珊）

【中央环保督察反馈意见整改落实】 年内，中央环保督察涉及门头沟区的整改任务22项，21项已完成整改任务，1项需长期坚持；北京市环保督察涉及门头沟区的整改任务41项，39项完成整改任务，其余2项整改任务有序推进中。

（王　珊）

【移动源执法监管】 年内，区生态环境局检查柴油机动车4.46万辆，处罚5712辆；开展非道路移动机械摸底调查和编码登记工作，加大非道路机械执法检查力度，非道路机械备案161台，发放标识161份，检查非道路施工机械 487 台次，查处超标排放 58 台次，罚款 29 万元。

（王　珊）

【尘精细化管控】　年内，区生态环境局制定“1+N”扬尘管控精细化方案。强化扬尘违法行为“闭环管理”。区城管执法局依托公共信用信息平台，持续开展城管执法领域行政处罚案件公共信用信息归集和推送工作，对施工现场扬尘治理领域联合惩戒，切实发挥震慑作用。同时，保持扬尘执法高压态势，查处涉及扬尘相关案件处罚 614 起，罚款 434.342 万元，建筑垃圾运输违法违规案件处理率达 100%。截至 2019 年年底，全区降尘量均值为 6.1 吨 / 月 · 平方公里。

（王　珊）

【挥发性有机物治理】　年内，区生态环境局，制定餐饮油烟治理专项方案并组织培训，完成餐饮油烟净化器改造 269 家，完成 2 家一般制造业企业疏解退出任务，“散乱污”企业动态清零。加大环境精准化执法和精细化监管力度，共检查污染源点位 3000 个，立案处罚环境违法行为 54 起，拟处罚金额 108.2 万元。实施查封扣押 47 起。

（王　珊）

【重污染应急】　年内，区生态环境局会同相关行业部门、镇街全面排查涉气企业，更新完善区 - 镇街 - 企业应急减排清单，根据污染治理水平，分级采取差异化管理，制定“一厂一策”实施方案、公示牌，提高应急减排精细化管理水平，有效应对 3 次空气重污染预警。

（王　珊）

【区域联防联控】　年内，门头沟区与房山区、通州区跨区域联合执法，与河北省张家口市涿鹿县、怀来县和保定市涞水县就环境污染防治工作达成跨区域联合执法合作协议。

（王　珊）

【水源地保护工作】　年内，区生态环境局开展 2018 年饮用水水源地保护专项行动“回头看”，2019 年饮用水水源地保护专项行动，对水源地保护区内潜在污染源进行摸排，建立斋堂水库、永定河山峡段水源地保护问题整改台账，结合创建北京市基本无违建区，拆除河道蓝线范围内违建 17.1 万平方米，斋堂水库上账 4 个问题点位全部整改到位，保护区范围内养殖业全部退出，落实农药化肥减量措施，严格控制农业面源污染，确保饮用水安全。建立健全辖区内街道（乡镇）间水环境区域补偿机制，落实街道（乡镇）治污责任。依照《门头沟区跨乡镇界水体断面补偿办法》，按月监测镇街的水环境质量，将每月进行考核、评价。加快农村污水治理设施建设，基本实现农村地区污水处理全覆盖。全面落实河长制，建立第三方检查考评、通报机制，成功创建水生态文明试点城市。

（王　珊）

【防范建设用地新增污染】　年内，区生态环境局强化空间布局管控，深入研究全区各类用地布局，合理布局市政基础设施用地。全面禁止施用列入国家名录的高毒、高残留农药，全面推广科学施肥技术，推行农作物病虫害专业化统防统治和绿色防控，推广高效低毒残留农药和精准高效植保机械，开展节能减排减少面源污染有机肥补贴工作，严格控制农业面源污染。开展耕地土壤环境质量类别划分工作，加强对永久基本农田集中区域管理，严格建设用地准入。建立污染地块的建设工程规划许可证、施工许可证、环境影响评价联动监管机制，2019 年全国污染地块土壤环境管理系统中门头沟区无新申报地块；军庄奕帆汽修厂地块完成场地详细调查工作。强化污染防治责任落实，区政府与北京首钢生物质能源科技有限公司和北京市门头沟区垃圾无害化处理中心签订土壤污染防治责任书。

（王　珊）

【自然保护地监督】　年内，区生态环境局成立“绿盾 2019”自然保护区强化监督领导小组，建立联席会议制度，制定《门头沟区“绿盾 2019”自然保护地强化监督工作实施方案》，对国家级整改点位逐一核查整改，整改完成后制定巡护计划加强该区域的日常管护。

（王　珊）

【创城攻坚】　年内，区生态环境局生态创城小组积极响应公共文明劝导“市民爱心斑马线”大拇指点赞活动，做好“门头沟热心人在行动”志愿服务活动。组建“绿色行”志愿服务队，主要围绕“六五世界环境日”、防灾减灾及环保科普宣传等主题开展志愿服务活动。截至 2019 年年底，累计开展志愿服务活动 12 次，按时完成“我为创城献一策”工作。开展环境保护和生态文明专题讲座 20 次，发放“致市民的一封信”和“打赢蓝天保卫战”宣传海报 6000 余份，聘请第三方向民众发放调查问卷300余份，认真做好门头沟区第三批“1+X”创城达标单位创建工作，持续开展“垃圾不乱扔”“垃圾随手捡”“礼让我点赞”“小手拉大手、文明一起走”等各类“文明天天见”志愿服务活动，累计上报区创城办信息60余条。

（王　珊）

【生态环境监测】 年内，区生态环境局共获得水质相关数据7689个，气相关数据1284个，污泥相关数据24个，土壤相关数据140个，噪声相关数据943个。

（王　珊）

【建设项目环评审批】 年内，区生态环境局完成项目环评审批14项（均为报告表）。其中，重点道路和市政配套工程类有6项，占比42.85%；生产研发类项目6项，占比42.85%；节水改造类项目2项，占比14.30%。所有审批项目均在承诺时限内办完。截至2019年年底，环境影响登记表备案共1001件。

（王　珊）

【环境信访工作】 年内，区生态环境局接到信访总数514件。其中“12369”环保投诉举报咨询中心接收43件、“12345”为民服务中心接收429件、来电来访接收34件，北京市网上信访信息系统接收8件，全部办结，办结率达100%。在全部信访件中水污染27件、大气污染272件、噪声污染183件、固废2件、其它类30件，其中包含油烟196件。

（王　珊）

【环境保护宣传】 年内，区生态环境局联合区委党校、团区委等单位，广泛动员企业、学校、社区等不同群体，充分发挥志愿服务组织和志愿者作用。邀请专家到葡东社区开展“保护环境 珍爱生命 关爱地球”环保讲座；组织志愿者在滨河公园给过往行人发放环保书籍、材料以及环保扇子等宣传物品，并清洁周边公共设施；在门头沟区中昂时代广场，通过悬挂横幅、摆放宣传标语展板、发放环保宣传材料，现场趣味问答以及捡拾垃圾开展环保宣传；育园小学开展以“世界环境日”为主题的科普宣传教育活动。向社区居民和路人发放《北京绿色出行达人手册》《现代女娲补天—你应当知道的臭氧空洞》《北京市民绿色消费指南》等宣传材料5000余份，环保袋、扇子等宣传品2000余份。年内，开展环境保护和生态文明专题讲座20次。发放“致市民的一封信”和“打赢蓝天保卫战”宣传海报6000余份。组建“绿色行”志愿服务队，主要围绕“六五世界环境日”、防灾减灾及环保科普宣传等主题开展志愿服务活动。

（王　珊）

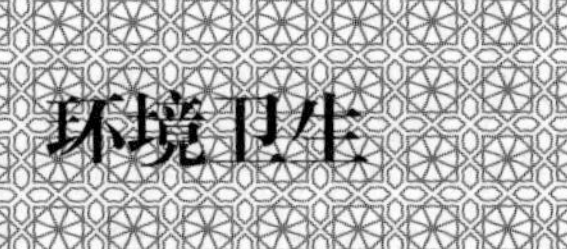

环境卫生

【概况】 2019年，门头沟区环境卫生服务中心（简称区环卫中心）在编干部、职工118人。中心机关下设办公室、业务科、设施设备管理科、财务科、人事教育科、安全监管科、调度指挥部等7个科室。中心下设6个专业作业单位，分别为环卫中心一队、环卫中心二队、环卫中心三队、门头沟区生活垃圾转运站、门头沟区斋堂环卫所、门头沟区粪便无害化处理厂（委托北京隆润公司管理）。

单位名称：北京市门头沟区环境卫生服务中心
地　　址：北京市门头沟区冯村西里
电　　话：69843036
邮　　编：102308

（周　莹）

【环境治理】 1月16日至17日，区环卫中心对三家店四局菜市场大坑周边积存垃圾进行突击清运。共清运积存垃圾8吨。21日，区环卫中心对龙泉镇、永定镇10余处检查点位进行突击保洁，并加强对暴露垃圾、废弃家具、堆物堆料、非法小广告的清理力度。22日至28日，区环卫中心开展节前环境卫生大扫除活动。清理机关大院6个，清理街巷数3个，清理堆物堆料、垃圾数29.5吨，清理地下车库、自行车棚各1处，清理白色污染66公斤，清除非法张贴小广告851张。3月5日至6日，区环卫中心对再生水厂搅碎后的堆积垃圾进行突击，共清运垃圾9车，垃圾20余吨。3月26日至4月2日，区环卫中心组织开展清除“城市牛皮癣”环卫专项行动，清理70条道路，清除小广告5879张。

（周　莹）

【业务工作】 1月22日，区环卫中心开展公厕冬季养护及管理，组织人员对公厕设施进行普查，对水管、水龙头等设备全面检查，对发现的问题第一时间出动维修人员到现场进行处置。加强对公厕管理员的培训管理，要求公厕管理员注意公厕冬季用水用电安全，认真填写《公厕保洁员及管理员日志》，做好公共厕所维修保养记录，杜绝跑、冒、溢、漏等现象发生。2月14日，区环卫中心开展扫雪铲冰工作，出动人员816人，1175人次，出动融雪车、清扫车及其他车辆共计45辆，68车次，共撒播融雪剂12吨，施洒融雪剂溶液43吨。高考与中考期间，区环卫中心调整小区作业时间，实行环卫日间静音作业。在考试时间外对考场周边道路每日增加1次至2次洒水，为考生创造整洁舒适的考试环境。8月，区环卫中心开展夜间保洁专项作业19次，出动人员233人次，车辆189辆次，清理垃圾46吨。

（周　莹）

【安全生产】　1月24日，区环卫中心联合检查组对环卫中心所属清扫班、垃圾楼、公厕等开展春节前业务、安全联合大检查。对检查出的问题要求各单位春节前整改完毕，确保春节期间环卫各项业务工作安全有序开展。4月1日至3日，区环卫中心各队、站、所开展安全生产大检查，围绕用电安全、车辆安全、消防安全、食堂、车间、宿舍安全，出动检查组5个，检查出安全隐患5项、整改落实5项。10月9日，区环卫中心检查组对门城地区部分公厕开展安全专项检查行动。经检查，总体情况良好，对于存在安全隐患的，检查人员责令公厕管理人员当场整改到位。12月11日，区环卫中心领导采取“四不两直”方式，对斋堂所所内和所管辖的109沿线公厕、垃圾楼、填埋场进行安全、业务综合检查。

（周　莹）

【慰问职工】　2月3日，区领导张冰等慰问一线环卫职工，向职工代表们拜年并送上新春祝福。7月4日、15日，区城管委及区环卫中心主要领导到新桥大街、石担路、西北环线等路段，慰问奋战在环境保洁作业一线的广大职工。12月27日，区总工会领导同中营建设集团工作人员慰问奋战在环境保洁一线的环卫职工。

（周　莹）

【节日保障】　2月4日至10日，区环卫中心出动人员6363人次，出动各类作业车辆1781车次，清扫、保洁道路323万平方米，清掏粪便760.36吨，清、转运垃圾3425.34吨，收运烟花爆竹残屑4.835吨。4月5日至7日，区环卫中心出动人员2716人次，出动各类作业车辆781车次，清扫、保洁道路323万平方米，清掏粪便275.82吨，清运垃圾799.18吨，转运垃圾760.54吨。5月1日至4日，区环卫中心共出动人员3247人次，出动各类作业车辆1352车次，清扫、保洁道路323万平方米，用水量2960吨，清掏粪便713.12吨，清运垃圾1109.66吨，转运垃圾1044.16吨。6月7日至9日，区环卫中心出动人员2825人次；出动各类作业车辆955车次；清扫、保洁道路331万平方米；清运垃圾796.3吨；转运垃圾吨781吨；清掏粪便567.3吨。

（周　莹）

【应急保障和演练】　2月22日，区环卫中心启动空气重污染城市道路清扫保洁应急预案，对全区30条重点道路增加1次及以上清扫保洁作业，同时在温度条件允许的情况下进行洒水降尘作业。22日至24日，区环卫中心共出动作业人员1387人次，车辆245车次，用水量1519吨，检查人员86人次。3月3日，区环卫中心接到空气重污染橙色预警后及时启动应急预案，出动人员1399人次，出动道路作业车辆225车次，用水1100吨，出动自查人员84人次。18日，区环卫中心接到空气重污染预警后及时启动应急预案，对全区30条重点道路增加1次及以上清扫保洁作业，同时在温度条件允许的情况下进行洒水降尘作业。6月26日，区环卫中心转运站开展消防应急演练活动，全体人员使用灭火器对现场小型模拟火点进行灭火，亲身感受如何使用正确消防器材。7月24日，区环卫中心落实区政府开展门头沟区“迎国庆、治污染、保环境”60天专项行动。10月13日，区环卫中心为第十届北京国际山地徒步大会清水站提供10座移动公厕，并组织8名志愿者捡拾赛道沿线垃圾。25日，区环卫中心收到空气重污染预警后及时启动应急预案，对门城重点道路在常规作业基础上增加一遍次机械作业，减少交通扬尘污染。11月29日，区环卫中心及时出动融雪设备，在各主要路段展开作业，全力扫清路面积雪，确保人员、车辆出行安全。截至30日凌晨1点，累计出动各类作业人员共420余人次，出动多功清扫车、除雪车等作业及检查车辆120余车次。

（周　莹）

【志愿活动】　3月5日，区环卫中心志愿者服务队组织开展“学雷锋助创城”活动。7月27日，区环卫中心机关党委开展“烟头不落地，城市更美丽”志愿服务主题活动，组织机关全员沿滨河路、双峪路2条主要干线捡拾街边烟头，清除白色垃圾。11月14日，区环卫中心26名职工参与义务献血。

（周　莹）

【共建活动】　3月31日，区环卫中心与航天四院工地联合清理莲石湖西路路面遗撒，采用机械与人工相结合的作业模式，冲刷清扫路面2000余平方米。4月10日，区环卫中心与大峪办事处“共建卫生区，同创文明城”，对增产路南侧72号院拆迁遗留地块内多年积存垃圾进行集中清理，清理清运垃圾56吨。5月10日，区环卫中心到大峪二小附属幼儿园宣传环卫事业，共同开展“城市因你而美丽”主题活动。9月29日，区环卫中心对接区城管委、石景山区环卫中心等多部门，完成长安街西延线“开荒式”专项环境治理，清理垃圾8吨。

（周　莹）

【学习培训】　5月9日，环卫中心业务科及环卫一队对中标公司保洁人员进行现场业务培训。6月18日，区消防队消防员到环卫中心开展消防安全知识宣讲。宣讲内容涵盖消除火灾隐患、组织初期扑救、人员疏散逃生等方面。9月26日，北京市环境卫生管理事务中心委托第三方公司到门头沟区组织开展环卫基础设施台账核查工作，并对8月1日的设施暗查情况进行通报。环卫中心暗查核查样本6个，正确率100%。此次核查，共检查环卫设施4座，公共卫生间4座，环卫车辆8辆，环卫道路2条。9月27日，区纪委监委第一纪检监察室领导到区环卫中心检查指导空气重污染应急保障及安全工作。10月17日，区环卫中心举办急救知识讲座。活动中，区医院急救中心的医务工作者讲解在拨打120热线时应当注意的各类事项，对遇有人员受伤，应当如何冷静处理伤口、有效包扎，进行现场示范。

（周　莹）

【创建全国文明城区】　5月13日，区环卫中心党组召开“五城联创”专题民主生活会。会上，传达区委的相关精神和部署。中心党组成员逐一梳理查摆在创城工作中的得失，制定整改方案。7月19日，区环卫中心与西城区环卫中心交流座谈。重点围绕西城区创城工作先进经验进行交流，双方就实现“三个统一”、“两个全面”的共建模式形成长效机制。31日，区环卫中心联合下属各队、站、所，成立3个检查组，由中心领导分别带队，采取“四不两直”的方式，对辖区207座公厕、24座垃圾楼、主要干路两侧环境卫生进行地毯式的突击检查。

（周　莹）

百花山国家级自然保护区

【概况】　2019年，百花山管理处坚持稳中求进，高举生态大旗，以创建国家公园为主体的自然保护地体系为目标，以建设环首都公园为推力，立足生态涵养区的功能定位，科学规划布局，持续推进保护区生态系统良性健康发展。

单位名称：北京市门头沟区百花山管理处
地　　址：北京市门头沟区清水镇张家铺路102号
电　　话：69836484
邮　　编：102300

（王敏杰）

【科研监测与野生动物救护】　3月至8月，百花山管理处受理入区教学实习8次和苔藓植物多样性调查、昆虫物种资源的调查、土壤样品采集、有瓣蝇类资源调查等科研活动4次，收到成果5份。对保护区周边的农田、撂荒地、路边等区域设置81个保护区外来物种粗毛牛膝菊的监测样方；开展动物监测工作，布置红外相机80余台，多次监测到褐马鸡、勺鸡，狍子等动物的活动痕迹；开展植物监测工作，监测到重点植物大花杓兰200余棵、黄檗100余棵。4月，百花山管理处救护国家二级野生保护动物——普通鵟1只。

（王敏杰）

【社区发展和资源保护办公室成立】　6月，百花山管理处与清水镇政府成立“百花山自然保护区社区发展与资源保护办公室”，办公室设置在清水镇政府，调派百花山管理处资源保护科2名工作人员和清水镇1名工作人员，专门负责协调清水镇社区发展和资源保护相关事项。

（王敏杰）

【安全保障工作】　年内，百花山管理处多次召开安全保障工作会，制定安全生产保障工作方案。国庆前夕，专项安全检查8次，发现安全隐患，制订问题整改清单，立时整改。9月，制定完成2019年度至2020年度森林防火工作预案、方案，与保护区各村居、周边有林单位签订护林防火责任书，明确防火范围及责任分工；10月中旬起，采用定期或不定期检查的方式监督检查保护区下属各单位护林防火工作预案方案实施情况、联防协议落实情况、护林员上岗情况、森林防火扑救应急预案及半专业扑火队伍建设情况。

（王敏杰）

【党建工作】 年内，百花山管理处制订《2019年百花山管理处创建党建品牌实施方案》，细化责任分工，明确任务目标，开展党建品牌创建活动；全面提升意识形态工作水平，落实意识形态工作研究报告制度和商研判制度，制订《百花山管理处2019年意识形态工作要点》。组织召开全处“不忘初心、牢记使命”主题教育工作会议，组织党组成员开展集中学习累计6天，专题教育共5次，专题集中研讨2次，实地调研18次，座谈会1次。全年专题研究意识形态工作4次、开展会商研判4次、召开全体中层干部意识形态情况通报会2次、全体党员意识形态情况通报会1次、向农工委报告意识形态工作1次，完成“百花山管理处关于新形势下做好党支部规范化建设的研究”“北京百花山国家级自然保护区一区一法建设探讨”和“保护区安全管理工作”等3个调研课题，通过实地走访、调查研究完成调研报告3篇。

（王敏杰）

【“绿盾”2019专项行动】 年内，百花山管理处落实“绿盾2019”点位核查工作。经核查，4处国家下发点位均为清理区内废弃养殖棚后复绿点位，已种树或自然恢复，无需整改。开展“绿盾2017-2018”回头看，各管理站每月对往年点位进行巡查，掌握点位动态；“绿盾2017”西达摩村废弃工矿点位完成整改；解决“绿盾2018”自然保护区监督检查专项行动提出的“国家级和省级自然保护区管理有关问题”事项，完成百花山保护区界碑及标牌项目，补充区碑2块，保护区界碑6座，界桩180个，标牌100个。

（王敏杰）

【创城、创森宣传】 年内，百花山管理处被评为创城工作景区及单位双达标。全年张贴创城、创森海报54张、发布电子宣传屏信息96次，网站信息63条，微信推送65条。开展“保护环境，从我做起”、垃圾随手捡，文明天天见等活动24次，回收垃圾43.2公斤，向访客宣传环保理念，发放环保垃圾袋约500个，环保手册1600余张。

（王敏杰）

【走失游客搜寻】 年内，百花山管理处助力森林公安定位寻找走失游客，找回游客5名。

（王敏杰）

【旅游服务设施完善】 年内，百花山保护区补充界碑及标牌项目区碑2块，保护区界碑6座，界桩180个，功能区桩280个，标牌100个。

（王敏杰）

城乡建设与管理

规划和自然资源管理

综 述

【概况】 2019年3月26日，北京市规划和自然委员会门头沟分局挂牌成立（以下简称“市规划自然资源委门头沟分局”或“分局”），下设内设机构13个，分别是办公室、法制科（信访与信息公开科）、规划编制与城市设计科、市政交通科、规划实施科、综合审批科（规划土地核验科）、自然资源调查监测科、自然资源所有者权益科（自然资源开发利用科）、自然资源保护科、国土空间生态修复科（矿产资源管理科）、财务科、机关党委（党建工作科、人事科）、纪检办公室。7月9日，经北京市规划和自然资源委员会党组审批，将“北京市门头沟区规划和国土资源执法队”更名为“北京市门头沟区规划和自然资源执法队”，下设4个规划和国土资源管理所（办公地点分别设在永定、龙泉、王平、斋堂），为分局所属行政执法机构。所属5个事业单位，分别是：北京市门头沟区不动产登记事务中心、北京市土地整理储备中心门头沟区分中心、北京市门头沟区土地利用事务中心、北京市门头沟区城市建设档案信息中心、北京市门头沟区规划研究中心。另外，经北京市门头沟区机构编制委员会审批，北京市门头沟区土地储备事务中心，归口区住房城乡建设委管理，人员及日常业务工作接受分局指导。分局共有编制183个，实有人数155名。年内，《门头沟分区规划（国土空间规划）（2017年-2035年）》获2019年度北京市优秀城乡规划特殊贡献奖（一等奖），《门头沟区村庄民宅风貌设计导则》《北京市门头沟区妙峰山镇炭厂村村庄规划》获2019年度北京市优秀城乡规划一等奖。

单位名称：北京市规划和自然委员会门头沟分局
地　　址：北京市门头沟区新桥大街48号
电　　话：21724290
邮　　编：102300

（王静静）

【综合业务】 年内，市规划自然资源委门头沟分局形成“研究不办件、办件严执行”的相互监督机制，清晰划分建设项目研究决策与行政审批的行政边界。核发行政许可及技术服务类事项223件，其中选址意见书及用地预审合并办理24件，建设项目规划条件5件，建设用地规划许可证4件（含临时），建设工程规划许可证79件（含临时），乡村建设工程规划许可证2件（含临时），简易低风险13件，规划核验意见43件，设计方案函1件，国有建设用地使用权协议出让合同变更1件，建设项目压覆重要矿产资源审批4件，道路工程临时建设用地批准1件，征地结案7件，国有建设用地使用权划拨批准2件，地名及建筑物名称核准14件，规划许可有效期延续10件，不予行政许可13件。

（崔桉伟）

【行政督察】 年内，市规划自然资源委门头沟分局办理督查督办事项共328项。其中区委区政府转来的涉及分局重点任务台账及会议调研议定事项共135项；督办委领导交办部署事项51项；分局领导交办及局长办公会督查事项共102项；区生态环境局、区发展改革委等单位转来涉及环保督察、大气污染防治、生态保护等各类督查涉及分局任务共40项。

（杨　林）

【信息公开】 年内，市规划自然资源委门头沟分局主动公开政府信息1195条，接受公民、法人及其他组织政府信息公开方面的咨询131人次，其中现场咨询30人次，占总数的23%，电话咨询101人次，占总数的77%；受理依申请信息公开194件，其中当面申请164件，占总量的85%，信函形式申请27件，占总量的14%。网页形式申请3件，占总量的1%。从申请的信息内容来看，主要涉及征地、土地登记、规划审批等信息，均严格按照程序进行办理。

（王　远）

【信访工作】 年内，市规划自然资源委门头沟分局办理信访投诉请求84件，较上年同期下降7%。根据来源类别划分，群众来信31件，群众来访40批次154人次，网上信访13件。根据群众反映事项类别划分，违法占地及违法建设类41件，占总量的49%；规划审批及设计类27件，占总量的32%；不动产登记类10件，占总量的12%；非法盗采类2件，占总量的2.5%；土地征收类2件，占总量的2.5%；房屋补偿类1件，占总量的1%；不予受理类1件，占总量的1%。共督办承办科室28次，均按期完成答复。未发生群众越级访、缠访及闹访等情况。

（王　远）

城乡规划

【概况】 门头沟区位于首都西部，长安街西延长线与永定河水系和西山山脉交汇处，是新版北京市城市总体规划中明确的生态涵养区之一。市规划自然资源委门头沟分局完成《门头沟分区规划（国土空间规划）（2017年—2035年）》（以下简称《分区规划》）编制工作，11月20日获市政府批复。压茬启动新城街区控规及镇域国土空间规划编制工作，完成新城街区控规“街区（单元）指引”及试点街区方案。落实乡村振兴战略，完成138个村庄规划区级联合审查工作。推进地块控规编制审批8项，服务重点项目实施落地。把脉城乡规划，形成《2018年度门头沟区城市体检报告》，并经区政府审议通过。开展“点状供地”试点研究工作，形成《门头沟区“点状供地”实施规划》。

（安　酌）

【规划编制】 11月20日，《分区规划》正式获市政府批复。12月11日，区政府在政府网站公开《分区规划》成果，供社会各界查阅、监督。研究制定《门头沟新城控制性详细规划（街区层面）编制工作方案》《门头沟区镇域国土空间规划工作方案》，完成新城街区控规“街区（单元）指引”方案编制，将《分区规划》中确定的新城总体“人、地、房”指标进行单元划分，选定新城北部03—07街区作为编制试点。共获三家店粮库、阜外医院、石龙五期等各类项目地块控制性详细规划批复8项，总面积123.34公顷，总建筑规模137.49万平方米。完成138个村庄规划区级联合审查工作，组织召开区级联审会14次、核发审查意见10件、代拟批复请示19件。全区共109个村的美丽乡村规划取得区政府批复。

（安　酌）

【城市设计】 年内，市规划自然资源委门头沟分局组织公众参与，加强实地调研，构建完善的城市设计体系，将工作成果完善到《分区规划》“城市设计专题”。开展新城19和20街区（新首钢协作区）城市设计条件编制征集工作，加强新城南部地区城市风貌管控。开展永定河文化博物馆城市设计条件研究工作，深入研究博物馆建筑体量、城市界面、交通组织等设计要素，组织专家联审会进行评议，并通过区政府审议。

（安　酌）

【城市体检】 年内，市规划自然资源委门头沟分局组织完成《2018年度门头沟区城市体检报告》。此次城市体检，共梳理各单位提供的数据指标、年度工作总结等资料50余份，收集并分析网络调查问卷850余份，重点把脉规划实施的阶段特征和问题，研判规划实施和城市发展中趋势性、结构性问题，有针对性的提出对策和建议。

（安　酌）

【历史文化名城保护】 年内，市规划自然资源委门头沟分局制定《门头沟区传统村落内危房改造指导意见》，提出传统村落核心保护区内外院落及房屋的修缮设计引导要求，强化传统村落的保护机制研究。全过程参与规划编制、专家评审、部门联审等环节，有力推进清水镇张家庄、燕家台2个传统村落保护规划成果上报工作。配合市规划自然资源委开展北京市第二批及第三批历史建筑的普查与认定工作，全区共认定38处84栋历史建筑，包括京西电厂、北京明珠琉璃有限公司、大台车站工业遗产等民国建筑，以及具有门头沟地方特色的传统民居建筑，遍布雁翅镇、龙泉镇、斋堂镇、清水镇、王平镇、大台街道等区域。

（安 酌）

【规划研究】 年内，市规划自然资源委门头沟分局开展“点状供地”试点研究工作，按照平衡产业用地与宅基地指标、细化建设用地与建设类型、控制占白地及解决历史遗留问题、注重实施时序、严控用地与建筑规模等工作原则，通过镇、区上下4轮对接校核，形成《门头沟区“点状供地”实施规划》。开展《分区规划》重点专题研究，深化“生态安全与空间管控”“城镇体系与村庄布局规划”“城市设计”“土地利用与建设用地减量”“综合防灾”等5个专项规划及研究工作，形成专项规划及研究成果，并将核心内容纳入《分区规划》。开展非建设空间差异图斑处理研究课题。系统分析规划国土、水务、园林、生态环境等各行业规划中各类现状及规划数据间存在的差异性图斑特征，从统计口径、地类认定标准、用地管理权责、工作精度与用地统计的时效性等方面进行梳理归类，提出各类差异图斑的处理原则，通过构建规划实施规则库、明确实施原则及路径建议，为全市非建设用地空间差异图斑处理提供门头沟经验。

（安 酌）

【规划管理】 年内，市规划自然资源委门头沟分局办理完成新建社会投资简易低风险工程建设项目建设工程规划许可证13件，建筑规模1.52万平方米。办理完成新建社会投资简易低风险工程建设项目全流程案例2项。办理完成建设项目“多规合一”综合实施方案16件，初审意见6件，土地供应审核意见5件。累计办理道路及市政交通场站项目审批手续76件，完成市政交通基础设施工程“多规合一”平台协同意见共16项，审批研究道路及市政交通场站项目总用地面积386余公顷，总长度220余公里。办理规划核验43件，建筑规模109余万平方米。经窗口受理的8件，依建设单位公函方式申请22件，全过程监督完成后主动办理核验12件，联合验收1件。

（陈鑫雅）

土地资源

【概况】 门头沟区位于北京市西部，坐标为北纬39° 48’—40° 10’，东经115° 25’—116° 10’。东临海淀区和石景山区，南接房山区和丰台区，西部及西北部与河北省的涞水县、涿鹿县以及怀来县接壤，北与昌平区为邻。辖区设13个街道办事处（镇）。根据2017年度土地变更调查数据，全区土地总面积现为1447.85平方公里，土地利用现状面积详见表。

（安 酌）

【土地利用规划】 年内，市规划自然资源委门头沟分局完成采空棚户区改造9个地块、3751-C等5个项目的土地利用总体规划动态维护，共调整面积8.83公顷。

（安 酌）

【耕地保护与土地整治】 年内，市规划自然资源委门头沟分局开展耕地保护工作，全面落实耕地和基本农田保护责任。完成3个乡镇、17个村庄的区-镇、镇-村两级年度耕地保护目标管理责任书签订工作。严格落实耕地占补平衡制度，完成耕地占补平衡项目8个，补充耕地3.5462公顷。门头沟区石龙高新技术产业用地土地一级开发项A区、B区占用耕地耕作层土壤剥离利用完成验收。门头沟区采空棚户区改造和环境整治圈门B、C、D地块、门头沟区永定镇南区棚户区改造和环境整治项目、石门营粮库迁建工程共计5个项目占用耕地耕作层土壤剥离利用实施方案评审工作。双大路二期（柏峪—斋幽路）道路工程临时用地项目复垦方案完成评审。

（吴梦扬）

【集体建设用地】 年内，市规划自然资源委门头沟分局完成集体土地征收前期工作16项，涉及土地总面积521.6729公顷，农转非安置人数341人。取得北京市政府征地批复12项，涉及土地总面积303.7855公顷，农转非安置人数647人。完成征地结案工作7项，涉及土地总面积235.9735公顷，农转非安置人数631人，征地补偿费101234.3045万元。办理临时用地审批项目1项，涉及用地面积0.4661公顷。

（熊 志）

【土地储备与土地市场】 年内，市规划自然资源委门头沟分局实施土地一级开发项目16个，其中市区联储及分中心为主体项目3个，分中心为主体项目7个（含工业用地项目），企业为主体项目6个（含工业用地项目）。截至12月，在施土地一级开发项目共完成投资26.29亿元。市政府批准的《北京市2019年度建设用地供应计划》文件中，门头沟2019年度商品住宅用地计划指标13公顷，年度入库任务是25公顷。2019年年底，全区完成13.89公顷商品住宅用地供应，完成率107%；完成25公顷的土地入库任务，完成率100%，实现商品住宅用地供应及入库指标双完成。

（李春雪）

【土地利用】 年内，市规划自然资源委门头沟分局编制完成《门头沟区2019年度建设用地供应计划建议方案》。完成土地供应43.47公顷，其中保障性安居工程用地14.73公顷，商品住宅用地25公顷（入库25公顷，供地13.89公顷），公共管理与公共服务用地0.51公顷，交通运输用地3.23公顷。

（刘婷婷）

【不动产登记】 年内，市规划自然资源委门头沟分局受理完成不动产登记26141件，收取登记费人民币6127870元，收取土地出让金人民币8047963元；利用"互联网+"技术，完成了年度土地利用现状变更调查和遥感监测工作；完成不动产登记档案数字化20975卷、文书档案1710件、专业档案52216页。接待查询3294卷次，自助查询机查询651卷次。

（周美雪）

【权籍调查】 年内，市规划自然资源委门头沟分局完成不动产权籍调查83件，完成区采空棚户区安置房、市政配套工程等31个项目用地权属审查告知工作，为区政府、各委办局、公检法、镇街、分局相关部门提供权属类核查170余次；为全区美丽乡村建设、百万亩造林、"多规合一"和简易低风险项目等工作提供土地利用现状图33张；出具各类权属地类证明及复函39份；为13个建设项目出具了土地利用现状预审意见；为4个建设项目，核查了村集体土地面积，共计286.39公顷；为5个简易低风险项目核实土地利用现状情况；多次配合创建无违建区工作核实违法建设范围权属情况，为执法队核查提供权属信息2万余条。

（周美雪）

地质·矿产资源

【概况】 门头沟区矿产资源较为丰富，主要矿种包括煤炭、石灰石、叶腊石、砂石等。截至2019年年底，门头沟区共有采矿权7个，其中煤矿2个，分别是北京昊华能源股份有限公司木城涧煤矿（已关停）、大台煤矿（已关停）；非金属矿2个，分别是北京首钢鲁家山石灰石矿有限公司（南区）和北京潭龙鑫磊矿业有限公司叶蜡石矿；矿泉水3个，分别是北京中宝饮用水有限公司、北京中门清泉矿泉水厂（采矿证到期）和北京双龙峡矿泉饮料有限公司（已停产）。

（王　凯）

【地质灾害】 1月至5月，市规划自然资源委门头沟分局对全区702个各类地质灾害隐患逐一排查，并将隐患台账分别移送各镇街及公路、旅游、教委等部门。5月印发《北京市门头沟区2019年度突发性地质灾害防治方案》，召开区地质灾害防治工作会，全面部署2019年度地质灾害防治工作，并对98名群测群防员进行培训。由主管区长与各镇街、各部门签订《地质灾害防治工作责任书》。4月至5月，发放防灾知识手册、宣传折页等各类宣传材料1000份。汛前发放到位村级明白卡60份，户级明白卡799份。7月11日、13日、16日，分别在斋堂镇川底下村、妙峰山镇岭角村、王平镇西王平村组织应急演练。全年共启动黄色预警2次、蓝色预警5次，实现2019年度安全度汛。

（田嘉楠）

【地质遗迹】 年内，《北京市门头沟区地质遗迹详细调查成果报告》通过专家评审会评审，最终确定110处地质遗迹，包括剖面、构造古生物化石矿岩等7大类、20类和30亚类地质遗迹，通过层次分析法和对比评价确定地质遗迹世界级1处（庄户洼雾迷山期溢出丘）、国家级2处（下苇甸寒武纪地质事件剖面、立石台下马岭组剖面）、省级27处和地方级80处。

（王　凯）

【矿山地质环境】 年内，市规划自然资源委门头沟分局完成上苇甸采石场治理区和妙峰山第二采石场治理区等10个治理区废弃矿山生态环境修复治理项目，治理面积为85.94公顷。

（王　凯）

【地质资料管理及矿产储量评审】 年内，市规划自然资源委门头沟分局对辖区3家矿山平均每月至少检查1次，全年未发现越界开采行为；完成上年度矿山年检，合格率100%。定期与固体矿山图纸交换，监督矿山严格按照《矿产资源开发利用方案》开采。

（李　霄）

专项管理

【执法监察】 年内，自然资源部卫片监测门头沟区变化图斑185个，其中土地卫片180个，矿产卫片5个。通过外业核查和内业审核，查清全部图斑情况。按照年度卫片执法检查要求，土地卫片违法图斑67个，其中32宗一般性违法用地全部拆除整改到位，拆除建（构）筑物及硬化地面面积共13750平方米；35宗重点工程及乡村民生工程项目已提交市规划自然资源委审核待完善用地手续，依法履职到位率100%。矿产卫片5宗，经查，1宗为合法图斑，4宗为伪变化。年度卫片顺利通过市级验收，年度内门头沟区未被市政府警示约谈。全年填报北京市行政执法信息服务平台行政执法检查单1862件，检查量74.48件/人；填报行政处罚案件203件，处罚量8.12件/人，超额完成市级指标任务。全面清查“大棚房”三类问题，经核查，门头沟区无“大棚房”三类问题。其他直接占用耕地建设非农设施项目共210宗，占地面积2769.59亩，耕地面积830.73，基本农田面积8.2亩。其中，一般违法项目100宗（全部整改到位），其他取得用地手续、无问题、保障房、重点工程、公共公益、一户一宅等项目共110宗。浅山区违法占地违法建设专项治理工作中，第一轮下发门头沟区图斑共158宗，占地面积6073.8亩，其中的一般性违法项目已全部拆除。第二轮下发图斑16712个，面积2459.88亩，经核查分类，涉及一般性违法项目图斑1286个（总面积244.51亩）。截至12月底，一般性违法已拆除1018个图斑，其余268个图斑移交区打违办，结合创建基本无违建区工作进行分类处理。

（李　霄）

【地籍地名管理】 年内，市规划自然资源委门头沟分局核发地名及建筑物名称核准共14件，其中建筑物名称核准8件，不予核准1件；道路命名4件，道路名称调整1件。完成近30年区地名管理历史档案资料扫描、梳理、核实、汇总、录入217件；汇总8500余字提供档案史志馆作为基础资料；完成地名志地名管理篇初稿2个章节，3万余字，通过验收。

（刘　岩）

建设管理

【概况】 2019年，门头沟区注册的房地产开发企业共有174家，完成房地产开发投资87.8亿元，受理办结开发企业资质70项；受理建设工程招投标项目36项，投资金额35.5亿元，建设规模72.01万平方米，道路及管线里程50.25千米；全区开复工面积452.07万平方米，在施工程面积421.50万平方米，同比减少30.4%，竣工面积106.37万平方米，同比减少-11.48%；保障性住房开工建设5417套，竣工11534套；新申请公共租赁房791户，公共租赁住房补贴备案206户，市场租赁补贴备案443户，对门头沟区华宸雅苑公租房项目进行摇号配租。对符合条件的公租房、人才公租房和市场租赁住房三类补贴金共3694.94万元；公租房采用人脸识别系统与门禁系统相结合，运用信息技术手段提升使用监管水平。2019年度门头沟区棚户区改造任务为5户。截至7月底，累计完成改造6户，超额完成年度目标任务；房屋交易共办理预售许可初审8件，受理商品房投诉369件，存量房网签1958件，出售新建商品房915套，均价49717元/平方米；2019年，全委做出行政处罚230起；受理来信来访153件，信息公开59件次，全部办结为民服务中心转办案件1775件。

单位名称：北京市门头沟区住房和城乡建设委员会
地　　址：北京市门头沟区滨河路18号
电　　话：69842655
邮　　编：102308

（陈　琢）

【组织人事】 年内，区住房城乡建设委完成干部人事档案专项核查“回头看”工作；完成2019年度集中检查考核工作，承担全面从严治党、综合考评及意识形态工作专项检查；完成“七五”普法工作；完成机关机构改革工作；完成区房地产交易所、区建工培训学校注销工作；完成公务员职务与职级并行工作；完成公务员职级晋升工作，调整干部38人次。

（朱　凡）

【工程安全质量监管】 年内，区住房城乡建设委实施拉网式监督检查。全区开复工工程104项，其中房建开复工面积452.07万平方米，道路开复工总里程27.89米，全年开展安全质量检查725次，出动安全质量检查人员2194人次，查出隐患1349条，下发责令改正通知书29份，处罚共85起，罚款共计283.5201万元。通过短信平台传达各类安全、应急信息1万余条。

（李 冰）

【建筑市场管理】 年内，区住房城乡建设委共受理建设工程招投标项目36项，投资金额35.5亿元，建设规模72.01万平方米，道路及管线里程50.25千米。其中政府投资项目16项，投资金额3.67亿元，建设规模1.9万平方米，道路及管线里程50.25公里；国有非政府投资项目18项，投资金额27.1亿元，建设规模54.34万平方米；根据《门头沟区建设工程领域负面清单管理办法》，对出现质量安全问题、违法违规行为的25家施工、监理单位及26名项目经理等主要管理人员进行列管，禁止其在列管期内进入门头沟区有形建筑市场承揽工程。

（刘 华）

【房屋安全鉴定情况】 年内，区住房城乡建设委共受理房屋安全鉴定申请16件，总建筑面积为688平方米。其中低保户（困难户）房屋安全鉴定2件，建筑面积为124平方米；廉租房房屋安全鉴定11件，建筑面积为427平方米；依据产权人申请进行的房屋安全鉴定3件，建筑面积为137平方米，经鉴定后的房屋无一例得到投诉并且其鉴定结果得到广大人民群众的一致好评，群众满意率达到100%。

（池宝全）

【保障性住房建设】 年内，门头沟区保障性住房开工5417套，其中门头沟区永定镇冯村、何各庄地区3751-c地块棚户区改造及环境整治项目（一期）658套，龙泉镇大峪化工厂及周边地块棚户区改造及环境整治项目1845套，门头沟区永定镇南区棚户区改造和环境整治项目安置房工程995套，门头沟站货场铁路职工住房项目（安置房）286套，门头沟站货场铁路职工住房项目（公租房）96套，门头沟区潭柘寺镇定向安置房项目（二期）601套，北京市门头沟区永定镇曹各庄桥户营村MC00-0016-063地块F1住宅混合公建用地、MC00-0016-064地块R2二类居住用地项目936套。保障性住房竣工（基本建成）11534套。其中门头沟永定镇MC00-0017-6018-6020地块公租房607套，曹各庄A地块定向安置房项目2108套，石门营经济适用房部分转为采空棚户区定向安置房4782套，小园8号地块定向安置房项目978套，小园3A号地块定向安置房项目968套，门头沟区永定镇MC00-0015-0068等地块R2二类居住用地、F2公建混合居住用地、A33基础教育用地（原门头沟冯村、何各庄地区土地一级开发项目A地块部分地块南区）2091套。

（王 鹏）

【保障性住房审核分配】 年内，门头沟区新申请公共租赁房791户，公共租赁住房补贴备案206户，市场租赁补贴备案433户。10月31日，对门头沟区华宸雅苑公租房项目进行摇号。11月14日，组织申请家庭选房。

（魏英慧）

【保障性住房资金管理】 年内，区住房城乡建设委对符合条件的公租房、人才公租房和市场租赁住房三类申请人群发放补贴金，发放货币补贴共3694.94万元。

（魏英慧）

【保障性住房使用监督管理】 年内，门头沟区级持有4个公租房（包括人才公租房）项目，其中3个项目（永和新苑、安康小区、燕保龙泉家园1号楼项目）运用安装技防手段（人脸识别系统智能门锁等技术）。人脸识别系统与门禁相关联，落实到位，管控到单元，实现非承租家庭成员不得随意进入单元。新入住项目华宸雅苑在办理入住时人脸识别信息同步采集，在承租人搬家过渡期后安装采用人脸识别门禁系统。通过采用人脸识别等信息技术加强日常监管，有效遏制公租房违规转租转借等违规使用行为。

（殷国雄）

【棚户区改造】 年内，门头沟区棚户区改造任务为5户。截至7月底，累计完成改造6户，超额完成年度目标任务。

（张 林）

【配套设施管理】 年内，区住房城乡建设委召开5个项目配套设施审查会。实行“一个协议、四个确认单”工作机制，共签订建设移交协议3例，开具建设情况确认单7例、验收情况确认单11例、移交情况确认单54例。推动各居住项目配套设施（含代征用地）移交110处，共479845.528平方米，移交率为92%。推动2所配套幼儿园产权移交。推动全区棚改安置房项目配套商业设施移交，通过协议返还、项目回购等方式共移交54650.88平方米。

（杜　凯）

【房屋市场整体情况】　年内，区住房城乡建设委共办理预售许可初审8件，存量房网签1958件，受理投诉369件。出售新建商品房915套，均价49717元/平方米，新建商品房销售（含预售商品房和现售商品房）价格较2018年同比下降9.8%。全区备案房地产经纪机构41家，分支机构36家。其中在门头沟区实际经营的经纪机构共6家。全年共开展房地产开发企业在售项目销售现场执法检查40次；房地产经纪机构执法检查104次；违法群租执法检查共计125次，涉及房间451间，检查面积12001.45平方米。开展房地产经纪机构行政处罚7起，处罚金额21万元，开展住房租赁企业行政处罚8起，处罚金额9万元，开展房地产开发企业行政处罚1起，处罚金额3万元。

（李拥涛　李　萌）

【房屋实测绘成果审核】　年内，区住房城乡建设委共受理房产审核业务97件，累计建筑面积3405610.07平方米。其中实测绘成果审核项目67件，建筑面积2594781.00平方米，实测绘成果变更审核项目6件，建筑面积112822.97平方米，实预测数据对应项目24件，建筑面积698006.10平方米，共计出现场实地查看30次，办结97件。完成联合验收项目2件。处理测绘所历史遗留问题76件。参与天台山项目业主群体上访接访4次，参与或组织天台山项目讨论会7次。回复12345投诉电话108个。

（康小淇　王景海）

【房屋安全普查】　年内，区住房城乡建设委检查房屋816.35万平方米，其中楼房1391栋，789.57万平方米；平房10705间，15.71万平方米；涉及9个乡镇、4个办事处、22个自管房单位、22个物业企业。

（韩少伟）

【普通地下室安全检查】　年内，区住房城乡建设委共出动检查人员510人次，对291处普通地下室进行检查，发现隐患120个，立即整改120个，全部清理完毕，未发现散租住人现象。

（韩少伟）

【汛期房屋安全管理】　年内，区住房城乡建设委组织1支抢险队共集结上岗值班36次，上岗值班人数360人次。汛期响应大风蓝色预警9次，冰雹黄色预警6次，雷电蓝色预警9次，黄色预警4次，暴雨蓝色预警6次，黄色预警2次。出动雨中、雨后查房人员540人次，巡查平房6408间次，楼房1764幢次。出动车辆36车次，抽排水1处36余次，清通水道3处。汛期共修复平房漏雨20处，楼房8处。

（韩少伟　王　志）

【物业企业及人员管理】　年内，门头沟区从事经营服务的物业服务企业共53家，管理的小区或服务项目共97个（其中住宅项目68个，非住宅项目29个），共1187.46万平方米，从业人员3400余人。对全区群众反映问题较多的项目进行现场检查74次，对物业服务企业进行约谈26次。

（谭　笑）

【企业资质与人员注册管理】　年内，区住房城乡建设委累计审批建筑业企业资质1348家，其中办理新设立建筑业企业资质证书625家。累计办理二级建造师执业资格注册：7115人，其中初始注册666人，重新注册1833人，增项注册55人，延期注册303人，执业企业变更1300人，遗失补办25人，注销注册2933人。门头沟区建筑施工企业三类人员《安全生产考核合格证书》继续教育续期工作共计2501人，其中A本320人，B本986人，C本1195人。其中网络学习395人，面授学习2106人。资质证书变更546家。

（马爱华）

【建筑节能日常监管情况】　年内，区住房城乡建设委共办理建筑节能专项验收备案建筑单体50个，26.21万平方米。全区219家施工单位对在施工程进行建设工程材料采购备案，占比79%。

（刘　静）

工程服务

【概况】 2019年，区公共工程服务中心内设综合管理科、人事科、财务科、前期科、合同预算科、工程技术科、项目管理科7个科室；区建筑行业管理处企业管理科、外地施工队伍管理科2个科室。主要负责政府投资200万元（含200万元）以上或者建筑面积在2000平方米以上的社会公益性建设项目建设期间的统一建设集中管理工作；负责协助落实区内建筑业、建筑市场规范管理的事务性工作，承担建筑企业资质管理、施工管理和劳务队伍管理的日常工作。年内，区工程中心共负责实施蓝皮书重点工程7项，总建筑面积17万平方米，总投资13亿元。

单位名称：北京市门头沟区公共工程服务中心
地　　址：北京市门头沟区新桥大街51号
电　　话：69867334
　　　　　69850572
邮　　编：102300

（王志超　李玉静）

【军庄消防站建设工程】 年内，军庄消防站建设工程取得选址意见书、用地规证、用地预审、立项批复、权属审查、设计方案审查意见、初步设计概算、林转建及施工图审查，完成招标工作；进行现场踏勘。

（孙　莹）

【区教师进修学校综合教学楼改造工程】 年内，区教师进修学校综合教学楼改造工程取得规划条件、立项批复、建设工程规划许可证、园林绿化审查、人防备案、初步设计概算、施工图审查、完成招标、施工许可证；主体结构封顶，进行二次结构及屋面施工，完成整体工程量的65%。

（胡　昊）

【北京景山学校门头沟校区新建工程】 年内，北京景山学校门头沟校区新建工程前期手续齐全。一标段边坡支护部分包括1号-7号挡墙施工，已完成总体工程量的97%。主体结构部分包括1号楼、2号楼-A、2号楼-B、3号楼、4号楼的施工。主体部分已完成总体工程量的31%。二标段边坡支护部分为8-14号及16号挡墙施工，完成总体工程量的86%。主体结构部分包括10项单体建筑及门卫室，主体部分完成总体工程量的27%。

（胡　昊）

【育园小学新建工程】 年内，育园小学新建工程取得规划选址意见书、用地预审等前期手续，进行可研评审。

（孙　莹）

【门头沟档案馆新馆建设工程】 年内，门头沟档案史志馆新馆建设工程取得选址意见书、用地预审、设计方案初步审查意见、完成设计招标、立项批复。

（孙　莹）

【机构养老设施工程】 年内，新城20街区MC00-0020-0024机构养老设施工程取得工程规划许可证、施工图审查。

（孙　莹）

【基础教育用地新建幼儿园工程】 年内，新城20街区MC00-0020-0022地块A33基础教育用地新建幼儿园工程取得选址意见书、用地预审意见、水评、环评、稳评等批复。

（孙　莹）

城市管理

【概况】 2019年，门头沟区城市管理委员会（以下简称区城市管理委）在市政基础设施方面，大力推进“蓝皮书”重点工程项目，其中完工项目为银辉北路道路工程、银华南路道路工程、曹各庄桥户营C地块市政配套工程（二期）、冯村、何各庄A地块市政配套工程、曹各庄电力工程、35KV营门线电力隧道等10项；稳步推进S1线门头沟段城市景观提升工程、石龙路（三石路—西六环）道路工程、黑一路西延道路工程等7项在施工程；实现新城玉带街、棚改市政三期工程等6项开工，扎实推进5项重点项目前期工作。利用巡管养信息化系统，及时开展养护维修，实现巡视人员上传—养护科人员审核派发——施工单位维修处理——监理单位核量预验收——养护科确定验收的高效工作流程。切实做好停车管理工作，完成车位的规划编制，出台《门头沟区居住区停车设施建设资金奖励办法（试行）》，加快推进路侧停车改革，12月1日起实现路内停车电子收费全覆盖。在城乡环境方面，深化落实“周检查、周排名、月曝光、月考评、月通报”制度，进一步完善环境建设管理考评工作，加强对各主体责任单位的考核，并由区人大和区政协领导每月带队进行环境检查，将环境建设纳入重点工作范围、部门年度绩效考核指标、区政府常规通报议题、两办督查体系。做好重大活动与节庆活动的环境布置和环境保障工作，以中华人民共和国成立70周年活动服务保障为主线，统筹做好第二届“一带一路”高峰论坛等各项重大活动的服务保障工作。深化背街小巷环境整治工作，建立滚动台账，做到环境问题即发现即治理，推进并巩固已完成的背街小巷整治成果。在市容卫生方面，推进再生资源回收工作、公厕革命、垃圾分类、餐厨垃圾规范管理，推进农村垃圾分类及资源化利用示范区创建工作，以王平镇作为试点，形成全流程专业化管理模式。持续加强日常安全生产监督检查，持续开展送气下乡，完成平价气审核阶段性任务。加强供热设备检修与建设，推进增盛庄供热厂建设与石门营供热厂煤库扩建工作。在城市管理指挥方面，加强城市管理大数据平台建设，完善信息采集手段，落实门头沟区路、桥及部分城市基础部件普查项目，不断强化城市管理数据支持。年内，严格落实市委市政府关于深化“街乡吹哨、部门报到”改革的工作要求，开展“接诉即办”工作，实现热线整合、直派镇街等工作要求，全年转办5万余件。

区城市管理委为区政府工作部门，主要负责门头沟区市政基础设施、城市运行保障、城乡环境建设、城市管理指挥和政府服务热线“接诉即办”工作等职责。行政编制25名，设主任1名、副主任3名。内设办公室、财务审计科、市政综合管理科、城乡环境建设管理科、市容卫生管理科、能源运行管理科等6个科室。下设事业单位4个，分别为门头沟区市政市容服务中心、门头沟区城市管理指挥中心、门头沟区垃圾无害化处理中心和门头沟区液化气站。

单位名称：北京市门头沟区城市管理委员会
地　　址：北京市门头沟区双峪路39-1号
电　　话：69854076
邮　　编：102300

（那日松）

【静态交通运营公司成立】 9月20日，门头沟区召开北京京门静态交通建设运营公司成立大会。该公司由区国资委其下属国有企业与市静态交通公司共同组建成立门头沟区专业停车管理运营合资公司（区属国有全资企业持股51%，市静态交通公司持股49%），主要协助区停车管理部门开展停车秩序治理，盘活全区停车资源存量，增加供应总量，优化布局，规范静态交通秩序。

（刘淑青）

【路侧停车改革】 12月1日，门头沟区正式实现路内停车电子收费工作。全区共有12条道路1251个车位实施路侧停车场电子收费。收入全额上缴区级财政部门并纳入政府非税收入管理，实行收支两条线管理。

（刘淑青）

【停车协管员上岗】 12月，门头沟区80名停车协管员上岗，主要负责维护道路停车秩序，劝阻、告知道路停车违法行为。

（刘淑青）

【餐厨垃圾规范管理工作】 截至年底，门头沟餐厨垃圾工作建立餐饮单位管理台账1100家。采用通知、公告、发放宣传彩页等多种方式对餐厨垃圾分类、收运、处理的内容、意义等进行宣传，签署《餐厨垃圾收运处置合同书》1100份，《餐厨垃圾调查登记表》1100份，规范率为100%，共配备20辆垃圾收运车辆，共收运餐厨垃圾7000余吨。

（董　谦）

【城乡环境整治工作督办】 年内，区城管委建立日巡查、日督办工作机制，建立城乡环境整治滚动台账，明确牵头单位、责任单位、整改时限，留存前后对比照片。市区脏乱点上账1806处（其中市级台账668处，区级台账1138处）按整治时限完成整治工作，下发督办单205个，整治环境脏乱区域1800余处，协调各责任单位及时高效地按照环境标准严格进行整改，其中668处市级台账全部按整改时限治理完毕并保持着100%的整改率。

（何冬阳）

【环境建设管理监督和考核评价】 年内，门头沟区建立由区人大、区政协、第三方共同参与的检查机制，以创建全国文明城区为契机，加大督导检查力度，将“月检查、月考评、月通报”更改为“周检查、周通报、月考评、月排名”的检查工作机制。建立环境问题曝光制度，在电视台、京西时报每周对环境脏乱点进行曝光。坚持专项检查、台账整改、迎检成果等方面每月进行考核排名，每季度进行群众满意度评价；坚持每月在区政府常务会上通报考核结果，在区政府院内及京西时报进行公示，对连续排名靠后的属地主要负责人由区领导进行约谈；坚持将年度综合考核结果纳入区政府绩效考核，实施奖励机制。

（何冬阳）

【环境建设市民满意度评价工作】 年内，区环境办进行满意度调查工作，透过民意把握环境建设的重点，着力解决市民最关心的环境问题。每季度调查2500个样本，共1万个样本，从调查结果看，门头沟区居民环境建设满意度稳中有升，平均满意度得分为80.89分，达到“比较满意”水平。

（何冬阳）

【城市道路公共服务设施规范管理】 年内，门头沟区编制《门头沟区新城道路两侧公共服务设施规划》，开展公共服务设施集中治理行动，针对当前设施现状及存在的突出问题，特别是对门城主要大街、重点区域、达标道路等重点道路，以及道路交叉口、公园、过街天桥等人流密集地区等重点区域，对报刊亭、护栏等城市道路公共服务设施进行整治，对中昂广场及门头沟路实施二维码建设管理。

（何冬阳）

【城市夜景照明管理】 年内，门头沟区完成西长安街沿线、六环路可视范围等重点区域建（构）筑物亮化工程，门城湖公园景观照明及喷泉工程，先后对主要大街、西长安街沿线、春节、国庆景观节点等夜景照明效果和应急保障制度进行检查工作，高标准完成中华人民共和国成立70周年及重大节日期间景观照明保障工作。提升城市夜景照明质量、塑造城市夜间景观名片、提升城市地位、营造靓丽多彩的城市氛围、促进门头沟区经济发展，提升城市整体活力。

（王　洋）

【户外广告安全管理】 年内，区城管委组织户外广告安全自查和抽查工作，组织各镇街及相关部门对抽查不合格的户外广告进行督查整改，加强日常巡查工作，及时查处非法设置的户外广告，减少户外广告对人民群众生命和财产安全的威胁，配合做好户外广告突发应急事件的处置和有关事宜。

（何冬阳）

【市政基础设施分区规划编制完成】 年内，门头沟区编制2017年——2035年市政基础设施专项规划和绿色能源专项规划，根据全区功能定位、规划指标及任务，合理规划区内燃气、热力、电力、自来水、再生水、污水、雨水、有线电视、联通、移动、电信等各类地下管线、泵站、场站规划，以及环卫停车场、垃圾转运站、垃圾楼、公共厕所等环卫基础设施专题规划，绿色能源专题规划研究包括太阳能、风能、光电、生物质能源在内的新能源规划，实现各项市政基础设施区级层面“合一”。

（陈利英）

【项目市政咨询】 年内，区城管委完成门头沟区路网规划及随路管线、管沟及隧道规划，同时对接各地块及开发商，统筹各类管线的管径、高程、泵站等大市政设施方案衔接，共完成各相关单位控规或征求意见及回复19项，美丽乡村村庄规划及回复9项，涉及183个村。棚改方案意见及回复7项，涉水事项回复11项，市政条件及其他问题35项。

（陈利英）

【市郊铁路京门线建设工程启动】 年内，北京市郊铁路京门线建设启动前期工作。该项目获市、区两级政府及石景山区政府、北京铁路局等部门支持。

（陈利英）

【推进工程前期手续办理，保障项目开工】 年内，区城管委沟通协调规自委门头沟分局、区发改委、区财政局及环保、水务、交通等单位，全力推动工程前期手续办理，解决前期推进中的节点问题，保障工程项目开工。年内，各项手续办理共49项，其中涉及发改委手续11项、规自委手续11项、稳评手续完成8项、环评手续6项、交通工程审查3项、住建委手续10项。

（陈利英）

【基础设施承载能力不断增强】 年内，门头沟区长安街西延长线实现全线通车，新首钢大桥成为地区新地标，109国道新线高速路稳步推进。新城大街、何各庄中街、永安路西延、紫金路东段、泰安路西延、迎宾东街北段、龙兴北路东段7条道路正式通车，总里程10225米。曹各庄路电力工程、采空棚户区城子地块配套电力工程、新城35千伏石器线电力隧道工程完工，潭柘寺、斋堂110千伏输变电工程、金沙街道路工程、220千伏高门一二线迁改工程按期开工。鲁家山垃圾焚烧厂余热供热工程进展顺利。

（陈利英）

【城乡基础设施专项规划中期评估完成】 年内，区城管委开展对《门头沟区“十三五”时期城乡基础设施专项规划》（以下简称《规划》）中期评估工作。“十三五”以来，门头沟区城乡基础设施各领域工作按照《规划》既定的总体目标稳步推进，取得显著成效。交通基础设施建设加快，承载能力显著提升，供水能力进一步加强，污水处理设施建设成效显著，热力设施建设稳步推进，实现全区清洁能源及可再生能源供热，燃气设施建设成效显著，承载能力大幅提升，电网建设稳步推进，供电能力进一步加大，垃圾处理水平稳固提升。

（解 淼）

【重点工程项目储备完成】 年内，门头沟有19项重点储备项目前期手续的办理工作，西苑路等12项完成设计方案，曹各庄桥户营B地块等5项完成可研编制。

（解 淼）

【节日景观布置】 年内，门头沟区完成春节及元宵节景观布置工作，突出重点对首钢大桥、长安街西延、S1线周边、六环周边、门城地区主要大街、群众区等群众“家门口”、公园及河道沿线，采用立体花坛、春联福字、灯笼灯饰、景观小品、夜景照明、灯光秀等布置形式进行景观布置工作。开启景观灯笼873套、景观中国结712套；7个大型节点2332平方米，灯带7560米，造型树130棵，景观小品26余处，营造欢乐祥和、流光溢彩的节日氛围。

（孙 璐）

【国庆节环境整治和环境布置】 年内，门头沟区充分运用绿化景观、国旗、红旗彩旗、灯笼灯饰、立体花坛、地栽花卉、硬质横幅、夜景照明及爱国主义灯光秀等多种形式，在全区行政区域、门城主要大街、长安街西延、S1线周边、公园及河道沿线等进行布置工作，共摆放11个立体花坛、长安街西延布置景墙2300米、对双峪环岛、葡萄嘴环岛、石门营环岛等进行地摆铺设，开启灯笼、中国结灯饰1200余套、悬挂国旗5000余面、布置硬质横幅300余处、公交站台宣传画面200余处。

（孙 璐）

【背街小巷环境整治提升督导检查】 年内，区城管委在门城地区开展5条背街小巷环境整治提升工程。建立《门头沟区背街小巷环境检查考核评分标准》，不断完善对以往整治完成街巷和正在整治街巷的督导考核制度，将背街小巷考评纳入门头沟区城乡环境专项考核，组织第三方机构对街巷日常管理进行考核，考核从日常检查、督察台账问题和反馈两个方面开展，每月对全区23条背街小巷进行全覆盖检查，每季度对背街小巷进行考核，年终进行总评，加强对督察问题的整改和反馈情况的管理力度，以考核促提高、以考核督落实，全面提升管理水平。年内，召开领导调度会约10余次，下发督办225个，出动120余人次。

（孙 璐）

【市、区重点景观提升工程】 年内，区城管委完成王平镇安家庄区域环境综合整治一期工程，绿化面积5468平方米；长安街西延门头沟段城市景观提升工程，绿化面积121590平方米；S1线门头沟段城市景观提升工程一标段，绿化面积5.3万平方米；S1线门头沟段城市景观提升工程二标段，绿化面积43336平方米，积极推进S1线门头沟段城市景观提升工程三标段工程。年内共组织相关单位、施工单位、监理单位召开会议60余次。

（孙 璐）

【生活垃圾处理能力提升】 年内，门头沟区生活垃圾清运量为104608.87吨，厨余垃圾清运量为941.61吨，粪便清运量为79355.16吨，餐厨垃圾9502.53吨，无害化处理率100%。共有生活垃圾处理设施4座，其中垃圾转运站1座、焚烧厂1座、填埋场2座。

（董 谦）

【垃圾分类示范片区工作】 年内，区城管委制定《门头沟区生活垃圾日常运行管理检查考核办法》，将垃圾分类第三方检查评比结果纳入区环境办检查考评体系。同时制定《门头沟区生活垃圾分类工作行动方案》，并建立门头沟区生活垃圾分类推进联席会议制度，东辛房街道垃圾分类示范片区通过市级验收，完成大峪街道、永定镇、王平镇验收工作，同步启动城子街道、大台街道、潭柘寺镇、龙泉镇、军庄镇、斋堂镇的垃圾分类示范片区创建工作。

（张 瑞）

【农村垃圾分类示范区创建】 年内，区城管委开展农村地区生活垃圾分类与资源化利用示范区创建工作，在9镇1街道开展农村生活垃圾分类和资源化利用示范区创建工作，王平示范镇开始试运行阶段，并总结王平经验，形成“户分类、村收集、镇运输、区转运、区域集中处理”的王平模式，各品类垃圾闭环处理。

（董　谦）

【集中供暖情况】　年内，门头沟区共15家供热单位，36座锅炉房，全部为燃气和燃电锅炉，全年供热面积1280万平方米，居民供热面积1070万平方米。年内，区城管委对居民供热企业（单位）开展夏季检修情况成果核查，检修工作覆盖全区居民供热锅炉房、一次管网、热力站、二次管网、热用户公用供热系统的设备设施，投入维修资金6445万元，设施设备更新67处，设施设备维修853处，井室井盖检修12539处，检修管道302公里。

（贾妙帅）

【供热检修维保工作情况】　年内，完成夏季供热检修维保工作。区城管委对门头沟区居民供热企业（单位）开展夏季检修情况成果核查，检修工作覆盖全区居民供热锅炉房、一次管网、热力站、二次管网、热用户公用供热系统的设备设施。经检查、汇总，门头沟区2019年居民供热夏季检修共投入维修资金6445万元，设施设备更新67处，设施设备维修853处，井室井盖检修12539处，检修管道302公里，9月底前按时完成。

（贾妙帅）

【优化营商环境】　年内，区城管委对占掘城市道路审批相关政策进行再部署。对涉及营商环境项目，采取优化措施，将原来的18项表格材料减为12项，压减审批时限，由法定的20个工作日压减至5个工作日，并将现场组织勘查服务前移。同时，将占掘路修复费征收后置，加大事中事后监管，确保费用收缴及时。

（纪　寅）

【网格工作】　年内，区城管委委托第三方公司组建50人的区级专职网格巡查队伍，网格巡查范围实现全区覆盖；以东辛房街道为试点，探索建立镇街级分中心；建立网格队长周例会制度，发挥网格“微循环”作用；到42个社区开展志愿服务70余次，进一步提升网格化工作的群众认知度；全年共巡查上报网格案件23.2万件。

（石　鑫）

【城市管理体系信息化建设】　年内，区城管委统筹门头沟区城市信息化建设，构建城市运行管理智慧平台，实施《门头沟区城市运行管理智慧平台》信息化项目。同时，完善网格化城市管理体系信息化，制订《门头沟区城市管理网格化分中心系统建设》方案。

（马　达）

【热线受理情况】　年内，门头沟区共受理各类热线求助事项59469件；诉求总量受理46577件，同比增加8.98%。诉求事项中，市12345热线交办44522件（包含直派镇街诉求23686件），占到诉求受理量的95.59%，96310城管热线交办2055件，占到诉求受理量的4.41%。受理诉求事项较为集中的问题包括：物业管理5162件，市容环卫4017件，小区配套3006件，农村管理2810件，市场管理2647件，交通管理2485件，违法建设2267件，施工管理2112件，供水1754件，市政问题1730件。

（薛　鑫　陈　莹）

【强化数据分析】　年内，门头沟区在全市范围内率先实现诉求清单日通报和诉求办理情况满意度日通报，通过对群众诉求热点及回访数据分析，实现“日报提醒、周报督办、月报考评”的主要数据应用模式，加强对各承办单位处置群众诉求工作的指导监督，同时报送区四大部门领导，服务领导决策。建立地方领导留言板台账330件、批办单台账506批780件、违建台账419件、不稳定台账136批174件、群租房台账33件、重复来电台账105期。

（薛　鑫　谢宜珈）

城管执法监察

【概况】　2019年，门头沟区城市管理综合行政执法局（简称区城管执法局）牵头开展创建基本无违建区工作，坚持“突出重点、强化专项、提升服务”工作原则，积极适应城市管理体制改革工作的新形势、新变化、新要求，为全区生态涵养区功能建设提供有力环境保障。年内，共出动执法人员13.7万人次，执法车辆3.5万车次，立案处罚3844起，罚款533.4810万元，组织参与各类联合执法行动279次。在全市城管执法系统考评中，取得连续3个季度在生态涵养区排名第一的好成绩。

单位名称：北京市门头沟区城市管理综合行政执法局

地　址：北京市门头沟区龙泉花园D座1单元
电　话：69861597
邮　编：102300

（刘雪莹）

【占道经营专项整治】　4月，区城管执法局提前完成市级9处占道经营挂账重点点位销账，13个镇街持续保持占道经营违法行为“动态清零”。年内，累计处罚占道经营类违法行为2234起，罚款26.284万元，累计登记备案46处便民点位。

（刘雪莹）

【基本无违建区建设】　年内，区城管执法局以创建基本无违建区为目标，牵头开展“70天大会战”，严厉打击违法用地违法建设。年内，实现拆除违法建设146.57万平方米，完成市级任务7.3倍，其中录入市级打违平台创建专栏的无手续类图斑9313个，面积129.89万平方米。

（刘雪莹）

【大气污染防治攻坚行动】　年内，区城管执法局持续加大对施工扬尘、渣土车泄露遗撒、露天烧烤等违法行为的执法处罚力度，参与各类联合执法行动245次，处罚692起，罚款474.97万元。

（刘雪莹）

【市政公用专项攻坚行动】　年内，城管执法局先后开展燃气安全检查、餐厨垃圾整治行动等专项执法任务，累计燃气安全处罚124起，罚款7.636元，餐厨垃圾生活垃圾处罚203起，罚款109510元。新划转职能方面处罚182起，罚款25130元。

（刘雪莹）

【扫黑除恶专项斗争】　年内，城管执法局与公安部门开展“并肩治乱”联合行动，重点打击整治无照经营、黑摩的、黑停车、小广告、黑导游等秩序类突出问题。其中累计申报停机小广告号码612个，处罚248起，罚款9.48万元；移送区住建委渣土运输车6辆；黑车处罚3起，罚款1.5万元。同时向区扫黑办和公安部门移送涉黑涉恶线索3起。

（刘雪莹）

【落实重大案件审核制度】　年内，城管执法局深入推进案件集中审理，由局案件集中审理室负责对法人或其他组织处以1000元以上（不含）案件、符合听证条件的案件、突破自由裁量权的案件、销案案件及违法建设案件集中审理工作。全年共有261起案件经过案审室作出处罚决定，其中63起案件是经由集体讨论作出的。结合市城管执法局相关文件要求以及门头沟城管局案件集中审理规定，制定《门头沟区城管执法系统重大行政执法决定法制审核目录清单》。

（刘雪莹）

【坚持督查促落实，强化沟通协作机制】　年内，区城管执法局办理政府监管通知单65件，城管系统督办单17件。共编发《监察通报》62期，向相关属地镇、街及相关委办局派发区级监管通知单1800余件。编发考核通报11期，组织相关属地镇、街和职能部门召开工作例会4次。

（刘雪莹）

【党建党风廉政建设】　年内，区城管执法局扎实开展“不忘初心、牢记使命”主题教育。开展调研27次，其中召开座谈会11次，基层实地调研15次，谈心谈话1次，发现问题数量13个，建立问题清单，并全部完成整改。抓组织建设，落实主体责任。严格落实理论中心组学习制度，集中交流学习及研讨20次，每月开展自学1次，开展主题党日活动1次。推进党风廉政建设，强化监督责任。制定《区城管局2019年党风廉政建设和反腐败工作要点》，抓好重大节假日防控工作，党员干部和公职人员长期不在岗问题专项整治工作。

（刘雪莹）

【教育培训】　年内，区城管执法局开展法制工作每月例会、城管系统专项业务培训、全区城管执法系统全员培训等多种培训14次，参训人员共300人次。

（刘雪莹）

【解决群众利益诉求】　年内，区城管执法局共受理北京市城管热线96310举报2060件，同比下降43.4%。其中有效举报1115件，同比下降58.7%。全年接待群众来访18件18批22人次，受理网信4件，全部办结，未发生群众投诉、集体上访及群体性聚集等不稳定事件。

（刘雪莹）

棚户区改造

【概况】 2019年，棚改中心组织10次理论中心组学习，15次干部职工集中学习；组织党员2次到东杨坨村开展“迸发红色动力，帮扶创城我参与”特色党日活动、开展“慰问走访帮扶村，互助共建保平安”活动，帮助做好国庆服务保障工作，以实际行动在低收入精准帮扶中发挥更大作用，助力门头沟区创建文明城区工作。开展“不忘初心，牢记使命”主题教育，以“红色门头沟”党建为引领，围绕革命传统教育专题，组织班子成员及全体党员到香山革命纪念地、“京西山区中共第一党支部”田庄村党支部和“门头沟区第一位共产党员”崔显芳烈士故居参观并敬献花篮。引导党员干部自觉传承红色基因，知史爱党，知史爱国，做到不忘初心、牢记使命。年内，棚改中心以“交给人民群众质量有保障的安心房”为目标，全力推进剩余安置房建设。棚户区改造2019年交付安置房项目7个，年底前竣工。2个自建项目可提供安置房3817套。5个收购项目可提供安置房及公租房3426套。老200万平方米7个定向安置房项目手续办理工作取得突破性进展。新增100万平方米安置房项目手续办理。年内，完成建安投资1.65亿元。其中，城子C地块5100万元，城子D地块1.14亿元；截至10月，累计完成建安投资13467万元。棚改中心共对在施工地进行安全生产检查11次，其中联合检查6次，共排查出各类安全隐患68处，其中当场整治12处，限期整改56处。年内，中心召开扫黑除恶相关会议8次，共排查企业37家（项目管理公司5家、监理公司8家、施工单位16家、物业公司8家）。

单位名称：北京市门头沟区采空棚户区改造建设中心
地　　址：北京市门头沟区门头沟路10号南楼
电　　话：69820206
邮　　编：102300

（李文朝）

【城子C地块住宅】 年内，城子C地块住宅楼室内外装修和设备安装施工完成90%；配套房及室外配套工程方面：1#地配套公服主体结构施工至一层顶板混凝土浇筑完成，1#地雨污水管线施工完成10%，低压电力井、管道施工刚进场；5#、7#地土方降方完成90%。

（李文朝）

【城子D地块住宅】 年内，城子D地块住宅楼室内外装修和设备安装施工完成85%，燃气表进场安装，弱电（歌华、移动）施工完成70%。配套房及室外工程方面：配套房（含配套公服和独立设备配套房）结构完成90%，装修施工完成65%；综合管线施工完成65%；热力换热站已有7个站具备安装设备。电力方面：高低、压电力方案已审批完成，外电源施工单位正在掘路施工，低压电力井、管道土建施工完成85%。

（李文朝）

【收购公租房项目】 年内，收购公租房项目2个，分别为03北一、03北二公租房项目，可提供公租房共892套。完成规划及竣工验收。

（李文朝）

【收购公租房转棚改安置房项目】 年内，收购公租房转棚改安置房项目1个，为城子地块公租房项目，可提供安置房共797套。完成规划及竣工验收。

（李文朝）

【国有地安置房收购项目】 年内，新增国有地安置房收购项目2个，分别为水煤浆厂及液压支架厂安置房收购项目，可提供安置房1737套，全部封顶，液压支架厂项目二次结构完成，进行外保温施工；水煤浆厂二次结构、外保温施工完成。

（李文朝）

【安置房项目】 年内，新增100万平方米8个安置房项目手续办理工作。小园3A号地块取得全部建筑工程施工许可证并进入规划核验阶段，小园4号、5号地块取得部分建筑工程施工许可证，曹各庄A地块办理建筑工程施工许可证，小园8号地块办理建设工程规划许可证。曹各庄安置房北侧地块、城子村委会周边地块和城子C地块办理征地手续。

（李文朝）

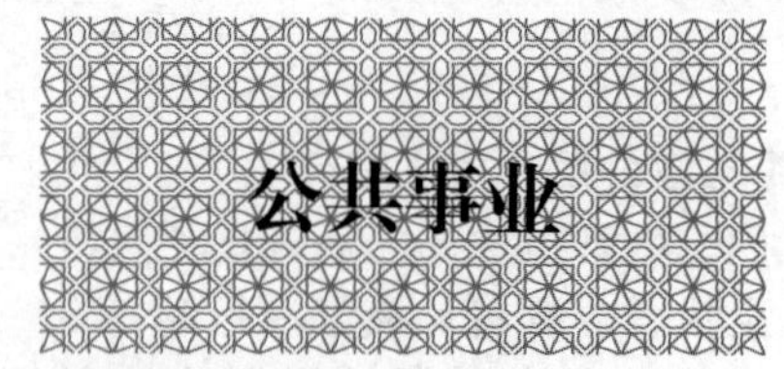

供　水

【概况】 2019年，北京市自来

水集团有限责任公司门头沟分公司（简称门头沟分公司）占地5.3万平方米，设计生产能力8.64万立方米/日，厂外补压井设计生产能力2.1万立方米/日，总供水能力10.74万立方米/日。采用树状独立管网，管网总长度447.48千米。“南水”作为主要水源，通过密云水库及麻峪泵站运输到分公司，三家店水库为备用水源。主要供水区域包括门城镇地区及石景山的广宁、麻峪、五里坨、黑石头地区。现有26座加压泵站，16眼补压井。分公司下设职能管理部、综合保障部、抢修维修部、营销部、配水车间、净水车间6个部门，职工194人。年内，分公司总供水量2385.48万立方米。

单位名称：北京市自来水集团有限责任公司门头沟分公司

地　　址：北京市门头沟区城子大街128号

电　　话：69842649

邮　　编：102300

（张雯珺）

【服务工作】 年内，门头沟分公司深化“街乡吹哨、部门报到”改革精神，落实“接诉即办”工作要求，共接到12345工单376件。落实“五零”服务改革政策，完成25项小微企业的报装工程。

（张雯珺）

供　电

【概况】 国网北京市电力公司门头沟供电公司是国网北京市电力公司直属供电企业，负责门头沟地区1455平方公里范围内的电网规划建设、运行管理、电力销售和19.39万客户的供电服务工作，肩负着为门头沟地区经济社会发展和地区生产、生活安全供电的光荣使命。截至2019年年底，公司所属110千伏变电站8座，变压器16台，变电容量763兆伏安；拥有35千伏变电站18座，变压器36台，变电容量224.3兆伏安。公司负责运维的110千伏架空输电线路7条，共计64.68公里；负责运维35千伏架空输电线26条，共计160.69公里；负责运维10千伏架空线路长度858公里；10千伏电缆线路长度637公里。年内，完成售电量12.3042亿千瓦时；完成业扩送电项目5446个，送电容量19.24万千伏安；如期完成11462户“三供一业”用户表计换装工作，公司客户达到21.5万户；两批“煤改电”共18个村2641户在采暖季前全部完工。

单位名称：国网北京市电力公司门头沟供电公司

地　　址：北京市门头沟区滨河路66号

电　　话：69844354

邮　　编：102300

（谭久俞）

【保障地区电网安全】 1月18日，公司对旅游景区线路、设备的健康状况进行全面检查，减少用电安全隐患。2月12日，公司在常规巡视基础上，对辖区供电线路设备开展雪天特巡。3月4日，公司联合区城管委电力办、执法队、区安监局等部门，对两会前期巡视发现的线下新增隐患点开展联合执法行动。5月29日，公司领导到云梦小区督导检查批量新装小区线损治理工作开展情况。12月13日，由公司负责建设的上岸110千伏输变电工程投运，该站占地面积3730平方米，建筑面积2724平方米，为110/10千伏两级电压地上户内型无人值守智能变电站，该站投运后将缓解门头沟新城地区供电压力，优化地区10千伏电网供电结构，满足地区新增负荷的用电需求，提高地区供电可靠性。

（谭久俞）

【服务地区发展建设】 1月30日，门头沟区采空棚户区改造建设中心“三省”（省力、省时、省钱）临电项目送电。此项目是门头沟地区第一户“三省”服务接电项目。3月21日，公司团委组织开展“爱满京城·电力情深”主题团日活动，组织各团支部到永定敬老院开展关爱互助行动、对公司院外公共区域进行清扫、到用电客户开展安全用电隐患排查以及无人机线路特巡等爱心公益志愿服务活动。19日，公司领导走访调研中关村人工智能科技园重要用户。4月3日，公司领导到门头沟区长安街西沿线架空线入地现场开展“一线工作月”活动，实地调研检查附属设施建设情况，协调解决景观提升相关问题。22日，北京京煤集团有限责任公司门城物业管理分公司“三零”典型案例工程送电。该项目报装容量150千瓦，主要用于办公场所商业用电，项目从报装到完工共用时11日。5月22日，公司领导到忠良书院实地调研集团要客定向服务工作，就用电负荷运行、用电安全保障、集团要客定向服务等方面进行座谈交流，解读安全评估、电能替代、定制电力等高可靠性供电服务措施。31日，公司领导到北京热力集团门头沟分公司就如何切实保障供热企业供电可靠性进行研讨和交流。6月12日，公司领导到江水河村，就精品民宿村建设涉及的架空线入地、电力设施分布及应急电源点位置选用等推进过程中存在的问题与清水镇政府领导座谈。7月10日，公司领导到中国人民解放军海军驻地部队调研，就部队35千伏变电站增容改造工程建设、优质服务等工作调研座谈。9月19日，公司与龙泉镇政府就地区部分村镇用电问题现场对接。10月17日，公司与京煤集团就“三供一业”资产移交、“三供一业”高压用户及低压非居民用户报装等工作进行交流座谈。

（谭久俞）

【表扬表彰】 2月20日，驻地部队为公司送来写有“为军为民的电力卫士 保障备战的坚强后盾”的锦旗送，称赞公司心系用户、快速反应，为部队解决内部故障难题。7月12日，北京市民防局第二管理所向公司送来写有“电力卫士为人民 酷暑抢修保安全”的锦旗和感谢信，感谢公司勇于担当，冒酷暑迅速抢修，为管理所恢复供电的事迹。

（谭久俞）

【共产党员服务队与公众开放活动】 3月21日，公司团委组织开展“爱满京城 电力情深”主题团日活动，组织各团支部到永定敬老院进行关爱互助行动、对公司院外公共区域进行清扫、到用电客户开展安全用电隐患排查以及无人机线路特巡等爱心公益志愿服务活动。4月30日，公司举办优化营商环境客户交流会，20余位优质电力客户和区城市管理委员会能源科科长参加活动。5月24日，公司团委联合管理共产党员服务队队员到大峪二小开展“电力小课堂”活动。6月12日，公司领导到北京海拔最高的江水河村，就精品民宿村建设涉及的架空线入地、电力设施分布及应急电源点位置选用等推进过程中存在的问题与清水镇政府领导座谈。9月24日，公司组织运检部输电运维班到栗园庄社区，对社区居民进行反外力破坏、保护电力设施宣传活动。此次宣传活动共发放《电力设施保护宣传册》100余册，提升居民安全意识。

（谭久俞）

【重要节点保电工作】 3月28日，公司开展清明节保电准备工作，检查天山陵园变压器和低压配电设备。5月22日，公司完成“一带一路”峰会、世园会开幕式和亚洲文明对话大会供电保障任务，保电期间对10条一级相关保电线路、48条城市运行线路、全部变配电站室和重要客户累计安排476人次开展巡视和保障工作。6月5日，公司在门头沟区大峪中学对500千瓦应急发电车进行再次调试，以保障该高考考点教室用电不间断。10月7日，公司完成历时37天的中华人民共和国成立70周年供电保障任务，保电期间公司针对2条一级直供线路、5条一级相关线路、41条城市运行保障线路、全部变配电站室和重要客户，累计安排689人次开展巡视和保障工作。

（谭久俞）

【清洁替代工程】 5月6日至8月30日，公司完成第一批农村“煤改电”工程，涵盖雁翅镇芹峪村115户、黄土贵村55户、大村460户、杨村134户、马套村106户、山神庙村98户、跃进村60户，斋堂镇白虎头村119户、牛战村130户、林子台村83户、龙门口村164户、双石头村46户，两镇共涉及居民1570户。8月20日至10月25日，完成第二批农村“煤改电”工程，涵盖清水镇八亩堰村142户、黄安坨村209户、江水河村123户、双塘涧村348户、小龙门村167户、胜利村82户。

（谭久俞）

【下属单位情况】

单位名称：国网北京市电力公司门头沟供电公司龙泉供电所
电　　话：69844656

单位名称：国网北京市电力公司门头沟供电公司永定供电所
电　　话：69804934

单位名称：国网北京市电力公司门头沟供电公司妙峰山供电所
电　　话：61881412

单位名称：国网北京市电力公司门头沟供电公司雁翅供电所
电　　话：61830371

单位名称：国网北京市电力公司门头沟供电公司斋堂供电所
电　　话：69819754

单位名称：国网北京市电力公司门头沟供电公司清水供电所
电　　话：60855075

（谭久俞）

园林绿化

【概况】 2019年，门头沟区园林绿化局完成年度各项目标任务。截至年底，全区林地面积13.47万公顷，森林覆盖率为47.80%，林木绿化率为71.20%。绿化覆盖面积1764.68公顷，园林绿地面积1688.59公顷；绿地率为45.33%，绿化覆盖率（含水面）为47.37%，人均绿地面积为61.17平方米，人均公园绿地面积为30.03平方米。年内，创建首都绿色村庄4个、花园式单位3个、花园式社区2个、首都森林城镇1个，完成绿海运动公园景观提升工程、永定河滨水森林公园工程。

单位名称：北京市门头沟区园林绿化局

地　　址：北京市门头沟区石龙北路33号农林大厦

电　　话：69842575

邮　　编：102300

（杨　超）

【世园会主体花坛建设工程】 3月7日至4月17日，区园林绿化局完成世园会门头沟区主体花坛建设。花坛以“生态门头沟，百里山水城”为主题，遵循“绿色发展、生态富民、弘扬文化、文明首善、团结稳定”的发展理念，摆放总面积500平方米。

（杨　超）

【义务植树】 4月18日，区园林绿化局完成门头沟区2019年春季义务植树活动组织工作，共接待国家气象局、国家统计局调查总队、中国人民大学、东城民革、人民大学、区农委、团区委等30余家单位共6300余人，栽植油松、榆叶梅、碧桃等树木10余种3300余株。

（杨　超）

【公园养护】 4月18日，永定河森林公园对园区内花灌木进行补植，主要补植的树种有碧桃、榆叶梅、寿星桃、紫叶矮樱等104株。

（杨　超）

【新一轮百万亩造林】 年内，区园林绿化局完成新一轮百万亩造林绿化任务。造林栽植面积完41521.89亩，总投资52240.22万元，共涉及清水、斋堂、雁翅、永定4个镇，含山前平缓地造林2800.36亩，浅山荒山造林29220.8亩，浅山台地造林9500.73亩。留白增绿项目总任务18.16公顷，总投资1907万元。最终确定面积为221103.63平方米，包含43个地块，全部完成。

（杨　超）

【创森工作】 年内，区园林绿化局将创森工作任务完成情况纳入各单位绩效考核，达标27个，未达标2个，待建设5个，正在实施2个。开展“一封信”进村入户活动，张贴创森宣传标语14条，发送创森短信26万条，向居民发放创森宣传折页15万份等宣传工作。

（杨　超）

【创城工作】 年内，区园林绿化局设置宣传展架16个，安装各类公益广告牌和指示牌400个；安装树池篦子187个，补植补种各类树木400余株，补植绿篱、草坪1.8万余平方米，修缮地面、道牙等基础设施600余平方米，增设地桩103个，更新垃圾箱、座椅420套。

（杨　超）

【京津风沙源治理二期工程】 年内，区园林绿化局完成2018年京津风沙源治理二期工程补植工作和2019年京津风沙源治理二期工程。春季对2018年工程进行全面补植，共补植苗木224050株，其中侧柏17.04万株，阔叶树21750株，油松2.03万株，落叶松1.16万株。完成2019年京津风沙源治理二期工程困难地造林1500亩，共4个地块，总投资750万元，共栽植各类苗木8万余株。

（杨　超）

【森林健康经营林木抚育】 年内，区园林绿化局完成森林健康经营林木抚育任务，建设任务8.7万亩，投资3822万元，含斋堂镇刘家峪、妙峰山镇涧沟2个示范区。

（杨　超）

【国家级公益林管护】 年内，区园林绿化局完成国家级公益林管护项目建设任务，抚育中幼林1.6万亩，涉及斋堂、雁翅、龙泉和永定4个镇。

（杨　超）

【林业保护】 年内，区园林绿化局优化完善市区级测报人员229名、市区级测报点470个，测报虫种27种，监测面积142.71万亩。对全区41个苗圃进行产地检疫，签发产地检疫合格证11份，产地检疫率100%，签发植物检疫要求书2496份，对调入苗木进行抽检，签发植物检疫证书（出省）6份。防治减灾工作，防治面积4.12万亩，防治率100%，无公害防治率99.38%。

（杨　超）

【森林资源】　年内，区园林绿化局建立门头沟区“绿卫2019”森林执法专项行动问题台账。全区共纳入台账图斑310块，面积97.6043公顷。其中疑似图斑289块，墓地21块，完成整改图斑117块，面积38.1406公顷。

（杨　超）

【绿地养护】　年内，区园林绿化局城镇公园绿地养护总面积为3638103.03平方米，完成修剪、打药、施肥、补植补种等工作，共补植各类乔灌木700余株、绿篱色块1896平方米，治理裸露地面8818平方米。

（杨　超）

【下属单位情况】

单位名称：北京市公安局门头沟分局西峰寺森林公安派出所
地　　址：永定镇景观大道南段（河提路）
电　　话：61803514
邮　　编：102300

单位名称：北京市公安局门头沟分局色树坟森林公安派出所
地　　址：王平镇王平大街东路16号
电　　话：61859437
邮　　编：102300

单位名称：北京市公安局门头沟分局百花山森林公安派出所
地　　址：清水镇清水林场院内
电　　话：60855814
邮　　编：102311

单位名称：北京市公安局门头沟分局小龙门森林公安派出所
地　　址：清水镇小龙门林场院内
电　　话：61827899
邮　　编：102311

单位名称：北京市门头沟区西峰寺林场
地　　址：门头沟区石龙西路临1号
电　　话：60804909
邮　　编：102308

单位名称：北京市门头沟区林业工作站
地　　址：门头沟区石龙北路33号农林大厦10层
电　　话：69804941
邮　　编：102300

单位名称：北京市门头沟区林业保护站
地　　址：门头沟区石龙北路33号农林大厦10层
电　　话：61864246
邮　　编：102300

单位名称：北京市门头沟区园林绿化服务中心
地　　址：门头沟区滨河路22号
电　　话：69858419
邮　　编：102300

单位名称：北京市门头沟区黑山公园
地　　址：门头沟区黑山大街12号
电　　话：69842990
邮　　编：102300

单位名称：北京市门头沟区滨河公园
地　　址：门头沟区双峪路20号
电　　话：69827551
邮　　编：102300

单位名称：北京市门头沟区滨河世纪广场公园
地　　址：门头沟区滨河路22号
电　　话：61807576
邮　　编：102300

单位名称：北京市门头沟区京浪岛文化体育公园
地　　址：门头沟区三家店
电　　话：54718523
邮　　编：102300

单位名称：北京市门头沟区永定河森林公园
地　　址：门头沟区景观大道
电　　话：60800897
邮　　编：102300

单位名称：北京市门头沟区永定河公园
地　　址：门头沟区滨河路
邮　　编：102300

（杨　超）

水资源开发利用

【概况】　2019年，门头沟区水务局围绕全市水务中心工作，以水务作为落实新版总规的重要抓手和保障，“转观念、抓统筹、补短板、强监管、惠民生”，全力打造绿水青山门头沟。年内，统筹城乡抓供水，门城水厂主体工程完工，农村供水以“安家庄模式”为代表，探索“一村一策”精细管理，36处限时供水地区得以有效解决，完成王平镇级水厂升级改造，逐年实施农村饮水健康行动，5.9万老区人民饮水条件不断提升。继续实施治污“三年行动”，完成91个村的污水处理设施建设，污水处理“三全”取得决定性进展，开展“清管行动”，强化治污“过程管理”，实施老旧小区排水管网改造提升项目，解决群众急点、痛点问题。受理行政许可事项105件，办理完成104件。积极做好永定河补水保障工作，确保3.3亿余方清流出山汇入下游。年内，实施国家水保重点、清洁流域和京津风沙源三大项目，治理98余平方公里。“河长制”工作持续发力，完成沿河小片荒清理33处，清理面积11万平方米，永定河沿岸新增绿化21万平方米，36处小微水体完成整治，门城湖入列全市优美河湖，水景观建设获评首都绿化先进。深刻转化“以建代管”的观念，以水资源承载能力作为地区开发建设的决定性因素，完成水资源专项、海绵城市、河湖管理保护范围等专项规划编制工作，强化水务顶层设计。开展节水“五杜绝”行动，农村水价改革初显成效，节水型区创建通过专家验收。加强依法治水，水政监察检查1700余次，行政检查3498次。行政处罚196件，其中简易案件171件、一般案件25件。

单位名称：北京市门头沟区水务局
地　　址：北京市门头沟区石龙北路33号
电　　话：69842049
邮　　编：102300

（谢　征）

【节水管理】　年内，全区总用水量5038.37万立方米，其中新水用量4305.97万立方米，再生水用量732.4万立方米。2月，启动节水型区申报，编制完成《北京市门头沟区节水型区创建申报材料》，经区政府批准后报送北京市水务局。9月17日，门头沟区节水型区创建通过初审。12月17日，门头沟区以97.5的分数通过节水型区创建考评验收。创建节水型单位17个，复测单位38个；创建节水型小区2个，节水型村庄5个；累计换装水龙头2817个、脚踏阀298个，节水型花洒、喷头550套、水箱配件870套，小便感应器50套。办结节水设计方案审查4项，验收竣工4项，临时用水5项，总建筑面积200.4571万平方米，审批临时用水指标104.6564万立方米。开展节水宣传，广泛开展节约用水宣传工作，推进节水宣传进社区、进村居、进校园、进企业等活动，加大节水执法检查力度，开展检查400余次。

（毕　萍）

【供水管理】　年内，区水务局建立健全农村饮水安全管理责任体系，全面落实管理机构、人员和经费。6月26日区长办公会通过《门头沟区推进农村饮水安全工作实施意见》《门头沟区农村节约用水计量收费管理办法（试行）》，推动农村供水工程的规范化管理，落实三个责任，确保供水工程良性运转；12月31日区长办公会通过《门头沟区农村饮水工程运行维护和管理实施意见》，全面落实农村饮水安全“三个责任”基础上，健全完善“三项制度”，确保农村饮水工程有机构和人员管理，有政策支持，有经费保障。

（王海琨）

【海绵城市建设】　年内，区水务局组织编制完成《门头沟区海绵城市专项规划》，6月26日经区长办公会审议通过。

（谢　征）

【水资源管理】　年内，区水务局完成取水许可审批54件，完成饮用水水源地环境保护专项行动环境问题清理整治工作，完成门头沟区水资源综合规划，完成水资源资产负债统计，完成门头沟区地下水超采综合治理行动阶段性任务，门头沟区地下水位12月埋深38.13米，较上年同期上升2.74米。

（郑翠玲）

【排水管理】　年内，区水务局共处理私倒私排4次、私自穿线15处，处理举报件32起。防汛期间共备勤15次，出动人员456人次，车辆60台班，设备75台班，设专人对污水厂站汛期进水情况进行监测。共组织300余人次对30条路段雨篦子进行彻底清扫；累计更换井盖64个，雨篦子172处；修复及加固雨污水井45处，雨篦子191处；清掏雨水井4773座，雨篦子19329处，污水井3400座；清理雨水管线397225米；完成排水管线改造4处、污水抢修工程2次及清掏路段绘图工作。

（马恒涛）

【水利工程建设与管理】　年内，门头沟区水毁修复工程主要有6个镇塘坝修复、河道整治、边坡护砌等，项目总投资4631.64万元，年底前主体工程完工，共支付资金2499.69万元。门头沟区城子、东西辛房排洪沟及截洪沟治理工程（一期）主要疏挖、整治排洪沟道9.957千米，项目总投资15128万元，年底前完工，截至2019年年底累计支付资金9831.56万元。

（宋玉正）

【水土保持】 年内，门头沟区国家水土保持重点建设工程，涉及罗班、南沟、田庄沟、湫河沟、军庄、碣石6条小流域，治理面积36平方公里，项目总投资2080万元，年底完成84%。门头沟区生态清洁小流域综合治理工程，涉及樱桃沟小流域，治理面积22平方公里，项目总投资1325万元，年底完成89%。门头沟区京津风沙源小流域综合治理工程，涉及闸西、南涧沟、太子墓、马栏、西达摩、南村小流域6条小流域，治理面积40平方公里，项目总投资2795万元，年底完成51%。

（高顺光）

【水旱灾害防御】 年内，区防汛抗旱指挥部从区水务局转隶到区应急管理局。结合新的机制体制调整，区水务局建立水务防汛专项分指，调整永定河流域防汛专项分指，明确各分指成员单位工作职责。为应对强降雨天气，提前安排部署，严格执行24小时值班值守和领导在岗带班制度，密切跟踪天气及汛情发展趋势，保障有序有力应对各类突发事件。分别完成水库调度运用、水库安全管理应急抢险、中小河道洪水防御、山洪灾害防御等预案的全新编制工作。参加永定河流域防汛演习，提升辖区永定河防汛抢险综合能力；针对城区各积水点情况，开展排涝抢险演练，确保城市运行安全。加强与青白口、雁翅、陇驾庄水文监测站的联系，及时掌握河道水情、汛情等信息，提升永定河流域洪水预警预报能力。完善并制定城区沟道洪水调度方案和闸坝分洪、蓄水操作规程，提升城区河道防汛管理水平。对辖区水库及闸坝进行全面排查，严格确保水库每日在汛限水位以下运行。

（宋玉正）

【河长制工作】 年内，区水务局完成区管及以下河湖管理保护范围划定。依照相关法律法规，完成区管及以下河湖的管理保护范围划定，全部实现电子矢量化落图，并通过区政府审批。其中平原有堤防河道根据堤防等级来划定管理范围和保护范围；山区无堤防河道管理范围根据设计标准下的洪水淹没范围来划定。开展河湖“清四乱”专项行动。在完成市级台账任务的基础上，针对永定河沿河两岸私搭乱种的“小片荒”问题进行专项整治，清理面积10万余平方米，并种植大面积花卉。向农村“小微水体”整治进军。明确辖区内坑塘、马路边沟、公园池塘等小微水体35处，建立工作台账，明确责任人、管护单位，并纳入河长制管理体系，按照“五无”（无垃圾渣土、无集中漂浮物、无污水排入、无臭味、无违法建设）目标，形成管护长效机制。积极引导公众参与河长制工作。开展河长制进校园主题宣传活动，普及河湖相关知识，以学生带动家庭，以学校带动社会，形成浓厚的爱水、护水社会氛围。积极开展优美河湖评选，充分调动社会各方面力量参与河湖管理和保护。门城湖被评选为北京市优美河湖。强化河长制约谈问责。对存在河长履职不到位的相关镇街进行工作约谈，并结合“不忘初心、牢记使命”主题教育，将河湖“四乱”问题列入区纪委漠视侵害群众利益专项整治行动。

（矫　威）

【污水处理与水生态建设】 年内，农村生活污水处理PPP项目完成污水处理设施建设122座。完成老旧小区排水改造工程，共计完成管线铺设2824米，雨水口121座，排水沟756米。完成军庄沟末端水环境改善工程。完成再生水厂清淤和门城污水处理厂清淤工程，再生水厂清理淤泥约2098.44吨，门城污水处理厂清理淤泥约2382.66吨。开展污水处理设施运行监管，全区污水处理设施共173座，其中区级污水处理厂1座，处理规模8万吨/天；镇级污水处理厂9座，总处理规模1.94万吨/天；村级污水处理设施163座，总处理规模约1.4万吨/天。截至2019年12月，污水处理量为1857.006万吨，再生水利用量为733.531万吨。聘请第三方专业单位每月对污水处理设施进行巡查，截至年底，区级镇级污水处理设施稳定运行，出水水质合格达标，村级污水处理设施全部调试完成。

（马恒涛）

【水库移民后期扶持】 2019年度，大中型水库移民后期扶持中央结余资金项目共支付资金525.87万元。2018年度至2019年度大中型水库移民后期扶持中央结余资金项目主要建设清水花谷灌溉配套建设供配水管道，项目总投资803.51万元，工程完工。

（宋玉正）

气象

【概况】 2019年，门头沟区气象局完成中华人民共和国成立70周年活动气象保障工作；X波段雷达投入使用并发挥积极效益；完成门头沟全域关键沟壑、流域以及沟域上游怀来等地交界处4套六要素气象观测站的建设；在门城地区建设60套微型气象探测设备，实现城区智慧气象观测体系全覆盖，探测数据接入智慧城市观测体系；开展气象信息员培训，汛期持续做好气象预报预警服务；深入推进“放管服”改革，创新气象法制监管方式，通过微信平台拓展“气象微网格”模块，实现气象灾情、施放气球等情况实时报送等功能，将施放气球监管、极端天气灾情上报、气象科普宣传等纳入网格员职能，通过加强互动，扩大监管服务覆盖面；开展科普宣传，依托“3.23”世界气象日、“5.12”防灾减灾日、“政务开放日”、法制宣传月等活动开展气象科普宣传。年内，区气象局继续保持首都文明单位标兵称号，区气象台获北京市气象服务先进集体，1人获北京市气象服务先进个人，1人获2018年度门头沟区安全生产工作先进个人。区气象局在创建文明城区“1+X”达标创建工作中表现表现突出，门头沟区委办局中排名第二位，获“创建达标”称号。

单位名称：北京市门头沟区气象局
地　　址：北京市门头沟区滨河路22号
电　　话：69804766
邮　　编：102300

（邓中婷）

【气象科普日系列活动】 3月16日至23日，区气象局开展为期一周的“3.23”世界气象日科普宣传系列活动，通过进公园、进社区、进校园、开放日、进乡村等活动，宣传受众1000余人，发放宣传材料5000余份。

（邓中婷）

【对接区融媒体发布预警信息】 3月21日，区气象局与区歌华有线电视公司合作，实现通过对接“门头沟融媒体”手机app发布突发事件预警信息。

（邓中婷）

【预警平台项目通过验收】 3月25日，门头沟区突发事件预警信息发布平台项目通过验收。门头沟区突发事件预警信息发布平台已实现通过短信、邮件、电子显示屏、微博、微信、传真、三网一体化平台、歌华有线电视多手段发布。

（邓中婷）

【普法宣传活动】 4月16日，区气象局在国信嘉业大厦开展“4.15”全民国家安全教育日科普宣传活动，发放相关科普宣传材料300余份。5月10日，区气象局开展“5.12”防灾减灾系列科普宣传活动，包括“进公园”“永定楼宣传”“进社区”“气象防灾减灾主题讲座”“开放气象科普馆”和“门头沟气象”两微等科普法治宣传活动。

（邓中婷）

【交流活动】 5月15日，河北省张家口市涿鹿县气象局、怀来县气象局到区气象局交流汛期气象保障服务、预警信息发布机制、自动气象站管理、智慧气象建设、应急事件处置等事项。

（邓中婷）

【支部共建】 6月26日，中国气象科学研究院灾害天气国家重点实验室党支部一行23人到门头沟局开展支部共建交流座谈。

（邓中婷）

【建立到镇街级的防汛预报响应机制】 8月5日，区气象局与区应急管理局对接，建立到镇街一级的防汛预报—响应联动机制，做到气象预报预警按片区发布，区防汛指挥部依据气象预报预警针对全区、3个划分区域、各镇街精准发布防汛预警。

（邓中婷）

【政务公开日】 8月23日，区气象局开展“创城在行动、政务在身边”气象部门政务开放日活动。活动介绍气象部门主要职责、工作规范、服务举措和工作成果，融入式讲解气象观测场各类仪器设备，详细演示气象预报、预警、服务手段。

（邓中婷）

【局工会换届选举】 12月13日，区气象局召开工会第九届会员大会第三次会议，以无记名投票的方式选举出第九届局工会主席、委员。

（邓中婷）

【年度气候评价】 年内，门头沟区平均气温13.8℃，比历年平均值（12.5℃）偏高1.3℃。年极端最高气温为38.5℃，出现在7月4日；年极端最低气温

为 -13.1℃，出现在 12 月 31 日。年内降水总量为 405.7 毫米，比常年降水量（568.0 毫米）偏少 162.3 毫米，降水主要集中在 7-9 月，降水量为 251.1 毫米，一日最大降水量为 44.2 毫米，出现在 7 月 29 日。年内，日照总量为 2506.8 小时，比常年（2275.2 小时）偏多 231.6 小时。年内，出现大风 26 次、霾 90 天、扬沙 2 天、浮尘 1 天、大雾 1 天、轻雾 62 天。无霜期 286 天。年度内，平均气温偏高于历年平均值 1.3℃，时间分布特点为：2 月、3 月平均气温较常年偏低，其余各月平均气温较常年值均有不同程度的偏高。其中偏高最多的是 3 月，平均气温高于常年值 3.3℃。年降水总量比常年偏少约 29%，主汛期（6 月至 8 月）的降水量为 199.6 毫米，比常年（408.7 毫米）偏少约 51%。故本年天气气候综合评价为：气温偏高、降水偏少。

（邓中婷）

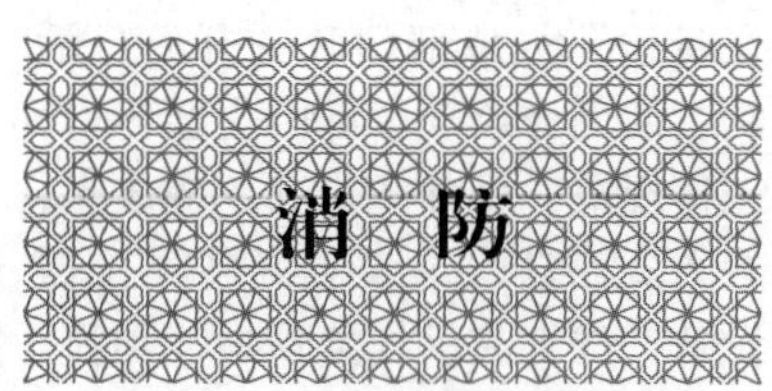

消防

【概况】 2018 年 10 月 9 日，消防部队正式由公安部移交应急管理部。2019 年 12 月 31 日，门头沟区消防救援支队正式揭牌。2019 年，区消防救援支队开展实战化训练工作和全区社会面火灾防控工作，完成“两节”“两会”“五一”“一带一路峰会”“亚洲文明对话大会”和“十一”等重大安保工作任务。年内，共接处警 836 起，火警 386 起，抢险救援 231 起，社会救助 219 起；出动车辆 2000 辆，出动警力 1.17 万人，抢救被困人员 93 人，疏散被困人员 322 人。全年辖区实际成灾 44 起，同比去年 19 起增加 4 起，上升 132%；死亡 0 人，同比减少 1 人，下降 100%；直接财产损失 40.6504 万元，同比增加 24.8414 万元，上升 57%，未发生较大火灾事故，保持社会面火灾形势整体稳定。年内，共检查单位 6709 家，发现并消除火灾隐患 7478 处，下发《责令改正通知书》4679 份，下发临时查封决定书 141 份，责令“三停”（停止施工、停止使用或者停产停用）单位 86 家，罚款 347.85 万元，拘留 8 人。

单位名称：门头沟区消防救援支队（区防火安全委员会办公室）
地　　址：北京市门头沟区新桥南街44号
电　　话：61865084
传　　真：61865241
邮　　编：102300

（郭　雨）

【山区政府消防考核】 1 月 11 日，门头沟支队对清水镇政府开展消防工作考核。经综合评定，评选为“优秀”镇街。

（郭　雨）

【消防工作联席会】 1 月 24 日，门头沟区组织召开 2019 年第一次消防工作联席会议。

（郭　雨）

【慰问基层消防指战员】 1 月 28 日，门头沟团区委一行到门头沟消防支队三家店中队慰问基层指战员，并与支队党委班子成员和基层指战员代表座谈。30 日，区领导张力兵等慰问消防支队指战员。2 月 1 日，区公安分局领导慰问消防指战员。2 日，区文联主席带领艺术家们到消防支队二大队及永定中队慰问全体指战员。3 月 8 日，门头沟区督导检查全国“两会”消防安保工作、看望慰问一线指战员和受到各级表彰的女同志。年内，消防总队总工程师到门头沟区调研指导区域性火灾隐患治理工作并慰问一线执勤指战员。

（郭　雨）

【迎新春文艺联欢会】 1 月 30 日，消防支队联合驻地派出所、街道社区共同举办“共建文明城 共叙邻里情”迎新春文艺联欢会。

（郭　雨）

【节日期间火灾防控工作】 2 月 3 日，门头沟区召开区委常委（扩大）会议。会上，专题部署消防安全工作，重点对节日期间社会面火灾防控工作进行再部署再强调。区领导张力兵、付兆庚等，以及各乡镇街道、区属相关委办局主要领导参加会议。

（郭　雨）

【消防监督执法】 2 月 26 日，门头沟支队联合公安分局督察大队对辖区派出所消防监督执法工作及全国“两会”前消防安保工作进行督察指导。

（郭　雨）

【检查消防安全】 4 月 26 日，区领导到梨园地区实地检查验收该地区风险隐患整改情况，区消防支队、区交通支队、区治安支队等主要领导参加检查。5 月 20 日，区领导付兆庚采取“四不两直”方式对辖区重点单位熙旺大厦进行消防安全突击检查。29 日，区领导付兆庚带队对潭柘寺、戒台寺等国家级文物保护单位开展消防检查。6月5日，区领导付兆庚召开区长办公会专题听取“防风险保平安迎大庆”消防安全执法检查专项行动工作汇报。7月10日，门头沟区召开区长办公会专题听取消防安全执法检查专项行动工作汇报。18日，消防支队联合区住建委对门头沟区城子街道D地块和永定镇石门营A3地块在建工地进行联合检查。19日，区领导带队对辖区创新大厦等重点单位进行消防安全检查指导工作。8月14日，北京市副市长带领市政府第五督导组督导检查门头沟区国庆安保工作。9月3日，区领导带队到辖区重点火灾隐患区域开展消防安全检查。9月5日，区领导带领区消防支队、应急局、住建委、商务局、市场监管局、文旅局、城管执法局等单位开展国庆节前消防安全检查。9日，区领导带领区文委、应急局、消防支队等相关单位同志到戒台寺开展中秋节前消防安全检查。11日，区领导带队对门头沟区石龙经济开发区企业进行检查。12日，区领导带队到爱暮家敬老院、清颐敬老院、门头沟基督教，清真寺进行节前消防安全检查。13日，区领导付兆庚带队检查辖区定都阁景区消防安全工作。19日，区领导对挂账隐患地区开展消防安全检查。同日，区领导张力兵对第八中学京西附属小学、大峪中学进行消防安全检查。24日，市委第四巡回指导组一行到妙峰山景区观摩门头沟区森林火灾综合应急处置演练，并实地检查景区古建消防安全。25日，区消防救援支队联合区文旅局、应急管理局、分局内保等部门及永定镇政府、永定派出所，对戒台寺景区开展消防安全专项检查。同日，区武装部长带队检查驻区部队消防安全。28日，区政法委副书记带领区公安分局、交通局、应急管理局、消防支队等部门对区地铁、公交场站进行检查。10月17日，区领导付兆庚带领区政府办、区应急管理局、区商务局、区住建委、区城管执法局等部门对保利大都会、龙湖长安天街进行消防安全检查。12月24日，消防支队副总队长到门头沟区对天主教堂宗教活动现场进行督导检查。

（郭　雨）

【“5.12”防灾减灾日主题宣传】 5月10日，门头沟区在永定楼文化广场举行“5.12”防灾减灾宣传活动。活动主题为“提高灾害防治能力，构筑生命安全防线”。区应急、消防、地震、民政、医疗等单位和市民代表参加活动。

（郭　雨）

【消防安全培训】 5月30日，消防支队走进驻区部队开展消防安全培训。

（郭　雨）

【消防安全隐患整治工作专题会】 6月21日，区领导付兆庚在区消防救援支队指挥中心组织召开三家店地区消防隐患整治工作专题会议。市消防救援总队总工程师应邀出席会议，并提出工作要求和建议。

（郭　雨）

【交通事故救援实战演练】 7月11日，消防支队联合蓝天救援队在三家店中队利用报废车辆开展交通事故救援实战演练。此次演练共调集支队4部消防车30余名消防员，支队机关、基层中队30余名骨干代表现场观摩，并为演练点评。

（郭　雨）

【急救知识培训】 7月12日，区消防支队邀请区红十字会急救人员为支队机关、基层指战员及文职人员开展急救培训。区红十字会长到队与支队领导座谈，并为前期培训人员颁发北京市红十字会救护技能证。

（郭　雨）

【“不忘初心、牢记使命”主题教育调研】 7月24日，总队防火部部长带领第八调研组到门头沟区开展“不忘初心、牢记使命”主题教育调研座谈活动。区领导、区应急管理局局长，支队班子成员、支队机关各处、各大队、各中队指战员代表参加座谈。

（郭　雨）

【百日安全创建活动誓师会】 7月26日，门头沟支队召开中华人民共和国成立70周年消防安保暨百日安全创建活动誓师会。总队总工程师，区领导，区应急管理局，机关全体指战员、消防文员在支队主会场参加会议。基层队站全体指战员通过视频会议系统在分会场同步参加。

（郭　雨）

【消防救援人员优待政策落地】 8月1日起，门头沟区范围内的潭柘寺、戒台寺、妙峰山等19家A级景区景点，消防指战员凭本人有效证件，政府专职消防员、消防文员凭单位证明和本人身份证，享受免门票游览等优待。区医院、京煤医院等12家医院和11家社区卫生服务中心，在挂号、收费窗口显著位置设置“消防救援人员（含政府专职消防员、消防文员）优先”标识，在二级以上医院独立设置的优先窗口，优先人员可选用该窗口挂号、缴费。

（郭 雨）

【百人灭火业务技能实操培训】 9月13日，消防支队组织辖区镇街、公安派出所等部门，对重点勤务沿线及城乡结合部重点区域实名制安保力量350余人进行火灾隐患排查及灭火处置实操培训。

（郭 雨）

【应急疏散演练】 9月19日，消防支队联合区文旅局在潭柘寺景区开展迎国庆应急疏散演练。26日，区消防救援支队联合区文旅局、应急管理局等部门以及永定镇政府、永定派出所、永定消防中队等单位在戒台寺景区开展“保平安 迎国庆”消防应急疏散演练。26日，区消防救援支队在熙旺中心大厦开展高层建筑“一站两队”灭火救援实战演练。

（郭 雨）

【119消防宣传月启动仪式】 11月1日，区消防救援支队举行纪念习近平总书记授旗训词一周年活动暨第二十九届119消防宣传月启动仪式。总队副总队长，区领导，区公安分局、区应急管理局等领导应邀出席。门头沟支队全体指战员、区防火委成员单位、各镇街、公安派出所、消防安全重点单位代表300余人参加仪式。

（郭 雨）

【第八届“石龙杯”消防技能竞赛】 11月18日，区消防救援支队在门头沟区石龙工业开发区举办第八届“石龙杯”消防技能竞赛活动。石龙管委会、区应急管理局、区消防救援支队和属地派出所相关负责人出席并参加活动。北京意高科技有限公司获团体消防技能竞赛第一名。

（郭 雨）

【下属单位情况】

单位名称：永定消防救援站
地 址：北京市门头沟区永定镇体北路18号
电 话：69804798

单位名称：潭柘寺消防救援站
地 址：北京市门头沟区潭柘寺镇平原村160号
电 话：60801197

单位名称：斋堂消防救援站
地 址：北京市门头沟区斋堂大街119号
电 话：69816119

单位名称：龙泉消防救援站
地 址：北京市门头沟区龙泉雾村北忠良书院东侧
电 话：61810119

单位名称：三家店消防救援站
地 址：北京市门头沟区龙泉镇三家店西老店临314号
电 话：69838322

（郭 雨）

防震减灾

【概况】 2019年，区地震局坚持“绿色发展、生态富民、弘扬文化、文明首善、团结稳定”的区域发展总原则，突出“红色门头沟”党建引领，坚持以防为主、防抗救相结合的方针，切实提升地震监测预报、地震风险防范能力，不断以团结、严谨、求实、创新的团队精神与工作作风，推动地震各项工作顺利开展。

单位名称：北京市门头沟区地震局
地 址：北京市门头沟区滨河路22号
电 话：69842450
邮 编：102300

（杨 芸）

【“不忘初心、牢记使命”主题教育】 年内，区地震局扎实开展“不忘初心、牢记使命”主题教育，成立主题教育领导小组，制定处级领导班子、党支部活动方案和工作安排，开展专题教育14次、集中学习6次、基层调研4次、交流研讨4次、领导干部讲党课3次，确定调研课题4个，开展调查研究4次，召开调研成果交流会1次，发现问题5个，制定整改措施6个。按照“四个对照”、“四个找一找”要求查找出领导班子5个方面共11个问题，召开找差距检视问题专题会议，检视查摆问题25个，全部完成整改并长期坚持。制定工作方案，严格整改落实，列出具体表现和问题清单4项。认真开好专题民主生活会，按时召开组织生活会并进行民主评议党员。主题教育期间，组织党支部集中学习18次，观看专题影视资料13部，开展主题党日4次，参观体验4次，交流讨论2次，志愿服务6次，创城攻坚日1次，党组书记、领导班子成员、党支部书记各讲党课1次，党支部书记参加轮训2次，汇报学习体会1次。

（杨 芸）

【创城工作】 年内，区地震局认真落实《区地震局创城重点任务台账》，建立制度化常态化工作机制，成立“门头沟热心人”志愿服务队，开展志愿服务活动25次。建立每周固定清洁日，做好环境卫生整治长期化工作。会同区应急局、区园林绿化局和相关镇街开展应急避难场所联合检查32场次、现场培训60人次，安装和更新应急避难场所标识标牌46块。全力做好迎检工作，开展路段包干巡查与公共文明劝导80余次，文明宣传31处，报送创城信息、好人好事、献言献策95篇，发送创城宣传短信20条，公众号推送创城文章5篇。

（杨　芸）

【地震监测预报】 年内，区地震局加强台网运行与观测环境管理，建立巡检制度，开展台站巡检53次，及时处理仪器检定与故障14次。完成齐家庄台观测室修缮和沿河城台监控设备更新工作，确保仪器设备安全运行。优化宏观网站布局，调整地震宏观观测站5个。严格执行宏观观测零报告制度，完成宏观观测数据采集1351次。坚持地震会商制度，向市地震局报送数据4380个、会商意见151期，北京圈地震趋势研究报告2份。巩固群防群测网络建设，加强助理员变更备案管理，调整防震减灾助理员112名；举办观测员和助理员培训班2期、监测预报知识专题讲座11场；利用微信群、12322防震减灾公益服务平台，开展全区灾情速报演练与地震风险防范提示、提醒教育22次，不断强化助理员“防、报、救”的教育培训与经常化演练。

（杨　芸）

【地震风险防范意识教育】 年内，区地震局开展对示范单位“回头看”工作，对既有示范学校和社区的防震减灾工作情况进行回访。依法巡查设施运行，开展“双随机一公开”行政执法检查18场次。强化山区、镇街防震减灾科普宣传教育，举办地震科普知识讲座35场、街头宣教活动45场、悬挂宣传条幅26条。联合区民防和气象部门举办地震科普体验厅开放周活动，接待社会团体参观35次。全年，累计发放宣传资料18万份，受众6万人次。以信息宣传助力科普教育，向全区各单位发布“门震动态”信息专刊3期。提升“门震先锋”微信公众号关注度，结合区域特点自主创作科普内容9篇，累计推介地震风险防范知识25篇，累计点击阅读量达到4400人次。重点加强专业队伍与志愿者骨干队伍培训，举办综合防灾减灾和地震应急管理培训2次，培训骨干力量80人次。印发应急演练活动通知，联合区教委指导全区中小学校开展地震应急疏散演练70余场。

（杨　芸）

【地震安全保障】 年内，区地震局严格应急值守，针对年内重要节日和重大活动等特殊时段全力做好地震安全保障工作。召开动员会强调意识形态、地震监测、应急值守、安全保障等工作，强调提高政治站位、严格纪律约束、履职尽责到位。开展全区地震观测台站安全检查与隐患排除，实行台站负责人报告制度，确保监测设施与观测环境安全稳定。利用电话、网络、12322防震减灾公益服务短信平台向防震减灾助理员、台站观测员发送应急通知、模拟演练短信，强调提高震情意识，做好重点时段地震宏观异常报告和灾情速报工作。对机关院内环境、消防设施、配电设备、食堂燃气设备、应急指挥大厅、科普体验厅等重点场所进行拉网式清查，对问题及隐患进行现场办公，限期整改到位。

（杨　芸）

【地质地理勘察】 年内，区地震局以长期地震地质环境勘察工作为基础，在宏观踏勘、样品采集等第一手资料的获取基础上，通过对24期野外勘察工作、约600公里勘察路程内的重要地质资料以及沿河城断裂带的延伸展布特征、断错地貌和典型断层剖面较详细的追索研究，初步了解门头沟区地震地质环境，查明沿河城断裂基本情况，编撰印制《门头沟区地震地质环境勘察工作》。同时积极将成果转化，制作砂砾石、断层泥等地震地质科普样品教具应用于首师大附中永定分校地球科学实验室等学校课堂教学和地震地质科普讲座，丰富地震科普知识进校园活动。推介门头沟区地震地质环境资源，推动市地震局、市教委、市应急局、市科委将沿河城断裂最新活动地点作为2019年北京市中小学生防震减灾科普创客大赛室外教学地，全市155名中小学生在沿河城断裂活动遗迹剖面开展防灾科普训练营活动。

（杨　芸）

【地震应急处置】 年内，区地震局高效应对突发事件，针对清水镇1.6级、斋堂镇1.5级、大台1.5级、斋堂1.7级、蔚县3.1级、唐山4.5级地震灾害，报送地震快报6期，妥善答复震情咨询，有效维护社会稳定。

（杨　芸）

【区内震情】 年内，经观察，门头沟辖区内共发生地震次数35次，最大为9月26日6时28分，东经115°58′，北纬39°98′，发生ML2.5级地震。

（杨　芸）

教　育

综　述

【概况】　2019年，门头沟区教委辖属教育单位92个，其中幼儿园36所（教育部门办园22所、地方企业办园1所、民办园13所），小学23所（教育部门办校23所），初级中学9所（教育部门办校），完全中学4所（教育部门办校），九年一贯制学校2所（教育部门办校），十二年一贯制学校2所（教育部门办校1所、民办校1所），特殊教育学校2所，中等职业学校1所，其他法人单位13个。招生8286人（幼儿园3240人、小学2546人、初中1609人、普通高中877人、中等职业学校14人）；毕业5531人（幼儿园1706人、小学1777人、初中1255人、普通高中659人、中等职业学校134人）；在校生28677人（幼儿园8318人、小学13157人、初中4534人、普通高中2514人、中等职业学校76人、特殊教育学校78人）。教职工总数4002人（幼儿园1369人、小学1199人、中学1250人、中等职业学校123人、特殊教育61人），其中高级职称489人、中级职称1063人。北京市特级教师14人、北京市骨干教师36人、北京市学科教学带头人6人。全年教育总投入2047607.99万元。中小学固定资产总值229667.06万元。培训机构20个。新增十二年一贯制学校1所（北京景山学校京西实验学校）。教委机关公务员完成套转28人，完成晋升36人。实行校长职级制度，认定评审特级校长2人、高级校长17人、中级校长30人、初级校长5人。推进“银龄计划”，返聘退休特级教师3人，推荐8名老师为北京市幼儿园办园质量督导评估市级专家人选。年内，门头沟区委教育工作领导小组办公室坚持党对教育工作的全面领导，抓好班子，带好队伍，主题教育扎实推进。高标准完成教育扶贫协作任务，被授予北京市扶贫协作组织工作奖。压实全面从严治党主体责任，深化廉政风险防控管理。严格落实意识形态责任制，推进理论中心组学习。优化教育资源，高标编制教育设施专项规划，有序推进育园小学等重点工程建设，向市发改委申请9.4亿元建设基础教育设施，高校落地对接工作稳步推进。全区中小学分四批通过门头沟区“1+X”达标校园创建验收。发挥西城教育资源优势，推进中高考备考工作。坚持五育并举，4所学校试点开展“四个一”系列活动，面向全区征集“四个一”故事224篇。4所学校获批国家级冰雪运动特色学校，4所学校获批国家级奥林匹克教育示范学校。成功举办中小学生冬季运动会。扎实推进课后三点半服务，共开办社团1202个，每个学生每学期都能至少参加两个社团。一幼教育集团通过研讨交流等方式，共享区内优质资源。推进“七有”“五性”考核，普惠性幼儿园覆盖率96.5%，提前超额完成北京市第三期学前教育三年行动计划中普惠率80%的任务。投入104.6万元为符合政策的学生提供必要保障。为167名学生申报“希望之星”奖学金。利用市级专项资金241万余元，推动各学段融合教育项目贯通式发展。为6所学校拨付集团化办学项目经费170万元，与北师大教育学部开展集团化项目试点项目，并形成调研报告。开展各类培训2.05万人次。“平安校园”区级验收通过率为97.2%，为58所学校配备了521名保安，对门城地区19所学校（幼儿园）周边道路交通设施进行增补和完善。

单位名称：北京市门头沟区教育委员会

地　　址：北京市门头沟区新桥大街65号

电　　话：69842564
邮　　编：102300

（祝子敬　邓　浩）

【民办幼儿园办园质量督导评估】　3月至5月，区教委、区政府教育督导室组织12名区级专家对全区9所民办幼儿园办园质量进行督导评估。其中区龙泉大地幼儿园、区红黄蓝永升嘉园幼儿园、区中科幼教绿岛幼儿园、区京师实验幼儿园、区金色摇篮幼儿园、区幼师实验幼儿园、区二十一世纪实验幼儿园被评估为B级，门头沟区幸福天使幼儿园、门头沟区博雅学园幼儿园被评估为C级。

（鲁燕明）

【"四个一"历史主题教育】　4月19日，区教委、区教师进修学校召开"讲述'四个一'故事，传承门头沟精神"主题教育活动启动会。活动结合门头沟区历史文化传承和城市功能定位，对"一盆火""一腔血""一桶金""一片绿"的精神内涵进行阐释。

（张博文）

【"我和我的祖国"系列主题活动】　4月24日，区教委、区教师进修学校在区影剧院联合开展"我和我的祖国"系列主题活动——诵读中华经典 弘扬民族文化 传承华夏文明。活动共收到各学校报送节目48个。

（赵晓晨）

【纪念五四运动100周年】　4月28日，门头沟区开展"百年薪火传 建功新时代"庆祝中华人民共和国成立70周年、纪念五四运动100周年特别主题团日活动，组织团员青年在庄严肃穆的仪式中接受"沉浸式"精神洗礼。

（范　千）

【家园共育提升项目第三期项目】

5月21日，区教委携手父母必读育儿传媒启动"家园共育提升项目三期"项目。年内，完成4次线下大型主题讲座，4场线上直播，下发家长口袋书8000余册，选取9所幼儿园35位项目老师参加"家园共育青年教师示范行动研究"培训，开展8次实验园家长课堂，召开项目中期评估座谈会，对实验园开展工作的效果进行总结分析，项目整体满意度高达97%。组织开展家园共育优秀案例评比活动，为教师搭建平台，积累项目成果。

（李文丽）

【体育特色校评选】　7月，大峪一小、大峪二小、实验二小永定分校及大峪中学分校被认定为国家级校园冰雪运动特色学校；育园小学、八中京西附小、王平中学及大峪中学被认定为国家级奥林匹克教育示范学校；三家店铁路中学被认定为国家级校园足球特色学校；第三幼儿园、育园小学附属幼儿园、斋堂中心小学附属幼儿园及金色摇篮幼儿园被认定为国家级足球特色幼儿园。

（邵　华）

【首次学前教育联席会召开】　8月23日，门头沟区召开首次学前教育联席会议，29个相关委办局及镇街参加，共同研究学前教育发展布局及提升办学质量等重点难点问题。

（冯艳飞）

【"开学第一课"教育活动】　9月1日，区教委以"唱响国歌、守护国旗、致敬国徽"为主题开展"开学第一课"教育活动，深入宣传国歌法、国旗法、国徽法，教育和引导学生牢固树立法治信仰，主动培育爱国主义精神。

（张进凯）

【第22届全国普通话推广宣传周】　9月19日，门头沟区第22届全国普通话推广宣传周在北京实验二小永定分校召开。此届推普周以"普通话诵七十华诞，规范字书爱国情怀"为主题，通过学校语言文字工作展、舞台展示和语言文字大讲堂等形式，集中展现中华人民共和国成立70周年以来区域普通话的推广成就。全区19所学校参与展出，5所学校参与舞台展示，评选优秀展示奖、组织奖等单位20家。

（张博文）

【纪念少先队建队70周年主题队日活动】　10月10日，门头沟区在大峪中学分校附属小学开展"逐梦新时代 争做好队员"主题队日活动。活动中，少先队员们重温入队誓词，峪分附小74名小学生带上红领巾成为光荣的少先队员，对"优秀少先队大队""优秀少先队中队""优秀中队辅导员""优秀中队辅导员""区级红领巾奖章"获得者进行表彰。"我与祖国共成长 争做新时代好队员"主题作品展，展出团教工委面向全区少先队员征集的200余幅（件）优秀作品。

（殷冉冉）

【第十五届全民终身学习活动周】

11月27日，区教委举办"城教融合谋发展，需求导向促改革，当好'两山'理论守护人"为主题的第十五届全民终身学习活动周开幕式。此次学习周活动期间中小学举办3个系列多场次的主题活动，参与学生2万余人、教师4000余人；社区居民，农民参与各类学习教育活动7400人次。

（王 坤）

【学生近视防控试点项目】 12月5日，区教委举行落实《北京市近视防控十条措施》暨学生近视防控试点项目启动仪式。仪式上，解读《北京市近视防控十条措施》《门头沟区学生近视防控试点干预项目》，为育园小学、龙泉小学、实验二小永定分校、黑山小学等四所试点校颁牌，并为学生发放近视防控宣传干预大礼包。

（邵 华）

【校园冰雪文化节】 12月17日，区教委组织开展门头沟区校园冰雪文化节暨第三届中小学生冬季运动会。比赛分真冰比赛项目、校内比赛项目（旱地冰球、仿真冰壶球、轮滑越野接力赛、冬奥知识急速赛）、雪上项目3个部分比赛。参与学生1000余人次。

（邵 华）

【平安校园建设完成区级验收】 12月31日，门头沟区73所学校通过“平安校园建设”区级验收，通过率为100%，门头沟区在全市率先完成验收工作。

（王冬冬）

【中小学学校章程修订培训】 12月，区教委召开全区修订中小学校章工作会，对全系统38所中小学现有校章重新修改制订进行培训。

（张进凯）

【新增公办教育机构】 年内，成立北京市门头沟区第五、第六幼儿园，均为区教委所属的独立核算全额拨款事业单位，事业单位类别公益一类。第五幼儿园办学规模为12个教学班区；门头沟第六幼儿园办学规模为6个教学班。

（肖 新）

【新增民办教育机构】 年内，区教委完成13所民办学校设立审批工作。其中，民办幼儿园2所，非学历民办培训机构11所，增加学前教育学位450个。

（许中山）

【“不忘初心、牢记使命”主题教育】 年内，区委教育工委班子共组织集中学习15次，交流研讨5次，专题党课7次，专题民主生活会1次。各基层党组织开展学习研讨360余次，组织相关活动450余次召开，召开专题组织生活会109次。教工委教委班子成员开展专题调研21次，召开座谈会14次，发现典型问题30个，现场解决11个，挂账督办的问题19个，全部得到解决。

（韩秋静）

【参赛成绩与主要荣誉】 年内，在北京市中小学第二届“京教杯”青年教师教学基本功大赛中，门头沟区中小学12名教师进入决赛，5人获一等奖，7人获二等奖，6人获三等奖。在北京市第三十二届“紫禁”杯优秀班主任评选中，王平中学李雪莲获特等奖，育园小学赵辉和新桥路中学刘飞获一等奖，大峪一小刘金娥和大峪中学李彩川获二等奖。在第七届“学生喜爱的班主任”评选中，峪分附小李莉、黑山小学燕宝芝和王平中学王娜获“学生喜爱的班主任”荣誉称号。在“北京市中小学第二届立德树人教育成果征集评优交流活动”中，门头沟区获4个一等奖、2个二等奖、6个三等奖。在北京市中小学生四个一活动课程方案和主题案例评选、北京市中小学生社会大课堂教师成果奖评选中，门头沟区教师共获市级一等奖7个，二等奖9个，三等奖15个。

（马 荧 王 曦）

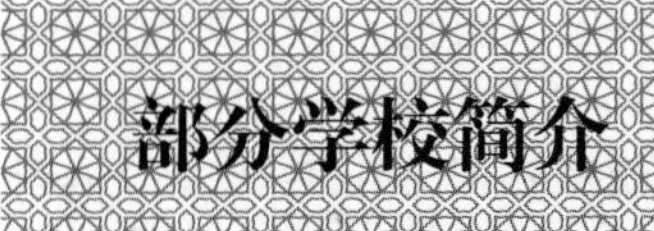

部分学校简介

第一幼儿园

【概况】 2019年，北京市门头沟区第一幼儿园分两址办学，分别为总园和西园，两个校区总占地面积9800平方米，校舍建筑面积5565.6平方米，运动场地面积2750平方米，绿化用地面积2300平方米。图书室藏书1.2万册。固定资产总值2862.5万元，全年教育经费投入2820.91万元。学校信息化经费投入7.3万元，拥有计算机32台，校园网出口总带宽100Mbps，数字资源量500T。教职工74人，其中高级职称7人、中级职称21人。专任教师70人，包括北京市骨干教师1人；本科及以上学历39人。开设教学班16个。毕业128人、招生145人、在校生442人。年内，区第一幼儿园秉承“以生态滋养幼苗，让五育绽放光彩”的办园理念，努力打造畅和园、悦读园、康体园、雅趣园、勤耕园五彩缤纷的生态名园。开展“不忘初心、牢记使命”主题教育，以“乐彩课程”建设为中心提升办园品质，通过多种形式的助推教师队伍发展发展，教学干部带领骨干教师到南京、杭州和成都学习先进教育理念，开展13次针对于不同层面教师的培训。积极开展宣传工作，微信公众号共发布信息117篇总园幼儿食堂正式挂牌A级2星食堂。暑假期间完成总园教学楼文化建设改造、总园室外改造、西园基建改造三项工程。

（杨　薇）

【毕业典礼与开学典礼】　6月14日，区第一幼儿园在门头沟影剧院举行主题为“幼苗长成毕业季 感谢师恩报三秋”大班毕业典礼。9月2日，区第一幼儿园召开“娃娃爱祖国 有我更精彩”新学期开学典礼。

（杨　薇）

【家长学校培训】　9月，区第一幼儿园邀请早教所专家针对家长关心的幼小衔接问题，以及幼儿成长规律特点等问题进行专题讲座和培训。

（周丽娜）

【结对帮扶】　10月14日至18日，区第一幼儿园邀请内蒙古自治区察右后旗幼儿园到园参加“手拉手 共成长 促提升”结对帮扶工作。活动内容涵盖园所及班级环境、活动观摩、骨干示范课、园本教研活动、以及特色课程体育活动区和小社团课程开放参观。

（周丽娜）

【文化乐趣节】　12月，区第一幼儿园开展历时一个月的文化乐趣节活动。各年级组结合幼儿年龄特点，开展亲子童话剧展演、艺彩飞扬才艺展示、新年自助餐、新年庙会等各种形式的主题活动。同时，大班幼儿负责策划、环境创设、活动设计组织等。12月31日，幼儿园全体教职员工以“五彩教育谱新篇 魅力社团展风采”为主题，开展第一届魅力社团汇报演出暨一幼新年联欢会。

（杨　薇）

【食堂开放日活动】　12月13日，区第一幼儿园组织家委会成员，开展“厨工考核提成效，家长品尝定高标”食堂开放日活动，让家长走进食堂，了解参与幼儿园膳食工作。

（刘媛媛）

幼师实验幼儿园

【概况】　2019年，门头沟区幼师实验幼儿园是一所民办普惠型幼儿园，占地面积4063平方米，校舍建筑面积1933平方米，运动场面积1800平方米，绿化用地面积207平方米。图书馆藏书2000余册，电子图书50余册。固定资产总值635898万元，全年教育经费投入4041713.97万元。学校信息化经费投22871.97万元，拥有计算机19台，网络多媒体教室1个，校园网出口总带宽200Mbps。教职工39人，其中中级职称2人。专任教师18人；本科及以上学历5人。开设教学班9个。毕业49人、招生116人、在园242人。年内，被区教育督导评估小组评定为B级。6月，正式转型为普惠性幼儿园，保育教育费下调为600元，享受国家政府补贴，教师整体薪资待遇提高。全年，家长对幼儿园工作满意率达98%。

（周雅军）

【“我爱妈妈”文艺汇演】　5月10日，区幼师实验幼儿园携华新建社区共同举办“我爱妈妈”文艺汇演。参加演出的有华新建社区工作人员、华新建社区舞蹈队、幼儿园全体教职工、幼儿及幼儿家长，汇演包括舞蹈、合唱、诗朗诵、情景剧、亲子游戏等20个节目。

（张　洋）

【户外体能大循环观摩活动】　5月17日，北京幼师实验幼儿园集团下属园所的保教主任8人、骨干教师26人到北京幼师实验幼儿园门头沟园参与“户外体能大循环半日观摩活动”，活动分为查阅档案、观摩幼儿课间操及观摩户外体能大循环、参观园所环境，以及户外体育教研活动5个环节。

（张　洋）

【大班毕业典礼】　7月13日，区幼师实验幼儿园大班举行主题为“感恩 追梦 成长”的毕业典礼。

（张　洋）

【幼儿园常见意外伤害及处理方法培训】　9月21日，区幼师实验幼儿园教师及家长共46人参加区红十字会主办的“幼儿园常见意外伤害及处理方法”培训。

（张　洋）

【“童心向祖国”亲子绘画作品展】　10月14日，区幼师实验幼儿园开展“童心向祖国”亲子绘画作品展活动，全园共224名家长与幼儿展出作品142幅。

（张 洋）

【119消防宣传月活动】 11月4日至24日，区幼师实验幼儿园开展为期四周的“关注消防，共享平安”119消防宣传月系列活动。活动包括“消防安全我知道”“119消防安全教育专题”“家庭安全隐患我排查”与“自知、自查、自改”等4个环节。

（张 洋）

【家长学校讲座】 12月12日，区幼师实验幼儿园以“心灵交汇，共读一书”为主题开展家长读书会，12名幼儿家长与7名教师参加活动，共同阅读《倾听成就孩子的健全人格》。

（张 洋）

大峪第一小学

【概况】 2019年，门头沟区大峪第一小学占地面积2.27万平方米、校舍建筑面积1.68万平方米，运动场地面积0.71万平方米。图书馆（室）藏书40.26万册，包括电子图书36万册。固定资产总值18697万元，全年教育经费投入7385万元，其中国家拨款7385万元。学校信息化经费投入393.75万元，拥有计算机362台，多媒体教室座位2200个，校园网出口总带宽1000Mbps，数字资源量2000GB，“信息技术”课程2课时/周。普通教室38个、专用教室18个。教职工85人，其中高级职称21人、中级职称44人。专任教师71人，包括特级教师1人、北京市骨干教师1人；本科以上学历81人。开设教学班28个。毕业156人、招生238人、在校生1085人。设附属幼儿园，园所占地面积9391.63平方米、校舍建筑面积7181.1平方米。全年教育经费投入2954万元，固定资产总值771.6万元。普通教室18个、专用教室7个。教职工61人，其中专任教师49人、保健员4人。开设教学班14个（小班6个、中班5个、大班3个）。幼儿在园人数412人。

（孔令全）

【《老北京传统文化》系列课程】 年内，区大峪第一小学开设《老北京传统文化》系列课程。4月28日，大峪一小邀请百工坊的非遗传承人为学生作老北京传统文化非遗讲座和行前培训。5月5日，大峪一小的五、六年级学生到首都博物馆和百工坊，体验面人、毛猴、兔爷、泥人、风筝制作。10月12日，大峪一小开展中华礼乐专题培训。16日，大峪一小六年级师生到非物质遗产体验基地中国宋庆龄青少年科技文化中心体验学习茶道、木艺、中医、陶艺、武术、线装书、印染、书法、剪纸、香道10个项目。11月14日，大峪一小开展多彩故宫主题培训。

（吕云涛）

【西班牙语课程开设】 年内，大峪一小继续在五年级开设西班牙语课程，聘请西语教师每周为学生上一节西语课，组织学生到阿根廷驻华大使馆、委内瑞拉驻华大使馆、智利驻华大使馆、塞万提斯学院参观体验，邀请巴拿马大使代表、哥伦比亚文化参赞到校进行文化交流。

（贾新宇）

【整本书阅读教学】 4月12日、12月11日，大峪一小分别以《西游记》和《夏洛的网》为研究内容，开展“探索整本书阅读策略，提升师生阅读素养”教学研究活动。

（贾新宇）

【“一校一品”体育教学改革阶段成果展示】 5月28日，门头沟区“一校一品”体育教学改革联盟在大峪一小举行北京市“一校一品”体育教学改革阶段成果展示活动。活动进行大课间素质操、弟子规操、体育运动课课练、全院运动会和安全教育5个规定内容展示，以及花样跳绳、篮球的校园特色运动展示。全区中小学校长、学校体育主管领导及组长、区体育教研员，大峪一小和军庄小学的全体教师、学生和家长代表，新闻媒体代表共1600人参加活动。

（马 栋）

【早教进社区】 6月19日，大峪一小附属幼儿园早教小组到永兴社区，开展“园所社区手拉手 早期教育促成长”活动。此次活动为家长、孩子、幼儿园提供交流互动的平台，让0岁~3岁的宝贝们初步感受集体活动的乐趣，增进亲子间的感情，让早教理念有效地植入家长心中。

（周 爽）

【秋季开学典礼】 9月1日，大峪一小以“日新学子庆祖国华诞 日进日明与祖国同梦”为主题举行开学典礼。全校师生及家长代表共1425人参加。

（李雅丽）

【承办教育信息化研讨会】 11

月7日，大峪一小承办北京市教育信息化创新应用与有效教学模式研讨会，学校22个教学班级承担展示课任务38节次，大峪一小教师承担语文、数学、英语、信息共6节展示课任务。

（吕云涛）

【手拉手活动】 12月4日，门头沟区大峪一小附属幼儿园到涿鹿县东兴幼儿园开展手拉手交流活动。活动分为教学活动展示、参观园所环境、讲座与说课展示、经验交流4个环节。

（王 樱）

【日新工作室】 年内，大峪一小成立“日新工作室”，依托青年教师“日新工作室”，采取“理论测试+课堂展示+粉笔字过关”的方式，开展“日新杯”青年教师展示活动。

（吕云涛）

北京市第八中学京西附属小学

【概况】 2019年，北京市第八中学京西附属小学（简称八中京西附小）总占地面积2.92万平方米、校舍建筑面积1.93万平方米，运动场地面积0.95万平方米。图书馆（室）藏书4.53万册。固定资产总值132521594.81万元。全年教育经费投入4214.59万元，其中国家拨款4214.59万元。学校信息化经费投入96.02万元，拥有计算机423台，网络多媒体教室53个，校园网出口总带宽1000Mbps，数字资源量254GB，“信息技术”课程2课时/周。教职工73人，其中高级职称7人、中级职称17人。专任教师63人，本科以上学历70人。开设教学班29个。招生299人、在校生1093人，随班就读学生2人。

（李全来）

【融合教育交流会】 1月4日，八中京西附小举办“静待花开，让每一个孩子都精彩”融合教育总结交流会。

（邓光艳）

【第一届开耕节】 3月21日，八中京西附小举办第一届开耕节。活动让学生更深刻地感受到人与土地的深切联系，在感悟时节轮转的同时学会人与自然的和谐相处。

（伏建琮）

【庆六一活动】 5月30日，门头沟区2019年庆“六一”活动在八中京西附小举行。区领导与全区800余名少先队员参加活动。

（伏建琮）

【素质舞蹈校园挑战赛】 6月11日，八中京西附小首届“素质舞蹈校园挑战赛”落幕。挑战赛借鉴澳大利亚素质舞蹈全国校际汇演的比赛形式，给学生表演的机会和权力，让学生尽情享受舞蹈。

（伏建琮）

【法制教育活动】 9月9日，北京邮电大学师生到八中京西附小开展以“唱响国歌、守护国旗、致敬国徽”为主题的法制宣传教育活动。

（邓光艳）

【第一届丰收节】 9月23日，秋分时节，八中京西附小举办第一届丰收节。

（伏建琮）

【业务交流】 10月18日，八中京西附小到河北省涿鹿县进行对口帮扶交流活动。25日，河北雄安容城县平王乡校长团一行到八中京西附小参观访问。

（刘 军）

城子小学

【概况】 2019年，门头沟区城子小学（简称城子小学）暂借门头沟区中等职业学校校址办学，学校总占地面积22000平方米，校舍建筑面积4350平方米，运动场地面积5700平方米。学校图书室藏书4.7万册，固定资产总值720万元，全年教育经费投入2130万元。学校信息化经费投入67万元，拥有计算机162台，多媒体教室座位960个，校园网出口总带宽1000Mbps，数字资源量210GB，三四年级每班每周“信息技术”课程1课时/周。学校有普通教室24个、专用教室1个。学校共有教职工63人，其中高级职称11人，中级职称33人，专任教师48人，北京市骨干教师1人，本科以上学历61人。学校开设教学班24个，毕业146人，招生157人，在校生900人。

（苏文刚）

【少先队入队活动】 5月23日，城子小学少年队大队在红领巾公园开展以“养成良好习惯争做新时代好队员”为主题的少先队入队活动，40名学生加入少先队。

（赵欣颖）

【手拉手活动】 6月18日至7月2日，西藏堆龙德庆区乃琼镇中心小学11名干部、教师到城子小学，开展学习交流活动。8月下旬，城子小学10名干部、教师到西藏拉萨市堆龙德庆区乃琼中心小学支教，与当地教师开展同课异构教学研讨活动。

（赵玉芝）

【青葱志愿服务队】 6月19日，城子小学青葱志愿服务队师生开展第一次志愿服务活动。服务队以“青葱”命名，彰显学校师生的青春热情以及积极向上的服务态度。

（李正富）

【奖励荣誉】 11月10日，城子小学在北京市健美操锦标赛获2个一等奖。11月，在“基于互动反馈信息和微课的精准教学研讨”联盟校赛课活动中的互动反馈1对1智慧化展示环节，城子小学取得1个一等奖,2个二等奖。

（赵欣颖 姜玉玲）

【消防应急疏散演练】 11月14日，城子小学举行全校性的消防应急逃生疏散演练，重点对灭火器的种类、使用做讲解和示范。演练过程中全体人员严格按照突发事件应急预案，进入各自岗位进行及时疏散，各班学生在老师的认真指挥下按照指定的安全出口，迅速并有序地离开教学场所，紧急撤离到安全地带，全部学生在规定的时间内到达安全地带。

（李正富）

【四区联动书法研修活动】 12月13日，城子小学承办门头沟区与西城、东城、石景山区联合开展的以“落实九三一理念，打造实效型课堂”为主题的书法研修活动。活动通过联动研修，为教师们搭建展示、交流、学习的平台。

（朱建玲）

【少先队大队干部竞选】 下半年，城子小学开展少先队大队干部改选工作，通过自主报名、编写少先队提案、小队活动计划、小队活动现场展示、个人宣传画报制作、现场演讲才艺展示等环节，最终13名学生成为新一届少先队大队委员。

（赵欣颖）

【青年教师工作室】 年内，城子小学与琉璃渠小学联合成立青年教师工作室，采取“双师制”培养模式，依托校内骨干、校外专家帮带，通过研磨每一节课，引领青年“心用在备课上，爱洒在课堂上”，助力青年教师快速成长。

（赵玉芝 姜玉玲）

【职业体验课程】 年内，城子小学依托中等职业学校职业体验课程联合开展“职业体验课程实践活动”，包括生活杂志、厨鹰展翅、书画同源3个专业的12个职业体验项目，供学校四至六年级445名学生实践体验。

（朱建玲）

军庄中心小学

【概况】 2019年，门头沟区军庄中心小学及附属幼儿园分三址办学，分别为军庄中心小学校区、附属幼儿园西杨坨园区和附属幼儿园灰峪园区，3个校区总占地面积12956.14平方米，校舍建筑面积7897平方米，运动场地面积800平方米，绿化用地面450平方米。图书馆藏书25000册。固定资产总值1600万元，全年教育经费投入110万元。学校信息化经费投入10万元，拥有计算机110台，网络多媒体教室23个，校园网出口总宽带100 Mbps，数字资源量57320GB，“信息技术”课程4课时/周。教职工78人、其中，高级职称9人、中级职称36人。专任教师61人，本科及以上学历53人。开设教学班22个。毕业99人、招生140人、在校生533人。

（孙丽娜）

【第二届教育教学年会】 3月，军庄中心小学召开以课程建设为主题的第二届教育教学年会。活动包括教师个人撰写课程建设成果、教研组内汇报并修改、聘请专家指导等过程。

（朱玉芳）

【一校一品体育教学改革展示】 5月28日，军庄中心小学和大峪一小共同承办“一校一品”体育教学改革项目的市级展示，内容包括大课间素质操、课课练、安全项目、足球曲棍球、全员运动会等项目的展演。

（李国萍）

【对口帮扶】 6月10日，张家口市涿鹿县领导到军庄中心小学参加为期一周的对口帮扶学习交流活动。

（朱玉芳）

【旱地冰球比赛获全市第一名】 6月15日，军庄中心小学旱地冰球队队员参加北京市中小学生冬季运动系列比赛——旱地冰球项目，取得旱地冰球项目的冠军，并包揽这个项目的所有个人奖项，实现学校体育项目在市级比赛中冠军“零”突破。

（李国萍）

【智和教师智和部位表彰大会】 9月10日，军庄中心小学召开智和教师和智和部位表彰大会，35名教师和3个部位获“智和”称号。

（李国萍）

【走进梨园实践课程】 9月12日，军庄中心小学附属幼儿园组织大班35名幼儿到“孟悟生态园”开展走进梨园实践课程。通过“游梨园 采美果 赏秋色”系列实践课程，使幼儿感受京白梨的魅力。

（孙丽娜）

【建国70周年系列庆祝活动】 9月，军庄中心小学举行“讲我榜样爱我祖国”烈士纪念日活动，全校学生通过讲述门头沟地区革命英烈故事、书写祖国祝福语的方式，深入了解地区历史。军庄中心小学附属幼儿园开展“护我国旗、爱我祖国”升旗的爱国主义教育活动，每周组织全体师生举行庄严的升旗仪式，增强幼儿守护国旗、热爱祖国的意识。

（李　琳）

【第二届校级足球节】 10月底至11月初，军庄中心小学举行校级第二届足球节活动。活动分为班级徽标设计比赛、足球趣味活动、班级足球联赛、观看大型足球比赛等内容。

（李国萍）

【“三杯”课堂教学评优】 11月，军庄中心小学开展校级“三杯”课堂教学评优，32名教师通过评优展示一年来的课堂教学研究成果。12月，学校举行表彰总结会，分别对春蕾杯、百花杯和秋实杯获奖的教师进行表彰，并针对课堂评优活动中突出的优势、存在的不足以及如何改进做详细的分析，为学校的课堂教学改革深入推进指明方向。

（李国萍）

【幼小衔接课程】 年内，军庄中心小学联手附属幼儿园开展为期一个学期的幼小衔接课程，62名大班学生参加活动。

（孙丽娜）

大台中心小学

【概况】 2019年，北京市门头沟区大台中心小学（以下简称“大台中心小学”）建有2所分校，分别为灰地小学、唐家坟小学。学校分一址办园，为大台中心小学附属幼儿园，占地面积8474平方米，校舍建筑面积6134平方米，运动场地面积3000平方米，绿化用地面积60平方米。图书馆（室）藏书8941册。固定资产总值1547.78万元，全年教育经费投入3867万元。学校信息化经费投入8万元，拥有计算机236台，网络多媒体教室36个，校园网出口总带宽1000Mbps，“信息技术”课程2课时/周。教职工43人，其中，高级职称14人、中级职称22人。专任教师33人；本科及以上学历24人。开设教学班14个。毕业39人、招生17人、在校生133人。附属幼儿园，占地面积3080平方米、建筑面积2749平方米。藏书1104册。活动室3个、睡眠室3个。教职工14人，高级职称1人、中级职称3人。专任教师12人，本科及以上学历8人。开设3个班，在园幼儿45人。

（郝玉金）

【师德培训】 1月21日，大台中心小学举办为期两天的做新时代“四有”好教师和“四个引路人”师德培训，木城涧煤矿领导和学校全体教职工52人参加。

（施凤霞）

【清明活动】 3月28日，大台中心小学师生128人到中国人民抗日战争纪念馆参观并开展清明节活动。

（温　婧）

【山区学校科技博览活动】 4月25日，门头沟区第三届山区学校科技博览活动在大台中心小学举行。有关领导和参赛学生共88人参加活动。活动共分科技挑战赛和科技体验活动两大部分，分别采用竞赛和体验两种模式。

（张金明）

【留学生社会实践基地揭牌】 4月26日，首都师范大学国际文化学院留学生社会实践基地在大台中小学举行揭牌仪式，为两家单位开展学生、教师之间的交流实践活动提供平台。

（郝玉金）

【幼儿园户外环境改造项目】 8月底，大台中心小学附属幼儿园遮阳棚、户外攀爬墙、投掷墙、种植园围墙粉刷改造工程等项目竣工。

（韩娜娜）

【法制教育讲堂】 9月9日，大台中心小学邀请门头沟区法院未成年人审判庭和法警队到学校开展法制教育讲堂活动。

（温 婧）

【合格工会之家通过验收】 10月31日，大台中心小学合格工会之家通过门头沟区教委验收。

（高增满）

【党建品牌展示活动】 11月13日，大台中心小学开展以“品牌映红党旗、示范引领党建”为主题的党建品牌展示活动，14个单位的党组织书记、党员干部及75名教师参加活动。

（高增满）

【门头沟区山区航模竞赛】 11月14日，大台中心小学承办门头沟区山区学校航模竞赛，山区11所中小学的296名学生参加竞赛。活动分创客挑战竞赛，以及和科学小达人创新体验实践活动，智时代、科学探究实验和创意制作体验活动等22项内容。

（张金明）

龙泉雾小学

【概况】 2019年，门头沟区龙泉雾小学及附属幼儿园总占地面积6421平方米、校舍建筑面积1000.39平方米，运动场地面积3182.31平方米。图书室藏书17571万册。固定资产总值1451.64万元。全年教育经费投入1576万元，其中国家拨款1576万元。学校拥有计算机170台，多媒体教室座位34个，校园网出口总带宽1000Mbps，数字资源量200GB，“信息技术”课程2课时/周。普通教室6个、专用教室4个。教职工24人，其中，高级职称3人、中级职称17人；专任教师15人，包括区级骨干3名、区级骨干班主任1名、本科以上学历21人。开设教学班6个。毕业生11人、招生15人、在校生121人。设附属幼儿园，全年教育经费投入1576万元（与小学共用）。教职工12人，其中专任教师9人、保健员1人。开设教学班3个（小班1个、中班1个、大班1个）。

（邓小燕 王映梅 董建忠 李光辉 丁丽华 谷燕春）

【“不忘教育初心，牢记青春使命”主题教育】 1月11日，龙泉雾小学团支部开展“不忘教育初心，牢记青春使命”主题教育活动，团员教师重温入团誓词，学习习近平总书记重要讲话精神，开展教育评议，唱响共青团团歌，坚定理想信念，明确向党组织靠拢的决心和信心，力争在工作中发挥团员的突击队作用。

（王映梅）

【中年级语文课例展示与培训研修】 4月3日，龙泉雾小学开展“聚焦核心素养 传承中华文化”中年级语文课例展示与培训研修活动。参会专家对学校三年级综合性学习《中华传统节日》、四年级《趣味歇后语》课程进行点评。

（李桂山）

【清明消防安全主题教育综合体验】 4月4日，龙泉雾小学联合琉璃渠小学开展主题“向英雄致敬 护希望之光”的清明消防安全主题教育综合体验活动。活动中，学生代表向英雄敬献花篮，教师代表进行“缅怀先烈、致敬英雄”主题演讲，中国安全健康教育网工作人员组织消防逃生体验活动。

（刘军艳）

【教师节活动】 9月9日，龙泉雾小学举行以“我骄傲 我是人民教师”为主题的教师节庆祝活动。

（王映梅）

【亲子唱红歌主题教育】 9月26日，龙泉雾小学附属幼儿园举行以“70华诞启蒙路 放飞梦想共成长”为主题的亲子唱红歌主题教育活动。

（刘金霞）

【主题建队日活动】 10月8日，龙泉雾小学开展“逐梦新时代 争做好队员”为主题的建队日活动，活动分为“红领巾你好”“榜样你好”“祖国你好”3个篇章。

（王映梅）

【志愿服务活动】 12月5日，龙泉雾小学以“弘扬志愿精神 共创文明城区”为主题开展志愿服务活动。活动包括“绿色环保我先行”捡拾垃圾活动，向身边人发出“手牵手参与志愿服务心连心共创文明城区”倡议等内容。

（王映梅）

【智慧人生社区开放活动】 12月24日，龙泉雾小学附属幼儿园举行“助力起跑”开启智慧人生社区开放活动，活动分为“户外游戏”“室内实践”“现场答疑”3个环节。

（刘金霞）

清水中心小学

【概况】 2019年，北京市门头沟区清水中心小学总占地面积18676平方米、校舍建筑面积3779平方米，运动场地面积8060平方米。图书馆（室）藏书15730万册。固定资产总值677万元。全年教育经费国家拨款1654.13万元，学校信息化经费投入100万元，拥有计算机90台，多媒体教室座位40个，校园网出口总带宽100Mbps，“信息技术”课程2课时/周。普通教室6个、专用教室6个。教职工32人（含附属幼儿园），其中高级职称3人、中级职称14人。专任教师25人，本科以上学历23人。开设教学班6个。毕业18人、招生16人、在校生99人。设附属幼儿园，占地面积7863平方米、校舍建筑面积1522平方米。全年教育经费投入670万元 。拥有音体室、生活体验室、区域活动室等专用教室3个，普通教室3个。拥有计算机12台。教职工12人，其中教师11人，专科以上学历7人；保健员1人 。开设教学班3个，其中，小班1个、中班1个、大班1个。幼儿入园14人、离园16人、在园37人。

（连九利）

【师生志愿微行动】 3月5日，清水中心小学开展“践行核心价值观，师生志愿微行动”学雷锋主题实践活动。校师生通过活动传播了“奉献、友爱、互助、进步”志愿精神，营造向上向善的志愿服务氛围。

（艾树娥）

【主题祭扫活动】 4月1日，清水中心小学组织少先队员、共青团员和党员教师代表到清水镇燕家台村龙门涧的革命烈士“憩英园”，开展以“缅怀革命先烈，誓做国家栋梁”为主题的祭扫纪念活动。

（艾树娥）

【庆“六一”活动】 5月31日，清水中心小学举办以“青春心向党，建功新时代”为主题的庆“六一”活动。此次活动组织学生唱红歌，让学生在“清正人和，水滴石穿”的办学理念下快乐健康地成长。

（艾树娥）

【师德师风培训】 9月1日，清水中心小学附属幼儿园举办“牢记使命勤耕耘，不负重托乐奉献”为主题的师德师风培训活动。

（赵丽娜）

【喜迎国庆实践活动】 9月19日，清水中心小学及附属幼儿园全体师生到清水花谷开展“喜迎国庆”系列庆祝活动。活动中，学生通过学唱爱国歌曲、制作国旗、绘画比赛等形式向祖国致敬。

（梁春雷）

斋堂中心小学

【概况】 2019年，北京市门头沟区斋堂中心小学总占地面积8848平方米、校舍建筑面积5219.77平方米，运动场地面积3453平方米。图书馆（室）藏书15852册，包括电子图书0.01万册。固定资产总值31198827.71元。全年教育经费国家拨款82.37万元。学校信息化经费投入4.58万元。拥有计算机104台，多媒体教室座位70个，校园网出口总带宽1000 Mbps，数字资源量200GB，“信息技术”课程2课时/周。普通教室6个、专用教室8个。教职工44人，其中高级职称6人、中级职称23人。专任教师31人，包括北京市骨干教师1人；本科以上学历30人。开设教学班6个。毕业23人、招生13人、在校生117人。附属幼儿园园所占地面积6518.28平方米、校舍建筑面积2396.1平方米。全年教育经费投入82.37万元（与小学共用）。普通教室3个、专用教室6个。教职工13人，其中专任教师11人、保健员1人。开设教学班3个，小班、中班、大班各1个。幼儿入园61人、在园61人。

（赵建华　谭天柱　吕艳伟　何　鑫　王　卫）

【学校党建】 4月13日，斋堂中心小学党支部组织全体党员参观天津周恩来邓颖超纪念馆。9月17日，斋堂中心小学党支部召开“不忘初心，牢记使命”主题教育工作动员部署大会，全体党员干部22人参加会议。12月9日，斋堂中心小学召开领导班子“不忘初心、牢记使命”主题教育专题民主生活会。

（谭天柱）

【“学红色精神，做红心儿童”主题系列活动】 5月29日，斋堂中心小学附属幼儿园举办“学红色精神，做红心儿童”主题系列活动。活动通过红色精彩励志故事、诵红色经典，让斋堂老区儿童接受爱国主义教育和革命传统教育。

（李晨茜）

【“薪火志愿服务”研讨】 6月18日，斋堂中心小学组织13名教师志愿者开展“薪火志愿服务”研讨活动。

（谭天柱）

【国家公祭日活动】 9月30日，斋堂中心小学组织80余名师生参加国家公祭日主题活动。

（谭天柱）

【“学身边榜样”主题演讲暨表彰大会】 12月26日，斋堂中心小学举办迎新年“学身边榜样”主题演讲暨“学习强国”学习标兵表彰大会。此次活动集演讲、总结与表彰于一体，用榜样的力量激励和鼓舞教职工。

（谭天柱）

大峪中学

【概况】 2019年，北京市大峪中学分两址办学，分别是本部校区和西校区。两校区占地面积80359.65平方米、建筑面积58374.7平方米，运动场地面积31504平方米。图书馆（室）藏书8.514万册。固定资产总值208，89.21万元。全年教育经费投入3303.51万元，其中国家拨款3238.29万元、自筹经费65.22万元。学校信息化经费投入4.37万元，拥有计算机659台，多媒体教室座位200个，校园网出口总带宽1024Mbps，数字资源量500GB，“信息技术”课程22课时/周。普通教室73个、专用教室21个、实验室36个。教职工268人，其中正高级职称2人，副高级职称108人、中级职称88人。专任教师217人，包括特级教师7人、北京市骨干教师5人；本科以上学历258人。开设教学班62个，其中初中30个、高中32个（新疆班6个）。毕业590人，其中初中233人、高中357人（新疆班80人）；招生699人，其中初中368人、高中331人（新疆班87人）；在校生2191人，其中初中1111人、高中1080人（新疆部338人）。高中区内录取分数线500分，应届高考本科上线率98.22%。

（吕　娜　于君雅）

【《山谷幽兰》舞剧】 4月10日，区教委主办，大峪中学承办，门头沟区11所中小学参与演出的大型原创校园舞剧《山谷幽兰》在中央民族剧院开演。该舞剧以孙惠君老师为原型，向门头沟区教育人献礼。

（吕　娜　于君雅）

【跨区联动初中数学研讨会】 5月14日，门头沟、丰台跨区联动初中数学教学研讨会在大峪中学召开。数学教师做现场展示课、现场报告，以及课后交流讨论。

（吕　娜　于君雅）

【科技节】 5月15日，大峪中学举行2019科技节。此次活动旨在普及科技教育，拓宽学生视野，丰富学生课余生活，发展学生个性特长，培养学生的实践能力和创新精神，扎实推进素质教育与创新教育，共同创建“创新型”校园文化氛围。

（吕　娜　于君雅）

【北京市高中思想政治课教学研讨活动】 5月21日，在大峪中学举办以“落实活动型学科课程，增强学生体验感悟获得”为主题的2019年北京市高中思想政治课教学研讨活动。此次研讨活动由北京教科院基教研中学德育课程教研室和门头沟区教师进修学校主办，由北京市大峪中学承办。来自全市高中政治学科教研员及骨干教师200余人参加活动。

（吕　娜　于君雅）

【高校京西招生咨询会】 6月24日，以“山谷•梦想”为主题的第三届高校招生京西咨询会在大峪中学举办，高三学生及家长与全国多所知名高校直接对接面对面了解招生政策。

（吕　娜　于君雅）

【国庆70周年群众联欢任务】 6月至10月，大峪中学300名师生经刻苦训练，完成庆祝中华人民共和国成立70周年群众联欢任务。

（吕　娜　于君雅）

【金帆合唱团新年专场音乐会】 12月19日，大峪中学金帆合唱团新年专场音乐会《从心出发》在中山音乐厅开演。

（吕　娜　于君雅）

【“全面育人”系列研讨会】 12月，大峪中学组织集教学展示、引领和经验分享、学习为一体的“全面育人”系列活动。初中部“让学生更透亮儿”，高中部“以终为始”，加强初高中衔接，实现初高中贯通。

（吕　娜　于君雅）

新桥路中学

【概况】 2019年，新桥路中学占地面积26877.74平方米，校舍建筑面积16897.46平方米，运动场地面积9794平方米，绿化用地面积200平方米。图书馆（室）藏书5.5万册。固定资产总值6285万元，全年教育经费投入5885.23万元。学校信息化经费投入91万元，拥有计算机784台，网络多媒体教室57个，校园网出口总带宽1000Mbps，数字资源量50GB，“信息技术”课程初一年级2课时/周/班。教职工125人，其中高级职称53人、中级职称50人。专任教师100人，包括北京市骨干教师1人；本科及以上学历125人。开设初中教学班30个。毕业217人；招生213人；在校生670人，随班就读学生4人。

（王业霞）

【劳动实践体验基地】 1月4日，新桥路中学在门头沟区中等职业学校建立新桥路中学劳动实践体验基地。基地包含四大模块、十多类课程，为开展学生劳动教育拓宽思路，搭建更专业的平台。

（王业霞）

【媒体报道】 1月6日，《北京青年报》刊登题为《门头沟新桥路中学：家长教师协会营造新生态》的报道。7日，北京电视台新闻频道《都市晚高峰》栏目播出新桥路中学家校协同育人工作，北广传媒移动电视《教育新闻》转播。10月30日，《身边的好学校》栏目报道新桥路中学的“心桥教育”育人体系。

（王业霞）

【教育教学工作会】 4月11日，新桥路中学召开主题为“立足变革学习方式、完善‘心桥’课程体系、促进教育教学融合发展”的教育教学工作会。会上，分别从“完善‘心桥’课程体系和“深化教学方式变革”两方面进行研讨。对在市区级的各项评比中获得优异的成绩的教师进行表彰。

（王业霞）

【“耕犁奖”设立】 4月11日，新桥路中学首次设立“耕犁奖”，用于奖励年过半百但仍旧坚持在班主任工作岗位上老师。艾云霞、刘丽红、孙长英、王宗芳等4位老师获奖。

（王业霞）

【国际儿童节主题演出】 5月底至6月初，新桥路中学金帆舞蹈团代表门头沟区参加由中国宋庆龄基金会、中国福利会、国家大剧院共同举办“我和祖国一起成长”2019年“六一”国际儿童节主题演出活动，5月30日、31日、6月1日先后举办4场戏剧和舞蹈表演。

（王业霞）

【特色党日活动】 7月1日，新桥路中学党总支开展庆祝中国共产党成立98周年“不忘初心、牢记使命”特色党日活动。活动中表彰党员学习标兵、党员先锋岗，为19名党员集体过党龄生日，并开展自创诗歌朗诵汇报。

（王业霞）

【“开学第一课”教育活动】 8月30日，新桥路中学举行新学期开学典礼，并邀请茅盾文学奖获得者、共和国同龄人梁晓声为同学们上开学第一课。梁晓声授课主题为“遇见第二故乡”。

（王业霞）

【“小手拉大手 共建文明楼门”活动】 9月25日，新桥路中学携手大峪街道新桥路社区开展“小手拉大手 共建文明楼门”活动。活动中，区委宣传部领导为新桥路中学“心桥”热心人服务队授旗，同时新桥路中学外综合实践基地正式揭牌。

（王业霞）

【“协同创新学校计划”启动会】 11月1日，北京教育学院“协同创新学校计划”新中启动会在新桥路中学召开，新桥路中学正式成为北京教育学院的协同创新基地校。

（王业霞）

【社团展示活动】 12月31日，新桥路中学在区影剧院开展“新桥路中学2019年‘心海架桥 扬帆逐梦’金帆舞蹈专场暨社团展示活动”。活动中各个社团分别展示一学年来的学习成果。

（王业霞）

【义务教育学校管理标准达标学校】 年内，新桥路中学通过北京市教委关于北京义务教育学校管理标准达标学校的评审，成为首批通过的426所学校之一。

（王业霞）

三家店铁路中学

【概况】 2019年，北京市三家店铁路中学总占地面积2.3万平方米，校舍建筑面积1.17万平方米，运动场地面积9690平方米，绿化用地面积3200平方米。图书馆（室）藏书18713万册。固定资产总值4227.5万元，全年教育经费投入4765.2万元。学校信息化经费投入61.1万元，拥有计算机386台，网络多媒体教室20个，校园网出口总带宽1000Mbps，“信息技术”课程4课时/周。教职工80人，其中高级职称20人、中级职称37人。专任教师65人，包括特级教师1人；本科及以上学历72人。开设教学班20个，其中小学12个、初中8个。毕业74人（小学37人、初中37人）；招生117人（小学74人、初中43人）；在校生579人（小学415、初中164人），包括寄宿生51人。

（李　挚）

【红色文化宣讲】　4月11日，中国关心下一代健康体育基金会菊香书屋专项基金红色文化宣讲到三家店铁路中学，进行红色文化宣讲活动。活动中，原毛泽东主席生活秘书吴连登讲述毛泽东主席的感人故事；赵宝成烈士之子石毅讲述“吃水不忘挖井人”的故事。

（李　挚）

【足球科普实践示范活动】　5月31日，由区科学技术和信息化局、北京龙汇阳光体育发展有限公司、龙汇足球俱乐部主办，由北京市三家店铁路中学、门头沟区第一幼儿园协办的大型现场足球科普实践示范活动举行。活动将运动在职业球员身上的科技产品实践在孩子们身上，通过对学生足球比赛的大数据统计分析，调整训练的科学指导方式，为学校努力打造校园足球教育特色奠定基础，为学校学子搭建更科学的足球学习平台。

（李　挚）

【足球夏令营】　暑期，区科学技术和信息化局、北京龙汇阳光体育发展有限公司、龙汇足球俱乐部联合北京市三家店铁路中学、区第一幼儿园和龙山分园，在三家店铁路中学共同举办“门头沟区少年儿童体育竞技项目——足球科普铁中夏令营”活动。为期10天夏令营包括专家授课、现场训练、对抗赛等环节，让150名少年儿童得到足球培训，体验到足球魅力。

（李　挚）

【书法教师三笔字达标活动】　10月30日，北京市书法教师三笔字达标测试——门头沟分会场在三家店铁路中学三穌书苑举行。

（李　挚）

【第一届“三穌杯”足球联赛】　10月下旬，三家店铁路中学举办第一届“三穌杯”足球联赛。此届校园足球联赛共开展二年级至三年级男子、二年级至六年级女子五人制足球联赛、四年级至六年级七人制足球联赛。

（李　挚）

【2019年“京津冀”航空模型邀请赛】　11月2日，2019年“京津冀”航空模型邀请赛暨北京市青少年航空模型比赛在北京市三家店铁路中学举办。来自北京、天津、河北省、雄安新区代表队的近千名中小学生参加比赛。此次比赛由市体育总会主办，市体育总会秘书处、区教育委员会、区体育局、区体育总会、市模型运动协会、天津市模型运动协会、河北省模型运动协会和北京市三家店铁路中学承办，北京市丰模科技发展有限公司协办。比赛共设6个项目，分别为橡筋动力室内飞机、“彩虹手掷”滑翔机、“红色蜂鸟”橡筋动力模型飞机（3克橡筋）、微小型室内遥控电动模型飞机绕标竞速赛、室内花式遥控特技模型飞机竞赛、“海鸥”弹射模型飞机。

（李　挚）

【拜师会】　12月23日，三家店铁路中学召开以“和谐 成长 发展”为主题的青年教师、新教师拜师会。学校结合学校实际，以满足新教师、青年教师的成长需求为目标，组建15对23人的师徒结对。

（李　挚）

妙峰山民族学校

【概况】　2019年，妙峰山民族学校总占地面积15028平方米、校舍建筑面积7256.08平方米，运动场地面积2500平方米。图书馆（室）藏书3万册。固定资产总值3167.87万元。全年教育经费国家拨款3606.96万元，学校信息化经费投入11.70万元，拥有计算机246台，网络多媒体教室2个，校园网出口总带宽1000Mbps，“信息技术”课程8课时/周。教职工101人，其中高级职称17人、中级职称44人。专任教师51人；本科以上学历73人，少数民族教师4人。开设教学班18个，其中小学12个、初中6个。毕业66人，其中小学32人、初中34人；招生73人，其中小学41人、初中32人；在校生330人，其中小学221人、初中109人，包括寄宿生30人，少数民族42人，外省市借读生71人。学校设附属幼儿园，占地面积2272.07平方米、校舍建筑面积886.07平方米。全年教育经费投入40.85万元 。固定资产240.93万元。拥有专用教室2个，普通教室6个。拥有计算机20台。教职工24人，其中教师20人，专科以上学历24人；保健员1人。开设教学班6个，其中小班2个、大班2个。幼儿入园53人、离园61人、在园173人。

（马　焕）

【有效常态课堂】　2月22日，妙峰山民族学校召开“深化教学方式变革，构建有效常态课堂”启动暨工作布置会。校领导解读门头沟区中学深化教学方式变革，构建有效常态课堂实施方案，并对学校构建有效常态课相关工作进行布署。

（肖焕云）

【“电影传承红色文化”教育基地】　3月1日，妙峰山民族学校和区电影发行放映服务中心携手在学校成立“电影传承红色文化”教育基地，定期为孩子们播放红色电影，并通过讲电影、看电影、评电影、演电影系列活动传承经典，守望文化，激发兴趣，提高修养。

（肖焕云）

【清明节教育】　3月至4月，妙峰山民族学校开展“我们的节日·清明”主题传统节日课程活动。学校以传统节日为依托，以丰富多彩的活动为载体，通过升旗仪式、祭奠先烈，弘扬文化、绘制画卷，诵读清明、学科渗透等课程，对学生进行爱国、革命传统教育。

（肖焕云）

【交流研讨会】　4月3日，“楚江亭教授工作室”交流研讨会在妙峰山民族学校召开。北京师范大学楚江亭教授、山东省夏津县实验小学校长、以及全区15所山区学校的部分领导和老师参会。研讨会以“报告＋研讨＋展示”多元形式开展。

（肖焕云）

【国家安全教育】　4月12日，妙峰山民族学校协同中科维佳和门头沟教委法制安全教育中心共同开展“国家安全，人人有责！全民共建，从我做起！”主题教育活动。法制安全教育中心普及国家安全知识，中科维佳带来军事体验活动。

（杜海宇）

【亲子远足活动】　4月12日，妙峰山民族学校附属幼儿园开展“我爱您中国”小脚丫走古道亲子远足活动。活动从京西古道脚下徒步走到牛角岭，通过寻找家乡的野花、野菜，捡拾古道上的垃圾，激发孩子爱祖国、爱家乡情怀。

（顾星辰）

【航天日系列活动】　4月24日，妙峰山民族学校附属幼儿园开展“探索航天 筑梦未来”中国航天日系列活动。活动中，教师带领幼儿了解关于航天日的知识，共同阅读航天知识图书，参观学校航天教室，制作纸飞机。

（顾星辰）

【安全自救综合实践】　4月25日，妙峰山民族学校组织6年级至9年级全体学生到北京市房山区琉璃河天香牡丹园开展安全自救综合实践活动。活动中，同学们体验烟道逃生、地震小屋、结绳逃生、消防车观摹、灭火器使用、伤口包扎等十几项生存拓展体验和训练项目。

（肖焕云）

【综合素质拓展夏令营】　7月20日，妙峰山民族学校举行“扣好人生的第一粒扣子”——家校社携手综合素质拓展夏令营结营仪式。仪式上，学生们展示精心绘制的国画山水长卷、中国传统纹样和动画作品，表演传统京剧念白《报灯名》和童话剧《爱美的小公鸡》，展示数字游戏和航模回旋飞机。夏令营为期五天，包含全市各区民进组织推选的10门课程。

（高盛兰）

【中小衔接经验交流会】　8月29日，妙峰山民族学校召开“找准衔接点，才能有的放矢”——妙峰山民族学校召开中小衔接经验交流会。中小衔接项目是妙峰山民族学校依托九年一贯制学校教学研究的优势，是学生各学科学习持续发展的重要课题。曾担任过六年级教学任务的初中部教师从所教学科的内容与进度、问题与困惑、经验与方法等方面进行交流与反馈。

（肖焕云）

【国歌、国旗、国徽教育】　9月23日，妙峰山民族学校召开以“唱响国歌 守护国旗 致敬国徽”为主题的升旗仪式活动。仪式上，全体师生高声齐唱国歌。老师带领少先队员介绍国旗、国徽、国歌基本知识，讲述国旗、国徽、国歌的历史和精神内涵以及升挂国旗、奏唱国歌时所应遵守的礼仪，并以真实的案例告诉学生违反国旗法、国徽法、国歌法必须承担的法律责任。

（肖焕云）

【建队日庆祝与主题教育】 10月12日，妙峰山民族学校召开“红领巾心向党 争做新时代好队员——祝建队日70周年”活动。同时，少先队大队部以“红领巾心向党 争做新时代好队员”为主题，开展建队日主题教育活动。

（高盛兰）

【第三届金玫瑰班主任论坛】 11月27日，妙峰山民族学校以“聚焦核心素养 注重班级管理实效性”为主题召开第三届金玫瑰班主任论坛暨尚品工作室总结交流会。班主任们结合自己班级管理工作特点，从不同方面分享班级管理经验。

（高盛兰）

【志愿服务系列活动】 12月3日至7日，妙峰山民族学校全体师生开展志愿服务系列活动。通过关爱母亲河我们在行动、志愿同心你我同行、走进社区打扫卫生、小手拉大手志愿我先行等志愿服务活动，弘扬志愿文化和志愿精神。

（肖焕云）

【第二届英语读者剧场交流和研讨活动】 12月6日，妙峰山民族学校举办第二届英语读者剧场交流和研讨活动，活动分展示、交流、研讨等环节。

（杜海宇）

【文言文教学研讨会】 12月18日，妙峰山民族学校举召开小衔接——文言文教学研讨会。活动分为课例展示和专题研讨两部分。

（杜海宇）

【民族庙会嘉年华】 12月28日，妙峰山民族学校附属幼儿园开展“民族庙会嘉年华”的亲子庆祝活动。庙会中每个班都有一个民族的主题，使孩子们在游戏中感受了不同民族的习俗文化。

（顾星辰）

中等职业学校

【概况】 2019年，北京市门头沟中等职业学校占地面积22274.66平方米，产权校舍建筑面积19179平方米。全年教育经费投入3560万元。固定资产总值9765.13万元，其中教学、实习仪器设备资产值3615.47万元。图书馆建筑面积69平方米，藏有纸质图书34096册、电子图书348548册。计算机数907台，其中教学用计算机783台（包括平板电脑121台）。学校网络信息点600个，校园网出口总带宽1000MB，上网课程10门，数字资源量900GB。学校开设专业有学前教育专业、汽车运用与维修、中餐烹饪、高级酒店运营与管理、旅游服务与管理、电子技术应用（物联网）等11个专业，“3+2”中高职衔接7个专业。教职工123人，包括专任教师85人、教辅人员38人；教师中具有研究生学历2人，本科及以上学历占教职工总数89.4%；高级专业技术职务32人、中级42人；“双师型”教师69人。毕业生134人，就业率100%，职业资格证书取证率32.17%。招生54人，在校生116人。

（冯丽伟）

【进山送课下校】 4月10日，区中等职业学校培训部为清水中学送去学校特色职业体验课程。清水学校初中3个年级60名同学体验“逗扣年华”“吉祥结制作”“汽车知识”等3个项目。

（杜春梅）

【参加技能信息技术类比赛】 4月13日，区中等职业学校3名高一学生参加2019北京市中等职业学校专业技术技能信息技术类比赛，这是学校首次参加该类比赛。韩枢在数字影音后期制作技术赛项中获三等奖。

（李冬华）

【职教宣传月】 4月15日，区中等职业学校举行2019年职业教育宣传月启动仪式，80名大峪中学初中部的同学和残联、社区学院的学员分别体验烹饪、汽修、垂钓、美甲、布贴画、手机摄影等课程。

（冯丽伟）

【航空服务专业合作办学】 4月，区中等职业学校与北京工业技术学院就两校航空服务专业建设、学生管理、行业发展、贯通培养和课程对接等方面进行探讨。11月28日，学校航空服务专业的学生正式开始在北京工业职业技术学院进行为期2个月的专业课学习。

（马春乐）

【职业技能比赛】 5月16日，区中等职业学校7名学生参加北京市职业技能比赛中的艺术插花和景点讲解两个赛项比赛。在景点讲解赛项中，2人获二等奖，1人获三等奖；在艺术插花赛项中，3人获三等奖。21日，区中等职业学校1人在2019年北京市中等职业学校学前教育专业技术技能大赛中获保教技能音乐类比赛三等奖。

（李冬华）

【端午主题传统文化体验】 6月6日，区中等职业学校举行“品味传统 知行合一”端午主题文化体验活动，并邀请新桥路中学师生参加。活动包括“粽香情”“多彩端午”“风采展示”等3个环节。

（冯丽伟）

【红歌大赛】 6月19日，区中等职业学校举行“唱响青春中国梦”红歌大赛，共11个班参加比赛。

（冯丽伟）

【爱国主义教育】 6月21日，区中等职业学校党总支与大钊传媒在学校礼堂举行爱国主义教育活动。李大钊孙女李小玲参加活动。

（冯丽伟）

【参加国庆群众游行】 7月至10月，区中等职业学校40名教师参加门头沟和北京林业大学组成的“绿水青山”群众游行方阵。

（冯丽伟）

【校企合作协议】 12月18日，区中等职业学校与北京苹果园丰田汽车销售服务有限公司签订校企合作协议。

（王冬冬）

【交流学习】 12月21日，区中等职业学校一行13人到湖北省潜江市烹饪职业技能培训学校参观学习与实践交流。

（邓宇健）

特殊教育学校

【概况】 2019年，门头沟区特殊教育学校占地面积3915平方米，校舍建筑面积3774.77平方米，运动场地面积1250平方米，绿化用地面积366.98平方米。图书室藏书6000余册，电子图书1万册。固定资产总值1989.343523万元，全年教育经费投入95.7922万元。学校信息化经费投入1.44万元，拥有计算机35台，网络多媒体教室1个，校园网出口总带宽1000Mbps，“信息技术”课程4课时/周。教职工30人，其中高级职称6人、中级职称15人。专任教师24人，本科及以上学历25人。开设教学班9个（小学阶段6个、初中阶段3个）。毕业15人（小学阶段5人、初中阶段10人）；招生15人（小学阶段8人、初中阶段7人）；在校生78人（小学阶段49个、初中阶段29人），其中言语残疾1人、肢体残疾1人、智力残疾33人、精神残疾9人、多重残疾34人。

（魏宏亮）

【课程展示】 1月17日，区特殊教育学校召开“诵读经典 灵动双手”特教学校课程展示活动。师生及家长120余人参加活动。活动以班级为单位进行古诗文诵读、轻粘土制作、编珠子、手工皂制作、纸工造型等现场制作展示。

（陈海凤）

【教学研讨】 4月29日，“海景门昌”联盟校到区特殊教育学校开展课堂教学设计、说课研讨活动。5月13日，区特殊教育学校2位教师参加“海景门昌”四校联盟课堂教学展示，两节课获四校联盟评优一等奖。7月9日，24名干部教师参加“海景门昌”四校联盟总结活动，4位老师在课堂教学评优中获奖，4位教师在案例评选中获奖。

（陈海凤）

【第四届特殊奥林匹克运动会】 4月30日，区特殊教育学校举办主题为“我运动 我健康 我快乐”第四届特殊奥林匹克运动会。全体教师、学生及家长100余人参加活动。

（魏宏亮）

【特校交流】 5月6日，河北省涿鹿县教委及特教学校的领导教师一行9人到区特殊教育学校开展交流活动。

（陈海凤）

【同心融合足球队】 9月20日，区特殊教育学校与育园小学同学组成的“同心融合足球队”参加2019北京市特殊奥林匹克融合足球锦标赛，获亚军。

（魏宏亮）

【体验式教师培训】 10月至12月，区特殊教育学校选派22位教师参加北京市健翔学校组织的“舞动治疗、正面管教、行为干预技术、运动与感知觉”4个模块的体验式培训。

（陈海凤）

【康复训练项目】 12月19日，区特殊教育学校召开特殊教育学校、特殊支持教育中心康复训练项目汇报交流会。项目组就特教学校、特教中心的康复训练项目实施进行汇报。

（陈海凤）

文化 旅游

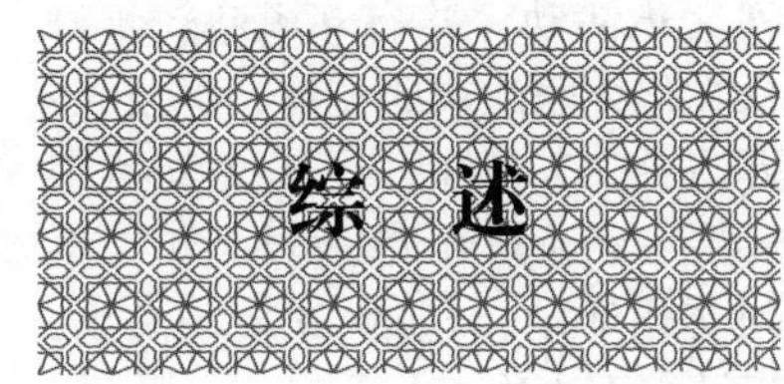

综 述

【概况】 2019年，门头沟区文化和旅游局（以下简称“区文旅局”）依托文化和旅游优势资源，培育精品文化、精品旅游、精品经济，推动文化旅游融合发展和高质量发展。区文旅局由原区旅游委、区文委整合而成，3月22日正式成立设有8个职能科室及1个文化市场综合执法大队，即办公室、政策法规科（行政审批科）、产业促进科、公共服务科（文物科）、行业管理科、安全与应急科（假日办）、财务审计科、人事科、区文化市场综合执法大队（含信息举报中心、执法一分队、执法二分队、执法三分队）。下属8个基层事业单位：区文化馆、区图书馆、永定河文化博物馆、区文物事业管理所、区文化创意产业促进中心、区旅游事业发展服务中心、区影剧院、区电影发行放映服务中心。

单位名称：北京市门头沟区文化和旅游局
地　　址：北京市门头沟区门头沟路8号
电　　话：69843315
邮　　编：102300

（袁婧艳）

【马栏村“红色记忆”书屋】 9月18日，斋堂镇马栏村“红色记忆”书屋正式对外开放，成为门头沟深山区第一家实体红色专题书屋。书屋整体面积超过300平方米，藏书3000余册。

（李宗泉）

【第三届“东胡林人”论坛】 12月11日，第三届“东胡林人”论坛以“旱作农业发祥地，中华农耕文明源”为主题在龙泉会议中心举办。演讲嘉宾分别从“东湖林”遗址在旱作农业考古中的价值及研究成果，“东湖林人”遗址的保护对京西文旅产业发展的促进，宣传提升“东湖林”遗址和永定河文化带的文化价值等方面作主题报告。

（李宗泉）

【区级非遗评审】 12月27日，区文旅局组织召开门头沟区第七批非物质文化遗产代表性项目专家评审会，永定河传说、京西古道传说、白杏栽培技术、京西三月三习俗等28个项目通过评审。

（李宗泉）

【电影放映】 年内，区电影发行放映服务中心完成13部流动放映车更新，电影中心下乡服务200余次，行程4万余公里，维修放映设备290余台次。继续开展“送电影进军营”活动，为驻区部队放映《空天猎》《红线2007》等影片。开展“共创文明城市 公益电影展映”活动1000余场次。开展3D电影下乡惠民活动，共放映3D电影30场次。

（刘　安）

【“印象门头沟”摄影活动】 年内，区文旅局以“西山永定河，多彩门头沟”为主题开展“门头沟印象”摄影活动，活动分为线上网络组与线下专业组，共收到摄影作品1000余幅，最终评选出50余个获奖作品。

（史志杰）

【下属单位情况】

单位名称：北京市门头沟区文化馆
地　　址：北京市门头沟区新桥大街12号
电　　话：69834703
邮　　编：102300

单位名称：北京市门头沟区图书馆
地　　址：北京市门头沟区东辛房市场街8号

电　　话：69844284
邮　　编：102300

单位名称：永定河文化博物馆
地　　址：北京市门头沟区门头沟路8号
电　　话：69839148
邮　　编：102300

单位名称：北京市门头沟区文物事业管理所
地　　址：北京市门头沟区门头沟路8号
电　　话：69826596
邮　　编：102300

单位名称：北京市门头沟区文化创意产业促进中心
地　　址：北京市门头沟区门头沟路8号
电　　话：69849930
邮　　编：102300

单位名称：北京市门头沟区旅游事业发展服务中心
地　　址：北京市门头沟区新桥大街46号
电　　话：69862525
邮　　编：102300

单位名称：北京市门头沟区影剧院
地　　址：北京市门头沟区新桥大街12号
电　　话：69868606
邮　　编：102300

单位名称：北京市门头沟区电影发行放映服务中心
地　　址：北京市门头沟区新桥大街12号
电　　话：69842086
邮　　编：102300

（袁婧艳）

文化活动

【概况】 2019年，区文旅局开展星火、周末场、下乡下基层演出658场，为农村、社区、部队、学校及工地放映数字电影11810场，为基层图书室更新图书21237册。全区13个镇街均建有文化中心，258个村居建有文化室，达到文化中心、文化室全覆盖。《鼓舞太平》获第十一届全国少数民族传统体育运动会表演项目综合类二等奖。

（李宗泉　贾丽霞）

【淤白村蹦蹦戏保护提升】 1月2日，区文委完成市级非遗项目“淤白村蹦蹦戏”保护提升工作并进行汇报演出。

（李宗泉）

【迎冬奥灯谜系列文化活动】 1月16日，区文化馆联合北京市群众艺术馆在军庄镇举办“迎冬奥、猜灯谜、忆长城”系列文化活动，内容涵盖冬季奥运会文化精神和长城文化带历史、文化和灯谜惠民讲座等。

（王立卓）

【区文化馆到西城区交流演出】 1月21日，区文化馆在西城区举行“手拉手协同发展，心连心共贺新春”首场下基层辅导演出，这是西城区和门头沟区进行“结对发展”的首次文化交流活动。

（张　赛）

【“文化下乡，温暖送福”主题活动】 1月25日，区文化馆文化志愿者分中心组织10余名书法家文化志愿者到雁翅镇下马岭村开展“文化下乡，温暖送福”送福下乡主题活动。活动共送出春联、福字800余幅。

（王立卓）

【春节系列文化活动】 2月5日至11日，门头沟区组织开展“贺新春特色文化演出周”春节系列文化活动，共有9场迎新年群众文化大联欢戏曲汇演，惠及7.8万人次。2月8日，区文委组织开展“喜迎新春 非遗过大年”系列文化活动，包括50余场演出，惠及2万人次。

（任立新　李宗泉）

【清明节大型民族音乐会】 4月3日至4日，区文旅局、区教委在大台街道文化中心与王平镇文化中心分别举办“2019门头沟区清明节民族音乐会”。

（李宗泉）

【歌唱门头沟群众歌咏比赛】 5月5日，区委宣传部、区文旅局主办“我们的节日——2019年首都市民系列文化活动之歌唱门头沟群众歌咏比赛颁奖典礼”在门头沟区影剧院举办。40人参加比赛，评出冠军1名，亚军2名，季军3名。

（李宗泉）

【戏曲演出周】 5月20日至24日，区文旅局举办2019门头沟“戏韵永定河”戏曲演出周活动。这次活动特色是把市级非遗蹦蹦戏、燕歌戏打造提升后融入戏曲演出周。

（李宗泉）

【文化遗产日主题活动】 6月8日，门头沟区“2019年国家文化和自然遗产日非遗保护主题活动”在龙泉镇琉璃渠村开幕。活动展演鲁氏太平鼓、龙泉雾小车会、龙泉雾童子大鼓、吉祥佛乐、随意鞭等非遗项目，展示琉璃渠琉璃烧制技艺、潭柘寺紫石砚雕刻、妙峰山刻纸、北京风车制作技艺、德生堂中医诊疗、三皇砲捶武医技艺等代表性非遗项目。

（李宗泉）

【全民舞蹈大赛】 6月21日，第六届“舞动门头沟”暨庆祝中华人民共和国成立70周年全民舞蹈大赛决赛举行，全区35支代表队、800余人参加决赛。大赛共设一等奖3名，二等奖6名，三等奖10名，优秀奖16名。

（贾丽霞）

【北京世界园艺博览会门头沟区展览日】 8月23日与24日，门头沟区京西太平鼓艺术团参加“2019年北京世界园艺博览会”门头沟区展览日的活动，表演《百花山圆舞曲》《山里人家》《来吧，京西就是你的家》等原创作品。

（张 赛）

【主题游园活动】 10月2日，门头沟区以“普天同庆共筑中国梦”为主题在滨河世纪广场、永定河公园等5大公园举办10场主题游园活动。其中主会场永定河公园举办大型红色文化主题演出。

（李宗泉）

【第十三届中国北京永定河文化节】 10月25日，第十三届永定河文化节在门头沟区体育馆开幕。此次文化节包含琉璃重生文化论坛、精品民宿体验活动、东胡林人论坛等系列活动。

（李宗泉）

【御窑官制——琉璃重生文化论坛】 10月31日，“御窑官制——琉璃重生文化论坛”在门头沟区永定河畔举办。活动邀请专家学者探讨琉璃文化的传承与创新、琉璃文创文旅研发等内容。

（李宗泉）

【第三届少儿戏曲节】 11月8日，门头沟区第三届少儿戏曲节开幕。30日，少儿戏曲多曲种剧目大赛举行，共有34个原创剧目参加比赛。12月1日，戏曲节闭幕式暨颁奖典礼举行。此次少儿戏曲节原多曲种剧目大赛共产生一等奖2名，二等奖4名，三等奖6名。

（李 伟）

【农民艺术节乡村大舞台】 12月18日，第三十届门头沟区农民艺术节乡村大舞台汇演在门头沟影剧院举行，400余人观看演出。

（李宗泉）

文物保护与利用

【概况】 年内，门头沟区启动实施文化保护传承“六四一”模式数据库建设。“六”指生态山水文化、红色历史文化、民间民俗文化、宗教寺庙文化、古村古道文化、京西煤业文化等“六大文化”，“四”指坐标、规制、历史文脉、传承方案等每类文化点位的“四要素”，“一”指将每类文化点位“四要素”落在一张图上。10月10日，门头沟区召开文化保护传承“六四一”建设工作推进会。同时，门头沟区夯实文物保护基础性工作，加大文物保护修缮力度，实施圈门过街楼日常保养、沿河城“修城记”碑修复、耿聚忠墓华表底座归安等5项应急保护项目。

（杜 莹）

【文物工作宣传展】 年内，区文管所以“保护传统文化、传承红色基因”为主题，利用国际博物馆日、文化遗产日与国庆节等时机，在永定河世纪广场公园、永定河文化博物馆、门头沟第一党支部所在地田庄村进行展出。展览选取门头沟区红色文物点20余处，图片50余张。

（张 旭）

【文物修缮】 年内，门头沟区完成修缮项目8项，分别是爨底下古建筑修缮工程、龙岩寺配殿修缮工程、马王庙抢险修缮工程、张家铺抢险修缮工程、王家山惨案遗址修缮工程、黄安村23号院修缮工程、昌宛专署工程、城子过水塔修缮工程。

（张 旭）

【文物安全巡查】 年内，区文管所日常巡视检查80余次。加强对灵岳寺、灵严寺、潭戒两寺等修缮工地的巡视检查，以中华人民共和国成立70周年加强红色文物巡视为主线，针对红色文物清水镇宋邓支队汇合地、昌宛专署黄安旧址，及斋堂镇挺进军司令部等进行专题巡视，同时梳理近两年未被巡视的文物，注重查漏补缺。

（张 旭）

文化市场管理

【概况】　2019年，门头沟区整合区文化执法队职责以及旅游市场执法职责，组建北京市门头沟区文化市场综合执法大队，为区委宣传部与区文旅局双重管理的副处级行政执法机构，以区文旅局名义执法。全年出动执法人员2078人次，车辆328台次，共检查1344家次，行政处罚案件立案19起，办结20起，罚款3.06元。

（崔圣洁　张　鹤）

【扫黄打非】　4月，门头沟区召开“扫黄打非”成员单位全体会议，部署2019年“扫黄打非”工作和进基层工作。9月、10月，召开“扫黄打非”进基层工作会，并开展“扫黄打非”进基层宣传活动。12月，召开“北京市文化市场网格化监管系统”推广使用培训会。全年配合区“扫黄打非”办开展北京市“扫黄打非·净网2019”“扫黄打非·清源2019”“扫黄打非·秋风2019”“扫黄打非·护苗2019”“扫黄打非·固边2019”等市区两级各类专项整治和阶段性工作，发放“扫黄打非”进基层工作宣传册400余份，购物袋4000余个，文化执法宣传册1000余册，宣传海报800余份。

（张　鹤）

【查处违规经营场所】　4月至5月，区文化市场综合执法大队以查处“黑电玩”及整治文化市场环境为工作重点，着力规范电玩经营秩序，查处违规开设在三家店地区的“黑电玩”1家、中昂时代广场未取得《娱乐经营许可证》的儿童游艺场所1家。

（宋笑晴）

【书市执法检查】　4月22日至5月4日，第六届门头沟区书市期间，区文化市场综合执法大队派遣执法人员进驻书市开展出版物市场安全执法检查。

（曹玉轩）

【文化娱乐场所安全隐患排查周】　6月10日至16日，区文化市场综合执法大队以3家网吧、2家歌厅、1家影剧院为重点，排查人员出入登记情况，防止出现未按规定核对上网人员情况。

（宋笑晴）

【整治非法卫星电视接收设施专项行动】　年内，区文化市场综合执法大队严查重点区域、重点街道及校等重点点位，会同相关领导部门加强新闻出版广电市场检查工作，确保兜售非法出版物的游商地摊、非法安装卫星电视接受设施活动得到有效遏制。

（曹玉轩）

文化创意产业

【概况】　年内，门头沟区打造地区特色IP，促进文旅融合发展，推动政企联动，及时了解企业经营过程中的困难，积极帮助企业解决发展中的问题。门头沟区8家企业被纳入北京市文化产业“投贷奖”拟支持企业第一批名单。《凝视西山》《永定长流》等门头沟西山永定河人文地理图像志入选第三届中国摄影图书榜。举办以“绿水青山门头沟　文旅创客创未来”为主题的2019北京文化创意大赛门头沟分赛场比赛，参加第十四届北京文博会。

（朱　培）

【对口帮扶】　6月20日，区文旅局邀请河北省涿鹿县、内蒙古自治区武川县、察右后旗的文创项目代表参观门头沟区紫石砚厂和北京市文化创意产业展示中心。10月22日，“安家”2019门头沟文化创意大赛组委会到河北省涿鹿县进行赛后对口帮扶交流活动。

（朱　培）

【“安家”2019门头沟文化创意大赛】　6月21日，“安家”2019门头沟文化创意大赛暨北京文化创意大赛（门头沟分赛场）举行决赛。生物医学文献人工智能翻译系统项目获一等奖，星空营地项目获二等奖，非遗与珠宝首饰配套服务项目获三等奖，爱与暖意·燕语呢喃-呢喃山居民宿美学设计、造间房子·与你有关、永定河IP保护与传播项目获乡创创意奖，清焰石当代艺术经纪平台项目获最佳人气奖，基于人工智能和工业物联网的设备生命周期管理系统、“紫非石”非遗传承及IP开发项目、ZooseeFun动物园原创动物文创、VisualNext互动视频获优秀奖。

（朱　培）

【门头沟区惠民文化消费活动】

7月15日至9月15日，第七届北京惠民文化消费季“文化惠民 乐享京西”门头沟区惠民文化消费活动举行。活动通过“门头沟文化消费”微信程序GPS打卡集图标兑新华书店购书券、京西特色民宿文旅体验卡、京津冀旅游一卡通等奖品的形式开展文化旅游推广。活动期间，发放1万张电影优惠券，5000册《“文化惠民 乐享京西”2019年门头沟惠民文化旅游消费》手册及4225个永定河文化手提袋。17万人次参加活动，带动文化消费市场交易金额654余万元。

（朱　培）

【智能文创园启用】　10月23日，中关村（京西）人工智能科技园·智能文创园正式启用，这是门头沟区首家文创园。该园建筑面积11300平方米，具有孵化、加速、研发、办公、展示、产业服务等功能，可提供产业技术、产业投资、科技金融、市场对接、专家导师、人才等服务，形成“龙头企业带动、中小企业加速培育、创业企业孵化成长”的产业生态体系。首批入园企业包括他山科技、微链科技、精诚工坊、名创开元、六易智能和小村瑨科技。

（朱　培）

【门头沟区文化创意产业协会】　12月24日，门头沟区文化创意产业协会正式成立。协会是由区文旅局指导，区文促中心发起筹备的跨行业、跨部门的专业性社团组织，是门头沟区文创领域唯一的综合性公共服务平台。

（朱　培）

公共文化设施

图书馆

【概况】　2019年，门头沟区图书馆总藏书121.5万册，书刊外借51509册次，办理借阅证件995件，开展图书流转工作共计56529册，举办西山讲堂10场，开展红领巾读书活动5次，红色主题阅读活动30次，读书分享会5场，志愿服务活动10次，开展对口帮扶工作2次，对基层管理员培训1次。

（王　筝）

【“努力奔跑，争做2019阅读达人”活动】　1月24日，区图书馆开展“努力奔跑，争做2019阅读达人”活动，活动利用图书馆把社会阅读力量连接在一起，突破技术、资源、人才的限制，共读分享，传播文化，通过延伸服务触角，培养公众阅读意识，提高全民素质。

（王　筝）

【迎国庆红领巾讲故事比赛】　4月19日，区图书馆开展“祖国，我要对你说”迎国庆红领巾讲故事比赛，在少年儿童中弘扬爱国主义精神。

（王　筝）

【“科普在身边”青少年科普剧比赛】　6月14日，区图书馆举办青少年科普剧比赛，活动带动更多青少年讲科学、爱科学、学科学、用科学。

（王　筝）

【共享工程设备维护与基层培训】　6月19日，区图书馆组织召开门头沟区图书馆共享工程管理员培训班，全区224名基层图书管理员参加培训。

（王　筝）

【馆际交流及扶贫援建】　7月8日，区图书馆到河北省涿鹿县，参加由河北省文化和旅游局等部门联办的以“祖国 祖国 我爱你”为主题的燕赵少年读书系列活动。24日，区图书馆联手内蒙古呼伦贝尔市图书馆开展“文化边疆行”启动仪式暨图书捐赠仪式。活动中，区图书馆为呼伦贝尔市图书馆捐赠价值100万元图书。9月，区图书馆与呼和浩特市图书馆和武川县图书馆共谋两地文化发展与合作，并捐赠图书5000余册。年内，区图书馆与天津市红桥区图书馆、河北省秦皇岛图书馆共同组建“京津冀地市级公共图书馆协同发展联盟”，并于10月21日参加在天津市红桥区图书馆举办的京津冀图书馆协同发展交流研讨会。

（王　筝）

【红色主题阅读活动】　7月至11月，区图书馆举办30场红色主题阅读活动，15个社区累计450余组家庭参与活动。

（王　筝）

【阅读季活动】　年内，区图书馆举办门头沟区阅读季活动，包括4月22日至28日的第九届门头沟区图书交换大集活动，4月22日至5月4日的第六届门头沟区书市活动。

（王　筝）

【西山讲堂系列讲座】 年内，区图书馆共举办10期西山讲堂专题讲座，内容涉及到永定河历史文化、红色党建、全民阅读习惯的养成等方面。

（王 筝）

博物馆

【概况】 2019年，永定河文化博物馆重点围绕“中国文化遗产日”和“5•18国际博物馆日”，在继续做好《从历史走来的门头沟》和《平西抗日斗争史展》两个基本陈列的展示开放基础上，推出《永定河文化展》《“魅力非遗情系京西”——庆祝中华人民共和国成立70周年2019年非物质文化遗产展览》《穿越时空的对话：名人故居的过去与未来+让遗产走近生活》，以及《保护传统文化、传承红色基因》文物保护流动展、《民盟先贤肖像巡回展》等8个临时展览。全年为党政机关、社会团体提供免费讲解70多场次，参观观众共计4.5万人次。

（贺 洋）

【永定河文化展】 1月30日，北京市方志馆、永定河文化博物馆主办的《永定河文化展》在北京市方志馆开展。

（贺 洋）

【国际博物馆日活动】 5月18日，永定河文化博物馆举办《穿越时空的对话：名人故居的过去与未来+让遗产走近生活》展览，并与北京联合大学文理学院签订合作协议。

（贺 洋）

【消防安全演练】 5月23日，永定河文化博物馆进行消防安全培训和消防安全演练。

（贺 洋）

【冀热察抗战研究会揭牌】 5月27日，八路军研究会主办的冀热察抗战研究会在永定河文化博物馆揭牌。

（贺 洋）

【革命文物捐赠仪式】 7月30日，永定河文化博物馆举办纪念中华人民共和国成立70周年暨在平西战斗过的前辈亲属革命文物捐赠仪式，收到捐赠的革命文物共20余件、资料书籍以及音像制品等20余件套。

（贺 洋）

【科普知识讲座】 11月12日，永定河文化博物馆到东辛房小学举办《变废为宝》科普知识讲座。

（贺 洋）

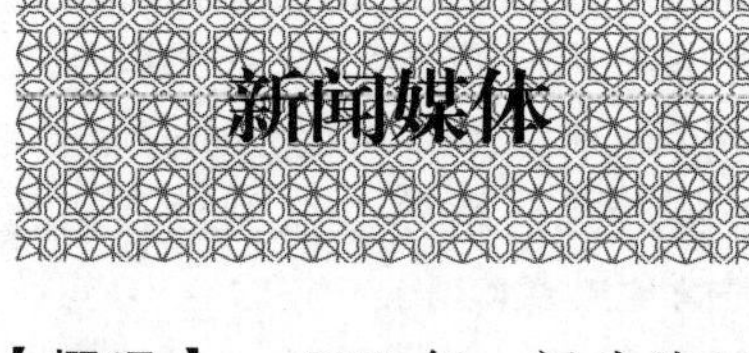

新闻媒体

【概况】 2019年，门头沟区融媒体中心立足机构改革，强化媒体融合发展及融媒体平台建设，围绕门头沟区域发展总原则，以宣传能力提升助推“不忘初心，牢记使命”主题教育、中华人民共和国成立70周年主题活动、“三四三六”工程和“红色门头沟”党建品牌、“绿水青山门头沟”城市品牌总体思路，为全区经济社会发展营造良好舆论氛围。

单位名称：北京市门头沟区融媒体中心

地 址：北京市门头沟区新桥大街36号

电 话：69843348

邮 编：102300

（高艳蕊）

【宣传工作】 年内，《门头沟新闻》共播出新闻3996条，完成央视和市属媒体外宣143条。全区各类宣传片、总结片制作播出20余部，公益宣传20条。自办专题节目《门头沟·视点》完成39期。自办生活服务类栏目《信息高速路》制作播出52期。《京西时报》出刊98期392版，文150余万字、图1000余张。“门头沟融媒”微信公众号推送文章858条，“学习强国”平台共推送稿件22条；“门头沟融媒”APP自9月2日上线运行以来，推出资讯类内容652条，其中视频类214条，文章类203条，图集类208条。

（高艳蕊）

【融媒体中心建设】 年内，区融媒体中心建设项目总投入2000万元，参与招标项目7个。5月15日，区融媒体中心指挥大厅验收达标并投入使用。

（高艳蕊）

【“三个中心”贯通建设】 年内，区融媒体中心与区新时代文明实践中心、区科信局等单位对接，以“门头沟融媒”APP为平台，接入新时代文明实践中心、政务服务中心相关功能，打通服务群众“最后一公里”。

（高艳蕊）

档　案

【概况】　2019年，原区档案史志局（馆）行政职责划归区委办公室，更名北京市门头沟区档案史志馆，为区委直属事业单位。内设办公室、档案收集整理科、档案保管利用科、档案编研科、党史科、方志科。履行全区档案、党史、地方志工作职能。年内，持续推进《门头沟区“十三五”时期档案史志事业发展规划》落实，档案史志工作写入《2019年区政府工作报告》，档案馆新馆建设纳入区重点工作（折子工程），通过可行性研究，完成项目立项。年内，完成3项市级重点工程档案、“不忘初心、牢记使命”主题教育、国庆70周年活动等重大活动、农村土地确权颁证重点工作的档案工作。依法对全区32家立档单位开展档案行政执法检查工作。开展全区30家涉改机构的档案管理工作。抽取18家立档单位开展汛期档案安全专项检查。年内，完成11项政务服务事项下沉到基层，全面实现“一网通办”。年内，完成各类专业培训5场，113人次参加。年内，共接收32家单位262卷、34853件档案、政府公开信息文件305份。截至2019年底馆藏档案91251卷、263372件，排架长度1293米。共接待档案查阅3182人，出具证明1687份。开放9164件档案，完成119卷到期档案鉴定工作。完成2018年档案统计年报及2019年馆藏档案异地备份。数字化扫描档案60个全宗18607卷，17436件，共2755732页，完成十二五末馆藏档案的90.12%。举办“国际档案日”暨北京市第十一届“档案馆日”系列活动，开展档案上街宣传活动1次，发放图书资料宣传品等近2000份。年内，编辑出版《门头沟档案》12期，爱国主义教育基地接待1000余人次，微信公众号设置增设专题栏目“光影70年”，微信更新52条，微博更新10条。年内，完成《换了人间——纪念门头沟解放70周年史料辑录》编写工作，合作编印《京西红色历史·门头沟——干部教育读本》《我以我血荐轩辕——中共门头沟区历史人物》等书籍。年内，落实“雪亮工程”工作要求，向区图像办上报重点部位视频改造项目方案。完成库房环境清理、防震抗震自查和保密自查工作，全年开展安全检查8次，消防知识培训1次。

单位名称：北京市门头沟区档案史志馆

地　　址：北京市门头沟区石龙北路31号

电　　话：60804795

邮　　编：102308

（王　焕）

【档案接收（征集）工作】　1月3日，区档案史志馆下发《门头沟区2019年接收移交档案的通知》，32家立档单位的到期档案进馆。年内，接收中华人民共和国成立70周年活动形成的专题档案数据。截至年底，区档案史志馆馆藏档案共91251卷，228519件。征集《北京永定河》原创交响乐曲作品、《北京奥运会开幕式、闭幕式创意应征方案》等图书、《冯佩之——证书、委任状》光盘及照片、书法作品等63件（册）。

（果　蕾）

【脱低帮扶工作】　1月24日，区档案史志局走访慰问困难党员和低收入户。制定并实施年度帮扶工作计划，6月20日，开展“忆初心、守初心、践初心”主题党日活动。8月30日，开展参观北京市档案馆新馆主题党日活动。扶持软枣猕猴桃种植产业引进，邀请技术人员进行“核桃黑”治理技能培训，推进高台村村庄规划编制以及险村搬迁改造建设项目落地。

（张　爽）

【档案行政执法工作】　3月1日，区档案史志馆下发《门头沟区2019年档案行政执法检查通知》，对全区32家立档单位开展档案行政执法检查，形成执法检查单160张。其中，首次检查不合格单位2家，下发责令限期整改通知，并于11月底完成复查工作。

（赵　阳）

【专项检查】　3月22日，中共北京市门头沟区委办公室、门头沟区人民政府办公室转发《门头沟区档案史志局关于在全区机构改革中加强档案管理的实施意见》，并于8月21日下发《门头沟区档案史志馆关于报送机构改革档案处置工作自查报告的通知》。30家涉改单位上交自查报告，区档案史志馆对其中17家单位进行专项检查，对存在的问题进行现场指导。7月30日起，以“双随机”模式抽取18家立档单位开展汛期档案安全专项检查，通过检查单位17家，限期整改单位1家。

（赵　阳）

【机构改革】　4月16日，区档案史志馆举行揭牌仪式。根据北京市门头沟区机构改革方案，原区档案史志局（馆）行政职责划归区委办公室，更名北京市门头沟区档案史志馆，为区委直属事业单位，归口区委办公室管理。区委常委、区委办公室主任、区委保密委员会办公室主任、区国家保密局局长、区直机关工委书记出席揭牌仪式，并为区档案史志馆揭牌。

（赵立冬）

【述职承诺大会】 4月28日，区档案史志馆召开2019年党建、党风廉政建设暨目标管理任务述职承诺大会。会上，传达区“绿水青山就是金山银山”发展大会、区纪委十二届六次全会精神，总结2018年党建、党风廉政建设工作，部署2019年党建及党风廉政建设工作。各科室负责人总结2018年工作，承诺2019年科室目标管理任务，主管领导分别与科室负责人现场签订《2019年科室目标管理责任书》，区纪委区监委第一联合派驻纪检监察组出席会议。

（赵立冬）

【“国际档案日”活动】 6月9日，区档案史志馆以“新中国的记忆”为主题开展2019年“国际档案日”暨北京市第十一届档案馆日活动，面向全区开放1986-1988年形成的6095件档案，举办专题档案征集活动，推出《换了人间——纪念门头沟解放70周年》专题展览、开放馆舍，启动“档案服务进基层活动”，举办“珍藏岁月记忆，构建和谐家庭”家庭档案讲座进社区进农村、“共和国不会忘记”红色革命故事进校园、“迎接新中国成立70周年·续写档案法制建设新篇章”档案法制培训进机关等系列活动。在冯村365广场组织法制宣传，并依托区电视台、《京西时报》宣传平台，通过播放《走进档案馆》专题片、刊登专版发布馆日活动信息等方式形成线上线下良好宣传氛围。

（果　蕾　陈文思　康　健　赵雅馨　张　爽）

【档案培训和指导工作】 6月10日，区档案史志馆围绕档案法制工作、文书、科技、会计、声像各门类档案管理等内容开展培训。全区48家单位的75名专（兼）职档案员参加。6月13日，开展档案法制培训，由北京市档案系统法律顾问周勤华律师主讲《首都地区政府信息公开最近审判思路解析》，首次邀请全区各单位档案工作的主管领导参加，共有61家单位报名。8月16日，开展中华人民共和国成立70周年游园活动档案工作培训会。年内，完成市属工程门头沟区体育文化中心项目、门头沟区滨水森林公园项目和潭柘寺110Kv变电工程档案工作专项业务指导。对住建委、市热力集团有限责任公司门头沟分公司、德露苑社区、琉璃渠村等企事业单位及社区（村）的档案工作进行规范化指导。

（陈文思　赵雅馨）

【“不忘初心、牢记使命”主题教育】 9月17日，区档案史志馆部署领导班子《“不忘初心、牢记使命”主题教育实施方案》《“不忘初心、牢记使命”主题教育工作安排表》，成立档案史志馆“不忘初心、牢记使命”主题教育领导小组及办公室。开展党组（扩大）学习11次，召开民主生活会和组织生活会各1次，围绕8个专题开展集中学习交流研讨3次共7天。为全体党员讲专题党课3场。共征集班子意见建议9条，班子个人意见建议共29条。填写《“不忘初心、牢记使命”主题教育检视问题清单》，班子检视问题9条，班子成员共检视问题17条。调研共15次，实地调研10次，调研共发现32项问题，现场解决问题13项，挂账督办19个，全部解决。组织党员对照“五个着力解决”检视问题，支部检视问题8条，支部党员共检视问题80余条。报送信息及典型经验13条。

（张　爽）

【成立团支部】 10月22日，区档案史志馆内3名同志组成共青团北京市门头沟区档案史志馆支部委员会。

（张　爽）

【创城工作】 年内，区档案史志馆每月上报创城信息、门头沟热心人在行动志愿服务、我为创城献一策等材料，开展包干巡查服务并上报巡查问题。在“门头沟热心人”logo创意大赛中，区档案史志馆报送作品入选，该logo融入了“人”字、“心”字、M（门头沟）、心形、大拇指点赞、永定河等元素。

（张　爽）

【档案编研】 年内，区档案史志馆编辑出版《门头沟档案》12期，微信公众号设置增设专题栏目“光影70年”，微信更新52条，微博更新10条。完成《换了人间——纪念门头沟解放70周年史料辑录》编写工作。分别与区委组织部、区委党校合作编印《京西红色历史·门头沟——干部教育读本》《我以我血荐轩辕——中共门头沟区历史人物》等书籍，以“传奇古村落的前世今生”为主题，录制介绍门头沟区古村落的口述史。

（康 健）

【优化服务窗口环境】 年内，区档案史志馆对外电话中设置“主人留言”和军人优先服务窗口，继续开展午间查档服务。

（果 蕾）

【档案开放工作】 年内，区档案史志馆共审理39个全宗1986年至1989年36785件档案，经鉴定开放9164件档案，开放率44.75%；拟延期开放15102件，其中拟延期开放期限为30年的档案13514件，拟延期开放期限为10年的档案1588件。

（果 蕾）

【档案安全】 年内，区档案史志馆进行全馆范围内安全检查8次，开展消防知识培训1次。对库房及办公区域的安全检查11次。完成2019年馆藏档案异地备份。

（果 蕾 王 焕）

【职级并行】 年内，区档案史志馆开展职务职级并行工作，截至12月底，职务职级套转13人，晋升15人。

（赵立冬）

地方志

【概况】 2019年，门头沟区档案史志馆方志科负责地方志书编纂和地方志资源的保护开发利用工作。年内，《北京市门头沟区志》(1996-2010)进入出版环节。年内，完成《北京市门头沟区地名志》初稿、《北京门头沟区鉴》(2019年)、年鉴大事记的编纂工作。年内，完成《北京市地名志》古迹名胜、公共生产建筑词条及释文、《北京年鉴》门头沟区情部分资料的编写上报。年内，完成张家庄、燕家台村志资料长篇编写和《斋堂名镇志》初稿的编写工作。

单位名称：北京市门头沟区档案史志馆
地　　址：北京市门头沟区石龙北路31号
电　　话：60800473
邮　　编：102308

（马春雨）

【《北京市门头沟区地名志》座谈会】 3月19日和8月23日，区档案史志馆方志科召开《北京市门头沟区地名志》聚落部分补充资料座谈会。会上，通报编写工作进度，提出聚落部分补充资料内容的要求，9个镇、4个街道办事处的主管领导和资料编写人员、编辑部成员20余人参加会议。

（马春雨）

【市级传统村落志编纂工作启动会】 4月9日，在清水镇召开门头沟区市级传统村落志编纂工作启动会。区档案史志馆、清水镇、《北京市门头沟区市级传统村落志》编辑部成员，清水镇张家庄村、燕家台村相关人员20余参会。会上，部署《张家庄村志》《燕家台村志》2部市级传统村落志的篇目设置资料收集、启动步骤等工作。

（马春雨）

【《北京门头沟年鉴》(2018年)出版】 年内，《北京门头沟年鉴》(2018年)出版。全书设27个一级栏目，以条目体为主，共80余万字，彩插图片50余幅。

（马春雨）

文联活动

【概况】 2019年，门头沟区文学艺术界联合会(简称区文联)为纪念庆祝中华人民共和国成立70周年，开展主题系列活动。为坚决打赢脱贫攻坚战，加强扶贫协作和支援合作，开展文化交往交流交融活动。围绕门头沟区争创全国文明城区工作，开展“我们的中国梦”——文化进万家写春联送祝福系列活动、传统节日主题文艺活动、文艺志愿服务、慈善公益、文艺点评指导活动等。围绕门头沟区“六大文化”开展系列主题采风创作活动。全面落实“不忘初心，牢记使命”主题教育工作，有序推进文联全面深化改革。继续办好《百花山文艺》期刊编辑印刷工作。北京市委宣传部2019年第12期《宣传通讯》“亮点工作”栏目刊发《门头沟区聚力打造双诗歌之乡》，中央宣传部2019年第27期《宣传工作》“工作动态”栏目刊发《北京门头沟区：打造诗歌之乡》，介绍区文联打造诗歌之乡的做法和经验。截至年底，区文联所属协会14个，各协会会员1300余人，其中新发展区级会员49人、市级会员5人、国家级会员1人。

单位名称：北京市门头沟区文学艺术界联合会
地　　址：北京市门头沟区剧场东街12号

电　　话：69824090
邮　　编：102300

（白　雪）

【写春联送祝福活动】　元旦、春节期间，区文联开展“我们的中国梦”文化进万家——写春联送祝福系列活动。派出20支书法小分队，艺术家140余人次，送春联6800余幅，“福”字8700余张，赠送图书1400余本。现场创作书法作品100余幅，受益人群8000余人，覆盖全区21个社区（村）。

（白　雪）

【传统节日主题文艺活动】　春节，区文联派音协、曲协2支小分队，60余名艺术家开展迎新春文艺演出活动。清明节，区文联与区委宣传部、斋堂镇人民政府在斋堂镇马栏村联合主办“忆满京城 情思华夏”——歌颂祖国 诗唱英雄 红耀京西 清明节红色主题诗会，朗诵诗歌13首，200余人参加。端午节，区文联组织艺术家100人次，到妙峰山镇斜河涧村、龙泉镇梨园社区、琉璃渠村开展“和满京城 奋进九州”文艺下基层展演活动，演出60余个节目，受益群众近千人次。中秋节，区文联联合龙泉镇党委在龙泉镇倚山嘉园社区举办“我的故乡，我的祖国”名家点评歌词创作漫谈暨中秋诗会，邀请作家石顺义结合自己创作经历与经验讲授歌词创作。国庆节前，区文联组织音协38名艺术家到雁翅镇大村村开展以“丰收迎国庆 团圆盼中秋”为主题的下基层展演活动，演出16个节目。

（白　雪）

【文艺志愿服务活动】　年内，区书协、美协12名艺术家到大峪街道剧场东街社区、城子街道燕保家园社区开展“爱满京城——共建绿水青山门头沟”学雷锋志愿服务活动，创作书画作品53幅，赠送图书150余本，受益人群100余人次。区美协、作协、民间艺术家协会40余名艺术家，到区消防救援支队、剧场东街社区、大峪二小、大峪街道办事处自建社区等开展志愿服务活动8次，送出书画、剪纸作品532幅，图书100余本。京西古道文化创意工作室、京西古道文化发展协会、京西山水古道清山志愿队在新桥大街开展以“提升京西古道文化品牌，促进文旅康养户外发展”为主题的古道文化宣传活动，向市民发放《京西古道旅游指南》《市民徒步指导手册》《京西古道徒步路线图册》及《古道文创》等图书600余份。

（白　雪）

【慈善公益活动】　年内，区文联书协与区慈善协会等在京西创客工场文化中心联合举办首届“门头沟区慈善公益书法展”，展出书法作品74幅。区曲协在东辛房街道成立曲艺剧社并举办首场演出。曲艺社每月进行一次公益演出，并对成人和少年儿童曲艺爱好者提供免费指导。

（白　雪）

【文艺点评指导】　年内，区文联组织区书协、作协、摄协、美协、硬协、音协等协会开展10次文艺名家评论创作活动，为门头沟区文艺家进行点评、指导、讲座，受益艺术家500余人。

（白　雪）

【特色主题系列活动】　年内，区文联联合石龙经济开发区工委、区政协书画院在区京西创客工场文化中心举办“寻找矿山记忆”美术摄影作品展，创作美术、摄影作品100幅。区文联联合内蒙古乌兰察布文联、河北省张家口市文联、山西省大同市文联、天津市宝坻区文联等在门头沟区影剧院主办“天地有大美·诗意永定河”中国永定河诗词大会颁奖晚会，展演五地浓郁地方特色的文艺节目，征收4100余首诗歌作品，其中新体诗2600余首，古体诗1500余首。区文联与区政协教文卫体委员会、区文旅局等联合举办“魅力非遗，情系京西”北京地区非遗表演创作展，19位非物质文化遗产大师现场表演非遗创作。区曲协组织艺术家在全区开展法治文艺专场演出13场，受益人2000余人次，到军庄镇西杨坨村新兵训练营、大峪街道绿岛家园社区、东辛房街道石门营六区等地开展4次专场演出，受益人群2000余人次，此外区曲协组织10名艺术家与大峪街道联合举办“共建文明城，共叙邻里情”大峪街道第十二届“邻里节”曲艺专场演出活动。

（白　雪）

【新中国成立70周年主题系列活动】　年内，区文联举办“传承红色基因 践行初心使命”书画摄影暨第八届书法篆刻临帖展和硬笔书法展，创作展出书法作品57幅，美术作品18幅，摄影作品35幅，硬笔书法作品82幅。京西古道文化创意工作室为区政协庆祝中华人民共和国成立70周年和人民政协成立70周年活动提供《病魔在文史工作前怯步》《创建京西古道文化品牌》《文史“三亲”补史遗缺》等3篇文章。区文联组织古道创意工作室、作协、曲协等艺术家到斋堂镇冀热察抗日挺进军司令部旧址、清水镇洪水口村、王平镇安家庄村等地围绕庆祝中华人民共和国成立 70 周年，开展红色文化主题采风创作活动，为王平镇红色教育基地撰写红色故事 3 篇。摄协为龙泉镇党群服务中心提供“红色龙泉”摄影展素材。区作协与龙泉镇举办“故乡与祖国”诗歌朗诵会，70 余人参加活动。区音协在大峪街道向阳社区举办“华诞七十载，向阳花盛开”文艺演出活动，200 余人观看。

（白　雪）

【“五进农村”帮扶】　年内，区文联到低收入户帮扶村军响村开展“我们的中国梦”文化进万家写春联送祝福、送温暖活动，“永远跟党走 老区红歌扬”庆祝中国共产党成立 98 周年下基层文艺展演活动与调研座谈，并组织民俗专家为军响村、龙泉雾村挖掘整理各自的地区历史文化资料。

（白　雪）

【京津冀协同发展】　年内，区文联与区委组织部、涿鹿县委组织部、涿鹿县文联联合举办“门涿传统文化人才交流论坛”。区文联、团区委、区工商联组织团员和摄影艺术家 30 余人到涿鹿县卧佛寺乡狼窝村开展公益摄影行帮扶宣传植树活动。门头沟区 16 名作家到承德市兴隆县诗上庄村开展采风参观学习文化交流活动，20 余名艺术家到河北省围场开展“不忘初心 携手围场”文化交流采风活动。

（白　雪）

【扶贫协作和支援合作文化交流活动】　年内，区文联组织文艺小分队到张家口涿鹿县，内蒙古武川县、察右后旗开展采风创作文化交流活动，向受援地捐赠书画作品 174 幅，文艺图书 600 本，书画纸 18 刀，书画毡 3 张，墨 3 箱，拍摄宣传地方特色的民俗民风及美丽风光摄影作品 200 余幅，通过歌曲、曲艺、书法、美术、摄影、文学等艺术形式，加强与三地的文化交流，促进四地群众感情。

（白　雪）

【文艺助力创城】　年内，区文联参加文明劝导 108 人次，报送宣传信息 103 条、“身边的感动”百姓好故事 5 篇、“我为创城献一策”16 条意见；组织机关人员认真落实创城路段包干，常态巡查工作任务，开展“环境整治”垃圾清除、“礼让人人赞、文明天天见”等系列志愿活动 11 次，与区创城办联合开展“楼门焕新颜 文明天天见”楼门文明行为书画志愿服务活动，组织 10 名书画家创作 161 幅书画作品，并在相应楼门悬挂。

（白　雪）

【助力争创全国双拥模范城】　年内，区文联组织区书协、美协、作协、摄协 40 余名艺术家与区退役军人事务局联合开展“文化进军营”采风创作交流活动，创作出双拥书法作品 75 幅，美术作品 25 幅，并在“共叙军民鱼水情　同创双拥模范城”双拥书画展中展出，创作诗歌作品百余首并编制诗集。八一前夕，特邀中国煤矿文工团国家一级演员刘君侠为部队士兵和音协会员开展文化进军营声乐讲座及艺术点评活动，区作协主席为驻区部队以《诗歌是文学的最高形式》主题举行诗歌讲座。区文联与区委宣传部、区退役军人事务局等单位联合举办门头沟区“双拥墨韵 情抒京西”张心坤书法作品展。

（白　雪）

【助力乡村旅游发展】　年内，区文联联合区文委在妙峰山镇水峪嘴村举办“福满京城 春贺神州”暨“古道赏花灯，京西过大年”门头沟区迎新春文艺演出活动，演出 19 个节目，受益人群 200 余人次。区文联参与王平镇“畅游京西山水，乐活生态王平”樱桃文化节，组织书画艺术家创作书画作品 20 余幅。区文联开展“斜河古村秀，妙峰樱桃红”原创歌曲下基层展演活动，演出 22 个节目。区文联协助区民间艺术家刘婷赫在妙峰山景区建立“妙峰山 1958 文创小院”。区书协、摄协、民间协会等积极参与斋堂镇灵水村秋粥节，以文化助力民俗活动。

（白　雪）

【文艺人才培养】　年内，区文联作家协会主席马淑琴被区委、区政府评为门头沟区第二届“领军人才”。区音乐家协会副主席刘美村被区委、区政府评为门头沟区第二届“青年人才”。区作协副主席曹桂林加入中国作家协会，其中小说《阿满的世界》在《北京文学》发表，并被《民族文学》翻译成五种少数民族文字转发。

（白　雪）

【文艺成果】　年内，区曲协创作《红色“人贩子”》《新农村洪水口》原创曲艺作品 2 部。区音协创作原创红色歌曲《红色妙峰山》。区作协创作美丽乡村楹联 20 副，大西山散文集《山水风韵》22篇。区舞协创作舞蹈《创城之歌》。区戏协创作京歌《创城之歌》、少儿国剧《琉璃赵——比武·金殿》《陶母拒鱼》《卧冰求鲤》《砸缸计》，参加第二届青少年校园国剧展演与北京电视台《欢天戏地》栏目国粹先锋录制，完成京剧进校园10年成果研讨会演出专场，举办第三届门头沟区少儿戏曲节。区作协获第三届“我们和你在一起”全国大型诗歌公益活动先进团体。区音协与北京音乐家协会举办第十二届中国音乐金钟奖北京市门头沟赛区声乐比赛。区书协会员董岳金与书法家杨再春举办师生书法展。

（白 雪）

【期刊书籍】 年内，《百花山》期刊出版6期，发表文学作品120余万字，印刷《“传承红色基因，践行初心使命”门头沟区庆祝中华人民共和国成立70周年书画摄影暨第八届书法篆刻临帖作品集》《北京辽瓷之乡龙泉雾村历史文化资料选编》《京西历史村落军响村（资料挖掘本）》3本书籍，协助区纪委编辑印刷《清风门头沟》书画册1本。

（白 雪）

【信息宣传】 年内，区文联出席全国基层文联工作座谈会暨2019年组联工作会，作《坚持“五靠五讲”凝心聚力 努力推动文艺事业繁荣发展》书面交流。区文联报送信息123条，获区委办采用9条，区政府办采用6条，区创城办采用42条，首都文明网各区动态采用23条，北京文联网各区文联模块采用86条、首页动态采用45条、京艺苑微信公众号采用20条。区文联在2019年文联系统信息工作中被北京市文联评为“先进单位”，1名同志获2019年度文联系统信息工作先进个人，《门头沟区文联赴察右后旗开展文化交流》被评为2019年度好稿件。

（白 雪）

【机关党建】 年内，区文联推进“不忘初心，牢记使命”主题教育，召开党组书记党课报告会，区文联党组成员暨机关党支部书记党课报告会，民主生活会和机关党支部组织生活会，2019年主席团（扩大）会暨党建工作会，区文联2019年全面从严治党工作部署会。组织7个主题调研，撰写《发挥优势沟域联动融合城乡绿色发展——关于斋堂镇军响村历史文化情况的调研报告》《关于发挥党建联席会作用的实践与思考》。修订《党组议事规则》，制定《档案管理制度汇编（试行）》《<百花山>文艺期刊稿费发放标准的规定（试行）》《文艺活动项目劳务费发放标准的规定（试行）》《行政办公会议议事规则》等工作制度。

（白 雪）

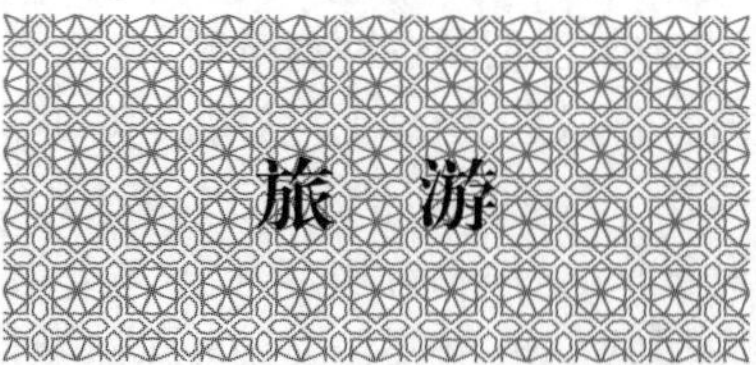

旅 游

【概况】 2019年，区文旅局积极推动地区旅游业态发展，新评定谷山村和聚灵峡景区为AAA级旅游景区，新增2家5星级乡村旅游民俗户，会同规划自然分局完成编制《门头沟区分区规划旅游产业专题规划》，以及《国家步道系统规划》《妙峰山全域景区规划》《潭柘寺—戒台寺—定都峰—九龙山旅游景区组团规划》《清凉界—十八潭—落坡岭—北岭组团旅游规划》《大台矿山旅游产业规划》《灵山景区控制性详细规划》《南石洋—碣石—珍珠湖景区组团规划》和《灵水—川柏—黄草梁景区组团规划》8个组团规划。年内，受理行政审批72件，完成京西商旅古道基础设施建设一期工程，推出“一路骑游——妙峰山玫瑰花海”“清爽游斋堂亲子采红杏—斋堂红杏采摘节”“文化创意——山居古村民宿体验季”和“乐享冬季民俗 -- 观神泉峡冰瀑”等系列文旅活动。区旅游咨询中心共计服务游客来电3000余人次，现场为全国各地游客提供咨询服务2000余人次，发放宣传材料5000余份。

（王 良 张 晨 任 伟 宋 旭 李东霖）

【北京精品民宿发展论坛】 5月8日，门头沟区在长安壹号举办2019北京精品民宿发展论坛暨门头沟区民宿项目推介会。会上发布《精品民宿发展服务手册》，设立8亿元乡村振兴绿色产业发展专项资金，向外推介门头沟区32个美丽乡村。

（冯苗苗）

【中国旅游日咨询服务活动】 5月19日，区文旅局举办以“文旅融合，美好生活”为主题的“5·19中国旅游日”咨询服务活动。活动设立7个分会场，发放宣传资料2万余份，环保购物袋、手机扣、杯垫等小礼品2000余个。

（宋 旭）

【景区接收工作完成】 6月1

日，北京京西文化旅游股份有限公司从潭柘寺、戒台寺、妙峰山景区全面退出，三景区改由区文旅局、旅游事业发展服务中心管理。

（王寒临）

【精品民宿重点项目】 6月13日，区文旅局联合区发改委、区农业农村局举办精品民宿政策培训会，全区相关旅游从业人员100余人参加。8月27日，门头沟区精品民宿重点项目牵审推进会第一次会议召开，对清水镇梁家庄项目进行专班联审。10月17日，门头沟区精品民宿品牌推介会在北京京西古道景区古道剧场举行。会上，正式发布门头沟精品民宿的聚合品牌“宿说门头沟”，区文旅局与线上民宿预订平台途家民宿签署战略合作协议，双方在民宿行业标准化、专业化等层面展开合作。

（冯苗苗）

【“门头沟小院”——美宿路演】

12月13日，北京市文化和旅游局、门头沟区人民政府共同在门头沟区忠良书院主办北京精品民宿推介会暨“门头沟小院”——美宿路演。会上，门头沟区8各镇推介28个村落资源，发布“绿水青山门头沟”城市品牌、“门头沟小院”美宿品牌、“灵山绿产”地方特产品牌等3个品牌logo和7条精品旅游线路，全区5个村落与企业进行签约开发精品民宿项目。

（冯苗苗）

【旅游进社区活动】 年内，区文旅局分别在西城区春风社区、西城区清芷园社区、西城区新景家园、朝阳区博雅国际中心举办7次旅游进社区活动，通过落地活动让北京市中高端社区居民走进门头沟、了解门头沟的景区、美食、特产。

（任　伟）

【“1+X”创建达标单位】 年内，潭柘寺、戒台寺2个景区获第一批“1+X”创建达标单位称号；八奇洞景区、定都峰2个景区获第二批“1+X”创建达标单位称号；爨柏景区、百花山、妙峰山、京西古道4个景区与区文旅局获第三批“1+X”创建达标单位称号；黄芩仙谷、灵水、十八潭、神泉峡、双龙峡5个景区获第四批“1+X”创建达标单位称号。

（周　莹）

卫生　体育

综　述

【概况】　2019年3月20日，北京市门头沟区卫生健康委员会（简称区卫生健康委）正式组建，区委卫生和计划生育工作委员会更名为区委卫生健康工作委员会，与区卫生健康委员会合署办公，不再保留区卫生和计划生育委员会。区卫生健康委围绕保障和改善民生，落实卫生与健康工作方针，紧扣区域发展总原则，认真落实“三四三六”工程重点任务，以创城为统领，持续推进“健康门头沟”建设，着力提升公共卫生和基本医疗服务能力，高标准建设医疗服务体系，以实际工作回答好“门头沟四问”，精准对接辖区百姓对健康的需求，努力提升群众获得感，提升居民健康水平。10月30日，门头沟区通过北京市慢性病综合防控示范区复审验收。

单位名称：北京市门头沟区卫生健康委员会

地　　址：北京市门头沟区石龙北路10号

电　　话：60801936

邮　　编：102300

（张　莹）

【中医工作】　1月，区卫生健康委开展名中医身边工程，与中国中医科学院眼科医院结对，遴选市级团队10支，区级团队2支，到11家社区卫生服务中心坐诊。4月，启动第三批中医师承工作，通过师带徒方式，培养造就一批高层次的中医临床人才。9月，成立区级中医健康乡村团队，到龙泉雾村举办健康讲座。11月，开展中医治未病工作，组建中医治未病团队10支，通过线上线下结合将治未病服务送到群众身边。

（刘　峥）

【优秀医务工作者表彰】　3月，门头沟区表彰2018年度优质服务奖18人，医学论文奖10人，在山区工作满30年的卫生专业技术人员2人。

（胡晓静）

【系统安保维稳】　4月1日，区卫生健康委组织基层单位召开卫生健康系统火灾风险隐患排查治理“三自活动”专项工作部署会。会上，部署火灾风险隐患排查治理“三自活动”专项工作。22日，组织行业单位召开重大活动期间安全防范工作动员部署会，部署重大活动期间的安全防范工作、卫生应急和网络信息系统安全工作及严重精神障碍患者管理工作。6月5日，组织行业召开贯彻落实区级消防工作会议精神暨“防风险保平安迎大庆”消防安全执法检查专项行动部署会议，部署区卫生健康行业“防风险保平安迎大庆”消防安全检查专项行动。14日，联合输血站、疾控中心、宣传中心、爱卫办在门城湖公园开展以“防风险、除隐患、遏事故”为主题的安全生产宣传咨询日活动，现场受教育人数300余人。9月9日，组织行业单位召开专题会，部署中华人民共和国成立70周年庆祝活动期间行业内安保维稳、服务保障相关工作。12月13日，组织行业单位召开专题会，部署火灾防控与安全生产集中整治工作。19日，组织区卫生健康行业开展消防安全专题培训。

（王　杰）

【电视专题片】　4月15日，区卫生和计划生育宣传中心与区电视台携手制作电视专题片《献血献爱心 血浓情更浓》。9月25日，制作电视专题片《全民携手慢性病防控 聚力共筑健康门头沟》。

（高　旭）

【健康大讲堂】　5月6日，区卫生健康委“生命与医学——健康大讲堂”正式启动。全年共举办大讲堂10场，受众2000余人。

（高 旭）

【扫黑除恶专项斗争】 6月5日，区卫生健康委组织行业单位召开扫黑除恶专项斗争工作推进会，部署扫黑除恶专项斗争2019年重点工作。8月1日，组织召开扫黑除恶专项斗争专题培训会，从扫黑除恶专项斗争背景、政策法规解读和如何开展线索摸排三方面进行培训。12月13日，组织系统单位召开“不忘初心，牢记使命”扫黑除恶专项斗争工作推进会。

（王 杰）

【医耗联动综合改革】 6月15日，门头沟区46家医疗机构参加北京市医耗联动综合改革，参改机构信息系统零点完成切换。

（吕小娟）

【本科毕业生定向培养】 8月，3名医学专业本科定向毕业生如期回门头沟区工作。2名临床医学专业定向生分配到妇幼保健院，1名预防医学专业定向生分配到门城地区社区卫生服务中心。

（胡晓静）

【龙兴120急救工作站揭牌】 9月26日，永定镇龙兴120急救工作站揭牌运行。该急救站设24小时运行车辆1辆，主要负责永定镇东部及南部日常紧急医疗救援工作，是永定镇运行的第2家120急救工作站，也是全区正式运行的第6个急救工作站点。

（任京雪）

【基层服务点】 11月14日和12月9日，区妇幼保健院建立解放军第一医学中心产科基层服务点和北京儿童医院新生儿科基层服务点。两个基层服务点依托解放军第一医学中心和北京儿童医院的优质资源，通过专家出诊、查房、培训等方式开展业务指导，进而提升危重孕产妇和新生儿救治能力。

（刘艳莉）

【对口帮扶】 11月15日，区疾控中心与武川县疾控签订对口帮扶协议，双方加强在鼠疫、结核病等重点传染病防控、慢性病综合防控示范区和健康促进示范区建设等方面交流沟通。11月28日，门头沟区对口支援堆龙德庆区人民医院远程心电网络项目开通，推动国家心血管病中心、阜外医院、门头沟区医院优质心电医疗资源向堆龙德庆区医院延伸，实现远程心电图浏览、分析、研究标注和远程会诊等，使当地农牧民群众特别是建档立卡贫困患者的心内科疾病得到快速诊断与救治。

（徐 丽）

【“中国心梗救治日”宣传义诊活动】 11月20日，区卫生健康委开展“中国心梗救治日”宣传义诊活动，活动主会场设立在区医院，分会场设在永定镇社区卫生服务中心和绮霞苑社区卫生服务站。区医院、京煤集团总医院共派出优秀心内科医师及急诊科医师共9名参加活动。

（吕小娟）

【胸痛中心“全区模式”启动】 11月20日，门头沟区胸痛中心“全区模式”正式启动，区卫生健康委、中国胸痛中心联盟、阿斯利康三方共同签署《北京市门头沟区急性胸痛医疗救治体系暨胸痛区域联合体建设方案（胸痛中心全区模式）合作备忘录》，着力打造“全域覆盖、全员参与、全程管理”的胸痛救治体系。

（吕小娟）

【增设石门营预防接种门诊】 12月4日，永定镇社区卫生服务中心增设石门营预防接种门诊。

（季晓明）

【孕前优生健康检查】 年内，区妇幼保健院共为584人（男284人、女300人）提供孕前优生健康检查服务，针对检出有风险因素的人员及时给予健康指导并转专科进一步诊治。全区孕前优生健康检查信息录入率、生殖健康教育率、优生咨询率均为100%。

（刘艳莉）

【结核病主动筛查】 年内，区卫生健康委在社区开展重点人群结核病主动筛查，筛查65岁以上老年人2539人、2型糖尿病患者657人，未发现结核病可疑症状者。

（季晓明）

【儿童青少年近视抽样调查】 年内，区卫生健康委对8所中小学、幼儿园2136名6岁至18岁学生儿童开展近视抽样调查。经调查，儿童青少年近视率为52.53%，较2018年下降1.87个百分点，近视防控取得初步成效。

（季晓明）

【高级专业技术职务任职资格评审】 年内，区卫生健康委所属事业单位共20人取得高级专业技术职务任职资格，其中正高级7人，副高级13人（含2名编外人员）。

（胡晓静）

【信息化建设】 年内，区卫生健康委完成区级基层医疗服务器升级改造，11家社区卫生服务中心及下属卫生服务站完成基层医疗与公共卫生管理服务信息系统升级。区医院完成信息化互联互通标准化的三级测评并通过电子病历应用水平三级评审。中医医院完成临床路径改造覆盖中医医院70%住院患者并完成门诊应急系统。远程会诊服务进一步推广，与阜外医院合作开展基于互联网医疗的慢性病防治项目，打造具有区域特点的慢性病防治“门头沟模式”。启动“智慧医疗便民服务平台建设项目”建设。

（任京雪）

【公共医疗卫生结对协作】 年内，西城区派驻门头沟区对口帮扶人员共873人次，其中医师846人次，管理人员27人次，派驻人员接诊门、急诊患者4868人次，服务住院患者2187人次，开展手术8例，培训门头沟区医务人员1368人次。门头沟区派至西城区学习人员总数78人次。

（徐　丽）

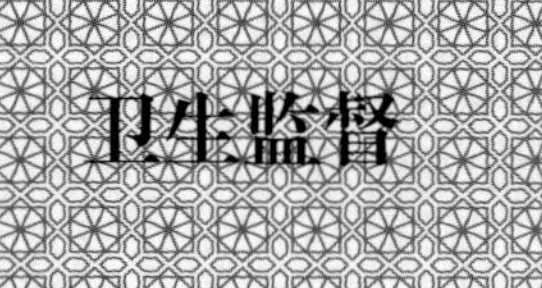

卫生监督

【概况】 2019年7月9日，区卫生和计划生育监督所正式更名为区卫生健康监督所（简称区卫生监督所）。区卫生监督所以完善卫生监督执法体系、加强监督执法能力建设为目标，以推进依法行政为主线，坚持宣传、培训、监督齐抓共管原则，积极开展公共场所卫生、生活饮用水、医疗卫生、职业卫生等以及控烟等各项监督执法工作，不断提升自身卫生监督服务能力。

单位名称：北京市门头沟区卫生健康监督所
地　　址：北京市门头沟区新桥南大街9号
电　　话：60804950
邮　　编：102399

（郎柏忠）

【专项检查】 1月16日至3月8日，区卫生和计划生育监督所完成现场制售水机卫生监督备案45台，对备案不及时的经营单位作出8起行政处罚。5月31日至6月7日，开展控烟执法专项行动，监督检查24户餐饮场所。8月16日至10月11日，区卫生健康监督所对全区二级（含）以上医疗机构采购、使用体外诊断试剂情况开展专项监督检查。8月，对4家游泳场馆进行卫生监督检查。8月至9月，开展对健康体检机构和医院健康体检科室放射诊疗专项监督检查，并对全区所有常规免疫接种门诊、狂犬疫苗接种门诊、产科接种单位开展专项监督检查。9月11日，联合区疾控中心对7所学校及少年宫进行集中空调通风系统监督检查。12月，对全区221家各级各类医疗机构开展医疗机构排水专项检查。

（王志刚　郎柏忠　马宽野　吴健楠　韦　晶　高　岩）

【公共场所卫生培训】 1月31日，区卫生和计划生育监督所召开大型商场超市、经济连锁快捷酒店、游泳场馆等单位负责人培训会。3月27日，召开国家卫生区复审动员会，153家美发单位、66家美容单位的负责人参加培训。5月4日，对学校集中空调通风系统管理责任人进行培训。14日，组织召开门头沟区游泳场馆卫生管理工作培训会。21日，对门头沟区部分有照无证公共场所经营单位负责人进行公共场所卫生许可告知承诺培训。

（郎柏忠）

【监督抽检】 1月至5月，区卫生和计划生育监督所对全区内消毒产品生产企业及各级各类医疗机构开展抗（抑）菌制剂专项整治工作，检查中未发现各单位违规购进使用“安提可四价流感病毒抗体喷剂”及类似产品。6月26日，开展二次供水卫生监督国家随机抽查，随机监督抽查10家二次供水单位。9月26日至10月11日，区卫生健康监督所联合区疾控中心对5家托幼机构及3家校外培训机构单位开展联合监督抽检。年内，完成1家职业卫生抽检，4家放射卫生抽检。

（李　枚　李明珠　郎柏忠　高　岩）

【学校卫生培训会】 3月7日，区卫生和计划生育监督所同区教委、区保健所联合在北京市大峪中学分校附属小学开展“关爱眼睛，环境达标，防控近视，执法保障——卫生监督在行动”普法宣传活动。

（李明珠）

【春季视导】 3月11日至19日，区卫生和计划生育监督所与区教委、区保健所、区市场监管局等单位联合视导，检查中小学校39所、幼儿园34所、基地3所。

（刘　鹏）

【职业病防治宣传】　5月10日，区卫生和计划生育监督所、区疾控中心、区人力资源和社会保障局、区总工会、京煤集团在大台煤矿开展以“健康中国、健康企业、职业健康先行”为主题的大型职业病防治宣传培训活动，发放材料5600余份，摆放宣传展板41块，解答职工咨询79人次。大台煤矿800余名矿工参加活动。

（郎柏忠）

【生活饮用水卫生宣传教育】　5月13日，区卫生和计划生育监督所开展生活饮用水卫生宣传教育咨询培训活动，为群众现场讲解卫生监督执法内容，组织部分居民参观小区二次供水设施，开展现场快速检测服务，发放各种宣传物品共500余份。

（李明珠）

【控烟培训】　6月4日，区卫生和计划生育监督所开展《北京市控制吸烟条例》宣传，对公共场所第一责任人的控烟职责、“四有一无一劝阻”进行普法，并指导吸烟区的规范设置。

（田炜炜）

【医疗机构培训会】　6月6日，区卫生和计划生育监督所召开医疗机构依法执业培训会，全区一级及以上医院、乡镇卫生院、个体诊所和门诊部共51家医疗机构的60余位主管领导及相关负责人参加培训。

（邓俊琴）

【农村无证供水单位摸底调查】9月6日至19日，区卫生监督所对农村无证供水单位进行摸底调查，统计调查91个村90个井，进一步完善全区农村饮用水信息。

（王志刚）

【秋冬季传染病防控】　10月15日至12月15日，区卫生监督所完成传染病类监督检查299户次，其中包括发热门诊4家，发热筛查室8家，儿科门诊3家。检查期间未接到有流感、诺如等传染病的聚集性疫情报告。

（高　岩）

【突发公共卫生事件应急处置】年内，区卫生监督所共处理投诉216件，其中控烟投诉147件，公共场所27件，医政专业9件，生活饮用水33件。投诉按时处理率为100%。

（许　琳）

【卫生监督稽查】　年内，区卫生监督所开展案卷稽查20次，共稽查案卷164卷，执法责任制稽查1次，投诉举报专项稽查9次，行政许可专项稽查2次，着装稽查4次。全年共对62卷行政处罚案卷开展案卷评查。市卫健委抽查案卷12卷，区法制办抽查案卷3件，抽查案卷均获评优秀卷。

（张　研）

【行政审批】　年内，区卫生监督所接待群众咨询3228人次；办结行政许可1076件，其中公共卫生282件（公共场所160件，其中告知承诺制114件），生活饮用水77件，放射诊疗45件和医疗卫生794件（医疗机构326件，麻卡4件，医师注册192件，护士注册272件）；办理食品安全企业标准备案2件；开展行政审批现场审验247户次，现场审验合格123户；开展生活饮用水（二次供水）预防性卫生审查14户。

（刘承锋）

【监督执法】　年内，区卫生监督所完成监督检查6626户次，控烟监督2409户次，医疗机构1046户次、传染病与消毒744户次、计划生育9户次、血液管理5户次、生活饮用水502户次、学校卫生261户次、公共场所1476户次、职业卫生11户次、放射卫生62户次。全年监督覆盖率为99.91%，其中公共场所监督覆盖率为99.73%，其他专业监督覆盖率均为100%。全年监督频次为3.75。

（许　琳）

【行政处罚】　年内，区卫生监督所行政执法案件数502件，共罚款206350元。其中行政处罚案件撤销案194件；一般程序处罚83件（传染病消毒处罚3件，公共场所47件，控烟19件，生活饮用水6件，医疗机构8件），罚款20.2万元（其中没收违法所得5500元）；简易程序处罚225件（简易警告138件，简易处罚（控烟）87件），罚款4350元。

（张　研）

部分卫生机构简介

疾控中心

【概况】　2019年，门头沟区疾

病预防控制中心（简称区疾控中心）围绕疾病预防控制工作和应急目标，完成全年工作任务。加强鼠疫、霍乱、流感等重点传染病疫情监测，加强业务培训与督导检查，强化培训演练，确保突发疫情和公共卫生事件的应急处置工作防控有力、处置科学。加大艾滋病疫情监测管理、健康教育与行为干预、自愿咨询检测与感染者随访管理等措施的落实力度。开展高危人群的干预监测工作，干预男男同性性行为人群3344人次，检测500人次，检出HIV阳性1人；干预流动人口41702人次，检测402人次；干预暗娼人群980人次，检测144人次。结核病防治工作稳步推进，加强业务指导，加强结核病防治知识宣传与培训力度，与兄弟科室联合宣传，提高宣传力度，进行学校结核病专题讲座，完成2019学校新生结核病筛查工作。完善免疫规范化门诊建设，加强相关疾病监测，继续保持高水平免疫接种率，计划免疫相关传染病得到有效控制。完成学龄前流动儿童强化查漏补种及外来务工人员流脑、麻疹疫苗接种工作以及入托入学儿童的查验接种证工作。2019年全区共完成国家规划疫苗接种80441人次，不良反应报告人数19人；报告非国家规划疫苗接种42891人次，不良反应报告人数9人。完成2019年门头沟区流感疫苗接种工作，共接种流感疫苗23059人，接种率43.48%，其中学生接种人数8216人，接种率40.07%，60周岁以上老年人共接种13199人，接种率40.58%，保障人群、医务人员、中小学教师及其他人群共接种1644人。2019年应急接种水痘疫苗85人次。深入推进慢性病综合防控示范区创建工作，提升全区职业人群健康素养，组织13家参赛单位545人参加“万步有约”职业人群健走激励大赛；并参与200天挑战赛及减重大赛。积极推进全民健康生活方式行动，统计并招募2013年至2019年健康指导员983名，制作相关的宣传材料和适宜技术工具，到社区、学校、机关、单位开展“三减三健”专项活动。完成脑卒中高危人群随访干预项目6个监测点培训并完成电话随访1648例。加强高危人群和患者管理，在全区范围内开展高血压患者自我管理和糖尿病患者同伴支持活动，完成20个小组相关培训并开展督导工作。推广老年人防跌倒操，招募13组防跌倒操小组持续练习6个月并开展老年人防跌倒能力调查等。创建健康示范食堂、餐厅4家。完成2018年门头沟区698例社区肿瘤随访工作。癌症早诊早治大肠癌筛查完成初筛3513例，肠镜检查405例，完成率101.25%。完成9家第二批北京市控烟示范单位争创工作；完成门头沟区3家首批健促幼儿园创建工作；开展健康提“素”我先行线上答题活动，累计注册10133人，累计答题15778人次；联合区中小学保健所在全区10所小学开展小学生健康素养优秀绘画作品巡展活动；先后组织疾控中心及区内其他医疗机构公共卫生科普专家到社区、农村、学校、机关、企业等单位开展健康大课堂共12场，结合疾控中心健康大课堂、健康素养主题宣传、全民生活方式日等重点活动及当下健康热点知识共同开展，在全区营造一场健康科普热潮，受众1602人。加强生活饮用水联网监测和农村自备井水质监测，城市末梢水监测120件，城市二次供水监测80件，合格率100.0%。城市自建供水监测8件，合格5件，合格率62.50%。农村集中式供水监测72件，合格43件，合格率为59.72%。农村学校供水监测8件，合格率为100.0%。在监测的同时还开展饮用水卫生健康知识宣教活动。完善食品安全风险监测评估，加强食品安全风险监测，开展食品安全风险监测，累计监测食品23类235件，其中化学污染物及有害因素监测17类120件、食品微生物及其致病因子监测4类95件、主动监测2类20件。发现异常结果及时进行上报。食源性疾病病例监测腹泻病例386例，便检阳性病例102例，检出率为26.42%；对143例粪便标本开展诺如病毒检测，检出病毒阳性病例34例，检出率为23.78%。规范职业病报告，组织职业病网络直报系统培训，全年职业病报告审核新发尘肺病例847例，尘肺晋级病例45例，尘肺死亡208例；继续开展放射本底水平检测工作，完成3家放射诊疗医疗机构职业健康风险评估调查，完成19家用人单位928人次个人剂量计检测；开展放射危害本底枯水期、丰水期监测采样及大气、土壤放射本底监测工作。为保障检测工作质量，中心建有完善的质量管理体系，制定有效的质量控制工作计划，实施有效质量监督，质量管理体系持续有效运行。加强实验室质量控制，充分发挥实验室安全委员会和实验室生物安全委员会职能，开展有效的质量体系内部审核和管理评审工作，达到质量体系不断完善的目的。不断提升检测能力，参加11大类27个项目的能力验证活动，实验室检测能力全面提升，为做好重大传染病疫情和突发公共卫生事件应急处置提供了有力保障。全年微生物实验室完成检验样品6525件15314项次，理化检验完成检测1985件样品，15769项次。完成2019年结核病常规工作及临时布置的工作。2019年共报告肺结核171例，较2018年的155例上升10.32%。登记管理病例141例，较上年的147例下降4.08%。其中新发肺结核128例，占登记患者总数的90.78%。全年共发生3起学校结核病病例，均按规范进行处置，未发现后续病例。完成2019学校新生结核病筛查工作，为患者提供“电子提醒药盒”，“肺结核患者干预用品”促进患者规范服药。肺结核患者的督导管理率和规则服药率均达到规范要求。

单位名称：北京市门头沟区疾病预防控制中心
地　　址：北京市门头沟区城子东街甲40号
电　　话：69843156
邮　　编：102300

（周　璇　屈朋欢）

【**健康知识宣传**】　1月24日，区疾控中心到北京矿建建设集团承建的“液压支架厂棚改定向安置房项目”工地开展传染病防控知识宣传与行为干预活动。3月20日，到北京矿建建设集团承建的“水煤浆厂棚改定向安置房项目”工地开展性病、艾滋病防控与禁毒知识宣传与行为干预活动。4月9日，到华润置地开发的“门头沟新城冯村地区一区商品房项目”工地开展性病、艾滋病防控，疫苗相关传染病预防与禁毒知识的宣传与行为干预活动。26日，开展以疟疾重点的传染病宣传和健康教育，围绕“消除疟疾，谨防境外输入再传播”宣传主题进行系列传染病防控知识普及宣讲活动。5月15日，特邀北京市疾控中心和门头沟区医院相关专在永新社区开展防治碘缺乏主题宣讲活动。17日，在妙峰山镇下苇甸村举行门头沟区2019年健康素养宣传暨世界无烟日主题宣传活动。6月5日，在葡山公园开展以“烟头垃圾不落地 文明门头沟更美丽”为主题的宣传活动，在冯村南街棚户区改造建筑工地开展性病、艾滋病防控与禁毒知识的宣传与行为干预活动。7月10日，在门头沟新城冯村地区上悦居项目工地开展性病、艾滋病防控知识的宣传与行为干预活动。8月21日，在“门头沟区新桥南街民生综合楼项目”工地开展性病、艾滋病防控知识的宣传与行为干预活动。10月28日，在永定镇石门营地区某工地开展性病、艾滋病防控知识宣传与高危行为干预活动。“世界艾滋病日”期间，先后在石龙工业区孵化中心建筑工地、新桥街心公园、滨河公园等场所开展宣传活动。

（周　璇　屈朋欢）

【**健康知识讲座**】　2月28日，区疾控中心为区司法局阳光中途之家社区矫正人员和司法干警进行传染病知识普及讲座。3月14日，到京师实验幼儿园进行春季传染病防控讲课和宣传。5月6日，在军庄中学启动“2019年疾控系统健康科普巡讲‘五进’行动”。15日，在滨河西区居委会向社区居民进行“艾滋病防治知识”及“合理膳食 天天蔬果 健康你我”两个内容的健康宣教。6月20日，联合区中小学校卫生保健所在新桥路中学开展健康科普巡讲活动。25日，在城子职高开展健康科普巡讲活动。7月4日，对区内78家建筑工地负责人进行性病艾滋病防控知识的宣传教育工作。8月23日，在市场街社区为居民开展健康科普讲座。9月6日，在东南街居委会为社区居民进行健康知识讲座——《牛黄类药物合理使用》。16日，联合门矿医院在京师实验中学开展儿童青少年合理膳食营养相关内容讲座。19日，联合门城社区在临镜苑社区为居民宣传讲解健康知识。25日，联合门城社区到水闸西路居委会为社区居民进行健康素养知识讲座——《高血压的科学运动》。27日，在区总工会举办健康科普宣讲老干部专场讲座。30日，在桥户营居委会举办健康科普巡讲活动——《体重控制与健康》。“世界艾滋病日”期间，分别在大峪中学、八中实验分校、首师大附中永定分校、中等职业学校等4所院校，德露苑社区、清水镇、斋堂镇高铺村开展针对不同人群的“性病、艾滋病防治知识”讲座。

（周　璇　屈朋欢）

【**专题工作会**】　3月20日，区疾控中心面向全区医疗机构健康教育专兼职人员开展国家基本公共卫生培训，召开2019年门头沟区肠道传染病防治培训会。5月7日，举行手足口病等传染病防控工作会，培训规范手足口病和疱疹性咽峡炎等肠道传染病的规范诊断和报告。10日，举办门头沟区部分防艾委成员单位主管领导或具体工作人员参加的“共同参与　遏制艾滋”专题研讨会。会上，邀请市级专家进行“北京市艾滋病流行趋势及防治策略”的介绍。24日，召开传染病信息报告和死因统计业务培训班。6月21日，组织开展全区各级医疗机构性病诊疗相关科室骨干和疫情直报负责人参加的性病防治师资培训班。8月2日，召开门头沟区2019年医务人员防治艾滋病师资培训会，全区医疗机构各类医务人员42人和疾控中心技术人员36人参加培训。9月6日，召开诺如病毒急性胃肠炎等夏秋季传染病防控工作会。16日，召开学校及托幼机构防控秋冬季呼吸道传染病业务培训会。25日，召开自然疫源性疾病防治知识培训会。10月17日，组织全区医疗机构及中小学校优秀师资开展健康大课堂传播技巧培训。

（周　璇　屈朋欢）

【学龄前流动儿童强化查漏补种】　3月至5月，区疾控中心开展学龄前流动儿童强化查漏补种活动，共调查0岁至入学前外来儿童4566人，对无卡儿童予以补卡，对漏种儿童予以补种或预约。

（周　璇　屈朋欢）

【外来务工人员疫苗接种】　3月至5月，区疾控中心开展集中用工单位外来务工人员流脑、麻疹疫苗免费接种工作，接种A+C流脑疫苗22人、麻疹疫苗22人，覆盖建筑工地、生产企业及餐饮等100家单位，未接报疑似预防接种不良反应。

（周　璇　屈朋欢）

【监测工作】　3月至6月，区疾控中心开展居民户食用盐碘含量监测，共采集盐样306份，其中学龄儿童206份、孕妇100份；合格碘盐275件，不合格碘盐5件，非碘盐26件。全区碘盐覆盖率91.50%；碘盐合格率98.21%；合格碘盐食用率89.87%（学龄儿童合格碘盐食用率84.95%，孕妇合格碘盐食用率100%）；合格碘盐覆盖率89.97%。在全区5个监测乡镇、街道的大、中、小超市各一家采集所有碘盐进行碘含量监测，采集碘盐21件，经检测发现2件为无碘盐、1件为不合格碘盐。5月21日至23日，对区内5家建筑工地的401名建筑工人进行监测，结果为艾滋病知识知晓率99.50%（399/401），检出梅毒单阳4人。5月和7月，完成102人的暗娼人群监测，结果为艾滋病知识知晓率98.04%（100/102），检出梅毒双阳1人、单阳2人；监测性病就诊者202人，结果为艾滋病知识知晓率99.50%（201/202）检出梅毒双阳2人、单阳1人。截至8月30日，全区成人烟草调查完成1个街镇2个调查点共195份问卷。9月25日，完成北京市青少年烟草监测工作，完成问卷619份。年内，继续开展医疗机构和托幼机构消毒效果监测，对医疗机构空气、物表、手、压力蒸汽灭菌器、消毒剂、紫外线灯、污水进行消毒灭菌效果监测829件，合格829件，合格率100%。对托幼机构空气、物表、手、餐饮具、消毒剂进行消毒灭菌效果监测263件，合格263件，合格率100%。

（周　璇　屈朋欢）

【碘营养状况调查】　3月至10月，区疾控中心对育龄妇女、孕妇、8岁至10岁学龄儿童及成年男性等重点人群进行碘营养状况调查。开展居民食用盐碘含量监测，居民碘盐监测采样306件，碘盐覆盖率91.50%，合格率98.21%。为206名学龄儿童进行甲状腺B超监测，甲状腺肿大5人，甲肿率2.43%，达到小于5%的消除标准。

（周　璇　屈朋欢）

【应急演练】　7月16日，区疾控中心举办2019年门头沟区“霍乱突发公共卫生事件应急处置演练”活动。17日，开展禽流感、鼠疫应急演练。

（周　璇　屈朋欢）

【流感疫苗接种】　9月10日至11月30日，区疾控中心继续在60岁以上老人和在校学生中开展流感疫苗免费接种工作，其中60岁以上老年人接种13199人，学生接种8216人。

（周　璇　屈朋欢）

区医院

【概况】　2019年，门头沟区医院加强公立医院党的建设，充分发挥区域医疗中心作用，在民生医疗保障上，凝心聚力、务实笃行。年内，组织完成党委换届选举工作。216名党员参加卫生健康委第二批党员集中轮训活动。慰问11名大病党员和困难党员。开展“唱响国歌，守护国旗，致敬国徽”、春季植树等主题活动，参与党员300余人。召开党建和党风廉政工作部署会，签订党风廉政责任书。表彰先进基层党组织2个、优秀党务工作者2个、优秀共产党员23人。向基层医疗机构下转患者4563人次，接受基层医疗机构上转患者5209人次。医联体内远程服务总例数 25492 人次，其中远程心电服务 11925 人次，远程影像服务 13567 人次。开展“百千万心肺复苏培训工程”，受众 300 人次。深入社区、山区、公交公司等开展义诊及健康讲座 42 场，参加医务人员 174 人，受益群众 3179 人次，发放宣传资料 1780 余份。组织院内大型培训 3 次，培训人次 500 余人次，涵盖区域内所有医院及社区服务中心。120 急救中心呼叫满足率在 90% 以上，2 分钟出车率保持在 95% 以上。出车 9457 次，同比增长 19.75%，无事故发生。建立 120 院前急救中心与医院联动协作机制，做到快速转运、救护协同、分级分流、处置及时，科室协作，多学科诊疗模式。向新疆、西藏、内蒙古察右后旗与武川、河北涿鹿、宁夏西吉等对口支援地区派出支援人员 26 人、开展交流调研 16 次、义诊 6 次、接收进修学习 87 人、开展培训受益人员 450 人。与堆龙德庆医院开展远程心电。承担市卫健委对口支援处参观学习任务，共接待来自河南、甘肃、新疆等 3 批次 216 人。年内，静脉溶栓治疗 91 例，DNT 中位数时间 37 分钟，同比增长 111.6%。神经外科实施桥接介入治疗共 5 台。神经内科门诊开设“卒中筛查门诊”。通过区卫健委审批，依托区医院建立的“区域肿瘤防治中心”，在市级癌痛质控检查中，专家对肿瘤科癌痛的规范化治疗给予肯定，搭建肿瘤三级网，开展结肠癌 NOSES 手术；胃癌的全腔镜下根治手术；乳腺癌的腔镜下根治手术；乳腺良性肿瘤的旋切刀手术；腹腔镜下肝脏、肺转移瘤的 CT 引导下射频 / 微波消融技术；经肘静脉或颈静脉的输液港置入技术；开展安宁护理；建立肿瘤患者“爱之桥”随访群。呼吸与危重症医学中心启动与协和医院、北大医院团队开展肺康复项目。医康养护、康复中心打造“临床治疗 →中西医康复→养老康复”模式，将“功能康复、针灸、按摩”进行组合；将功能康复科和爱慕家养老院的老年与康复科统一管理，康复科开设门诊。与神经内科、神经外科、骨科、呼吸科开展联合查房，有针对性开展专业康复。骨科开展 3 项新技术：前路椎间盘切除术、采用零切迹钢板治疗颈 6/7 椎间盘突出症、改良经腹直肌旁入路治疗复杂髋臼骨折的手术、先天性髋臼发育不良的全髋关节置换术。泌尿外科开展新技术：经尿道尿道狭窄瘢痕冷刀切开术、腹腔镜肾肿瘤肾部分切除术、腹腔镜肾上腺肿瘤切除术等共 7 项。神经外科开展新技术：急性脑梗塞动脉取栓、颈动脉闭塞术，成功开展颅动脉瘤介入栓塞治疗、脑动脉瘤栓塞术，颈动脉狭窄支架术。胸外科开展 3 项新技术，完成多例复杂难治胸外创伤手术，完成首例肺癌肺段切除术，完成首例全腔镜食管癌根治术。检验科开展新技术新业务 13 项。重症医学科开展 4 项新技术。口腔科开展 3 项新技术：舒适型全口义齿修复技术、氧化锆固定桥修复技术、无痛局麻技术。安排 20 人次护士长外出参加培训，69 名护理骨干参加市级各类培训班，培训率 22.1%。10 名护士取得专科护士资格证书。开设护理专科门诊：PICC 门诊、伤口造口门诊。重症医学科（ICU）护士长赵颖团队申报的《降低 ICU 肠内营养输注过程中鼻肠管堵管发生率》在第七届全国医院品管圈大赛荣获大赛优秀奖。梳理 EHS 管理体系、规范质量安全管理体系的范围、边界、结构和主要内容，依据国家法律法规、华润医疗有关制度，制定《质量安全事故事件管理制度》《质量安全管理体系建设》《EHS 危险源管理办法》等制度。开展以“防风险、除隐患、遏事故”为主题的“安全生产月”活动。“守初心、担使命、提质量、促发展”为主题的“质量月”活动。共开展安全事故事件应急演练 13 项。质量监测项目 64 项，其中院级监测数据 18 项，部门级及科级项目 46 项。承担科研项目 3 项，顺利完成北京市中医管理局第六批全国老中医药专家学术经验继承项目中期验收项目。神经内科和康复科积极申报门头沟区关于“标准化卒中二级预防门诊、规范和效果研究”以及“腰痛社区康复评定规范化管理标准”等相关技术的推广应用项目。《基于组学特征谱的 H 型高血压首发卒中分子分型研究》科研项目，成为国家“十三五”重点研发计划“精准医学合作中心”单位。开展北京医学会超声医学分会第十二届（2019）北京郊区超声学术研讨会暨第二届京津冀基层超声学术会议、中国卒中沙龙、华润医疗慢性气道疾病城市巡讲、口腔医学临床研讨会暨口腔质控培训会、老年患者风险评估及护理干预培训会等 9 项大型学术研讨会议。共发表论文 44 篇，其中 SCI 论文 7 篇。共申报项目 26 项参加华润医疗“创发奖”评选，其中新技术、新业务类项目共 11 项，管理类 15 项。王彧娇、杨占辉通过华润集团 2019“最佳科技创新奖”复审。信息化通过国家互联互通成熟度三级评审。电子病历通过三级评定。

单位名称：北京市门头沟区医院
地　　址：北京市门头沟区河滩桥东街10号
电　　话：69843251（总机）69842251（办公室）
传真：69842251
邮　　编：102300

（肖丕霞）

【PCCM专科二级医院优秀单位】 1月19日，门头沟区医院呼吸与危重症医学科在国家PCCM科规范化建设项目认定结果发布式上获“国家PCCM专科规范化建设项目二级医院优秀单位”称号。

（肖丕霞）

【援藏、援疆工作】 3月1日，门头沟区医院2位同志参加北京市第九批第三期援疆，为期1年。7月15日，门头沟区医院3位同志参加北京市第九批援藏工作，到堆龙德庆区人民医院开展为期1年对口支援工作。

（肖丕霞）

【患者服务体系建设】 4月11日，门头沟区医院集团召开患者服务体系建设启动大会。年内，开展“想方设法让每一位患者满意”大讨论29场，汇总问题187条，解决问题179条，结合改善医疗服务行动计划制定改善内容40项。

（肖丕霞）

【中国卒中中心联盟】 6月，门头沟区医院获中国卒中中心联盟授牌。

（肖丕霞）

【双拥工作】 7月23日，门头沟区医院义诊医疗队12人到中国人民解放军军事新能源技术研究所为官兵送医进军营。

（肖丕霞）

【社会急救科普培训基地】 9月11日，门头沟120急救分中心成为北京社会医疗急救科普培训基地。

（肖丕霞）

【首都转化医学创新奖】 9月18日，门头沟区医院急诊科护士长王彧姣团队申报的参赛项目《多功能微型电动吸痰器在危重患者转运中有效性评价临床试验》获第二届“首都转化医学创新”大赛二等奖、最佳创意奖、最具投资价值奖3个奖项。

（肖丕霞）

【国家老年急诊联盟】 11月17日，门头沟区医院与国家老年疾病临床医学研究中心（首都医科大学宣武医院）签署协议，加入“国家老年疾病临床医学研究中心国家老年急诊联盟”。

（肖丕霞）

【“互联网+护理”服务】 11月29日，门头沟区医院与北京美鑫科技有限公司举行“互联网+护理服务”签约启动仪式，标志着门头沟区首家“互联网+护理服务”正式上线。

（肖丕霞）

【示范防治卒中中心】 12月7日至8日，门头沟区医院在由国家卫生健康委脑卒中防治工程委员会在武汉主办的“2019脑卒中防治工程工作总结会”上获2019年第二批全国“示范防治卒中中心”，成为北京市第三家被国家卫生健康委员会脑防委认证的示范卒中防治中心。

（肖丕霞）

【第九届学术节】 12月21日，门头沟区医院集团举办以“迎改革，强内涵，抓质量，促发展”为主题的第九届学术节。门头沟区医院、中医院、妇幼保健院以及各社区卫生服务中心400余人参加此次学术会议。

（肖丕霞）

【中国胸痛中心标准版认证】 12月26日至28日，门头沟区医院在苏州召开的中国心血管健康大会上获第四批中国胸痛中心标准版认证。

（肖丕霞）

龙泉医院

【概况】 2019年，龙泉医院坚持以病人为中心的服务理念，以为人民群众提供优质的精神卫生服务为工作目标，不断提高医疗质量，保障医疗安全，改善医疗服务，完成各项工作任务。“三基、三严”考核通过率达到100%，继续医学教育合格率达到100%。

单位名称：北京市门头沟区龙泉医院
地　　址：北京市门头沟区门头沟路42号
电　　话：69842724
邮　　编：102300

（张　娟）

【基层精神卫生服务】 年内，龙泉医院组织精防医生参加市精保所组织的培训；开放医院的继续教育课堂，为社区精防人员开展区级培训；通过月例会请专科医生进行《精神疾病症状学》《药物副反应》等知识的培训。每月到社区进行面对面专业指导。坚持每月平台抽查、季度实地检查、半年整体督查的工作机制，全区严重精神障碍患者报告率继续保持全市第一，在册患者规范管理率、患者服药率、精神分裂症患者服药率等指标均达到国家及北京市的标准，面访率和免费服药率较去年有所提高。确保符合条件的精神障碍患者得到免费治疗，无肇事肇祸事件发生。加大精神卫生知识宣传力度，以心理健康知识“四进”工作为依托，走进企业、走进学校、走进社区、走进特殊人群，开展青少年心理、睡眠障碍、更年期护理等心理健康知识讲座、进行现场义诊咨询，开展多种形式宣传活动，传播精神卫生保健知识，提升居民心理健康素养。

（张　娟）

【业务拓展】　年内，龙泉医院与北京安定医院血药浓度检测项目完成对接，完成“北京市科委的推广项目”和“市ACT项目”两项科研任务。承担首都医科大学门头沟教学医院心理教研室全部工作，为学生讲课510人次，开展临床实习60人次，1名讲师考取北京市高校教师资格证书。

（张　娟）

【带量采购和医耗联动改革】　年内，龙泉医院新增检查治疗等项目209项，取消加成的耗材12项，并根据收费政策进行病种费用、医疗收人、床日费用等方面的数据测算，完成网络数据上报，保障医院医耗联动改革完成。

（张　娟）

【临床路径管理】　年内，龙泉医院严格落实核心制度为质控重点，有效保证病历质量及医疗安全，规范医疗行为。开展监护期患者管理，提高风险防控意识，形成团队管理病人模式，完善风险评估方法及护理措施，规范监护期病人评估指导语、评估单、护理措施指。病区管理更加人文化，做好暴力管理，加强与患者的沟通，进行个性化护理，建立良好医患的关系。

（张　娟）

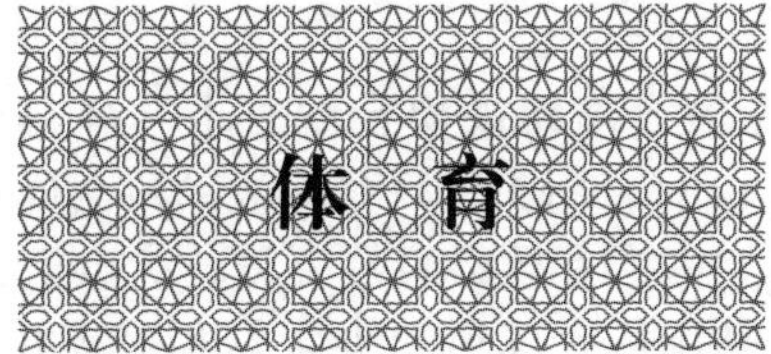

体　育

【概况】　2019年，区体育局围绕争创“全国文明城区”工作任务目标，全力提升群众体育水平，保障竞技体育水平，加强行政审批执法，努力打造精品赛事活动，大力宣传门头沟区城市建设成就和旅游文化资源，做到体育事业与经济、社会协调发展。

单位名称：北京市门头沟区体育局
地　　址：北京市门头沟区新桥大街32号
电　　话：69851020
邮　　编：102300

（连　昊）

【参赛情况】　1月10日，门头沟区在北京市首届冬运会群众项目冰蹴球方形场地比赛中取得三等奖。4月13日、14日，门头沟区青少年体育代表队参加北京市2019年北京市体育传统项目学校健美操比赛，新桥路中学8名学生获初中组FIG有氧舞蹈第三名。4月20日，门头沟区代表队参加2019年北京市体育传统项目学校武术比赛，大峪中学分校获团体总分第八名。5月2日至4日，门头沟区轮滑队参加在河北秦皇岛市北戴河区举行的“宝狮莱杯”2019年中国速度轮滑公开赛北戴河站暨2019年速度轮滑国家队选拔赛。6日至8日，门头沟区参加2019中国·保定第十届国际空竹文化艺术节，区空竹代表队取得团体表演赛“银奖”，8人获个人表演赛“空竹达人”，4人评为个人表演赛“优秀选手”。5月11日，门头沟区在2019年北京市武术传统锦标赛获4个第一名，3个第二名，2个第三名。5月11日，门头沟区38名选手参加2019年北京市传统武术锦标赛，获43枚奖牌。19日，门头沟区参加2019年北京市青少年柔道锦标赛，取得团体总分第6名。6月1日，门头沟区18人参加2019年青少年U系列少儿游泳比赛暨第三十届儿童游泳比赛。6月1日至2日，门头沟区12支代表队共150余人参加2019年京津冀社会体育指导员交流展示大赛房山分站赛。15日至16日，门头沟区3支代表队共39人参加2019年第十五届北京市民羽毛球挑战赛。15日至16日，门头沟区30余名运动员参加2019年北京市青少年U系列国际式摔跤冠军赛，获摔跤团体总分第六名。8月21日，门头沟区代表队参加2019年北京市青少年篮球锦标赛并获第四名。9月7日，门头沟区钓鱼协会5个队共10名运动员参加第十一届北京市体育大会钓鱼比赛。10月19日，门头沟区3支代表队参加北京市第十三届“和谐杯”乒乓球总决赛。19日，门头沟区13支队伍共130人参加2019年北京市民体质促进项目（南赛区）挑战赛，其中门头沟一队获大赛（南赛区）二等奖。10月19日至20日，门头沟区曲棍球代表队参加2019年北京市青少年U系列曲棍球冠军赛。11月2日至3日，门头沟区17名运动员参加北京市青少年U系列举重冠军赛，取得17枚金牌、12枚银牌、3枚铜牌。11月9日至12月1日，门头沟区3支队伍参加北京市青少年足球锦标赛。12月21日至22日，门头沟区4名运动员参加北京市青少年U系列滑雪锦标赛。

（连　旻）

【全民健身运动会】　3月23日，区体育局主办的全民健身促创城2019年门头沟区全民健身运动会暨全民健身项目表演赛在门头沟体育馆开赛，全区百余支代表队进行为期两天的广播操、健身操和秧歌的比赛。

（连　旻）

【第十届北京国际山地徒步大会】　3月28日，华远杯第十届北京国际山地徒步大会报名工作正式启动。此届徒步大会以“徒步京西、乐享四季”“徒步古道古村落，引领休闲新生活”为主题，继续采用分站赛形式，共设立6个分站赛11条线路，分别为：信阳站——13公里亲子徒步路线、19公里达人徒步路线；滕州站——10公里亲子研学徒步路线、20公里槐香风情徒步路线；阳城站——12公里东方古堡徒步路线、20公里美丽乡村徒步路线；斋堂站——10公里红色之旅徒步路线、20公里水库风情徒步路线、20公里京西古村徒步路线；清水站——15公里醉美红叶徒步路线；平远站——16公里曼佗风情徒步路线。

（连　旻）

【安全生产培训会】　4月3日，区体育局召开2019年门头沟区体育经营单位安全生产工作会暨安全生产培训会，全区体育经营单位负责人及安全生产管理人员参加会议。会上，区体育局向各体育经营单位宣讲《2019年门头沟区体育局安全生产工作方案》和《北京市体育运动项目经营单位安全生产管理规定》。

（连　旻）

【区台球运动协会成立】　4月10日，门头沟区台球运动协会成立大会在区体育局召开，大会选举出区台球运动协会主席、副主席、秘书长，组成第一届台球运动协会领导班组。

（连　旻）

【机关党建】　4月11日，区体育局党总支全体党员到京西山区中共第一党支部纪念馆参观学习，重温入党誓词。5月5日，区体育局党组书记以《以拼搏为美，向行动致敬——用五四精神涵养新时代党员的家国情怀》为主题，为机关全体党员和所属事业单位负责人讲党课。9月16日，区体育局召开“不忘初心，牢记使命”主题教育工作会。

（连　旻）

【区田径协会成立】　4月29日，门头沟区田径协会成立大会在北京市第八中学永定实验学校召开，大会选举出区田径协会主席、副主席、秘书长，组成第一届田径协会领导班组。

（连　旻）

【第十届“京西杯”钓鱼休闲赛】　5月12日，北京市第十二届全民体育健身节系列活动暨第十届“京西杯”钓鱼休闲赛在门头沟区莲溪垂钓园顺利举办，100余人参赛。

（连　旻）

【第二十一届门头沟区“篮协杯”锦标赛】　5月22日，北京市第十二届全民健身体育节系列活动2019年第二十一届门头沟区“篮协杯”暨北京市篮球锦标赛门头沟区选拔赛在门头沟体育馆闭幕。此届比赛共有34支球队400余名运动员、教练员报名参加。经过15天125场激战，永定镇、区财政局、区人保局分别获机关组冠、亚、季军，京西逐梦篮球俱乐部、祝久篮球俱乐部、北星龙辉篮球俱乐部获社会组冠、亚、季军。

（连　旻）

【区羽毛球运动协会成立】　5月26日，门头沟区羽毛球运动协会在门头沟区体育局举行成立大会，大会选举产生区羽毛球运动协会主席、副主席、秘书长，组成第一届羽毛球运动协会领导班组。

（连　旻）

【首届三对三篮球比赛】　7月26日，区体育局、区体育总会主办的2019年门头沟区首届三对三篮球比赛在永定河文化广场篮球场落幕。全区48支队伍200余名球员参加比赛，经过4天共78场的激烈角逐，产生男女6个组别前三名球队。

（连　旻）

【区青少年围棋比赛】　8月3

日至4日，2019年秋季门头沟区青少年围棋比赛在区社区学院举办，500名选手参赛。比赛分定级组、十级组、五级组、二级组等4个组别。

（连　昊）

【游泳场馆安全隐患专项治理】 8月7日至9日，区体育局联合区应急管理局、区卫健委、区消防支队等部门联合开展游泳场馆安全隐患排查专项治理行动。检查发现个别经营单位存在安全生产责任制落实不到位、安全警示不足、水质不达标、空气循环系统不完善、危化品存放管理不到位等隐患，对此检查组现场下达整改通知。

（连　昊）

【优秀健身团队健身项目展示】 9月12日，2019年门头沟区优秀健身团队健身项目展示活动在区体育馆举办，全区21支代表队参展，项目涵盖广场舞、秧歌、舞蹈、花棍、太平鼓等。最终，蓝龙家园社区代表队、临镜苑代表队、向阳东里代表队、矿建街代表队获一等奖。

（连　昊）

【门头沟区第十二届武术大会】 10月19日至20日，2019年门头沟区与西城区武术交流活动暨门头沟区第十二届武术大会、第七届健身气功交流大赛在区体育馆举行。比赛共设个人和集体2组9个项目，600余名武术爱好者参加。

（连　昊）

【第八届门头沟区轮滑比赛】 11月16日，2019年—2020年第六届北京市民快乐冰雪季系列活动之2019北京市体育公益活动社区行暨第八届门头沟区轮滑比赛在永定河文化广场举办。比赛设有100米、300米500米速滑及轮舞速度过桩等项目，共250余人参赛。

（连　昊）

【第十三届门头沟区“足协杯”比赛】 11月17日，珠江镇银行杯第十三届门头沟区“足协杯”比赛在区体育馆闭幕。此届足协杯是区足球运动协会成立后举办的规模最大，参赛球队最多的群众性足球赛事。经过两周的激烈角逐，启拓足球队、龙鹏足球队分获社会组青年级和中年级冠军，区科信局一队、区环卫中心、区教委二队分获机关组甲级、乙级、丙级冠军。

（连　昊）

社会生活

民　政

【概况】　2019年，门头沟区民政局（以下简称“区民政局”）坚持党建引领，高标准高效率高质量地完成机构改革任务。实施“三大工程”，紧紧围绕“两不愁、三保障”目标，兜底线、建机制、织密网。完善“三边四级”养老体系，以发展普惠型社会福利事业为基础，持续打造区域养老品牌。持续推进新时代街道工作体制改革，落实全市街道工作会精神，推进建立简约高效的基层管理体制。完善民政社会事务体系，全面提升专项社会事务便利化水平规范政务服务大厅婚姻登记分中心建设，在全区政务服务规范化考核中长期排名第一。完成市民政局、区委区政府交办的庆祝中华人民共和国成立70周年游行方队、人员观礼、安保维稳执勤、除夕正月十五等传统节日烟花爆竹禁放值守等各项任务。

单位名称：北京市门头沟区民政局

地　　址：北京市门头沟区中门寺16号

电　　话：69842081

邮　　编：102300

（祝迎涛）

【春节走访慰问】　春节期间，门头沟区发放慰问金1238.8万元，其中市级资金412.3万元，区级资金826.5万元惠及17163人（户）。

（魏秀娟）

【基层政权建设】　年内，启动村和社区“两委”换届选举工作，全区175个村级党组织、168个村委会和120个社区党组织、106个居委会全部完成换届选举，共选举产生村“两委”干部909名，其中党组织成员625名、村委会成员560名，交叉任职276名；选举产生社区“两委”成员949名，其中党组织成员522名、居委会成员688名，交叉任职261名。106个参选社区全部完成居务监督委员会的选举，167个村完成村务监督委员会选举，选举产生的273个村（居）监督委员会主任全部由党员担任，其中由党组织纪检委员担任主任的169个（农村124个、社区45个）。

（贯文宁）

【清明祭扫接待】　清明节期间，天山陵园、接待扫墓群众14.3万人，疏导车辆2.1万辆，未发生一起安全事故和群众投诉。

（卢均涛）

【婚姻登记】　年内，门头沟区共办理婚姻登记业务4565件，同比下降7.68%。其中结婚登记1930对，同比下降6.85%；离婚登记1191对，同比上升9.07%；补领婚姻证938对，同比下降24.17%；查档506件；接待咨询电话及人员26183人次。开展婚姻家庭辅导1296件，其中离婚调解1249件，婚前辅导47件。在离婚调解中，当场表示和好的53对，暂缓离婚的447对，选择离婚的749对，调解成功率达40.03%。

（瞿颖）

【流浪乞讨人员救助】　年内，门头沟区累计救助流浪乞讨人员189人次，出动救助车辆353台次，参与巡视工作人员1052人次。

（姜川）

【阳光慈善】　年内，门头沟区举办各类慈善救助活动50余次，累计发放救助金1654.3万元，救助25045人。累计救助医疗困难对象119人，发放救助金169.8万元。

（姚鸿月）

【社会捐赠】 年内，区民政局为全区1000户城乡低保对象家庭每户配送价值300元的米、面、油等生活必需品，春节前全部发放到位。新建1个新型捐赠站点，现有各类捐赠站点达到54个，其中“五个一”规范化站点39个、新型捐赠站点4个、慈善超市11家。全年共收捐衣物41490件。

（姚鸿月）

【社会组织工作】 年内，门头沟区成立登记社会组织13家，其中社团2家，民办非企业11家，变更15家、注销7家、撤销13家。133家社会组织参加年检，其中社团57家，民办非企业76家，年检率达75%。对9家社会组织开展评估，社会组织累计评估率达85%。截至年底，门头沟区登记在册的社会组织共196家，其中社会团体91家，民办非企业105家。

（方 雯）

【城乡低保】 年内，区民政局审批城市低保646户1487人，撤销722户1477人，审批农村低保314户625人，撤销281户414人。截至年底，城乡低保对象3480户6384人，其中城市低保对象2464户4679人，农村低保对象1016户1705人，同比减少43户增加172人。支出低保金72284629.34元，其中城市低保61777586.52元，农村低保19692432.91元，同比减少1800元。

（李文博）

【丧葬服务惠民便民】 年内，区民政局开展“零百千万”工程，殡仪服务量5282次，千元以下服务量2271次。落实城乡无丧葬补贴政策，审核发放丧葬补贴181份，其中城市164份、农村17份，下拨补助资金90.5万元。加大殡葬执法力度，拆除安家庄非法墓地226座，基本恢复安家庄土地原貌。

（张海强）

【行政区划工作】 年内，区民政局实地查看门头沟区与丰台区、石景山区、房山区3个相邻区县行政区域界线走向及其两侧地貌、地物、界线标志物的变化情况和界线实地位置清晰程度，对界桩进行重新描红和整理；确定首钢大桥门头沟区与石景山区界线。

（李 萌）

【征地超转人员服务管理】 年内，区民政局共接收超转人员110人，上缴区财政接收资金1.96亿元；全年累计下拨市区两级超转人员生活补助费1.06亿元，其中市管916.32万元、区管9709.02万元；上缴市财政局社保专户医疗待遇资金7056万元。截至2019年年底，门头沟区共有超转人员3661人，其中市管277人，区管3384人。

（胡 苏）

【社区服务相关工作】 年内，区民政局建立5个山区便民服务站点，开展活动63次，签约理发、电器修理技能培训52人，服务当地群众5710人次。在官方微信公众号刊登信息28条。对123名社区志愿者管理骨干进行业务培训2次。完成全区社区志愿服务网巡检指导工作。开展以“志愿有我 与时代同行”为主题的国际志愿者日宣传活动。表彰11个社区志愿服务项目和16名社区志愿者。对全区7个街镇的154个志愿服务项目进行了时间兑换工作。

（聂 炎）

【福利彩票工作】 年内，门头沟区开展双色球游戏、快3游戏、3D游戏和快乐8游戏等福彩主力游戏的市场营销活动，销售福利彩票5311.13万元，完成年销售任务的132.78%。

（刘铁生）

【社会福利工作】 年内，区民政局向30名事实无人抚养儿童发放生活救助金67.05万元。建设4家驿站，开展养老机构标准化体系建设，养老机构基础指标合格率100%。持续开展养老机构星级评定工作，投资82.8万元为社区养老服务驿站购置一站式健康自检工作站6部，投资43.44万元为2.07万名70周岁以上老人投保老年人意外险，投资47.6万元为700名独居老年人配备智能腕表，为入住福利机构的困境家庭人员发放2019年度补贴30.42万元。全年发放残疾人两补4104.44万元，其中生活补贴2904.94万元，护理补贴1199.5万元。

（赵建庆 丁伟 张芳莹）

【社工人才建设】 年内，门头沟区公开招录社区工作者31人，其中复退军人和随军家属9人。制定印发社区服务站负责人管理办法，规范落实社工待遇，完成2019年社区工作者工资待遇预算追加、社区党委及下设党支部中委员薪酬发放、老积极分子生活补贴标准调整及慰问工作。安排全区1159名社区工作者参加体检。开展社区“两委”负责人培训班、北京大学2019年北京市门头沟区社会治理能力提升研修班、重点社区干部进修班、专职党务工作者培训班等系列培训，参训650人次。开展区级社会工作领域“优秀人才”“青年人才”推荐、评审及认定工作。

（张　薇）

【社会动员】　年内，区民政局完成大峪、城子、东辛房、大台等4个街道社会组织服务（孵化）中心的组建工作，实现街道级社会组织孵化园全覆盖。搭建“三社联动”平台，通过开展特色党日、义诊等活动。联合区财政局指导街镇制定《街道购买社会组织服务指导目录清单》。通过购买社会服务（社会工作服务示范岗建设项目1个、专业社工岗位4个、专业社工社区服务督导4个），充分发挥社会工作岗位和社会工作服务项目在推动专业社会工作发展、促进基层社会治理创新方面的积极作用。落实“牵手计划”“京西聚智计划”，引导社会组织切实履行社会责任。

（乔　庆）

【社会组织党建工作】　年内，区民政局开展2018年“两新”组织党组织书记党建工作述职评议考核工作，召开门头沟区2019年“两新”组织党建工作联席会暨重点任务推进现场会，提升“两个覆盖”质量。社会组织党组织覆盖率达到66%。

（乔　庆）

【协管员队伍整合工作】　年内，门头沟区制订《门头沟区街镇非在编人员清理整合试点工作方案（试行）》，将大台街道办事处和永定镇作为试点街镇，理顺区级职能部门和街镇间的条块关系，优化人员结构，实现一岗多责，达到减员增效的目的。

（乔　庆）

【见义勇为】　年内，门头沟区新增见义勇为行为1例，发放一次性奖励金约6.8万元。区民政局走访慰问见义勇为人员61人，发放慰问金9.15万元；发放见义勇为人员伤残补助金约1.4万元；组织见义勇为人员疗养2批次，累计参加27人次。门头沟区籍见义勇为人员赵玉龙、吕永民获第十二届“首都见义勇为好市民”称号，门头沟区见义勇为办公室获第十二届“首都见义勇为权益保护工作先进单位”称号。

（曹春阳）

【临时救助工作】　年内，区民政局安排临时救助资金466.44万元，帮助588户1360名因病、因灾及子女就学等原因造成生活暂时困难的家庭度过难关。为各街镇下拨救急难资金53万元。落实“四免一关怀”政策，一次性拨付给区疾控中心16.2万元艾滋病患者临时救助款。

（汪　洋）

【地退人员权益保障】　年内，区民政局共发放地退人员工资422万余元，遗属生活补助1.9万元。

（吴博雷）

人力资源和社会保障

【概况】　2019年，门头沟区人力资源和社会保障局（简称区人力社保局）牢牢把握门头沟生态涵养区功能定位，坚持全面从严治党，改革创新、笃行为民，担当作为，完成全局各项目标任务。年内，全区城镇新增就业4697人，城乡劳动力实现就业5683人，城镇登记失业率为3.28%，保持在可控范围内；实现创业21人，带动就业84人；消除“零就业家庭”193户203人，创建充分就业社区（村）55个，占全区社区（村）总数的20.1%。年内，基本养老、失业、工伤三项社会保险参保人数分别达到24.26万人、16.86万人、16.04万人，累计收入20.26亿元，累计支付46.65亿元。

单位名称：北京市门头沟区人力资源和社会保障局
地　　址：北京市门头沟区中门寺街16号
电　　话：69842701
邮　　编：102300

（宋琳璘）

【公共服务类岗位】　年内，区人力社保局组织开展公共服务类岗位安置农村地区劳动力工作，争取城市公共服务类岗位306个，应聘成功290人，签订劳动合同185人，其中18人为低收入户劳动力。

（宋琳璘）

【社保基金风险防控专项检查】　年内，区人力社保局开展特殊工种审计专项检查、养老保险重点指标专项核查以及社会保险基金和财政就业补助资金管理风险专项检查工作，共抽查特殊工种审批360人、核查涉及全区养老保险疑（重）点人员共875人。配合北京市审计局对门头沟区2018年城乡居民基本养老保险基金管理运营等情况进行专项审计，并根据审计报告中提出的问题进行督办整改。

（宋琳璘）

【劳动关系】　年内，区人力

社保局为293名农民工追欠工资303.09万元。全区953户建会企业签订集体合同，涉及职工43777人。880户企业签订工资集体协商协议书，涉及职工34897人。全年共受理劳动人事争议案件876件，同比增加33.33%，结案率为99.89%。

（宋琳璘）

【人事人才】 年内，区人力社保局分两批依法开展事业单位招聘工作。全年事业单位共计招聘424人，其中普通事业单位179人、教委系统197人、卫生系统29人；聘用人员中退役士兵6人、退役士官10人、社区工作者6人。

（宋琳璘）

【低收入劳动力重点帮扶】 年内，区人力社保局对44名低收入劳动力开展职业指导、职业介绍、岗位推荐等就业帮扶，有就业意愿的10名低收入劳动力实现就业，其中5人单位就业，2人灵活就业，3人乡镇村级就业。

（宋琳璘）

【京煤集团分流职工转岗】 年内，区人力社保局累计对3171名京煤集团分流安置职工进行跟踪回访服务。经调查，区内户籍584人，实现就业372人；外阜户籍2587人，返乡1877人，剩余在京710人中实现就业394人。

（宋琳璘）

【公立医院薪酬制度改革试点】 年内，区人力社保局起草《门头沟区公立医院薪酬制度改革试点工作绩效工资水平核定意见（试行）》，明确绩效工资水平首次核定办法以及水平核定、调整机制，初步完成公立医院薪酬制度改革试点相关工作。

（宋琳璘）

【精简政务服务事项材料】 年内，区人力社保局对5项区级独有事项申报材料精简69%，进一步提高办事效率，优化工作流程、减少办事环节，方便群众办事。

（宋琳璘）

医疗保障

【概况】 2019年3月22日，门头沟区医疗保障局（以下简称“区医保局”）挂牌成立，下设3个岗位，编制8名。8月30日，区医保局召开党支部成立大会。区医保局以守护辖区医保基金安全、维护百姓健康为使命，深化改革攻坚，率先完成机构改革职责划转、人员转隶和业务深度切割工作，做到业务衔接有序，工作顺利开展；签订年度定点医药机构服务协议，并下发预算管理指标；推行“一院一策”，每季度对全区47家定点医疗机构的各项质量指标使用情况等进行深入分析督导，及时发现并解决问题；完成“4+7”药品集中采购、医耗联动综合改革、打击欺诈骗保专项治理改革任务，扎实推进2020年度城乡居民集中参保缴费工作；服务全区参保群众医疗保险、生育保险40.79万人次，基金收入14.67亿元，待遇支出18.82亿元，完成门诊及住院审核333.37万人次，其中门诊审核329.66万人次，住院审核3.71万人次；完成全区特困职工、城乡救助对象、因病致贫家庭医疗救助，总计发放医疗救助金1046.89万元。为特殊群体开通手工报销“绿色通道”，对办理政务服务事项所需证明材料和手续进行全面清理，落实首问负责制及一次性告知制度，并设立综合窗口，简化优化办事流程，实现经办业务“一站式”办结。共收到群众表扬信2封、锦旗2幅；成立志愿服务队，深入基层社区开展医保政策宣讲、环境治理、垃圾分类等志愿活动5次，开展路段包干、交通疏导等创城攻坚活动6次，围绕医疗保障领域的突出问题和群众反映强烈的问题，到京煤集团总医院、大峪街道向东社区卫生服务站、民生大厅等基层一线开展调研6次，发现并解决问题7项；深化接诉即办工作，畅通咨询、投诉、举报渠道，及时回应解决群众关心关切的问题；建立区医疗保障局与区疾控中心医疗数据共享机制，促进医疗保障基金安全和卫生资源优化合理配置。区医保局下属单位包括区医疗保险事务管理中心与区医疗救助事务中心。

单位名称：北京市门头沟区医疗保障局
地　　址：北京市门头沟区中门寺街16号
电　　话：69830329
邮　　编：102300

（公　俐）

【打击欺诈骗报专项行动】 4月始，区医保局分步开展2019年打击欺诈骗保专项检查工作。召开全区打击欺诈骗取医疗保险基金专项行动动员大会；联合区广电中心制作《打击欺诈骗取医疗保险基金专题报道》宣传片并在《门头沟视点》等栏目中循环播放；在《京西时报》刊登打击骗保公益广告，印制并发放1.3万余份《致门头沟区参保人员的一封信》及系列宣传海报。完成2018年门诊大额基金支付满2万元封顶线的参保人员，4632条个人数据的筛查，生成警示告知书198份、约谈通知书33份，追回违规费用6.5万余元。完成2018年1月1日至2019年3月31日无上传信息的手工报销住院费用的2309份票据核查工作。对46家定点医疗机构及3家定点零售药店进行现场检查，并追回违规费用合计34314.73元；对29家可疑参保企业及104名参保人员进行约谈。

（公　俐）

【区医耗联动综合改革】 5月29日，区医保局召开2019年门头沟区医耗联动启动部署会，全区47家定点医疗机构的主管院长、医保办主任以及全局工作人员共150余人参会。6月14日9点至19日18点，安排专人全程24小时轮班值守，确保6月15日46家定点医疗机构全部完成系统切换并正常运行。

（公　俐）

【机关培训】 8月30日，区医保局召开公文写作、信息写作培训会，印发《门头沟区医疗保障局信息宣传报送管理办法》。12月9日，组织召开现场检查工作培训会，重点就监督检查审批程序、现场检查方式、举报案件现场核查事项、线索移送、行政约谈、文书送达等6个方面内容进行培训。

（张慧娟　高　博）

【特殊病种备案检查】 9月4日，区医保局到北京京煤集团总医院、门头沟区医院、仁圣医院进行特殊病种备案工作现场检查。检查未发现存在问题。

（高　嫄）

【送政策进监区】 8月27日、9月5日，区医保局配合区司法局分两批派出业务骨干力量，开展入监联合帮教活动，为门头沟区户籍服刑人员提供医疗保险、社区帮扶、户籍办理、困难救济等政策讲解服务。

（董　秀）

【死亡信息数据交换共享工作机制】 9月18日，区医保局与区疾控中心就构建死亡信息数据交换共享达成初步共识，每月就系统数据进行交换比对，每半年召开联席会进行形势分析研判，促进医疗保障基金安全和卫生资源优化合理配置，从源头上查漏补缺，从机制上堵塞漏洞，从举措上全力防范，进一步确定重点监控对象及范围，防止冒用已故参保人医保卡就医开药等行为发生，切实保证基金安全。

（范文硕）

【区医疗保险事业管理中心成立】 9月24日，北京市门头沟区医疗保险服务中心正式更名为北京市门头沟区医疗救助事务中心。区医疗保险事业管理中心内设机构10个，事业编制37名。

（公　俐）

【特殊病种备案工作检查】 10月9日，区医保局到区医院进行特殊病种备案工作现场检查。共抽查癌症放化疗和肾透析病历50份、特病备案单40份，就定点医疗机构特病备案共性问题进行系统梳理和现场解答。

（白振凯）

【业务切割部署会】 10月24日，区医保局召开业务切割部署会。会上，就全局科室及人员调整工作进行部署，设立11个部门，并自11月1日起进行为期一个月的业务切割过渡，自12月1日起各科室根据局三定方案严格履行职责。

（公　俐）

【一级及以下医疗机构系统验收】 11月4日至2020年1月10日，区医保局配合区卫健委，完成对全区35家一级以及下定点医疗机构系统验收。

（公　俐）

【城乡居民医保收缴工作培训】 11月7日，区医保局就城乡居民医保集中参保工作方案、具体政策、注意事项等方面进行全员培训。8日，分两批对镇街社保所、学校的主管领导、经办人员等100余人开展专项培训。

（张慧娟）

【影响日常诊疗事项备案】 11月13日，区医保局完成对大峪街道新桥社区卫生服务站、北京京煤集团总医院木城涧医院等2家定点医疗机构影响日常诊疗事项的备案初审并上报市医保中心。

（黄凌月）

【基本医疗保险奖励款专项审计】 11月18日至28日，北京凌峰会计师事务所对2017年度门头沟区7家获奖的定点医疗机构的奖励款使用情况进行专项检查。

（黄凌月）

【医保患者住院病案首页检查】 11月20日，区医保局集中开展对2019年度二、三级定点医疗机构医保患者住院病案首页检查，并对检查中存在的问题进行现场督导。检查共涉及全区定点医疗机构5家、病案428份。

（胡冬斌）

【医疗保险基金监督工作培训会】 12月13日，区医保局召开医疗保险基金监督工作培训会。全区医保经办机构全体职工、内48家定点医疗机构院长、主管院长、医保主任、社区站负责人，9家定点零售药店经理、质量负责人等200余人参加。

（公 俐）

【“医保政策进村居”宣讲会】 12月23日，区医保局在永定镇王村开展“医保政策进村居”宣讲会。会上，针对城乡居民医保参保缴费、手工报销基本流程及就医政策等进行讲解并现场答疑。永定镇王村两委班子、村民及周边居民30余人参加。

（张慧娟）

【“飞行检查工作”专项培训】 12月27日，区医保中心对门矿医院开展“飞行检查工作”专项培训，就飞行检查重要意义、检查内容等进行详细讲解，并就医院在日常诊疗中存在的问题进行现场指导。

（公 俐）

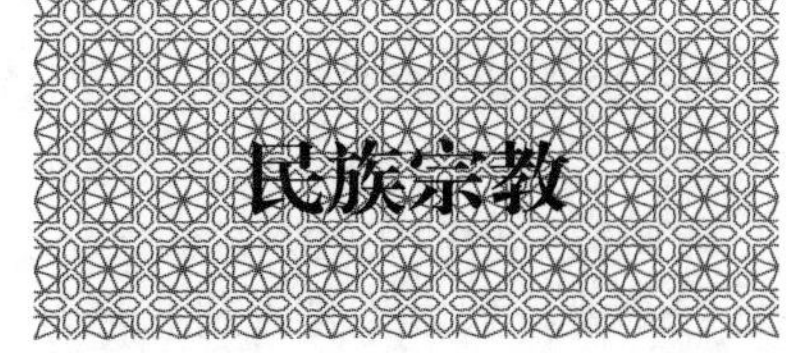

民族宗教

【概况】 2019年，门头沟区民族宗教侨务办公室（以下简称区民宗侨办）完成机构改革，在中共门头沟区委统战部下加挂门头沟区民族宗教侨务办公室牌子。协助相关部门稳妥完成潭、戒两寺退市工作。推进基督教私设聚会点治理，全区28处私设聚会点减少至12处，全部向镇街登记备案、与村（居）签订承诺书，实现私设聚会点清零目标。有效治理伊斯兰教领域“三化”问题，整改治理30余家清真餐饮企业牌匾广告。严格开展宗教领域执法，查处潭柘寺景区西观音洞“风水店”等违规行为，指导潭柘寺景区拆除院内转经筒。指导做好开斋节、圣母月等重大宗教活动期间安全保障工作。推荐京西太平鼓艺术团参加第十一届全国少数民族运动会，并获二等奖。组织引导宗教团体开展公益慈善活动，全年捐款95万元。开展春节大走访活动，走访慰问宗教界人士80人次。

单位名称：北京市门头沟区人民政府民族宗教侨务办公室

地　　址：北京市门头沟区新桥大街36号

电　　话：69847974

邮　　编：102300

（刘 奎）

【节日走访慰问】 1月17日，区民宗侨办召开2019年民族宗教界新春座谈会，总结2018年工作，谋划2019年任务，慰问各宗教团体、宗教活动场所负责人。30日，区领导走访慰问潭柘寺、戒台寺、白瀑寺，为佛教界人士送去慰问金及新春祝福。

（刘 奎）

【全区民族宗教工作会】 3月4日，2019年全区民族宗教工作领导小组会议暨民族宗教工作会召开。会上，传达北京市民族宗教工作会议精神，总结2018年全区民族宗教工作，部署2019年工作任务。

（刘 奎）

【专项工作】 4月9日，市领导以“四不两直”方式到门头沟区检查宗教领域突出问题治理工作，实地走访潭柘寺，深入有关部门查阅有关档案材料，并向区委反馈检查结果，提出工作要求。9日，门头沟区召开工作专题会，传达市委统战工作领导小组有关会议精神及中央、市两级宗教督查工作反馈意见，部署整改任务，提出整改要求。11日，潭戒两寺退市工作推进会召开。5月15日，区长办公会研究通过《潭柘寺、戒台寺、妙峰山退市交接工作方案》。5月底，区文化旅游委进驻“两寺”景区在与北京京西文化旅游股份有限公司正式交接，新景区票务、税务、管理等系统启动运行，标志门头沟区完成潭柘寺、戒台寺退市工作。6月17日，市民宗委领导到门头沟区调研佛教工作，就白瀑寺及两寺退市后续管理工作与有关单位负责人进行座谈。8月至11月，区民宗侨办指导潭柘寺景区、白瀑寺安全有序拆除转经筒、飞天造像等设施，督促潭柘寺景区解除租赁经营合同，清退商户7家、经营销售点11个，清理出5个外租寺内院落。

（刘 奎）

【清真食品企业管理工作会】 5月6日，区民宗侨办召开清真食品企业负责人会议，传达有关会议精神，学习相关政策法规，提出经营管理要求，为10家清真食品企业颁发新版清真食品标识铜牌、清真食品生产加工经营许可证。

（刘　奎）

【安全保障】　5月，区民宗侨办制定《天主教圣母月朝圣安全维稳工作方案》，召开2次协调会，切实保障后桑峪天主教堂圣母山朝圣活动。12月，区民宗侨办制定《2019年门头沟区圣诞节安全保障方案》《2019年门头沟区圣诞节期间宗教领域安全保卫工作方案》，召开安全保障协调会，全面检查宗教活动场所和基督教聚会点，切实保障圣诞节期间宗教领域安全稳定。

（刘　奎）

【爱国主义教育活动】　7月8日至9日，北京基督教会门头沟堂组织50余名骨干信徒分别到河北狼牙山、白洋淀爱国主义教育基地参观学习，深切缅怀革命先烈，接受革命传统教育和爱国主义教育。9月25日，门头沟区各宗教活动场所共同举办宗教界“升国旗 唱国歌 迎国庆”活动。

（刘　奎）

【京西太平鼓民间艺术团获二等奖】　9月，第十一届全国民族运动会在河南郑州举行，京西太平鼓民间艺术团代表北京市参赛，并获二等奖。

（刘　奎）

【永定天主教堂投入使用】　10月19日，永定天主教堂举办圣堂活动，标志门头沟永定天主教堂正式投入使用。

（刘　奎）

【白瀑寺己亥年三坛大戒传授活动】　11月3日，中国佛教协会主办、北京市佛教协会承办的北京市门头沟区白瀑寺三坛大戒传授活动结束。佛教界20余位高僧大德为全国100余名僧众授戒。

（刘　奎）

精神文明建设

【概况】　2019年，门头沟区创建全国文明城区各项工作全速推进。全年召开7次创城擂台赛，命名350家“1+X”达标创建单位，实地考察问题台账共计9847项，下发整改督办单610件，问题反馈率100%，问题整改率92.3%。区创城总指挥部、督查组各牵头区领导以及区创城办开展工作调度、拉练检查达300余次。在2019年北京市文明城区测评中，门头沟区获全市第一名。

单位名称：北京市门头沟区文明城区建设服务中心
地　　址：北京市门头沟区新桥大街36号
电　　话：69855786
邮　　编：102300

（刘丽媛）

【与西城区共建文明城区】　1月17日，门头沟区建立与西城区共建文明城区工作机制，通过“部门协作一加一”“文明创建一帮一”“街街联手一对一”“精品活动一带一”，搭建街街联手协作平台，在部门协作、文明创建、精品活动方面提升水平。

（刘丽媛）

【“门头沟点赞”大拇指行动】
3月8日，门头沟区推出“门头沟热心人”群众性文明创建组织品牌，围绕交通礼让、爱护环境、文明排队等8个方面开展“门头沟点赞”大拇指行动，引领崇德向善新风尚，营造人人知晓、人人参与、人人支持创城的浓厚氛围。

（王建玲）

【新时代文明实践中心工作】　4月30日，门头沟区制定《新时代文明实践中心建设工作方案》，将创城攻坚与新时代文明实践中心建设紧密结合，搭建市民群众参与文明创建的平台，成立区级新时代文明实践中心、13个镇街新时代文明实践所、299个村居新时代文明实践站，实现新时代文明实践工作全域覆盖。门头沟区入选全国第二批500个新时代文明实践试点之一。

（刘丽媛）

【“门头沟热心人”志愿服务队伍】　6月1日，门头沟区启动“文明天天见”主题系列社会动员活动，全区组建600余支3万余人的“门头沟热心人”志愿服务队伍，集中开展“礼让人人赞”“楼门焕新颜”等5轮“文明天天见”系列活动，通过巡回宣讲、现场培训、抖音发布、快闪拍摄、有奖答题等形式，累计开展宣讲会100场、受众2万余人，获“学习强国”、《北京日报》、人民网等中央市属媒体广泛报道。

（王建玲）

【“七边三化四美”行动】　6月20日，门头沟区出台《“七边三化四美”行动实施方案》，强化区域统筹，大力推进农村人居环境整治和美丽乡村建设。其中“七边”指公路边、铁路边、水边、山边、镇边、村边、房边，“三化”指洁化、绿化、美化，“四美”指镇美、村美、房美、人美。

（王建玲）

【“六城”联创】 6月28日，门头沟区制定《统筹“六城”联创工作方案》，建立“六城”联创工作机制，以创建全国文明城区为牵引，统筹推动国家森林城市创建、基本无违建区创建、国家卫生区复审、实现全国双拥模范城“四连冠”、北京市食品安全示范区创建，以及农村人居环境整治和群众安全感调查等创建工作，形成了“六城”联创特色指标体系，解决“统”与“督”的问题。

（刘丽媛）

【打造“不乱扔垃圾的家园”】 9月2日，门头沟区制定《打造“不乱扔垃圾的家园”行动方案》，全面实施打造“不乱扔垃圾的家园”行动和“七边三化四美”行动，广泛开展“垃圾分好类”“垃圾不乱丢”等行动，提升文明环境治理水平。

（王建玲）

【文明交通引导行动】 10月12日，门头沟区制定《机关事业单位创城路段包干常态巡查方案》，全区近300个党组织积极参与周末卫生大扫除等各类创城活动，69家机关事业单位落实创城路段包干常态巡查工作，2200余名在职党员干部以及2万余名骨干志愿者在主要路口常态进行交通文明引导行动。

（王建玲）

【倡导践行核心价值观】 年内，门头沟区持续开展“中国好人榜”北京榜样“身边的感动”好故事征集等活动，共推荐“身边好人”“北京榜样”候选人24人，其中肖壮获2019年8月第3周北京榜样周榜人物、2019年8月北京榜样月榜人物。

（刘丽媛）

【“比学赶超”擂台赛机制】 年内，门头沟区建立创城“比学赶超”擂台赛考核机制。全年共开展7次创城擂台赛，下发问题台账9847项，下发整改督办单610件，问题反馈率100%，问题整改率92.3%，形成赛马激励、你追我赶，常态整改、持续提升的良好创建态势。

（刘丽媛）

【“1+X”达标创建】 年内，门头沟区开展“1+X”达标创建活动，用每一个行业、每一个单位的达标推动全区创城工作全面达标，与擂台赛形成“点面共促”的工作格局。全年共命名5批350家“1+X"达标单位，其中全区所有单位、校园、窗口单位全部实现创城达标。

（刘丽媛）

【营造创城氛围】 年内，门头沟区拍摄10部创城短视频宣传片，规范全区硬质标语横幅设置，设计制作并配发具有门头沟特色的“讲文明树新风”公益广告3000余套、《市民文明手册》18万余册，引导全区干部群众为打造“绿水青山门头沟”城市品牌贡献力量。

（刘丽媛）

退役军人事务

【概况】 2019年3月，门头沟区退役军人事务局正式挂牌成立，设置行政编制6名，主要职责是以退役军人事业为中心，推进退役军人事务机构组建，做好退役军人服务管理。年内，退役军人事务局以“不忘初心、牢记使命”主题教育为主线，提升干部队伍建设水平，推动退役军人重点工作落实。以创建全国双拥模范城建设为抓手，完善工作体制机制，推进退役军人服务中心建设，强化退役军人三级服务体系建设，确保各项优抚政策落实到位，全力打造红色“军字”品牌，推动全局各项工作的开展。

单位名称：北京市门头沟区退役军人事务局
地　　址：门头沟区滨河路87号
电　　话：69869196
邮　　编：102300

（李　响）

【市区领导慰问】 2月1日，北京市慰问团一行到区光荣院看望慰问老革命功臣。慰问中，市退役军人事务局副局长、区领导张力兵先后讲话，向老人们致以亲切的问候和新春的祝福，并为老人送上慰问金。

（李　响）

【双拥工作会】 3月8日，门头沟区双拥工作会召开。区领导、双拥工作领导小组成员单位主要领导、驻区部队军政主官参加。会上，听取关于2018年全区双拥工作情况的汇报以及2019年双拥工作要点及双拥折子工程的部署安排，就全力冲刺双拥模范城“四连冠”工作提出要求；驻区部队代表进行工作发言。

（李 响）

【推进驻区部队垃圾分类工作】 3月29日，区退役军人事务局召开驻区部队厨余垃圾清运协议签约会。区双拥办、区城管委、首钢生物质能源有限责任公司、驻区部队参加会议，为驻区部队免费清运厨余垃圾。驻区部队全面实现垃圾分类清运、处理。

（李 响）

【清明祭扫活动】 3月29日，区光荣院党支部联合区社会工委区民政局、区天山陵园党支部40余人到区天山陵园功臣园前，为已逝革命前辈开展主题为“不忘初心，牢记使命，缅怀先烈，砥砺前行”纪念中华人民共和国成立70周年华诞清明祭扫特色党日活动。

（李 响）

【供暖补助发放】 3月，区退役军人事务局为178名优抚对象发放供暖补助33万元。

（李 响）

【为现役义务兵父母投保】 4月16日，门头沟区为现役义务兵父母投保医疗综合险发布会召开。门头沟区在全国率先推出为现役义务兵父母投保医疗综合险，解除现役军人后顾之忧。承保人数252人，赔付43人次，总赔付金额45257.73元。该做法在全市进行推广。得到中央军委副主席许其亮、北京市委书记蔡奇的亲自批示。

（李 响）

【重点优抚对象慰问】 4月17日，区光荣院领导班子到大峪街道开展重点优抚对象回访慰问调研活动。为该街道10名重点优抚对象送去慰问金和米、面、油等慰问品。

（李 响）

【修建零散烈士墓】 4月，区退役军人事务局修建零散烈士墓6个，为纪念革命先烈提供祭奠的场所。

（李 响）

【搭建三级服务体系平台】 4月，区退役军人事务局搭建门头沟区三级服务体系平台，将三级服务体系建设纳入“六城联创”内容，将退役军人工作纳入全区各单位考核评比指标，区委常委会、区政府常务会召开6次会议专题研究并推进退役军人服务保障工作，并以区委、区政府名义印发三级服务体系建设实施方案，三级政务服务大厅设立退役军人专门服务窗口，做到职责、制度、流程“五统一”。建立三级退役军人之家，设立退役军人荣誉墙、光荣榜，突出“军”字文化特色，退役军人思想政治教育、技能培训、心理疏导、精神文化等服务蓬勃开展，印发基层退役军人服务站工作指南，打通服务退役军人“最后一公里”。

（李 响）

【解决官兵子女入托、入学问题】 6月，区退役军人事务局完成19名驻区部队官兵子女入托、入学问题。

（李 响）

【区光荣院接待工作】 八一建军节，区妇联、区纪委区监委、区殡仪馆、北京矿业大学等到区光荣院，开展参观、慰问演出、公益劳动等活动。期间，区光荣院共接待社会团体800余人次，播放《民族精神永放光芒》专题教育影片8次，发放《他们从战争中走来》革命教育丛书共100余套。十一前夕，区光荣院先后接待中央对外联络部、中国航空发动机集团、瞳悦儿童摄影等多家党团组织、社会团体1200人次到院开展慰问演出、爱国主义教育、主题党日等活动，为休养员送来节日的问候；充分发挥学雷锋志愿服务岗作用，为来访者进行展室讲解10场，播放《民族精神永放光芒》专题教育影片10次，发放《他们从战争中走来》革命教育丛书200余套。

（李 响）

【优抚活动】 八一建军节，区退役军人事务管开展为全区优抚对象发放慰问金，每人500元，共820人41万元；印制1万份慰问信，发放给每个退役军人、优抚对象、现役军人家属。在退役军人事务局“微信公众号”向全区退役军人进行节日的问候；为51人发放立功受奖奖励金2.85万元，其中三等功2人，优秀士兵49人。走访慰问荣立三等功家庭；为135户义务兵发放优待金625万元；慰问现役军人家庭64户3.2万元。

（李 响）

【“京西老兵”志愿服务队组建】 8月，门头沟区组建区、镇街“京西老兵”志愿服务队，开展“京西老兵守初心，六城联创当先锋”志愿服务活动，引导退役军人积极参与社区党员“双报到”、国庆治安巡逻、文明行为引导等活动。

（李 响）

【关爱基金设立】 8月，区退役军人事务局设立60万元现役军人和退役军人困难家庭关爱基金，共为全区现役军人及退役军人6人发放关爱基金6.3万元，做到了退役返乡走访到、重大节日慰问到、立功受奖祝贺到、家庭困难关怀到、重大疾病探望到、军人去世吊唁到。

（李 响）

【优抚对象代表参与重要活动】 9月3日，区退役军人事务局组织优抚对象代表分别参加抗日战争胜利纪念日、10月1日国庆“致敬”方阵等大型活动，完成国庆服务保障工作。

（李 响）

【9.30烈士纪念日活动】 9月30日，区退役军人事务局组织区四大部门领导和驻区部队官兵、优抚对象等各界代表参加9.30烈士纪念日活动，掀起祭奠英烈，弘扬烈士精神的热潮。

（李 响）

【烈士光荣事迹整理】 9月，区退役军人事务局整理安玉阁、赵永成等4名烈士的事迹，并被收录在北京市汇编的烈士事迹宣传册中，其中安玉阁烈士的事迹在《北京日报》“英烈故事专栏”进行刊登；崔显芳烈士的事迹拍摄成“不忘初心话英雄”专题片，在北京电视台和区电视台播放。

（李 响）

【建国70周年纪念章发放】 9月，区退役军人事务局完成32名建国前入伍的伤残军人和在乡复员军人发放中华人民共和国成立70周年纪念章。

（李 响）

【烈士纪念园工程】 9月，区退役军人事务局申请资金1200余万元，对烈士纪念公园进行全面修缮，提升改造宛平抗战烈士纪念园基础设施和绿化工程，为社会各界人士开展纪念活动提供了更加庄严肃穆的活动场所。向区编办申请3名社会化用工名额，主要用于绿化美化，开展烈士纪念活动，园区安全管理，革命先烈事迹宣传等工作。编制已审批，人员正在招募中。

（李 响）

【全国双拥模范城创建工作】 10月12日，门头沟区召开争创全国双拥模范城迎检工作推进会。会上，区领导传达上级会议精神并部署门头沟区迎检任务；区领导张力兵讲话。28日，北京市双拥模范城市迎检考评组到门头沟区实地验收。区四大部门领导参加见面会，区领导付兆庚陪同检查组到马栏村等地实地检查验收。11月14日，北京市双拥模范城汇报会在北京会议中心召开。区领导张力兵在会上汇报门头沟区双拥工作。

（李 响）

【烈士信息核查录入】 11月，区退役军人事务局核查全区1400余名烈士信息，并完成烈士英名录系统的录入工作。

（李 响）

【退役军人就业、技能提升服务】 11月、12月，区退役军人事务局分别挂牌建立现役军人和退役军人职业技能实训基地、退役军人创业孵化基地，实施退役军人职业技能提升计划，开展退役军人免费职业技能培训、自主就业退役士兵适应性培训。12月20日，组织退役军人专场招聘会。200余名求职者参加现场招聘会，55人达成就业意向。

（李 响）

【退役士兵保险接续工作】 年内，区退役军人事务局推进退役士兵保险接续工作，截至12月底，咨询人数达1240人次，提交材料办理200余人，并完成军龄认定和材料审核工作。

（李 响）

【优抚政策落实情况】 年内，区退役军人事务局按照现行优抚政策执行，保障优抚资金及时足额发放。新增农籍老兵46名，新评2名伤残军人，4名伤残人民警察、8名更换军残证人员和1名外区转入伤残军人。为伤残军人（人民警察、国家机关工作人员）发放伤残抚恤金共1029人次，369.02万元；发放伤残护理费共160人次，54.55万元；发放在乡残疾军人定期补助共144人次，27.15万元。为三属、复员军人、参战参试人员、带病回乡退伍军人等重点优抚对象发放定期抚恤补助共808人次，173.65万元。为烈士子女发放生活补助金共876人次，145.14万元。为60周岁以上农村籍退役士兵发放生活补助金共5348人次，107.15万元。两节慰问优抚对象和享受政治待遇烈属共796人，涉及资金89余万元。为符合条件的优抚对象进行医疗减免，共报销药费210人次，84.32万元；为13名一至六级在乡伤残军人办理补充医疗保险、生育险、工伤险，全年共支出10万余元。为5名优抚对象发放死亡一次性抚恤金，15.38万元。

（李 响）

【接收军队离退休干部】 年内，门头沟区接收军队退休干部2人，累计接收军队离退休干部144人，现有97人。累计接收军队无军籍职工90人，现有67人。

（李 响）

老龄事业

【概况】 2019年，门头沟区老龄工作委员会办公室（简称区老龄办）坚持老龄事业与产业协同推进、居家养老与机构养老统筹发展，努力提高养老服务质量和水平，有序推进全区老龄事业健康发展。年内，养老助残卡有效持卡人10016人，为107443人次累计充值1083.36万元，为9993人次发放高龄津贴1016.8万元，为20人次报销高龄老人医药费2.96万元。调整扩大了老龄委成员单位及职责分工，为全区老龄事业发展奠定基础。

单位名称：北京市门头沟区老龄工作委员会办公室
地　　址：北京市门头沟区中门寺街16号民生大厅东配楼
电　　话：69858910
邮　　编：102300

（谷 萌）

【老年人精神文化生活】 4月10日至11日，区老龄委、区委老干部局、区体育局联合主办的门头沟区第三十一届春季“健康杯”老年门球赛举行，全区18支老年门球队共300余人参加比赛。4月26日，区老龄办主办“情系敬老情 夕阳展风采”——老年健身操舞比赛，全区24支代表队共400余名老年人参加比赛。9月11日，区老龄办主办门头沟区第三十二届秋季“金秋杯”老年门球赛，全区20支队伍近300名运动员和裁判员参加比赛。20日，区老龄办主办“门头沟区庆重阳暨第四届老年人象棋比赛”，全区82名老人参加比赛。

（谷 萌）

【巡视探访服务评审】 年内，区老龄办通过政府购买服务，在大峪街道、东辛房街道、龙泉镇、永定镇等4个街镇对有需求的独居、高龄老年人开展巡视探访服务，并运用信息化管理方式对巡访服务进行监管。全年巡访老人2033名，累计服务164597人次。

（谷 萌）

【养老助餐体系建设】 年内，区老龄办在斋堂镇、大台街道建设配餐点，通过开设老年餐桌、中央厨房配送+社区配送+集中就餐模式，累计为11403人次老人提供餐饮服务。

（谷 萌）

【老年人紧急救援服务】 年内，区老龄办投资47.6万元，免费为700名空巢、独居老年人配备智能腕表，有效解决老年人助急、助医、走失等问题。

（谷 萌）

【老年人意外伤害保险】 年内，区老龄办投资43.45万元，为2万余名70周岁及以上的老年人参保意外伤害保险。

（谷 萌）

残疾人事业

【概况】 2019年，门头沟区残疾人联合会（简称区残联）贯彻落实残疾人社会保障政策，扶持建立11家残疾人帮扶性就业基地，5家助残增收基地，安置187名残疾人就业。审核626家用人单位按比例安置1621名残疾人就业。分析残疾人基本康复服务覆盖率面临的形势和任务，采取菜单式服务与专业医疗机构相结合的方式推进残疾人康复工作，残疾人康复覆盖率达到99.77%，同比提高71个百分点。启动全区无障碍环境建设专项行动，制定《门头沟区2019—2021年无障碍环境建设三年行动计划》和2019年任务分解表、宣传工作方案、综合执法方案、办公室工作规则等5个配套文件，成立工作专班并完成421个点位摸排。

单位名称：北京市门头沟区残疾人联合会
地　　址：北京市门头沟区新桥大街58号
电　　话：69859231
邮　　编：102300

（李朗月）

【温馨家园活动】 1月25日，区残联举办2019年温馨家园（职康站）联欢会活动，174位残疾人及其家属与志愿者共同迎接新年。7月13日，区残联组织40名残疾人以及残疾人工作者在斋堂镇川底下村开展“探寻爨底下村的红色记忆”主题活动，学习红色知识，感受历史文化。9月12日，北京尚德社会组织服务中心携手中国电建地产集团与区残联共同举办“助残共圆中国梦，携手创建文明城”助残献爱心活动，向区残疾人职业康复中心和温馨家园捐赠食用油、大米、面粉等物资。11月25日，区残联召开社会组织暨温馨家园党建工作推进会。

（李朗月）

【机关党建】 2月2日，区残联召开2018年度区残联处级领导班子党员领导干部民主生活会。4月23日，区残联召开2019年处级领导班子专项民主生活会，班子成员以“聚焦部门主责主业，紧扣‘六个围绕’，聚焦‘四风’问题”为主题，依次进行对照检查，开展批评和自我批评。9月17日，区残联召开“不忘初心，牢记使命”主题教育工作会。

（李朗月）

【全国爱耳日宣传】 3月1日，区残联联合首都医科大学附属北京康复医院在大峪街道月季园东里社区举办以“小耳朵大功能之听力”为主题的第20次全国爱耳日知识讲座活动，为社区居民发放宣传折页，聘请专家讲解爱耳、护耳知识。

（李朗月）

【专门协会工作】 3月15日，区残联召开残疾人专门协会2019年工作部署会，会上，要求各协会成员发挥专门协会职责，反映残疾人诉求，紧扣“学听跟”专题活动主题加强项目设计，创新活动形式，办出特色和实效。4月11日，区聋人协会在潭柘寺公园开展“携手共建卫生区 还家乡绿水青山”主题志愿活动，51名听力残疾人和助残志愿者义务捡拾垃圾，劝导不文明行为。5月22日，区智力残疾人及亲友协会在雁翅镇田庄村开展“听党话 跟党走”主题活动，50名智力残疾人及亲属参观京西山区中共第一党支部纪念馆和崔显芳烈士纪念馆。7月16日，区肢协40名残疾人在龙泉镇龙泉雾村委会组织开展“旧物创意改造 环保公益生活”活动。8月26日，区肢协和盲协组织88名残疾人到妙峰山镇涧沟村平西情报联络站纪念馆开展红色活动。8月27日至28日，区精神残疾人及亲友协会组织50名精神残疾人和家属到斋堂镇革命传统教育基地开展“缅怀先烈，重温红色记忆”主题活动，组织50名残疾人和亲属到大台街道开展“敞开心扉 感受京煤文化 传承门头沟精神”活动。8月29日，区盲协组织38名低视力残疾人到妙峰山镇炭厂村开展“体验美丽乡村建设，感受新时代建设成果”活动。

（李朗月）

【区残联七届主席团第二次会议】 4月26日，区残联召开第七届主席团第二次全体会议，会上，选举2名副主席与1名执行理事会理事长，调整部分主席团委员。调整后，区残联第七届主席团共有委员53名，其中残疾人及其亲属35名，占委员总数的66%。

（李朗月）

【白内障复明公益项目】 4月至5月，门头沟区启动“圆梦光明行”白内障复明公益项目，免费为260人筛查白内障，为105名符合条件人员实施白内障手术。

（李朗月）

【残疾人体育活动】 5月10日，区残联举办门头沟区第十七届残疾人象棋比赛，全区55名残疾人参加比赛。7月18日，区残联举办2019年残疾人飞镖比赛，60名残疾人参赛。25日，区残联举办2019年残疾人乒乓球比赛，全区40名残疾人参加比赛。8月1日，区残联举办“推进冰雪项目，助力冬残奥会”系列活动之残疾人旱地冰壶培训，全区140名残疾人参加培训。9日，区残联在石景山市民冰雪运动中心开展残疾人冰雪项目体验活动，100名残疾人和助残志愿者参加滑冰和冰壶体验项目。16日，区残联举办第三届门头沟区残疾人“欢乐杯”钓鱼比赛，全区65名残疾人参加。10月22日，门头沟区7名残疾人选手参加由北京市残疾人联合会、天津市残疾人联合会、河北省残疾人联合会共同主办的京津冀残疾人门球比赛并获金奖。

（李朗月）

【助残日活动】 5月11日，区残联在永定河文化广场举办第29次“全国助残日”系列活动启动仪式，京西乐跑团志愿服务队、门城地区职康站学员、部分残疾人工作者共200余人参加启动仪式。活动中成立15支“人人参与阳光助残”志愿服务队。5月15日，区残联联合大峪街道绿岛家园社区居委会在社区广场举办残疾人职业技能培训成果展，展示残疾人美甲、面点、插花、串珠、网络主播、手语培训等项目。16日，区残联举办“自强展风采 和谐奔小康”残疾人才艺展示活动，66名残疾人表演诗朗诵、扇子舞、乐器演奏等节目。

（李朗月）

【亲子出游活动】 5月31日，

区残联组织2家残疾儿童民办机构、温馨家园职康站的160余名残疾儿童少年及家长到青龙湖公园开展“关爱残疾儿童，让爱洒满人间”亲子出游活动。

（李朗月）

【异地帮扶】 6月至7月，区残联党组先后到内蒙古自治区呼和浩特市武川县、内蒙古自治区乌兰察布市察哈尔右翼后旗、河北省涿鹿县3个帮扶协作地区对接2019年度对口帮扶协作工作，落实3个对口地区95名（涿鹿35名、察哈尔右翼后旗30名、武川30名）建档立卡残疾人每人3600元扶贫资金发放项目。

（李朗月）

【3D打印创意培训】 7月8日，区残联面向40名残疾人开展为期6天的3D打印文化创意培训，培训涵盖3D打印基础知识、应用领域及未来发展趋势。

（李朗月）

【残疾人电影专场】 7月10日，区残联举办“关爱残疾人群，远离毒品危害”残疾人专场电影展映，1400余名残疾人观看电影《扫毒2》。

（李朗月）

【残疾人书画摄影展】 9月11日，区残联举办“庆祝中华人民共和国成立70周年 赞家乡绿水青山”残疾人书画摄影展活动，展出摄影爱好者作品50余幅，涵盖喜迎国庆、家乡变迁、诗情画意等内容。

（李朗月）

【残疾人辅具推进月】 11月19日起，区残联开展残疾人辅助器具推进月活动，联合辅具厂商在大峪、东辛房、龙泉等街镇举办辅具巡回展10次，集中宣传辅具政策、现场评估适配辅助器具。

（李朗月）

【国际残疾人日文艺演出】 11月26日，区残联举办庆祝“国际残疾人日”暨共建双拥模范城文艺演出活动，400名驻区官兵与残疾人参加活动。12月3日，区残联在斋堂镇文化活动中心举行国际残疾人日文艺演出活动，300名残疾人观看演出。

（李朗月）

【京津冀蒙助残志愿者技能大赛铜奖】 12月4日，门头沟区代表队4名助残志愿者在由北京市残疾人联合会主办的“首届京津冀蒙助残志愿者技能大赛”中获得铜奖。

（李朗月）

【下属单位情况】

单位名称：北京市门头沟区残疾人就业服务中心
地　　址：北京市门头沟区新桥大街58号
电　　话：69842909
邮　　编：102300

单位名称：北京市门头沟区残疾人活动中心
地　　址：北京市门头沟区新桥大街58号
电　　话：69858006
邮　　编：102300

单位名称：北京市门头沟区残疾人职业康复中心
地　　址：北京市门头沟区新桥大街56号
电　　话：69867880
邮　　编：102300

（李朗月）

红十字会事业

【概况】 2019年，门头沟区红十字会认真开展“不忘初心 牢记使命”主题教育，围绕加强机关作风、素质和能力建设，立足“三救三献”核心职责，扎实开展赈济救助、应急救援、组织建设等工作，推进人道应急救援救助能力提升，提高服务保障民生的能力。

单位名称：北京市门头沟区红十字会
地　　址：北京市门头沟区中门寺16号
电　　话：69843746　69844406
邮　　编：102300

（马文娟）

【健康促进校考核验收】 4月，区红十字会会同区疾控中心、区教委保健所对全区14所健康促进校进行督导考核。6月，京师实验中学获五星级健康促进学校荣誉称号。

（马文娟）

【红十字知识竞赛】 5月，区红十字会在全区中小学校中开展《中华人民共和国红十字会法》暨红十字青少年自救互救知识竞赛活动。经过中国红十字会总会评定，区红十字会、大峪中学获单位组织奖一等奖；5所小学获单位组织奖二等奖；6所学校获单位组织奖三等奖。1名教师获个人组织奖三等奖。

（马文娟）

【首家红十字村建立】 5月23日，区红十字会在雁翅镇淤白村建设全区首个“红十字村”，并通过在村内建立“博爱之家”服务站、智能急救站、开展募捐救助和义诊咨询等措施搭建人道公益平台。

（马文娟）

【红十字青少年表彰】 6月，区红十字会会同区教委对全区教育系统100名优秀红十字青少年进行表彰和奖励。

（马文娟）

【备灾库房改造】 年内，区红十字会完成位于中门家园16号楼地下人防空间2275平方米红十字备灾救灾库房的改造工作，安装电梯、排风、灭火器等设备，保障备灾救灾库房安全使用。

（马文娟）

【“心田急救”培训基地】 年内，区红十字会建立全区首家“心田急救”培训基地，为进一步宣传推广红十字应急救护培训工作打下坚实基础。

（马文娟）

【“博爱文化月”主题活动】 年内，区红十字会组织各镇街红十字会开展“博爱文化月”主题活动。通过发放宣传材料、开展义诊咨询、现场教授应急救护技能等方式，传播红十字文化。举办造血干细胞、无偿献血宣传以及健康知识讲座5期，2200余人次群众参与。

（马文娟）

【送医公益行活动】 年内，区红十字会开展“人道博爱——送医公益行”系列活动：与京煤集团总医院及2家市红十字会合作医院开展白内障复明公益行活动；在军庄、雁翅、王平等镇和东辛房、大台街道为老年人和困难群众开展免费白内障复明筛查及手术，完成300余例复明手术；联合中国中医科学院、京煤集团总医院，在妙峰山镇炭厂村、东辛房街道石门营新区和驻区部队开展3次义诊活动，惠及千余人次群众；与中国医药教育协会科普健康教育中心合作开展“近视眼防控进校园”活动，向5所中小学1000余名师生和家长普及爱眼护眼知识。

（马文娟）

【募捐救助工作】 年内，区红十字会开展募捐救助工作，共募集博爱捐款311.01万元。开展“红十字博爱送万家”主题送温暖活动，拨付救助款75.5万元，对全区735户因病致贫、因病返贫的困难家庭进行走访和慰问。开展日常救助，拨付救助款39万元，对全区52户因大病或事故、火灾等自然灾害和突发事件导致基本生活出现困难的家庭进行救助，解决群众临时性生活困难。开展“精雕博爱校园行”定向公益项目，北京精雕科技集团有限公司捐赠资金10万元，为3所小学购置教学设备。

（马文娟）

【应急救援能力建设】 年内，区红十字会举办急救培训班55期，培训急救员3200人；完成急救知识普及5000人次；组织区红十字百灵救援队开展日常演练2次；参加北京市红十字系统第四届应急救护大赛并获团体第四名。

（马文娟）

【主题党日】 年内，区红十字会开展“讲奉献、传博爱”主题党日宣讲活动，促进党支部学习交流的深入开展；开展“七一”主题党日活动，慰问结对帮扶的清水镇艾峪村，为23户贫困户送去米面油和医疗急救包等物品。

（马文娟）

【创建全国文明城区】 年内，区红十字会申请财政资金15.85万元，为全区33个公园、2处掩蔽场所和10余个地震应急避难场所等配置急救箱补充包；为全区文明引导员和上街值守文明劝导机关干部捐赠防暑药品和急救包200份，并举办专题急救知识培训班。

（马文娟）

街道

大峪街道

【概况】 2019年，大峪街道以实现群众对美好生活的向往为目标，以创城为主线，以中华人民共和国成70周年庆祝活动服务保障为重点，完成年度各项工作任务。扎实开展“不忘初心、牢记使命”主题教育。以“红色门头沟”党建为引领，铸建大峪“党建红立方”党建品牌。依托“党建协调委员会”，全年“吹哨”200余次，解决问题150余件。完成33个社区“两委”换届选举。以德露苑社区和峪园社区为代表，推进物业服务企业和业委会参与社会治理。平稳推进街道体制改革，组建“六室一队三中心”。建立健全擂台赛考核、巡改攻坚等六项机制，将辖区8868名志愿者统筹纳入“门头沟热心人”品牌。以创城、创卫为抓手，开展垃圾堆放、土地裸露、留白增绿专项整治。对75栋漏雨严重的楼房进行防水修复改造；投资300余万元改造文化中心庭院、桃园社区6楼、7楼楼外污水主管线、新桥10号楼管道抢修。启动拆违工程，共拆除违法建设65处，建设面积7824.79平方米，占地面积8344.08平方米，拆除率销账率均达到100%。在重点人管控、重点矛盾稳控、社会面防控、安全生产等方面严格落实责任，完成70周年国庆服务保障工作。取缔河滩三角地非法劳务市场，形成长效机制确保不反弹；依法打击停车秩序管理、“两委”换届过程中的违法行为。开展重点挂牌督办整治，刑事案件同比下降5.65%。开展“回天利剑”专项行动，加大社会面防控力度，全年重点时期共组织发动治安志愿者15万余人次，雪亮工程助推15个社区实现监控全覆盖。做好重点人、重点矛盾稳控，全年成功调解纠纷137件，化解矛盾53件。将“接诉即办”打造成“一把手”工程，成立市民诉求处置中心。坚持以问题为导向，引入社会资金700万元，建设1个绿荫停车场、2个错时共享停车场，新增车位600个，缓解辖区停车难问题。投资400余万元，实施文化中心庭院改造、部分社区污水主管线抢修等民生工程。成立应急维修便民服务队，推进“未诉先办”。政务服务中心在全区率先实现“只进一门”“一窗通办”，共涵盖130项服务事项。投入30余万元加强临时救助力度。建立街居两级退役军人服务体系，获得首都拥军优属模范称号。以“凝聚奋斗力量 共铸复兴伟业”为主题，开展歌、舞、诗、墨、戏等庆祝活动；启动“常青藤”原创及精品项目扶持申报工作，开展全民健身表演等群众性文体活动；组建大峪街道国韵飞扬广场舞队，创作《创城之歌》，开展第十二届邻里节活动。合并龙门河滩、坡西社区为龙坡社区，撤销大峪街社区；率先开展社会心理服务中心建设，为居民提供专业便利心理服务。严格落实街巷长制、河长制，街巷长累计巡访921小时，处理各类事件1243件，完成河滩东路河道景观宣传设施、南路一河道周边环境治理工作，街道、社区两级河长巡河率达到100%。规范停车秩序，解决交通及停车问题点位19个，在4个老旧小区试点自治管理停车。

单位名称：北京市门头沟区人民政府大峪街道办事处
地　　址：北京市门头沟区滨河路72号
电　　话：69828330
邮　　编：102300

（付京鸽）

【政务服务中心改革】 1月1日，大峪街道政务服务中心整合民政、残联、计生、老龄、居民社保、低保、住房保障、退休人员管理、职业介绍、促进就业优惠政策落实等所有政务服务事项，全部进驻大峪街道政务大厅，设立综合窗口，直接面向群众统一受理、统一出件，在全区率先实现“只进一门”，“一窗通办”，完成时间比全市要求的时限提前一年。3月28日，北京市政务服务局领导到大峪街道调研政务服务便利化工作情况，对街道政务大厅各项工作推进所取得的阶段性成果表示肯定。

（孙　波）

【“两节”慰问】 1月，大峪街道开展“两节”慰问活动，共慰问领取失业金人员535人，发放慰问金26.75万元；慰问退休人员121人，发放慰问金6.05万元；慰问低保人员754人，发放慰问金31.25万元；慰问特困人员13人，发放慰问金6500元。

（孙　波）

【对口扶贫】 1月7日，大峪街道到帮扶对口单位——涿鹿县东小庄镇，开展“情系东小庄 迎春送祝福”主题活动，并确定承泽苑社区与东小庄镇界牌梁村结为共建帮扶单位。7月26日，大峪街道到涿鹿县东小庄镇参加巧娘工作室揭牌仪式，并为基地建设和后续运行捐资10万元，同时启动“爱心捐助”行动，对5名品学兼优的贫困学生共资助1.3万元。11月14日，大峪街道到涿鹿县东小庄镇开展爱心捐赠活动，为困难群众送去过冬衣物150余件。

（付京鸽）

【“开墙打洞”整治】 1月至3月，大峪街道联合工商分局、门城工商所、公安、消防、大峪城管分队等部门对双峪路6号楼南侧及周边的粮油店、商店、小吃店等7处统一进行“开墙打洞”和私搭乱建清理整治，按照统一标准进行封墙并恢复原貌。

（张　佳）

【全国“两会”安保维稳】 3月1日至17日，大峪街道辖区启动社会面二级加强以上防控等级。其中，“两会”开、闭幕式全天，启动社会面一级超常防控等级。按照布控点的要求安排治安志愿者上岗，广泛动员各类治安防范力量参与安保维稳工作。

（张　佳）

【党员志愿服务联盟成立】 3月5日，大峪街道工委、办事处在绿岛家园社区举行“学雷锋 讲奉献”助力创城志愿服务推进大会暨党员志愿服务联盟成立仪式，现场授予“临镜苑社区文明养犬示范队”“增东健康夫妻档志愿服务队”“双峪社区连民心服务队”等10支志愿服务队“大峪街道党员志愿服务联盟示范志愿服务队”称号。

（李思思　杨　洁）

【第十届社区居委会换届】 3月，大峪街道33个社区完成“两委”换届选举工作，251名社区“两委”成员当选。

（杨　洁　云　天）

【文明示范大街创建】 4月2日，大峪街道召开文明示范大街创建工作协调会。26日，大峪街道召开文明示范大街创建工作部署会。会后，大峪工商所、食药所、城管大队、相关科室负责人到创建达标商户5户、达标社区德露苑社区进行实地考察，发现部分商户店铺前依然存在非机动车乱堆、乱放等现象，对于“门前三包”不达标的商户责令限期整改。5月8日，大峪街道召开文明示范大街创建工作协调推进会。21日，区委领导带队到大峪街道检查示范大街创建工作。6月11日，大峪街道召开文明示范大街创建工作产权单位协调会，街道把落实“街乡吹哨、部门报到”工作纳入创建文明示范大街工作中，加强高位统筹调度，全面推进创建工作落实、落细。

（李思思）

【就业促进】 5月24日，大峪街道在向阳社区举办“精准帮扶促就业 真情相助惠民生”暨2019年大峪街道招聘会活动，共吸引28家企业，400余失业人员参加，当场达成就业意向203人。年内，大峪街道实现就业923人，实有登记失业人员704人。

（林　博　孙　波　郭　菲）

【扫黑除恶】 6月13日，大峪街道司法所举办“扫黑除恶”法治文艺汇演，通过相声、杂技、戏法、“扫黑除恶”有奖知识问答等形式将“扫黑除恶”与文艺节目融为一体，丰富辖区居民的休闲文化生活，在潜移默化中增强法治观念。年内，大峪街道加强威胁政治安全、操纵选举、强揽工程等10种黑恶势力的线索摸排，严格停车秩序管理，依法严厉打击扰乱停车秩序管理的违法行为，以及扰乱社区“两委”换届会场、办公场所秩序的违法行为。

（谭文雅　张　佳）

【大峪街道文化中心揭牌】 6月21日，大峪街道文化中心正式揭牌启动。该中心不断强化“红色大峪”党建引领，构建党建+中华优秀传统文化脉络，挖掘辖区建国前老党员、道德模范等事迹线索，传承大峪红色基因，打造红色党建基地、红色学习基地、红色教育基地、红色文化基地。

（杨　洁）

【创城宣传】 7月至9月，大峪街道司法所开展“法治宣传伴您行 全民创城齐行动”系列法治宣传活动12场。8月，大峪街道组织开展“垃圾不乱丢文明天天见”主题宣传活动。9月，大峪街道组织开展“楼门焕新颜 文明天天见”主题宣传活动。

（李思思　谭文雅）

【国庆安保维稳】 9月7日至10月2日，大峪街道以辖区内布控点位为基础，开展巡逻值守，增加巡逻频次，加大对街道布控点的督查、对重点人的走访以及扫黑除恶线索摸排力度，加强流动人口服务管理工作，对出租房屋和消防安全隐患进行排查。

（张　佳）

【“回天利剑”专项行动整治】 9月至12月，大峪街道针对“回天利剑”专项行动排查出的突出问题和安全隐患建立整改台账，其中执法部门台账43项、33个社区治安类31项、纠纷类3项、出租房屋类18项、安全隐患类54项。12月底全部推进整治到位。

（张　佳）

【社会心理服务站点】 10月，大峪街道社会心理服务中心建成，总面积62平方米，设有个体心理咨询室、团体心理活动室、压力发泄室3处功能区。

（云　天）

【便民商业服务网点】 10月，大峪街道具有便民服务功能的商业网点221处，其中2019年新建便民商业网点3处。

（云　天）

【社会组织建设】 10月，大峪街道审批通过民办非企业单位申请1份。截至2019年年底，大峪街道有社团组织1个，民非组织3个。

（云　天）

【低收入村帮扶】 11月21日，大峪街道开展对清水镇梁家铺低收入村帮扶活动，充分挖掘村域优质资源，帮助贫困群众拓宽致富门路，提高发展能力，助力脱贫攻坚。

（林　博）

【国家宪法日宣传周】 12月初，大峪街道司法所开展国家宪法日宣传周活动，分别到育园小学、绿岛家园等社区开展国家宪法日宣传活动，通过观看法治微电影、举办法律知识竞赛、发放宣传材料等形式，广泛对群众进行宪法宣传。

（谭文雅）

【党群服务中心揭牌】 12月27日，大峪街道党群服务中心揭牌启动。

（杨　洁）

【文明劝导队】 年内，大峪街道以“大峪街道党员志愿服务联盟”为人员基础成立“门头沟热心人——大峪街道文明劝导队”，每日从公益广告设置、卫生状况保持、公共秩序维护等方面对新桥大街进行全线巡查。年内，主要大街沿线8个社区的劝导员累计上岗138天，552工时。

（李思思）

【禁毒工作】 年内，大峪街道开展主题为“健康人生·绿色无毒”的禁毒宣传教育活动，对登记在册吸毒人员进行4次风险评估，建立192人次管控档案，上门家访11次，对社区戒毒（康复）人员开展帮扶救助8人次，在重要时间节点开展禁毒宣传教育76次，受众人数达3800余人，并被评北京市禁毒教育示范镇街。

（张　佳）

【挂牌镇街整治】 年内，大峪街道被列为北京市社会治安问题突出的街道之一，进行重点挂牌督办整治。截至2019年年底，街道辖区内未发生暴力恐怖事件、危害社会稳定的重大政治事件、大规模群体性事件、群死群伤重大安全事故和影响地区稳定的案（事）件。

（张　佳）

【违法群租房整治】 年内，大峪街道共挂账违法群租房34处，涉及龙山一区、峪园、惠民等17个社区、房间数量96间，面积3115余平方米，流动人口178人。经核实，不属于违法群租房14处，整改完毕违法群租房20处，拆除隔断墙14个，疏解53人。2019年年底，街道挂账违法群租房全部核实整改完毕。

（张　佳）

【占道经营治理】 年内，大峪街道综合行政执法队严格管控占道经营行为，共出动执法人员5000余人次，执法车辆1000余车次，查处无照经营、擅自摆摊设点等违法行为为280起，罚款32510元。

（贾晓芳）

【“门前三包”环境秩序管控】　年内，大峪街道综合行政执法队认真落实“门前三包”环境秩序管控工作，加大对主要大街、商业街区及背街小巷商户的“门前三包”的执法检查力度，共查处店外经营、堆物堆料、门前三包不洁等违法行为为44起，罚款34650元。

（贾晓芳）

【蓝天保卫战】　年内，大峪街道综合行政执法队认真落实蓝天保卫战各项工作，加大施工工地、建筑垃圾和渣土运输车的执法检查力度，严厉查处施工扬尘、泄漏遗撒等违法行为，共查查处工地管理与车辆泄漏遗撒等违法行为为55起，罚款17.9万元。

（贾晓芳）

【户外广告整治】　年内，大峪街道执法队加大对违规户外广告、牌匾标识、临窗广告及玻璃贴字等进行专项整治，并加强对非法小广告的检查力度，共查处违法行为为50起，罚款1.41万元。

（贾晓芳）

【疏解整治促提升专项行动】　年内，大峪街道共拆除违法建设除65处，建设面积7824.79平方米，占地面积8344.08平方米。

（贾晓芳）

【“僵尸车”清理】　年内，大峪街道清理僵尸车71辆，其中主动自行清理僵尸车33辆，街道办事处统一清理僵尸车38辆。

（贾晓芳）

【业主委员会】　年内，大峪街道33个社区中除2个回迁安置社区外，召开首次业主大会选举产生小区业主委员会，31个社区共选举产生34个业主委员会，业委会成员中党员比例超过50%，18名社区工作者进入业主委员会，7名社区工作者担任业委会主任。

（云　天）

【“党建红立方”品牌】　年内，大峪街道党工委全力打造“红色大峪”党建品牌——“党建红立方”，围绕三个立足、三个聚焦，实施三大红色工程，有效激发辖区各级党组织的内动力，亮出红色传承新形象。

（杨　洁）

【庆祝中华人民共和国成立70周年活动】　年内，大峪街道选派42名优秀干部参加中华人民共和国成立70周年大庆绿水青山方阵群众游行，开展以“凝聚奋斗力量 共铸复兴伟业”为主题的“歌颂祖国美”社区歌唱比赛、“墨韵中华魂”社区书画展、“诗赞幸福年”社区诗会、“舞动新时代”社区舞蹈比赛等活动。

（杨　洁）

【“四季四送”系列活动】　年内，大峪街道总工会在春送文化活动中为职工提供600张亲子剧票，在夏送清凉活动中为职工免费送去600份夏日清凉包，在秋送健康活动中为职工提供600份健康坐垫，在冬送温暖活动中为职工提供500份农特产品。

（郭　菲）

城子街道

【概况】　2019年，城子街道含有20个社区居委会，总户籍人口户数11191户、户籍人数25508人，流动人口7925人。常住人口20136户48093人。年内，完成区级财政收入5710.8万元，同比增长16.31%。新增企业完成区级财政收入1200万元。“接诉即办”成绩合计890.71分，平均成绩80.97分，在北京市333个镇街排名第140名，门头沟区13个镇街排名第3名。召开32次“议事会”，吹哨解决案件71件次，处理微博案件12件，人民地方留言板4件，挂账案件4件，复议案件195件。城镇登记失业人员就业人数486人，就业困难人员就业人数345人，年末实有登记失业人员335人。完成对辖区892户食品经营、餐饮服务、化妆品保健品经营单位、药品及医疗器械经营单位执法检查。城子街道评为2019年度门头沟区食品药品安全工作先进单位。

单位名称：北京市门头沟区人民政府城子街道办事处
地　　址：北京市门头沟区龙门新区B9-14号
电　　话：69864484
邮　　编：102300

（岳桂霞）

【第十届居委会换届选举】　3月22日至23日，城子街道20个参选社区中12个社区采取居民代表方式进行投票选举，8个社区采取户代表方式进行投票选举。选举产生132名居委会委员，新一届居委会班子中党员82人，当选女性委员102人。

（岳桂霞）

【失业人员就业现场招聘会】 5月31日，城子街道政务服务中心开展推荐失业人员就业现场招聘会，组织26家用工单位为失业人员提供60个工种300个应聘岗位。

（岳桂霞）

【堆物堆料整治】 5月，城子街道针对楼道堆物问题开展专项整治。各居委会利用电子屏、宣传栏、微信公众号等载体开展宣传，对小区内楼道堆物情况进行排查摸底，建立台账，联合物业公司对限期内未整改的楼道堆物进行集中清理，清理楼道堆物80余吨。街道组织第三方公司加强抽查，做到早发现、早报告、早处理，进一步巩固整治成效。

（岳桂霞）

【基层党组织书记培训班】 6月17日至18日，城子街道举办基层党组织书记培训班，各社区党委委员、二级支部书记和非公党组织负责人155人参加培训。

（岳桂霞）

【"时代领读者"品牌项目】 6月27日，城子街道文明实践所举办"时代领读者"品牌项目启动仪式，邀请中国作家协会名誉主席王蒙为"时代领读者"品牌揭牌，并以"坚定文化自信彰显中华风度"为题开启"时代领读者"第一讲。7月26日，城子街道文明实践所开展"时代领读者"讲述老区红色故事。

（岳桂霞）

【机关党建】 6月28日，街道工委书记以《使命与担当》为题讲党课。7月12日，街道机关党总支到雁翅镇田庄村京西山区中共第一党支部纪念馆开展"忆初心"红色教育主题党日活动。11月8日，城子街道工委召开对照党章党规找差距专题会。

（岳桂霞）

【政务开放日】 10月25日，城子街道开展"初心·同行"政务开放日主题活动，邀请区人大、区政协、社区居民群众代表等各界代表40余人参观街道政务大厅。

（岳桂霞）

【"爱心驿站"启动】 10月29日，城子街道"爱心驿站"举行揭牌仪式。"爱心驿站"由城子街道主办，北京尚德社会组织服务中心与城子街道龙门三区协办，主要功能是改善城管队员、市政工人、环卫工人、园林工人等户外劳动者以及退役军人和现役军人的劳动条件与工作环境。

（岳桂霞）

【老年人养老服务补贴】 10月，城子街道落实《北京市老年人养老服务补贴津贴管理实施办理》，办理养老服务补贴33人，发放金额1.89万元；办理失能护理补贴309人，发放金额16.68万元；办理高龄津贴1212人，发放金额27.79万元。

（岳桂霞）

【蓝龙家园社区组织生活会】 12月5日，北京市委第四巡回指导组人员参加蓝龙家园社区党总支班子"不忘初心、牢记使命"专题组织生活会，区委组织部领导，区委第十二巡回指导组组长，街道工委书记等参加并指导组织生活会。社区非党员居委班子成员列席会议。

（岳桂霞）

【白色污染专项整治】 12月15日，城子街道开展白色污染专项整治行动。各社区对拆迁工地、背街小巷、"窝风"死角等白色污染易滞留的地域进行逐一排查，发现问题及时整改，强化源头管控。辖区各单位、各社区做好"门前三包"管理，切实做好责任区域内的白色污染治理工作。各社区加强宣传，利用宣传栏、电子屏、微信公众号等多种形式宣传教育群众杜绝乱扔乱倒垃圾行为，开展宣传活动，营造全员参与的社会氛围。遇有大风天气时，保洁人员全员上岗捡拾清除白色污染，做到风不停，清除工作不断。整治行动共发动人员400余人次，清理白色垃圾60余公斤。

（岳桂霞）

【街道广场舞大赛】 12月19日，在城子街道文化中心内举办以"全城齐共舞·绽放新时代"为主题的2019年城子街道广场舞大赛，9支队伍120余人参赛。

（岳桂霞）

【"六清两洁两规范"行动】 年内，城子街道各社区组织各类志愿者服务队高频次开展"六清两洁两规范"行动，即"清生活垃圾、清建筑垃圾、清楼道堆物、清非法广告、清宠物粪便、清小商小贩、洁垃圾设施、洁宣传设施、规范停车秩序、规范门前三包"志愿服务活动。

（岳桂霞）

【"菜单式"服务】 年内，城

子街道开展“菜单式”服务，服务内容包括为辖区居民开展健康教育大讲堂讲座、义诊和早教活动。全年开展活动169场，受益人群8000余人。

（岳桂霞）

【平安建设】 年内，城子街道出动治安志愿者3.5万余人次。联合3个派出所对辖区居民开展40余次禁毒宣传活动。全年发现违法群租房8处，全部整改完毕。在社区设立集中安全宣传点，发放宣传材料2万余份。在新建社区和老旧平房区多次组织开展消防安全大讲堂、安全用电等知识培训讲座，开展各类安全知识讲座20期，受众群体2000余人。开展安全演练演习，170余名居民参加。完成安全生产检查451家，开出责令整改指令书50份，整改安全隐患61项。超前化解矛盾苗头5件，化解其余各类矛盾70件。

（岳桂霞）

【社会组织联合会成立】 年内，城子街道社会组织联合会成立，主要承担党建指导、调查研究、指导咨询、业务培训、交流合作、反映诉求、协调服务、维护权益、宣传联络等工作，成员由个人会员和单位会员组成。

（岳桂霞）

【社区垃圾分类】 年内，城子街道完成17个垃圾分类社区垃圾分类外包服务公开招标工作，引入第三方专业公司开展垃圾分类工作，完成9处垃圾池拆除换桶。开展垃圾分类专题知识讲座、有奖知识竞赛，废旧物品回收兑换等宣传活动23次，推进41家餐饮单位生活垃圾强制分类工作，开展执法检查19次并查处违规行为13起。

（岳桂霞）

【城管执法】 年内，城子街道执法队开展联合整治15次，查处施工扬尘、道路遗撒、露天烧烤等各类违法行为410件，罚款80.854万元，其中一般程序处罚250件，罚款80.42万元，简易程序160件，罚款4340元。

（岳桂霞）

【环境整治】 年内，城子街道解决群众反映各类环境问题230余件。结合“厕所革命”，积极协调产权单位，配合区环卫部门完成对三家店地区10座旱厕改造提升。协调京煤物业，重新铺设污水管线，解决二斜井5号楼挡墙渗水等难点问题6件。

（岳桂霞）

【“小鬼当家，快乐成长”跳蚤市场】 年内，城子街道文化中心举办5场“小鬼当家，快乐成长”跳蚤市场活动，247名小朋友参加。活动中，孩子们将二手玩具、书籍书刊、学习用品、手工制作等儿童用品拿到跳蚤市场上进行钱物交换。

（岳桂霞）

东辛房街道

【概况】 2019年，东辛房街道辖区面积18平方公里，共有12个社区居委会、1个社区居委会筹备组。其中东辛房老区社区居委会7个，分别为：圈门社区、河南街社区、矿建街社区、西山社区、建设街社区、北涧沟社区、滑石道社区。石门营新区社区居委会5个，社区筹备组1个，分别为石门营一区、石门营四区、石门营五区、石门营六区、石门营七区和石门营二区筹备组。东辛房老区大部分为拆迁社区，社区居民户籍数12773户，31761人。石门营新区规划住宅楼144栋，已建成楼栋数115栋，现入住常住户数8716户，21238人，流动人口1981户，4225人。年内，东辛房街道以建设“文明街道、活力街道、宜居街道、平安街道”为目标，以“红色门头沟”党建为引领，大力推进“将辛比心”党建品牌建设，抓党建、抓改革、抓创新、抓治理、抓服务，全力推进街道各项工作稳步开展。

单位名称：北京市门头沟区东辛房街道办事处
地　　址：北京市门头沟区石门营新区文体活动中心
电　　话：69842067
邮　　编：102300

（张青竹）

【环境整治】 1月1日，东辛房街道组织400余人开展卫生大扫除工作。28日，石门营一区组织环境志愿者开展创建文明城干净迎新春环境整治活动。30日至31日，石门营六区组织社区党员、环境卫生志愿者、物业保洁员等70余人开展迎新春环境卫生整治活动。2月2日，北涧沟社区组织党员与社区志愿者30余人开展环境卫生整治活动。4月28日，石门营七区组织志愿者及物业公司开展环境绿化整治行动，石门营五区开展补绿行动。

（张青竹）

【接诉即办】 1月3日，东辛房街道组织召开机关干部“接诉即办”工作培训会。3月，成立由18名机关干部组成的“接诉即办”值班工作组，完善7×24小时值守制度。

（张青竹）

【第十届社区居民委员会选举】 1月3日，东辛房街道召开第十届社区居民委员会选举工作动员会，部署和动员换届选举工作。东辛房街道12个社区居委会中有6个社区因拆迁原因未参加此次选举。3月22日，北涧沟、石门营新区一区、四区、五区、六区、七区等6个社区完成第十届居委会换届选举工作。25日，新一届居委会工作完成交接。4月1日，完成居务监督委员会和6个下属委员会主任、副主任及委员的推选工作。5月，东辛房街道组织新当选的党组书记、“两委”干部、社区工作者、普通党员共1200余人次，开展党性意识、业务能力、党风廉政建设、现场教学等多种方式多层面的培训。

（张青竹）

【对口帮扶】 1月4日，东辛房街道组织社区骨干参观“胡杨魂、航天情、中国梦”内蒙古人民支持国防科技和航天事业60周年图片展。24日，到涿鹿县温泉屯镇慰问建档立卡贫困户。同日，石门营五区与吉家营村签订帮扶协议，慰问困难村民并开展交流互助。9月10日，东辛房街道党员干部群众购买温泉屯镇葡萄5万余元。10月12日，与温泉屯镇开展帮扶交流活动，双方就扶贫、帮扶政策及工作进展情况进行交流。

（张青竹）

【平安建设】 1月8日，东辛房街道召开护林防火工作会。6月10日，召开“应急宣传进万家”工作部署会，以及2019年安全生产月工作部署会。27日，开展消防安全演练。11月8日，西山社区开展助力创城“11.9”消防日安全知识培训会。9日，石门营四区举办2019冬季消防实操演练活动。14日，矿建街社区开展扫黑除恶知识宣传活动。15日，东辛房街道对辖区内煤火取暖户开展“温暖一号行动”活动。18日，矿建街社区组织青年志愿者开展煤气中毒宣传教育和排查。12月10日，东辛房街道开展工地专项检查行动。25日，东辛房街道检查辖区中小学、幼儿园安全。

（张青竹）

【志愿服务】 1月10日，西山社区开展北京红十字会美尔目志愿者服务活动。5月18日，石门营四区举行“全民动身齐参与 美化家园助创城”启动仪式。10月26日至30日，组织“京西老兵志愿者”开展社区环境卫生大扫除活动。11月29日，矿建街社区组织志愿者70余人在龙苑小区和268号院开展2019年国际志愿者日志愿服务活动。12月24日，西山社区党委组织社区党员志愿者们开展“学雷锋”志愿服务活动。年内，街道共设立15个学雷锋志愿服务站，长期提供自行车打气、量血压、指路等志愿服务。街道建立文明实践所，12个社区建立文明实践站，成立12支“热心人”队伍，利用每个月月末开展各类志愿服务，共1800人次参与。

（张青竹）

【文化宣传】 1月10日，东辛房街道开展2019年就业援助月政策宣传专项活动。2月12日，西山社区组织30名学生开展社会实践活动，观看感恩教育电影《天下父母》。18日，东辛房街道开展喜迎佳节庆祝活动，1500余人次参加活动。20日，东辛房街道开展京台社区元宵大舞台视频连线活动。28日，石门营一区组织社区中小学生开展“墨香迎新春 国学助创城”活动。3月30日，东辛房街道举办传统曲艺首场演出暨启动仪式，此后举行成人快板、变脸、少儿快板、魔术等活动。7月14日，东辛房街道举办传统曲艺消夏晚会暨东辛房“六城”联创惠民文艺演出。17日至19日，东辛房街道开展为期三天的体质促进项目推广活动暨第一届体质促进项目挑战赛。20日，东辛房街道举办创全国双拥模范城暨庆“八一”文艺汇演。11月3日，石门营五区社区新时代文明实践站开展书画培训活动。20日，东辛房街道开展残疾人成人康复宣传活动。24日，东辛房举办传统曲艺演出。12月22日，东辛房街道开展“拆不散的乡情”冬至饺子宴活动。年内，石门营新区五区社区居委会在北京市第九届“书香中国 北京阅读季”评比中获“阅读示范社区”荣誉。

（张青竹）

【应对空气重污染】 1月，东辛房街道针对施工扬尘、道路遗撒、露天焚烧（垃圾、树叶、秸秆）、露天烧烤等污染源开展夜间执法，对辖区中小学停课情况以及矿建街地区裸地情况开展巡逻检查，加大社区道路冲洗频次，加强施工工地扬尘管控，以及室外喷涂粉刷、建筑拆除、切割、土石方等施工作业、土方覆盖，以及建筑垃圾和渣土车运输车、砂石运输车辆禁止上路行驶等行为。

（张青竹）

【拥军优属与退役军人服务】 1月与7月，东辛房街道走访慰问现役军人家属。9月，辖区8名青年正式入伍。10月7日，东辛房街道组织军属、退役军人开展健步走活动。23日，北京市退役军人事务局领导到东辛房街道考察调研退役军人服务工作。

（张青竹）

【城管执法】 2月12日，东辛房街道执法队开展燃气隐患排查、餐厨垃圾检查等活动。21日，到东辛房老区拆迁地块、黑一路工地进行施工现场检查围挡设置，以及工地砂土覆盖、路面硬化情况。6月17日，在紫金新园二区围绕堆物堆料、建筑垃圾、生活垃圾、门前三包、户外广告、绿化美化、商户经营开展综合执法检查。

（张青竹）

【感受冬奥，助力创城】 2月14日，东辛房街道组织24号院的小朋友开展以“助力创城·爱蓝天”为主题的宣传活动。4月28日，石门营四区社区开展“社区是我家 守护靠大家”创城专项环境整治种花种草活动。7月17日至19日，东辛房街道开展体质促进项目推广活动暨第一届体质促进项目挑战赛。8月30日，西山社区开展全民健身踢毽子比赛活动。10月22日，东辛房街道举办以“全民健身始于辛 和谐社会践于行”为主题的第二届全民运动会。

（张青竹）

【创建基本无违建区】 2月20日，东辛房街道拆除区园林绿化中心位于紫金路与小园路交叉口处的1处违法建设，拆除面积31.35平方米。6月11日，对A5小区26号楼楼顶违建拆除1处，面积为20.16平方米。年内，拆除各种违法建设1231.86平方米，其中拆除矿建街355号违法建设共10处435.99平方米，拆除西山社区违建2处30.1平方米，拆除矿建街新增违建1处2平方米。

（张青竹）

【为民服务改革】 3月1日，东辛房街道启动为民服务“5+2”工作模式，政务大厅周末办公为民服务。10月25日，开展以“初心·同行”为主题的政务开放日活动。年内，东辛房街道完成4.68平方公里精细化建模，开发东辛房接诉即办信息化平台、吹哨报到平台、民生通服务平台，打造线上“居民议事厅”。

（张青竹）

【机关党建】 4月30日，东辛房街道到延庆区平北抗日战争纪念馆开展以“青春心向党，建功新时代”为主题的“沉浸式”教育活动。6月14日，石门营四区党总支组织社区组织党员到房山区霞云岭乡堂上村爱国主义教育基地开展以“强党性追寻红色足迹、忆初心发扬红色传统、担使命迸发红色动力”为主题的党员专题活动。9月16日，东辛房街道召开“不忘初心、牢记使命”主题教育工作会。29日，东辛房街道工委书记到石门营五区开展“不忘初心、牢记使命”主题教育专题调研。10月12日，市委领导就“不忘初心、牢记使命”主题教育工作到东辛房街道调研。10月14日，东辛房街道工委书记讲授“不忘初心 牢记使命”主题教育专题党课。

（张青竹）

【垃圾分类】 5月12日，东辛房街道北涧沟社区开展全民绿色兑换活动。7月19日，东辛房街道引进“天天分”APP，全年注册8004户，占地区总户数的84.9%，积分兑换礼品16422余份。8月25日，举办“垃圾不乱扔 文明天天见”门头沟创建全国文明城区主题活动。12月10日，石门营四区开展互联网＋垃圾分类积分兑换活动。年内，东辛房街道建立垃圾分类志愿者队伍5支，包括276名志愿者，开展入户宣传18834余户次，建立垃圾站点132个，可回收小屋6座，大件垃圾及装修渣土临时存放点13处，开展各类日常垃圾分类宣传活动179次，为公共机构及经营性门店配备规范垃圾分类桶1216只，垃圾袋8000条。

（张青竹）

【为民办实事】 5月13日，东辛房街道石门营七区社区与北京市门头沟区便民服务业协会、京西百通科技发展有限公司在社区B4小木屋开始“便民进社区·惠民零距离”便民服务。5月，石门营小区70栋楼楼顶防雨工程竣工。年内，完成街道综合执法和政务服务中心改造工程、街道文体活动中心楼顶防水改造工程、文体中心电梯改造工程、石门营一区二期社区服务和居民活动用房改造工程、石门营六区12号楼地下空间改造工程、石门营七区B4小区部分楼房散水下沉改造工程、石门营七区自来水主管道改造工程、石门营七区自来水主管道路面恢复硬化工程、西山社区室外排水管线改造提升工程、石门营文体活动中心周边道路及停车场改造工程、北涧沟社区活动用房建设工程，推进西山社区及葡萄园片区背街小巷项目整体环境提升工程、滑石道社区活动用房建设工程。

（张青竹）

【普法宣传】 5月24日，东辛房街道在981公交车站开展普法宣传活动。26日，矿建街社区开展社区法援助力保护未成年人合法权益宣传。8月20日，东辛房街道开展创城法治宣传活动。8月29日，石门营六区和区发改委、农商银行永定支行共同开展“法制宣传伴您行 全民创城齐行动”法制宣传活动。

（张青竹）

【机构改革】 年内，东辛房街道完成机构改革，设立综合办公室、党群工作办公室、平安建设办公室、城市管理办公室、民生保障办公室、社区建设办公室、城管执法队、便民服务中心等“6办1队1中心”。实行社区专员工作机制，选派4名科级干部担任社区专员，协助开展民生保障、城市管理、平安建设、社区建设工作。

（张青竹）

大台街道

【概况】 2019年，大台街道下辖9个社区，总人口1.2万人，常住人口7382人，面积80.9平方公里，是全市面积最大的街道，也是唯一的山区街道、矿区街道、林区街道。现有基层党委2个，党总支3个，党支部20个，党员607人。年内，街道工委、办事处强化绿色担当，持续推动党的建设、社会治理、为民服务、环境治理、平安建设在大台地区形成生动实践，广大党员干部干事创业的“精气神”进一步凝聚，“我是大台人”的认同感和自豪感进一步彰显，地区转型发展的合力进一步增强。

单位名称：北京市门头沟区人民政府大台街道办事处
地　　址：北京市门头沟区大台街道大台路8号
电　　话：61870355
邮　　编：102303

（杨晋子）

【社区“两委”换届选举】 1月7日，大台街道召开社区居委会换届选举动员部署会及换届选举培训会。3月12日，召开社区居委会换届选举正式投票阶段培训会。14日，街道纪工委书记与社区换届选举工作人员进行纪律谈话。28日，街道所辖各社区党组织全部完成换届选举工作，选举产生新一届“两委”班子60人，街道工委书记与新一届社区班子成员进行任职谈话。

（杨晋子）

【机关党建】 1月28日，大台街道举办2019年党建协调工作委员会第一次全体会议。4月4日，召开大台街道2019年党建工作大会，印发2019大台党建工作要点和宣传思想文化工作要点；召开2019年街道党风廉政建设工作会议，签订街道工委深化落实全面从严治党主体责任清单4份。5月14日，召开2019年上半年党风廉政建设形势分析会，传达贯彻区纪委区监委指示精神，研究分析街道廉政风险，并作出具体工作安排。22日，举办大台街道2019年党建协调工作委员会专题会。6月5日，开展“壮丽70年 筑梦新时代”2019年大台街道“七一”评选表彰，授予9名同志街道“雷锋式党员”称号，30名同志街道“门头沟热心人”称号。9月19日，召开“不忘初心、牢记使命”主题教育工作会，启动辖区各基层党组织主题教育。10月12日，举办“牢记初心使命 传承阅兵精神”宣讲报告会，邀请街道参加群众游行的代表和预备役部队方阵的战士分享参加国庆活动的感受。15日，举行“不忘初心、牢记使命”主题教育专题党课，工委书记做专题党课报告。11月6日，召开“不忘初心、牢记使命”主题教育对照党章党规找差距暨调研成果交流会。7日，街道机关党支部开展“呵护母亲河，保护饮用水源”百米净岸主题党日活动，组织机关党员在落坡岭水库岸边清理垃圾30余袋，200余公斤。12月5日至9日，大台街道工委所属基层党组织及二级党支部开展组织生活会和民主评议党员工作。12月6日，大台街道召开“不忘初心、牢记使命”主题教育专题民主生活会。26日，区委主题教育第十三巡回指导组对大台街道“不忘初心、牢记使命”主题教育工作进行“回头看”实地检查千军台社区、大台社区主题教育工作档案，与社区“两委”班子成员交流座谈，并抽查街道处级领导班子成员学习教育情况。

（杨晋子）

【趣味运动会】 1月31日，大台街道举办2019年迎新春趣味运动会。挑担子接力赛跑、毛毛虫赛跑、平板支撑、射箭、投篮、简易保龄球等单人项目和拔河集体项目，120余人参加活动。

（杨晋子）

【千军台庄户幡会】 2月19日至20日，大台街道在千军台社区举办千军台庄户幡会活动，参演会档达到20余个，活动吸引近千名居民和游客。

（杨晋子）

【创城主题活动】 4月18日，大台街道举行“红色党建引领 绿水青山大台”2019年创建文明城区暨“门头沟热心人”主题宣传活动，220余人参加活动。25日，开展“清洁环境，助力创城”环境综合整治活动。6月29日，大台街道400余名“门头沟热心人”在地区大街小巷开展“垃圾随手捡 文明天天见”新时代文明实践推动日活动。7月9日，大台街道领导组织机关党员和志愿者清理木城涧社区堆积多年的垃圾坡。10月14日，大台街道召开创建全国文明城区迎检冲刺工作调度会，全面进入创城迎检战时状态。26日，召开创建全国文明城区再部署会议，会后各社区开展“创城迎检”暨“共建我家园 文明天天见”环境整治活动。28日，召开创城分指挥部迎检工作部署会，对创城迎检工作进行详细部署，明确分指挥部各成员单位的相关工作职责。年内，深化创城长效机制，制定《大台街道创城全国文明城区“比学赶超擂台赛”环境秩序综合考核细则》《保洁员每日四巡签到工作规范》。

（杨晋子）

【对口支援帮扶】 6月6日，河北省涿鹿县武家沟镇到大台街道交流座谈，参观京西煤业文化陈列馆。

（杨晋子）

【新时代文明实践所（站）启动】 6月25日，大台街道举办“壮丽70年 筑梦新时代”庆祝中国共产党成立98周年主题党日暨新时代文明实践所（站）启动仪式。活动结束后，各社区分别开展新时代文明实践站揭牌活动。

（杨晋子）

【退役军人服务站】 9月28日，大台街道建立退役军人服务站，街道党工委书记任站长。

（杨晋子）

【十九届四中全会精神专题研讨会】 11月27日，大台街道召开处级领导班子十九届四中全会精神专题研讨会，班子成员结合对十九届四中全会精神的所学所思所悟依次交流发言。

（杨晋子）

【“接诉即办”名列前茅】 11月，大台街道“接诉即办”工作取得北京市第7名、门头沟区第1名。12月，街道“接诉即办”工作，取得北京市第8名、门头沟区第1名，其中黄土台社区上门理发、灰地社区安装扶手和千军台社区加装摄像头等“接诉即办”优秀案例12月14日在北京电视台《都市晚高峰》节目播出。

（杨晋子）

【宪法宣传日】 12月4日，大台街道开展“弘扬宪法精神，推进国家治理体系和治理能力现代化”宪法宣传主题活动，直接受众人数560余人。

（杨晋子）

【河长制】 年内，大台街道严格落实街道、社区级日常巡查制度和各项机制，共出动6600余人次、220车次，清理垃圾、渣土2300余方，水面漂浮物450余方，劝阻上冰、钓鱼人员850余人次，“北京河长”APP累计巡河4040公里，巡河780人次，发现并完成整改85处问题。

（杨晋子）

【大气污染防治】 年内，大台街道开展散煤清零、优质燃煤替代工作，9个社区共清理散煤1159.5吨，居民购买惠民清洁型煤175.25吨。

（杨晋子）

【信访接待】 年内，大台街道受理96156、12345事项51件，办结51件。接待群众来访17件17批23人次，受理群众来信1件次，处理市区信访办公系统交办件17件17批18人次。党政领导信访接待日接待群众来访3件3批3人次，矛盾化解率达100%。社区“连民心恳谈室”共受理矛盾纠纷46批56人次，化解117批次。街道司法所、信访办共同调解1件次。

（杨晋子）

【防汛工作】 年内，大台街道召开2019年防汛工作部署会；发放应急避险明白卡300余张；开展4轮隐患排查整治行动，共排查地灾点14处，整治1处；排查整治公路沿线崩塌隐患10处，河道、涵洞阻碍行洪隐患点6处；开展防汛演练18次，桌面推演1次。

（杨晋子）

【火灾隐患排查整治】 年内，大台街道开展火灾隐患“自知、自查、自改”专项行动和“防风险保平安迎大庆”消防执法检查专项行动，清理排查隐患30余处，约谈企业法定代表人6次，关停1家，查封1起，罚款5起共3万余元。

（杨晋子）

【安全生产】 年内，大台街道开展生产安全事故隐患排查治理大培训，组织辖区生产经营单位安全管理人员参加线上培训工作；开展以“防风险、除隐患、遏事故”为主题的“安全生产月”活动。街道安全生产检查队在危险化学品、工业企业、人员密集场所、建设工程、小微企业等领域开展执法检查，发现隐患60处，下达文书数58份，整改率100%。

（杨晋子）

【群团工作】 年内，大台街道总工会新增困难职工3名，困难职工脱困4名，为3名职工办理在职职工意外保障理赔慰问，为162名职工参保在职职工意外伤害互助保障，为在职职工参保住院医疗互助保障，为10名女职工参保在职女职工特殊疾病互助保障。完善各社区团支部人员配备，对68名困境青少年人开展帮扶需求调查工作。开展团员到社区报到工作，28名团员到9个社区完成报到，开展团日活动10次，志愿服务活动10次。

（杨晋子）

【救助保障】 年内，大台街道325名残疾人享受两项补贴政策，348名80周岁老年人和188名残疾人享受老年人津贴补贴居家与助残券补贴，23名90岁以上老年人享受高龄津贴。两节、助残日、建军节期间，大台街道发放慰问金8.3万元，惠及124户困难家庭和优抚对象。为982名老年人办理了意外伤害保险，为50名80岁以上老人免费配备智能老年腕表。为12个困难家庭和3名“两劳”释放人员发放救急难项目资金1.96万元，为7名肢体残疾人办理机动轮椅燃油补贴。

（杨晋子）

【就业促进】 年内，大台街道新增城镇登记失业人员144人，接收失业人员转入档案127份，为59名失业人员办理灵活就业手续，完成城镇登记失业人员就业128人。元旦、春节慰问失业人员45人，发放慰问金2.35万元。

（杨晋子）

【城管行政执法】 年内，大台街道城管执法队共处罚违法行为70起，罚款金额26140元。

（杨晋子）

【拆违工作】 年内，大台街道下发有效图斑3134个32.68万平方米，拆除159处2.07万平方米违建。市级打违平台上账36处3775平方米，全部完成拆除。

（杨晋子）

【人民调解】 年内，大台街道共受理调解案件100件202人次，其中涉及邻里纠纷33件，婚姻家庭42件，物业纠纷20件，其他纠纷5件。达成书面协议11份，口头协议89份。

（杨晋子）

【法律援助】 年内，大台街道司法所接待法律援助咨询28人次，协助办理资格审查2人，案件涉及家庭暴力、遗嘱继承、租赁合同。

（杨晋子）

【食品药品监管】 年内，大台街道开展食品流通、餐饮服务、化妆品、药品使用、医疗器械经营单位专项检查和专项整治共计31次，联合执法20次，检查各类经营主体600户次，监督检查覆盖率均达100%。办理简易案件5件，给予警告处罚。开展食品流通环节检测60批次，餐饮服务环节48批次，完成率与合格率均为100%。完成药品监测抽检12个，药品检测3个，完成率均为100%。

（杨晋子）

镇

潭柘寺镇

【概况】 2019年，潭柘寺镇共12个行政村，总人口1.2万人。全镇现有34个党组织（含非公党组织4个），其中农村基层党组织22个，党员1010名，农村党员913人。自然生态资源丰富，林木覆盖率79.5%，潭柘寺、戒台寺坐落于镇域南北两端，天门山、定都峰、广慧寺、孔雀庵等众多自然景点和文化古迹遍布镇内。潭柘寺镇深化红色党建引领绿色发展的导向，以做好“1179”工程为主线，以“不忘初心、牢记使命”主题教育为抓手，团结带领全镇党员干部群众，主动适应经济发展新常态，扎实促进民生改善，维护地区和谐稳定，以“讲奉献、争第一”的门头沟精神推动各项工作取得新成效，全镇综合实力和发展质量显著提升。全镇全年实现农户所得总额24343万元，实现农民人均所得21315元，完成固定资产投资20310万元，完成区级财政收入2259万元。

单位名称：中国共产党北京市门头沟区潭柘寺镇委员会

北京市门头沟区潭柘寺镇人民政府

地　　址：北京市门头沟区潭柘寺镇

电　　话：60860600

邮　　编：102308

（刘　帅）

【安全生产】 1月3日，潭柘寺镇召开年度安全生产专题工作会，对2018年安全生产工作进行总结，部署2019年安全重点工作。

（刘　帅）

【换届选举】 1月7日，潭柘寺镇组织召开第十一届村委会换届选举工作动员培训会，就“充分发挥党组织领导把关作用，扎实做好村民委员会换届选举工作”进行再动员、再部署、再强调。3月23日，完成第十一届村委会成员换届选举工作，共选举产生村主任12名、村委会成员28名。

（刘　帅）

【第七届代表大会第三次会议】 1月8日，中国共产党潭柘寺镇第七届代表大会第三次会议召开，全镇103名党代表、30名列席代表参加会议。会议审议通过了党委工作报告、纪委工作报告、党委领导班子成员述职述廉报告，听取了上年度代表提案提议和意见建议办理情况报告、党费收缴使用报告。

（刘　帅）

【联合检查】 1月10日，镇城管、规划环保办等多部门，对镇域内多家餐饮服务食品安全、餐厨垃圾、门前三包等进行联合检查，并对鲁家滩早市开展联合检查，督促各商户规范经营。

（刘　帅）

【党建工作】 1月15日至17日，潭柘寺镇纪委深入全镇各村，对村“两委”成员进行节前廉政提醒谈话。3月21日，潭柘寺镇召开践行“绿水青山就是金山银山”发展大会暨2019年党建工作大会。28日，潭柘寺镇纪委召开2019年镇（村）纪检委员一季度工作例会暨学习培训会。6月28日，潭柘寺镇召开“不忘入党初心 永传红色薪火”新老党员时代对话会。8月13日，召开“红色讲堂”—2019年新媒体宣传培训交流会。9月8日，召开“不忘初心、牢记使命”主题教育领导小组第一次工作会议。11日，召开“不忘初心、牢记使命”主题教育工作推进会，全面启动“不忘初心、牢记使命”主题教育。

（刘　帅）

【烟花爆竹禁放】 2月14日，潭柘寺镇召开元宵节烟花爆竹禁放工作部署会。17日，组织开展烟花爆竹禁放值守实战演练活动，出动巡查管控力量700余人，定人、定岗、定责，全面加强区域内巡查管控。

（刘　帅）

【创建全国文明城区】 2月28日，潭柘寺镇召开创城工作推进会，研究部署创城各项工作及“魅力潭柘·文明早春”创城系列活动。3月12日，开展春季“创城”工作专项检查工作，重点检查了潭柘新区5号院、8号院以及平原村的卫生及环境秩序情况。7月12日，召开创城攻坚动员大会，部署创城工作，讲解创城考核指标，提出“五步走”精准发力备战创城迎检，完善新时代文明实践所站建设，对标迎检点位全面摸排，聚焦公共服务水平优化提升，加大潭柘新区环境秩序整治，营造镇村创城迎检浓厚氛围。10月26日，开展“社区邻里节”活动，以活动助力创城迎检。

（刘　帅）

【第十一届村委会换届选举】 3月23日，潭柘寺镇完成第十一届村委会成员换届选举，产生村主任12名、村委会成员28名。

（刘　帅）

【吹哨报到】 3月28日，潭柘寺镇吹哨，区发改委、区城管委、市规划自然资源委门头沟分局、区环卫中心等相关单位到潭柘寺镇报到，协助解决垃圾中转站建设工作。

（刘　帅）

【青年干部座谈会】 5月5日，潭柘寺镇召开“激情飞扬红五月　奋勇建功柘青年”主题青年干部座谈会，学习习近平总书记在纪念五四运动100周年大会上的讲话精神。

（刘　帅）

【村居书记点评会】 5月20日，潭柘寺镇召开第一次村居书记点评会，东村、南村、北村党支部书记分别就重点工作落实情况、存在问题和不足进行发言，镇领导对3个村的工作逐一点评，同时还对全镇12个村和2个社区的拆违、接诉即办、“创城”等多项重点工作进行点评。

（刘　帅）

【防汛应急演练】 6月6日，潭柘寺镇联合镇消防中队、卫生院、派出所在潭柘新区开展2019年防汛应急演练，包括灾害预警、应急响应、指挥调度、人员疏散转移、抢险救助等项目，各单位共60余名应急队员及群众参加。

（刘　帅）

【文明实践站】 6月21日，潭柘寺镇举办文明实践站授牌仪式暨“门头沟热心人”志愿服务队成立大会，为12个村、2个社区颁发“文明实践站”工作牌，向全镇各志愿服务队颁发“门头沟热心人”志愿服务队队旗，志愿者进行宣誓。镇机关干部及各类志愿者400余人参加。

（刘　帅）

【大走访大调研】 6月24日，潭柘寺镇镇领导班子到潭柘新区开展“大走访大调研”，就社区治理问题现场办公。28日，镇领导班子到南辛房村开展“大走访大调研”，就基层党建引领农村发展工作展开现场办公。

（刘　帅）

【农村人居环境60天专项整治】 年内，潭柘寺镇以“清洁村庄迎国庆”为主题，以私搭乱建、乱堆乱放等农村人居环境的突出问题为重点，开展农村人居环境60天专项整治行动。

（刘　帅）

【红色联盟议事会】 年内，潭柘寺镇针对村居并行社区人口多、人员构成复杂、管理难度大等特点，探索建立“红色联盟议事会”机制，组织问题相关方集体议事，有效破解基层治理难题，不断提升居民群众的生活品质。

（刘　帅）

【对口帮扶】 年内，潭柘寺镇对口帮扶单位涉及3省4家单位。牵头成立“协同发展联盟”，以联盟为纽带，搭建扶贫攻坚联动平台，探索以“协同发展联盟”的模式构建扶贫攻坚联动平台。以传承为根基，激活扶贫攻坚内生动力。开展支部共建、挂职锻炼、结对帮扶、捐款捐物、志愿服务等多种帮扶活动，累计捐赠物资34万元。

（刘　帅）

【接诉即办】 年内，潭柘寺镇部署接诉即办7×24人员工作方案，分类处理精准接办，每周召开一次“信访工作分析会”，分析上周接件、受理情况统计表，结合实际情况及特点制定相应案件交办和办理时限。定期检查案件受理情况，定期听取科室反馈情况，确保每个信访件、热线电话“问必有声、答必有动”。

（刘　帅）

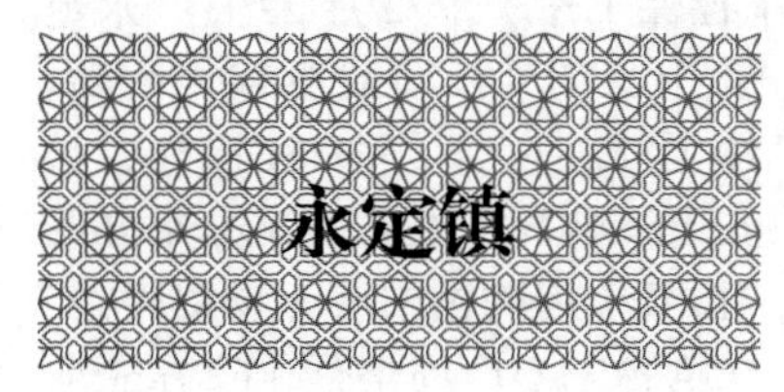

永定镇

【概况】 2019年，永定镇招商引资企业共96家，涉及建筑工程、科技、教育文化等行业，完成招商引资1408万元。全镇实现税收155738万元，完成一般公共预算收入4.4亿元。21个村累计投资“富民系列”25.91亿元，年底收回收益1.51亿元，比2018年上涨6714万元，人均收益增长3400元。年内，永定镇接待群众来访65件102批165人次，其中集体访4件9批45人次。

单位名称：中国共产党北京市门头沟区永定镇委员会
北京市门头沟区永定镇政府
地　　址：北京市门头沟区永定镇石龙西路58号
电　　话：69805490
邮　　编：102308

（王佩玉）

【城管执法】 1月1日至15日，永定街道城管执法队清理违规广告牌匾和条幅11处，排查安全隐患17处，立案查处因无照经营、违反门前三包规定、违反规定倾倒餐厨垃圾、违规存储使用天燃气等违法行为共17起，罚款1.56万元。6月6日，拆除石龙工业区内北京意高科技有限公司（仓库）的违法建设55.868平方米。11月1日，对远洋新天地底商、冯村商业街底商门前三包责任制落实情况进行拉网式检查，共检查商户20余家，清理店外经营、堆物堆料1处，责令整改并发放约谈单位1家。12月，开展工地专项检查27次，检查在施工地83家次，依法立案处罚6起，罚款5.2万元。检查渣土运输车辆100余辆次，依法立案处罚6起，罚款1.4万元。

（王佩玉）

【民政工作】 1月3日，永定镇启动村委会换届选举工作。17日，举办成年残疾人康复服务政策培训会。3月4日，举办“消除障碍，听见未来”为主题的全国“爱耳日”宣传教育活动。30日，全镇24个村完成村委会换届选举，产生76位村委会成员，村委会主任24人。8月16日，举办“冠心病的临床用药及康复”康复讲座。10月18日，召开退役军人服务体系建设推进会。12月，采集退役军人及其他优抚对象信息1283人，其中退役士兵1075人，军队转业干部92人，军队离退休干部和士官17人，无军籍离退休职工15人，复员军人11人，残疾军人16人，烈士遗属9人，因公牺牲军人遗属1人，病故军人遗属2人，现役军人家属45人。

（王佩玉）

【社区工作】 1月8日，永定镇召开第十届居民委员会选举动员部署会。3月16日至19日，13个社区完成新一届社区居民委员会班子选举工作，产生新一届居委会班子成员89人，其中主任13人、副主任13人、居委会委员63人。3月22日至4月3日，永定镇完成第十届社区居民委员会居务监督委员会选举工作，各社区采取居民代表推选方式投票选举，共推选产生居委监督委员会成员47人，其中主任15人，委员32人。

（王佩玉）

【安全工作】 1月15日至16日，永定镇第一检查组到冯村信园液化石油气站、3751拆迁地块、王村市场、栗元庄南坡、S1线沿线及北岭打非重点单位等单位和区域开展检查。1月16日，永定镇召开2019年物业公司、重点企业安全生产及消防安全工作部署会。17日，召开2019年村居森林防火、消防、安全生产工作部署会与相关单位森林防火工作部署会。3月6日，召开永定镇“两会”期间物业公司消防安全工作会。19日，召开2019年安全生产重点工作部署会，以及清明节期间护林防火工作部署会、全镇火灾风险隐患排查治理“三自活动”专项工作部署会。4月5日，检查森林防火工作。28日，召开门头沟市级挂账消防安全隐患“惠康小区、惠润小区”消防工作推进会。5月14日，开展假冒伪劣安全帽清理整治专项行动。15日，召开2019年安责险工作推进会。29日，召开全镇2019年防汛工作部署会。30日，召开2019年永定镇“安全生产月”活动动员部署会与消防“三自活动”专项工作部署会。6月3日，召开永定镇“防风险保平安迎大庆”消防安全执法检查专项行动动员部署会。5日，召开2019年燃气使用安全隐患排查治理专项行动部署会，以及城市安全隐患治理三年行动监督检查工作部署会。7月13日，实地检查永定镇岢萝坨排洪沟、中电建华翠西山项目工地、卧龙岗等重点防汛地段。16日，召开“防风险保平安迎大庆”消防安全执法检查专项行动部署、调度、推进工作会。27日，检查镇内物业公司、建筑工地、医院安全工作。9月6日，召开城市风险管控工作部署会。10日，召开2019年迎国庆保平安安全生产工作推进会，对“护航70”倒计时阶段的各部分重点任务进行讲解。14日，检查冯村、永定敬老院安全与防火工作，以及庆祝中华人民共和国成立70周年活动宣传氛围及宣传展板设置情况。26日，召开液化石油气安全专项治理工作动员部署会。11月5日，召开各村居、物业公司及相关单位秋冬季消防宣传活动部署会，以及瓶装液化气罐整治工作部署会。12月2日，召开秋冬季消防工作部署会。10日，召开安全生产集中整治工作方案部署会及“两节”期间安全生产工作部署会。

（王佩玉）

【工会工作】 1月18日至24日，永定镇总工会开展温暖基金“一元捐、十元捐”活动，为温暖基金账户筹集资金12529元。5月13日，以“劳动保护强基础、隐患排查保安全”为主题组织企业开展“安康杯”活动，其中2家企业获2019年北京市安康杯优胜单位。11月26日，完成全国总工会职工书屋申报并新增图书1000余册。年内，完成3家职工之家建设，完成20家暖心驿站建设。

（王佩玉）

【党建工作】 1月22日，永定镇党委召开2018年党代会年会。24日，召开2018年度民主生活会。2月11日，召开2019年永定镇基层党建工作专题会。4月10日，召开“四风”专题民主生活会，班子成员依次开展批评与自我批评。6月27日，开展“红色永定”党建擂台赛暨纪念中国共产党成立98周年主题党日活动，并进行“共产党员献爱心”捐献活动。7月，召开落实巡察反馈意见专题民主生活会。12月，进行基层党建拉练检查，对照拉练检查清单中的7类50项问题实地检查基层党组织工作情况。年内，开展“不忘初心、牢记使命”主题教育。

（王佩玉）

【文化工作】 1月，永定镇文化中心举办2019年创城文艺汇演。3月8日，举办门头沟区新南城地区体质促进项目既2019年永定镇庆“三八”趣味运动会。9月20日，举办永定镇“乡村大舞台”专场演出庆祝中华人民共和国成立70周年。11月，永定镇第六届篮球比赛在大峪中学分校体育馆举行，13支农村、社区和学校代表队分4个小组进行27场比赛。年内，永定镇举办星火演出42场，与12个村及5个文物使用单位第一责任人签订《2019年永定镇文物安全责任书》，为4个社区安装室外健身器材。

（王佩玉）

【食药工作】 2月18日，永定镇食药所开展农村假冒伪劣食品专项检查，检查食品经营单位30户。3月1日，开展“两会”期间检查，检查食品经营单位35户。5月2日，开展蓝天保卫战专项检查，检查食品经营单位20户。8月14日，开展猪瘟专项检查，检查食品经营单位22户。9月1日，开展校园周边专项检查，检查食品经营单位25户。

（王佩玉）

【社保工作】 2月27日，永定镇开展春风行动就业宣传活动。10月12日，区人力社保局、长安天街购物中心联合主办举办的“长安天街购物中心专场招聘会”在购物中心广场举行，62家企业参会提供650余个工作岗位。12月20日，永定镇会同区劳动保障监察队召开用工企业拖欠农民工工资工作推进会。年内，永定镇参加城乡居民基本医疗保险8792人，城乡居民低保家庭实有99户180人，城市低收入家庭实有2户5人。

（王佩玉）

【教科文体】 4月23日，永定镇召开计划生育工作例会。5月5日，开展“博爱在京城”募捐工作，全镇捐款72183元。6日至31日，开展2019年门头沟区非京籍适龄儿童义教入学审核工作。5月14日，召开慢性病综合防控示范区建设工作会。31日，开展“清洁环境促健康、见到烟头弯弯腰”主题活动。6月27日，召开“扣好人生第一粒扣子”主题教育工作会。6月，永定镇打造“健康一条街”宣传阵地。8月30日，开展“新时代好少年”学习宣传活动。9月，开展“两癌”筛查和长效体检工作。10月11日，组织60余人参加献血。

（王佩玉）

【第九届人民代表大会第五次会议】 4月25日，永定镇第九届人民代表大会第五次会议召开，应到人大代表53名，实到47名。会议审议通过《永定镇2018年政府工作报告》《永定镇2018年人大工作报告》《永定镇2018年财政预算执行情况和2019年财政预算的报告》及2018年拆迁腾退工作汇报。通报2018年九届四次会议上代表意见建议的落实情况，通过决定接受王增哲辞去永定镇副镇长职务，并确定九届六次会议对2019年永定镇创城工作开展情况进行述职测评。

（王佩玉）

【人大工作】 4月25日，市人大领导到门头沟区调研“人大代表之家”和“代表接待站”建设和运营情况。6月18日，开展区人大代表密切联系群众、接待选民及代表述职活动。8月，永定镇人大动员广大市民、社区工作者、物业管理者积极参与《北京市生活垃圾管理条例》修订工作。年内，镇政府、曹各庄、白庄子、永兴社区等4个人大代表接待站继续开展“双进”活动，组织代表80余人次，接待选民120余人，听取选民代表意见建议涉及回迁安置房建设、环境卫生、就医、交通、物业、取暖等。组织区人大代表到倚山嘉园、双峪菜市场、新桥文明示范大街以及永定河公园对社区楼门文化、社区环境、文明经商、文明游园、垃圾管理等情况进行集中视察。

（王佩玉）

【农服工作】 4月，永定镇开展河道“清障行动”，对镇域范围内因穿河、跨河等工程造成阻碍河道行洪的现象进行摸排检查，并清理主要河道1条（石门营沟），清理渣土100余方。5月11日至17日，以“建设节水城市，推进绿色发展”为主题，向群众发放节水宣传材料100余份，张贴宣传画与节水标识各100张。28日，强制清除非法围垦和私搭乱建面积2000余平方米。6月19日，开展“放心农资促体质增效 质量兴农惠万村千乡”主题宣传活动。9月，卧龙岗村通过人居环境市级验收。10月15日，开展“畅享绿色发展中国梦 共筑农产品质量安全区”主题宣传活动。10月，启动“星期六习惯”活动，各村志愿服务队以“河湖保护群治群防，生态永定共建共享”为主题开展清河行动。11月，整治东辛称村一处小微水体（坑塘）周边环境问题，清理杂物、垃圾5车。年内，清理乱堆乱放119处50余吨，清理小广告161处，清理私搭乱建21处110余平方米。

（王佩玉）

【“接诉即办”工作】 5月10日，永定镇党委研究通过《永定镇市民服务热线12345接诉即办工作实施方案（试行）》，组建门头沟区城市管理指挥中心永定镇分中心。8月8日，研究通过《永定镇关于在市民服务热线“接诉即办”工作中实行“五民五心”工作法的实施方案（试行）》。年内，永定镇受理各类群众诉求共4964件。

（王佩玉）

【对口帮扶】 6月12日，武川县二份子乡领导到永定镇开展扶贫工作对接。7月19日，涿鹿县保岱镇领导到永定镇参加扶贫对接工作座谈会。8月1日，永定镇到涿鹿县保岱镇开展对口帮扶调研，为“永保爱心超市”揭牌。9月11日，小园三区开展“便民服务进社区中秋节永定镇专场”活动，销售河北涿鹿县农副产品。10月15日，新建便民服务网“左邻右里”西峰家园店、永安小区店通过验收。11月7日，北岭二区移动生态厕所和固定厕所通过验收。12日，新建便民服务网点“左邻右里”侯庄子店、卧龙岗店通过验收。22日，永定镇在惠康家园小广场组织销售内蒙古武川县农特产品，并开展打击非法集资宣传活动。12月27日，到察右后旗锡勒乡开展对口帮扶工作。

（王佩玉）

【纪检工作】 6月21日，永定镇召开红色永定党建擂台赛暨落实全面从严治党主体责任工作汇报会。7月12日，北京电视台新闻频道《清风北京》栏目摄制组到永定镇采访拆违工作。

（王佩玉）

【环境工作】 10月25日，永定镇召开垃圾分类示范片区创建工作部署会。11月16日，开展“星期六习惯”周末清洁日活动。12月25日，召开小巷管家总结表彰大会。26日，通过“街乡吹哨，部门报到”，组织区城管委、区环卫中心、市规划自然资源委门头沟分局、京门商投召开协调会商谈解决永定地区公共厕所缺少问题。年内，开展基层党员垃圾分类宣传活动9次，共223人参加；开展社区垃圾分类宣传活动87次，共8526人参加；开展“小手拉大手”垃圾分类宣传活动11次，共771人参加。协同永定镇城管执法分队、永定镇食药所进行联合执法检查68次。

（王佩玉）

【重点工程】 年内，永定镇收缴3751-C地块17户困难补助款165.321万元，门城14街区7户口困难补助款59.022万元。完成长安街西延线景观提升工程项目中四道桥村集体一处水泵房拆除工作。基本完成绿海运动公园“三位一体”城市景观提升工程项目所涉及北京瑞丰农庄、侯庄子村、坝房子村地上物腾退补偿工作。协助北京中关村京西建设发展有限公司完成与栗元庄村、卧龙岗村、西辛称村、小园村征地转非工作的结案手续。

（王佩玉）

【信访工作】 年内，永定镇共接待群众来访65件102批165人次，其中集体访4件9批45人次，重访23件63批108人次。

（王佩玉）

【创城工作】 年内，永定镇制定《永定镇“红色永定党建”擂台赛考核方案》《永定镇创建全国文明城区“1+X”达标创建实施方案》，开展4次红色永定党建擂台赛，推出创城专刊共5期，举办以“不忘初心传承红色基因，牢记使命建设绿色永定”为主题的文艺汇演，制作并发放《永定镇创城巡查手册》2400余份。

（王佩玉）

【综治工作】 年内，永定镇组织1049名治安志愿者在春节、“两会”“一带一路”“亚洲文明对话会议”“七十周年大庆”等5个重点时期共上岗78天，志愿服务超过8万人次。制定《永定镇扫黑除恶专项斗争工作方案》，召开镇党委理论中心组以及村居培训会5次，悬挂扫黑除恶专项斗争宣传标语硬质横幅94条，印发扫黑除恶专项斗争应知应会手册1000份，开展扫黑除恶主题宣传86场，运用“首善永定”微信公众号推送9次，举办扫黑除恶专项斗争文艺演出1场。召开禁毒工作部署会5次、视频会1次，对全镇在册66名吸毒人员进行家访50次，配合公安部门进行尿检43次，组织各类禁毒宣传活动30次。为127名严重精神障碍患者发放看护补贴。针对3751拆迁区域、侯庄子村、卧龙岗村以及回迁社区等地区出租房屋安全隐患开展联合检查40次，受理12345案件76件，清理整治违法群租房141间。开展12345举报单中可能涉及无证无照情况并完成点位核实48处，开展重点地区综合治理专项整治工作并检查出租房屋80个院。门头沟区“S1线综合执法小分队”清理黑车2432辆，占道停车13584辆，清理小广告45730张，清理共享单车7385辆，整治小商小贩1823个。

（王佩玉）

龙泉镇

【概况】 2019年，龙泉镇（龙泉地区办事处）镇域面积49平方公里；辖区内有17个行政村（其中三家店村分为3个分社进行自治管理）、16个社区（其中龙门新区二区社区、中门家园社区、中门寺南坡一区、中门寺南坡二区、大峪花园社区属棚改安置小区；高家园新区社区属高家园土地储备定向安置项目小区；西山艺境社区属商品房小区）。3月26日，龙泉镇完成村、社区“两委”换届选举。年内，龙泉镇打造以“机制联建、党员联管、设施联用、治安联防、服务联动、文明联创”为核心内容的“村居共建、六联共创”社会治理创新服务品牌，实现村居党建资源互通，基层党组织联动，区域协商治理，培育出城子党建“五彩微中心”、红色南坡“2+8协商议事会”、倚山“红色家园”等一批特色党建服务品牌。全镇实现区级财政收入1.9亿元，完成农村经济总收入5.7亿元，人均劳动所得30196元。

单位名称：中国共产党北京市门头沟区龙泉镇委员会
中国共产党北京市门头沟区龙泉地区工作委员会
北京市门头沟区龙泉镇人民政府
北京市门头沟区龙泉地区办事处
地　　址：北京市门头沟区门头沟路24号
电　　话：69844312
邮　　编：102300

（马汲彬）

【文化活动】 1月8日，龙泉镇举办第二届文化节活动暨“冬·福””主题文化活动。28日，启动以“砥砺前行创文明、龙泉精神踏新程”为主题的龙泉镇第三届文化节开幕式。6月20日，举办扫黑除恶法治文艺演出。10月24日，举行以“初心不改追梦人 砥砺奋进新时代”为主题的龙泉镇国庆服务保障总结暨乡村大舞台文艺汇演。

（马汲彬）

【基层活动】 1月18日，龙泉雾村举办“爱心救助小屋”成立10周年座谈会。3月14日，龙泉镇开展以“致敬红色精典 共建美丽乡村”为主题的党日活动。4月10日，龙泉镇第一所“两栖影院”在中门家园社区建立。9月25日，举办“不忘初心、牢记使命”暨新时代文明实践知识竞赛活动。

（马汲彬）

【龙泉镇第八届代表大会第四次会议】 1月23日，中国共产党龙泉镇第八届代表大会第四次会议召开，114名镇党代表和33名列席代表参加会议。会议审议通过党委工作报告、纪委工作报告、党费收缴使用情况报告。

（马汲彬）

【第九届人民代表大会第三次会议】 2月28日，龙泉镇召开第九届人民代表大会第三次会议。会议审议通过《龙泉镇政府工作报告》《龙泉镇2018年财政预算执行情况和2019年财政预算（草案）的报告》。

（马汲彬）

【党组织书记述职承诺大会】 3月27日，龙泉镇召开农村、社区党组织书记述职承诺大会，各社区、村党组织书记对2018年承诺事项进行述职，对2019年工作进行承诺，镇领导班子成员逐一对各村、社区述职承诺内容进行点评。

（马汲彬）

【人大工作】 5月20日至6月20日，龙泉镇集中开展联系群众接待选民和代表述职活动。8月，镇人大代表到房山“姥姥家民宿”“黄栌花开民宿”“桃叶谷民宿”和乡居庄园参观。

（马汲彬）

【对口帮扶】 6月17日至25日，龙泉镇开展“扶贫助困献爱心”捐款活动，向区对口帮扶的“三省四地”（河北省涿鹿县、内蒙古察右后旗、内蒙古武川县、西藏堆龙德庆区）献爱心。7月，提供10万元协助武川县西乌兰不浪镇修建浴室。11月，开展与察右后旗红格尔图镇帮扶对接工作并赠送电脑和慰问金。

（马汲彬）

【消防工作】 6月，龙泉镇开展消防安全工作“大排查”，在35个村居排查出租房、消防通道、电线老化等11类隐患点70余次，对梨园、三家店等重点区域进行集中检查20余次，集中规范商铺15家，为13个平房区发放1100个灭火器，在梨园地区建立火灾预防简易喷淋样板间试点。

（马汲彬）

【民主公开日工作】 7月13日，龙泉镇召开第二次民主日活动部署会，各村成立农村民主日活动领导小组，对党务、村务、财务情况进行报告；“两委”成员进行述职述德述廉并组织民主评议；对重大事项进行点题公开和民主决策；镇包村领导、包村科室长下村指导工作。

（马汲彬）

【工会活动】 7月16日至8月17日，龙泉镇总工会开展“暑期职工子女兴趣托管培训”活动，设有植物微景观手工制作、画马勺手工制作、草木扎染手工制作、烘焙饼干手工制作、创意气球、机器人编程等多元化课程，共30名学龄学生参加。8月6日，开展“清凉一夏 有礼五谷”免费领取礼盒活动，800人参与。

（马汲彬）

【防汛工作】 年内，龙泉镇成立防汛指挥部，制定《龙泉镇2019年防汛应急预案》，召开防汛工作部署会，成立46人镇级应急抢险队伍、500人村居应急抢险队，组建镇、村居共37人的防汛联络员队伍，建立《地质灾害易发区防汛台账》等5类隐患台账，其中地质灾害易发区7处、地下空间6处、积水点隐患11处、重点沟渠4处、重点隐患道路2处。完成4处地质灾害点位加固改造，储备编织袋1万条、污水泵2台。

（马汲彬）

【“不忘初心、牢记使命”主题教育】 年内，龙泉镇党委开展“不忘初心、牢记使命”主题教育，制定工作方案10个，检视问题5类21项并完成20项问题整改，建立历史问题和重点任务台账2个，完善规章制度5类。

（马汲彬）

【棚改工程】 年内，龙泉镇推进12地块预留产业用地入市相关工作，开展城子村委会周边安置房建设项目的分房选房工作，完成城子B地块控规申报，协助推进大峪化工厂地块棚户区改造土地一级开发项目立项手续及征地补偿。

（马汲彬）

【设施建设】 年内，龙泉镇74项重点民生工程加快实施，完成三家店海军路体育休闲健身广场、高家园新区活动中心装修等25项民生工程，三家店西老店绿化公园项目、龙泉雾旧水担路周边环境整治项目一期、二期等25项工程加快实施，其余24项重点工程按计划推进。

（马汲彬）

【改善人居环境】 年内，龙泉镇建成龙泉雾、三家店等3个非正规垃圾堆放点，创建完成琉璃渠、赵家洼、大峪等5个垃圾分类示范村，在12个社区持续开展垃圾分类行动。规范提升4个农贸市场，建成8处便民安全菜站，3处无人便利店，完成2个综合市场的提升改造，6个社区实现“一刻钟服务”。完成5项社区美化提升工程、8个休闲广场和口袋公园建设。

（马汲彬）

【社会保障】 年内，龙泉镇完成转移就业601人，农民参加社会保险138人，办理各项保障性住房业务316户。落实惠及老年人、残疾人、困境未成年人等弱势群体的各项政策。加强龙泉雾村、琉璃渠村养老服务驿站监管。完成龙泉镇社会福利中心公办民营工作。加强低收入精准帮扶，有针对性采取有效措施，推进全镇14户低收入户22人精准脱贫。

（马汲彬）

【农村集体经济发展】 年内，龙泉镇推进中水集团高家园还建大峪村2.8万平方米商业建筑以及高家园地区7000平方米的预留产业用地建设工作，推进东龙门村6923.38平方米集体房屋租赁项目。组织大峪、城子、岳家坡等14个村队通过信托投资、定期存款共10.22亿元。

（马汲彬）

【生态治理】 年内，龙泉镇有效管控14类370项污染源，处罚施工工地违规行为11次，苫盖裸露地块8万平方米，全年PM2.5平均浓度为33.7微克/立方米。开展河湖生态环境综合整治行动。完成4200亩平原生态林养护、1200亩造林和3000亩公益林抚育，33万平方米裸地种植花草。

（马汲彬）

【疏解整治促提升】 年内，龙泉镇开展针对无证无照、占地经营、开墙打洞等行为的联合执法行动100余次，整治商户20余家，查处“黑作坊”5个。严厉打击违法用地违法建设，全年拆违19万平方米。

（马汲彬）

【统筹利用空间】 年内，龙泉镇整治4条背街小巷。利用拆违地块修建13个停车场，增加车位1900余个。完成2个地块“留白增绿”13.4亩，52个地块“见缝插绿”514.9亩，进一步提升中门寺“花园”、天桥浮和龙泉雾“果园”、西辛房“菜园”利用空间。

（马汲彬）

【美丽乡村规划】 年内，龙泉镇完成龙泉雾村、琉璃渠村、赵家洼村、大峪村、三家店村等5个村美丽乡村规划（简本）编制。

（马汲彬）

【文化保护传承】 年内，龙泉镇推进白衣庵、龙王庙、窑神庙、三义庙、关帝庙、天利煤场及琉璃博物馆的修缮保护，完成琉璃渠村、三家店村旅游标识项目。

（马汲彬）

【社区文化建设】 年内，梨园、西山艺境、中门家园等3个社区分别开展区级“分类管理精品”社区、区级“一居一品”社区、区级“一居多品”社区等创建活动。龙泉雾社区“公共议事厅”、梨园社区“阳光议事厅”、琉璃渠社区“四点半学校议事厅”、东南街社区“民声协商议事厅”、水闸西路社区“志愿服务协商议事厅”、西前街社区“众议议事厅”、中北街社区“心连心议事厅”等“参与式协商”自治模式运行良好。

（马汲彬）

【全国文明城区创建】 年内，龙泉镇开展“点赞龙泉”、“保护永定河”、“文明龙泉、平安龙泉”创建，“公益微创投”大赛等志愿服务活动，打造“龙泉热心人”创城品牌，搭建休戚与共的“党建同心圆”，通过2019年度首都文明办测评。

（马汲彬）

【吹哨报到】 年内，龙泉镇深化“一核心三平台二抓手六联创”的“1326”区域党建工作机制，打造以“机制联建、党员联管、设施联用、治安联防、服务联动、文明联创”为核心内容的“村居共建、六联共创”社会治理创新服务品牌，实现村居党建资源互通，基层党组织联动，区域协商治理，培育出城子党建“五彩微中心”、红色南坡“2+8协商议事会”、倚山“红色家园”等特色党建服务品牌。35个村居级的“红色龙泉—党群微中心”、12个文明实践基地、10个绿色生态创新基地。

（马汲彬）

【接诉即办】 年内，龙泉镇围绕“接诉即办怎么办”的问题建立“两双三调五及时”工作机制，围绕“未诉先办怎么办”的问题建立“三会一走访”和“二包三巡一整改”工作机制。全年，受理案件5116件，解决率74%，满意率80%。

（马汲彬）

【安保维稳】 年内，龙泉镇完

成春节、全国“两会”、世园会、中华人民共和国成立70周年等重点时期安全维稳任务，3800余名“龙泉热心人”参与。同时，开展重点地区整治工作，完善流动人口服务管理，继续加强食品安全专项检查，开展形式多样的反恐、禁毒、反邪教、铁路护路安全等宣传教育活动。

（马汲彬）

军庄镇

【概况】 2019年，军庄镇镇域总面积34平方公里，辖8个行政村、3个社区居委会，总户数7596户，常住总人口18059人，其中农业人口为1679户2795人。年内，开展“不忘初心、牢记使命”主题教育活动，完成拆违攻坚，开展“对口帮扶地区特色产品进社区”活动。农村集体经济总收入2619.6万元，农民人均所得实现20108元，相比去年同期增加1476元，同比增长7.9%。

单位名称： 中共北京市门头沟区军庄镇委员会
北京市门头沟区军庄镇人民政府

地　　址： 北京市门头沟区军庄镇西杨坨村

电　　话： 60810741

邮　　编： 102300

（孙平飞）

【北四地区用水问题协调会】 2月27日，军庄镇与区信访办共同组织协调区水务局、住建委、国土局、京煤集团杨坨物业、金隅集团寨口矿等单位，现场协商解决北四社区居民生活用水历史遗留问题。

（孙平飞）

【关爱独居残疾人】 3月6日，军庄镇主要领导带队，对镇域内涉及3个村居的4户独居残疾人家庭进行走访，了解他们的居住生活情况，查看是否存在安全隐患。

（孙平飞）

【清明防火】 4月，军庄镇落实各项措施做好清明节期间护林防火、消防安全工作镇机关干部全部停休进入村、社区值守重点点位，镇应急抢险队伍分5组交替昼夜备勤，64名生态林管护员全面管控上山路口。军山林场全面排查所辖山场林地，清理树下可燃物，消除各类安全隐患。

（孙平飞）

【第五届梨花乐跑节】 4月13日，军庄镇与区委宣传部、区网信办共同举办第五届梨花乐跑节活动。此届梨花乐跑节将以“梨花古韵赏盛景 文明创城谱新篇”为主题，融入创城元素，增加骑行项目，展示地区优势生态、人文环境。

（孙平飞）

【百姓周末大舞台】 4月22日，军庄镇开展“百姓周末大舞台”豫剧《朝阳沟》折子专场，100余名群众观看演出。

（孙平飞）

【纪念五四运动暨学习强国专题知识竞赛】 5月7日，军庄镇开展以“青春向党，建功新时代”为主题的纪念五四运动100周年活动暨学习强国专题知识竞赛，13支队伍39人参赛。

（孙平飞）

【对口帮扶工作】 6月4日，军庄镇联合区商务局共同开展“对口帮扶地区特色产品进社区”活动。内蒙的奶茶、奶片等特色产品以及物美价廉的蔬菜水果得到社区居民的好评。

（孙平飞）

【安全检查】 6月5日，军庄镇联合区消防支队针对镇域内生产经营单位开展安全生产检查。主要对经营单位总体情况、消防设备配备状况、设备维护等情况逐一排查建立台账。检查包括军庄涮肉餐厅、北京军庄兴旺粮店等6家经营单位。对军庄涮肉餐厅存在灭火器过期，下达责令改正通知书，要求立即整改隐患问题。

（孙平飞）

【百场社区大课堂】 6月13日，军庄镇举办“百场社区大课堂手工抱枕制作”培训活动，50名学员参加活动。年内，军庄镇陆续开展插花、多肉植物栽培、才艺素质、生活窍门、防电信诈骗、防灾减灾、健康医疗等培训。

（孙平飞）

【创城活动】 6月29日，军庄镇开展“垃圾随手捡文明天天见”新时代文明实践推动日主题活动。全镇12支“门头沟热心人”志愿服务团队的志愿者和在职党员400余人参与活动。捡拾垃圾100余袋、清除堆物堆料15处，清理打扫各村居主次干道，共清运垃圾20余车。8月12日，开展“垃圾随手捡 文明天天见”志愿服务活动，清理垃圾箱周边不洁以及冒满6处，清除垃圾杂物乱堆乱放8处，擦除小广告2块，整理占道经营1处，重新粘贴社会主义核心价值观等公益广告36处。

（孙平飞）

【反邪教宣传教育活动】 7月17日，军庄镇开展反邪教主题宣传及巡查工作，120人参加活动，发放宣传折页与便携购物袋各200份。

（孙平飞）

【八一慰问】 7月31日，军庄镇到5支部队为官兵送去节日慰问品580份，并与各部队举行军地座谈会。

（孙平飞）

【安全生产检查】 9月25日，军庄镇对军庄加油站、新兴饭馆等3家经营单位开展安全生产检查，发现1处经营单位存在问题并下达责令改正通知书。

（孙平飞）

【防灾减灾宣传】 10月17日，军庄镇开展"防灾减灾"宣传活动，发放宣传资料60余份，接受群众咨询20余人次。

（孙平飞）

【乡村大舞台文艺展演】 10月30日，军庄镇举办2019年乡村大舞台文艺展演。全镇11个村居参与演出舞蹈《中国歌最美》、快板《绕口令》、手语表演《爱的奉献》等12个节目。100余名观众观看演出。

（孙平飞）

【防煤气中毒系列活动】 11月22日，军庄镇开展防煤气中毒系列活动，120人参加活动，发放宣传折页200份，张贴防煤气中毒标识200余户，入户重点检查40余户风斗、报警器安装情况以及屋内通风情况。

（孙平飞）

【学习贯彻十九届四中全会精神宣讲】 12月10日，军庄镇开展学习贯彻十九届四中全会精神宣讲活动，邀请马克思主义中国化研究所副教授进行宣讲，80余人参加学习。

（孙平飞）

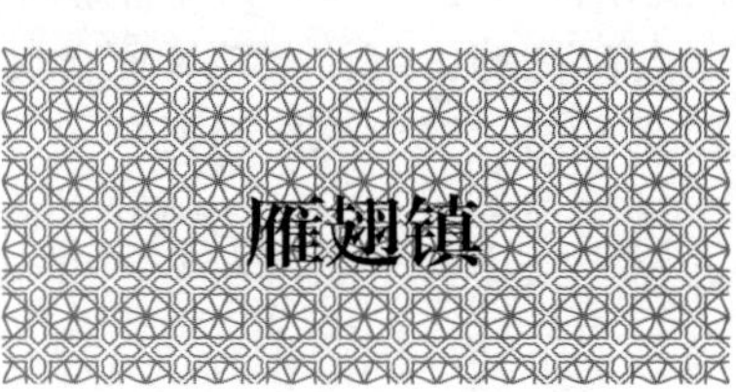

雁翅镇

【概况】 2019年，雁翅镇镇域面积263.2平方公里，辖23个行政村，1个社区居委会。年内，雁翅镇围绕"滨河水岸休闲小镇"的发展定位，不断推进"绿色发展示范镇、生态保护先行镇、文明首善标杆镇、百姓安居乐业镇、基层党建样板镇"等"五镇"建设，实现全镇农村经济总收入33717.5万元，较去年同期减少了13.8%；完成固定资产投资5463万元；实现农民人均可支配收入17267元，较去年同期15561元增长10.96%；完成区级财政收入3408万元，同比增长64.24%，其中新招引企业形成区级财政收入700万元，完成区下达任务的233.3%。

单位名称：中国共产党北京市门头沟区雁翅镇委员会
北京市门头沟区雁翅镇人民政府
地　　址：北京市门头沟区雁翅镇付家台村
电　　话：61839794
邮　　编：102305

（田　平）

【雁翅镇第八届党代会第四次会议】 1月22日，雁翅镇召开第八届党代会第四次会议，87名党代表、镇机关中层干部、村主任、一般群众代表列席会议。会议主题是"强化政治功能 建强基层堡垒 为旅游休闲特色小镇建设提供坚强组织保证"。

（邓天宇）

【文化宣传】 1月，雁翅镇举办"传承红色基因 助力文化创城"迎新春戏曲专场演出。4月，开展"红色雁翅·五月红歌"合唱比赛。5月18日，雁翅镇举办淤白村第十二届民俗文化节，进一步推广市级非物质文化遗产——淤白蹦蹦戏。5月，在田庄村娘娘庙举办青茶山庙会。9月，在田庄村举办"迎国庆 颂祖国 促创城"庆祝中华人民共和国成立70周年暨乡村大舞台文艺展演。年内，雁翅镇举办"星火工程"演出80场，放映数字电影1200场，新增图书2400册。

（彭德东）

【春节慰问】 1月，雁翅镇走访慰问建国前党员与生活困难党员280人，残疾人228人，困难户与大病户71户，现役军人8户，区光荣院4人，累计发放慰问金66.32万元。

（彭国亮）

【民宿旅游】 3月12日，区领导张力兵、付兆庚、陈国才、张冰到雁翅镇碣石村调研精品民宿发展情况。13日，区经管站与土地流转网公司代表到雁翅镇9个村调研闲置农房情况。7月，区委组织部领导到雁翅镇调研“红色党建引领绿色发展”“古村落保护和精品民宿开发”等工作。10月，雁翅镇召开南石洋景区门票价格听证会。11月，雁翅镇田庄村承办市级红色旅游推广活动——“我和我的祖国·红色北京传承基因”活动。12月，雁翅镇参加北京精品民宿推介会暨“门头沟小院”美宿路演仪式。年内，对接北京电视台到田庄村红色旅游集群、碣石村槐井石舍录制节目，积极打造“芳草淤白”“南台花开”“房良驿”、山神庙和田庄品牌民宿。

（孟宪任）

【基层党建】 3月20日，雁翅镇召开2018年度基层党组织书记述职承诺大会。6月，雁翅镇开展迎“七一”主题党日活动。7月，开展2019年新任村和社区“两委”干部能力提升培训班，150余人参加培训。9月24日，到北京新文化运动纪念馆（北大红楼）参观学习。9月，启动“不忘初心、牢记使命”主题教育活动。10月，开展“红色雁翅”基层党支部书记轮训班，全镇基层党支部书记、第一书记共50余人参加。11月，组织250余人集中观看影片《小巷管家》，并召开集中学习研讨。12月，召开2019年度农村党支部第一书记述职大会。

（邓天宇）

【森林防火】 3月，雁翅镇召开森林防火工作会议全面部署清明节期间的森林防火工作。4月，每日上岗机关干部、森林防火检查队、协管员等700余人，对主要路段沟口、重点祭扫区、坟头等易发生火情的重点区域严防死守。12月，组织开展2019年森林消防处置应急演练。

（彭　良）

【村居“两委”换届选举】 4月，雁翅镇完成24个村居“两委”换届选举工作。全镇村（社区）党组织书记全部村（社区）内产生，在无下派干部的情况下全部实现“一肩挑”。

（邓天宇）

【妇联工作】 4月，雁翅镇完成村（社区）妇联换届选举工作。选举产生第一届妇联执委委员198名。9月20日，雁翅镇召开第十一次妇女代表大会，选举产生21名新一届镇妇联执行委员会委员。

（种立莉）

【双拥工作】 4月，雁翅镇建立镇级退役军人服务站1个和村居退役军人服务站24个。年内，全镇登记入库退役军人291人，在主要道路两侧设立固定的宣传展板12块，建立退役军人接待室、图书室、活动室，积极推进全国双拥模范城创建。

（彭国亮）

【第九届人民代表大会】 6月14日，雁翅镇召开第九届人民代表大会第五次会议，41名镇人大代表出席会议。会议审议通过《雁翅镇2019政府工作报告》《雁翅镇2018年预算执行情况和209年预算（草案）报告》《雁翅镇2018年政府专项工作完成情况报告》和《雁翅镇2018年政府专项工作报告》。11月14日，雁翅镇召开第九届人民代表大会第六次会议，40名镇人大代表出席会议。会议依法选举雁翅镇人民政府副镇长1名。12月25日，雁翅镇召开第九届人民代表大会第七次会议，32名镇人大代表出席会议。会议表决通过了《国道109新线高速公路（西六环路—市界段）工程腾退补偿方案》。

（种立莉）

【防汛工作】 6月，雁翅镇举行2019年防汛桌面推。6月至9月，镇领导班子不定期带队对全镇防汛工作进行拉练检查。

（崔春宁）

【红色教育矩阵】 年内，雁翅镇依托京西山区中共第一党支部纪念馆、崔显芳烈士纪念馆、田庄高小党支部旧址、崔显芳故居、第一书记李卫朝纪念广场、田庄小学会议中心等10个红色资源，形成红色教育矩阵，“京西红色党性教育基地”与“京西社会主义学院教育基地”揭牌成立，承办“我和我的祖国·红色北京传承基因”活动，接待培训26次1200余人参观。

（郝学赛）

【党风廉政建设】 年内，雁翅镇党委制定《2019年度雁翅镇党委深化落实全面从严治党主体责任清单》，召开党风廉政建设专题会议2次。对重要时间节点机关公车停驶情况集中检查7次，在村和社区“两委”换届选举工作中共检查14次，办结信访室转办件38件，办结案管室问题线索14件。

（王　维）

【低收入帮扶】 年内，雁翅镇低收入户人均可支配收入16757元，较2016年底的9791元增长71.2%，1231户2228人低收入群体全部实现上线脱低。完成低收入帮扶项目建设26个，与什刹海街道等多家单位签订帮扶协议，招引9家企业在低收入村注册，共有150余家帮扶单位和企业到雁翅镇开展专题对接帮扶，发放帮扶财物910万元。依托“绿水青山门头沟”城市品牌，累计推动低收入户三产就业772人，就业培训120人次。

（郝学赛）

【环保工作】 年内，雁翅镇制定《雁翅镇污染防治攻坚战2019年行动计划》《〈京津冀及周边地区2018-2019年秋冬季大气污染综合治理攻坚行动方案〉雁翅镇细化落实方案与任务分解实施方案》《雁翅镇扬尘管控方案》《〈雁翅镇环保督察整改方案〉雁翅镇中央环境保护督查反馈意见具体问题整改措施清单》，建立餐饮业大气污染防治工作台账，镇裸地台账，减排清单，采暖季共销售清洁燃煤1119.45吨。

（郝晨光）

【创建全国文明城区】 年内，雁翅镇举办镇级擂台赛活动4次，田庄村、太子墓村、大村村、雁翅社区完成“1+X”达标创建，成立25支463人的“门头沟热心人”志愿服务队，展现“鸿雁先锋”志愿服务队风采，打造志愿服务品牌。

（陶祥生）

【国家森林城市创建】 年内，雁翅镇完成百万亩造林项目共16906.21亩、国家公益林抚育1683亩、京津风沙源治理1500亩、森林健康经营项目2.1万亩“留白增绿”115.82亩。

（彭　良）

【街乡吹哨 部门报到】 年内，雁翅镇组织综合执法74次，“吹哨”解决各类问题16次。

（郝学赛）

【接诉即办】 年内，雁翅镇研究制定《雁翅镇关于进一步落实“接诉即办”工作实施方案》，成立由主要领导任组长的“接诉即办”工作专班，定期研究群众诉求，制定《雁翅镇12345“接诉即办”工作管理制度（试行）》，集中力量解决共性问题、难点问题，累计收到并办结各类群众诉求1332件。

（郝学赛）

【疏解整治专项行动】 年内，雁翅镇拆除违法建设693个图斑，拆除面积86535.48平方米，实现在账图斑拆除率100%，销账率100%；建立“留白增绿”台帐，完成77249.47平方米台账任务；辖区内无证无照经营动态清零；对109国道永定河沿线周边及田庄大村沟域重点地区开展各项执法行动40余次，清理各类垃圾3500余吨。

（王建魁）

【环境建设】 年内，雁翅镇完成35座旱厕提升改造。以田庄沟域各村为先行试点，推进农村地区垃圾分类工作覆盖全镇。设置保洁员107人保障镇域内环境卫生整洁。深入推行“街巷长制”，共巡街1490小时，发现并处置各类事件问题435件。持续开展“门前三包”、人居环境整治等工作，雁翅城管执法分队联合食药、公安、交通等相关部门执法90余次，立案处罚各类违法行为51起，共罚款6040元，行政告诫违法当事人31家、送达行政法律文书93份，规范各类违法行为78起，责令相关单位清理乱堆渣土、堆物堆料42处，制止和处理露天烧烤和焚烧行为15起，拆除广告牌匾、条幅50余块。重新组建河道、沟道巡护员队伍，河长制累计巡河2142人次10653.77公里，共清理河道沟道垃圾渣土200余处3000余吨，清理水面漂浮物5余吨。

（高增俭）

【安全工作】 年内，雁翅镇印发《雁翅镇2019年安全生产工作要点》，与村（居）、驻镇单位以及100余家生产经营单位签订生产安全、消防安全、交通安全、特种设备、建筑施工等各类安全责任书600余份。召开2019年春节烟花爆竹安全管理工作会，与村居逐一签订《雁翅镇2019年度烟花爆竹安全管理工作责任状》。开展春节前安全生产大检查，“两会”期间安全系列检查、校园安全检查。开展“全民国家安全教育日”宣传活动、“食品经营安全助健康”宣传活动。制定《雁翅镇“防风保险平安迎大庆”消防安全执法检查专项行动》，检查单位45家，查处并整改隐患28处。开展打击非法盗采、安全生产、交通安全、食品药品安全等安全隐患排查检查共460余次，发现安全隐患235处，要求现场立即整改160处，限期整改75处。

（刘正培）

【村庄规划】 年内，雁翅镇23个村的村庄规划及美丽乡村实施方案编制工作通过区镇部门联审，河南台、青白口等11个村获区政府批复。

（王建魁）

斋堂镇

【概况】 2019年，斋堂镇镇域面积392.4平方公里，辖30个村（居），共有基层党支部40个，党员1867人。年内，集体经济总收入3254.9万元，农民所得总额为24629.2万元，人均所得实现18820元。农村家庭经营性收入27092万元，其中第一产业实现收入225.8万元，第二产业实现收入306.5万元，第三产业实现收入26559.7万元。报酬性收入11224.8万元。财产性收入2370.7万元，转移性收入5097.2万元。全镇劳动力6618人，就业劳动力5981人，其中常年外出务工劳动力2547人。从事家庭经营性：第一产业共有352人，第二产业59人，第三产业398人；从事本地务工劳动力：第一产业384人，第二产业44人，第三产业1886人；从事外出务工劳动力：第一产业47人，第二产业32人，第三产业2779人。待业637人。

单位名称：中国共产党北京市门头沟区斋堂镇委员会 北京市门头沟区斋堂镇人民政府

地　　址：北京市门头沟区斋堂大街45号

电　　话：69816653

邮　　编：102309

（梁　也）

【乡村医生工作会】 1月10日，斋堂镇联合斋堂医院召开2019年乡村医生工作会。组织学习《斋堂镇乡村医生绩效考核办法》，并发放《乡村医生聘任协议书》。

（梁　也）

【扫雪铲冰】 2月14日，斋堂镇开展扫雪铲冰工作，出动6人次，2车次，并发动“门前三包”单位7家进行扫雪。

（梁　也）

【空气重污预警响应】 2月22日，斋堂镇响应空气重污染橙色预警，采取3日×24小时/日不间断运转工作模式，检查工地9家次，巡查镇域内主干道12次、加油站6家次，沿街商户180家次，深夜值守109国道3次。

（梁　也）

【安全检查】 2月27日，斋堂镇在公交车站、幼儿园、超市等人员密集场所开展全国“两会”前联合检查。3月19日至20日，开展安全检查、火灾风险隐患“自知、自查、自改”活动，检查商户30余家，下达3份限期整改通知书，向各单位发放消防“三自”火灾风险隐患指南30余份。4月10日，在双龙峡景区开展联合检查行动，发现安全隐患3处并推动整改。6月28日，开展以“防风险、除隐患、遏事故”为主题的安全生产宣传活动。7月24日，在灵岳寺修缮工程现场开展安全检查。30日，在华电新明、液化气站和斋堂镇社会福利中心开展消防安全检查。8月13日，在双龙峡景区开展“防风险保平安迎大庆”消防安全与食品安全执法检查专项行动。11月7日，在双大路二期道路工程项目部开展联合检查行动。19日，开展以“防范火灾风险 建设美好家园”为主题的秋冬季消防安全宣传活动。12月11日，开展生产经营单位燃气使用安全专项检查行动。

（梁　也）

【妇女节活动】 3月8日，斋堂镇各行政村举办由村民自编自导自演的庆“三八”文艺活动、开展“庆三八”健身运动会以及创城“三八”妇女维权宣传活动。

（梁　也）

【农村卫生厕所专项调查】 3月20日，斋堂镇开展农村卫生厕所专项调查，结果显示全镇有884户农厕需要改造。

（梁　也）

【斋堂镇第九届人民代表大会】

3月20日，斋堂镇第九届人民代表大会第五次会议召开。46名人大代表参会，54人列席会议。会议审议通过《关于斋堂镇2018年政府工作报告的决议》《关于斋堂镇人民代表大会2018年工作报告的决议》《关于斋堂镇2018年决算和2019年预算（草案）报告的决议》。12月10日，斋堂镇第九届人民代表大会第六次会议召开，实到人大代表42名，40人列席会议。会议审议通过《2019年综治维稳工作落实情况报告》，选举副镇长1名。

（梁　也）

【传统村落保护】 3月21日，斋堂镇召开西胡林传统村落保护项目开工对接会。

（梁　也）

【低收入帮扶】 4月9日，斋堂镇召开2019年低收入帮扶部署会。6月24日，组织45周岁以上、65周岁以下的低收入农户186人免费参加健康体检、医疗保健等服务。

（梁　也）

【村和社区“两委”换届选举】 4月14日，斋堂镇村和社区“两委”换届选举工作结束，30个村（居）选出新一届“两委”领导班子。29个村委会换届选举，实际直接或委托参与投票的选民8921名，选举出新一届村委会成员107名。1个社区党组织换届选举，产生5名社区党组织成员。

（梁　也）

【永定河河道隐患大排查】 4月16日，斋堂镇党委、镇政府针对永定河河道及沿线安全隐患大排查工作中发现的问题，召开永定河河道及沿线综合执法工作部署会。相关职能部门负责人按照“街乡吹哨、部门报到”工作机制要求应声到位参加会议。

（梁　也）

【扶贫协作】 5月7日至8日，斋堂镇到内蒙古察右后旗白音查干镇对接扶贫协作工作。12月25日，到张家口市涿鹿县大堡镇进行调研，进一步落实对口帮扶工作。

（梁　也）

【消夏电影放映月】 6月，斋堂镇开展3D电影进学校暨消夏电影放映月活动，组织斋堂镇中小学学生到文化礼堂观看3D电影，拷贝各类影片10部在斋堂镇文化广场放映。

（梁　也）

【镇总工会第十届代表大会】 6月26日，斋堂镇总工会第十届代表大会在白虎头村委会召开，55名代表出席会议。大会审议通过《斋堂镇总工会出席门头沟区工会第十次代表大会代表选举办法》，选举产生镇总工会第十届委员会委员、经审委员会委员、出席门头沟区工会第十次代表大会代表各1名。

（梁　也）

【残疾人“庭院式”法律服务培训班】 6月27日，斋堂镇残疾人联合会组织残疾人、残疾人工作者、志愿者共59人参加2019年残疾人“庭院式”法律服务培训班。

（梁　也）

【对口帮扶】 7月17日，台盟北京市委帮扶沿河口村购置会议桌30张、办公桌9张、文件柜10个、办公椅16把，总价值47330元。30日，北辰集团扶贫工作小组到斋堂镇协议洽谈帮扶白虎头村工作。8月20日，洪源广业公司为牛战村7名学生每人捐赠1000元助学金。26日，文投集团到斋堂镇调研东胡林村开展低收入项目帮扶工作。12月25日，北京国际技术合作中心在牛战村开展“美丽乡村，你我同行”主题活动，并赠送2.86万元爱心捐款。

（梁　也）

【迎国庆、保环境、治污染】 7月29日，斋堂镇召开“迎国庆、保环境、治污染”工作部署会。8月6日，召开农村人居专项整治行动部署暨签订责任书会议和“迎国庆、治污染、保环境”60天专项执法行动部署会，组建在施工地扬尘治理、渣土运输治理、道路降尘治理、餐饮油烟污染治理、扬尘治理执法、水环境治理等6个专项行动小组。9月6日，斋堂镇召开迎接中华人民共和国成立70周年创建全国文明城区工作部署会。

（梁　也）

【第十九届秋粥节】 8月8日，斋堂镇灵水村举办第十九届“灵水举人秋粥文化节”，数千游客和村民同喝“举人粥”，共同体验乡贤文化。

（梁　也）

【斋堂镇第十一次妇女代表大会】 8月21日，斋堂镇第十一次妇女代表大会暨第一次执委会会议召开。大会实到妇女代表47人，选举产生斋堂镇妇联第十一届执委会委员23人，第一次执委会会议选举产生新一届执委会主席1人、专职副主席1人、兼职副主席3人以及出席门头沟区妇联代表大会代表7人。

（梁　也）

【农村生活垃圾分类】 8月21日，斋堂镇召开农村生活垃圾分类部署会，成立镇生活垃圾分类工作领导小组，印发《斋堂镇关于农村地区生活垃圾分类实施方案（试行）》和《致村民的一封信——文明斋堂，垃圾分类，从我做起》，为30个村居重新配置分类垃圾桶361组1474个。

（梁　也）

【第一届“斋堂尚品”电商采摘节】 9月11日，斋堂镇举行第一届“斋堂尚品”电商采摘节暨村委会农产品电商销售签约仪式，开展农产品网上销售试运营，48小时内累计成交452单，金额5万元。

（梁　也）

【“不忘初心、牢记使命”主题教育】 9月12日，斋堂镇召开“不忘初心、牢记使命”主题教育工作会。18日至19日，镇领导班子成员扎实开展好首轮专题调研活动。9月19日，召开“不忘初心、牢记使命”主题教育接诉即办专项会议。26日，举办“不忘初心、牢记使命”主题教育活动暨庆祝中华人民共和国成立70周年文艺演出。10月17日，斋堂镇党委书记以《深化思想认识 强化党性修养 奋力谱写新时代斋堂红色党建引领绿色发展新篇章》为题讲党课。23日至24日，斋堂镇机关党支部分两批次组织党员到香山革命纪念地参观学习。11月26日，市委“不忘初心、牢记使命”主题教育第四巡回指导组到斋堂镇调研。12月6日，斋堂镇党委召开2019年度领导班子“不忘初心、牢记使命”专题民主生活会。

（梁 也）

【斋堂镇商会成立】 11月15日，斋堂镇举行北京市门头沟区斋堂镇企业商会成立大会预备会和成立大会，32名企业代表通过投票选举出商会会长、副会长、秘书长。成立斋堂镇企业商会是促进党建引领经济发展，红色聚力产业融合的重大创造性举措，也是积极搭建企业抱团发展，深入实施乡村振兴战略的建设性成果。

（梁 也）

【第一届白虎头村民间咸菜大赛】 12月12日，斋堂镇白虎头村举办“寻味白虎头之酱心在民间”第一届白虎头村民间咸菜大赛，23位参赛村民提交30余道参赛作品。

（梁 也）

【党的十九届四中全会精神宣讲】 12月19日，斋堂镇开展学习贯彻党的十九大四中全会精神宣讲活动。镇领导班子成员、机关干部、村居两委班子成员150余人参加。20日，区委宣传部领导到桑峪村开展学习贯彻党的十九届四中全会精神宣讲活动，30余人参加活动。

（梁 也）

清水镇

【概况】 2019年，清水镇总面积339平方公里，耕地面积207.54公顷，园地1457.74公顷，林地面积26756.73公顷，草地面积2706.71公顷，辖32个行政村，户籍户数7003户，常住户3946户，户籍人口11557人，常住人口6583人，基层党支部39个，党员1412人。年内，全镇经济总收入完成54550.7万元，同比增长10.6%；人均可支配收入达18856元，同比增长11.3%；区级财政收入2315万元，同比增长38.46%。低收入农户人均收入21158.2元，同比增长19.6%，实际监测低收入农户实现全部脱低。实施百万亩造林1300亩、留白增绿103亩、困难地造林1670亩。空气质量PM2.5指标在门头沟区排名第一。培育发展蜂蜜产业，新增蜜蜂养殖户64户，蜂群862群。在灵山实施软硬隔离、生态绿化等生态修复工程，联合涿鹿县矾山镇、谢家堡乡成立三地70人的灵山生态巡查管护队伍。完成清水百花沟域建设项目一期工程建设，接续实施清水百花沟域建设项目二期工程。实施清水镇奇异莓产业发展项目，新发展奇异莓88亩。全年吸引游客达11.8万余人次。年内，拆除市级平台上账违法建设758处、8.94万平方米，拆除率、销账率、录入率均达100%。实施“雪亮工程”建设，新装覆盖探头364个，监控室专用摄像机32个，改造老旧探头200余个。完成30个村的村庄规划，并启动两个传统村落保护规划工作。

单位名称：北京市门头沟区清水镇人民政府
地　　址：北京市门头沟区清水镇上清水村河西60号
电　　话：60855407
邮　　编：102311

（于 溪）

【结对帮扶】 1月3日，区文联到清水镇开展“写春联送祝福”活动，送出春联500余幅、“福”字500余张，赠送书籍100余本。16日，区科委到黄安村开展低收入帮扶慰问，为31户低收入户与30名60岁以上老人送去61份慰问品。24日，市农林科学院蔬菜研究中心书记到梁家庄村慰问低收入农户，为90户低收入户与11名60岁以上老人送去101份慰问品，并开展座谈。24日，市规自委门头沟分局党组书记、局长到椴木沟村开展帮扶慰问活动。赠送慰问品15份。24日，西城区区委组织书法家到黄塔村开展送春联活动，并走访11户村民。30日，丰台区统计局班子全体成员到上达摩村开展帮扶走访慰问活动，赠送慰问品20份。6月25日，北京市自来水集团有限公司到齐家庄村开展低收入帮扶调研工作座谈会，并慰问建国前老党员。7月3日，门头沟青年联合会到梁家铺村和杜家庄村了解村内低收入情况，并为村内儿童捐赠书籍。25日，首农集团、二商东方食品到清水镇2个结对帮扶的低收入村调研，考察天河水村养蜂帮扶项目并参观了李家庄果园。9月3日，西城区总工会到杜家庄村开展结对协作座谈会，就结对协作立项等事宜进行探讨，并签订战略框架协议。27日，地铁公司、市国资委扶贫办相关领导到椴木沟村走访调研，检视地铁公司投资修建的红色文化标识建设成果，到S1线桥户营站看望椴木沟村低收入人群就职代表。10月8日，门头沟发改委和建行门头沟支行一行到齐家庄村开展帮扶调研，结合“不忘初、牢记使命”主题教育进行入户调研，发改委为养蜂户送去全体党员捐助的慰问金，现场购买600余斤蜂蜜，解决蜂蜜销售难问题。29日，门头沟区体育局到双塘涧村开展低收入调研和慰问工作。向双塘涧赠送3500元的爱心小屋基金，并对3户家庭困难户开展慰问活动。

（于　溪）

【“第一书记”派出单位调研慰问】　1月15日，清水镇齐家庄“第一书记”派出单位北京市自来水集团门头沟区分公司到齐家庄村进行调研慰问，为全村436户送上慰问品大米，慰问金额2.64万元。16日，椴木沟“第一书记”派出单位北京地铁公司到椴木沟村进行节日慰问，为低收入户、老党员和困难老人发放慰问品45份。17日，北京地铁运营二分公司保卫部和椴木沟村第一书记到地铁S1线慰问椴木沟村转移就业人员，送去13件保暖内衣。23日，黄塔村第一书记派出单位北京经济技术开发区建设发展局领导到黄塔村对全村70岁以上老年人进行慰问。2月1日，北京首农食品集团有限公司、北京首农食品集团南郊农场、北京二商东方食品集团有限公司相关负责人带队到“第一书记”派驻村李家庄、天河水村走访慰问，并实地调研李家庄村国光苹果果园，研讨果园提质增效实施方案。

（于　溪）

【工作交流】　1月4日，潭柘寺镇到清水镇开展第一书记慰问与美丽乡村建设工作交流，到梁家铺村进行实地调研座谈。向清水镇政府捐赠10万元用于梁家铺村开展低收入帮扶各项工作。随后，到洪水口村实地参观美丽乡村建设情况，开展主题党日活动，最后围绕美丽乡村建设工作开展专题座谈。潭柘寺镇各村党代表，机关工作人员140余人参与此次活动。3月14日，龙泉镇党委、政府和各社区村领导到洪水口村就险村搬迁、村庄发展进行交流座谈。

（于　溪）

【消防培训】　1月17日，清水镇邀请北京众安晓育消防职业技能培训学校开展消防安全知识培训。全镇32各村、驻镇单位负责人及全镇机关干部参加培训。

（于　溪）

【创城工作】　1月18日，副镇长带领创城市场环境建设组，强化各村之间日常巡查，累积出动2车次，6人次，巡查5个村庄，检查点位11处，宣传教育33人次，清理无证经营1处。年内，新增横幅80块、公益广告96块、展板32块、宣传栏32块，累计发放“致市民朋友的一封信”3000余封，发送法治、创城主题短信2万余条。整改创城达标村台账10处。年内，开展主题志愿活动8次、主题社会动员活动5次。推选4个创城达标村，组建40支镇、村级服务队。

（于　溪）

【红十字会慰问】　1月24日，镇红十字会工作人员到黄塔村开展“红十字博爱送万家”为主题的春节送温暖活动。为困难群众送上慰问金3000元。

（于　溪）

【第七届党代会第四次会议】　1月25日，召开清水镇第七届党代会第四次会议。会议听取和审查中共清水镇第七届委员会2018年工作报告，镇纪委工作报告，党费收缴、使用情况报告，镇党委领导班子成员述职述廉报告，全体党代表对镇党委班子及成员进行民主评议。党代表围绕党委、纪委工作报告展开讨论。普通党代表进行述职，并就党建工作提出质询。89名党代表和72名特邀列席人员参加会议。

（于　溪）

【春节联欢会】　1月31日，下清水村举办“福满京城·春贺神州”春节联欢会。村内乐队、舞蹈队、职康站残疾人参加演出。演出《十九大精神好》《打靶归来》《新年好》等曲目。现场观看村民80余人次。

（于　溪）

【第一书记评议会】　1月，开展“第一书记”集中述职评议会，对20个低收入村驻村第一书记开展述职评议活动。第一书记围绕一年来在村开展工作情况向党委进行述职报告。

（于　溪）

【元宵节活动】 2月19日，在下清水村冰场举办“正月十五闹冰灯”活动。现场有打冰花、赏冰灯、篝火晚会等多种特色活动，吸引游客众多。

（于　溪）

【“扫雪铲冰”志愿活动】 2月19日，清水镇主要领导带领镇机关干部开展“扫雪铲冰”志愿活动。此次活动全镇共出动志愿者480人。12月16日，开展“扫雪铲冰”志愿活动，全镇共出动志愿者300余人次。

（于　溪）

【大气污染防治】 2月22日至23日，清水镇主要领导带队巡查小组开展大气污染防治工作，巡查3次，其中夜查2次，累计巡查13个村，23个点位，现场责令整改问题3处。年内，清水镇完成5家上账餐饮企业油烟净化设备改造达标，PM2.5年均浓度低于48微克/立方米，在门头沟区排名第一。累计出动执法人员500余人次，执法车辆250余辆次，规范各类问题400余起，处理案件50起，完成2017年、2018年“绿盾”专项行动中发现的四类焦点问题和巡查问题“回头看”整改任务。

（于　溪）

【文化服务供给】 2月26日，清水镇同区文化馆就文化志愿者、文化下基层辅导等方面召开座谈会。达成传统文化、铜管乐队帮扶提升意向。年内，组织星火演出126场，累计放映公益电影1890场，开展“我们的节日”主题文化演出7场，组织“红五月”“乡村大舞台”等品牌活动5场，开展“我和我的祖国”主题党日文化演出、“壮丽七十年 奋斗新时代”迎国庆演出等镇村两级文体活动46场，累计受益1万余人次。

（于　溪）

【学习强国热潮】 2月，清水镇在全镇范围内推广“学习强国”APP。完成32个村级党支部、5个机关党支部及1个非公党支部管理组织架构搭建，完成注册激活671人。

（于　溪）

【第七届人民代表大会第四、五次会议】 3月7日，清水镇召开第七届人民代表大会第四次会议，会议审议通过了《政府工作报告》《财政工作报告》。镇人大代表出席会议，辖区单位主要负责人、机关中层干部及部分村党支部书记列席会议。12月26日，清水镇召开第七届人民代表大会第五次会议，41名代表出席，各村书记及机关各科室负责人列席会议。会议评议2019年政府专项工作——清水镇精品民宿项目，选举产生清水镇第七届人民政府副镇长1名，举手表决通过《国道109新线高速公路（西六环路—市界段）工程腾退补偿方案》。

（于　溪）

【食品惠民大集】 3月28日，首农食品集团联合清水镇人民政府，在上清水文化广场举办首次“首农食品惠民大集”。大集以“品味首农食品，共享美好生活”为主题，将百余种优质副食品在清水镇集中展卖。

（于　溪）

【保护传统村落】 4月9日，清水镇张家庄村、燕家台村启动市级传统古村落志编纂工作。12月4日，张家庄村、燕家台村传统村落保护规划联审会召开。

（于　溪）

【镇域规划和驻村规划师对接工作会】 4月17日，清水镇党委书记主持召开镇域规划和驻村规划师对接工作会，全面启动镇域规划和驻村规划指导相关工作。北京建筑设计研究院院长作为对接单位负责人，同镇相关科室进行交流，了解清水镇规划基础，记录各科室意见。

（于　溪）

【文物古建安全隐患排查】 5月8日，清水镇安全科联合镇文化中心成立检查组对镇文物古建及古民居开展安全隐患排查。检查组重点针对用火用电安全、消防设备设施及房屋使用安全隐患进行检查，共检查文物古建及古民居5处。

（于　溪）

【街乡吹哨 部门报到】 5月11日，清水镇旅游管理科联合区文旅局、镇环境综合治理科、城管大队清水分队、清水派出所、小龙门森林公安派出所协同整治灵山景区的安全、环境等问题。累计劝返满载游客大巴车9辆、小巴车2辆、房车2辆，自驾游客若干。8月2日，清水镇就京西白蜜如何流入市场增强市场竞争力等相关问题吹哨，区市场监管局来报到，双方就减少经营风险，形成规模效益，增强市场竞争力进行探讨和研究。

（于　溪）

【基本无违建镇攻坚战誓师大会】 5月13日，清水镇在下清水村礼堂召开“决战35天暨坚决打赢基本无违建镇攻坚战”誓师大会。镇领导班子成员，全体机关干部，各村书记、主任，两委班子成员，清水镇派出所、卫生院、公路分局、供电所、中心学校和百花山管理处等主要负责同志参加会议。会上，清水镇副镇长、创“基本无违建镇”指挥部常务副总指挥、指挥部办公室主任，派出所所长、纪委书记表态发言。组织委员宣读倡议书。镇党委书记、镇长、主管领导、包片领导、包村组长分别与32个村党支部书记、主任签订《清水镇创建基本无违建镇责任书》。

（于 溪）

【新农村建设领域维稳工作会】 5月，清水镇召开新农村建设领域维稳工作会。会上，区公安分局治安支队就工程领域扫黑除恶等工作做出强调部署，区司法局法律援助中心律师就有关工程建设的法律法规进行解读。相关科室负责人、各村党支部书记、监理公司监理人员、各施工单位的负责人进行发言。区人保局劳动监察大队副队长、区公安分局治安支队领导、区司法局法律援助中心领导、清水镇经济办、规划科、综治办、社保所负责人，上达摩、达摩庄、江水河、黄安坨4个村党支部书记以及负责新农村建设的副镇长苏参会。

（于 溪）

【红五月歌咏比赛】 5月17日，清水镇第四届“劳动最光荣”红五月歌咏比赛暨清水镇农耕饮食文化节开幕式在上清水村文化活动中心举办，31支队伍参赛，近千余人观看。

（于 溪）

【温馨家园春季运动会】 5月30日，清水镇残联在齐家庄村举办温馨家园春季运动会，全镇80余名残疾人参加。

（于 溪）

【低收入体检】 5月，清水镇组织镇域内45岁至65岁的低收入户共213人进行体检。

（于 溪）

【主题党日活动】 6月27日，清水镇机关党总支联合清水供电所党支部在杜家庄村开展“我和我的祖国”主题党日活动，共同重温红色历史，传承红色基因，不忘初心使命跟党走。9月19日，清水镇结合“不忘初心、牢记使命”主题教育，组织下清水村、供电所、卫生院、学校、派出所、消防大队、镇团委等10余家单位，举办千人合唱《我和我的祖国》主题党日活动，以歌声向伟大祖国献礼，向伟大时代致敬。

（于 溪）

【人大活动】 7月18日，清水镇人大“创城”督导组到上清水村、下清水村、西达摩村和洪水峪村，对4个村“创城”工作开展督导检查。共检查出18个突出问题，将问题点位整理成台账，落实到各责任科室和各村进行整改。

（于 溪）

【就业帮扶】 8月23日，椴木沟村第一书记与清水镇政府、区人力资源和社会保障局、北京地铁公司三方联系协调，邀请到北京地铁公司下属的十家分公司到区人保中心开展人员招聘活动，提供站务员、机械工程师、博士后科研工作站等260余个岗位，1000余人现场与公司达成就业意向。

（于 溪）

【完善全镇消防设施】 8月，清水镇安全科为全镇32个村委会及生产经营单位进行灭火器年检维护。对全镇32个村进行逐一走访检查，共年检灭火器1934具，累计花费49350元。安装独立烟感报警器239个。

（于 溪）

【民俗户长桌宴】 9月6日，清水镇举办农耕饮食文化节暨洪水口村长桌宴，吸引30余户民俗户前来参加，共烹制美味菜品90余道，向广大村民发放《门头沟区市民文明手册》100本。

（于 溪）

【“不忘初心、牢记使命”主题教育】 9月13日至17日，清水镇32个村党支部、5个机关党支部、2个非公党支部、2个社会组织党支部相继召开“不忘初心、牢记使命”主题教育工作会，安排推进主题教育工作。各基层党支部组织党员集中学习了中央、市委、区委“不忘初心、牢记使命”主题教育会议精神及《清水镇基层党组织开展“不忘初心、牢记使命”主题教育的实施方案》。19日，清水镇组织下清水村、供电所、卫生院、学校、派出所、消防大队、镇团委等10余家单位，举办千人合唱《我和我的祖国》主题党日活动。10月14日，开展“不忘初心、牢记使命”主题教育暨党委书记讲党课活动，100余人参加会议。

（于 溪）

【国际减灾日宣传】 10月12日，清水镇举办2019年国际减灾日宣传活动。活动共布置展板11块、悬挂横幅1条，发放各类宣传资料700余份。

（于 溪）

【水务工作会】 11月6日，清水镇召开水务工作会，邀请区水务局、水政执法大队、水务局工程科、区水务局节水办、区卫生监督所参加，为全镇32个村书记进行农村用水相关法律法规培训，并到龙王、张家庄、八亩堰等村实地考察井房与消毒设备安装使用情况。

（于 溪）

【安全生产责任保险】 11月7日，清水镇安全科陪同人保财险门头沟分公司工作人员与镇内参保企业完成安全生产责任保险的签订工作，共签订安责险17份。

（于 溪）

【煤气中毒预防工作】 11月12日，清水镇召开2019年度至2020年度预防煤气中毒工作部署会。党委书记、副书记、综治办主任、派出所政委、各村书记30余人参加会议。会上，通报往年煤气中毒事故案例，并宣读《清水镇2019-2020年度预防煤气中毒工作方案》，进行业务知识培训。

（于 溪）

【宪法宣传活动】 12月3日，清水镇举办“12.4”宪法宣传活动。活动中播放《宪法伴一生》《一分钟宪法》等主题宣传片，工作人员通过解答问题、发放宪法宣传品等方式向来往群众普及宪法知识，累计发放各类宣传品400余份。

（于 溪）

【党建工作】 年内，清水镇累计召开党建工作专题会4次、党支部书记例会7次、组织委员例会3次、党建助理员例会8次。镇领导班子累计开展理论中心组学习4次、集中自学研讨4天、实地传统革命教育1次、警示教育1次、形势政策教育1次。各基层党组织累计组织集中学习5次、学习交流2次、志愿服务3次。深入基层调研7次，召开现场会3次，发现问题11个，现场解决问题3个。结合“两委”换届调整后备干部队伍86人。组织开展“榜样的力量”红色传承活动24期，先后对69名优秀共产党员、60名55年以上党龄党员入户采访，建立建国前老党员“红色故事档案”，组建“红色清水宣讲团”。组织开展“党员亮身份”活动，完成31个村1200余名党员户挂牌工作。打造红色党建新阵地，完成18个村党组织活动场所修缮提升项目。整合资金83万元修缮黄安村昌宛专署旧址。年内，完成17名预备党员转正，新发展党员13名，举办积极分子培训班1期、发展对象培训班1期。

（于 溪）

【河长制工作】 年内，清水镇镇级、村级河长巡河APP任务完成率100%，清理整治上账堆物堆料10处、河道环境问题134余处，清理砂石料5.95万余方、河道渣土60余吨、生活垃圾20车、建筑垃圾40车、水面漂浮物14车。累计出动镇村级河长制人员980余次，开展护河行动3次，清理上、下清水109国道沿线河底河岸河面垃圾40袋，参与人员242人次。

（于 溪）

【人居环境整治】 年内，清水镇累计投入资金1500余万元，清运生活垃圾3600余吨、清理卫生死角450余个、堆物堆料6200余处、乱贴乱画350余处，安装装饰花箱、花盆3000余个，栽植花卉、树木约50余万株。组织镇域内227个餐饮单位签订餐厨垃圾收运合同。维修街巷长公示牌64块，任命街巷长32人，累计巡视时长3000余小时，处理各类事件350余件。

（于 溪）

【厕所革命】 年内，清水镇整合资金640余万元，对镇域32座未达标公厕实施提升改造。

（于 溪）

【污水处理】 年内，清水镇完成25个村污水处理站的新建与改造工程，26个村及2个景区的污水管网建设，铺设管线长度85.204公里。

（于 溪）

【安全饮水工程】 年内，清水镇组织各村清洗蓄水池并安装消毒设备29套，新建井房3座，19个村办理卫生许可证。在台上和梁家庄村试点安装智能水表355块，投资25万元。

（于 溪）

【高端民宿产业】 年内，清水镇打造以梁家庄、小龙门为代表的精品民宿产业。朗诗集团小龙门村发高端民宿项目，签署宅基地的租赁合同19宗，与村集体签署村产合作协议，完成1处民宿改造施工。中建集团投建的黄安坨百花山社精品民宿，签署宅基地租赁合同6宗，两处改造完成民宿投入试运营。梁家庄村17处高端民宿国全部投入运营，“十一”假期民宿旅游综合收入达到6万元，同时解决5个村民的就业问题，月人均收入2380元。

（于　溪）

【接诉即办】　年内，清水镇制定“接诉即办”工作方案，落实7×24小时平台值守制度，彻底化解黄安村月亮城违建等问题，督促解决燕家台村护林员无法发放问题。通过“吹哨”联合多部门针对市民反映灵山环境卫生问题，开展灵山景区封闭整治工作。协调解决双塘涧领养孩子无法问题。

（于　溪）

【险村搬迁工作】　年内，清水镇5个险村搬迁村发放760余户个人建房补贴2442余万元，基础设施建设资金支出6338万余元。完成346户抗震节能房验收，127户危房改造房屋验收。

（于　溪）

【安全生产检查】　年内，清水镇开展各类安全生产专项整治行动，累计检查生产经营单位343家次，发现安全隐患36处，下达责改指令书35份，开展联合执法检查11次。

（于　溪）

【低收入帮扶项目】　年内，清水镇投资2800万余元，实施中草药、精品蔬菜、巴梨种植等低收入帮扶项目27个。

（于　溪）

【扫黑除恶专项斗争】　年内，清水镇制作“扫黑除恶”硬质横幅37条，宣传材料700余份，编写微信信息1000余条。

（于　溪）

【村“两委”换届选举】　年内，清水镇完成村“两委”换届选举，32个村有28个村实现书记、主任“一肩挑”，较上届提升68.75%，“两委”交叉任职43人，较上届增加19人。

（于　溪）

妙峰山镇

【概况】　2019年，妙峰山镇镇域面积110平方公里，辖17个行政村，5905户10238人，其中农业人口6100人，农村经济总收入34223.3万元，人均所得16502元。年内，妙峰山镇评为“全国乡村绿化美化示范镇”“首都森林城镇”“2018年度首都绿化美化先进单位”“2019年度消防工作先进镇街”称号，炭厂村评为“2018年度首都绿色村庄”。

单位名称： 中国共产党北京市门头沟区妙峰山镇委员会
北京市门头沟区妙峰山镇人民政府
地　　址： 北京市门头沟区妙峰山镇陇驾庄村
电　　话： 61880012
邮　　编： 102300

（王译霄）

【创建全国文明城区】　1月3日，妙峰山镇召开全镇创城“达标村”第一次擂台赛，对17个村从“创城常规工作”“村庄环境建设”和“市场秩序管理”3个方面进行考核排名。2月20日，开展“保护母亲河”环保志愿服务活动，清理生活垃圾50余公斤。3月5日，召开创城工作再动员再部署工作推进会。6月20日，召开新时代文明实践所（站）启动仪式。9月27日至29日，开展“文明实践传思想　绿水青山颂祖国”主题活动，200余人参加。9月，清理乱堆乱放处，私搭乱建1500余处，清理杂草、建筑渣土等垃圾2600余吨，新增饮用水管130米，各村统一布置花箱600余组，栽种绿植花卉2万余株，开展志愿服务活动30余次。

（王译霄）

【纪检监察】　1月15日，妙峰山镇召开新一届村党支部班子成员集体廉政谈话。4月4日，召开党风廉政建设工作大会。12月16日与20日，召开“以案为鉴、以案促改”疏整促专项警示教育会。

（王译霄）

【对口帮扶】　1月17日，涿鹿县领导到妙峰山镇参观炭厂村神泉峡景区、水峪嘴村京西古道景区和陈家庄村蚯蚓养殖基地，调研美丽乡村建设、新农村党建工作和产业转型发展情况。3月28日，内蒙古察右后旗代表团到水峪嘴村参观调研新农村发展建设。10月17日，妙峰山镇举办主题为“凝心聚力、携手扶贫”国家扶贫日主题活动。12月30日，开展“冬日送温暖”活动。

（王译霄）

【旅游文化】　1月17日，澳门特别行政区相关部门领导到涧沟村调研红色文化。4月9日，昆明市考察组成员到水峪嘴村调研京西古道旅游设施、新农村建设。10日，中央保密局领导到平西情报联络站调研红色文化。11日，市文化旅游局领导到上苇甸村考察旅游发展项目。5月5日至19日，第二十七届妙峰山传统民俗庙会举行，共接待游客1.5万人次，同比增长5%，实现旅游综合收入40万元，同比增长7%。年内，开展各类宣传活动50余次，举办文艺活动44场次，公益电影放映1000场次。

（王译霄）

【第五届代表大会第四次会议】 1月25日，中国共产党妙峰山镇第五届代表大会第四次会议召开，镇党代表93人出席会议。会上审议通过2018年度妙峰山镇党委、纪委工作报告决议，2018年度妙峰山镇党费收缴使用和管理情况报告（草案），通报上一年度代表提案、提议和意见建议办理情况的报告，基层代表分别进行任期履职发言，并开展代表提案工作。

（王译霄）

【维稳工作】 1月25日，妙峰山镇召开2019年春节“黄金周”文化旅游安全工作部署会。3月5日，召开“两会”安保维稳工作会。4月，妙峰山镇各村党支部组织“两委”干部开展“扫黑除恶”专项工作集中学习。4月21日，妙峰山镇召开服务保障“一带一路”高峰论坛和世园会工作会议。5月15日，开展亚洲文明大会服务保障工作。6月20日，中央扫黑除恶第11督导组到妙峰山镇开展督导工作。9月2日，妙峰山镇召开中华人民共和国成立70周年庆祝活动妙峰山镇服务保障工作动员会。

（王译霄）

【党建工作】 1月30日，妙峰山镇召开2018年总结表彰大会。3月7日，召开妙峰山镇2018年度基层党组织书记述职承诺大会。4月4日，召开践行“绿水青山就是金山银山”发展大会暨2019年党建大会，部署2019年全镇工作重点、党风廉政建设工作、组织工作及宣传思想文化工作。4月17日至19日，举行“红色传承 绿色发展”新一届村“两委”干部培训班。7月8日，召开“七一”表彰大会，开展“共产党员献爱心”捐款活动。9月12日，召开“不忘初心、牢记使命”主题教育工作会。11月，开展党支部书记轮训班暨全体党员培训。12月5日，开展“不忘初心、牢记使命”主题教育专项整治工作会。23日，召开“不忘初心、牢记使命”主题教育自查工作会。

（王译霄）

【疏解整治促提升】 1月，妙峰山镇印发创建“基本无违建镇”工作方案，召开创建“基本无违建镇”动员部署会。4月21日，拆除陇驾庄村原石灰厂违建1处，拆除面积为1000余平方米。5月1日至6日，拆除斜河涧村、陈家庄村等5个村53处违建，涉及图斑321处，拆除面积33404.4平方米。5月7日至9日，拆除陈家庄村3处违建，拆除面积为1100余平方米。6月5日，拆除金顶妙峰度假村2000平方米，涉及图斑18个。12日，拆除斜河涧村、岭角村、妙来峰生态观光园等违建7处，2900余平方米。14日，拆除丁家滩村等2处违建，2400余平方米；拆除古岸农庄（瑶医）违法建设8400余平方米。7月13日，拆除陇驾庄村京西水岸违建，拆除面积为6959.52平方米。7月18日至23日，拆除违建6处，拆除面积为5000余平方米。11月23日，拆除上苇甸村老兵之家违建2864.37平方米。

（王译霄）

【慰问与志愿慈善服务】 春节期间，平安建业消防技术公司为桃园村村民带来40份新年慰问品；北京地铁公司领导到丁家滩村调研指导工作并给村民带来慰问品；谷山村为担礼村全体村民发放面，食用油等春节慰问品；国华盛鼎有限公司为陈家庄村民发放米面油春节慰问品；陇驾庄村为60岁以上老人发放米、面、油、保健品、理发票等春节福利；水峪嘴村开展“古道分红大会”；恒丰银行北京第三党支部与樱桃沟党支部联合开展乡村振兴手拉手活动，对建国前老党员及70岁以上老人进行走访慰问。7月1日，妙峰山镇干部慰问建国前老党员。30日，向部队官兵致以节日的问候并赠送慰问品，海军部队到炭厂村开展理发、健康检查等志愿服务活动，并在上苇甸村进行村庄大扫除活动，100余人参加。

（王译霄）

【吹哨报到】 2月1日，妙峰山镇陇驾庄村街巷长“吹哨”镇城管、食药所等相关科室，开展年前大集联合整治行动。5月24日，陇驾庄村“吹哨”，镇城管分队、镇公路管理站联合对市民热线12345反映的违规倾倒建筑垃圾问题进行处置。8月19日，妙峰山镇“吹哨”区水务局、区环保局等相关部门到上苇甸村苇甸沟水库进行环境联合执法，处理倾倒建筑垃圾问题。9月20日，镇文旅科“吹哨”区文旅局、区应急管理局、区市场监督管理局、区治安支队到京西古道、神泉峡景区检查旅游安全工作。24日，镇河长办“吹哨”区水政大队和区农业综采合执法队开展实地调研、现场执法。27日，镇政府“吹哨”区文旅局、供电所协调解决因施工致电缆损坏，造成村民家中无法使用大型电器设备问题。10月18日，镇政府“吹哨”区经管站协助解决人户分离等原因致自留地土地两地均未确权问题。11月4日，镇政府“吹哨”区城管执法局、规自分局，约谈“老兵之家”住户并限期腾退。

（王译霄）

【安全生产】 2月14日，妙峰山镇检查京西古道、神泉峡景区应对雪天安全措施落实情况。2月，开展安全检查专项行动，检查加油站、妙龙民用爆炸物品仓储服务中心、506公交丁家滩村车队、水峪嘴村供热气站、陇驾庄村煤气站等重点单位和烟花爆竹禁放点。3月5日，召开“红绿灯”文明引导队组建动员部署会、全国“两会”安全维稳工作会和环境建设工作推进会。4月7日，召开妙峰山镇2019年清明节期间森林防火动员部署会。25日，开展“一带一路”高峰论坛期间暨妙峰山景区“庙会”前食品安全综合检查行动。27日，召开妙峰山镇清明节安全祭扫工作部署会。9月，重点检查山边违规乱倒渣土乱象，封堵2个隐患点，日均劝阻20人次不文明行为。

（王译霄）

【法制宣传】 2月27日，炭厂村联合北京农商银行妙峰山分理处开展“防范打击非法集资”和“反假人民币”宣传活动。3月15日，开展“3·15”主题宣传活动，通过设立咨询台、发放宣传材料、解答群众疑问等形式提高村民安全意识，现场60余人参加，发放宣传材料300余份。5月10日，邀请区禁毒办到水峪嘴村开展“宪法进万家”活动，共发放宣传材料200余份，50余人参加。6月18日，北京禁毒委公益讲师为大家带来“如何对毒品说‘不’”主题讲座；区检察院到水峪嘴村开展公益普法宣传活动。11月，丁家滩村举办法治文艺演出，开展普法大讲堂10余场，提供法律咨询80余人次、法律援助10人次，法律服务直接受益千余人。12月9日，到妙峰山民族学校开展“学习宪法，我们在行动”主题讲座和“宪法在我心中”主题绘画活动，创作手抄报50余幅，发放宣传折页100余册；以发放法治宣传材料、法律咨询、专题讲座、有奖问答等方式在水峪嘴、丁家滩等村“12.4宪法宣传日”法治宣传活动和“12.4法治文艺演出”活动，现场解答法律咨询20余人次，发放各类法治宣传品1000余份，受教育人群400余人。

（王译霄）

【安全生产工作】 2月，妙峰山镇开展安全检查专项行动。检查加油站、妙龙民用爆炸物品仓储服务中心、南丁格尔、506公交丁家滩村车队、水峪嘴村供热气站、陇驾庄村煤气站等重点单位和烟花爆竹禁放点，查看各单位节日期间值班表及灭火等安全设备，出动5人。永定河妙峰山段河道放水86万方，出动30人次加强巡查。14日，检查京西古道、神泉峡景区应对雪天安全措施落实情况，出动8人次，清理积雪，出动40余人次。3月25日，开展“一带一路”高峰论坛期间暨妙峰山景区“庙会”前食品安全综合检查行动，出动执法人员12人。26日，妙峰山镇联合区应急管理局、区文旅局、区消防支队等5家单位，对京西古道和神泉峡景区进行安全检查，出动15人次。27日，召开妙峰山镇清明节安全祭扫工作部署会。6月，多科室联合在丁家滩村组织开展以“防风险、除隐患、遏事故”为主题的安全生产月宣传活动。9月，重点检查山边违规乱倒渣土乱象，封堵2个隐患点、日均劝阻20人次不文明行为、安排7名铁路护路联防员“白天＋夜查”。12月15日，排查危险房屋以及蔬菜大棚安全隐患，并巡查沿河线主要路口，制止一起“烧荒”行为。16日，各村两委班子组织党员清扫主要道路，保证出行安全，出动80余人次。19日，妙峰山镇组织消防安全大检查。30日，开展镇域各单位安全大检查，检查涉危企业、加油站、施工地等10余家次，并强调节日期间用水、电、暖等各项安全；全镇498名护林员全员上岗。

（王译霄）

【环境整治】 3月3日，上苇甸村委会与驻地海军部队联合开展“军民共建——环境大清理”活动，对主要大街及沿线公交站台进行清扫；樱桃沟村“两委”班子组织村内党员和村民代表开展“对白色垃圾说不”清洁志愿服务，此次活动累计清理白色垃圾10余斤。4月22日，陇驾庄村、担礼村等8个涉及村庄组织人员力量按区域分组进行拉网式清理各类垃圾、乱堆乱放，铲除小广告等。发动党员群众60余人、钩机1台，共整改完成100余处环境问题。5月21日，查处渣土运输车4辆，规范门前三包15余家，清理店前堆物堆料11处，联合区交通局清除僵尸车1辆。6月22日，炭厂村种植月季、孔雀草等13种花卉6000余株，绿化美化面积3000平方米。截至6月，在斗量河滩等黄土裸露地块播撒720斤花草种子，美化绿化面积500余亩，在村内新增月季、松树等2000余平方米。

（王译霄）

【群团工作】 3月8日，妙峰山镇庆“三八”妇女节举办香道传统文化打篆香体验活动，100余人参加。4月30日，机关党总支到水峪嘴古道景区开展团建活动。5月4日，妙峰山镇组织开展“红色传承 绿色发展”机关党员干部团建活动，与区法院团委联合开展“青春心向党 建功新时代”主题团日活动，重温入团誓词并在涧沟村进行环保志愿活动，30余人参加；组织机关干部开展主题团建，强化团队凝聚力，60余人参加。

（王译霄）

【第十一届村民委员会选举】 3月27日，妙峰山镇17个村完成第十一届村民委员会选举工作，选出村主任17名，全部实现“四个确保”重要指标。4月1日至10日，各村推选出监督委员会。

（赵 菁）

【“河长制”“山长制”工作】 4月1日，陈家庄村成立10人组成的护河队，每天在所属河段巡视维护河道安全和环境。24日，开展河道围垦（小片地）专项整治行动，从下苇甸河道开始向下游清理。出动80余人，钩机2台、农用车2辆，清理下苇甸村和水峪嘴村永定河河岸小片地2处，面积为4000余平方米，已填鱼塘12户1万余平方米，拆除围墙3300余沿米。5月25日，妙峰山镇推进永定河流域整治，集中清退整理河道小片地，快速拆除永定河蓝线范围内违建和填平鱼池坑塘。11月，17个村实施“山长制”，村级巡山员498人定岗定责并在重点沟口、路口由专人盯守，做好巡山防火工作。

（王译霄）

【第五届人民代表第四次会议】 4月12日，妙峰山镇召开第五届人民代表第四次会议。会议表决通过了妙峰山镇2018年政府工作报告的决议、妙峰山镇2018年财政预算执行情况和2019年财政预算（草案）的决议。

（王译霄）

【脱贫攻坚】 4月22日，妙峰山镇召开低收入帮扶项目设计汇报会，论证2019年低收入帮扶项目。5月1日至11月1日，实施南庄金垚农场产业二期和陈家庄药用蚯蚓绿色循环产业二期低收入帮扶产业项目。5月20日，组织54名低收入农户免费健康体检。10月10日，为全镇196户低收入农户共402人购买意外伤害保险及财产保险。17日，举办主题为“凝心聚力、携手扶贫”国家扶贫日主题活动，为对口帮扶单位募捐5265元。

（王译霄）

【“巡河巡山”专项行动】 4月24日，妙峰山镇开展河道围垦（小片地）专项整治行动，清理下苇甸村和水峪嘴村永定河河岸小片地2处，面积4000余平方米，填鱼塘12户近1万平方米，拆除围墙3300余沿米。11月，妙峰山镇17个村全面实施“山长制”，村级巡山员498人定岗定责并在重点沟口、路口由专人盯守，做好巡山防火工作。

（王译霄）

【大气治理】 9月25日，妙峰山镇启动空气重污染应急预案，规整8项应对重污染天气措施，对镇域内4家停产企业张贴停产通知及封条。

（王译霄）

【维稳工作】 截至9月27日，妙峰山镇排查治理隐患，筑牢安全红线，重点检查山边违规乱倒渣土乱象，封堵2个隐患点，2家企业按要求恢复原状完成整改。日均劝阻20人次不文明行为，7名铁路护路联防员“白天＋夜查”桥梁、涵洞，镇保洁队加大清洁道路卫生力度，完善绿色道路通行。

（王译霄）

【接诉即办】 年内，妙峰山镇制定对《市民热线反映》通报问题“接诉即办”的工作方案，修订试行为民服务信息平台处置回复流程，成立“接诉即办”工作组，确定专人负责督办、非工作日采用首问负责制等制度。

（王译霄）

【群团工作】 年内，妙峰山镇举行庆“三八”妇女节香道传统文化打篆香体验活动；开展“红色传承 绿色发展”机关党员干部团建活动、“青春心向党 建功新时代”主题团日活动。

（王泽霄）

王平镇

【概况】 2019年，王平镇总面积45.97平方公里，辖16个行政村、4个社区居民委员会，户籍人口4449户8408人，全部为非农业户口。年内，王平镇党委、镇政府落实生态林长效管护机制，完成新一轮百万亩造林工程、山前平缓地造林项目、宜林荒山造林项目工程后期养护工作，获评北京市绿化先进单位。开展河湖生态环境综合整治行动和专项执法行动，完成西王平村、色树坟村生态综合治理及农业基础设施项目建设，完成南涧沟水毁修复工程，修复沟道700余米。完成16个村美丽乡村村庄规划及实施方案的编制工作，联片打造韭园4村、东、西马各庄等6个美丽乡村示范村。加快推进体育运动休闲小镇建设，依托王平古道完成5条健身步道规划设计工作，获“北京市体育特色乡镇”称号。全年实现农村集体经济收入2678.8万元，比上年同期增加了1191.8万元，同比增长80.1%；农户所得总额12852.5元，比上年同期增加1211.6元，同比增长10.4%；人均所得23604元，比上年同期增加1603元，同比增长7.3%；完成税收1147.4万元，其中新招商引资企业100家，缴税任务300万。

单位名称：北京市门头沟区王平镇人民政府

地　　址：北京市门头沟区王平镇王平大街东路18号

电　　话：61859400

邮　　编：102300

（王　蕊）

【第四届代表大会第五次会议】 1月17日，中国共产党王平镇第四届代表大会第五次会议召开，82名镇党代表出席大会。大会深入学习贯彻习近平新时代中国特色社会主义思想，落实区委十二届九次全会精神，总结了2019年总体工作，部署了2020年重点任务。

（王　蕊）

【第二届民俗文化节】 2月19日，安家庄村举办第二届民俗文化节（小车会）。

（王　蕊）

【特色小镇项目合作座谈会】 2月26日，王平镇与京煤集团就2019年创建国家级运动休闲特色小镇项目召开座谈会，对推进、落地、合作等工作进行研讨对接。

（王　蕊）

【义诊活动】 3月4日，王平镇团委联合色树坟卫生院邀请北京平安医院的医务志愿者开展“迎学雷锋日 青春伴夕阳”义诊服务活动，20余名志愿者接诊70余人次。

（王　蕊）

【文化活动中心】 3月7日，王平镇文化活动中心正式开馆，并举行开馆仪式。王平镇文化活动中心总建筑面积2500平方米，辐射人口1万余人，内设有多功能厅、文娱活动室、图书室等。8月6日，王平镇文化活动中心开展以“伞动时光 清凉一夏”为主题的非遗手工活动，30余名群众参加.11日，举办“小荷清音”古筝专场音乐会，80余名群众参加。

（王　蕊）

【义务植树】 3月29日，中国气象局各机关单位共200余人到王平镇进行春季义务植树，活动栽种树木100余株。

（王　蕊）

【残疾人趣味运动会】 4月29日，王平镇举办残疾人趣味运动会，设置投沙包、运乒乓球、夹玻璃球、趣味保龄球、定点套圈等比赛项目，100余名残疾人参加活动。

（王　蕊）

【趣味漫步活动】 5月15日，王平镇色树坟社区组织老年人开展主题为“享受健康美丽人生”趣味漫步活动，80余位老人参加活动。

（王　蕊）

【“六一”庆祝活动】 5月31日，王平镇文化活动中心联合王平中心小学开展庆祝“六一”儿童节系列活动，主题是“放飞七彩梦想、拥抱欢乐童年”，200余人参加活动。

（王　蕊）

【冰雪嘉年华冰雪项目体验活动】 6月15日，区体育局、王平镇联合在惠和新苑社区举行“一区一品”冰雪嘉年华冰雪项目体验活动，500余名居民体验陆地冰壶、冰蹴球、陆地滑雪、VR滑雪器等器材。

（王　蕊）

【“最美金婚照”公益拍摄活动】 8月30日，王平镇老龄办邀请专业摄影师为全镇18对结婚满50周年老人拍摄“最美金婚照”。

（王　蕊）

【创城社会动员】 8月31日，王平镇以新时代文明实践推动日+60天村庄清洁行动为契机，开展主题宣讲、入户宣传、环境清扫三项活动，全镇21支志愿服务队共500余人参加。9月20日，王平镇组织机关党员40余人开展“迎国庆、践初心、立足岗位做贡献”为主题的党员志愿服务活动。

（王　蕊）

【创建国家特色小镇宣讲会】 10月12日，王平镇组织召开《推进创建国家级运动休闲特色小镇工作》宣讲会，邀请北京康比特体育股份有限公司项目经理进行宣讲。

（王　蕊）

人物　荣誉

全国最美家庭
（2019 年）

李守家庭

首都劳动奖章获得者名单
（2018 年，2 人）

刘　晶　李孝传

首都最美家庭
（2019 年，19 人）

刘　艳　王永萍　曹淑芬　高　霞
杨　阳　雷雯雯　耿腾飞　王海旺
李　夺　李树春　金谊平　杨丽苹
曹庆国　张金玲　胡彦明　王建亮
全福民　陈秀春　宋连军

首都最美家庭标兵家庭
（2019 年）

刘　艳

首都精神文明建设奖
（2019 年）

郝　磊

第十二届“首都见义勇为好市民”
（2019 年，2 人）

赵玉龙　吕永民

2019 年度首都绿化美化先进个人
（2019 年，15 人）

王　育　屈雪峰　夏　莉　李根谛
高季泽　周宝杰　王艳梅　范晓磊
李红金　张进奇　高瑞文　高文章
李　滨　姜　山　刘　强

“门头沟工匠”
（2019 年，10 人）

蒋建国　王中伟　曹长旭　何恒利
郑利强　刘婷赫　尚征武　李金忠
王惠芳　段计龙

门头沟区“最美女性”

路明英

门头沟“最美军嫂”
（2019 年，5 人）

陈　娟　王　靓　高　颖
张　敏　董丽婷

2019 年度首都全民义务植树先进单位
（4 家单位）

门头沟区政协机关
门头沟团区委
门头沟区园林绿化局
门头沟区总工会

2019 年度首都绿化美化先进单位
（3 家单位）

门头沟区妙峰山镇
门头沟区城管委
门头沟区水务局

2019 年度首都森林城镇

门头沟区妙峰山镇

2019 年度首都绿化美化花园式单位
（3 家单位）

门头沟区妇幼保健院
北京市京西林场北港沟分场
门头沟区第二再生水厂
—北京碧水源环境科技有限公司

2019 年度首都绿化美化花园式社区
（2 个社区）

大峪街道办事处向阳东里社区
大峪街道办事处临镜苑社区

2019 年度首都绿色村庄
（4 个村）

军庄镇西杨坨村
妙峰山镇禅房村
清水镇西达摩村
王平镇西马各庄村

统计资料

自然概况（2016年至2019年）

项 目	单 位	2016	2017	2018	2019
土地面积					
辖区面积	平方公里	1447.85	1447.85	1447.85	1447.85
新城规划区面积	平方公里	87	87	87	87
户籍人口					
户籍户数	户	120557	120146	121146	122536
户籍人口	人	251208	249131	250864	254102
农业人口	人	44950	43855	43218	42478
非农业人口	人	206258	205276	207646	211624
人口自然增长率	‰	7.45	-12.23	0.95	6.41
降水量及气温					
全年降水量	毫米	724.8	711	403.1	405.7
全年平均气温	℃	13.5	13.6	13.3	13.8

资料来源：北京市规划和自然资源委员会门头沟分局、门头沟区公安分局、门头沟区气象局。

行政区划（2019年）

项目	辖区面积 (平方公里)	村民委员会 (个)	社区居委会 (个)
合计	1447.85	178	123
大峪办事处	5.16		33
城子办事处	2.31		20
东辛房办事处	10.88		13
大台办事处	80.87		9
潭柘寺镇	79.83	12	3
永定镇	65.48	24	20
龙泉镇	30.80	17	16
军庄镇	33.47	8	3
妙峰山镇	112.61	17	
王平镇	45.92	16	4
雁翅镇	263.20	23	1
斋堂镇	382.17	29	1
清水镇	335.14	32	

资料来源：北京市规划和自然资源委员会门头沟分局、中共北京市门头沟区委社会工作委员会门头沟区民政局。

常住人口（2006 年至 2019 年）

单位：万人

年 份	常住人口	
		常住外来人口
2006	27.9	4.2
2007	28.2	4.4
2008	28.7	4.8
2009	28.8	4.6
2010	29.0	4.7
2011	29.4	4.8
2012	29.8	4.9
2013	30.3	5.0
2014	30.6	4.9
2015	30.8	4.8
2016	31.1	5.0
2017	32.2	5.0
2018	33.1	5.2
2019	34.4	5.7

户籍人口（2000 年至 2019 年）

单位：万人

年 份	户籍人口
2000	23.4
2001	23.4
2002	23.5
2003	23.6
2004	23.7
2005	23.8
2006	23.9
2007	24.0
2008	24.1
2009	24.4
2010	24.6
2011	24.7
2012	24.8
2013	24.9
2014	24.9
2015	24.9
2016	25.1
2017	24.9
2018	25.1
2019	25.4

资料来源：门头沟区公安分局。

国民经济主要指标（一）

项 目	单 位	2019	2018	增长速度（%）
人口与就业				
人口				
年末全区常住人口	万人	34.4	33.1	3.9
就业				
全部法人单位从业人员	人	111197	79130	40.5
城镇登记失业率	%	3.3	3.8	
宏观经济				
国民经济核算				
地区生产总值	万元	2492543	2323867	7.3
第一产业	万元	30915	33341	-7.3
第二产业	万元	671611	682832	-1.6
第三产业	万元	1790017	1607694	11.3
固定资产投资				
固定资产投资(不含农户)	万元			1.9
#房地产开发投资	万元	878398	722265	21.6
财政				
公共财政预算收入	万元	336481	315761	6.6
公共财政预算支出	万元	1109059	1063385	4.3

注：1.门头沟区人力社保局、门头沟区财政局。

2.地区生产总值为初步核算数，增长速度为现价增速。

3.2018年地区生产总值数据根据国家核算制度和门头沟第四次全国经济普查结果进行了修订。

国民经济主要指标（二）

项 目	单 位	2019	2018	增长速度（%）
产业				
农村经济				
农林牧渔业总产值	万元	68081.0	759229	-10.3
农村经济总收入	万元	122996	99786	23.3
工业				
规模以上工业企业总产值	万元	554603	768015	-27.8
商业				
社会消费品零售额	亿元	109.5	103.5	5.9
对外经济贸易				
新批“三资”企业	个	18	15	20.0
实际利用外资	万美元	3462	2851	21.4
金融保险				
金融机构存款余额	万元	8001176	7146659	12.0
#个人存款	万元	4151524	3556367	16.7
金融机构贷款余额	万元	2505194	2341810	7.0
保险业务收入	万元	28203	27839	1.3

资料来源：门头沟区农村合作经济经营管理站、门头沟区商务局、中国人民保险公司门头沟支公司、中国人寿保险公司门头沟支公司。

国民经济主要指标（三）

项 目	单 位	2019	2018	增长速度（%）
教育、文化、科技、卫生				
教育				
中、小学在校生	人	20205	19328	4.5
中、小学专任教师	人	1945	1857	4.7
文化				
公共图书馆总藏书	万册	121.5	109.4	11.1
科技				
专业技术人员	人	6115	6055	1.0
卫生				
卫生机构病床数	张	2981	2990	-0.3
卫生机构技术人员数	人	3769	3581	5.2
生活与环境				
生活				
城镇居民人均可支配收入	元	57892	53227	8.8
全部法人单位从业人员平均工资	元	103660	107057	-3.2
能源消费				
全社会用电量	万千瓦时	123042	118623	3.7
环境				
城市绿化覆盖率	%	47.4	46.4	1.0
城市污水实际处理量	万吨	1538.2	1286.0	19.6

资料来源：门头沟区人力社保局、门头沟区财政局、门头沟区教委、门头沟区文化和旅游局、门头沟区卫生健康委、门头沟区园林绿化局、门头沟区供电公司、门头沟区水务局。

地区生产总值

单位：万元

项　目	2019	2018	增长%（现价）	增长%（不变价）
地区生产总值	**2492543**	**2323867**	**7.3**	**6.0**
按产业分				
第一产业	30915	33341	-7.3	-7.3
第二产业	671611	682832	-1.6	-2.1
第三产业	1790017	1607694	11.3	9.8
按行业分				
农、林、牧、渔业	31359	33516	-6.4	-6.5
工业	391735	432845	-9.5	-9.5
建筑业	283698	253851	11.8	10.7
批发和零售业	155689	153252	1.6	1.9
交通运输、仓储和邮政业	15882	7122	123.0	125.8
住宿和餐饮业	98472	91841	7.2	2.7
信息传输、软件和信息技术服务业	61283	60756	0.9	1.2
金融业	202845	180283	12.5	12.0
房地产业	347562	326445	6.5	8.2
租赁与商务服务业	49317	43218	14.1	8.2
科学研究和技术服务业	94064	79981	17.6	15.3
水利、环境和公共设施管理业	36872	28881	27.7	14.6
居民服务、修理和其他服务业	43447	40828	6.4	4.9
教育	176487	139207	26.8	11.8
卫生和社会工作	126063	105969	19.0	15.9
文化、体育和娱乐业	47975	42452	13.0	15.2
公共管理、社会保障和社会组织	329793	303420	8.7	10.4

注：1.产业划分依据国家统计局2018年制定的《三次产业划分规定》（国统字〔2012〕108号），行业划分执行《国民经济行业分类》（GB/T4754—2017）。

2.2019年地区生产总值为初步核算数。

3.2018年地区生产总值数据根据国家核算制度和门头沟区第四次全国经济普查结果进行了修订。

附　录

中共北京市门头沟区委主要文件目录

中共北京市门头沟区委文件

京门发〔2019〕1号	中共北京市门头沟区委关于印发《区委常委会2019年工作要点》的通知
京门发〔2019〕2号	中共北京市门头沟区委北京市门头沟区人民政府关于印发《北京市门头沟区机构改革实施方案》的通知
京门发〔2019〕3号	中共北京市门头沟区委北京市门头沟区人民政府关于印发《门头沟区2019年重点工作任务台账》的通知
京门发〔2019〕4号	中共北京市门头沟区委北京市门头沟区人民政府关于印发《门头沟区落实加强新时代城市街道工作的意见2019年实施方案》的通知
京门发〔2019〕5号	中共北京市门头沟区委印发《关于做好新时代干部教育培训工作的实施意见》的通知
京门发〔2019〕6号	中共北京市门头沟区委北京市门头沟区人民政府印发《关于全面深化新时代教师队伍建设改革的实施意见》的通知
京门发〔2019〕7号	中共北京市门头沟区委关于支持检察机关依法开展公益诉讼工作的意见
京门发〔2019〕8号	中共北京市门头沟区委关于“红色门头沟”党建引领绿色发展的实施意见
京门发〔2019〕9号	中共北京市门头沟区委印发《关于落实＜中共北京市委贯彻《中共中央关于加强党的政治建设的意见》的措施＞的任务分工》的通知
京门发〔2019〕10号	中共北京市门头沟区委印发《关于新时代加强和改进人大工作的意见》的通知
京门发〔2019〕11号	中共北京市门头沟区委印发《关于在全区开展“不忘初心、牢记使命”主题教育的实施方案》的通知
京门发〔2019〕12号	中共北京市门头沟区委印发《关于新时代加强和改进政协工作的实施意见》的通知
京门发〔2019〕13号	中共北京市门头沟区委关于加快“绿水青山门头沟”建设的实施意见
京门发〔2019〕14号	中共北京市门头沟区委印发《门头沟区关于加强新形势下党的督促检查工作的实施方案》的通知

北京市门头沟区委办公室文件

京门办发〔2019〕1号	中共北京市门头沟区委办公室北京市门头沟区人民政府办公室关于印发《门头沟区2018年绩效考核办法》的通知
京门办发〔2019〕2号	中共北京市门头沟区委办公室关于印发《政协门头沟区第十届委员会2019年协商工作计划》的通知

京门办发〔2019〕3号　中共北京市门头沟区委办公室北京市门头沟区人民政府办公室关于印发《门头沟区关于统筹规范督查检查考核工作的若干措施》的通知

京门办发〔2019〕4号　中共北京市门头沟区委办公室北京市门头沟区人民政府办公室关于印发《门头沟区生态环境损害赔偿制度改革工作实施方案》的通知

京门办发〔2019〕5号　中共北京市门头沟区委办公室关于印发《区委常委会2019年议题计划》的通知

京门办发〔2019〕6号　中共北京市门头沟区委办公室北京市门头沟区人民政府办公室关于印发《门头沟区2019年双拥工作要点》的通知

京门办发〔2019〕7号　中共北京市门头沟区委办公室北京市门头沟区人民政府办公室关于印发《门头沟区贯彻落实新首钢打造新时代首都城市复兴新地标行动计划（2019-2021年）工作方案》的通知

京门办发〔2019〕8号　中共北京市门头沟区委办公室关于印发调整后的《中共北京市门头沟区第十二届委员会常委分工》的通知

京门办发〔2019〕10号　中共北京市门头沟区委办公室北京市门头沟区人民政府办公室关于印发《门头沟区推进精品民宿发展工作实施方案》的通知

京门办发〔2019〕11号　中共北京市门头沟区委办公室北京市门头沟区人民政府办公室关于印发《门头沟区2019年度综合考评实施方案》的通知

京门办发〔2019〕12号　中共北京市门头沟区委办公室关于印发《门头沟区关于解决形式主义突出问题为基层减负的具体措施》的通知

京门办发〔2019〕13号　中共北京市门头沟区委办公室关于印发2019年度重点调研课题和重点关注调研课题的通知

京门办发〔2019〕16号　中共北京市门头沟区委办公室北京市门头沟区人民政府办公室关于印发《北京市门头沟区安全生产督察方案》的通知

北京市门头沟区人民政府主要文件目录

北京市门头沟区人民政府文件

门政发〔2019〕10号　北京市门头沟区人民政府关于郝全等同志任免职的通知

门政发〔2019〕11号　北京市门头沟区人民政府关于张冉等同志任免职的通知

门政发〔2019〕19号　关于印发门头沟区公益性公墓管理办法的通知

门政发〔2019〕24号　关于印发门头沟区残疾人联合会改革方案的通知

门政发〔2019〕25号　北京市门头沟区人民政府关于印发门头沟区疏解一般制造业企业腾退发展“高精尖”产业奖励资金管理办法（试行）的通知

门政发〔2019〕26号　北京市门头沟区人民政府关于落实《北京市中小学校幼儿园安全管理规定（试行)》工作方案的通知

北京市门头沟区人民政府办公室文件

门政办发〔2019〕1号　北京市门头沟区人民政府办公室转发区经济信息化委关于门头沟区“信用门头沟”建设行动计划（2018-2020年）的通知

门政办发〔2019〕5号　北京市门头沟区人民政府办公室转发区文化委关于门头沟区政府向社会力量购买公共文化服务实施方案及指导性目录的通知

门政办发〔2019〕6 号	北京市门头沟区人民政府办公室关于印发《北京市门头沟区污染防治攻坚战2019 年行动计划》的通知
门政办发〔2019〕7 号	北京市门头沟区人民政府办公室转发区防火办关于门头沟区火灾风险隐患排查治理“三自活动”专项工作方案的通知
门政办发〔2019〕15 号	北京市门头沟区人民政府办公室转发区教委关于门头沟区 2019 年义务教育阶段入学工作实施细则的通知
门政办发〔2019〕16 号	北京市门头沟区人民政府办公室转发区教委关于门头沟区 2019 年非本市户籍适龄儿童少年接受义务教育证明证件材料审核实施细则的通知
门政办发〔2019〕20 号	北京市门头沟区人民政府办公室转发区教委关于门头沟区中小学坚持立德树人深入推进培育和践行社会主义核心价值观实施方案的通知
门政办发〔2019〕21 号	北京市门头沟区人民政府办公室转发区教委关于门头沟区强化学校体育促进学生身心健康全面发展实施方案的通知
门政办发〔2019〕22 号	北京市门头沟区人民政府办公室转发区教委关于门头沟区家校社共育三年行动计划（2019 ~ 2021 年）的通知
门政办发〔2019〕23 号	北京市门头沟区人民政府办公室转发区教委关于门头沟区加强中小学劳动教育实施方案的通知
门政办发〔2019〕24 号	北京市门头沟区人民政府办公室转发区教委关于门头沟区加强学校美育工作实施方案的通知
门政办发〔2019〕27 号	转发区防火办关于“防风险保平安迎大庆”消防安全执法检查专项行动方案的通知
门政办发〔2019〕28 号	北京市门头沟区人民政府办公室转发区食药安办关于 2019 年门头沟区食品药品重点工作安排的通知
门政办发〔2019〕29 号	北京市门头沟区人民政府办公室转发区生态环境局关于门头沟区地表水型集中式饮用水水源地环境保护专项行动方案的通知
门政办发〔2019〕30 号	北京市门头沟区人民政府办公室转发区防汛办关于门头沟区 2019 年防汛应急预案及防汛抗旱工作要点的通知
门政办发〔2019〕35 号	转发区商务局关于门头沟区全面推进“北京市服务业扩大开放综合试点工作”行动方案的通知
门政办发〔2019〕38 号	转发区商务局关于门头沟区提高生活性服务业发展资金管理暂行办法的通知
门政办发〔2019〕40 号	关于印发门头沟区区长副区长区政府党组成员工作分工的通知
门政办发〔2019〕41 号	转发区生态环境局关于门头沟区“迎国庆、治污染、保环境”60 天专项执法行动方案的通知
门政办发〔2019〕44 号	转发区农业农村局关于门头沟区开展“清洁村庄迎国庆”农村人居环境 60 天专项整治行动实施方案的通知
门政办发〔2019〕45 号	关于印发门头沟区落实陈吉宁同志调研门头沟相关指示精神工作分工方案的通知
门政办发〔2019〕46 号	转发区园林绿化局关于门头沟区完善集体林权制度促进门头沟区林业发展实施方案的通知
门政办发〔2019〕47 号	北京市门头沟区人民政府办公室关于印发门头沟区“绿水青山就是金山银山”实践创新基地建设实施方案（2019-2022 年）的通知
门政办发〔2019〕48 号	关于印发门头沟区在市场监管领域全面推行部门联合“双随机、一公开”监管实施方案的通知
门政办发〔2019〕50 号	北京市门头沟区人民政府办公室转发区司法局关于门头沟区 2019 年推进法治政府建设工作要点的通知

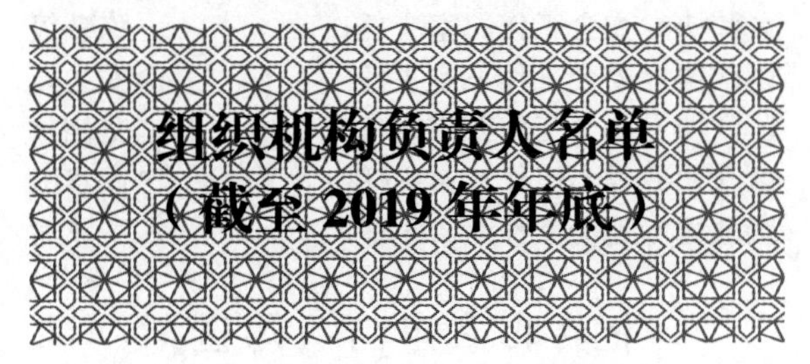

中共北京市门头沟区委员会

区 委 书 记　张力兵
区委副书记　付兆庚
　彭利锋（4月任）
区 委 常 委　张力兵、付兆庚、彭利锋
　张　永（11月免）
　陆晓光、张金玲
　范永红（12月任）
　王建华（4月任）
　金秀斌、李耀光
　庆兆珅（12月任）
　张兴胜（7月免）
　闫　中（12月免）
　张　闯（4月免）
区委办公室主任、区委保密委员会办公室主任、区国家保密局局长　金秀斌
区委组织部部长　陆晓光（4月免）
　王建华（4月任）
区委组织部分管日常工作的副部长（正处级）　王培兰
区委宣传部部长　张金玲
区委宣传部分管日常工作的副部长（正处级）　马占军
区委网信办主任　刘　学（11月免）
区委统战部部长、区社会主义学院院长　张　永
区委统战部分管日常工作的副部长（正处级）　周博华
区委政法委书记　彭利锋（5月任）
区委政法委分管日常工作的副书记（正处级）　李　健
区委综合考评办主任　聂淑芳
区委研究室主任　聂淑芳（10月免）
　夏名君（10月任）
区直机关工委书记　金秀斌
区直机关工委分管日常工作的副书记（正处级）　梁增霞
区委编办主任　杜斌英
区委老干部局局长　吕根群（5月免）
　张慧琦（11月任）
区委巡察办主任　刘建文
区委党校（区行政学院、区社会主义学院）常务副校长（常务副院长）　杜桂斌

北京市门头沟区人民代表大会常务委员会

区人大常委会主任　陈国才
区人大常委会副主任　许　彪、何　渊、李　伟
　陈　波（1月任）
　张　焱（不驻会）
区人大常委会办公室主任　陈世杰
区人大常委会研究室主任　尹晓君
区人大常委会代表联络室主任　李国庆
区人大常委会法制办公室主任　谷志强（12月免）
　史雅琳（12月任）
区人大常委会教科文卫体办公室主任　穆春林
区人大常委会财政经济办公室主任　白晓芳
区人大常委会城建环保办公室主任　曹志远
区人大常委会农村办公室主任　高　欣（9月免）
　史雅琳（10月任、12月免）
　孙砚章（12月任）

北京市门头沟区人民政府

区　长　付兆庚
副区长　彭利锋（5月免）
　陆晓光（5月任）
　庆兆珅、孙鸿博、赵北亭
　张翠萍、王　涛
　张兴胜（9月免）
　张　闯（5月免）
　薛志勇（9月免）
区政府办主任　朱　凯
区发展改革委主任　曹子扬
区教委主任　陈江锋

区科技和信息化局局长 李世春（3月任）
区民政局局长 韩兴无
区司法局局长 卫一平（3月任）
区财政局局长 苗建军
区人力社保局局长 杜斌英
区生态环境局局长 王九中（4月任）
市规划和自然资源委员会门头沟分局局长
贾 骥（6月任）
区住建委主任 杨武平
区城市管理委主任 占永谦
区交通局局长 张旋里
区农业农村局局长 耿新民（3月任）
区水务局局长 韩瑞昌
区商务局局长 王立宇（3月任、12月免）
杨少培（12月任）
区文化和旅游局局长 刘贵清（3月任）
区卫生健康委主任 野京城（3月任）
区审计局局长 王培训
区国资委主任 舒伯文
区应急管理局局长 刘振林（3月任）
区体育局局长 刘树军
区统计局局长 刘握龙
区园林绿化局局长 杨树国
区人防办主任 张书军
区信访办主任 夏淑强
区城管执法监察局局长 杜春涛
区政务服务管理局局长 阎丽春（3月任）
区档案史志馆馆长 张慧军（3月任）
区经管站站长 曹宝华
区地震局局长 乔 韬

中国人民政治协商会议北京市门头沟区委员会

区政协主席 张 冰
区政协副主席 张满仓、冯 飞、高连发
野京城（不驻会）
顾慈阳（不驻会）
安长生（不驻会）
区政协秘书长 张爱宗
区政协办公室主任 张 静
区政协研究室主任 连玉华
区政协专委会工作一室主任 赵 凯
区政协专委会工作二室主任 陈事毅
区政协专委会工作三室主任 安久亮
区政协专委会工作四室主任 艾德禄
区政协专委会工作五室主任 连春国
区政协专委会工作六室主任 王亚君

中共北京市门头沟区纪律检查委员会

区纪委书记 闫 中（12月免）
范永红（12月任）
区纪委副书记 贾志国
杨爱诚（11月免）
廖慧兰

北京市门头沟区监察委员会

区监委主任 闫 中（12月免）
区监委副主任 贾志国
杨爱诚（11月免）
廖慧兰

政法、军事

区人民法院院长 龚浩鸣（4月免）
区人民检察院检察长 杨淑雅
区公安分局局长 孙鸿博
区人民武装部部长 李耀光

群众团体

区总工会主席 陈 波
团区委书记 黄 景（10月免）
王 杨（10月任）
区妇联主席 李秋芳
区科协主席 杨广义（3月免）
卢佳强（3月任、11月免）
顾慈阳（11月任）
区残联理事长 范根源（3月免）
高增龙（3月任）
区工商联主席 马 星（3月免）
顾慈阳（3月任、12月免）
孙建新（12月任）

区红十字会常务副会长　段铁军
区文联常务副主席　彭天和

乡镇、街道

潭柘寺镇党委书记　娄相峰
潭柘寺镇镇长　李岿然
永定镇党委（永定地区工委）书记　周　杨
永定镇（永定地区办事处）镇长（主任）
赵　威（9月免）
黄　景（10月任）
龙泉镇党委（龙泉地区工委）书记　亓建军
龙泉镇（龙泉地区办事处）镇长（主任）
张　伟（12月免）
刘　学（12月任）
军庄镇党委书记　付军利（11月免）
高建光（11月任）
军庄镇镇长　高建光（12月免）
王　垚（12月任）
妙峰山镇党委书记　丁章春
妙峰山镇镇长　姜春山
王平镇党委（王平地区工委）书记
张慧琦（11月免）
刘甫通（11月任）
王平镇（王平地区办事处）镇长（主任）
刘甫通（11月免）
冯　涛（11月任）
雁翅镇党委书记　孙东宇
雁翅镇镇长　张雅利
斋堂镇党委书记　杨少培（11月免）
李文凯（11月任）
斋堂镇镇长　谢晓东
清水镇党委书记　贾卫东
清水镇镇长　崔兴珠
东辛房街道党工委书记　李文凯（11月任）
张学明（11月任）
东辛房街道办事处主任　张学明（12月免）
苑芳洁（12月任）
大峪街道党工委书记　周玉勤
大峪街道办事处主任　李红忠
城子街道党工委书记　高增龙（5月免）
金　涛（5月任）
城子街道办事处主任　金　涛（5月免）
于　彤（11月任）
大台街道党工委书记　张进香（9月免）
李宗荣（9月任）
大台街道办事处主任　张　胜

事业单位

区机关后勤服务中心主任　张晓明
区环卫中心主任　闫　强
北京百花山国家级自然保护区管理处主任
刘　东
区融媒体中心主任　宋　奇
石龙经济开发区（中关村科技园区门头沟园）
管委会主任　张兴胜（9月免）
区投资促进局局长　杨　璞（3月免）
区房屋征收事务中心主任　李　超
区公共工程服务中心主任　张　冉（6月任）
区棚改中心主任　杨武平（6月免）
张　冉（6月任）

索 引

说 明

1. 本索引采取主题索引，也称内容分析索引法编制。主题词以《北京门头沟年鉴(2020)》正文中出现的专业名词或名词词组、机构名等为主。

2. 索引的文字部分称为标目，标目之后的数字为其在正文中出现的页码，数字后的英文字母(a、b,c)表示正文中的栏别(从左至右)。部分标目后面有若干个页码，则表示该标目均在这些页码出现。

3. 本索引按汉语拼音音序排列，汉字打头的标目按首字母的音序音调依次排列，首字相同时，则以第二字排序，依此类推；以阿拉伯数字打头的主题词，排在最前面；以英文字母打头的主题词，列于其次。

4. 类目中的《特载》栏目内容不在索引范围内。

1–9

A–Z

A

B

C

D

E

F

G

H

J

K

L

M

N

P

Q

R

S

T

W

X

Y

Z